BIBLIOTHÈQUE

DES

ÉCOLES FRANÇAISES D'ATHÈNES ET DE ROME

FASCICULE SOIXANTE-QUINZIÈME

LOUIS XII ET LUDOVIC SFORZA

(Avril 1498 — Juillet 1500)

Par Léon-G. Pélissier

MONTPELLIER. — IMPRIMERIE CHARLES BOEHM.

LOUIS XII ET LUDOVIC SFORZA

(8 AVRIL 1498 — 23 JUILLET 1500)

TOME PREMIER

RECHERCHES DANS LES ARCHIVES ITALIENNES

LOUIS XII ET LUDOVIC SFORZA

(8 AVRIL 1498 — 23 JUILLET 1500)

PAR

LÉON-G. PÉLISSIER

ANCIEN ÉLÈVE DE L'ÉCOLE NORMALE SUPÉRIEURE
ANCIEN MEMBRE DE L'ÉCOLE FRANÇAISE DE ROME
CHARGÉ DE COURS D'HISTOIRE A L'UNIVERSITÉ DE MONTPELLIER

TOME PREMIER

PARIS
LIBRAIRIE THORIN ET FILS
ALBERT FONTEMOING, Successeur
LIBRAIRE DES ÉCOLES FRANÇAISES D'ATHÈNES ET DE ROME
DU COLLÈGE DE FRANCE, DE L'ÉCOLE NORMALE SUPÉRIEURE
ET DE LA SOCIÉTÉ DES ÉTUDES HISTORIQUES
4, RUE LE GOFF, 4

1896

A MON PÈRE

AVANT-PROPOS

L'histoire de la conquête du Milanais n'a guère été faite encore qu'avec de médiocres documents; presque tous ses narrateurs se sont bornés à suivre la tradition des chroniqueurs contemporains, souvent mal renseignés et inexacts. Or les éléments d'une connaissance plus précise, plus approfondie de cette histoire nous viennent de ceux-là mêmes, états et souverains, hommes de guerre, hommes d'état, diplomates, qui l'ont faite ou qui l'ont vu faire. Les archives italiennes du xvie siècle ont conservé les traces authentiques de leurs actes, les documents les plus sûrs et les plus précis sur leur vie, leur rôle politique et leur caractère. Elles fournissent, depuis le milieu du xve siècle jusqu'à la fin du xvie, à l'histoire de la diplomatie française et italienne, alors partie si importante de l'histoire générale, les matériaux les plus solides de ses constructions théoriques et de ses analyses, aussi nécessaires à qui voudrait systématiser les règles encore mal connues de la diplomatie que pour suivre dans la moindre négociation le plus humble secrétaire de la plus petite cour italienne. L'étude de ces documents doit, me semble-t-il, devenir l'objet primordial des historiens de la diplomatie franco-italienne: il faut en substituer les données aux assertions plus ou moins vérifiables des chroniqueurs et des annalistes, aux raisonnements trop souvent subtils et vagues des théoriciens politiques du Seicento.

Aussi bien est-ce presque exclusivement avec l'aide de ces textes, édits ou lettres de souverains, délibérations de seigneuries ou arrêtés administratifs, et surtout avec les dépêches des ambassadeurs et des agents diplomatiques italiens qu'a été composée la présente étude.

La description détaillée et l'examen critique des différents fonds que j'ai consultés à Gênes, Turin, Milan, Venise, Mantoue, Ferrare, Modène, Bologne, Florence, Sienne, Pise, Lucques, Rome et Naples, m'entraîneraient à de trop longs développements qui alourdiraient encore un travail d'un poids déjà considérable ; cet examen sera mieux placé d'ailleurs en tête du recueil des pièces justificatives de cette étude, que je publierai plus tard, et que je regrette vivement de ne pouvoir donner dès maintenant (1). Je me borne donc ici à quelques indications générales.

C'est à l'*Archivio di Stato* de Milan, héritier des archives de la chancellerie de Ludovic Sforza, que je devais naturellement chercher et que j'ai trouvé les documents les plus nombreux et les plus importants. Ils m'ont été fournis en grand nombre, non sans difficulté grâce au manque de tout inventaire, par ce *Carteggio generale* qui est à Milan le *Mare Magnum* de l'histoire diplomatique viscontéo-sforzesque. Le *Carteggio* ou correspondance générale renferme tout ce qui reste des lettres, dépêches, bulletins, avis, *estratti* et *summari* adressés à la chancellerie ducale par les ambassadeurs milanais d'Italie et d'Europe, par les commissaires ducaux, capitaines, châtelains et autres officiers du Milanais, par des princes, des cardinaux, des grands personnages milanais ou étrangers ; des lettres privées arrivées par intercept ou par suite de circonstances diverses dans ses bureaux ; des minutes, souvent en très mauvais état, de lettres adressées par les ducs de Milan, soit aux souverains étrangers, soit à leurs propres ambassadeurs ou à leurs fonctionnaires. Les documents y sont classés, sans grande précision, par ordre chronologique, et remplissent, d'avril 1498 à août 1499, quarante portefeuilles

---

(1) A la fin de mon travail, j'ai placé une *table chronologique des pièces justificatives*, qui donnera un aperçu de ces documents et qui servira à établir la correspondance avec ce futur recueil.

(*cartelle* 844 à 884); de septembre à décembre 1499, un seul (*cartella* 885); la série finit avec la domination sforzesque, et manque complètement pour l'année 1500. Deux séries, en voie de formation et d'ailleurs dénuées, elles aussi, de tout inventaire, ont été détachées du *Carteggio generale*; la série *Potenze Sovrane*, destinée à grouper les documents relatifs aux divers souverains nationaux ou étrangers du Milanais, et la série *Potenze Estere*, qui recevra peu à peu tous les documents intéressant les états italiens ou européens avec lesquels Milan a eu des relations aux divers temps de son histoire. La première ne m'a donné que quelques documents d'intérêt anecdotique et privé pour l'histoire de Ludovic Sforza; elle fait à peu près complètement défaut pour l'époque de Louis XII. La seconde et le *Carteggio* m'ont fourni des minutes de lettres de Ludovic Sforza au Pape Alexandre VI, à l'empereur Maximilien d'Allemagne, au duc de Ferrare, au marquis de Mantoue, aux Seigneuries de Venise et de Florence ; les minutes de ses dépêches à ses ambassadeurs Herasmo Brasca, Agostino Somenzi, Marchesino Stanga en Allemagne et en Suisse, Galeazzo Visconti en Suisse, l'évêque Cristoforo Latuada à Venise, Maffeo Pirovani, Cornelio Nibbia en Savoie, Paolo Somenzi à Florence et en Savoie, Conradolo Stanga à Mantoue, à Rome et à Naples, Taddeo Vimercati à Florence, Cesare Guaschi à Sienne et à Rome, Tranchedino à Bologne, Casati à Naples, et les lettres beaucoup plus nombreuses encore de ces diplomates ; des minutes de lettres de Ludovic Sforza à son frère le cardinal Ascanio, à sa nièce la comtesse de Forli ; les lettres de ses commissaires provinciaux, surtout Fontana, qui gouvernait Gênes avec les frères Adorni, et Lucio Malvezzi, commissaire d'Oltrapo, qui fut le plus brillant défenseur d'Alexandrie ; celles enfin de son généralissime Galeazzo di San Severino, pour ne citer ici que les principales. La série *Trattati*, détachée elle aussi du *Carteggio Generale*, contient quelques textes importants pour l'histoire des relations de Ludovic Sforza avec Alexandre VI et l'Allemagne.

Les registres ducaux de Ludovic Sforza ne contiennent, pour la dernière période de son règne, que des actes d'intérêt privé, sans importance pour l'histoire générale. Par contre, les débris de registres de *Lettere missive* donnent quelques documents importants sur l'administration de Ludovic Sforza à son retour à Milan.

A Venise, toute l'histoire diplomatique de ce temps est dans les registres *Secreti Senato* : ils contiennent les délibérations politiques des Pregadi, les instructions et les lettres aux ambassadeurs, si minutieusement composées. Les deux registres XXXVII, XXXVIII renferment tous les documents politiques importants pour la politique vénitienne de 1498 à 1500 ; le registre *Senato terra* XV, pour le même temps, contient aussi quelques pièces importantes. Malheureusement, les lettres des souverains étrangers et la correspondance des ambassadeurs vénitiens avec la Seigneurie de Venise ont été détruites dans le grand incendie des archives de la République, en sorte qu'il ne reste rien de la correspondance de Louis XII et de Ludovic Sforza avec le doge Barbadico, rien des lettres de Lippomani, ambassadeur vénitien à Milan, ni de celles de Stella, Loredam, Trevixam, Dolce, ambassadeurs ou résidents en France et à Milan, et seulement quelques débris de celles de Foscari, le successeur de Trevixam en France. On y supplée par les analyses très développées de ces dépêches qu'a conservées l'infatigable compilateur Marino Sanuto, dont les *Diarii* sont réellement le *Carteggio Generale* de Venise pour le premier tiers du XVIe siècle, et méritent d'être consultés presque toujours avec une entière confiance.

Un singulier hasard a réuni à la Bibliothèque Marcienne, à Venise, deux séries de documents diplomatiques fort importantes pour l'histoire des relations de Ludovic Sforza avec l'Allemagne et le Saint-Siège, la correspondance considérable du nonce Cheregati avec le pape Alexandre VI, et les papiers de Podocataro, secrétaire du cardinal Julien de La

Rovère (qui d'ailleurs ont pour les questions ici traitées un bien moins grand intérêt).

L'étude des archives des états secondaires de la péninsule avait pour moi moins d'importance : elle a été d'abord abrégée par la pénurie des documents ; à Naples, les archives diplomatiques de la dynastie aragonaise n'existent plus (1) ; à Pise, je n'ai relevé que de rares documents ; à Lucques, la série *ambasccrie* présente une lacune pour les années 1496-1502 (2). Mais à Sienne et surtout à Florence, j'ai pu consulter des correspondances diplomatiques très intéressantes. A Florence, les *Lettere esterne alla Signoria* (Reg. XXXIV-XLII, 1498-1500) et aux *Otto di Balia* m'ont fourni l'importante correspondance de Cosimo de' Pazzi et P. Soderini, ambassadeurs en France dès l'avènement de Louis XII jusqu'à son arrivée à Milan, de F. Soderini, évêque de Volterra, et F. Pepi, ambassadeurs près Ludovic Sforza, celles de Manetto Portinari, de Gualteroti et Lenti, ambassadeurs à Milan et en France en 1500 ; les lettres de Ridolfi, ambassadeur florentin à Venise m'ont permis de contrôler les affirmations de Latuada. A Sienne, j'ai vu les séries *Balia, deliberazioni* (40 à 42), *Lettere della Balia* (347-349), *Lettere alla Balia* (422).

Parmi ces archives secondaires, Ferrare et Mantoue doivent une importance spéciale à ce que leurs ambassadeurs à Milan et ailleurs ont été beaucoup plus des nouvellistes que des diplomates. A Modène, où les archives des ducs de Ferrare sont presque intactes, j'ai vu les séries suivantes : *Minutario cronologico* (lettres d'Hercule d'Este à Ludovic Sforza et à Louis XII), *cancelleria ducale, lettere di principi esteri; Regesto*

---

(1) Les registres *collaterali* ne m'y ont fourni que de rares pièces sans importance. Du reste, au rebours de ce qui se passe dans les autres archives italiennes, où la complaisance est poussée aux plus extrêmes limites, on semblait prendre à tâche, à Naples, à l'époque où j'y ai passé, de décourager les travailleurs.

(2) Je ne dis rien ici de Gênes ni de Turin, car j'ai employé les documents que m'ont fournis leurs archives dans des publications antérieures. J'ai consulté au ministère des affaires étrangères à Paris la collection « Gênes », qui contient une bonne analyse des documents originaux de l'Archivio di Stato génois.

del Re di Francia colla casa d'Este (lettres de Louis XII); *Carteggio diplomatico estero* (1498-1500) (lettres de Ludovic Sforza); *Dispacci degli ambasciatori Francia* (1470-1795), documents des ambassades de Borso da Correggio et de Nicolo Bianchi (juin-août 1498), ambassade de Giovanni Valla (mars 1500) ; *Milano* (ambassades de A. B. Costabili, de Seregni, de N. Bianchi, etc.); *Carteggio diplomatico estero* (avis et extraits communiqués par la chancellerie milanaise).

A Mantoue, j'ai consulté, dans le merveilleux *Archivio Gonzaga*, le *Minutario cronologico* de François d'Este, et les dépêches de ses ambassadeurs en France, à Milan et à Rome. Les dépêches et les actes politiques des souverains n'ont ici qu'une importance médiocre, proportionnelle d'ailleurs au rôle historique de ces petits états, mais les mantouans Brognolo, Capilupi, Antimaco, d'Atri, Rozono, comme les ferrarais Costabili, Seregni ou Bianchi, ont été des témoins intelligents et exacts des événements contemporains ; ce sont, en l'absence de documents directs suffisamment abondants pour toute la période militaire de la lutte entre Louis XII et Ludovic Sforza, les dépêches des ambassadeurs mantouans et ferrarais qui permettent d'en faire une histoire détaillée(1).

Ce n'est que dans de rares exceptions que j'ai employé ici les chroniqueurs, inédits ou imprimés, dont les données sont justement suspectes si elles diffèrent de nos textes, et négligeables, pour le récit des faits tout au moins, si elles y concordent (2). De même me suis-je abstenu, pour m'alléger de

(1) Les documents diplomatiques français sont aussi rares pour l'histoire du règne de Louis XII que les documents italiens sont nombreux. C'est dans les collections anciennes du fonds français de la Bibliothèque Nationale que leurs épaves sont aujourd'hui réunies ; ils sont presque tous relatifs à la partie postérieure du règne. — J'ai le regret de n'avoir pu prendre connaissance de quelques lettres importantes du chartrier de Thouars. M. le duc de La Trémoille, après m'en avoir offert des copies à prix d'argent, en a donné communication à une autre personne, et m'a ensuite refusé l'autorisation de profiter de son offre. J'ai su, du reste, que ces papiers n'ont pas l'intérêt qu'il leur attribue.

(2) Aussi me bornerai-je à signaler ici la *Storia di Milano* du médecin Arluno, qui a été témoin des faits qu'il raconte et fort capable de les apprécier justement, et la bizarre *Historia bellorum Italicorum* du trop crédule Geronimo Borgia.

tout le poids des intermédiaires, de citer les écrivains modernes et d'instituer des discussions critiques des opinions antérieures. Je n'ai voulu faire ici qu'un récit fondé tout entier sur les informations, absolument contemporaines des événements et aussi sûres que possible, que nous présentent les documents diplomatiques.

Cet ensemble de documents (1) m'a permis, je crois, sinon de renouveler, du moins de modifier profondément les idées acquises sur le caractère de l'expédition du Milanais : quant à ses causes, en mettant en lumière l'étroite union de Ludovic Sforza avec l'Allemagne, ils montrent le double intérêt qu'avait pour Louis XII la ruine de ce seul adversaire ; pour ses

(1) J'ai publié plusieurs séries de documents italiens relatifs aux années 1498-1500, dans des travaux dont on me permettra de citer ici les titres : *Documents sur la première année du règne de Louis XII* (Paris, Leroux, in-8°, 78 pp., 1890); *Documents pour l'histoire de la domination française dans le Milanais* (1499-1513) (Toulouse, Privat, XXI-371 pp. 1891; Bibliothèque Méridionale, II⁰ série, tom. I.); *Un registre de lettres missives de Louis XII* (Rome, Ph. Cuggiani, in-8°, 33 pp., 1891; extrait des *Mélanges d'Archéologie et d'Histoire*, tom. XI); *La liasse Potenze Sovrane, Lodovico XII, à l'archivio di Stato de Milan*, 9 pp. (dans *Revue des Bibliothèques*); *L'entrée de Louis XII à Milan. Per nozze Lefranc-Vauthier*, in-12, (Montpellier, Firmin et Montane, 1891) ; *Trois registres de lettres ducales de Louis XII aux archives de Milan*, (Paris, Leroux, 80 pp., 1892); *Nouvellistes italiens à Paris en* 1498, in-8°, 15 pp. (*Bulletin de la Société d'Histoire de Paris*, 1892); *Documents sur les relations de Louis XII, de Ludovic Sforza et du marquis de Mantoue* de 1498 à 1500 (Paris, Leroux, in-8°, 97 pp., 1894). *Documents pour l'histoire de l'établissement de la domination française à Gênes* (1498-1500), (Gênes, gr. in-8°, 222 pp. 1894.) Dans mes *Notes italiennes d'Histoire de France*, j'ai aussi inséré plusieurs documents sur cette époque: I. Louis XII et les privilèges de la Bretagne en cour de Rome ; II, Lettres inédites sur la conquête du Milanais par Louis XII ; III. M. Yriarte et l'évêché de Cette ; VI. Protasio de Porri et l'état de la France en 1499 ; XIII. Lettre de Louis XII à la Seigneurie de Sienne pour lui notifier son avènement (1498) ; XV. Trois relations sur la situation de la France en 1498 et 1499 envoyées par Ludovic Sforza au duc de Ferrare. Au cours du présent travail, je renvoie à des documents de cette série actuellement sous presse. Dans les *Note italiane sulla storia di Francia* que publie l'*Archivio Storico* de Florence ont paru: I. *Una lettera di Luigi di Montpensier e altri documenti che vi si riferiscono* (1496-1499). III. *Informatori italiani in Lione nel* 1498. IV. *Gli Inviciati agenti milanesi a Saluzzo* (1499). — Le recueil des pièces justificatives ici annoncé paraîtra sous le titre *Louis XII et Ludovic Sforza, Documents*. Les dépêches de l'ambassadeur ferrarais Seregni ne seront pas comprises dans ce recueil.

épisodes, ils expliquent les véritables causes de la chute de Ludovic Sforza, le caractère réfléchi de sa retraite en Allemagne, ils montrent comment les deux campagnes et les deux conquêtes du Milanais n'en font en réalité qu'une seule, comment cette conquête fut complexe et se poursuivit simultanément contre Ludovic Sforza, contre les Lombards, et contre les institutions milanaises ; et, quant aux conséquences de cette guerre, ces documents en font voir toute l'importance internationale et européenne. Ce sont là les points sur lesquels a porté mon principal effort et que j'ai le plus cherché à établir, plus d'ailleurs par la citation des documents et le simple exposé des faits que par la discussion des opinions contraires, plus soucieux d'aboutir à des résultats sincères qu'à de brillantes formules, toujours étayé, quand même je ne les cite pas, de ces textes originaux qui « seuls », comme le disait Bréquigny à Laporte du Theil, « peuvent garantir de la séduction des conjectures. »

L'abondance de ces documents et l'intérêt intrinsèque de la plupart d'entre eux ont donné à mon étude une ampleur considérable, que certains pourront même trouver démesurée ; (encore l'ai-je dégagée de tout développement dans les parties non centrales de mon sujet (1) et ai-je bien taillé même dans celles-ci.) C'est que, je l'avoue, le détail individuel dans l'his-

---

(1) Ces développements ont été ou seront repris dans des mémoires subsidiaires : *La politique du marquis de Mantoue pendant la lutte de Louis XII et de Ludovic Sforza* (1498-1500) (Le Puy, Marchessou, in-8º, 88 pp., 1892, Annales de la Faculté des Lettres de Bordeaux), complété par *Les relations de François de Gonzague*, etc., *notes additionnelles et documents*, pp. 53 à 95 (1893, même recueil) ; *Les amies de Ludovic Sforza et leur rôle en 1498-1499* (12 pp. Revue historique, 1892); *L'ambassade d'Accurse Maynier à Venise* (juin-novembre 1499, Toulouse, Privat, in-8º, 108 pp. 1894 ; Annales du Midi, tom. V-VI); *Le traité d'alliance de Louis XII et de Philibert de Savoie en 1499*, (Montpellier, in-8º 118 pp. 1893) ; *La politique de Trivulce au début du règne de Louis XII* (Paris, in-8º, 45 pp. 1894) ; *Sopra alcuni documenti relativi all' alleanza tra Alessandro VI e Luigi XII* (1498-1499) (Rome, R. Societa Romana di Storia Patria, in-8º, 189 pp. 1895) ; *Note sur les relations politiques de Louis XII et de Cottignola*. Rome, in-8º, 9 pp., 1895). — Je publierai dans un bref délai deux mémoires importants sur *L'ambassade de Herasmo Brasca en Allemagne* et sur *La mission de Marchesino Stanga en Allemagne* (avril-août 1499).

toire du xvᵉ et du xviᵉ siècle italien ne me paraît pas moins important ni moins curieux que les grands événements, et je crois que le simple exposé de ces négociations confuses et tortueuses, de ces opérations militaires, si singulières ou si hasardées, de ces émeutes et de ces révolutions, est une contribution utile à la découverte encore inachevée des mœurs et des âmes de la Renaissance, à l'histoire de ce principe individualiste qui a fait l'Europe moderne.

En terminant, je suis heureux d'exprimer de très sincères remerciements à MM. Lavisse et Lemonnier, qui ont bien voulu me donner, au sujet des proportions de cette étude, d'excellents conseils, à MM. Casanova, archiviste de l'*Archivio di Stato*, à Florence, Davari, préfet de l'*Archivio Gonzaga* à Mantoue, Malaguzzi-Valeri et Ramazzini, archiviste et sous-archiviste à Modène, au regretté Ghinzoni et à MM. Adriano Cappelli, Porro, Maspès, archivistes à Milan, au vénérable comte Soranzo, bibliothécaire de la Marciana, à MM. Omont, Auvray et Couderc, de la Bibliothèque Nationale, Lefranc et Stein, des Archives nationales, qui m'ont diversement aidé dans la préparation de ce travail ; et le meilleur de ma reconnaissance va à mon excellent maître, M. Gabriel Monod, à qui chaque jour me fait mieux ressentir tout ce que je dois.

LÉON-G. PÉLISSIER.

LOUIS XII ET LUDOVIC SFORZA

INTRODUCTION

DE L'IMPORTANCE DE LA GUERRE DU MILANAIS
DANS L'HISTOIRE D'ITALIE.

La guerre du Milanais de 1499, fait principal et caractéristique des relations de Louis XII et de Ludovic Sforza, qui se termina, en donnant à la France une province, par la chute de la dynastie Sforza et la ruine du duché de Milan, n'a point encore été l'objet d'une étude spéciale. Il ne semble pas cependant, bien qu'elle ait été courte et qu'aucun grand fait militaire ne l'ait signalée, qu'elle mérite ce dédain, ni, qu'à s'en tenir aux informations sommaires transmises par les chroniqueurs du xvie siècle aux historiens modernes, on la connaisse suffisamment. Si en effet les documents contemporains ne modifient pas sensiblement, encore qu'ils l'enrichissent, le détail de cette histoire, outre que « ce n'est point perdre son temps que de chercher à pénétrer plus avant dans la connaissance exacte d'une époque ou de préciser avec plus de rigueur les détails de quelque grand évènement de la vie nationale (1) », le caractère même et l'importance qu'ils montrent qu'a eus cette guerre dans l'histoire d'Italie aussi bien que dans l'histoire de France, justifient assez l'étude que j'essaie ici de lui consacrer.

(1) COVILLE, *Les Cabochiens et l'ordonnance de 1413*, Introd. pag. XI

I.

Si dans l'histoire de France, ainsi que le montrera l'examen, qu'on lira plus loin, des causes de cette guerre, la conquête du Milanais fut quelque chose de plus qu'une simple « guerre de magnificence », si elle est une pièce importante dans l'histoire de la tradition politique de la monarchie et dans la suite de la formation et de l'expansion territoriales de notre pays, — elle est bien autre chose aussi dans l'histoire d'Italie qu'un épisode intéressant de chronique régionale, — encore qu'un fait qui a déterminé pour quinze ans les destinées d'une province telle que la Lombardie, ne serait-il rien de plus, ne fût point négligeable ; elle est autre chose qu'un renversement de tyrannie, qu'un chassé-croisé de souverains ; c'est un des rares événements qui, entre la mort de Laurent le Magnifique et le couronnement de Charles Quint à Bologne, aient, par leur valeur propre et leurs antécédents, donné pour quelques années sa direction à l'évolution historique de l'Italie.

La fin du xve siècle et le début du xvie sont en effet pour l'Italie une époque de véritable dissolution politique. La variété des formes historiques que le génie de la Renaissance a vivifiées ou renouvelées dans l'Italie du xve siècle, les manifestations dissemblables et contradictoires de la vitalité que l'individualisme a répandue dans les régions les plus déshéritées et les cités les plus obscures, enfin la personnalité de quelques héros, dont la tumultueuse apparition encombre ou absorbe leur époque, ont brisé l'unité de cette histoire ; l'importance démesurée de certains épisodes en a ruiné l'harmonie ; la multiplicité des centres historiques en a dispersé et émietté l'intérêt. Bien rares sont les faits qui marquent des points de repère dans le labyrinthe qu'est l'histoire, si touffue et si confuse, de ce temps.

La guerre de Louis XII contre le Milanais est un de ces faits. Elle marque le point de départ d'une période dont son progrès détermine et circonscrit l'amplitude : si elle n'a rempli que le second semestre de 1499 et les quatre premiers mois de l'année 1500, l'année 1498 en avait vu la préparation et les préludes, dans la formation de cette triple alliance conclue, en 1499, entre la France, la république de Venise et le Saint-Siège, en réponse à l'autre triple alliance qui, parallèle à la Ligue italienne, mais indépendante d'elle, unissait depuis quelques années le duc de

Milan, Ludovic Sforza, l'empire d'Allemagne et le royaume de Naples. Cette alliance se prouva et se fortifia par l'issue même de la campagne que son existence avait rendue plus facile et plus sûre ; elle remplit et domina de ses effets l'Italie pendant les années suivantes, et ses conséquences s'en sont prolongées presque jusqu'aux derniers mois de l'année 1503. Quelles négociations amenèrent la signature des traités entre la France, Venise et le Saint Siège, on en verra le détail plus loin ; il suffit ici d'en marquer les dates initiales ; c'est au début même du règne de Louis XII que les Vénitiens entrent en coquetterie avec le nouveau roi : c'est le 4 mai 1498 qu'est désignée l'ambassade envoyée par eux en France, c'est du milieu d'octobre que date le premier projet précis d'alliance ; les premières ambassades échangées entre le pape et le roi sont du même temps, et les négociations franco-pontificales commencent à Paris le 22 juillet ; dès le mois d'août 1498, les principales conditions de l'alliance entre la France et les deux grands états de la péninsule se trouvaient examinées. Bien qu'elle n'ait été déclarée entre Louis XII et la Seigneurie qu'au mois de janvier 1499, entre Louis XII et le Saint Siège qu'au mois de mai 1499 ; bien qu'elle n'ait pris qu'en juin sa forme et son ampleur définitives par la publication des noms des puissances alliées, confédérées ou simplement amies et adhérentes des trois parties principales,— ce n'est pas de l'échange des instruments de chancellerie, c'est des engagements sincères contractés pendant l'été de 1498 qu'il faut dater l'existence de la ligue pour la conquête du Milanais. — Et, bien que le refroidissement incontestable des relations franco-vénitiennes au retour offensif de Ludovic Sforza, en février-mars 1500, et la politique indépendante du Saint-Siège pendant la même époque, aient donné lieu à quelques historiens de croire que l'alliance s'était dissoute aussitôt après l'installation de la France à Milan, il est aisé cependant de suivre son existence pendant les années suivantes. Qu'elle ait survécu à la chute définitive de Ludovic Sforza, c'est ce que prouve l'entente des trois puissances au sujet des rebelles ou des émigrés milanais, la livraison du cardinal Ascanio Sforza, par exemple, à Louis XII par Venise, avec le consentement tacite du Saint-Siège ; c'est ce que prouve la correction de la politique vénitienne au moment où les troupes combinées de la France et de César Borgia commencèrent la campagne des Romagnes, et le concours militaire et pécuniaire donné à la Seigneurie par le Pape et la France pendant la guerre contre « le Turc », et notamment à l'attaque de Mitylène à la fin de 1501. Cette guerre, qui fut désastreuse pour le commerce et la puissance coloniale de Venise, l'empêcha, il est vrai, de prendre une part bien active aux entreprises combinées de Louis XII et de César Borgia, mais non point de les seconder par sa diplomatie. Pour les deux autres confédérés, malgré les limites momentanément imposées à l'ambition de César Borgia par les obligations de Louis XII envers ses autres alliés italiens, malgré l'intervention du roi, hostile à la politique pontificale dans les affaires de Florence et de la maison Orsini, une parfaite entente ne cessa d'exister dans la plupart des questions, — et elles furent nombreuses, — que souleva pendant ces années la juvénile ambition de César Borgia ; le 25 juin 1501, Alexandre VI s'associait à l'expédition française contre Naples en publiant une bulle qui privait le roi Frédéric de sa couronne, et, le 3 août 1502, Louis XII concourait à l'entreprise du Saint-Siège contre les vicaires pontificaux des Romagnes par le prêt d'une petite armée de trois cents lances. Ce n'est que l'année suivante, en 1503, que cette triple alliance tendit à se dissoudre. Divers symptômes montrent que, délivré du danger turc, l'inquiet génie de Venise commença à se fatiguer d'être depuis si longtemps l'allié de la France ; la Seigneurie esquissa une tentative de rapprochement avec l'empereur Maximilien ; pendant la guerre franco-espagnole dans le napolitain, les gouverneurs vénitiens de Trani, de Monopoli, de Brindisi, d'Otrante, observèrent une exacte neutralité ; dans le registre du Conseil des Pregadi, les lettres au roi de France, les procès-verbaux des audiences données à ses ambassadeurs se font de plus en plus rares ; la solution des incidents de frontière, assez fréquents sur l'Adda, devient plus difficile. D'autre part, les défaites des Français dans la guerre de Naples commencèrent à inspirer des doutes au Saint-Siège et à son capitaine général César Borgia, sur la puissance réelle de son allié et sur la durée de l'influence française en Italie. La protection accordée par Louis XII au comte de Pitigliano, la restauration à Sienne par Louis XII de Pandolfo Petrucci, accrurent son mécontentement. Dès le mois de juin 1503, il cessa d'obéir aux ordres des généraux français. Le hasard hâta le dénouement de cette situation ; Alexandre VI mourut le 18 août 1503, et avec lui disparaissait sa politique ; bientôt après, Jules II, quoique élu comme ami de la France, inaugura une politique exclusivement italienne et pontificale. On peut donc constater en 1503 les derniers et plus lointains effets de la conquête du Milanais ; cette année marque bien le terme de la triple alliance de 1499 et la fin de la période historique que la guerre du Milanais a déterminée : c'est un groupe de six années qu'elle délimite, espace de temps appréciable dans l'incertitude et la confusion de cette période de l'histoire d'Italie.

La durée d'une ligue entre deux états italiens et une puissance étrangère ne constitue pas, par le seul fait de son existence, — n'y ayant rien de plus fréquent que ce genre d'alliances dans les annales de la Renaissance, — une période spéciale. L'alliance pour la guerre du Milanais fait exception à cette règle, pour avoir été le fait capital et directeur de l'époque où elle s'est produite, l'événement en raison duquel tous les autres sont arrivés. Au lieu que beaucoup d'autres ligues du même genre n'ont intéressé que quelques-uns des états de la péninsule et qu'un petit nombre de faits, celle-ci a eu pour conséquences un changement complet du groupement politique des états italiens, et de profondes révolutions dans l'histoire interne de chacun d'eux. Dès que commença à s'esquisser, menace et préface de la guerre, la Triple alliance, dès que les projets de Louis XII relativement au duché de Milan furent soupçonnés en Italie, une diplomatie inquiète et fiévreuse commença à s'agiter dans tous les petits états. Les plus éloignés comme les plus voisins du duché menacé, petites principautés ainsi que grandes républiques, comprirent qu'entre les deux partis qui se formaient toute indifférence était impossible; qu'entre la vieille alliance de Maximilien, de Naples, et de Ludovic Sforza, et la nouvelle ligue franco-vénéto-pontificale, il fallait se décider, choisir un patron et, l'ayant choisi, suivre jusqu'au bout sa fortune. Toute leur finesse s'employa dès lors à résoudre cette question : quel serait le vainqueur dans la guerre imminente. Jamais intentions, paroles, préparatifs des grandes puissances, ne furent plus espionnés, leurs forces respectives plus minutieusement évaluées, leurs dispositions à l'égard des tiers plus commentées. Les Capilupi, les Brasca, les Lattuada, les Costabili, et tous les sous-Machiavels des petites chancelleries multiplièrent les dépêches, les mémoires, les rapports ; puis se mirent en route les ambassades de Gênes et de Bologne, de Florence et de Turin, de Lucques et de Sienne; on alla solliciter la protection royale ou ducale. Si tous les états ne se prononcèrent pas ouvertement, si quelques-uns gardèrent une neutralité extérieure, il n'en fut pas un qui, dans le secret de son conseil, restât en dehors de l'un ou l'autre des deux camps. Dès le mois de juillet 1499, la géographie politique de la péninsule était renouvelée : pour la première fois peut-être, depuis la chute de l'empereur Frédéric II, le même fait historique se répercutait à la fois dans toutes les parties de l'Italie.

Ce n'est pas seulement cette cohésion géographique que l'alliance de 1499 et la guerre du Milanais ont donnée à l'histoire contemporaine de l'Italie. Les destinées de la péninsule toute entière, de 1499 à 1503, en dépendent plus ou moins. Bien qu'il n'y ait pas de lien apparent entre la guerre de Venise contre les Turcs, entre la guerre des Romagnes et l'expédition de Naples, bien qu'il semble y avoir contradiction entre l'alliance de la France avec la république de Florence et la permission donnée à César Borgia d'attaquer cette ville, tous ces événements disparates peuvent se classer en trois groupes également rattachés à la Triple alliance : l'exécution du programme de la Ligue, le rapprochement vers la France tenté par les anciens alliés de Ludovic Sforza, la lutte des confédérés de la France contre ces nouveaux venus pour s'assurer plus sûrement ou plus exclusivement les bénéfices de leur alliance.

La guerre entreprise par la ligue franco-vénitienne n'était pas finie avec la capture et l'emprisonnement de Ludovic le More. D'autres expéditions avaient été projetées et inscrites dans les traités qui liaient les trois puissances pour la conquête du Milanais. Si les hostilités entre la Seigneurie et le Grand Seigneur recommencent en 1499, et si, après une attaque manquée des Turcs contre Corfou, après une victoire navale de Nicolo Pesaro, une flottille française est adjointe, dès 1501, aux galères de Grimani et prend part jusqu'en 1503 aux hostilités, c'est que Louis XII s'était engagé à secourir Venise dans son interminable lutte contre les Turcs. Si les républiques de Florence et de Pise s'acharnent dans une querelle sans cesse rouverte, c'est que Louis XII avait promis aux Florentins l'asservissement des Pisans. Si la guerre entre les Napolitains et les Franco-espagnols d'abord, puis entre les Espagnols et les Français, désole pendant deux ans les provinces méridionales, c'est que la conquête du royaume de Naples était un des buts secrets de l'alliance pour la Conquête du Milanais, corroborée par le traité de Grenade. Enfin toutes ces campagnes, ces expéditions, ces faits d'armes, ces intrigues où intervient le Saint-Siège en la personne de César Borgia, cette suite d'agressions contre les Sforza de Pesaro, les Riario de Forli, les Manfredi de Faenza, les Petrucci de Sienne, dont la succession, en apparence illogique, remplit cette période, que sont-ils, sinon la longue suite des engagements pris par Louis XII de former une souveraineté au fils d'Alexandre VI ? — Et là où ne se manifeste pas directement la politique des rois de France, ce fut la nécessité d'instituer des relations pacifiques avec le nouveau maître du Milanais qui domina tout : la trahison du marquis de Mantoue à l'égard de Ludovic Sforza, la part active qu'il prit à la campagne de Naples, le mariage d'Alphonse d'Este avec Lucrèce Borgia, la révolution florentine qui porta au pouvoir Pier Soderini, les négociations savantes et humbles des Pisans et des Siennois avec le Cardinal d'Amboise, Beaumont ou Ligny, l'indécision de l'attitude de Bentivoglio à Bologne, sont dans une étroite dépendance de la triple alliance pour la conquête du Milanais. Et, moins directement sans doute, c'est aussi son influence qu'on retrouve dans les causes profondes des guerres entre Sienne et le Saint-Siège et des conflits des républiques toscanes entre elles, dans les motifs de la Confédération de la Magione contre le duc de Valentinois et du massacre de Sinigaglia, dans tant d'actes plus ou moins politiques qui sont autant de formes du désir exaspéré qu'avaient les Italiens, ne pouvant miner cette triple alliance, de s'y faire une place : comme si la conquête du Milanais eût déchaîné dans la péninsule une jalousie frénétique d'asservissement. Si fortement a cette alliance agi sur la politique individuelle des états italiens que les événements qui remplissent leur histoire jusqu'en 1503 ne peuvent s'expliquer si l'on ne détermine d'abord dans quelle proportion elle en est la cause.

II.

Ainsi donc, par son action sur tous les événements historiques de cette période de six années, c'est la conquête du Milanais qui est la principale cause de la transformation profonde que subit l'Italie entre 1498 et 1503, et dont le trait le plus frappant est la disparition de tout droit public. Je dis la disparition : quelque grande que fût en effet la confusion de l'Italie dans les dernières années du xv siècle, cette confusion était plutôt dans les événements et les idées que dans les institutions. Tiré en effet, par la féodalité de l'Italie impériale du haut moyen âge, le xv siècle italien avait réussi à discipliner les éléments de désordre qui étaient en lui, et à se créer une existence à peu près régulière, dont, parmi les luttes particulières des princes et des républiques, les lois fondamentales restaient respectées. La première de ces lois essentielles était la division de l'Italie en plusieurs états, division traditionnelle et conforme à des différences ethnographiques réelles, à certaines nécessités géographiques évidentes; dans le Nord-Ouest survivaient les vieux états féodaux, plus français qu'italiens, la Savoie, les marquisats de Saluces et de Montferrat; au Nord-Est la puissante république vénitienne, marché de l'Orient, dans un isolement dédaigneux; au centre, l'Italie des seigneurs et des communes : le duché de Milan, le duché de Ferrare, le marquisat de Mantoue, la république de Bologne, les républiques toscanes, Pise, Lucques, Sienne, Florence, héritiers les uns des anciens Gibelins et les autres des Guelfes : puis quelques petits états nés de démembrements postérieurs, le marquisat de Massa, la seigneurie de Piombino, les principautés des Apennins ; sur les deux versants des Apennins s'étendait le domaine de Saint-Pierre soumis, soit directement au Saint-Siège, soit à ses vicaires. Au Sud, le royaume de Naples opposait sa masse compacte, mais inerte, à l'Italie du Nord, si morcelée mais si vivante. — Dans ce nombre fixe et déterminé d'états, les formes politiques étaient stables. L'éphémère création de la république Ambrosienne à Milan fut la dernière révolution politique importante du xve siècle. Depuis sa disparition, Milan s'était résignée à la tyrannie des Sforza, comme Bologne à celle des Bentivoglio. La république de Venise offrait un bel exemple d'évolution progressive d'institutions traditionnelles, jamais discutées, toujours améliorées. Gênes oscillait quasi régulièrement de la reconnaissance de la suzeraineté milanaise à l'affirmation de son indépendance. Florence avait accepté la dictature élégante et discrète des Médicis. La monarchie napolitaine et le régime théocratique de l'État de l'Eglise n'étaient plus ou n'avaient jamais été combattus. — A la stabilité des constitutions s'ajoutait, dans les états princiers, celle des maisons régnantes : à Milan, les Sforza avaient fait renouveler par l'Empire les droits qu'ils prétendaient tenir par alliance des Visconti. Les Gonzague régnaient aussi paisiblement à Mantoue que les Este à Ferrare. La puissante maison d'Aragon avait triomphé définitivement à Naples des prétentions des Angevins. les Bentivoglio à Bologne, les Médicis à Florence, les Baglioni à Pérouse, les Manfredi, les Montefeltre, les Malatesta, régnaient ou gouvernaient paisiblement. — Les rapports entre ces états étaient réglés par une loi, plus instinctive d'ailleurs que réfléchie, qui maintenait entre eux une certaine et régulière proportion de puissance. Venise défendait volontiers Pise contre Florence, et Florence secourait Forli contre Venise. Le duc de Ferrare, trop proche voisin des Vénitiens, était l'allié ordinaire de Milan, et le marquis de Mantoue se rapprochait au contraire de la Seigneurie. Le même principe d'équilibre séparait ou rapprochait les unes des autres les républiques toscanes ; les grands états enfin, Milan, Florence, Rome, Naples, s'alliaient généralement deux à deux. — L'Italie ainsi constituée était essentiellement italienne. Depuis le règne de Henri VII de Luxembourg, au milieu du xive siècle, elle s'était soustraite à l'autorité impériale; le dernier empereur qui fût venu en Italie, Maximilien, n'y avait fait que passer. Depuis l'échec définitif des prétendants angevins au trône de Naples et la révolte des Génois contre l'autorité de Charles VII, la France n'était plus intervenue, pendant longtemps, dans les affaires italiennes que par sa diplomatie, et l'expédition de Charles VIII n'avait été qu'un orage sans lendemain. La maison d'Aragon n'avait pas installé avec elle à Naples l'influence de l'Espagne. La papauté, depuis la fin du grand schisme, n'était sortie que deux fois, avec Calixte III et Alexandre VI, des mains des Italiens; encore l'oncle, comme le neveu Borgia, s'ils étaient restés profondément espagnols de caractère et d'entourage, avaient-ils été par leur politique tout italiens.

De ces éléments politiques réguliers que restait-il au moment où expire l'alliance pour la conquête du Milanais ? Fixité des états, stabilité des gouvernements et des maisons princières, équilibre italien, italianisme de l'Italie, tout cela a disparu, emporté par les orages que la politique de Louis XII et de ses alliés a déchaînés sur l'Italie. Le nombre et les limites des états ont changé : Venise a conquis une partie du Milanais, une partie des Romagnes, elle a quelque temps occupé Pise ; elle songe à l'annexion de Ferrare et de Mantoue. Florence a conquis, perdu et reconquis les villes et les territoires de la république de Pise et jusqu'à Pise elle-même. Le royaume de Naples, détruit, reconstitué, partagé entre deux conquérants, n'est plus provisoirement que le champ de bataille de deux armées ennemies. La république de Bologne a perdu des parcelles de territoire. Le Milanais est morcelé. — Dans les constitutions, mêmes bouleversements : le duché de Milan a cessé d'exister. La république de Gênes a passé de la domination milanaise à celle de la France. Pise s'est vue gouvernée tour à tour par un podestat vénitien, par un préfet impérial, par un capitaine français, enfin par une commission florentine. Florence a abattu le gouvernement des Médicis pour acclamer la démocratie mystique de Savonarole, mais il n'est bientôt resté de ce règne du Christ qu'une inscription — *Christus regnat. Christus imperat* — gravée sur le palais de la Seigneurie. Et aux impétueux élans de ce moine illuminé, les Florentins, lassés du génie, substituent le gouvernement terre à terre de l'honnête et médiocre Soderini. Les Romagnes ont passé des diverses tyrannies de leurs vicaires au despotisme uniforme du duc de Valentinois, Naples a subi tour à tour une conquête française, une terrible réaction aragonaise, une nouvelle conquête franco-espagnole. — Des maisons régnantes qui florissaient en 1492, combien subsistent en 1503 ? Pandolfo Malatesta a fui Rimini, et Constantin Arniti a été banni du Montferrat. Les Médicis ont vu piller leur palais, brûler leurs collections, traîner dans la poussière les *palle* de leur écusson. L'un, Pier, intrigue à Venise, l'autre, Giovanni, déjà cardinal, futur pape, voyage en France et en Allemagne. Les derniers princes d'Aragon, les meilleurs de leur race, ont trouvé en France ou en Espagne une captivité dorée, mais qu'ils savent éternelle. Les Vitelli sont morts sous la hache des Florentins ou sous le lacet de César Borgia, et le cadavre d'Astorre Manfredi a été trouvé un matin sur la berge du Tibre, — étranglé. L'île d'Ischia a réuni, pendant l'été de 1501, autant de princes détrônés que Candide en fera asseoir à sa table pendant le carnaval de Venise ; c'étaient Béatrice d'Aragon, veuve de deux rois, Isabelle, veuve du duc Galéas Sforza, Frédéric d'Aragon, roi de Naples, sa femme et leurs enfants. Cette brillante maison des Sforza, qui avait provigné dans toute l'Italie, est exilée ou prisonnière ; Giovanni Sforza a fui Pesaro et la haine de César Borgia, en s'abritant à Venise; sa cousine Catarina Sforza a, moins heureuse, été la prisonnière de César au Vatican, avant de se réfugier à Florence. Isabelle d'Aragon a été dépouillée du duché de Bari, après l'avoir été de celui de Milan. Son fils est captif en France, abbé quelque part en Touraine. Une sœur de Ludovic, la duchesse de Savoie, Bona, est dans la misère à Lyon ; son frère le cardinal Ascagne est retenu à la cour de France ; ses fils, abandonnés de tous, dénués de tout, errent dans les châteaux du Tyrol, jouets des caprices politiques de l'empereur. Ludovic le More enfin est étroitement gardé dans le donjon de Loches, et en relisant le seul livre qu'il ait pu emporter de sa Libreria de Pavie, — la Divine Comédie, — il songe sans doute qu'il n'en sortira plus pour revoir les étoiles que la nuit sème sur le lac de Garde et ces grottes de Sermione chantées par ses poètes, et les beaux cygnes blancs qu'il aimait à voir s'ébattre dans les fossés du château de Porta Giovia. — Ruiné par ces catastrophes de princes et d'institutions, l'équilibre italien n'est plus qu'un souvenir. L'expédition de Charles VIII, provoquée par le Saint-Siège et le duc de Milan, et qui, en ruinant Naples, en affaiblissant Florence, avait laissé Ludovic le More et Venise tout puissants en Italie, en avait commencé l'ébranlement. La guerre florentino-pisane avait achevé d'exténuer ces deux républiques au profit du Saint-Siège et de Venise. Le duché de Milan venait d'être détruit à son tour, victime de l'excès d'ambition de son duc. Le royaume de Naples avait disparu. Sur les ruines de tous ces états s'élèvent seuls la Seigneurie de Venise et le Saint-Siège, qui désormais n'ont plus, en Italie, de contre-poids italien et entre qui la lutte est déjà engagée. Jamais l'Italie n'a connu pire anarchie et, dans l'anarchie même, pire instabilité. De tous ces désordres, la conquête du Milanais par Louis XII avait été, sinon l'unique, au moins l'une des principales causes.

III.

Mais tout en provoquant l'anarchie politique en Italie, l'alliance pour la conquête du Milanais y avait aussi réalisé une sorte d'équilibre. Dans l'histoire des théories historiques, son importance n'est pas moindre que dans l'histoire proprement dite de l'Italie. Car, à la considérer relativement à l'évolution des idées politiques, cette période de six mois présente ce caractère exceptionnel que, pour la première fois depuis la fin du moyen âge, une sorte d'équilibre s'est réalisée entre les différents systèmes politiques qui, plus ou moins consciemment, dirigeaient le développement et l'action extérieure des divers états italiens.

Après que la puissance effective de l'Allemagne eut disparu de l'Italie et que l'unité impériale eut fini à Naples sur l'échafaud de Conradin, au morcellement infini de la péninsule en seigneuries et en communes indépendantes ne tarda pas à succéder un mouvement inverse, tendant à une réorganisation politique de l'Italie par l'agglomération et la fusion des états, et, au delà, à l'unification de l'Italie. Les esprits les plus purs et les plus élevés du xive et du xve siècle s'étaient préoccupés de donner à l'Italie un droit public. Mais les théories des tribuns comme Cola di Rienzo, des philosophes comme Pétrarque, ne ressemblaient guère aux systèmes pratiqués par les souverains. Les traditions de gouvernement de ces états ne se formulèrent jamais bien nettement, et les historiens se sont souvent mépris sur leur caractère. Pour n'en citer qu'un, celui qui a été longtemps en France l'historien classique de l'Italie, Sismondi a essayé, au début de sa narration de la ligue de Cambrai en 1509, de les expliquer. Mais les définitions qu'il donne de ce qu'il appelle *le principe du droit héréditaire, le principe des traités* et *le principe de l'intérêt national* sont singulièrement confuses et incomplètes et d'ailleurs faussées, comme l'ensemble de son œuvre, par ce rationalisme juste-milieu et genevois qui fait le fond et la faiblesse de son talent. Il est plus conforme à la vérité de l'histoire de reconnaître pour théories directrices de l'évolution italienne le système de la conquête et de l'unité, le système de l'équilibre et enfin celui de l'intervention étrangère.

Ce n'est guère qu'au milieu du xiv° siècle, après les vaines et ridicules descentes de Henri VII en Italie et la constatation de l'impuissance politique de Louis de Bavière, que les princes italiens, rêvant d'opérer, chacun à son profit, l'unité nationale, voulurent faire des conquêtes systématiques, et que leurs guerres civiles eurent pour motif, non plus comme dans le haut moyen âge, la défense de leurs libertés, mais des acquisitions territoriales. La Papauté et les ducs de Milan se distinguèrent parmi les puissances conquérantes.

Les Visconti, le farouche Azzone d'abord, puis Matteo II, Bernabò, le second Galéas, eurent bientôt changé leurs pouvoirs judiciaires en une souveraineté territoriale lombarde, en même temps que le cardinal Albornoz restaurait l'autorité pontificale dans le patrimoine de Saint-Pierre. Jusqu'à la fin du xv° siècle, tandis que Venise trouvait dans le Levant l'emploi de sa force d'expansion, les papes et les ducs de Milan se maintinrent fidèles à cette politique, voyant comme terme de leur effort une domination étendue, ceux-ci dans le bassin du Pô, ceux-là sur les deux versants des Apennins. Les derniers Sforza continuèrent en ce sens la tradition des Visconti : Galéas Marie obtint de Gênes la reconnaissance de sa suprématie et porta ainsi son domaine jusque sur la Méditerranée. Ludovic, à la veille de sa ruine, ne cédait rien de son ambition, et essayait de transformer son titre de duc de Milan en celui de roi d'Insubrie. — De même, quand les grands conciles et la fin du schisme eurent rendu au Saint-Siège un peu de cette dignité et de cette autorité morale qu'il avait compromises en de si étranges aventures, les papes du Mécénat reprirent, en le réduisant à des proportions moins vastes, mais en lui donnant des bases plus solides, le rêve de théocratie de Grégoire VII et d'Innocent III. Eugène IV essaya de profiter des luttes des Aragonais et des Angevins et des difficultés soulevées par la succession de la reine Jeanne pour annexer le royaume de Naples. Sous Sixte IV, la domination pontificale commença à se raffermir dans les Romagnes ; le neveu du pape essaya d'enlever Florence par surprise. Avec Alexandre VI, le Saint-Siège commença la reconstruction définitive de son pouvoir temporel dans les Romagnes. A ce système de conquêtes, qu'aucun état italien n'eut jamais la force de mener à bout, la sagesse des républiques et des puissances de second ordre opposa instinctivement celui de l'équilibre. De même que dans le haut moyen âge le besoin d'équilibre avait expliqué la longue rivalité maritime de Gênes et de Venise, puis l'alliance presque constante de Venise avec Pise contre Florence, de même il expliqua au XVe siècle l'attitude modératrice de Florence, de Venise, parfois de Naples, dans les conflits que soulevaient les ambitions personnelles des tyrans ou des condottieri. Peu s'en fallut, à l'époque de la république Ambrosienne, en 1447, que les Florentins sussent réaliser cet équilibre d'une manière durable, en proposant de maintenir et de reconnaître la république à Milan, de partager la Lombardie entre Venise et Milan, de contrebalancer ces deux puissances par Florence elle-même et de lier ces deux états par une ligue, protectrice de leurs libertés réciproques et de l'indépendance italienne. Mais, ce projet digne des grands Albizzi, l'éloquente conviction de Neri Capponi ne put l'imposer même au patriotisme de Laurent le Magnifique, qui lui préféra un équilibre mal déterminé et dont sa mort amena immédiatement la ruine. Après lui, Florence, égarée par le prophétisme de Savonarole, absorbée dans les discordes civiles entre Palleschi et Pazzi, dans une querelle provinciale avec Sienne et Pise, se désintéressa presque absolument des affaires générales de la péninsule. Le système d'équilibre ne trouva plus qu'en Venise un défenseur sérieux. C'est pour le maintenir contre Charles VIII qu'elle forma contre ce roi sa grande ligue; c'est pour le protéger contre la prépondérance que Ludovic Sforza avait prise dans cette ligue qu'elle traita avec le roi Charles VIII d'abord, puis avec Louis XII.

L'excès de misère produit en Italie par les guerres du xiiie siècle avait fait naître, à la fin de ce même siècle, une autre théorie politique. De même que dans un municipe divisé par les factions, Guelfes ou Gibelins, noirs ou blancs, *popolo grasso* ou *popolo minuto* appelaient un jurisconsulte étranger aux fonctions de podestat, afin d'assurer ainsi une équité relative à la justice civile et criminelle, ainsi l'on en vint, pour maintenir dans l'Italie cette paix que les Italiens se sentaient incapables de défendre, à l'appel aux puissances étrangères. Ce rôle de juge et de gendarme, le Saint Empire, au sortir de la querelle des investitures, était trop détesté pour le jouer, l'Aragon trop faible et plus tard trop absorbé dans ses affaires de Naples. Il sembla naturel au Saint-Siège, aux communes du nord, à Florence même, de s'adresser au juge de Vincennes, au roi saint Louis. Son autorité morale a certainement contribué pour beaucoup à l'idée et au succès de cette politique d'intervention étrangère. Même sous Charles VI, même sous le roi de Bourges, les Italiens s'imaginèrent toujours le roi de France siégeant dans la majesté des fleurs de lys et dans l'impartialité désintéressée de sa justice. Dans leurs appels au roi de France, il y a toujours l'idée d'un protecteur très grand et très bon, dégagé des passions et qu'ils invoquent comme justicier et comme arbitre. Contre cet instinct ne prévalut jamais la tendance gibeline de l'appel à l'empire. Au xve siècle surtout, entre la faiblesse de l'Empire sous Frédéric III et la puissance de la France sous Charles VII et Louis XI, l'hésitation ne fut plus possible. Aussi est-ce vers Asti et Paris que vont les Angevins exilés de Naples, les cardinaux chassés du Sacré Collège par la crainte du lacet ou du poison, les Médicis fugitifs, les Génois bannis, et Julien de la Rovère, et Trivulce.

Tels sont les trois systèmes, qui, représentés par des états puissants et des hommes de génie, étaient en présence en Italie en 1498 et 1499. Tous les trois se trouvent réunis dans la ligue pour la conquête du Milanais, et c'est cette rencontre même qui la distingue des confédérations antérieures. Dans la ligue de Lodi, dans le traité de Montilz-les-Tours, dans la confédération de 1462, pour ne rappeler que les plus célèbres des actes diplomatiques du xve siècle, les puissances alliées avaient eu des doctrines similaires ; et en s'unissant, elles voulaient seulement mettre au service de leurs doctrines une plus grande force matérielle. Ici au contraire, des puissances à vues analogues se trouvent dans des camps opposés, et les alliés apportent, dans la mise en commun de leurs intérêts et de leurs forces, des principes contradictoires. Dans la ligue inspirée par Ludovic et placée par lui sous le protectorat de Maximilien, on trouve le roi de Naples, uniquement soucieux de maintenir la balance des états dans l'Italie méridionale pour se sauver d'Alexandre VI. Dans la ligue dirigée par la France, on trouve à côté du pape, avide d'agrandissements territoriaux, Venise, désireuse surtout de limiter la puissance de Ludovic Sforza. Ces théories adverses se tolérèrent sans se nuire et s'unirent, en quelque sorte, pour se limiter : que leur bonne harmonie ait pu durer six ans, qu'elle ait survécu si longtemps à la satisfaction des appétits qui l'avaient formée, que — lorsque la Seigneurie de Venise et la France se rencontrèrent sur les bords de l'Adda, la France et le Saint-Siège dans les collines toscanes, le Saint-Siège et Venise autour des citadelles romagnoles, ayant annexé, absorbé, réduit à l'impuissance ou détruit les communs ennemis dont la défaite avait jusque alors servi de prétexte à leur union et les territoires de pâture à leurs appétits, — une brusque mésintelligence n'ait pas alors éclaté entre eux, — on voit, par cet extraordinaire accord entre ces théories, quelle importance particulière dans l'histoire générale des idées politiques en Italie, en retirent la période en question et la guerre par où elle débuta.

Cette prolongation de l'accord entre des confédérés que leurs intérêts naturels devaient, selon le cours ordinaire et l'ordre commun de la politique, diviser les uns des autres, quelles en furent les causes? Ce ne fut certes pas le respect des traités : le respect de la foi jurée n'était pas général en ce temps, et le droit public, quelles que soient sur ce point l'opinion de Sismondi et la doctrine qu'il prête, arbitrairement d'ailleurs, aux Vénitiens, n'avait pas encore de bases solides. Ce n'est pas non plus la conscience de l'intérêt national qu'il y avait pour l'Italie au maintien de l'équilibre : personne ne songeant à l'intérêt national d'une nation qui n'existait pas encore. Encore moins était-ce le désir de procurer quelque soulagement aux populations affamées, décimées par la continuité des guerres, puisque le maintien de la Triple alliance n'était pas pour empêcher ces guerres de continuer, puisque la présence des troupes n'était pas moins nuisible au pays en temps de paix que durant la guerre, puisque, du reste, les maîtres de la paix et de la guerre, séparés du contadin romagnol, du bouvier latin, du vigneron lombard par l'avance de deux siècles de culture intellectuelle et sociale, ignoraient ou méprisaient ces misères de leurs sujets, ne voyant, de la guerre, que le pittoresque, et, des batailles, que l'héroïque, oubliant le prix des victoires dans les pompes triomphales que leur improvisaient les Léonard ou les Mantegna, distraits des horreurs de la vie réelle par la vision idéalisée que leur en donnait le génie jeune encore et vigoureux de la Renaissance. — La seule cause du maintien de cet équilibre et de cette alliance fut la supériorité que donnaient à l'un des alliés sur les deux autres la conquête du Milanais et la prépondérance qui en résultait pour lui sur toute l'Italie.

IV

Conséquence obligée de cette anarchie, réalité quelque temps cachée sous le couvert de l'équilibre des puissances, et bientôt démasquée, suite naturelle de la conquête du Milanais bien plutôt que de l'expédition malheureuse de Charles VIII, la domination étrangère grandit alors et s'installa en Italie.

Le malheur de l'Italie, qui a pesé sur toute son histoire, a été que ses origines et ses conditions politiques ont paru la destiner à être dominée par les autres états de l'Europe. Considérée, depuis la fondation de Charlemagne, comme partie intégrante de l'Empire, sa possession sembla d'abord la conséquence de la possession de la couronne impériale. Siège de la Papauté, puissance internationale et élective, elle eut à subir l'intervention des états de l'Europe dans les crises périodiques de cette puissance même. Demeurée féodalement morcelée, tandis que les états modernes sortaient ailleurs de la féodalité, ces Etats à peine nés, et en vertu même de ce droit de la force sur lequel ils étaient fondés, la jugèrent une proie facile. Si, jusqu'à la seconde moitié du XVe siècle, l'Italie échappa à leurs convoitises et redevint indépendante, l'ébranlement que la mort de Laurent le Magnifique causa au système d'équilibre national dont il était le modérateur le fit bientôt apparaître plus menaçant que jamais, car ce n'étaient plus des principes, c'étaient des intérêts et des appétits qui guidaient vers ses plaines les armées étrangères. A la fin de la période de la conquête du Milanais, l'Italie italienne de 1498 était devenue une Italie internationale, le champ de bataille de l'Europe. Sous prétexte d'attaquer ou de secourir tel prince ou telle République, ce furent leurs propres querelles, (querelles auxquelles l'Italie était le plus souvent étrangère,) que les puissances vinrent y régler. La guerre du Milanais ne fut en partie pour Louis XII qu'une façon indirecte d'atteindre et d'affaiblir Maximilien. La guerre de Naples n'est qu'un épisode de la rivalité naissante des rois de France et d'Espagne. Et ce n'est pas expressément Naples ou Venise que les Turcs viennent attaquer sur l'Adriatique ou dans le Frioul, c'est de l'Europe chrétienne qu'ils commencent, par là, la conquête. Mais bientôt, après avoir tranché dans la péninsule des affaires extérieures à l'Italie, les princes prirent goût à ce champ toujours prêt pour de belles batailles; ils en rapportèrent, avec un facile butin, le souvenir nostalgique d'un soleil plus brillant et d'une vie plus douce : ils tentèrent d'y établir d'une façon durable leur domination ou leur influence. — Dans les années qui suivent l'alliance de 1499, les trois grandes puissances interviennent toutes, en vertu de principes différents et avec des succès divers, dans l'histoire d'Italie. Ce fut au nom du droit impérial oublié ou violé que Maximilien tenta de rétablir en Italie l'influence de l'Allemagne, ce fut aussi pour diminuer l'éclat de la puissance française et sa prépondérance. Déjà il avait vu son expédition contre Pise avorter misérablement faute d'argent et le couvrir de ridicule; en 1512, il tenta de prendre de cet échec une revanche diplomatique; il envoya le marquis Hermes Sforza et le prévôt de Brixen revendiquer à Florence les prérogatives de ses prédécesseurs, annoncer l'intention d'aller se faire couronner à Rome, réclamer de la république une contribution de cent mille francs. La république si affaiblie ne daigna prêter nulle attention à de tels projets. Mais qu'importe? si insignifiants qu'ils fussent, ils attestaient cependant chez Maximilien l'intention de rendre un rôle à l'Allemagne dans les affaires de la péninsule. — Ce fut aussi pour limiter indirectement l'influence française que l'Espagne s'installa à demeure en Italie, non moins que pour satisfaire son ambition. Les développements territoriaux que sa situation géographique lui refusait sur ses frontières, elle les chercha au delà des mers : Ferdinand le Catholique eut l'adresse de se faire proposer par Louis XII la conquête en commun du royaume de Naples. On sait par quelle suite de perfidies il expulsa son allié de leur commune conquête; elles dénotèrent chez lui, avec une rare absence de scrupules, le dessein fermement arrêté de s'établir en Italie. La ténacité que Gonzalve mit à défendre Barletta avec une poignée d'hommes, la patience et l'empressement des Espagnols à renouveler leurs armées à mesure qu'elles étaient dispersées, prouvèrent les efforts que pouvait faire l'Espagne pour réaliser ses desseins. Aux mains de Ferdinand le Catholique, le royaume de Naples était devenu, en juin 1503, le solide point d'appui de sa politique envahissante.

Les puissances qui tentaient ainsi de limiter ou de détruire l'autorité et la domination françaises en Italie étaient encore loin de leur but; la conquête du Milanais avait donné à la France, en Italie, une situation prépondérante; elle avait ravivé l'autorité morale que de tout temps le roi de France y avait eue. Louis XII était dans les imaginations populaires le souverain inépuisablement riche, maître absolu de son royaume; des souvenirs du moyen âge et de ses poëmes chevaleresques le représentaient comme un roi de la Table Ronde au milieu de ses paladins. Rien d'autre part ne frappait plus les esprits cultivés que de voir les princes les plus puissants et les plus réputés de l'Italie mis par Louis XII sur le même pied que ses capitaines, que de le voir désigner pour représenter la France auprès de la République de Venise un simple gentilhomme, M. de Beaumont, un magistrat subalterne, Accurse Maynier. La France était pour tous les Italiens le pays juste et hospitalier qui, dans les luttes politiques, dans la guerre même, savait respecter les intérêts privés; la France était toujours la puissance protectrice et sage que Savonarole avait invoquée pour châtier les scandales de la cour de Rome, que Pise avait appelée pour maintenir ses libertés, et Louis XII apparaissait comme l'arbitre de la paix de l'Italie.

Pour assurer cette souveraineté territoriale et cette autorité diplomatique, les armées de Louis XII promenaient à travers toute la péninsule l'honneur et l'effroi du nom français. Pendant ces cinq années (1499-1503), les expéditions françaises se multiplièrent. Trois cents lances et quatre mille Suisses commandés par Yves d'Alègre et le bailli de Dijon aidèrent l'armée du Saint-Siège à prendre, en octobre 1499, Imola et Forli, et, au printemps de 1500, Pesaro et Faenza; ce fut l'artillerie française qui renversa les murs de la citadelle de Forli; ce furent les soldats français qui firent prisonnière la vaillante femme qui la défendait, la comtesse Catherine Sforza. Une autre campagne entreprise pour restituer aux Florentins Pise, que les traités leur assuraient, conduisit en Toscane les troupes françaises. En 1501, un déploiement plus imposant de forces, mille lances et quatre mille suisses, six mille gascons sous d'Aubigny, trois cents lances et deux mille hommes de pied sous d'Alègre, une autre armée sous le bailli d'Occam, une flotte de vingt vaisseaux bretons, provençaux, génois, portant une armée de débarquement de 6,500 hommes et commandés par Philippe de Ravenstein, annonça l'intention de Louis XII de faire contre Naples une expédition sérieuse et définitive, qui réussit en effet. Pendant les deux années 1502 et 1503, les armées françaises furent en mouvement dans le royaume de Naples, remplissant l'Italie du long siège de Barletta, de leurs marches incessantes dans la Calabre, des plus chevaleresques épisodes; dans toute l'Italie on admira le combat des onze, — onze Espagnols contre onze Français, où quatre Français soutinrent pendant six heures l'effort de leurs assaillants au complet et laissèrent la victoire indécise ; dans toute l'Italie fut célébré le duel de Bayard et de Sotomayor. Aussi, malgré ses revers dans le Napolitain, ne doutait-on pas encore de la puissance militaire de la France, tant avait été profonde l'impression produite par le sac de la Rocca d'Arazzo, le pillage de Tortone, l'enlèvement de Forli, la dévastation de Capoue, et toute l'Italie visitée et rançonnée par les écossais de d'Aubigny, les Suisses de Trivulce, et les gascons de Robinet. L'Italie comprenait qu'il ne s'agissait plus ici d'une suzeraineté d'influence ou d'une conquête éphémère, mais d'une installation gouvernementale méthodique et réfléchie. Ils jugèrent impossible de résister à Louis XII et s'estimèrent heureux de se déguiser à eux-mêmes leur vassalité sous le nom d'alliance. Jamais Louis XIV n'exerça en Italie pareille influence. Le régime napoléonien seul y installa plus solidement notre domination; encore fut-il moins exclusivement français que la domination de Louis XII. Pour ruiner celle-ci, et non sans lutte, il n'a fallu rien moins que la confédération de toute l'Europe. La période que détermine dans l'histoire d'Italie la conquête du Milanais pourrait donc s'appeler, — mieux encore que période de la triple alliance ou de l'équilibre italien, — période de la Domination française, si l'on voulait indiquer d'emblée l'importance qu'a eue dans l'histoire de l'Italie et des idées italiennes l'œuvre ébauchée à Paris en 1498, continuée à Venise et à Rome, finie dans les plaines lombardes en 1500 par ces collaborateurs, inconscients et indignes, de la destinée qu'étaient les âpres marchands patriciens de Venise, les évêques de César Borgia, et ces conseillers du roi, qui ne voyaient au delà des Alpes que des chevaux de race, les faucons privés, les ducats sonnants et trébuchants à se faire donner ou à aller prendre.

Ainsi pour son importance propre, pour la grandeur de ses résultats dans l'histoire générale de la politique italienne, la conquête du Milanais mérite tout à fait d'être étudiée. Ajoutons que son histoire n'est pas seulement celle d'une suite logique d'événements, d'une abstraite mêlée d'idées. L'y enfermer, ce serait méconnaître la vraie physionomie de cette Renaissance que Burckhardt a si justement caractérisée par le progrès et le triomphe de l'individualisme ; de cette époque où les hommes n'agissent pas consciemment en vertu de théories préconçues, mais inventent leurs théories pour couvrir leurs passions et justifier leurs actes ; où bien loin qu'ils soient entraînés par des courants analogues à ces idées-forces qu'on a démêlées dans l'histoire de notre siècle, c'est leur volonté qui façonne et modèle les événements. — Cette histoire est aussi l'histoire des hommes qui ont fait ou qui ont subi la conquête du Milanais ; ce sont eux surtout que montrent les documents qui restent de la foule redevenue anonyme des gens célèbres des années 1499 et 1500. Pour les voir vivre et agir, tout en suivant surtout l'étude des événements, il faut s'introduire, tantôt au conseil des Pregadi, à la suite de Marino Sanuto, tantôt dans le labyrinthe des chambres du Vatican, dont le chanoine alsacien Burchard a fait les honneurs avec une sincérité familière, et dans ce grouillis d'aventuriers espagnols, français, allemands, sarrasins, italiens même, qui composaient l'armée de la Sainte Église et la maison privée du Saint Père. Les lettres des chancelleries de Ferrare, de Mantoue, de Milan, nous ouvrent les chambres et les conseils de la Corte Vecchia et du Castello de Milan, avec leurs diplomates fins et clairvoyants, impuissants à prévenir les événements qu'ils prévoient, avec leurs soldats de parade, leurs gentilshommes prudents et égoïstes ; les registres de Louis XII et du Sénat nous montrent ces puissants patriciens qui s'accommodent de la servitude de leur patrie moyennant donations et privilèges, qui se font payer jusqu'aux trahisons qu'ils pourraient commettre ; et les registres Panigarola nous font descendre, avec les trompettes de ville, du Broletto sur la place d'Arenga, à tous les carrefours de Milan, parmi le *popolo minuto*, attentif surtout aux dégrèvements d'octroi et aux prohibitions municipales, parmi ce peuple amoureux de politique et de tumulte, jusqu'aux femmes et aux enfants, et prêt à l'enthousiasme presque en même temps qu'à la révolte. Chroniqueurs et diplomates, tous enfin nous font revivre les grandes journées de cette guerre, la foule grondante et affolée dans les rues de Milan, sur la piazza San Marco, quand viennent les nouvelles du «camp,» ou violentée par l'armée française dans les Corpi santi et les bourgades de Lombardie.

De cette foule vivante, mais inconnue, de comparses, se détachent quelques figures intéressantes dont l'action a été visible dans les grands événements d'au delà les monts, entre 1499 et 1503. Les Français de l'armée de conquête subirent eux-mêmes cette influence de l'individualisme : les capitaines cessèrent d'être les soudards quelconques, tous pareils entre eux, qu'ils étaient au temps de Charles VIII; ils eurent, comme Ligny, comme Ravenstein, des plans, des idées politiques, des ambitions personnelles. Entre tous apparaissent le cardinal d'Amboise, figure froide et fermée, homme de loi pour le service de Louis XII, homme d'argent pour le sien propre; Julien de la Rovère, qui prépare de loin les trames de son ambitieuse perfidie tout en feignant de suivre et de seconder la politique de Louis XII ; puis c'est Gian Giacomo Triulzi, comte de Melzi, Castelarquate et Pézenas, maréchal et lieutenant général du roi par delà les monts, dont l'orgueil, la partialité, la *virtù* ébranlèrent si rapidement l'œuvre, puis la fortune militaire. Sur les marges de cette histoire se profilent Savonarole, qui n'a pu que la pressentir,— la sagesse sceptique d'Alexandre VI ayant débarrassé la ville de Botticelli et de Donatello de ce puritain furieux et iconoclaste, au moment où Louis XII remplaçait le roi jadis célébré par lui; — Machiavel, obscur secrétaire de la république florentine, en mission à Forli durant les négociations de Ludovic Sforza avec la comtesse Catherine, — César Borgia, qui prélude par sa figuration dans l'armée française à ses premiers débuts de conquérant. Les documents ne nous les laissent ici qu'entrevoir. Par contre, c'est en pleine lumière qu'ils nous montrent, et en éclairant jusqu'au fond leur cœur, quelques-uns des principaux personnages italiens de ce drame et de toute cette époque : François de Gonzague, Ascanio Sforza, Alexandre VI, et surtout le malheureux duc Ludovic, qui en fut, en somme, le héros le plus sympathique. N'eût-elle pas eu d'autre intérêt que de montrer dans toute l'énergie de leur activité ces grands hommes, de procurer une connaissance plus exacte et plus ressemblante de ces exemplaires en âmes de luxe de l'italien pendant la Renaissance, la conquête du Milanais serait par là même justifiée, et l'histoire ne devrait point en paraître superflue.

LIVRE PREMIER

LES CAUSES ET LA PRÉPARATION DE L'EXPÉDITION DU MILANAIS

CHAPITRE PREMIER.

LES CAUSES DE L'EXPÉDITION DU MILANAIS.

La guerre contre le duché de Milan, la ruine de Ludovic Sforza, la conquête de la Lombardie, furent, dès l'avènement, la constante préoccupation, l'idée directrice de la politique de Louis XII. Bien que seize mois environ se soient écoulés entre la mort de Charles VIII et le début de la campagne contre le Milanais, rien, dès ce moment, ne fut moins douteux que cette campagne même ; Louis XII ne négligea rien pour montrer combien elle lui tenait à cœur (1), il manifesta en toute occa-

(1) Les faits ci-dessous et un grand nombre d'autres non moins significatifs sont rapportés par les ambassadeurs et les Italiens résidant en France, dans leurs lettres ou dans les *Avvisi di Francia*, dont je ne signale ici que les principaux : Lettre au cardinal de la Rovère, Vincennes, 9 mai 1498 (Milan, *Carteg. Gen.*) ; lettre de Lucio Malvezzi à Ludovic Sforza, 19 août 1498 (*Documents sur la première année du règne de Louis XII*, p. 51) ; lettre de Neri Capponi à son frère, Paris, 20 août 1498 ; le même dit encore (25 août) que le roi voulait commencer la guerre aussitôt après son mariage : «facto questo passo, si pensara a cosa di Milano» ; même opinion dans une lettre de l'évêque de' Pazzi (Paris, 22 sept.), avec cette restriction que Louis XII serait peut-être arrêté dans ses projets par la crainte de Maximilien « perchè lo teme tacito. » [*op. cit.*, p. 38] ; Marino Sanuto, II, 175, lettre de l'ambassadeur vénitien à Rome, 30 nov. 1498, citant le mot de Buzardo ; — lettre d'Alberto Inviciato, Alexandrie, 30 nov. 1498, [*op. cit,,* p. 52] ; lettre de T. Vimercati, ambassadeur milanais à Florence, 30 déc. 1498 [*op. cit.*, p. 60] ; Marino Sanuto, II, 190, lettre de Lyon, 25 nov. 1498 ; lettre anonyme, Nice, 15 oct. 1498 [*op. cit.*, p. 46] ; Marino Sanuto, 1, 1080, lettre de l'ambassadeur vénitien en France, 12 sept. 1498 ; *ibid.*, nouvelles fournies par Zuam Dolce vers le 30 juin 1498, 1, 1008 ; *ibid.*, II, 42, nouvelle du 11 oct. 1498 ; *ibid.*, II, 52, nouvelle du 14 oct. 1498 (toutes les deux données par Trivulce à Z. Dolce.)

sion son désir de faire cette guerre, et les circonstances semblèrent s'accorder pour lui permettre de le manifester plus librement.

Dans la circulaire par laquelle il notifia aux puissances la mort de son prédécesseur et son accession au trône, Louis XII prit à la fois le titre de roi de France et celui de duc de Milan (1). Dès les premiers jours de son règne, malgré l'isolement diplomatique presque absolu dans lequel Charles VIII lui laissait le royaume, malgré les embarras intérieurs inséparables d'un triple changement de dynastie, de souverain et de personnel gouvernemental, il manifesta hautement son hostilité contre le duc de Milan. Il laissait dès lors dire qu'il « n'avait en tête que les affaires d'Italie », et chargeait Trivulce d'en informer Ludovic Sforza. Il déclarait qu'il aimerait mieux « avoir le duché de Milan pour n'y vivre ensuite qu'un an plutôt que de vivre toute une vie sans le duché » (2), — mot quelque peu emphatique et recherché qui fut fort colporté et commenté en Italie. Il demandait des renseignements à Trivulce sur les diverses villes lombardes ; il se fit envoyer par lui une carte de la Lombardie. « La question du Milanais, écrit, le 20 août 1498, le banquier florentin Neri Capponi, absorbe l'esprit du roi », et les ambassadeurs vénitiens notent la marche envahissante de cette passion, dont les effets deviennent de mois en mois plus visibles : à la fin de juillet, il menaçait de faire jeter à la rivière les ambassadeurs milanais s'il s'en présentait devant lui (3) ; en septembre, il passait pour « *volenterissimo dell' impresa di Milano* » (4) ; en novembre, on répétait encore qu'il n'avait « fantaisie que des choses de Milan » (5) ; et la duchesse de Bourbon, sa vieille ennemie, faisait dire à un espion milanais

---

(1) Mantoue, *Archivio Gonzaga*, E. XIX-3. Milan. Donato Preti au marquis, 28 avril 1498 : «[Il predicto re] pare che sia molto disposto ed inclinato a questa impresa de Italia, e pur chel se retene ancora et vole retenere il titulo del duchato de Millano, del qual al continuo se ha per il passato intitolato. Credessi che quantunche li sia cossi inclinato al presente, ogni modo li sara de fare assai nanti che l'habia stabilito quello regno, per esser cosa grande dove besognara molto tempo, prima che al tutto habia fermato in pede. »

(2) C'est l'archevêque d'Arles, Niccolo Buzardo, qui rapporte cette parole. Sanuto, II, 195, Rome, 30 novembre 1498. Cf. sur ce personnage, *Correspondance Historique et Archéologique*, I (1894). Cibo ou Buciardo, pag. 51.

(3) Aviso di Parigi, 30 juillet 1498.

(4) Marino Sanuto, *Diarii*, I, 1080.

(5) *Id., Ibid.*, II, 190. Lettre de Lyon, 25 novembre 1498.

que « Louis XII persistait dans ses mauvaises dispositions contre le duc ». Il en arriva à n'appeler plus Ludovic Sforza que « Monsieur Ludovic », de même qu'il n'appelait que « Don Frédéric » le roi Frédéric de Naples (1). S'il ne commença pas immédiatement l'expédition qu'il projetait, ce fut, soit par égard pour la reine Anne, qui y était défavorable (2), soit surtout parce qu'il voulait mettre son royaume « en ordre » avant de passer les Alpes et tout préparer pour que l'entreprise fût aussi « gaillarde » que possible (3). Les longues et indécises réflexions que lui prête Arluno ne semblent guère l'avoir fait hésiter, au moins sur le principe de l'entreprise (4). — La majorité de son entourage était animée des mêmes dispositions que lui-même : le cardinal d'Amboise, son principal et plus écouté conseiller, en était partisan convaincu ; le mécontentement ou la froideur d'une partie de la noblesse à cet égard venait surtout de la crainte de voir augmenter encore l'économie royale ou de subir le contre-coup de nouveaux impôts ; mais on annonçait que le roi de Naples aurait bientôt « dans le dos » un « ours plus furieux » que ne l'avait été Charles VIII. Marino Sanuto, judicieux et fin observateur, écrit en mai 1498 ; « Il faut retenir cette maxime que le nouveau roi de France est absolument ennemi du duc de Milan et qu'il prétend occuper son duché, qui, dit-il, lui appartient de droit. Aussi garde-t-il les titres de roi

---

(1) *Documents sur la première année du règne de Louis XII*, pag. 52 et suivantes.

(2) « Il craignait de la mécontenter parce qu'elle était contraire à l'expédition du Milanais et qu'il voulait l'épouser », dit l'*avis* qui mentionne ce bruit (Paris, 30 juillet 1498). Nombre de gens, comme l'auteur même de cet avis, attribuent aussi à l'*avarice* de Louis XII son hésitation à commencer la guerre.

(3) MARINO SANUTO, *Diarii*, I, 1008. Lettre de Dolce, Turin, 30 juin 1498 ; *Documents sur la première année du règne de Louis XII*, pag. 31 (19 août 1498) « La dispositione de la maestà del Re affirma essere omnino de seguitar l'impresa de Italia »..., et plus loin : « nui volemo passare in Italia e se non lo facemo adesso è per volere fare la impresa più galiarda e più fundata. » Voir aussi pag. 60 (3 décembre 1498). Mantoue, *Arch. Gonzaga*, E, XIX-3. Lettre de Donato Preti, 28 avril 1498, citée page 24, note 1.

(4) Milan, Bibl. Ambrosienne, A, 114, inf. Arluno, *Storia di Milano* : « Cum multa versaret pensitaretque diu secum quantae difficultatis provinciam subiret, rursus animadvertebat praevalidas dissidentis Italiae vires assiduo regulorum certamine confligentium attenuatas, et quamquam non ignoraret versatiles repetitisque consiliis alternantes ex occasione in diversa relapsuros principes venetos nec ipsum Italiae diu participem futurum, quod adjacentis Gallicani regni potentia suspectae res suae forent.... »

de France, de Naples et de duc de Milan » (1). — Aux paroles s'ajoutent les actes, et les événements se chargent d'apprendre au More la vérité sur les sentiments de Louis XII. Des incidents de frontière, habilement préparés ou exploités (2), ne tardent pas à éclater entre Asti et le duché de Milan. Trivulce prétend avoir à se plaindre de certains barons vassaux de Milan (3), des gens de Spigno, Pruneto et autres villages, coupables d'invasion à main armée sur le territoire astesan, d'occupation de plusieurs villages, et d'encouragements donnés aux rebelles astesans de Cortemiglia. Les envahisseurs avaient emmené ces rebelles chez eux avec le butin fait sur l'Astesan; les gens de la Roccheta avaient mis garnison dans le château astesan de Porlito et avaient, eux aussi, attaqué les Astesans; les gens de Spigno avaient assassiné des individus de Montaldono, paisibles voyageurs. Trivulce adresse une protestation contre ces violences au commissaire Malvezzi, et, sans en attendre l'effet, commence des représailles : il ruine les portes et une bonne partie des murs de Cortemiglia, met à sac la ville basse et prend le château. Un échange de trompettes et d'explications a lieu entre Trivulce et Malvezzi. Malvezzi réclame pour lui-même la charge de châtier les Milanais (4), s'il en est de coupables, promettant de s'en assurer par une enquête, comme dans le cas inverse ce serait la charge de Trivulce, et, n'ayant que peu de troupes disponibles, ne sachant comment résister à une attaque possible des Français, garde à sa disposition les troupes du marquis d'Incisa. Trivulce voulait seulement effrayer les Milanais, sans commencer d'hostilités: aussi propose-t-il à

---

(1) MARINO SANUTO, I, 954, mai 1498. Cette prétention du roi de France à la possession du titre ducal inquiétait Ludovic Sforza. Il voulut faire examiner la question juridiquement et demandait au duc de Ferrare, au début de juin, tous les documents qu'il pouvait avoir qui fussent de nature à l'éclairer. Modène, A. d. S., B. 13; Costabili au duc de Ferrare, 3 juin 1498: Essendosi expedito de consultare quale siano le ragione che se pretende haver la maestà del Re di Franza in questo illustrissimo dominio, lo illustrissimo signor duca me ha comesso che volando, e prima che intra la combustione della luna, le mandi a la E. V., azo che informato che la ne havera il signore Borso la, lo possi mandare al viagio suo in Franza.

(2) Il faut tenir compte cependant de la part que la personnalité de Trivulce, ambitieuse et égoïste, a eue dans ces divers incidents. Cf. *La politique de Trivulce au début du règne de Louis XII* (Revue des Quest. Hist., 1894).

(3) Milan, A. d. S. *Carteggio Generale*, Trivulce à Malvezzi, 30 mai 1498. Ce document et les trois suivants sont imprimés dans *La politique de Trivulce au début du règne de Louis XII*.

(4) Milan, A. d. S. *Cart. Gener.*; Malvezzi à Ludovic Sforza, 31 mai 1498.

Malvezzi un accommodement au sujet des troubles qui pourraient ultérieurement survenir entre leurs sujets (1) : les agresseurs, que ce fussent les Milanais ou les Astesans, seraient passibles d'une amende de 200 écus, et, s'il y avait mort d'homme dans la bagarre, d'une amende de 500 écus. Ce contrat est accepté et signé par les deux gouverneurs. Mais peu après, les gens de Trivulce le violent, attaquent les gens de Spigno, en tuent un, coupent les vignes et commettent d'autres méfaits. La commune de Spigno avertit Malvezzi de ces violences, en demande réparation : grand fut l'embarras de Malvezzi ; soutenir Spigno, c'était s'exposer à une querelle, et peut-être pis, avec Trivulce, et ce n'était vraisemblablement pas ce que voulait Ludovic Sforza ; l'abandonner, c'était manquer à son devoir de protection et donner un mauvais exemple. Malvezzi s'en tira en replâtrant tant bien que mal la situation ; mais il prévoyait dès ce moment des dangers plus graves pour la sécurité publique, si des mesures sérieuses n'étaient pas prises pour empêcher les Astesans de tourmenter ces « pauvres mesquins », d'une façon qui apitoyait sur eux Malvezzi. — Un marchand milanais, établi à Asti et placé sous le protectorat français, fut séquestré au commencement de juillet par un officier milanais, Boccalino da Mantoa, et le fait donna lieu à une réclamation diplomatique entre Trivulce et Malvezzi (2). — En juin, Louis XII refusait de recevoir un agent diplomatique que lui avait adressé Ludovic Sforza (3). A la fin de juillet 1498, il écrivait à Trivulce, en termes propres, « de faire savoir à Ludovic de Milan qu'il avait fait la paix avec la Bourgogne et l'Espagne, et qu'il n'avait par conséquent plus aucun souci en France » (4) : paroles comminatoires, dont la portée ne devait pas échapper au duc. La trêve entre Louis XII et l'Empereur, annoncée à son tour le 29 juillet

---

(1) Milan, A. d. S. *Cart. Gener.*, Malvezzi à Ludovic Sforza, 18 août 1498.

(2) *Ibid. Cart. Gener.*, Malvezzi à Ludovic Sforza, 10 juillet 1498.

(3) *Ibid. Pot. Est. Savoia.* Maffeo Pirovani au duc de Milan, 16 juin 1498. « L'ambaxaria italica quale non è admissa dal Re secundo la relatione del Lucchese è quella di V. Ex., ma epso, per mazor modestia, non la volse declarare nel suo summario. » Cette brutalité était d'autant plus frappante que Ludovic Sforza ne se départait pas de sa correction officielle vis-à-vis de Louis XII et de sa politesse ordinaire à l'égard des Français ; le 18 juin précisément, il accorde un libre passage en Milanais à M. d'Entragues.

(4) MARINO SANUTO, I, 1024, 28 juillet 1498. Louis XII disait que Ludovic Sforza trouverait sans doute cette nouvelle pire que celle de son couronnement pacifique.

1498 à Milan, redoublait l'effet de cette première communication (1).

Le plus grave et le plus significatif de tous ces actes fut la rupture officielle de la trêve qui, depuis la fin de l'expédition de Charles VIII et les faits de guerre postérieurs au traité de Verceil, régissait les relations de la France et du duché de Milan. Vers le 20 juin, Trivulce, avec un petit corps d'hommes d'armes, envahit le territoire milanais aux confins d'Asti, y fit assez de mal et notamment enleva un château appartenant au duc de Milan. C'était un acte d'hostilité déclarée, accompli par un lieutenant du roi de France contre le duc de Milan (2). Cette dénonciation de la trêve, *desdicta della tregua*, excita une profonde émotion, en même temps qu'une vive curiosité, en Italie. On chercha à pénétrer l'intention de Trivulce : les uns dirent qu'il avait agi avec le consentement et par la volonté des Vénitiens ; les autres qu'il n'avait fait là qu'un coup de tête ; à Venise, on vit dans cet acte l'exécution d'un ordre du roi, mais Lattuada tint cette opinion pour erronée. Quelle qu'en fût la cause, « la chose, dit justement Sanuto, donnera de quoi réfléchir au duc de Milan ». Ludovic Sforza apprit la nouvelle à Soncino, et ne sachant ce que signifiait ce début d'hostilités, donna ordre à ses troupes, sous les peines les plus sévères, de se réunir dans le voisinage d'Asti, à Alexandrie della Paglia et de s'y tenir prêtes à tout événement. Cette « *desdicta della tregua* » lui donnait fort à penser ; son ambassadeur à Turin, Pirovani, envoya des espions à Asti pour découvrir la vérité (3). Mais Trivulce, après avoir produit son effet d'angoisse ou d'inquiétude, ne fit aucune difficulté pour fournir des explications, plus ou moins sincères d'ailleurs. La duchesse de Savoie lui envoya un secrétaire, Jacques Langlois, pour l'interroger. Trivulce l'accueillit fort correctement, protesta vivement de ses sentiments de respect et de dévouement pour la duchesse, déclara qu'il ne lui cacherait jamais aucune action importante ; s'il ne lui avait point annoncé cette *desdicta della tregua*, c'est

---

(1) Mantoue, *Arch. Gonzaga*, E, XIX-3. De Preti, ambassadeur à Milan, au marquis de Mantoue.

(2) *Chronicon Venetum*, pag. 55 (juin 1498). Milan, A. d. S. *Cart. Gener.* Lettre de Saluces, 21 juin 1498. *Ibid.*, Lettre d'Odone d'Incisa au duc de Milan, 18 juin 1498. *Ibid.*, *Pot. Est. Venezia*, 21 juin 1498, Lattuada au duc de Milan. — Marino Sanuto (I, 997, 21 juin 1498) situe sur le territoire génois ce château enlevé par les troupes de Trivulce.

(3) Milan, A. d. S. *Pot. Est. Savoia*. Pirovani au duc de Savoie, 20 juin 1498.

qu'il n'y avait attaché aucune importance actuelle (1). Il l'avait faite de son propre mouvement, sans avoir reçu aucun ordre du roi, mais pour sa commodité personnelle. La trêve contenait en effet un article portant que la dénonciation devait précéder de huit jours le début des hostilités. Par la dénonciation qu'il venait de faire, il se mettait en mesure de pouvoir commencer sans délai toute expédition que pourrait lui ordonner ultérieurement le roi. Trivulce protesta d'ailleurs n'avoir encore reçu du roi aucun ordre de ce genre, ne vouloir faire aucune « *novità* », mais il reconnut avoir demandé à Louis XII quelques renforts pour répondre à l'envoi de deux cents hommes d'armes fait par Ludovic Sforza à Alexandrie pour garder sa frontière. Sur quelques objections de Langlois, qui lui dit notamment que cet acte lui donnerait la responsabilité de l'avenir, Trivulce commença un long discours résumant tous ses griefs, vrais, exagérés ou faux contre Ludovic Sforza (2). La conclusion en était que, pour le moment il ne devait ni ne voulait commencer la guerre ; mais toutes les atténuations, les excuses, la retraite du gouverneur d'Asti, étaient en somme peu de chose auprès de ce fait grave : la rupture de la trêve entre la France et le duché de Milan, c'est-à-dire la déclaration la plus formelle, officielle et définitive, des intentions hostiles de Louis XII. — Cette pensée d'expédition contre Milan grandit de jour en jour dans l'esprit du roi : bientôt il envisagea les moyens à employer, la tactique, la méthode qu'il aurait à suivre ; il en causa avec des Italiens ; dans une conversation avec Jean de Gonzague, où il « se déboutonna », il annonça qu'il ferait traiter avec la plus grande cruauté la première place qu'il prendrait, pour décourager les autres de la résistance ; à d'autres il déclara qu'il voulait une belle bataille, « une journée» ; s'il était victorieux, il poursuivrait son entreprise ; « s'il était battu et qu'il dût revenir sur ses pas, il se serait du moins contenté en donnant une fois carrière à sa haine, en faisant une solennelle démonstration contre son mortel ennemi (3) ». — Dans les relations des contemporains, — que ce soient les ambassadeurs vénitiens ou les espions milanais, qu'elles aient été écrites à la cour et sur des témoignages directs, ou bien en province, à Lyon, à Asti, sur des informations grossies ou déformées par la légende, — partout apparaît

---

(1) Milan, A. d.{S. *Pot. Est.*, *Savoia*. Pirovani au duc de Milan, 21 juin 1498.
(2) J'ai exposé plus longuement cette affaire et produit les principaux documents et ce discours dans *La politique de Trivulce*, etc., pag. 12.
(3) *Documents sur la première année du règne de Louis XII*, *passim*

avec évidence que l'expédition contre le duché de Milan a été la première pensée du règne de Louis XII.

Cette idée, formulée avec tant de netteté, affirmée avec tant de vigueur, n'est pas née, caprice passager, fantaisie royale, dans l'esprit du duc d'Orléans devenu Louis XII et jaloux de rivaliser dans une expédition outre monts, plus brillante et plus heureuse, avec son prédécesseur et rival Charles VIII. C'est une étrange erreur que de prétendre y voir une *déviation,* une des plus *dangereuses aberrations* de la politique française (1). L'expédition contre le duché de Milan s'explique et se justifie par les raisons les plus diverses et les plus sérieuses, les plus étroitement liées à la grande crise de l'histoire d'Europe au xve siècle. Ces causes sont à la fois politiques, dynastiques et personnelles.

I.

CAUSES POLITIQUES DE L'EXPÉDITION.

La raison fondamentale de l'expédition du Milanais fut une raison politique : la nécessité pour la France, à la fin du xve siècle, de continuer vers le Rhin et au delà des Alpes le développement de son unité territoriale, de son influence, de sa politique traditionnelle ; la nécessité de détruire, en Ludovic Sforza, la puissance du prince que son habileté personnelle, ses alliances et ses richesses, sa prépondérance directe ou indirecte, rendaient, tant en Allemagne qu'en Italie, le plus dangereux ennemi de ce développement.

§ 1. — *La tradition politique française en Italie et Ludovic Sforza.*

Quand Louis XII monta sur le trône, il y avait un demi-siècle environ que, depuis l'expulsion définitive et totale des Anglais hors du sol français, la monarchie avait repris, soit à l'intérieur, soit à l'extérieur, sa politique traditionnelle d'agrandissements territoriaux. Cette politique, il semble que ce soient le traité de Verdun et les partages carolingiens, qui, en rejetant la France bien loin à l'ouest des frontières de la Gaule, lui en

---

1 (Albert) SOREL, *L'Europe et la Révolution française,* 1, pag. 261.

aient assigné l'orientation et le but, l'expansion vers l'Est, la marche simultanée vers le Rhin et les Alpes, puis au delà. Guerre et diplomatie, procédés financiers et procédures juridiques, la monarchie mit tout en œuvre pour remplir ce programme, si intimement lié à son existence qu'elle en était parfois presque inconsciente. Philippe-Auguste, Philippe-le-Bel, Charles V, en furent les grands ouvriers au moyen âge ; après la longue et cruelle interruption de la guerre de Cent ans, Charles VII, Louis XI, Charles VIII, l'avaient repris et continué avec une sagesse inégale et un succès divers. Peu importe d'ailleurs quelle en ait été l'origine, cette double tendance de la politique française apparaît à toutes les périodes de l'histoire du moyen âge.

C'est de la fin du XIIIe, du début du XIVe siècle, que date l'entrée de l'Italie dans la zone d'action et d'attraction de la politique française (1). L'influence de la France y fut introduite et développée par les Papes, quand Charles d'Anjou vint recevoir la couronne de Naples enlevée aux Hohenstaufen, se mit à la tête du parti guelfe et devint l'arbitre de l'Italie ; après lui, son fils Charles de Valois, avec le titre de *defensor ecclesiæ*, chassa de Florence les Gibelins, parmi lesquels était l'Alighieri, et y fonda l'influence franco-guelfe. Si Louis IX n'avait autorisé qu'à regret son frère à accepter les offres d'Urbain IV, Charles de Valois était l'instrument de Philippe le Bel. C'est avec Philippe le Bel que la France commença en tant qu'état à s'intéresser aux affaires italiennes (2), et que l'Italie devint pour elle plus que la grande route de Jérusalem ou de Constantinople et qu'un marché toujours ouvert de conquêtes territoriales, d'apanages pour ses princes et ses aventuriers. L'importance donnée depuis ce règne aux affaires d'Italie s'explique aisément : obligés de veiller sur les intérêts de leurs parents et de leurs vassaux, parfois amenés à les combattre pour empêcher des puissances rivales de trop grandir, les rois de France furent forcés à une surveillance constante de l'histoire de la péninsule. Par suite des lois de la transmission des fiefs, ces droits

---

(1) Dans la composition de ce premier chapitre, résumé à grands traits de l'histoire des relations franco-italiennes au XIVe et au XVe siècle, je n'ai pu, comme pour les suivants, consulter les sources originales. Je me borne donc à renvoyer d'une façon générale aux ouvrages qui m'ont fourni les éléments de ce chapitre et surtout à ceux de MM. Delaborde, Cipolla, Faucon, de Maulde et Dufresne de Beaucourt.

(2) DELABORDE, *L'Expédition de Charles VIII en Italie*, pag. 4.

et ces intérêts de certains princes français devinrent les droits et les intérêts du roi : de là un motif perpétuel d'immixtion. D'autre part, Philippe le Bel ou tout au moins ses conseillers semblent avoir songé à une complète transformation des conditions politiques de l'Italie. Pierre Dubois, qui peut-être fut souvent l'interprète des pensées intimes de son maître, rêvait de substituer la France aux droits temporels du Saint-Siège, moyennant une forte pension faite aux Papes : cette cession aurait donné au roi, — sans parler de la suzeraineté de l'Angleterre, de l'Aragon et de la Sicile, — Rome et les Romagnes ; ensuite on aurait obtenu de l'Empire l'abandon de la Lombardie, dût-on y installer par la force la domination française. De ces utopies de Pierre Dubois, il faut surtout retenir qu'à l'idée de possessions territoriales obtenues par voie héréditaire se joignit dès ce temps l'idée de possessions territoriales obtenues directement par la conquête (1). — Enfin un événement capital s'accomplit sous ce règne : la translation de la papauté à Avignon. L'abandon de Rome par les Papes ôta de l'Italie le seul pouvoir universel qui y subsistât, le seul qui pût, sans exciter encore de défiances ni provoquer de dissensions, se mettre à la tête d'une action commune de tout le pays. Le Saint-Siège devenu, à Avignon, par force le protégé, par sympathie le client de la France, les états romains abandonnés à la gérance de légats souvent incapables et à la merci des aventuriers, l'Italie perdit le dernier symbole de son unité, et ses états, plus que jamais isolés, furent d'autant plus accessibles à l'influence étrangère et surtout à celle de la France. De plus, ayant, par la force même des choses le caractère et le rôle de protecteurs de la papauté, — protecteurs parfois assez tyranniques, les rois de France devenaient, par le fait même, les médiateurs obligés des autres puissances auprès du Saint-Siège, — et le Saint-Siège étant, malgré son éloignement de Rome, resté souverain de Rome, suzerain de Naples, et chef du parti Guelfe, les Italiens eurent souvent à recourir au souverain Français. — Ainsi dès Philippe le Bel, on voit se poser, soit en théorie, soit en fait, les quelques grands principes qui gouvernent pendant deux siècles toute l'histoire de la politique française en Italie : conservation des droits féodaux au profit des maisons françaises qui en héritent, essais de conquêtes et de dominations territoriales, patro-

---

(1) DELABORDE, *op. cit.* BOUTARIC, *La France sous Philippe le Bel*, pag. 411 ; Pierre DUBOIS, *De recuperatione terræ sanctæ*, édit. Langlois.

nat particulier de certains états, politique générale d'arbitrage et de médiation. Avec toutes les diversités qu'ont pu créer les circonstances, les caractères particuliers des princes français ou italiens, l'action rivale des autres puissances européennes sur l'Italie, les conditions politiques de la France elle-même, la régression enfin de l'influence italienne en France, — ce sont toujours ces quelques grandes idées qui expliquent et résument l'action politique de la France du xiv° au xvi° siècle. Je n'ai point à suivre ici, dans tous leurs détails, les évolutions si complexes, si confuses parfois de ces deux siècles de politique française en Italie, avec les mille épisodes dont un exposé complet serait à peu près impossible, et il me suffira d'en rappeler les grandes lignes et d'en rattacher les faits les plus caractéristiques aux principes ci-dessus énoncés.

Toutefois il convient de distinguer d'abord, dans cette suite de deux siècles, deux périodes bien tranchées, dont la division, si elle ne modifie pas ces principes dans leur ensemble, ne laissa pas que de marquer sur leurs applications. Ces périodes sont limitées par la restauration, sous Charles VII, de la monarchie française, qui, de féodale qu'elle était restée, même après Philippe IV et Charles V, devient décidément monarchique au sens classique et moderne du mot. A cette transformation du système d'état français correspond, par l'établissement de services diplomatiques plus réguliers et, en certains endroits, continus, avec la conscience de la solidarité de tous les états, des réciprocités d'influences et d'intérêts, la première apparition dans l'histoire d'Europe de ce qui est devenu plus tard l'équilibre européen, apparition vague encore et confuse. Avant cette évolution, les sociétés médiévales sont surtout occupées encore de leur progrès interne et de leur organisation : c'est l'âge féodal; après, c'est sur les rapports extérieurs des états que les nouvelles sociétés semblent se fonder ; c'est l'époque diplomatique de l'histoire du moyen âge.

La politique italienne de la France varia dans ses procédés selon ces diverses périodes. Dans la première, elle donne lieu moins à une action politique continue qu'à une suite d'actions politiques individuelles : Philippe VI reprit les projets de son grand oncle, il acquit du roi de Bohême des droits de souveraineté sur Lucques (1), essaya d'obtenir du pape la cession,

---

(1) Paris, Arch. Nat., J. 432, 6 et 7 ; publiés dans Du Puy, *Traités touchant les droits du roy*, pag. 69 et 70 de l'édition de 1670.

à son frère le comte d'Alençon, d'une partie de l'état pontifical,— ce à quoi il ne réussit d'ailleurs pas, en quelque étroite tutelle qu'il tînt Jean XXII, et encore qu'il fît de cette création et de celle du royaume d'Arles pour le duc de Normandie la condition de sa croisade. Au roi Jean s'adressèrent successivement Florence, pour dénoncer les envahissements (1) et les méfaits de l'archevêque de Milan ; les Visconti, Jean Galéas et Bernabò, pour demander à son autorité la consolidation d'un pouvoir fondé sur leurs violences, et qui l'obtinrent, moyennant un don de 600,000 florins et le mariage de Jean Galéas avec Isabelle de France (2). Sous Charles V, en 1379, le duc Louis d'Anjou reprend à son profit l'idée de constituer pour un prince français un royaume destiné à faire contre-poids dans le nord de l'Italie à celui de Naples, réclame la fondation du royaume d'Adria, puis essaye de conquérir l'héritage de sa cousine Jeanne de Naples (3). Sous Charles VI, un simple capitaine d'aventuriers gascons, Bernardon de la Salle, le fameux Chicot, joue un rôle capital dans les débuts du grand schisme : c'est à sa protection que le conclave des mécontents d'Anagni doit de pouvoir élire Clément VII, et cinq ans plus tard, c'est sa protection qui empêche la vente d'Urbain VI à son rival (4). En même temps Louis d'Orléans crée par son mariage avec Valentine Visconti les droits de sa maison à la possession du comté d'Asti et ses droits éventuels à la possession de Milan (5). Louis II d'Anjou se fait reconnaître par Alexandre V comme roi de Naples et fait en Italie une expédition dont la victoire de Roccasecca ne suffit pas à faire un succès ; après lui, Louis III et René d'Anjou vont successivement tenter, avec le même insuccès, la conquête du royaume de Naples, alors occupé par la dernière souveraine de la race des Durazzo, Jeanne II. Le dauphin Louis, — le futur Louis XI, — se rattache encore à cette longue suite de politiques ambitieux en s'engageant dans de vastes négociations et des desseins compliqués, et en se faisant nommer par Eugène IV, gonfalonier de l'Eglise (6). Mais, depuis la fin du xvi° siècle, à côté de ces interventions princières et particulières,

---

(1) RINALDI, *Annales ecclesiastici*, V., pag. 525.
(2) DELABORDE, *op. cit.*, pag. 11.
(3) P. DURRIEU, *Le royaume d'Adria* (dans *Revue des Questions historiques*, XXVIII, pag. 50).
(4) *Ibid.*, *Les Gascons en Italie*, pag. 107, sqq.
(5) FAUCON, *Le mariage de Louis d'Orléans*, passim.
(6) DELABORDE, *op. cit.*, chap. I à V.

nous voyons en Italie le roi de France personnellement engagé (depuis l'annexion de Gênes au royaume en 1395 et bien qu'elle n'ait pas été durable) (1), dans les affaires territoriales de la péninsule et obligé à une intervention armée dans ses conflits politiques. En même temps et par une conséquence naturelle, les appels des puissances italiennes ne sont plus seulement des actes isolés, d'un caractère féodal, comme les offres d'hommages, les demandes de concession de secours, les appels contre l'indocilité d'un vassal ou les abus d'un suzerain, qui se produisaient à l'époque précédente : ils deviennent une série continue de rapports : tous les états considèrent la France comme un élément de leurs combinaisons politiques. D'autre part, le roi de France n'hésite pas à faire à son tour appel au concours financier, militaire ou moral des princes italiens, — non seulement à celui des papes, qui gardent dans l'histoire générale de l'Europe au xve siècle ce caractère de souverains universels qu'ils ont perdu dans l'histoire de l'Italie à la même période, — mais aussi à celui des Visconti, des Este, des autres princes : c'est ainsi qu'il employait le duc de Savoie pour ménager un rapprochement entre la couronne et les princes bourguignons, qu'il obtenait en 1421 et 1423 des levées de troupes lombardes, qu'il signait avec Filippo Maria Visconti le traité d'alliance d'Abbiategrasso, et ne croyait pas le payer trop cher de l'abandon de ses prétentions sur Gênes. Cette politique de réciprocité de bons offices et d'alliances sur le pied d'égalité avait de grands avantages pratiques dans les circonstances critiques que traversait alors la France, mais elle avait le tort de diminuer le rôle traditionnel du roi. A ne plus voir en lui qu'un chef d'état ordinaire, les Italiens devaient en effet cesser de le considérer comme le protecteur et médiateur par excellence (2). — Ces exemples suffisent à montrer l'évolution subie par les relations franco-italiennes jusqu'au milieu du xve siècle.

Avec le traité de Montils-lez-Tours commence l'âge diplomatique de ces relations de la France et de l'Italie. Ce n'est pas qu'il n'y ait eu auparavant des négociations, parfois même très délicates et scabreuses, entre la France et les états italiens, mais ces négociations n'avaient eu qu'une valeur et qu'une durée temporaires. Pour la première fois, l'acte du 20 février 1452 créait au delà des Alpes un système politique durable ; il

---

(1) Delaborde, *op. cit.*, pag. 26
(2) *Id., op. cit.*, chap. II, pag. 30 à 35.

subsista près de quarante ans. Il y eut désormais dans les péripéties de cette politique passionnelle, si féconde en surprises et en intrigues, une doctrine politique, ou, si le mot semble trop fort, une tradition fixe qui décida du groupement ultérieur des états italiens, des alliances favorables ou contraires à la France. Ce système fut la triple alliance conclue entre la France, Milan sous François Sforza, et Florence sous Cosme de Médicis ; les conséquences s'en développèrent librement dans la seconde moitié du xv° siècle. D'elle en effet dérivent les nouvelles conditions de la politique française : tandis que précédemment le roi de France avait soutenu les princes de sa famille et leurs droits ou leurs prétentions en Italie, depuis ce moment il y eut scission entre les intérêts des princes et l'intérêt du roi. Dans le traité même, Charles VII exprimait le vœu que « les difficultés qui touchaient les princes de son sang et autres en Italie fussent bientôt accomodées ». Il s'opposa, comme l'écrivait Acciajuoli, à l'entreprise que le duc de Savoie et le marquis de Montferrat, soutenus par le Dauphin, préparaient contre François Sforza (1). Il envoya à son secours le gouverneur d'Asti, fit lui-même des démonstrations militaires contre le duc de Savoie. Cette alliance donna en même temps un caractère précis à l'action française en Italie, qu'elle limita : ce ne put être désormais qu'une action, diplomatique ou militaire, indirecte, destinée à servir moins la France elle-même que ses alliés. Elle fit la grandeur des maisons Médicis et Sforza, et leur fut si nécessaire que, pour l'avoir rompue, l'arrière petit-fils de Cosme fut chassé de Florence et le fils de Sforza mourut prisonnier au donjon de Loches. Comme l'avait dit François Sforza, « l'état lombard ne pouvait subsister que par l'appui de l'empire ou de la couronne de France » (2). C'est pour aider à l'établissement des Sforza que Charles VII envoya en avril 1453 René d'Anjou combattre en Lombardie, et c'est la brillante campagne du jeune prince qui amena la conclusion de la paix entre Milan et Florence d'une part, et Venise de l'autre (3). De cette alliance provient aussi un changement d'attitude chez les politiques italiens, un refroidissement marqué, quoique aussi

---

(1) Lettre d'Acciajuoli à Sforza. Paris, Bib. Nat., Ms. ital., 1585, fol. 232, 236 ; ap. Delaborde, pag. 51.

(2) Le mot est cité par BUSER, *Die Beziehungen der Mediceer zu Frankreich*, pag. 61.

(3) Voir, sur la campagne du Roi René, Delaborde, *op. cit.*, pag. 53-55, et surtout Lecoy de la Marche, *Le Roi René*, tom. I.

bien déguisé que possible, à l'égard de la France. Sûrs en effet de leur fortune depuis 1452, ayant réussi par le traité de Lodi du 9 avril 1454 entre Venise et Milan, par l'adhésion, à ce traité, de Florence, de Bologne et de la maison d'Este le 30 août, du pape et du roi de Naples en 1455, à pacifier l'Italie et à fonder la confédération italienne (1), François Sforza et Cosme de Médicis comprirent que le roi de France, médiateur et arbitre, pouvait aussi devenir maître, et que l'indépendance italienne était menacée par son protecteur même : aussi François Sforza se rapprocha-t-il d'Alphonse de Naples, malgré les reproches que lui adressa Charles VII sur ce double jeu assez perfide, « attendu la confiance que nous avions ès choses que vous aviez souventes fois escriptes et fait dire » (2). — En revanche, l'alliance de Montils-lez-Tours fut utile à la France par un côté : en obligeant les rois à défendre les droits de François Sforza et à respecter ceux de ses alliés, elle leur interdisait de soutenir les prétentions de la maison d'Orléans sur Milan et de la maison d'Anjou sur Naples : l'affaiblissement de ces maisons royales, toujours mêlées aux intrigues de la noblesse, souvent ennemies déclarées du pouvoir royal, était nécessaire à la monarchie. Il fut utile à Charles VII de pouvoir occuper en Italie Jean de Calabre et le Dauphin, de les éloigner ainsi de la France avec la certitude qu'ils n'y reviendraient pas plus puissants. Plus tard, Louis XI s'allia aux Sforza pour priver de leur concours éventuel la ligue du Bien public, avec Ferrante pour ruiner la puissance de Jean de Calabre. — L'action française en Italie, dont telles furent désormais les conditions, varia d'ailleurs avec les différents règnes : Charles VII fut trop occupé par la restauration monarchique pour prêter une attention soutenue aux affaires d'Italie ; il y intervint le plus souvent en protecteur, parfois non sans hauteur, et parfois sans comprendre les finesses auxquelles il se heurtait. Louis XI, au contraire, habitué dès sa jeunesse aux intrigues des diplomates italiens, trouva toujours un attrait particulier aux choses d'outre monts : n'ayant, en matière de politique extérieure, que des aspirations plutôt que des principes arrêtés, son seul dessein fut à vrai dire de s'affranchir de tout ce qui les gênait ; son inquiétude d'esprit, sa mobilité d'idées fixes, sa prédilection pour les voies tortueuses, le portaient à s'en remettre au hasard du choix des moyens. Dans les combi-

(1) DELABORDE, *op. cit.*, pag. 60-62.
(2) Lettre citée par Delaborde, pag. 67, sans indication de provenance.

naisons de la politique italienne, où il apportait un certain dilettantisme, il avait affaire à des partenaires dignes de lui ; il éprouvait, semble-t-il, un réel plaisir intellectuel à se voir tout à coup engagé dans une trame de politique dont les fils avaient été emmêlés adroitement et à son insu ; aussi suivit-il avec attention et, grâce à sa finesse, avec fruit les questions italiennes. Le gouvernement de Mme de Beaujeu continua sa tradition, mais ne fut point assez habile pour lutter contre des adversaires tels que Ludovic le More ou Laurent de Médicis ; aussi son rôle en Italie fut-il moins actif et moins subtil.— Mais l'action de la France, pour avoir varié avec ces divers règnes, n'en fut pas moins très fréquente et très complexe. Le traité de Montilz-lez-Tours avait réuni étroitement Milan, Florence et la France. Après de longues négociations entre Sforza, qui fondait alors sa puissance ducale, Cosme de Médicis, qui élevait sa tyrannie, et Venise, qui, jalouse des deux puissances précitées, essaya longtemps de les désunir, et qui, craignant les talents de son ancien général, chercha d'abord à se débarrasser de lui, et provoqua jusqu'à neuf fois et toujours vainement des attentats contre lui, la paix de Lodi fut la conséquence naturelle de ce traité. Elle fut bientôt rompue par le réveil des haines et des rivalités qu'avaient assoupies un moment la lassitude générale et la peur du « Turc ». Après une inutile tentative de Sforza et de Cosme pour s'entendre avec le roi de Naples, les deux grands tyrans reconnurent l'impuissance totale de la ligue et se rapprochèrent de Charles VII. Louis XI hérita de cette situation : Savone et Asti étaient encore françaises à son avènement ; à Naples, Jean de Calabre soutenait toujours la lutte ; il s'agissait de faire triompher non plus seulement les droits des Angevins, mais ceux-mêmes de la France. Louis XI ne chercha point cependant de conquêtes territoriales en Italie, mais seulement une suprématie morale et la possibilité d'y avoir des alliés contre ses ennemis. Ce ne fut que pour éprouver la fidélité de la Triple alliance qu'il fit mine d'abord de vouloir soutenir Jean de Calabre, reprendre Gênes, forcer Sforza à se déclarer pour ou contre lui, intéresser Pie II à la cause angevine par la promesse du retrait de la Pragmatique. Mais bientôt, sous la pression des difficultés que lui créait la ligue du Bien public et sur les instances de Cosme, il opéra avec Fr. Sforza un brusque rapprochement, suivi en 1463 de très longues et importantes négociations, qui tendaient tout uniment au partage de la péninsule (1). Bien-

---

(1) DELABORDE, *op. cit.*, ch. IV.

tôt il accrut le nombre des points stratégiques de sa diplomatie, entra en négociations avec le roi de Naples, à qui il laissa mettre à mort sans protestation Piccinino et avec qui il s'allia contre Jean de Calabre ; avec Pierre de Médicis, à qui il proposa la cession de Lucques et son concours contre Venise ; puis il se posa en protecteur du jeune Galéas, successeur de Fr. Sforza ; il protégea la ligue de 1467 entre Florence, Milan et Venise, et lui gagna la bienveillance pontificale. Ainsi, à mesure et peut-être parce qu'il abandonnait la poursuites des prétentions territoriales, il obtenait l'établissement de sa suprématie. Cette ligue était la ligue de Lodi renouvelée, mais cette fois sous l'inspiration de la France et non plus contre elle : il y voyait réaliser le programme qu'il exposait dès 1462 aux ambassadeurs florentins : conclure avec Milan et Florence une paix perpétuelle ouverte à toutes les puissances qui voudraient y entrer. Cette paix perpétuelle était une servitude déguisée. Florence et Milan, à qui manquèrent alors Cosme et François Sforza, s'y résignèrent, Venise demanda l'appui du roi ; Ferrante lui-même, malgré ses talents politiques, n'osa se poser en ennemi déclaré de Louis XI. Aussi, malgré les intrigues de Pierre de Médicis et de Galéas, qui essayèrent de se liguer avec les révoltés français, au lendemain même de son humiliation à Péronne, Louis XI, qui ne possédait plus un pouce de terre en Italie, y était aussi puissant qu'aucun roi de France ne l'avait jamais été [1].

La grande querelle de Louis XI et de Charles le Téméraire affaiblit à peine l'influence française, mais elle eut son contre-coup sur le groupement des États italiens ; Venise, Rome et Naples s'allièrent aux Bourguignons ; Florence resta fidèle à la France. Galéas, à Milan, tenta de jouer tour à tour les deux adversaires, et son nom se trouve mêlé d'une façon suspecte aux intrigues de Charles le Téméraire, malgré la vigueur de ses protestations quand il vit son nom figurer parmi ceux des alliés de Charles ; peut-être Louis XI l'avait-il chargé d'espionner pour son compte, sous couleur de le trahir [2]. Par contre Laurent de Médicis resta le chargé d'affaires de France en Italie ;

---

[1] A la mort de Francesco Sforza, par exemple, il annonce qu'il prend sous sa protection la veuve et le fils de «son oncle bien aimé» le duc de Milan, et affecte une attitude de véritable protecteur, comme celle d'un suzerain à l'égard d'un jeune vassal. Voir sa lettre aux Florentins, datée d'Orléans, 19 avril 1466.

[2] DELABORDE, *op. cit.*, pag. 93 à 96, 100 à 102.

c'est à lui que l'on demandait, comme Bessarion, des renseignements sur les dispositions du roi, comme Galéas une recommandation pour rentrer en France ; c'est lui que Louis XI chargeait de suivre et de surveiller ses négociations à Rome et à Naples. Les états restés alliés à la France avaient pris le bon parti ; les défaites de Granson et de Morat, la mort de Charles le Téméraire, ruinèrent le parti bourguignon. Les négociations antifrançaises auxquelles avait donné lieu en 1474 le renouvellement de la triple alliance tombèrent d'elles-mêmes : ce fut un beau spectacle de bassesse politique et de lâcheté. Frédéric de Tarente, candidat à la main et à la dot de Marie de Bourgogne, abandonna Charles le Téméraire sur le champ de bataille ; Yolande de Savoie demanda à traiter avec Louis XI ; Galéas Sforza lui envoya, le 1er août 1476, un ambassadeur officiel, F. de Pietrasanta; Venise signa un traité avec lui. Au fond, malgré les manifestations de joie et les félicitations officielles, le sentiment intime des Italiens devait être analogue à celui des convives de ce banquet donné pour célébrer la bataille de Nancy et que nous décrit Commines ; « et sçay bien, dit-il, que moi et aultres prinsmes garde comme disneroient et de quel appétit ceux qui estoient en cette table, mais à la vérité ung seul par semblant ne mangea la moitié de son saoul, je ne sçay si ce fut de joie ou de tristesse » (1). La rivalité de Louis XI et du duc de Bourgogne leur avait permis d'opposer quelque temps l'influence bourguignonne à l'influence française ; celle-là disparue, celle de l'Empire étant d'ailleurs depuis longtemps évanouie, la seconde resta triomphante, et l'Italie demeura divisée en deux groupes, Rome et Naples au sud, au nord la ligue des trois états sous la direction de Laurent de Médicis, tout acquis à la France. De cet antagonisme résulta une nouvelle augmentation de l'influence déjà toute puissante de Louis XI (2) ; car, de là naquit, à la suite de la conspiration des Pazzi, destinée à ruiner le pouvoir des Médicis, une ligue dirigée contre Laurent par le Pape, son neveu le comte Riario, le roi de Naples et Frédéric d'Urbin; contre cette ligue, Laurent, à peu près abandonné par les Vénitiens et les Milanais, dut faire appel à Louis XI ; et cet appel fut le prétexte d'une nouvelle intervention ; il n'en fut pas le seul motif ; à celui-ci s'en ajoutèrent d'autres plus personnels : la pensée de se préparer de futurs

---

(1) Commynes, V, X., tom. III, 73 (éd. Dupont), ap., Delaborde, *op. cit.* pag. 108.
(2) DELABORDE, *op. cit.*, ch. V, passim.

alliés en ménageant les adversaires présents, le désir déjà manifesté, par un vague projet de réunion d'un concile, de limiter la puissance pontificale, le plaisir de se venger des Pazzi, qui soudoyaient les gens de guerre de Maximilien, l'orgueil de paraître en Europe l'arbitre des souverains et de prouver, comme il le faisait déclarer par ses ambassadeurs, que la « monarchie de la religion chrétienne consistait véritablement en sa personne ». L'ambassade de Commines, accueillie non sans inquiétude par l'Italie, tant pour l'importance connue du missionnaire que pour l'importance supposée de la mission, marqua ce triomphe politique de Louis XI.

En Savoie, Commines proposa une alliance avec le duché de Milan ; à Milan, il tenta une réconciliation entre Louis XI et la duchesse Bonne ; à Florence, il s'associa à la protestation de la Seigneurie contre l'excommunication lancée par le pape. D'autres ambassadeurs français allèrent, de décembre 1478 à janvier 1479, à Milan et à Florence, et donnèrent de si grandes assurances de dévouement aux Florentins que le chancelier de la Seigneurie les appelait « bons anges royaux » en les comparant aux anges du ciel. Cette intervention de Louis XI ne réussit pourtant qu'à demi, et pour deux raisons, la duplicité même du roi de France, qui ne s'employa pas avec un entier dévouement à la conclusion de la paix (au moment où il faisait ces belles promesses à Florence, il traitait avec Naples). — l'intervention de Maximilien d'Autriche, qui ne voulut pas laisser l'empire disparaître de la scène italienne et qui provoqua d'abord la résistance du pape aux négociations, puis l'échec de l'arbitrage tenté par Louis XI entre l'Église et Florence. Plus heureux deux ans après, l'ambassadeur de France, Palmier, intervint comme intermédiaire officieux entre Ferrante et Laurent de Médicis, et décida le roi de Naples à faire bon accueil à son ennemi et à avoir avec lui cette émouvante entrevue dont les deux hommes d'état sortirent alliés. Un nouveau groupement des puissances eut lieu : Venise s'allia avec le pape, et Florence et Naples formèrent une contre-ligue. Louis XI, vieilli, assista avec indifférence à cette transformation de l'équilibre italien : avec une indifférence égale, il assista au marchandage éhonté des influences de ses conseillers, qui se disputaient les états rivaux. Toute sa politique fut de tenir la balance égale entre les groupes et, comme partout, de diviser pour régner. Quand le projet de croisade de 1480 lui fit craindre que Ferrante ne devînt le chef des états italiens réunis contre le turc, il forma un projet de contre-croisade. A la mort de Mahomet II, quand les rivalités de Djem et de Bajazet, affaiblissant la puissance turque, fortifièrent Venise, il s'agita contre la République. Puis la guerre de Ferrare, en 1482, lui épargna même la peine de chercher des motifs de discordes pour l'Italie. A peine eut-il le temps d'y intervenir ; les ambassadeurs vénitiens venus pour lui demander sa médiation le trouvèrent mortellement atteint par la maladie, et c'est de son lit de mort que, sur les sollicitations de François de Paule, il envoya des ambassadeurs aux belligérants. Ces négociations finirent avec lui. Les puissances n'attendirent pas l'arrivée des ambassadeurs de Louis XI pour terminer la guerre de Ferrare par le traité de Bagnolo (7 août 1484).

Avec le nouveau règne et la régence, le prestige du gouvernement français baissa un peu ; la légation du cardinal Balue (1), — honorifiquement reçu malgré les répugnances qu'éveillait ce nom de légat, inséparable dans les idées du temps d'impôts pontificaux et d' « évacuation de la pécune par mulets chargés d'or et d'argent » (2), et renvoyé à Rome comme ambassadeur de France, — venait de prouver la faiblesse de ce nouveau pouvoir; aussi les menaces aux Florentins de Sixte IV, qui tentait de leur faire évacuer Gênes en leur représentant la colère de la France, restaient-elles sans effet; aussi Ludovic le More répondait-il par de vaines dénégations et des promesses banales aux remontrances d'Anne de Beaujeu sur le traitement qu'il infligeait à la duchesse Bonne (3). — Autre preuve que l'influence diplomatique de la France était en décadence, des interventions particulières avaient lieu de nouveau : en 1485, Anne de Beaujeu accordait troupes et subsides à René II de Vaudémont pour combattre le roi de Naples, contre qui se soulevaient ses barons et intriguait toute l'Italie (4). La tentative du jeune prince n'eut pas de suites : après l'ambassade envoyée à Rome par Anne

---

(1) DELABORDE, *La légation du cardinal Balue en 1484 et le Parlement de Paris* (Bulletin de la Société d'histoire de Paris, année 1884, pag. 36-51).

(2) Ce sont les états généraux de 1484 qui protestent énergiquement contre les légats « qui ont donné de merveilleuses évacuations à ce povre royaume et veoit l'en mener les mulets chargés d'or et d'argent. » (Masselin, *Journal des États Généraux*, éd. Bernier, app., pag. 671).

(3) *Ibid.*, op. cit., liv. II, ch. I, pag. 173. La situation de la malheureuse Bonne de Savoie ne fit qu'empirer ; au début du règne de Louis XII elle était réfugiée à Lyon et dans une complète misère.

(4) *Ibid.*, pag. 178-185.

pour plaider la cause de René (1), en présence de l'attitude hostile à René prise par le cardinal Sforza et Laurent de Médicis; après de très longs pourparlers et de vives altercations en plein consistoire entre ses partisans et ses adversaires; au moment où René, arrivé à Lyon, préparait son entrée en campagne, le pape fit la paix avec Ferrante et la fit faire à Ferrante avec ses barons. D'autre part, Anne de Beaujeu eut à protéger le marquis de Saluces contre le duc de Savoie, reçut son hommage, et dut envoyer à sa défense Ymbert de Batarnay et le gouverneur du Dauphiné Philippe de Bresse (2). Puis les barons napolitains, fuyant les cruautés de Ferrante, trouvèrent un asile à la cour de France. Un peu plus tard, René II s'étant mêlé aux intrigues dirigées contre elle, la régente voulut lui enlever son principal allié en s'emparant de Gênes ; elle prit en main les intérêts de la duchesse Bonne pour créer des embarras à Ludovic Sforza, et ceux du marquis de Saluces contre le duc de Savoie. Dans la plupart de ses tentatives, Anne de Beaujeu se heurta à l'hostilité de Laurent de Médicis : ce fut grâce à lui, sous son influence fort secrètement employée, que Gênes fut livrée au duc de Milan, que l'affaire de Saluces fut traînée en longueur jusqu'au moment où la mort du duc de Savoie empêcha de la poursuivre plus longtemps ; mais Laurent de Médicis mit une telle adresse à cette politique, et sut si bien ménager sa situation personnelle, ses intérêts dynastiques, ceux de la banque florentine de Lyon, qu'on le considéra jusqu'à la fin comme un allié de la France. — Ainsi l'action politique française, si puissante et si simple sous Louis XI, était allée se compliquant et s'affaiblissant de jour en jour sous la régence (3).

Charles VIII commença heureusement, avant que l'influence française eût complètement disparu d'Italie, son règne personnel, et il reprit avec un incomparable éclat la politique d'intervention traditionnelle des rois de France en Italie. Il la reprit en y employant toutes les ressources de sa diplomatie, qui fut longtemps heureuse, en conduisant lui-même une belle armée contre Naples, en entrant en victorieux dans la capitale des princes aragonais, qui s'étaient toujours montrés les plus réfractaires à l'influence et à la pénétration françaises. Son expédition

---

(1) C'est l'ambassade de M. de Faucon (DELABORDE, pag. 180 sqq.).

(2) Sur cette affaire, voir spécialement la thèse de M. de MANDROT, *Ymbert de Batarnay, seigneur du Bouchage*. Paris, 1886, in 8.

(3) Cf. DELABORDE, *op. cit.*, liv. II, ch. II, *Le déclin de l'influence de Madame de Beaujeu*.

est trop connue et a été trop souvent racontée pour qu'il soit nécessaire d'en résumer ici, même sommairement, l'histoire. Elle attesta, et c'est tout ce qu'il nous importe d'en retenir, la continuité de la tradition politique de la monarchie : en effet, et bien que l'on fasse d'ordinaire remonter à Charles VIII, avec le début de la trop fameuse prétendue période des guerres d'Italie, la responsabilité de la déviation de la politique extérieure de la France, elle ne doit qu'à un certain aspect tout extérieur et superficiel, le caractère d'opposition aux actions politiques antérieures qu'on lui attribue trop souvent. Elle doit cette apparence aux intentions du roi Charles VIII, à sa présence personnelle dans la péninsule, au prophétisme qui précéda son expédition. — Pour Charles VIII, l'expédition en Italie n'était pas son objet à elle-même : elle ne devait être que le prélude de cette guerre contre « le Turc », qui fut l'idée dominante de sa vie comme la perpétuelle préoccupation de son rival Maximilien. Cette idée naissait chez lui d'un réel et sincère état d'enthousiasme ; elle était aussi une suprême conséquence du mouvement des croisades, dont le champ s'était singulièrement déplacé et dont le but final avait été retardé : tout ainsi que la conquête de Constantinople était devenue le préliminaire de celle de Jérusalem, l'invasion de l'Italie était devenue la première étape de la conquête de Constantinople. Charles d'Anjou était devenu maître du royaume de Naples au moment où le dernier empereur latin de Constantinople était renversé par Michel Paléologue, et avait obtenu de Beaudoin de Courtenay la cession de ses droits à l'empire d'Orient et à la suzeraineté des seigneuries latines existant encore en Grèce et en Morée ; il avait acheté les droits du dernier roi de Jérusalem à une petite-fille de Jean de Brienne et avait fait prendre possession d'Acre et recevoir l'hommage des barons de Syrie par Roger de San Severino. Son fils, Charles de Valois, gendre de Beaudoin de Courtenay, fut reconnu comme empereur d'Orient par Boniface VIII. L'un et l'autre rêvèrent sans doute la fondation d'un nouvel empire latin d'Orient. Les héritiers des droits des Angevins, qui le furent aussi de leurs prétentions à la couronne impériale, eurent à reconquérir leur royaume de Naples avant de songer à des conquêtes en Orient. Tant que les droits angevins furent aux mains d'une famille féodale, il ne put guère être question de croisade. Mais quand le roi de France eut recueilli avec les droits angevins sur Naples l'héritage des prétentions de Charles d'Anjou sur Byzance, on vit Charles VIII, personnifiant en lui seul les trois époques de la croisade, prendre les titres de roi de Jérusalem et d'empereur d'Orient en même temps que celui de roi de Naples et montrer par là le véritable but de sa politique. Les preuves de la sincérité de ce projet abondent, et l'opinion contemporaine s'en fit l'écho. Charles VIII au surplus ne faisait que répondre à cette tradition européenne, qui, depuis le moyen âge, voyait dans les rois de France les libérateurs désignés du Saint-Sépulcre. Il n'était pas jusqu'à Louis XI qui, sans nulle conviction politique en cela, n'eût déclaré à certaine ambassade florentine qu'il espérait qu'« un jour son fils irait avec la noblesse et la chevalerie française combattre le détestable Turc et les autres infidèles, défendre et accroître la foi catholique. ».

Charles VIII, dès son enfance gonfalonier de l'Église, était sincèrement convaincu que ce rôle de libérateur des chrétiens d'Orient lui était réservé, et qu'il devait commencer son œuvre par la guerre de Naples : « Pour myeulx et plus aisément faire, nous deussions recouvrer et mettre en notre obéissance le royaume de Naples qui est assis sur la frontière desdits infidèles », et il présenta réellement l'expédition comme une guerre contre les Turcs aux assemblées de la noblesse, du clergé et des bonnes villes du 17 mars et 7 avril 1494 et aux diverses puissances. Ce caractère de croisade était si bien accepté par les contemporains pour l'expédition que ce fut tout naturellement avec le Turc que le vieux roi Ferrante de Naples s'allia contre Charles VIII. A peine l'installation à Naples achevée, Charles VIII commence ses préparatifs de croisade ; dès son séjour à Casal, — qui n'avait pas été une simple marque de bienveillance donnée au marquis de Montferrat,—il avait examiné avec l'oncle de celui-ci, Constantino Arniti, de la famille des Comnène, et qui avait encore de nombreuses attaches en Serbie, en Macédoine et sur le littoral de l'Adriatique, les moyens de produire un soulèvement des populations chrétiennes de ces régions. Il y eut même commencement d'exécution : des préparatifs furent faits à Venise en grand mystère, — car il fallait se défier des sympathies de la Seigneurie pour les Turcs ; les chrétiens d'Épire s'agitaient ; déjà Constantino Arniti avait pris la mer et croisait devant la côte turque, quand la mort inopinée de Djem obligea Charles VIII à renoncer à son entreprise. Mais son intention survécut à cet échec ; la ligue de Venise était déjà conclue qu'il demandait encore à Alexandre VI une entrevue où ils pourraient s'entendre sur la question turque. La croisade contre Constantinople, ce fut la grande idée qui l'emporta et le soutint d'un bout à l'autre de l'Italie.— Le malaise mystérieux dont souffrait l'Italie au commencement de 1494 contribua aussi à donner un caractère exceptionnel à cette expédition. Le siennois Tizio a conservé dans ses mémoires l'impression de cette angoisse universelle ; des présages néfastes éclataient partout : sinistres conjonctions astrologiques, enfants chantant la nuit des litanies lugubres, oiseaux d'espèce inconnue volant autour du campanile du palais public, un pèlerin porteur d'une croix de bois s'arrêtant au milieu de la campagne déserte pour menacer Sienne, images saintes qui se couvrent de sueur, apparitions de géants armés dans les airs ! Les religieux, effrayés par la démoralisation de l'Italie, par la corruption épouvantable de la cour romaine, annonçaient l'arrivée d'un vengeur venu d'outre-monts; les franciscains encourageaient Charles VIII ; François de Paule, qui avait baptisé le fils aîné du roi, était le plus pressant, et les Italiens le considérèrent comme le principal conseiller de l'expédition. Le plus éloquent de ces prophètes, Savonarole, annonça pendant douze ans le grand bouleversement qui châtierait l'Italie : dès 1486, il prophétisait à Brescia la venue d'un conquérant ; en 1492, il avait sa fameuse vision de l'épée ; à Florence ses prédications devinrent plus terribles encore, et ses prédictions plus explicites. — De même que la venue de Charles VIII, sa victoire, la rapidité avec laquelle ce prince si jeune et « si povrement pourveu » remporta tant de succès sur des princes si sages, si riches, si expérimentés, furent expliquées par une protection de la Providence, Jean Palmier, malgré son sens de la réalité, dit : « Vous entendez, comme Dieu grâce, le royaume est gagné, et que à Dieu, non à autre, en est la louange et la gloire. » — Enfin la présence personnelle de Charles VIII à la tête de son armée a dénaturé la physionomie de cette expédition : elle fut surtout une œuvre de diplomatie et de politique, et à cette œuvre le roi (bien que son action personnelle ait été plus grande que quelques-uns ne l'ont dite), n'a cependant pris qu'une part médiocre ; mais son attitude chevaleresque, belliqueuse et galante, l'a mise en relief et, en touchant l'imagination populaire, en donnant naissance à une légende, a fait méconnaître les dessous sérieux et positifs de l'entreprise de Naples. Ce qui frappa l'esprit public, ce fut avant tout la facilité avec laquelle s'accomplit cette marche de Charles VIII, de Grenoble à Turin, à Asti, à Casal, à Pavie, à Pise et jusqu'à Florence ; l'armée avança presque sans coup férir ; à part le combat de Rapallo et quelques rencontres avec le duc de Calabre dans les Romagnes, elle atteignit paisiblement la frontière napolitaine ; les châteaux qui eussent pu l'arrêter au confluent du Liris et du Sacco, que l'on jugeait très forts et très favorables à la résistance, se rendirent tous à l'exception d'un seul, Monte San Giovanni, dont la prise coûta à l'armée une quarantaine d'hommes ; au delà de Garigliano, même absence de toute résistance, les seigneurs de l'armée n'endossaient même plus leur harnais de guerre. A Naples, les deux châteaux, l'Œuf et Castello nuovo, se rendirent également presque sans résistance, et la soumission du royaume fut toute spontanée. Au retour, pendant une retraite à travers les territoires de tous les états italiens ligués contre lui, Charles VIII put aller impunément de Naples au Taro sans être inquiété ; de Fornoue à Asti, malgré la retraite devant une armée ennemie encouragée par l'opinion qu'elle avait d'avoir récemment vaincu, Charles VIII n'eut pas un homme tué : cette rareté, ce manque presque absolu de faits militaires dans cette guerre de conquête, était assez singulier pour être remarqué, et le fut. La seule grande bataille de la campagne, *il fatto d'arme del Taro*, que nous appelons Fornoue, prit par contraste un aspect héroïque. — La présence de Charles VIII, qui contribua beaucoup, par la terreur qu'il inspirait, à cette absence de batailles, et par sa vaillance, à la traversée victorieuse de l'armée italienne à Fornoue, donna aussi à cette campagne un caractère de solennité grandiose par la pompe de certaines *entrées* faites par lui dans les villes qui se soumettaient, par l'accueil enthousiaste que lui fit Pise comme à son libérateur, par son entrée par la brèche dans Florence toute couverte des armes de France, par les cérémonies faites en son honneur par Alexandre VI à Rome, par les fêtes continuelles, — visites d'églises, visites des cercles de la noblesse, tournois, processions, — célébrées dans Naples pour le jeune souverain. Charles VIII joignait en effet au goût de son père pour le réel de l'autorité celui des fêtes fastueuses et des appareils éclatants qui en sont les manifestations extérieures : jamais intervention française en Italie n'avait eu cet aspect de magnificence. — Jamais aucune intervention n'eut un caractère aussi marqué de galanterie et de paillardise. Le jeune mari de la jalouse Anne de Bretagne avait le cœur tendre, et la surveillance des femmes de service, « intendantes et lavandières », dont la reine l'avait entouré, ne le gêna point. Autant il mit de soin à maintenir une stricte discipline sur ces matières délicates,— et le témoignage de Landucci, peu suspect de partialité, prouve qu'il y réussit.— autant il s'accorda à lui-même, et à Lyon déjà, presque sous les yeux de sa femme, de libertés ; sur le champ de bataille de Fornoue, un soldat vénitien ramassa un curieux album, que l'historien Benedetti a vu, et qui contenait les souvenirs de ses maîtresses ou de ses passades : la fille de la duchesse de Melfi à Naples, Lenora de Marzano, est une des plus célèbres. La diffusion du *mal napleux*, qui fut la conséquence de cette campagne trop amoureuse, suffit aussi à la distinguer des interventions politiques antérieures. Mais ces éléments superficiels qui constituent la singularité de cette expédition étant éliminés, elle apparaît bien au fond comme la suite de la politique de Louis XI et de Charles VII.

Ainsi l'on constate l'ancienneté et la persistance d'une politique d'intervention française en Italie. De Philippe le Bel à Charles VI et de Charles VI à Charles VIII, cette politique n'a jamais cessé de se développer, de se perfectionner, de s'organiser, et, — en admettant même que l'on conteste la légitimité de son principe de départ, — de se créer son droit par deux siècles accomplis d'existence. Parmi toutes les formes complexes et variées sous lesquelles se présente cette action politique (et leur variété même n'est pas sans en rendre quelque peu confus un exposé sommaire), il en est quatre qui prédominent tour à tour et qui en sont comme les types principaux ; tous quatre se retrouvent dans l'expédition de Charles VIII comme dans les périodes antérieures.

Il faut citer d'abord le système de médiation et d'arbitrage. Né aux origines mêmes de notre intervention en Italie, représenté par des faits remarquables, mais exceptionnels, au xive siècle et au début du quinzième, il avait trouvé son application constante à partir du traité de Montilz-lez-Tours, date capitale dans l'histoire d'Italie. A ne considérer ici que les grands faits, nous voyons la politique de médiation s'exercer depuis cette date trois fois d'une manière utile pour l'Italie, glorieuse pour la France, d'abord à Lodi, en 1454, puis en 1467, lors de l'alliance de la France avec les trois états du nord, enfin en 1478, quand toute l'Italie accepta plus ou moins la suprématie morale de Louis XI et cette espèce d'hégémonie qu'il ambitionnait en Europe. La mission de Commynes, celles des ambassadeurs de 1478, de M. de Faucon, montrent la France agissant en Italie comme une véritable suzeraine. Les esprits s'habituaient des deux côtés des Alpes à cette intervention comme à un fait normal ; il suffit pour le constater de rappeler le mot du doge sur Charles VII : « C'est le roi des rois et nul ne peut rien sans lui », et la sympathie avec laquelle on répétait celui de Louis XI sur lui-même : « La monarchie de la religion chrétienne consiste en ma personne ». Ce caractère de médiateur et d'arbitre, Charles VIII le garde au plus haut degré dans son expédition : il intervient dans les démêlés de Ludovic le More et du Piémont, termine ceux de Gênes avec Jean Galéas Sforza, règle ou tente de régler ceux des Florentins et des Médicis, ceux de Florence et de Pise ; c'est en protecteur qu'il reçoit les ambassades de Lucques, de Florence et de Sienne ; il sert d'arbitre entre Alexandre VI et Ascanio Sforza. Il tente, mais avec moins de succès, des négociations pour dissoudre la ligue de Venise.

La seconde forme de cette politique est le patronat particulier des états : la France n'en avait pas obtenu de moindres résultats. Ce protectorat, elle l'avait longtemps accordé à la maison Visconti et à Francesco Sforza : depuis l'avènement au pouvoir de Ludovic le More, la famille Sforza avait à peu près rompu le pacte de Montilz, et suivait une politique active et personnelle, avec qui et non plus sur qui devrait compter la France. — Une république au contraire était absolument sous la domination morale et matérielle de la France : dès le règne du roi Jean, Florence avait invoqué son secours ; en 1389, elle avait montré son dévouement à Charles VI, en lui offrant des possessions territoriales dans la péninsule; chaque nouvelle seigneurie prêtait serment de fidélité au roi de France ; et les lys d'or sur champ d'azur se voient encore peints à côté du lys rouge sous les voûtes du Bargello. Jusqu'au xvi° siècle les Florentins se réclamèrent de ce patronat traditionnel et se dirent « vrais et loyaux français.«Aussi l'intervention de la France est-elle constante en faveur de la Seigneurie et des Médicis. Cosme, en 1451, faisait dire à Charles VII : « Votre seule royale autorité pouvait nous défendre contre quiconque voudrait nous attaquer », et il « laissait à sa divine prudence le soin de choisir » le moyen de pourvoir au salut de Florence: la suite de cette ambassade fut le traité de Montils-lez-Tours. Plus tard, c'est certainement à l'intervention répétée de la France que Laurent de Médicis dut, après la conspiration des Pazzi, la conservation de sa tyrannie, et Florence celle de sa liberté.—Sous Charles VIII, ce fut également au profit du Milanais d'abord, puis de Florence, que s'exerça cette politique de patronat, quoiqu'elle se fût singulièrement compliquée dans l'un et l'autre état. Dans le Milanais, le titre ducal était en la possession de Jean Galéas Sforza, mais le pouvoir aux mains de son oncle Ludovic le More, duc de Bari ; celui-ci voulait supplanter son neveu : il y avait donc une double politique à suivre, avec Ludovic Sforza et avec Jean Galéas. Ludovic était, au jugement de Commynes, « un homme très sage, mais craintif et souple quand il avait peur ». Il n'a guère eu pour motifs de sa politique que la peur et l'ambition. En octobre 1490, Ludovic envoya un simple secrétaire, Etienne Brasca, demander le renouvellement de l'ancienne ligue conclue avec Louis XI, et, après quelques hésitations du roi, sur les instances des conseillers royaux, il l'obtint en octobre 1491, moyennant quelques concessions et l'admission dans cette alliance du marquis de Montferrat. La rupture de Charles VIII avec Maximilien, à la suite de son mariage avec Anne de Bretagne, le désir d'empêcher un rapprochement entre l'empereur et Ludovic Sforza, resserrèrent cette alliance ; une ambassade fut envoyée à Milan en janvier 1492, et le traité fut définitivement signé, le 24 janvier, malgré l'avis des astrologues. Ludovic y était nommé, à côté du duc Jean Galéas, comme son « oncle, curateur, lieutenant et capitaine général » ; mais, n'étant pas sûr des intentions de Charles VIII à son égard, il voulut avoir un traité spécial entre le roi de France et lui, et finit par obtenir du moins son admission personnelle dans la ligue entre Charles VIII et Milan. Il avait cru se donner un instrument ; mais ce fut lui au contraire qui fut irrésistiblement entraîné à la suite de cet allié qu'il prétendait conduire. Il dut accepter les propositions royales quand l'entreprise sur Naples fut décidée ; il ne réussit pas, le traité de Senlis n'ayant pas été durable, à neutraliser l'un par l'autre Charles VIII et Maximilien, et il dut s'abandonner à la politique française ; d'ailleurs, il ne se défendait que grâce à l'appui de la France contre les intrigues de ses nombreux ennemis, surtout contre celles de Pierre de Médicis et de Louis d'Orléans. Ce protectorat, traversé par quelques refroidissements, dura jusqu'au jour où Ludovic devint, par la grâce de Maximilien et la mort inopinée de Jean Galéas, duc de Milan. Dès lors, sourdement et en secret d'abord, puis au grand jour, il chercha à le secouer, et s'allia tour à tour à Maximilien, à Ferdinand d'Aragon, et enfin à la ligue de Venise ; c'est en cette question du maintien ou de la disparition du protectorat français que se résume l'histoire des relations de Ludovic le More et de Charles VIII. — La même question eut une égale importance dans les relations de Charles VIII et de Florence. Là aussi, le jeune roi se trouvait en face d'une situation beaucoup plus complexe que ne l'avait connue Louis XI. Tandis que la tyrannie de Laurent de Médicis avait été acceptée par la plupart des Florentins, celle de Pierre fut, dès le principe, beaucoup plus discutée ; sa puissance fut énervée par des dissensions entre lui et ses cousins Giuliano et Lorenzino ; à la tendance florentine, toujours sympathique à la France, il prétendait de plus opposer et substituer sa préférence personnelle pour Milan ; cela aussi ébranla son autorité, le procurateur Lorenzo Lenzi ayant osé dire que la résistance au roi de France pourrait bien causer la ruine de la ville. On sait comment, après de tardives négociations avec la France, un mouvement populaire le renversa et l'obligea à fuir. Charles VIII se trouva aussitôt en butte, tout à la fois, aux propositions du gouvernement républicain et à celles du parti de Pierre de Médicis, qui aspirait à reprendre la dictature ; il était en même temps sollicité par les Pisans, dont il reconnut et promit de défendre la liberté reconquise. Malgré les intrigues de Pierre de Médicis, les ambassades de Savonarole, de Buondelmonte et de Ruccellaï, de l'évêque Soderini et de Capponi décidèrent Charles VIII à s'entendre avec la république. Le jeune roi, après son entrée à Florence, le 26 novembre, reconnut l'indépendance de la cité, mais obtint la révocation des édits d'exil et de confiscation prononcés contre Pierre de Médicis ; lui-même devrait maintenir auprès de la Seigneurie un agent qui prendrait part à toutes ses délibérations. L'influence française, appuyée sur celle de Savonarole, restait donc aussi puissante que jamais à Florence ; la lutte même des deux partis qui se disputaient la protection de Charles VIII, en affaiblissant la république, facilitait encore l'établissement de cette suzeraineté. Ce qui en viciait l'autorité, c'étaient les circonstances où elle naissait : la surexcitation des esprits était grande ; les Florentins ne purent comprendre que Charles VIII ne partageât pas leurs rancunes passionnées, le crurent secrètement favorable au tyran et cherchèrent à tous ses actes des intentions cachées et des dessous hostiles ; la présence même du roi, parfois si violent et si impolitique dans ses discours et ses actes, celle de l'armée, si disciplinés et si réservés que fussent les soldats, eurent aussi le tort de faire trop sentir dans la vie quotidienne le poids d'une suzeraineté rendue jusqu'alors tolérable par l'éloignement. Savonarole fut le premier à conseiller à Charles VIII de sortir de la ville. Alors ces dissentiments passagers disparurent avec leurs causes. Une réciprocité d'intérêts à ménager consolida le protectorat français : Florence ne pouvait obtenir la restitution de Pise que de la bienveillance du roi, et le roi ne pouvait s'assurer que par des ménagements les subsides qu'il attendait de Florence : le protectorat subsista pendant toute la durée de l'expédition, attesté par plusieurs échanges d'ambassades, et Florence fut la seule puissance italienne qui n'adhéra pas à la ligue de Venise ; aussi Charles VIII excepta-t-il les Florentins des mesures de rigueur qu'il ordonna, au lendemain de Fornoue, contre les Italiens établis en France ; un nouveau traité, le 26 août, leur assura la restitution de Pise ; en revanche, ils encoururent bravement le danger d'une nouvelle excommunication pontificale. Ainsi le gouvernement de Charles VIII avait su conserver et renforcer la vieille tradition d'alliance qui existait entre les deux états ; ce fut là une brillante application du système de protectorat.

Les projets et les tentatives de possession territoriale directe, fondée uniquement sur le droit de conquête, apparaissent surtout dans les premiers temps de cette politique deux fois séculaire. En 1379, Clément VII avait constitué, pour le duc d'Anjou, le royaume d'Adria, qui comprenait les provinces de la marche d'Ancône, de la Romagne, du duché de Spolète, de Massa Trabaria, avec Bologne, Ferrare, Pérouse et Ravenne, et qu'il ne s'agissait plus que de conquérir ; en 1393, le même projet fut repris, sans plus de conséquence. Au siècle suivant, la constitution d'états stables dans la péninsule rendant de pareils desseins désormais impossibles, les rois se bornèrent à revendiquer souvent, et, moins souvent, à faire valoir des droits de suzeraineté dépendant de la couronne, ceux, par exemple, sur le marquisat de Saluces, droits acquis avec le titre de dauphin du Viennois. Philippe VI avait acheté du roi de Bohème des droits sur Lucques, qu'il céda à Florence et racheta ensuite ; mais la couronne ne se soucia jamais de les faire valoir, sauf peut-être un instant en 1398 sous Charles VI. A diverses reprises, Gênes appartint à la France: la première fois, ce fut par un don volontaire fait, délibérément et du plein gré des citoyens, pour s'attirer la protection immédiate de la France. Cette première occupation fut éphémère, mais elle se renouvela; en 1458, Pier de Campofregoso remit la souveraineté de Gênes à Charles VII, qui lui donna pour gouverneur Jean de Calabre et la garda jusqu'en 1461; forcé alors de l'abandonner, il retint Savone, qui ne cessa d'être française que quand Louis XI la rendit aux Génois, en les donnant au diable. Mais les droits de la France sur Gênes étaient ainsi créés, et ils constituèrent un élément important dans la suite des combinaisons de la politique française. Ainsi le principe des conquêtes territoriales et d'acquisitions nouvelles était presque abandonné. Charles VIII ne le reprit pas : à peine peut-on regarder comme une application de ce principe la politique suivie, en 1492, à l'égard des principautés subalpines; les souverains français cherchaient depuis longtemps à étendre leur influence sur les états italiens limitrophes pour s'assurer le libre passage des Alpes et créer une zone de petits états inféodés, au moins moralement, à leur politique. Louis XI et Charles VIII réussirent à imposer le patronage de la France au duché de Savoie; le gouvernement de Charles VIII amena le marquis de Saluces à se déclarer vassal du Dauphiné; le marquis de Montferrat se mit, personne et biens, sous la protection du roi, et la restitution de ses places occupées par les Milanais prouva presque aussitôt toute l'efficacité de cette protection.

La sauvegarde des droits féodaux des diverses maisons du sang de France, ou de ceux que la maison de France avait hérités de ces familles éteintes, fut toujours un précieux et utile élément, le plus utile peut-être et celui dont l'emploi eut les plus graves conséquences matérielles, de l'action politique française en Italie. Ces droits étaient ceux de la maison d'Orléans sur le Milanais, (dont il sera parlé plus loin en détail), et sur le comté d'Asti, qui, ayant formé la dot de Valentine Visconti, fut immédiatement remis au duc Louis d'Orléans et ne cessa jamais d'être administré pour le compte de sa famille (sauf une courte période où les Astésans se confièrent à François Sforza, pour être défendus contre le duc de Savoie), — et ceux de la maison d'Anjou sur Naples. Les droits angevins provenaient : de l'adoption de Louis d'Anjou, frère de Charles V, par sa cousine Jeanne I, dernière héritière de la première maison capétienne d'Anjou, — de l'extinction, en la personne de Jeanne II, de la famille de Charles de Durazzo, qui avait succédé à Jeanne I, extinction qui donnait une nouvelle valeur aux droits des descendants de Louis d'Anjou, — de l'adoption de Louis III d'Anjou par Jeanne II, et du testament de Jeanne II en faveur du frère de Louis III, mort sans enfants, René d'Anjou (le roi René) qui se trouvait ainsi réunir, par hérédité, les droits de la première maison capétienne d'Anjou, et, par adoption, les droits de la branche de Durazzo. Si les Orléans, dont la maison fut longtemps privée de son chef par la longue captivité du duc

Charles en Angleterre, furent presque toujours dans l'impossibilité de faire valoir leurs droits, la revendication des droits angevins sur Naples avait au contraire été l'un des grands moyens d'action de la France en Italie : pendant le règne de Charles VII, on vit se multiplier les expéditions et les projets d'expédition de Louis III, de René d'Anjou, de son fils Jean de Calabre ; sous Louis XI, dont de pareilles tentatives auraient contrecarré la politique et qui les empêcha, Jean de Calabre et René II n'en continuèrent pas moins à servir d'épouvantails au roi contre les princes aragonais ; enfin, sous la régence de Madame de Beaujeu, une nouvelle tentative de René II, se produisit encore contre Ferrante. En 1486 et 1490, Anne de Beaujeu consentit, pour des raisons de politique intérieure (surtout pour s'assurer l'appui de René de Vaudémont dans la Guerre Folle, ensuite pour garantir à son mari la possession de la Provence), à accorder son concours au jeune prince pour la conquête de Naples. Les trop courtes dominations des divers princes angevins avaient d'ailleurs laissé à Naples d'excellents souvenirs : Louis III et sa femme Isabelle avaient eu une réputation légendaire de bonté. Jean de Calabre et son ami Piccinino y avaient tellement frappé par leurs prouesses l'imagination populaire, que les Napolitains attendirent longtemps le retour de ce prince valeureux, fût-ce avec le concours des Turcs. Le terrain était ainsi préparé pour un nouvel essai de domination. Ce fut Charles VIII qui le tenta. Il avait hérité de son père les droits angevins, cédés à la couronne de France par les testaments de René d'Anjou et de Charles du Maine ; dès son avènement, il reprit à son compte la poursuite de ses droits. Renouvelant l'ancienne tradition des batailles juridiques de Charles V, il fit composer par un compatriote d'Etienne de Vesc, Liénard Baronnat, un traité affirmant les droits de la couronne sur Naples et sur la Sicile ; il se montra toujours fort soucieux de mettre en lumière la légitimité de son entreprise, de la rattacher à une revendication des anciens droits de la maison d'Anjou : en 1494, en faisant signifier au pape son « vouloir et intencion de ladite entreprise », il joignit à son ambassade deux délégués spéciaux, l'évêque de Fréjus et maître Benoît de Saint-Moris, chargés d'exposer à Alexandre VI les motifs de son expédition, qui étaient de « reconquérir ce qui lui appartenait de droit », et il priait le pape de refuser l'investiture au fils du roi Ferrante (1).

---

(1) Alexandre VI ne tint d'ailleurs pas compte de cette prière et donna l'investiture à Alphonse d'Aragon.

Puis il fit déclarer à Lyon, en mars 1494, par une commission tirée du Parlement de Paris, ses droits sur Naples aussi bien fondés que ceux qu'il avait sur le royaume de France lui-même; le premier effet de cette déclaration officielle fut la protestation du procureur royal Christophe de Carmonne contre les titres de roi de Sicile et de comte de Provence que s'arrogeait le duc de Lorraine ; d'ailleurs, dans cet acte, la mention du comté de Provence n'était qu'un prétexte à mettre en cause le royaume de Naples. Charles VIII prit aussitôt les noms de « roi de Sicile et de Jérusalem », titres des rois de Naples depuis Charles d'Anjou. Le 17 mars, il fit déclarer, par une assemblée de seigneurs et de prélats, que le roi Alphonse n'avait aucun droit au trône de Naples, que ce trône lui appartenait au contraire à lui-même, comme roi très chrétien ; ainsi que le chancelier l'expliqua, par cette solennelle déclaration, le roi voulait faire connaître qu'il défendait une cause juste en entreprenant cette guerre, qu'il ne pourrait y renoncer sans charger sa conscience et s'exposer à tous les mépris. Le 7 avril, dans la séance d'ouverture des états, le député Palain de Pournechal exposa longuement les droits du roi à la succession des souverains Napolitains. L'ambassadeur Denis de Vicaris fut chargé d'une protestation éventuelle, au nom de Charles VIII, roi de Sicile et de Jérusalem, contre l'investiture d'Alphonse d'Aragon. Ainsi le côté juridique de l'expédition fut mis particulièrement en lumière dans la déclaration de guerre. A Naples même, Charles VIII fit demander de nouveau au pape l'investiture de ce royaume, montrant bien par là qu'il considérait l'occupation de Naples, beaucoup moins comme une conquête nouvelle que comme une rentrée en possession de son patrimoine. De même, ce furent ses droits héréditaires qu'il fit valoir, le 22 novembre 1497, quand M. de Clérieux et Du Bouchage signèrent en son nom, à Alcala de Hénarès, un traité de partage de la monarchie napolitaine avec Ferdinand le Catholique. — Les droits des Orléans sur Milan eurent aussi leur rôle dans la politique de Charles VIII, mais un rôle en quelque sorte négatif. Le roi ne s'en servit que pour peser sur Ludovic le More, en lui promettant de ne les faire pas valoir et d'empêcher qu'on les fît valoir. — L'emploi des droits de succession fut le plus usuel des procédés diplomatiques de Charles VIII.

Ainsi la politique d'intervention française en Italie avait ses procédés, ses systèmes plus ou moins heureusement appliqués, mais appliqués avec logique et par tradition. L'expédition de

Charles VIII, avec son apparence d'héroïque chevauchée et de guerre folle, n'en était qu'un épisode, et, si son échec définitif compromit gravement l'œuvre antérieure de la diplomatie française, elle n'en était pas moins, par son principe, conforme au génie de cette tradition nationale. Si puissamment gravée dans les esprits, si profondément entrée dans les mœurs était cette politique, que l'influence française survécut à cet échec même, à la retraite de Naples, à la bataille de Fornoue, à la trêve du 25 février 1497 : Charles VIII semblait avoir complètement renoncé à ses projets sur l'Italie que les puissances italiennes recouraient encore à lui et recommençaient à le solliciter vaguement de tenter en Italie de nouvelles entreprises : le pape entretenait avec lui une correspondance secrète, les Vénitiens songeaient à s'unir avec lui contre Milan, les souverains espagnols lui proposaient une action commune contre Naples ; il semblait en janvier 1498 qu'une nouvelle expédition fût prochaine ; il y aurait peut-être eu pour alliés le pape, Maximilien, Ferdinand d'Aragon. — Ainsi, tel avait été le développement régulier des traditions politiques de la France, l'action ininterrompue de ses principes et de ses procédés d'intervention, que, même après une défaite, le roi de France pouvait rapporter d'Italie autre chose que « des gloires et des fumées ». Mieux encore que des faits positifs, la persistance, toute vague et impuissante qu'elle ait été, des relations franco-italiennes après la retraite de Charles VIII, la sourde et confuse circulation dans la vie italienne d'un courant français, montrent la force de ce principe. Et l'on ne peut contester, après cette suite d'exemples qui remplissent deux siècles de notre histoire, la réalité et la légitimité de ce fait historique : l'existence traditionnelle d'une politique, tendant par des moyens précis et dans un intérêt général, à établir la domination française en Italie.

§ 2. — *La tradition politique française en Allemagne.*

Le Saint Empire Romain entra, plus tôt même que l'Italie, dans l'horizon de la politique française. La France n'était pas là, comme à l'égard de l'Italie, en présence d'états indépendants et rivaux les uns des autres, impuissants par leur exiguïté territoriale et leur faiblesse à avoir une politique extérieure active, condamnés d'ailleurs par leurs origines, — nés qu'ils étaient du démembrement et de la dissolution du royaume lotharingien d'Italie—, à la vassalité ou à la recommandation envers les grandes puissances et qui s'exposaient tout entiers, indépendance et territoires, dans les guerres qu'ils avaient à soutenir. L'Empire était au contraire un état vaste, constitué, formant, en théorie tout au moins, un corps organisé, gouverné par un empereur que nommait un collège électoral ; il était composé de princes et de villes, possesseurs de territoires plus ou moins étendus, détenteurs d'une puissance plus ou moins grande. Dominant, par une suzeraineté effective, les pays qui, dans le démembrement carolingien, avaient formé les régions septentrionales de la Lotharingie, cet état avait, comme la France, une force interne de progrès et d'expansion qui le poussait à rayonner hors de ses frontières, à l'Occident comme au Midi et à l'Orient, et à tenter la reconstitution à son profit de l'empire de Charlemagne. Tradition légendaire du *gallicisme*, si l'on peut dire, de Charlemagne, vieille croyance à la suprématie française, politique de principes, politique de conquêtes territoriales, tout portait donc la monarchie française à une lutte inévitable envers l'Allemagne. Suggérée par un profond et mystérieux instinct, avant que la raison d'état la conseillât, commencée dès Hugues Capet, continuée à travers mille péripéties et sous tant de formes diverses qu'elle n'est point terminée encore, tous les historiens s'accordent à reconnaître en cette politique le but fondamental et naturel, l'objet capital et légitime des efforts de la monarchie ; tous y voient un de « ces rapports mystérieux qui se posent à l'origine des nations, et dont se dégagent ensuite les lois de leur histoire » (1). Il est donc inutile ici et aussi bien serait-il impossible, d'en donner même un résumé (2). Il suffira d'en indiquer rapidement les principaux procédés, et comment les questions de progrès territoriaux impliquées dans cette politique étaient posées au moment où Louis XII monta sur le trône. — Les rois de France tentèrent d'acquérir par désignation pontificale, par élection des princes d'empire, par désignation à titre de rois des Romains, la couronne de l'empire pour eux-mêmes ou pour tel ou tel prince de leur famille : Pierre du Bois rêve pour Philippe le Bel la couronne impériale « qui a été

---

(1) SOREL, *L'Europe et la Révolution française*, 1, 245.
(2) Je renvoie de préférence aux deux mémoires de M. Alfred Leroux, *Recherches* et *Nouvelles recherches sur l'histoire des relations politiques de la France et de l'Allemagne*. Pour la période non encore étudiée par M. Leroux, il faut recourir à l'ouvrage de M. Zeller, à l'*Histoire de Charles VII* de M. de Beaucourt, pour ne citer que les livres principaux.

transférée des Grecs aux Allemands en la personne de Charlemagne », et qu'il souhaite que le roi rende héréditaire en sa maison, quitte à compenser aux électeurs la perte de leur dignité par des sécularisations; il consent cependant que le roi abandonne à l'un de ses frères le trône d'Allemagne. Bien des rois, entre Philippe le Bel et François Ier, ont repris et parfois poursuivi ce chimérique projet, qui plus tard tentera l'orgueil de Louis XIV et enivrera jusqu'au vertige le génie de Bonaparte.— Les rois de France tentèrent de paralyser la puissance des empereurs par des alliances particulières avec les électeurs et les villes d'empire, avec les vassaux situés hors des terres proprement allemandes. — Ils conclurent des alliances avec eux, soit contre leurs ennemis du dehors, soit contre ceux du dedans, et se les firent payer par des cessions de suzerainetés, de privilèges, de droits ou de territoires.— Mais, en Allemagne comme en Italie, ce fut surtout par la revendication de leurs droits de suzeraineté et de succession que procédèrent les rois de France. Cette politique les conduisit tour à tour et les installa en Flandre, en Lorraine, en Provence ; c'est surtout dans la région du nord-est, vers le Rhin, qu'elle leur fut utile, et que l'application en fut d'ailleurs commode : « rien n'était plus flottant et plus incertain que la frontière du Saint-Empire vers les marches de Lorraine : les villes impériales étaient suspendues en quelque sorte entre l'Allemagne et la France »(1). Les conseillers des rois affectèrent de mettre surtout en lumière l'aspect juridique de ces conflits. A la cour de Charles VII, on ne parlait, « en s'allant heurter contre les Allemagnes, qui est chose si grande et si puissante qu'il est presque incroyable », que de « revendiquer les anciens droits de la couronne de France sur tous les pays situés en deçà du Rhin », et ce fut la déclaration, en termes presque textuels, que fit le dauphin Louis en 1444 en entrant en Alsace : il se présentait, dit-il, « pour revendiquer les droits du royaume des Gaulois ». Charles VII lui-même, quand il somma les villes d'entre Meuse et Vosges de reconnaître son autorité, fit valoir qu'il venait « donner provision et remède à plusieurs usurpations et entreprises faites sur les droits de ses royaume et couronne »; et comme, pour lui résister, Metz excipait de ses privilèges, ce furent les légistes qui discutèrent ces privilèges, déclarèrent que la ville avait été pendant longtemps sous la souveraineté française, et le prési-

---

(1) SOREL, *L'Europe et la révolution française*, I, 255.

dent au Parlement, Jean Raboteau, qui fit savoir aux Messins que le droit du roi pourrait se prouver « tant par chartes que chroniques et histoires » (1). Sous Louis XI, la question de la succession de Bourgogne donna naissance à un grand nombre de revendications et fut matière à un déploiement inusité de procédures. Les provinces qui formaient l'héritage de Charles le Téméraire manquaient en effet d'homogénéité et n'étaient rattachées entre elles que par sa domination même : les unes relevaient de la France, les autres de l'Empire. Louis XI réclama la Bourgogne, duché et comté (dont les états, à Dijon et à Dôle, finirent, sous la pression des troupes françaises, par reconnaître et admettre ses prétentions), les villes de la Somme, les places de l'Artois, engagées jadis à Philippe le Bon ou à Charles le Téméraire et dont la réversibilité à la couronne ne pouvait faire aucun doute ; il réclama la Flandre et l'Artois, quoique elles ne fussent pas des apanages, en vertu de l'hommage dû à la couronne. « Il envahit partout, alléguant en chaque lieu un droit différent » (2) : à Abbeville, il invoqua le retour à la couronne par extinction de la ligne masculine ; à Arras, « le moyen de confiscation »; en Bourgogne, la garde noble ; le Hainaut et d'autres terres d'empire, qui n'étaient point sous la suzeraineté française, furent occupés comme nantissement préalable : on les restituerait plus tard, s'il y avait lieu. Louis XI songea quelque temps à régler toute la question en mariant le dauphin et la princesse Marie de Bourgogne fille unique et héritière de Charles le Téméraire ; mais sa mauvaise foi et sa duplicité politique firent échouer ce projet. Le mariage de Marie avec l'archiduc Maximilien d'Autriche, le 19 août 1477, fut un grave échec et une grosse complication pour la politique française.

Ce n'était plus désormais, en effet, à des vassaux plus ou moins puissants, plus ou moins appuyés par l'empire, que les rois de France allaient se heurter dans leur marche vers l'est, qui s'était peu à peu réduite à la reprise des provinces bourguignonnes ; c'était à l'Empereur lui-même, intervenant non plus seulement comme suzerain, mais comme puissance territoriale et comme représentant de la maison de Bourgogne. Pendant près de vingt ans, la politique d'annexion et d'expansion vers l'est eut en Maximilien un redoutable ennemi, qui, soit influence de sa jeune femme, soit esprit politique, vit dans les rois de

---

(1) Ces divers textes sont cités par Sorel, *op. cit.*, I, 255.
(2) SOREL, *op. cit.*, I, 257.

France des ennemis permanents et héréditaires. La politique française fut, dès lors, entravée, souvent vaincue, souvent trompée, mais elle ne cessa pas de poursuivre, avec une merveilleuse ténacité, la solution à son profit de la question de Bourgogne. Aussitôt marié, Maximilien obligea, par ses observations, Louis XI à cesser ses injustes attaques contre les domaines de sa femme, à signer une trêve à Lens ; puis il lui présenta, au sujet des terres impériales indûment occupées, des réclamations qu'il fit appuyer par l'empereur Frédéric III, et il obtint la cession de Cambrai et du Hainaut en juillet 1478, par la trêve d'Arras. La France perdait du terrain. Heureusement la mort prématurée de la jeune duchesse Marie, le 27 mars 1482, en faisant passer ses domaines personnels aux mains de son jeune fils Philippe, âgé de quatre ans, lui fournit l'occasion d'une éclatante revanche : Maximilien ne put faire admettre sa tutelle sur son fils par les états de Flandre et de Brabant qu'en acceptant un conseil de tutelle, et qu'en se résignant à traiter avec Louis XI. La paix d'Arras, du 23 décembre 1482, sembla terminer le différend au profit de la France, à qui furent cédés le duché de Bourgogne, comme fief masculin, et la plupart des autres territoires qu'elle revendiquait, comme dot de la petite princesse Marguerite, fille de Marie et de Maximilien, fiancée au dauphin Charles, comme Marie l'avait été quelques années plus tôt.

Maximilien ne se résigna pas à cette rude défaite diplomatique. Employant tous les moyens, favorisé par son entente avec l'Angleterre et l'Espagne, favorisé aussi par l'ouverture de la succession de Bretagne et les complications qui s'y produisirent, son attitude devint si menaçante que le gouvernement français se résigna à acheter sa neutralité : les conventions de Francfort et de Plessis lès Tours (22 juillet, 30 octobre 1488) la lui firent payer cher : la France s'obligeait à renoncer à toute intervention armée en faveur des Flamands, — clause contraire à toute une portion de sa politique traditionnelle —, à reconnaître la tutelle de Maximilien sur son fils et à lui promettre son appui pour rentrer dans cette dignité ; le gouvernement eut même l'humiliante faiblesse de lui offrir la présidence du congrès qui réglerait la succession de Bretagne. — Cette limitation d'influence ne suffit pas encore à Maximilien ; l'intérêt majeur de la réunion de la Bretagne amena le gouvernement français à défaire l'œuvre du traité d'Arras. Le traité de Senlis, du 23 mai 1493, restitua à Maximilien la dot de sa fille, les comtés d'Artois, de Bourgogne, de Charolais et de Noyon, et promit de rendre à l'archiduc Philippe, à sa majorité et en échange de son serment d'hommage, Hesdin, Aire et Béthune, que la couronne gardait jusque-là en séquestre. Mais la France revendiquait aussi quelques petites places, et la clause de la restitution des villes de Picardie lui réservait une occasion de remettre en question le traité de Senlis tout entier. Ainsi la politique d'intervention dans les provinces de l'est ne cessait pas d'être pratiquée : il semblait qu'elle vînt de subir, à l'avènement de Louis XII, un mouvement de recul et une suite d'accidents malheureux, mais, même pendant la campagne d'Italie, elle était restée une des préoccupations essentielles, sinon de Charles VIII, au moins de son gouvernement.

§ 3. — *L'influence de Ludovic Sforza en Italie et en Allemagne.*

Les deux courants politiques qui portent la France, l'un vers l'Allemagne, l'autre vers l'Italie, et qui circulent dans notre histoire, souvent voisins, quelquefois confondus, ne sont pas exclusifs l'un de l'autre et n'ont d'ailleurs rien de contradictoire. Les relations de l'Allemagne avec l'Italie étaient trop complexes et trop fréquentes, la dépendance féodale des états italiens trop marquée vis-à-vis de l'empire, les souvenirs des anciennes interventions impériales en Italie, si souvent dévastatrices, encore trop vivants, les empereurs s'étaient enfin trop servis de l'Italie pour consolider leur propre domination en Allemagne, — pour que l'établissement de la France en Italie et le progrès, quel qu'il fût, de son influence, ne fût pas une diminution de la puissance impériale. — Et d'autre part tout abaissement de l'empire sur le terrain allemand diminuait par contre-coup son influence dans la péninsule, mettait en décadence l'esprit gibelin et relevait d'autant le nom français. Par des moyens différents, l'une et l'autre de ces politiques d'intervention avaient un but identique : loin de s'exclure et de se nuire, si l'on considère l'ensemble de l'histoire de France, elles étaient faites pour se compléter l'une par l'autre.

A l'avènement de Louis XII, cette double politique avait réuni contre la France plusieurs ennemis. Le principal et le plus dangereux de tous était le duc de Milan, Ludovic Sforza. En Italie, il était devenu prépondérant ; en Allemagne, il était un des principaux inspirateurs de Maximilien.

La prépondérance de Ludovic Sforza en Italie (1) était certainement faite, pour une bonne part, de la profonde décadence qui atteignait les autres états de la péninsule ou de l'impuissance politique à laquelle ils étaient réduits ; mais elle était due aussi aux talents réels du duc de Milan, et à l'opinion même, supérieure à ces talents, que l'Italie s'en était formée ; et elle l'était enfin à la situation diplomatique exceptionnelle de Ludovic Sforza vis-à-vis de la France et de l'Empire.

L'expédition de Charles VIII, les événements qui l'avaient suivie, avaient moralement et matériellement bouleversé la péninsule. Des cinq grands états qui y avaient autrefois formé la ligue italienne, il n'en était presque aucun, sauf le duché de Milan, qui n'en fût sorti brisé ou meurtri. — Le royaume de Naples, qui, sous Ferrante, avait balancé l'importance de Florence et l'influence de Laurent le Magnifique, avait été ruiné par l'invasion française : tout y était à refaire ; la dynastie aragonaise y tenta une restauration. Ferdinand II avait pu rentrer à Naples, servi par la trahison des Colonna, qui abandonnèrent pour lui le parti français ; aidé de Gonzalve de Cordoue et des troupes espagnoles, il soumit ou reçut la capitulation de la plupart des villes du royaume et essaya de consolider son pouvoir en ralliant les barons angevins, les anciens partisans de la France ; il proclama une amnistie générale, disant : « Je suis Ferrante. Si vous êtes coupables, messieurs les barons, d'injure ou de rébellion contre mon père ou mon aïeul, c'est envers moi que vous l'êtes, et je vous pardonne ». Cette amnistie fut bien accueillie. Mais le jeune roi Ferdinand mourut prématurément à 29 ans, le 7 octobre 1496, et fut remplacé par son oncle Federico d'Altamura. La sagesse et les talents de celui-ci ne le servirent pas mieux que sa « *virtù* » n'avait servi « Ferrandino. » La néo-domination aragonaise resta toujours précaire dans le royaume déchiré par les derniers épisodes de la guerre étrangère, par la guerre civile et l'occupation espagnole, et ruiné. Les Français et leurs partisans avaient tenu la campagne jusqu'à la fin de 1496 ; en 1495, Virginio Orsini campait dans les Abruzzes et la Capitanate, Montpensier à Loreto, dans le district de Sant'Angelo ; en avril 1496, les Français possédaient encore les Abruzzes et la montagne de Sant'Angelo ; en

---

(1) Tous les éléments du tableau suivant de la situation de l'Italie sont empruntés à Villari, *Niccolò Macchiavelli*, et à Cipolla, *Storia delle Signorie Italiane*.

juin 1496, Montpensier, assiégé dans Atella, dut conclure une trêve de trente jours devant durer jusqu'au 20 août, qui se changerait en capitulation s'il n'était pas secouru dans ce mois. Il s'engageait en ce cas à quitter le royaume avec ses lieutenants, d'Aubigny et autres. Il n'attendit pas le délai fixé pour exécuter sa promesse. Mais Gaeta, Taranto et Rocca Guglielma restaient encore aux Français. La dernière de ces places, Gaeta, ne capitula que le 19 novembre. Ensuite les Orsini et quelques barons continuèrent encore les hostilités. A la faveur du désarroi général, les Vénitiens envoyèrent une flotte sur les côtes napolitaines, et, en garantie d'un subside qu'ils promirent d'accorder à Frédéric, malgré l'hostilité du pape à toute idée de diminution de l'état dont il était suzerain, ils se firent abandonner Brindisi, Otranto et Trani. Tarente se donna à eux quand la garnison française en sortit, le 9 octobre 1496; mais les Vénitiens n'osèrent pas la prendre et refusèrent cette dédition. Les troupes espagnoles de Gonzalve de Cordoue, quoique alliées de Naples, n'étaient guère moins dangereuses; elles étaient à peu près maîtresses en Calabre, où Gonzalve venait de faire isolément une campagne. L'Espagne espérait que le royaume lui reviendrait quelque jour : aussi voyait-elle avec aigreur et avec mécontentement l'avènement de Frédéric d'Altamura. Enfin le préfet de Rome, Jean de La Rovère, frère du cardinal, occupait la petite place de Sora. Les troubles et les révolutions du royaume l'avaient ruiné : les opérations militaires avaient empêché la transhumance pendant plusieurs années; les revenus du royaume avaient diminué de plus de moitié. Ferrante Ier en avait tiré jusqu'à 700,000 ducats, le roi Frédéric n'en avait plus que 300,000.

A Rome, Alexandre VI était dans une situation difficile et dangereuse : sa politique perfide pendant l'expédition de Charles VIII, sa brouille avec Ascanio Sforza, lui avaient fait perdre de son influence. Dans la campagne romaine, il avait à lutter contre les Orsini et leurs partisans, qui le battirent complètement à Soriano le 26 janvier 1497; il s'en vengea en excommuniant Virginio Orsini; mais pour éviter une trop longue durée des hostilités, il consentit à traiter. Pour venir à bout d'Ostie, il dut en faire faire le siège par Gonzalve, et l'opération dura du 19 février au 14 mars. Il trouvait de redoutables ennemis dans le cardinal Julien de La Rovère et son frère : il priva le premier de ses fonctions de vice-chancelier de l'Église et le second de la préfecture de Rome. La « question de Savonarole », qui arrivait en 1497 à une période aiguë, le troublait et l'occupait beaucoup : la prédication de ce moine forcené se liait pour lui à la crainte d'un concile et d'une réforme de l'Église dans son chef et dans ses membres. Ses rapports étaient très tendus et difficiles avec les Sforza : en décembre 1497, il fait dissoudre, pour impuissance, le mariage de Giovanni Sforza avec sa fille Lucrèce ; le 14 juin 1498, le duc de Gandia étant mort assassiné, Alexandre VI était si mal disposé pour Ascanio Sforza à ce moment qu'il lui attribua tout d'abord ce crime : ces soupçons et le précédent divorce montrent ce qu'étaient alors les relations du Saint-Siège avec le duc de Milan ; Alexandre VI était également en froid avec Naples à cause de ses projets de famille. Quant à Venise, d'anciennes difficultés territoriales, non encore résolues, avaient depuis longtemps aigri les relations entre elle et le Saint-Siège. Le pape se trouvait ainsi à peu près réduit à l'impuissance diplomatique.

La République florentine était encore plus déchue : elle s'était isolée du reste de l'Italie en refusant de participer à la ligue de Venise et en demeurant l'alliée de Charles VIII ; mais elle n'avait tiré aucun profit réel de cette alliance pour sa politique même en Toscane : Pise avait été vendue aux Pisans par d'Entraigues, moyennant vingt mille ducats et par une véritable trahison dont Charles VIII n'était pas complice ; Sarzana fut aussi vendue aux Génois pour trente mille ducats. Le seul avantage de cette alliance pour Florence fut l'aide que lui donna la France contre Maximilien, pendant le siège de Livourne, que la flotte française obligea l'empereur d'Allemagne à abandonner. Mais Florence restait dans un isolement presque absolu : l'empereur Maximilien s'était déclaré contre elle et lui avait signifié, avant son expédition en Italie, d'avoir à reconnaître la suzeraineté et l'autorité de l'Empire. La guerre de Pise avait recommencé avec une nouvelle vivacité, puis elle continua avec les lenteurs et la mollesse d'autrefois ; la lutte n'était pas assez vive pour se terminer rapidement par la victoire de l'un des adversaires, elle était assez importante pour épuiser peu à peu et paralyser les forces de la république. La lutte militaire se compliquait d'une lutte diplomatique, à laquelle prenaient part toutes les puissances de la péninsule : Florence acceptait sans honte d'être, au même rang que Pise, l'objet de leur protection ou de leurs intrigues. Elle était réduite à cette impuissance par le drame de son histoire intérieure : depuis leur expulsion, les Médicis, dont les partisans étaient encore nombreux, multipliaient les tentatives pour rentrer dans Florence ; la plus importante fut celle de Pierre de Médicis, qui, avec cent cinquante chevaux-légers réunis en pays siennois, se présenta le 28 avril 1498 au monastère de San Gaggio, mais qui, personne n'ayant remué, dut se retirer. Cette course amena des recherches à Florence et l'exécution de plusieurs personnages convaincus de complicité avec les Médicis, entre autres le vénérable B. del Nero, Pucci, Lorenzo Tornabuoni, Niccolò Ridolfi et d'autres : le chef de la république, Valori, dut se montrer impitoyable pour leur trahison ; mais cette cruauté nécessaire envenima encore les divisions des partis ; — ces divisions politiques n'étaient que la conséquence et l'écho des divisions morales de la république et de la domination de Savonarole : les luttes des *piagnoni* et des *palleschi* devaient continuer jusqu'après l'avènement de Louis XII, et elles absorbaient la meilleure part de l'activité et de la vie intellectuelle de Florence, dont elles ruinaient à demi la prospérité matérielle et économique. Florence n'était plus qu'une puissance de second ordre.

Venise et Milan restaient les seules puissances encore capables d'une politique active dans l'Italie ainsi bouleversée ; mais Venise n'avait pas tiré de son initiative antifrançaise tous les fruits qu'elle pouvait en attendre ; après sa victoire diplomatique de la formation de la Ligue, après son triomphe de Fornoue, elle s'était vue peu à peu reléguée au second plan par Ludovic Sforza. Le traité de Verceil, entre Ludovic Sforza et Charles VIII, fut pour elle une première défaite : d'abord, parce qu'il fut conclu sans sa participation ; ensuite, parce que la sérénissime république y était absolument oubliée ; enfin, parce qu'un article établissait que, si les Vénitiens n'avaient pas adhéré à la ligue dans les deux mois, le duc de Milan aiderait le roi de France à conquérir les terres qu'ils possédaient dans les Pouilles. Venise, ainsi mise à l'écart, sentit aussitôt l'impossibilité où elle était d'agir seule ; elle refusa, pour ne pas se compromettre, d'accepter les capitulations de Trani et de Barletta, puis elle fit des propositions de paix à la France, qui furent repoussées par le cardinal de Saint Malo, comme insuffisantes : c'était décidément un échec pour Venise; elle regretta de n'avoir pas, aussitôt après la bataille de Fornoue, offert à Charles VIII son alliance et une action commune contre Ludovic Sforza. La république subit un nouvel échec dans sa politique à l'égard de Maximilien ; après avoir fourni seize mille ducats pour sa part des frais de l'expédition impériale, la république déclara qu'il aurait mieux valu épargner cette invasion à l'Italie et envoyer l'empereur faire campagne ailleurs, en France notamment ; elle tenta, par l'envoi en Allemagne de l'ambassadeur Foscari, d'empêcher la guerre, mais elle n'y réussit pas. Aussi fut-elle d'une grande froideur pour Maximilien, durant l'expédition même ; elle mit tous les retards possibles à envoyer ses subsides ; elle ne s'y décida qu'après une lettre énergique de l'empereur et de vives représentations des autres puissances à l'ambassadeur Foscari ; alors elle s'exécuta, et, le 15 septembre, envoya à Maximilien dix mille ducats par Grimani et M. Ant. Morosini ; elle fut même obligée de promettre, de plus, une part contributive à l'entretien de la flotte destinée à opérer contre Florence. Mais elle se dispensa, autant qu'elle le put, de tenir ses engagements et laissa l'empereur manquer d'argent. D'autre part, elle prit contre Florence une attitude hostile et militante qui lui nuisit plus qu'elle ne lui profita, et qui aboutit à une guerre véritable où les succès furent partagés, qui devait être interminable, et qui devait finir par la brouiller avec le duc de Milan : Ludovic Sforza ne voulait pas laisser la République devenir trop puissante, — « *Io son geloso de mio stato*, disait-il », — et il se rapprocha de Florence. Enfin, Venise jalousait Ludovic, à cause de la protection qu'il accordait au duc de Ferrare et au marquis de Mantoue, à cause de la faveur dont Ascanio Sforza jouissait encore auprès d'Alexandre VI. Cette guerre contre Florence était le germe d'affaiblissement de la République vénitienne, et la cause de son infériorité à ce moment en face de Ludovic Sforza.

Tandis que tous les autres états de l'Italie étaient ainsi affaiblis, soit par les conséquences de la guerre de Naples, soit par leurs crises intérieures, soit enfin par leurs rivalités politiques, Ludovic Sforza avait réussi à s'emparer de la dignité ducale à Milan, et à faire du Milanais la puissance prépondérante de la péninsule. Fils de Francesco Sforza, condamné par sa naissance au rôle obscur et louche de cadet, il avait réussi après la mort de son frère Galéas, à arracher la régence du duché de Milan, pour le compte de son neveu Jean Galéas, à Bona de Savoie et au favori de celle-ci, l'administrateur Cicco Simonetta, en 1490. La régence n'était dans les plans de son ambition que la préface de son règne personnel. Il sut les réaliser rapidement, servi par une duplicité très habile, mais très cynique, qui lui valut bientôt la réputation d'un grand politique. Il sut dissimuler d'abord son jeu, affecta un grand dévouement à son neveu Jean Galéas, et, malgré l'intérêt qu'il avait à ce que ce neveu n'eût pas d'héritiers, il le laissa se marier avec la petite-fille du grand Ferrante, Isabelle d'Aragon. Il repoussa, avec une indignation bien feinte, les conseils, ou du moins les insinuations, des ambassadeurs florentins, d'enlever à son neveu à la fois son duché et sa femme, qui, disait-on, ne l'avait été que de nom. « Un tel acte, dit-il noblement, me rendrait infâme aux yeux de tout l'univers », et il demanda et obtint l'investiture impériale pour son neveu, sous le nom duquel il continua à gouverner pendant quatre ans. Mais quand une mort inopinée, et, d'après certains témoignages, provoquée, eut fait disparaître Jean Galéas le 21 octobre 1494, Ludovic Sforza était muni, depuis le 5 septembre, d'une bulle d'investiture pour lui et ses enfants, au détriment de son petit neveu Jean Galéas Marie, auquel était abandonnée une pension de douze mille ducats. Maximilien s'excusa comme il put d'avoir manqué en cette affaire à son serment de ne jamais reconnaître un prince qui possèderait son état par trahison. Ludovic ajouta, à sa fourberie vis-à-vis de son neveu, une fourberie à l'égard des Milanais ; il ne montra pas son investiture, demanda au peuple de proclamer le jeune fils du défunt ; mais se fit solliciter par ses partisans, dans une habile mise en scène, de prendre la couronne pour lui-même, comme étant, dans les circonstances critiques où se trouvait le duché, le plus capable de la porter. Il se laissa vaincre par leurs prières, — et fit enregistrer par devant notaire l'investiture impériale. Les réclamations de la famille dépossédée ne furent point écoutées ; la dot de Bianca Maria calma les scrupules de Maximilien au sujet de la spoliation de Jean Galéas Marie. Le pape et le roi de Naples, quoique celui-ci fût allié par mariage à la branche aînée déchue, reconnurent presque aussitôt le nouveau duc ; le second fit même solliciter son intervention auprès de Charles VIII. Ludovic le More était au comble de la prospérité ; de la princesse Béatrice d'Este, qu'il avait épousée en 1491, peu après le mariage de son neveu, il avait deux fils qui assuraient l'avenir de sa dynastie. Son ambition fut dès lors d'être roi d'Insubrie, de Ligurie ou de Lombardie ; le titre lui était indifférent, pourvu qu'il acquît la dignité royale qui assurerait sa suprématie de rang parmi les princes de la péninsule.

Il voulait aussi la réalité du pouvoir et de l'influence. Dès le début de son gouvernement, il intervint comme médiateur dans les querelles des états italiens et agit comme leur protecteur : en juillet et août 1490, il se géra en protecteur de la Savoie ; en

1492, il reprit le même rôle vis-à-vis du marquisat de Saluces, et s'attira des demandes d'explications de la France ; il favorisa l'accord entre Ferrante et le Saint-Siège, pour éviter une intervention française. Il fut servi par la mort d'Innocent VIII et de Ferrante, et surtout par celle de Laurent le Magnifique. L'alliance franco-milanaise de 1491 le mit au premier plan, d'abord par l'importance qu'elle donnait réellement au duché, et aussi par la renommée que lui valut en Italie ce succès diplomatique. Son admission personnelle dans la ligue franco-milanaise, le 29 avril 1492, ne fit qu'accroître son influence. Il était dès lors le souverain le plus puissant de l'Italie.

Il s'en montra le politique le plus actif, le plus audacieux, le plus adroit à modifier ses plans et son attitude suivant les événements. En 1492, à l'avènement d'Alexandre VI, il préconisait une alliance de toutes les puissances italiennes, en vue de l'obédience à rendre au nouveau pontife, et qui eût été un premier pas vers la confédération générale. Ensuite il jugea plus avantageux de fonder sur un appui extérieur sa domination en Italie; il avait, non sans perfidie, dissimulé à l'Allemagne son alliance avec la France; il essaya d'avoir des alliances simultanément avec les deux nations ennemies : il offrit cent mille ducats à Maximilien, en échange de l'investiture du Milanais. Le gouvernement français, qui ne se souciait pas de voir son allié fournir à un adversaire les moyens de continuer la guerre, lui fit des observations : Ludovic Sforza mit alors toute son habileté à louvoyer entre la France et l'Allemagne, à se servir tour à tour de l'une et de l'autre. Le 22 avril 1493, il réussit à obtenir une alliance de vingt-cinq ans de Rome et de Venise contre Naples, et il sut en rester le principal moteur : puis il profita de l'accord établi à Senlis entre l'empereur et le roi de France pour négocier avec Maximilien la délicate question de l'investiture, qu'il demanda pour lui-même et qui lui fut promise, le 24 juin 1493, grâce à l'habileté d'Herasmo Brascha ; la finesse insinuante de Béatrice d'Este réussit à faire accepter ce succès de la République de Venise.

La décision prise par Charles VIII d'attaquer le royaume de Naples créa au duc de Milan une situation difficile, mais il n'hésita pas longtemps : il accepta l'alliance ; un refus n'aurait pu que le brouiller avec le jeune roi sans le réconcilier avec le roi de Naples ; son adhésion servait ses projets d'ambition personnelle, en lui assurant la complicité, ou du moins le silence de la France, dans le renversement de Jean Galéas; elle lui assurait en même temps une domination indiscutée dans la péninsule. Enfin il y avait dans cette alliance de quoi flatter son goût d'intrigue : il prévoyait un double jeu à jouer entre les Français et les Italiens ; il espérait mettre un retard à l'entreprise. Il voulait faire intervenir Maximilien dans les résolutions de Charles VIII, afin de compliquer un peu la mise en train de ses projets. Personne n'attacha plus d'importance que lui à l'entrevue de Maximilien et du roi de France : le concours de l'Allemagne à cette guerre lui permettrait d'enrayer l'action de Charles VIII si elle devenait trop menaçante ; aussi envoya-t-il Galeazzo di San Severino en ambassadeur aux deux princes tour à tour, pour les disposer à cette entrevue ; il répandait en Italie l'opinion que leur rencontre était due à son initiative. D'ailleurs il y avait une grande intimité et une parfaite analogie de vues entre Maximilien et Ludovic. Le duc faisait dire à l'empereur qu'il était bon que le roi de Naples fût abaissé, mais qu'il ne fallait pas laisser le roi de France conquérir le royaume ; il se proclamait tout dévoué à l'empereur, dont il prétendait rétablir l'ancienne autorité en Italie, et faire « le plus glorieux empereur qui eût jamais été ». Il laissait entendre qu'il voulait faire de lui un empereur d'Italie.

Il s'en fallait, et de beaucoup, que Ludovic Sforza fût, comme il se l'imaginait peut-être, ou du moins comme il le prétendait, le directeur et le maître de la politique européenne ; mais il réussissait à le faire croire en Italie. Dans ses rapports avec les puissances italiennes, le duc de Milan étala plus que jamais son pouvoir et son crédit. Il se posa en défenseur de l'Italie contre les prétentions des souverains étrangers, mais il modifia incessamment son attitude : « *Cet homme est un protée* », disait de lui Alamanni. Il se perdait parfois dans ses intrigues ; tout en prétendant défendre l'Italie, il triomphait de voir Charles VIII dans la péninsule : « C'est moi, disait-il en septembre 1494, qui l'ai amené, et je le mènerai encore plus loin. » Il fut le meilleur ami et le plus solide appui du roi de France dans la préparation et aux débuts de sa campagne, et il prit une part active à la formation de son armée. Les égards de toute nature que lui témoignait le roi, la préférence qu'il accordait souvent à ses conseils, la demi-disgrâce dans laquelle il tenait, pour complaire à son nouvel allié, son cousin le duc d'Orléans, tout contribua à grandir encore Ludovic Sforza dans l'opinion publique et dans la sienne propre.

On connaît la volte-face qui suivit : le duc de Milan, s'étant assez vite aperçu que les victoires françaises étaient pour lui moins utiles que dangereuses, abandonna Charles VIII. Après avoir rappelé les contingents milanais des armées de Toscane et de Romagne, le 13 novembre 1494, il commença, dès le mois de décembre, à parler de former contre la France, une ligue des puissances italiennes et de l'Espagne. Il ressaisit ainsi la direction de la politique générale de la péninsule, et, à part Florence, la domina plus que jamais, à titre de libérateur de l'Italie. Le premier, il avait compris la nécessité de conclure cette alliance sans perdre de temps, et le même jour qu'il faisait sonner les cloches, en signe de joie officielle, pour l'entrée des Français à Naples, il annonçait aux ambassadeurs des états italiens cet événement comme une « mauvaise nouvelle ». Aussi bien, dès le 1er avril 1495, fut signée la nouvelle ligue dont il était l'inspirateur.

La troisième phase de sa politique, si l'évolution par laquelle elle débute ne prouva chez lui pas beaucoup plus de scrupules que la précédente, ne le mit pas moins en relief; elle lui créa une situation encore plus exceptionnelle et plus privilégiée : en prenant l'initiative de la ligue italienne, il était devenu en quelque sorte, en face du gouvernement français, le représentant de l'Italie; en prenant l'initiative d'un traité avec Charles VIII, il devenait le médiateur désigné pour les négociations ultérieures et pour les relations futures entre les deux pays. Aussi, après la bataille de Fornoue et pendant la guerre même de Novare, commença-t-il, par l'entremise de son agent Cattaneo, des pourparlers avec Commynes; ils aboutirent le 16 septembre à une trêve, et, peu après, le 9 octobre, fut signée la paix de Verceil; le duc de Milan y abandonnait complètement ses alliés; plus qu'à toute autre puissance, sa trahison fut sensible à la République de Venise, qu'il s'engageait à combattre, dans le cas d'une attaque de la France contre elle. Ludovic Sforza restait, dès lors, le seul prince italien ayant des relations pacifiques et diplomatiques à la fois avec les divers États italiens, avec la France d'autre part, et aussi avec l'Allemagne et les souverains espagnols. Cette dernière trahison, que l'on admira, non sans indignation, faisait de lui sans conteste le plus puissant des princes italiens, et de sa cour le centre futur de toutes les intrigues, des négociations inter-italiennes qui remplissent les confuses et complexes années suivantes. Fort de l'appui de la France, Ludovic Sforza commence par tenir tête aux puissances qui protestent d'un commun accord contre le traité de Verceil, par résister à Maximilien lui-même, qui rappelle aux Génois leur « ancienne et indubitable » dépendance de l'Empire, les somme de se détacher du duc de Milan, et ordonne à celui-ci de rentrer dans la Ligue. Fort de sa suprématie en Italie et de l'appui de la Ligue, qui, virtuellement, existe toujours, il nargue la France et n'exécute pas le traité de Verceil ; il continue à autoriser le nolis des vaisseaux génois tant pour l'Espagne que pour Naples ; il refuse la livraison des otages promis pour garantir la fidélité de Gênes, le paiement des sommes dues à Louis d'Orléans, il discute le traitement infligé au comte Francesco Sforza. Fort enfin de l'alliance de l'empereur, c'est pour l'étaler en quelque sorte devant toute l'Europe et en intimider la France, dont il pouvait craindre un retour offensif, qu'il décide Maximilien à sa vaine et ridicule campagne d'Italie. Menacé, au printemps de 1496, d'une nouvelle expédition française sous le commandement du duc d'Orléans, il fait front bravement, montre la plus grande raideur et la plus parfaite insolence envers Trivulce, tente de s'assurer le marquis de Mantoue, intrigue en Suisse pour détacher les cantons de l'alliance française, et il a la gloire d'être combattu ou menacé, de pair à pair, par le roi de France. Puis le 10 mars 1497, une trêve impose à toutes les puissances un désarmement général, et Ludovic Sforza triomphe bruyamment. Ainsi, sur les ruines des autres puissances italiennes, et grâce à leur chute même, son pouvoir avait grandi jusqu'à lui donner l'illusion d'être l'égal en puissance du roi de France et de l'empereur d'Allemagne. A travers toutes les variations de sa politique, il en était arrivé à une brouille définitive avec la France, et il était moralement le maître de la politique italienne. Ce n'était pas la marque d'un orgueil excessif que de faire représenter, comme il fit, dans une fresque du Castello de Porta Giovia, l'Italie sous les traits d'une reine vêtue d'or et ornée des attributs de ses villes, et de se faire peindre lui-même sous les traits d'un écuyer maure s'avançant pour soigner la parure de la noble dame. Le progrès même de la politique française, parallèle à celui de la politique italienne, avait abouti à investir Ludovic Sforza de ce rôle de chef des ennemis de la France en Italie.

C'était Sforza encore que la politique française rencontrait en Allemagne, et qui lui barrait le chemin des accommodements pacifiques et des solutions diplomatiques, qui excitait contre elle l'ambition, la cupidité, tous les instincts de chevalerie mal comprise qui fleurissaient dans l'esprit mal équilibré de

Maximilien. — Sans doute l'empereur était par lui-même un ennemi déterminé de la France ; de tout temps il avait manifesté son hostilité de la façon la plus éclatante envers elle ; Avec lui la lutte séculaire de la France et de l'Allemagne avait pris un caractère nouveau : c'était l'Empire qui s'y était fait l'agresseur. Dès qu'il avait eu à discuter avec Louis XI le règlement de la succession de Bourgogne, Maximilien avait fait appel aux armes; le siège de Térouanne, la victoire de Guinegate avaient montré la ténacité de sa haine et la valeur de son armée ; puis il avait tenté ce que tous les ennemis de Louis XI avaient tour à tour essayé sans succès, une coalition; il avait obtenu des troupes du roi d'Angleterre en 1480 ; il avait mis une évidente mauvaise foi à refuser toute solution définitive de ces longs démêlés, à repousser tous les arbitrages, y compris celui du pape, à nier la compétence judiciaire du parlement de Paris en matière d'apanages, à renouveler indéfiniment les trèves. Après la rude défaite diplomatique qu'avait été pour lui la paix d'Arras de 1482, il ne désarma point ; à peine Louis XI, était-il mort et dès qu'il vit le gouvernement d'Anne de Beaujeu aux prises avec les princes mécontents, dès qu'il eut lui-même rétabli son autorité en Flandre, il éleva contre le gouvernement français des plaintes, plus ou moins fondées, contre l'appui qu'il prétendait qui avait été donné à Bruges et à Gand révoltées, contre la façon dont s'étaient faites les restitutions stipulées par le traité d'Arras ; il voulut, sous prétexte de veiller aux intérêts de sa fille, la petite princesse Marguerite, la future reine de France, exercer une influence dans le conseil, et demanda l'éloignement de Madame de Beaujeu. Associé comme coadjuteur à l'Empire en 1486, il finit, après une longue suite de nouvelles récriminations, par envoyer un héraut porter un défi au conseil. Sur la fière réponse du gouvernement français « qu'on se souvenait que la France avait donné des lois à l'Allemagne, mais qu'on n'avait pas mémoire que l'Allemagne en eût jamais donné à la France », il recommença la guerre, en juillet 1486, et, de nouveau, par la prise de Térouanne. La nouvelle coalition des mécontents, en 1487, l'associa à ses protestations ; il lui envoya des troupes qui combattirent à Saint-Aubin-du-Cormier, mais, dans le nord, la guerre languit sans profit pour l'Empire. La mort du vieux duc de Bretagne, le 9 septembre 1488, l'appel que lui adressèrent les conseillers, hostiles à la France, de la jeune duchesse Anne, lui permirent d'intervenir encore contre le gouvernement français Il put former enfin, avec l'Angleterre et l'Espagne, sous prétexte de sauvegarder l'indépendance de la Bretagne, la ligue tentée depuis si longtemps, et il en fut le plus ardent fauteur. Voulant empêcher à tout prix la réunion du duché à la couronne, sous quelque forme que ce fût, il brigua la main d'Anne, à peine âgée de douze ans. La mésaventure qu'il éprouva à Bruges, où il fut retenu prisonnier pendant tout l'hiver de 1488, et où il ne recouvra sa liberté qu'en renonçant à la tutelle de son fils, l'enragea encore davantage contre la France, à qui il attribua la responsabilité de cette rébellion. Son attitude devint si menaçante que le gouvernement français, n'osant briser la coalition, se résigna à acheter sa neutralité. Mais Maximilien continuait à ne point négocier de bonne foi : tout en acceptant les humiliantes concessions que lui faisait la France, il envoyait son confident W. de Polhaim épouser la jeune duchesse Anne par procuration. Cette alliance aurait porté au plus haut degré l'influence de Maximilien en France : elle atteste la vigueur de sa haine. Mais Anne de Beaujeu rendit à l'empereur habileté pour habileté et insulte pour insulte; en moins d'un an, tandis qu'il guerroyait en Hongrie, elle fit annuler le mariage allemand de la jeune duchesse, occuper le duché, maria Anne à Charles VIII, renvoya sans cérémonie Marguerite d'Autriche à son père, en protestant que la première violation du traité d'Arras était du fait de l'empereur. Cet acte mit le comble à la fureur de Maximilien, qui convint avec ses deux alliés d'attaquer la France par toutes les frontières. Anne sut de nouveau rompre cette coalition, mais Maximilien, cette fois encore, se résigna le dernier à traiter ; il fallut lui rendre la dot de sa fille, l'Artois et la Franche-Comté, par le traité de Senlis du 23 mai 1493, et laisser presque reconstituer cette puissance territoriale de la maison de Bourgogne que le traité d'Arras avait en partie détruite.

Maximilien ne désarma point encore ; après avoir laissé Charles VIII s'engager dans l'expédition contre Naples, après avoir laissé supposer quelque temps qu'il aurait une entrevue avec lui dans une ville de l'est, entre Dijon et Besançon, et avoir reçu en ambassade La Trémoille et l'archevêque de Reims, il se refroidit peu à peu envers lui : le projet d'entrevue dut être abandonné. Maximilien vit avec une mauvaise humeur croissante les succès italiens de Charles VIII et lui redevint complètement hostile. Le 17 janvier 1495, il envoya une ambassade à Venise pour conclure une alliance avec la Seigneurie; il demanda le passage pour aller se faire couronner à Rome, et au besoin pour chasser les Français d'Italie; il entra sans difficulté dans la quintuple alliance du 31 mars 1495. Maximilien, partout hostile, cherchait maintenant à ruiner l'influence de la France en Italie comme il l'avait abattue sur le Rhin. Charles VIII se faisait des illusions, en pensant qu'une lettre suffirait à retenir Maximilien ; cette lettre, c'est-à-dire la révélation aux Vénitiens des anciens projets de l'empereur contre leur république, ne l'aurait point détaché d'une alliance qui répondait si complètement à ses passions profondes. Il fallut vite en tout cas renoncer au moindre espoir de s'entendre avec l'empereur ; en juin, il avait proclamé son intention de se mettre en personne à la tête d'une armée qui irait chasser les Français d'Italie ; il exhibait aux ambassadeurs vénitiens un parc de soixante pièces d'artillerie destinées à cette campagne ; il leur découvrait son plan de guerre contre Charles VIII, leur offrait une part dans le partage prochain de la France, Boulogne sur la Manche, Marseille et Nice sur la Méditerranée. L'année suivante, il annonçait à grand tapage son intention d'envahir la Provence par la Riviera, tandis que les princes allemands entreraient en Champagne et en Bourgogne. Il semble difficile d'admettre qu'il ait eu une sérieuse intention de s'allier avec Charles VIII pour que « eulx deux ensemble feissent leurs besongnes en Italie », quand le roi de France recommença à songer à une campagne en outre-monts : cette opinion de Commynes est contredite par toutes les déclarations de Maximilien. Sa haine contre la France n'avait fait que s'accroître avec le temps.

Mais ce ne ne furent pas seulement le caractère même de l'empereur, sa jalousie, la crainte de voir grandir démesurément la France, qui développèrent cette inimitié belliqueuse; ce fut aussi l'influence de la diplomatie de Ludovic Sforza, des relations politiques et des relations d'amitié que les deux princes nouèrent par nécessité, et entretinrent, moitié par sympathie, moitié par précaution, dans les dernières années du xve siècle. — Ces relations avaient commencé quand Ludovic Sforza demanda à Maximilien l'investiture du duché de Milan ; elles étaient devenues plus étroites par le mariage de l'empereur avec la nièce de Ludovic : la négociation de ce mariage avait été l'œuvre du diplomate milanais Herasmo Brasca, qui avait su triompher des répugnances des princes et des électeurs de l'empire contre l'union de leur souverain et d'une descendante en ligne bâtarde des Visconti, « car du côté des Vicontes », ainsi que le disait Commynes, « y a peu de noblesse ». Mais les scrupules de Maximilien avaient été endormis par l'éclat séducteur de l'énorme somme de quatre cent mille ducats, dot constituée de la fiancée impériale, aubaine inespérée pour un prince besogneux et dépensier, et qui valait bien une investiture avec une mésalliance. Avec Branca Maria s'implanta à la cour d'Allemagne toute une colonie milanaise ; l'influence personnelle de Ludovic Sforza, qui ne se confondit pas avec celle de l'impératrice, fut représentée et soutenue par ses ambassadeurs, par Herasmo Brasca en première ligne, qui acquit promptement, et par divers moyens, une grande influence sur l'esprit de Maximilien et sur celui de ses conseillers, par Giovanni Cotta, par Agostino Somenzi, et par quelques Allemands bien choisis, comme Pierre de Trieste.

La sincérité de cette alliance était fondée sur le besoin que les alliés avaient l'un de l'autre : Ludovic Sforza dépendait de Maximilien par la suzeraineté que l'Empire revendiquait sur la Lombardie, et que, loin de la discuter, les Sforza proclamaient, car elle était la base et l'origine de la légitimité de leur pouvoir ; et Maximilien, à son tour, n'attendait que de Ludovic les copieux subsides que la pauvre et défiante Allemagne lui refusait trop souvent. La garantie de son droit en tout temps, des secours militaires en temps de guerre : voilà ce que Ludovic demandait à Maximilien. Maximilien lui réclamait, toujours, de l'argent : il se fit payer l'investiture et le mariage, il se fit payer la campagne en Italie, il se fit payer ses démonstrations périodiques d'hostilité contre le roi de France. Il sut habilement faire croire à Ludovic Sforza qu'il désirait pour sa part la paix avec la France, qu'il ne restait en état d'hostilité avec elle que pour complaire aux Italiens en général, à Milan en particulier, et malgré le désir unanime des princes de l'Empire ; que par conséquent, c'était aux Milanais à payer des frais de guerre, ou tout moins des armements qui n'étaient continués que pour eux. Il s'efforça en même temps de convaincre Ludovic Sforza que son appui seul maintenait le trône ducal en Lombardie. Il disait, par exemple, à l'ambassadeur vénitien Foscari, le 8 août 1496 : « Maintenant que le royaume de Naples n'a plus rien à craindre, je n'ai plus de motifs d'aller en Italie. Mais si pourtant le roi tentait un coup de main contre Milan, le duché courrait un grand péril, à cause du mécontentement universel de la population ». Mais il se hâtait d'ajouter qu'il aimerait mieux perdre la Bourgogne que laisser la France s'étendre en Italie. Il se vantait d'avoir déjà, et dans des circonstances moins pressantes, dépensé, pour la libération de l'Italie, près de deux cent mille florins, en se privant parfois du nécessaire. — Ludovic Sforza ne cessait, d'autre part, de lui représenter de quelle importance la liberté de l'Italie était pour la sécurité de l'Allemagne ; il voulait lui persuader que le roi de France, une fois le duc de Milan vaincu, n'aurait plus ensuite aucun frein qui l'empêchât de se jeter sur l'Empire ; que l'Empire perdrait en lui son principal banquier ; que la puissance de la France n'aurait plus de contre-poids en Italie ; que la suprématie féodale et l'influence de l'Allemagne y seraient par le fait même ruinées. Ludovic pressait d'ailleurs Maximilien d'attaquer la France chez elle : une campagne en Bourgogne et dans le Nord obligerait le roi de France à garder ses troupes chez lui et le détournerait de toute pensée d'expédition en Italie. Ces arguments furent présentés à Maximilien par les ambassadeurs de Ludovic Sforza, avec une incroyable ténacité, pendant les six années qui séparèrent les deux expéditions françaises.

Ainsi l'alliance milano-allemande était étroite : elle se marqua par la campagne de Maximilien en Italie, qui fut décidée surtout par l'entrevue de l'empereur et du duc à Linz, et par l'offre que fit celui-ci au premier d'une subvention mensuelle de quarante mille ducats pendant trois mois ; ce fut Ludovic Sforza qui pressa Maximilien d'agir, et lui conseilla de ne point tenir compte du traité de Verceil, disant, pour excuser cette trahison, l'avoir signé uniquement pour obéir à la nécessité ; ce fut sous son inspiration, — je ne veux pas dire sur son conseil précis, — que Maximilien disait avoir envie de donner à l'armée française un sauf-conduit pour Naples, « en sous-entendant *à la française* l'intention de ne pas observer sa parole. Ce serait un bon coup de filet, qui vaudrait bien une dépense d'un million. » Jusqu'à la fin du règne de Charles VIII, les deux princes gardèrent leurs attitudes respectives, l'un de protecteur l'autre de banquier. En 1495, Morello répondait, à Vigevano, au duc d'Orléans lui demandant si Maximilien aiderait Ludovic Sforza en cas de guerre, « que non seulement il le secourrait, mais qu'il n'y avait pas le moindre doute qu'il ne vînt en personne en Italie, avec toutes les forces qu'il pourrait rassembler en Allemagne, et qu'il ne consentirait, à aucun prix, à laisser enlever à Ludovic Sforza un pouce de terre (1). Quelque temps après, Maximilien émettait les mêmes vues dans une déclaration solennelle : il voulait entrer dans la Ligue italienne pour faire échouer

---

(1) Milan, A. d. S. *Cartegg. gener.* Extrait d'une conversation de Galeazzo Sforza Visconti avec Aluisio Morello, ambassadeur impérial, à Vigevano le 25 juin 1495.

les tentatives de dissolution pratiquées contre elle par le roi (1).
Il communiquait ce dessein à Ludovic Sforza d'abord, comme le plus intéressé au maintien de cette ligue. L'empereur insistait longuement sur les difficultés considérables que présenterait, du côté des princes allemands, la réalisation d'une alliance générale, sur la nécessité où serait l'Italie de faire des armements suffisants, non seulement pour se défendre, mais encore pour porter la guerre en France ; il offrait de fournir aux princes italiens toutes les troupes de pied et de cheval qui leur seraient nécessaires, mais à leurs propres frais. Malgré toutes ces réserves, Maximilien concluait, pour résister à la France, à la formation d'une ligue entre lui, les souverains espagnols et le duc de Milan (2). Il semblerait, d'après tout ceci, que ce fût Maximilien qui conduisît la politique des ennemis de la France ; en fait, il en allait autrement ; Maximilien souhaitait que l'opposition restât pacifique ; Santo Brasca lui ayant demandé son avis au sujet de la guerre à déclarer à la France, il répondit nettement que, quand même Venise et le duc de Milan lui donneraient tout ce qu'ils avaient d'argent, il ne commencerait pas une campagne. Il essaya plus tard, à vrai dire, de pallier cette déclaration : il avait voulu dire par là qu'il n'attaquerait pas la France sans le consentement des princes de l'Empire. Mais Santo Brasca maintint que ses paroles avaient été plus catégoriques (3). Cet épisode montre bien que ce fut Ludovic Sforza qui dut presser et aiguillonner sans cesse l'empereur, et laisse voir quelle âpre ténacité il dut mettre à décider Maximilien à la guerre, quelle peine il eut à faire de l'empereur sa dupe et son instrument.

Il n'y réussit qu'à demi sous Charles VIII ; son succès fut au contraire complet dans les tout premiers mois du règne de Louis XII, comme on le verra dans la suite de ce récit. Le spec-

(1) Milan, A. d. S., *Trattati*. Summario del rasonamento facto da la Maestà Cesarea alli oratori Hyspano e Milanesi in Ispruch a di 27 augusti 1497. Voir ce texte publié dans *L'Ambassade de H. Brasca en Allemagne*.

(2) Cette ligue serait plus facile à former par les alliances existant entre eux, disait Maximilien, elle suppléerait à l'impuissance des autres états et ferait rester tranquilles les états mal disposés contre ses membres. — C'est l'alliance de famille à laquelle il faisait ici allusion qui, le 9 décembre 1497, motivait un service funèbre solennel pour le prince d'Espagne, célébré a Inspruch en présence de l'ambassadeur milanais Herasmo Brasca (Milan, *Cartegg. gener.*, lettre d'Herasmo Brasca).

(3) Venise, *Bibliot. Marciana*, Correspondance du nonce pontifical en Allemagne, Cheregati, Brixen, 6 octobre 1497.

tacle des intrigues milanaises en Allemagne et de leurs résultats, pendant l'été de 1498, fut tel que, supposé que les idées d'expédition du roi de France n'eussent point été définitives dès son avènement, il aurait été un motif suffisant et légitime pour que Louis XII attaquât le prince assez influent pour faire déclarer la guerre à la France par l'empereur, et assez riche pour l'entretenir. Pendant ces quelques mois, en effet, plus et mieux encore qu'auparavant, Ludovic se révéla le grand agitateur de l'opinion antifrançaise en Allemagne, le plus redoutable promoteur de la guerre, le meneur de Maximilien. Il y avait intérêt, il y avait urgence à ce que la France se défit de lui. C'était, à vrai dire, l'allié de Maximilien et l'instigateur écouté de sa politique, autant que le plus puissant des princes italiens, que Louis XII allait attaquer en Ludovic Sforza.

Pour tous les Italiens, admirateurs ou ennemis, Ludovic Sforza était l'incomparable souverain dont la *sagesse*, au sens qu'avait alors ce mot, ne s'était jamais démentie. Le chroniqueur vénitien, qui n'est pas tendre pour lui, s'écrie à son sujet : « Sache, ô lecteur, que dans toutes ses actions et ses affaires, ses paroles et ses actes, dans tout le passé et jusqu'à ce jour, le seigneur Ludovic s'est gouverné avec une telle sagesse qu'il n'y a rien au-dessus ! » Il était proclamé partout « le plus sage souverain de la terre », et l'on disait qu'il tenait la guerre dans une main et la paix dans l'autre ; « de tout le monde il était grandement craint et comme vénéré ». Le même écrivain le loue de son bonheur autant que de son habileté : « Presque toujours il est arrivé à réaliser ses projets, et, ce qu'il désirait, la fortune le lui a toujours accordé. Le seul défaut de cet homme était sa perfidie. » (1) — Les Milanais ne mettaient point de réserves à leur admiration. « Personne, dit Arluno (2), n'avait une égale réputation de prudence et de sagesse dans le maniement des affaires en ce temps-là. Il avait l'âme sublime et une capacité universelle. De l'aveu même de ses adversaires, personne

---

(1) Le chroniqueur Vénitien anonyme de Muratori, qui fait cet éloge du duc, écrit ces lignes en mai ou juin 1498. La fortune commençait à abandonner Ludovic, aussi met-il cet éloge au passé, et ajoute-t-il en vénitien sûr de la bonne étoile de sa patrie, quelques prévisions pessimistes : « Il ne tenait pas compte de la justice, contre laquelle il commettait beaucoup de fautes. Et pour ce motif je suis très sûr qu'il ne durera pas longtemps. Et Dieu veuille que sa fin soit bonne : ce que je ne crois pas. »

(2) Venise, *Bibl. Marciana*, LXCCVII, N., fol. 74 et 75, *Storia di Milano*. Arluno trace un long et curieux portrait de Ludovic Sforza. Voir *Louis XII et Ludovic Sforza. Documents*, 1.

ne mania la chose publique avec plus de maturité et plus de poids. Quoi qu'il fît, il dépassait l'attente publique. » Et Arluno vante son luxe, son amour des belles cérémonies, des représentations théâtrales, des arts libéraux, les encouragements qu'il donnait aux industries de luxe, à l'embellissement de Milan ; il le loue de sa justice, de sa bienveillance extérieure, de ses qualités privées. Il signale toutefois une disposition marquée à la colère, une tendance à la cupidité et à la rapacité (que corrigeait d'ailleurs son goût de magnificence), et sa lâcheté, son manque de sang froid dans le malheur (1). Prince d'ailleurs éloquent, au visage ennobli par sa pâleur calme, quoique déparé par les taches qui lui avaient valu son surnom (2) ; prince politique entre tous, profondément sceptique pour les choses humaines, autant que crédule aux rêveries des astrologues (3), d'une perfidie cynique et courtoise, plus diplomate que guerrier de caractère, le plus remarquable des fils du grand Francesco Sforza, le type le plus accompli du souverain civil qui eût paru en Italie depuis Laurent de Médicis, le plus dangereux pour l'influence française.

(1) Il en donna mainte preuve dans la première campagne de Lombardie ; par contre il se montra assez ferme après sa ruine.

(2) C'est l'opinion du médecin milanais Arluno, confirmée sur ce point par Borgia (qui est en général beaucoup moins sûr et moins autorisé), (*De Bellis Italicis*, liv. III, fol. 44ᵇ) : « Et ut supra memoravimus, immanis dominandi libido Mauri, non solum Sfortianam domum, sed universam Italiam, pessumdedit ; vaticinia patris obsecutus ; hunc Franciscus pater, vir summus, puerum et ab oris habitu maurum appellatum, quod ingenio vafro maximeque pernicioso esse præviderat, suo ab conspectu amoverat, vix in filii locum recepturus ; quin etiam, pravum adolescentuli animum fœdosque mores execratus, sæpe quidem gemensque dixisse inter familiares fertur, fore ut Maurus Sfortianam aliquando familiam funditus everteret. »

(3) Outre ses astrologues attitrés, et ceux que lui prêtaient le marquis de Mantoue et le duc de Ferrare, il accueillait volontiers tous les savants de cette espèce ; une lettre de son ambassadeur à Naples, Casati, montre que les gens habiles tiraient volontiers parti de cette faiblesse intellectuelle : Maestro Davit, hebreo, ringratia infinite volte la Exᵗⁱᵃ Vʳᵃ e la prega che voglia fare scrivere a li officiali di Bari che li observano el privilegio factoli per questo serenissimo Re, cum obligo de servirla sempre in tute quelle cose chel potra, e cum promessa de fare fra pochi mesi in queste cose de astrologia cosa che piacera a la Celsitudine Vestra, alaquale, parendo, potra fare mandare qui dicte lettere directive a li officiali de Bari acio che gli possono dare (Milan, *Cartegg. gen.*, 4 juillet 1498). — On peut rappeler ici l'aventure du fantôme de Galéas que j'ai racontée ailleurs d'après la narration d'Arluno lui-même.

II.

LES CAUSES DYNASTIQUES DE L'EXPÉDITION.

La guerre du Milanais était en 1499 pour la France une guerre de raison et de tradition politique. Elle était aussi une guerre de dynastie, un héritage de famille. Depuis plus d'un siècle, c'était la première fois que la maison d'Orléans, montée sur le trône, se trouvait à même de rouvrir avec avantage, et, selon toute probabilité, de terminer à son profit une querelle séculaire. S'il s'agissait pour Louis XII de continuer une politique traditionnelle de la France, il s'agissait aussi dans cette guerre de faire triompher les droits des Orléans à la succession des Visconti.

Il suffira ici de résumer la question, qui est suffisamment connue dans son ensemble (1). Jean Galéas Visconti, de son mariage avec Isabelle de France, eut d'abord en 1366, Valentine, qui fut mariée en 1389, à Louis, duc de Touraine, ensuite duc d'Orléans, puis trois fils morts tous trois en bas âge. D'un second mariage, Jean Galéas eut deux fils qui vécurent. Il eut un fils naturel, Gabriello. — Jean Galéas mourut en 1402. L'assassinat fit disparaître bientôt après lui son fils aîné; son bâtard Gabriello fut décapité dans Gênes révoltée : l'un et l'autre mouraient sans enfants ; Milan passa aux mains de leur plus jeune frère, Filippo Maria, qui gouverna dans une paix prospère Milan pendant plus de trente ans, mais qui n'eut de fils d'aucun de ses deux mariages ; il n'eut qu'une fille naturelle, Bianca, qu'il maria au grand condottiere Francesco Sforza. A mesure qu'il avança en âge, on se demanda comment se règlerait la succession milanaise : elle pouvait être disputée entre sa fille naturelle, les parents de sa femme de la maison de Savoie, et le fils de sa sœur, duc d'Orléans ; ou Milan pouvait, comme fief en déshérence, retourner dans les mains de l'empereur d'Allemagne.

Rien n'était plus incertain que le droit des Orléans au duché

---

(1) Voir surtout, outre l'ouvrage cité de Maurice Faucon, Mme MARY ROBINSON DARMESTETER, *The claims of Orleans to Milan* dans *English historical rewiew*, 1888, pag. 54, et DE MAULDE, *Histoire de Louis XII*, tom. I, chap. II, pag. 125-232.

de Milan, rien n'était plus équivoque et moins net que les actes qui servirent de base à leurs prétentions. — Il est d'abord fort difficile de préciser de quelle catégorie de fiefs ressortissait le duché de Milan, et si les femmes y étaient habiles à succéder à défaut de mâles légitimes; c'était surtout la coutume qui décidait de la succession en ligne féminine, et la coutume provinciale modifiait incessamment la loi féodale; en Italie, c'est par les femmes que les Hohenstaufen avaient acquis le royaume de Sicile, que le marquisat de Montferrat avait passé aux Paléologue, que le comté d'Asti était venu aux mains de la maison d'Orléans en 1387, et le royaume de Naples fut, à diverses reprises, occupé par des femmes. Par contre, dans l'Italie du nord, la distinction entre légitimes et illégitimes était devenue chose si rare que les fils arrivaient presque toujours en assez grand nombre pour empêcher toute prétention féminine de se produire. La coutume la plus générale était que la femme est habile à succéder, quand sa succession est prévue par l'acte d'investiture, et à moins qu'elle ne soit expressément exclue; on peut ajouter que cette mention spéciale et directe, soit dans l'investiture, soit dans quelque privilège subséquent, n'est nécessaire que quand il s'agit d'un fief ordinaire, mais que, dans un fief acheté, la fille est vraisemblablement admise à succéder *de plano* à défaut de mâles. Or Milan était certainement un fief impérial directement tenu de l'empereur, tenu par *Fahnleben* ou hommage d'une bannière, et par suite réservé à la seule succession masculine. Bien que Jean Galéas Visconti ait déboursé l'énorme somme de cent mille florins pour payer le titre et l'investiture, il est certain que l'empereur n'entendait point donner au fief de Milan les privilèges d'un *feudum emptum*, car dans l'investiture de 1395, il n'a été fait mention spéciale d'aucun des enfants, masculin ou féminin, de Jean Galéas, et le duché est accordé seulement à lui et à ses héritiers, *sui heredes et successores*; c'est ici que l'équivoque naît: car en Italie, où la loi civile se modelait encore sur les Pandectes, le terme précité comprenait certainement *tous* les enfants du possesseur. Cette équivoque redouble avec les actes suivants; car, en 1396 et en 1397, Jean Galéas se fit délivrer deux investitures contradictoires; la première, en 1396, fut demandée en un temps où l'on croyait à la possibilité d'une guerre entre Milan et la France, où la présence des Français à Gênes inquiétait Milan, et où le duc voulait écarter de sa succession les enfants de Valentine Visconti: elle limita nommément les droits de succession aux trois héritiers mâles;

la seconde en 1397 fut, au contraire, demandée pour corriger la précédente ; la bataille de Nicopolis avait nécessité de la part de la France un rapprochement immédiat avec Jean Galéas, comme étant le seul médiateur possible entre la France et les Turcs, et ce prince avait accepté les avances de la France : la nouvelle investiture concédée par Wenceslas rétablit les conditions de succession sur leur ancien pied et donna le duché à Jean Galéas et aux « *descendentes et successores sui* ». Ainsi les actes qui auraient dû définir la situation féodale du Milanais ne la définissaient nullement : les textes sont équivoques, et la nature du Milanais l'est aussi : en Allemagne, le fait que le fief était un *Fahnleben*, dépendance directe de l'empereur et que la fille n'avait reçu aucun privilège spécial, aurait fait résoudre la question en faveur de la succession masculine exclusive, malgré la seconde investiture ; en Italie, le fait, resté douteux et vague, de l'investiture autorisait les héritiers de Valentine Visconti à faire valoir un droit qui empêcherait le duché de retourner à l'empereur. Peut-être, au surplus, cette équivoque avait-elle été volontaire de la part de Jean Galéas Visconti : il avait compté se servir, pour assurer sa propre suprématie en Italie, de l'effroi qu'inspirerait son gendre ; il rêvait un royaume de Lombardie pour lui, un royaume d'Adria pour Louis d'Orléans ; il comptait que les deux royaumes pourraient être réunis en une seule monarchie, soit par une spoliation ultérieure de son gendre, soit par une adoption, si ses propres fils mouraient avant lui. Mais les calculs de Jean Galéas avaient été trompés, Louis d'Orléans n'avait pas été le passif instrument qu'il avait espéré ; il y avait eu un froid réel entre eux de 1395 à 1397. Aussi bien pour se garder contre les prétentions éventuelles de la France, Jean Galéas voulut-il peut-être maintenir les restrictions de la loi féodale, tandis que, pour se protéger contre les envahissements possibles de l'empire, il avait la sanction de la coutume, et l'ambiguïté même des termes de l'investiture.

Supposons cependant l'équivoque résolue, au profit du droit des femmes à succéder au duché de Milan : Valentine Visconti pouvait-elle participer à ce droit ? A l'époque de sa naissance, son père n'était qu'un des seigneurs de Milan ; ce ne fut qu'en 1372 que l'empereur Wenceslas le créa vicaire impérial en Milanais ; ce fut par trahison et par violence, en emprisonnant son oncle Bernabò, en dépossédant ses cousins, qu'il établit son autorité ; en 1387, au moment où il rédigea le contrat de mariage de sa fille, il n'avait aucune autorité légitime sur Milan, et ne pouvait disposer de ce qui ne lui appartenait pas. Quand, huit ans après, il eut régularisé sa situation vis-à-vis de l'Empire et que le duché fut à lui par droit féodal, un contrat signé antérieurement à cette régularisation pouvait-il être valable ? L'investiture avait-elle un effet rétroactif de légitimation et de validation ? Le cas était difficile et évidemment discutable. En demandant l'investiture, c'est-à-dire en reconnaissant l'autorité impériale, Jean Galéas avouait simplement le manque de valeur et la nullité de ses actes antérieurs. Mais, d'autre part, la validité des autres parties du contrat ne fut jamais mise en question, même par l'Empire, — et l'on peut en inférer que cet article aussi fut considéré comme valable. De plus ce contrat fut établi sous l'autorité de Clément VII. L'original en est un instrument donné par ce souverain pontife, le 27 janvier 1387, en faveur de Louis d'Orléans et de Bertrand de Gasche, gouverneur de Vertus, comme représentant du père de Valentine Visconti. Cet instrument est à la fois une dispense, Louis et Valentine étant cousins germains, un acte de transfert pour le douaire de la fiancée, Asti et ses dépendances, et la déclaration de son droit à succéder à son père au cas où la ligne mâle directe serait éteinte. Ainsi le pape disposait ici d'un fief impérial, acte qui en droit n'était pas moins douteux. Cependant il y avait des précédents : Naples et la Provence avaient été transférées de la même façon par investiture papale, *imperio vacante*, et, à l'époque du mariage de Valentine, Clément VII avait déclaré l'interrègne impérial. Pendant le schisme, les deux papes rivaux s'arrogeaient une égale capacité de régler les affaires de l'Empire, et il y avait, en 1387, trois personnes capables de conférer Milan à Jean Galéas Visconti : l'empereur Wenceslas, Urbain VI et Clément VII, qui avait donné l'investiture d'Asti à Valentine. Personne, malgré la qualité d'antipape de Clément VII, ne discuta la légalité des prétentions françaises sur Asti, qui ne fut accordé aux Orléans par privilège impérial qu'en 1413). Ces trois souverains furent tour à tour sollicités de confirmer la possession ducale des Visconti. Le contrat de mariage reconnaissait donc très nettement les droits de Valentine à la succession du duché, mais la validité de ce contrat était douteuse.

Un autre acte fondait le droit de la maison d'Orléans : c'était le testament de Jean Galéas Visconti. Le duc de Milan l'avait entouré des mêmes intrigues et contre-intrigues que le reste de sa politique ; il l'avait fait et remanié ; il n'en existe pas moins de trois variantes, et, la plus importante n'étant conservée que dans un exemplaire non daté, il est difficile de savoir comment il finit par régler ses affaires. Le premier testament fut rédigé en 1397 et modifié en 1401 ; il n'y est pris aucune disposition en faveur de Valentine ; le second, qui date probablement de 1397, confirme la princesse dans ses possessions antérieures et, prévoyant le cas où elle deviendrait veuve et resterait sans ressources, lui réserve un entretien «suffisant et princier» dans le palais de son frère à Milan, et un douaire en cas de second mariage ; clause suffisante pour confirmer sur ce point le contrat de mariage de 1387. Ces deux testaments furent connus par les contemporains. Il y en eut un troisième qui leur resta inconnu, qui fut ignoré surtout par les héritiers de Valentine Visconti, et qui ne fut retrouvé que cent ans plus tard environ dans les archives notariales de Milan: en 1496, Ludovic Sforza, possédé par la conviction que son grand-père Filippo Maria Visconti devait avoir laissé un testament léguant Milan à sa fille Bianca, mère de Ludovic, fit faire des recherches à ce sujet par le jurisconsulte Giasone del Mayno. Del Mayno ne trouva rien concernant ce document supposé, mais il découvrit dans l'étude de Ser Giovanni Domenico Oliari, notaire de Pavie, deux copies d'un troisième testament de Jean Galéas Visconti. D'autres copies de la même pièce étaient en la possession des moines de la Certosa de Pavie, de Manfredo da Osimo et du seigneur de la Mirandole. Del Mayno s'empressa de conseiller à Ludovic de faire disparaître ou de « mettre en lieu sûr » ces copies « qui » seraient de la plus grande valeur pour le duc d'Orléans, » puisque ce testament pourvoit à ce que, si les fils de Jean » Galéas meurent sans héritiers mâles, un des fils de Madame » Valentine succède au duché de Milan ». Le texte du testament était si nettement établi que Del Mayno, bien qu'il fût *elegantissimo e celeberrimo legista*, ne croyait pas pouvoir le faire annuler, « quoi qu'il pût trouver dans son cœur pour affirmer que le duc d'Orléans n'avait aucun droit pour obtenir quoique ce fût à Milan ». Ludovic Sforza ne se fit pas répéter le conseil, et les copies du testament de Jean Galéas Visconti ont disparu ; mais il n'eut pas la sagesse de faire disparaître aussi la lettre d'avertissement de Del Mayno ; c'est par le témoignage de cette lettre que l'on connaît aujourd'hui l'existence de ce troisième testament, et l'on n'en connaît que ce qu'elle dit. C'est peu ; c'est suffisant toutefois pour montrer que ce troisième acte devait être franchement rédigé en faveur de Valentine Visconti et fournir une base solide aux revendications de ses descendants. — Du reste ce troisième testament ne doit pas figurer parmi les preuves du bien fondé des prétentions des Orléans, puisqu'ils ne l'ont ni connu ni allégué. Il peut bien montrer rétrospectivement la valeur de leur droit, mais non la bonne foi et la justesse de leurs réclamations, car ils ne s'appuyaient que sur les deux premiers testaments, beaucoup moins nets l'un et l'autre. — Une question se pose d'ailleurs au sujet de ces testaments ; le possesseur du fief peut-il en disposer sans le consentement écrit de son suzerain? Comme pour la succession féminine, c'est la coutume de la province qui décide en cette matière. Dans diverses régions, elle autorise le feudataire à léguer librement. En Allemagne, il y avait de plus une forte tendance à diminuer les droits de l'Empire au profit du feudataire. Ce qui s'y faisait impunément se faisait avec audace au delà des Alpes, et le duc de Milan, qui avait reçu sa principauté à titre de vassal, avait à coup sûr la liberté d'en disposer comme un monarque héréditaire.

On voit dans quelle obscurité est enveloppée l'origine des droits de Valentine Visconti et de ses enfants au duché de Milan; ils reposent, en principe, sur l'exercice, par Jean Galéas Visconti, de droits qu'il n'avait que par abus, et, par Valentine, de droits que la coutume seule lui reconnaissait; en fait, sur des actes illégaux, irréguliers, ou contradictoires et équivoques. La validité du contrat et du testament est contestable ; deux des investitures contredisent la troisième ; les investitures détruisent par leur silence les articulations du contrat, que les testaments ne précisent pas nettement. Rien n'était donc plus inconsistant et plus vague que la base des prétentions des Orléans à l'héritage des Visconti.

C'est surtout du contrat de mariage de Valentine Visconti, sanctionné par l'autorité pontificale, et, à tout prendre, le plus net de tous ces actes, que s'armèrent les Orléans pour appuyer leurs prétentions. Ils furent d'ailleurs longtemps hors d'état de les faire valoir ; le plus jeune fils de Valentine Visconti fut envoyé en Angleterre en 1412, comme otage, pour garantir le paiement des dettes de son père; en 1415, l'aîné, Charles d'Orléans, alla l'y rejoindre comme captif après la bataille d'Azincourt. Quand leur rançon fut payée, en 1440, par le duc de Bourgogne, Charles d'Orléans avait cinquante ans et Jean d'Angoulême en avait trente-neuf ; leur troisième frère était mort ; il leur était bien difficile de reconquérir une situation digne d'eux dans la France si changée: leurs domaines étaient ruinés, les Anglais en occupaient encore de larges portions dans l'Angoumois et l'Orléanais; au delà des Alpes, ils avaient perdu Asti. En 1422, en effet, voyant ses maîtres prisonniers ou morts, le comté d'Asti, pour défendre son autonomie contre les attaques, peu probables d'ailleurs, des Anglais, et les prétentions plus voisines et plus redoutables du Montferrat, avait demandé au duc de Milan, Filippo Maria Visconti, de le prendre sous sa garde, jusqu'à l'époque où l'un de ses neveux reviendrait d'Angleterre. Filippo Maria y consentit volontiers; mais quand ses neveux le lui redemandèrent, il fit la sourde oreille; il y avait en effet installé Francesco Sforza comme gouverneur et comme son lieutenant, et celui-ci l'effrayait. Les princes d'Orléans travaillèrent sans délai à la reconstitution de leurs états et à la restauration de leur maison; tous deux se marièrent en novembre 1440; Jean d'Angoulême épousa en Bretagne Marguerite de Rohan, et Charles épousa Marie de Clèves, de qui devait naître, plusieurs années après, le futur Louis XII.

Les princes d'Orléans ne tardèrent pas à songer aussi à leurs possessions et à leurs droits en Italie, et, après plusieurs lettres adressées sans aucun résultat à leur oncle, le duc Filippo Maria, ils envoyèrent à la fin de 1442 leur demi-frère, l'habile Dunois, à Milan.

La revendication d'Asti était la moins importante des affaires qu'avait à traiter Dunois: la question de la succession de Milan préoccupait davantage les princes. Filippo Maria Visconti n'avait point de fils; sa fille unique, Bianca, était illégitime: les fils de Valentine se considéraient donc comme les héritiers de Milan; mais ils n'étaient pas seuls à attendre l'ouverture de cette succession. L'empereur visait la clause de l'investiture de 1395, établissant le retour de Milan à l'empire à défaut de mâles. Jacopo Visconti, cousin éloigné du duc, avait des prétentions. Francesco Sforza, gendre du duc, pensait que plus d'une fois déjà, dans la maison d'Este et dans d'autres familles italiennes, un bâtard avait succédé à son père, de préférence aux héritiers légitimes, et invoquait l'exemple de la reine Jeanne succédant en Sicile au roi Robert; les princes de Savoie rappelaient que Filippo Maria avait promis à son beau-père et à son beau-frère, si aucun enfant ne provenait de son mariage, de léguer le Milanais au duc de Savoie. La confusion du droit féodal et des lois de succession était alors telle en Italie qu'aucun de ces prétendants n'hésitait à attribuer au duc de Milan le droit de disposer, par testament, don ou contrat, du duché, qui en fait était un fief impérial. Quand Dunois passa les Alpes en 1442, et que la question des droits des d'Orléans au trône de Milan prit ainsi pour la première fois un aspect pratique, le duc de Milan, décrépit à cinquante-cinq ans, était un homme doux et timide, harcelé par des craintes imaginaires, arrivé à ne plus voir d'autre motif d'action dans la politique contemporaine que le désir des princes d'hériter de lui. Aussi n'avait-il pas de meilleur plaisir que de ballotter d'intrigues en intrigues et de perplexités en perplexités les espérances de ses héritiers présomptifs. Personne ne pouvait se croire sûr de recueillir sa succession. Francesco Sforza était l'objet de ses soupçons autant que de sa tendresse : vingt fois le duc avait voulu se dégager de la promesse de lui donner en mariage sa fille naturelle; la même semaine où il avait finalement consenti, il avait envoyé une ambassade officieuse offrir à Lionello d'Este la main de Bianca; néanmoins, le mariage avait eu lieu en 1441 ; Bianca avait apporté en dot les seigneuries de Crémone et de Pontremoli, sans compter la lieutenance d'Asti. Mais ce mariage n'augmenta pas les chances de Francesco Sforza. Le duc se rendait bien compte que son gendre, quoique fils d'un paysan, était l'Italien le plus remarquable de son temps par le courage et l'intelligence; son énergique vouloir attirait le vacillant esprit de Filippo Maria ; le duc aimait d'ailleurs en lui le mari de son unique et adorée enfant, et Agnese del Mayno, mère de Bianca, la seule femme qui eût jamais réellement ému l'indifférent Filippo, employait pour son gendre toute son influence. D'autre part, le duc avait contre Francesco des soupçons et des craintes qui l'empêchaient de se décider en sa faveur. Quand il était dominé par ses défiances, il penchait pour les parents de sa femme, ces princes de Savoie qui, n'ayant d'autres droits que ceux qu'il voudrait leur donner, ne lui inspiraient aucune frayeur; d'autres fois, il semblait encourager les prétentions de son parent, ce Jacopo Visconti, dont l'origine, incertaine, était certainement illégitime.

A défaut de ceux-là, Filippo Maria choisirait-il pour héritiers les ducs d'Orléans, et donnerait-il par sa désignation une vigueur nouvelle à leurs droits? Filippo avait longtemps entretenu de bons rapports avec la France; il avait quelque temps recherché la main de cette Marie d'Anjou qu'épousa Charles VII, et, de 1420 à 1427, les ambassades et les traités avaient été incessants. Mais divers incidents avaient alors modifié profondément les relations du duc avec la France et changé ses sentiments : la question d'Asti l'avait d'abord aigri ; puis, les Génois lui ayant remis pour le garder prisonnier Alphonse d'Aragon (car ils croyaient trouver en lui, allié des princes angevins, un gardien fidèle de leur adversaire), le charme personnel d'Alphonse avait puissamment agi sur l'indifférence capricieuse du vieux duc, qui, abandonnant les Anjou et la France, le fit roi de Naples. Dès lors, ses relations avec la France avaient été beaucoup moins fréquentes. Dunois espéra les resserrer au profit des d'Orléans : il se flatta d'obtenir le même succès qu'Alphonse, mais il lui manquait la chaleur et l'enthousiasme qui chez le Napolitain avaient séduit le duc ; sa rhétorique, élégante, mais froide et sceptique, n'obtint de Filippo Maria que de vaines promesses.

Ce fut en dehors de ceux qui avaient quelque raison de parenté, d'alliance, ou de droit, à être ses héritiers que Filippo Maria voulut prendre son successeur. Il songea quelque temps au dauphin Louis de France, et entretint avec lui des négociations dont le but demeure assez confus : il s'efforça surtout de le brouiller avec ses cousins d'Orléans pour paralyser les revendications de ceux-ci sur Asti ; il proposa de confier Asti à la garde d'un homme agréé à la fois par les Orléans et les Visconti, et, après un certain temps de séquestre, de le rendre au fils aîné de Valentine Visconti. Mais ces négociations délicates ne purent réussir : Filippo Maria, quand ses ambassadeurs arrivèrent à Paris, constata que le dauphin était moins influent qu'il ne le pensait. Louis de France, tout en négociant avec lui, combinait d'autre part, pour régler sa succession, un partage de son duché avec le duc de Savoie et, subsidiairement, les marquis de Mantoue et de Montferrat et le duc de Ferrare. A la France étaient attribuées Gênes, Lucques, Parme, Plaisance, Tortone, le sud du Pô et l'est du Montferrat ; à la Savoie, Milan et la région au nord du Pô ; au Montferrat, Alexandrie ; le duc de Ferrare et le marquis de Mantoue étaient pour le moment laissés dans le statu quo. Cette duplicité était chose ordinaire en ce temps : le duc de Savoie, au moment où il signait ce traité de partage du Milanais, encourageait les Milanais à fonder sous sa garantie une république à la mort de leur vieux duc ; Mantoue et le Montferrat, tout en s'entendant avec le dauphin de France pour une conquête en commun de l'Italie, s'engageaient avec Venise à s'opposer à l'invasion et à conserver la paix. Tous ces traités restèrent d'ailleurs lettre morte. En 1447, une ligue était formée entre le dauphin et le duc de Milan.

Le bruit se répandit même que le duc de Milan avait adopté Louis de France et voulait le faire son héritier.

Les intérêts éventuels et les droits acquis de la maison d'Orléans se trouvaient également lésés par ces combinaisons ; pour la première fois, les intérêts des Orléans se trouvaient en opposition avec les ambitions des Valois : ce n'était peut-être pas involontairement que Filippo Maria Visconti les mettait ainsi en présence. Aussi l'indignation ne fut-elle pas moins vive chez les Orléans qu'en Italie. Avant la fin de février 1447, les princes de l'Italie du nord formèrent une ligue contre la France et Milan ; et les Orléans, assistés de Dunois, envoyèrent à Milan, pour réclamer la restitution immédiate d'Asti, Raymond de Dresnay, bailli de Sens. Ils n'acceptèrent ni promesses vagues ni refus, et, le 4 mai, Asti leur fut restitué. Ainsi, pour la première fois, ils faisaient acte de prétendants d'une manière efficace et avec succès; ce n'était encore là, il est vrai, que revendiquer des droits incontestés et réels; mais l'occasion allait se présenter de faire valoir aussi les droits moins assurés.

Le duc Filippo Maria survécut en effet peu à ces négociations; après une maladie, qu'il traîna, refusant de voir aucun médecin, travaillant à achever son testament, dans une chambre obscure de son palais, il mourut, le 13 août 1447. Aussitôt les prétendants s'assemblèrent pour prendre connaissance de ses dernières volontés : la duchesse douairière représentait à cette réunion les princes de Savoie, Raymond de Dresnay les Orléans. A distance, les Vénitiens, le marquis de Montferrat, songeaient à leurs propres intérêts; les Milanais méditaient l'établissement d'une république ; l'empereur déclarait que le fief de Milan lui faisait retour. Chacun des héritiers se croyait sûr de la succession, tous avaient des promesses de Filippo Maria. Le testament était daté du 12 août, veille de la mort du duc. Il n'y était fait mention ni de sa femme, ni d'aucun neveu ou autre parent. Le duc y nommait seulement sa fille Bianca comme héritière pour ses biens personnels, *erede particolare*, et, comme héritier du duché, *erede universale*, le roi Alphonse d'Aragon. Un codicille supprimait même simplement la mention de Bianca. Cette singulière résolution, dont les motifs sont restés mystérieux ou du moins incertains, bouleversait la situation du Milanais.

Les prétentions des princes d'Orléans devinrent alors une question de politique tout à fait pratique : ils avaient d'ailleurs la partie belle ; le seul rival sérieux qu'ils eussent au point de vue juridique, l'empereur Frédéric III, était hors d'état de faire revivre par une expédition militaire les droits absolument méprisés de l'Empire, et, d'ailleurs, les gibelins lombards se déclaraient, non pour lui, mais pour le comte Francesco Sforza. Alphonse d'Aragon ne montrait aucune inclination à prendre les armes pour conquérir et conserver cet héritage inattendu, et, bien qu'il se fût formé à Milan un parti considérable en sa faveur, personne, parmi les prétendants, pas même lui, ne semble en avoir tenu compte. Les Milanais profitèrent de ce désarroi pour se déclarer république libre et se donner pour chefs un conseil de *principes libertatis*; mais les villes du duché refusèrent d'obéir à une ville « qui n'était pas plus noble qu'elles-mêmes » et prétendirent déclarer chacune son indépendance ; n'étant pas toutes assez fortes pour assurer leur propre liberté, elles se donnèrent qui aux Vénitiens, qui à la Savoie et à Gênes, d'autres aux Orléans, au Montferrat ou à Ferrare. Ces diverses puissances firent soutenir leurs droits par des armées. Les rivalités des partis, Bracceschi et Sforzeschi, Guelfes et Gibelins, augmentèrent la confusion. Dans Pavie, par exemple, les Guelfes se partagèrent entre Venise, les ducs d'Orléans, le dauphin et le roi de France; les Bracceschi se déclarèrent pour Alphonse d'Aragon ; la Savoie et le Montferrat y eurent aussi leurs partisans, tandis que la grande masse des Gibelins se déclarait pour Francesco Sforza, à qui la cité finit par se soumettre. C'était un coup porté à la république ambrosienne, la seule autorité de fait qui existât encore en Lombardie, et les malheureux Milanais n'osèrent pas rompre avec Francesco Sforza, qui, souverain à Pavie, continua à se gérer comme condottiere à Milan. Entretemps, la France se disposait à faire valoir les droits des Orléans. Charles VII écrivait le 3 septembre au duc de Savoie pour lui recommander la cause de son cousin qu'il appelait « duc d'Orléans, à présent duc de Milan par le décès du feu duc son oncle, qui est naguère allé de vie à trépas ». Ces revendications trouvaient un terrain favorable pour se produire : le duc de Savoie se déclarait sans force contre elles ; elles avaient pour elles la vénération que le nom de France inspirait aux guelfes lombards, exceptionnellement puissants dans ce moment de révolution ; enfin elles s'appuyaient sur une armée sur-le-champ disponible. Le gouverneur d'Asti, Raymond du Dresnay, commença la campagne pour établir à Milan la domination orléanaise. La partie occidentale du duché, les petites villes de Felizzano, Solacio, Castellaccio, Bergolio, se soumirent, ainsi que plusieurs forteresses du pays alexandrin ; Alexandrie et son territoire étaient terrifiés par la réputation de cruauté de Raymond du Dresnay. Entretemps les partisans de l'indépendance milanaise ordonnaient à Francesco Sforza, condottiere de la république, d'accourir à son secours. Le rusé soldat leur conseillait la patience : « Au premier élan, disait-il, les Français sont plus que des hommes ; mais ils sont prompts à faiblir et c'est alors qu'il faut les attaquer ». Mais Du Dresnay continuait la conquête de la Lombardie. La République milanaise, dans sa détresse, demanda, le 1er octobre, aide et conseil à la Seigneurie de Venise, mais celle-ci lui déclara avant tout qu'elle ne ferait rien contre la France ni contre Gênes : ainsi les Milanais n'avaient point d'aide à attendre d'elle contre les violences de Du Dresnay ; les malheureux supplièrent alors Francesco Sforza de livrer bataille à cette audacieuse bande : la résistance devenait urgente ; déjà les Français assiégeaient Bosco Marengo, dont la prise annonçait à brève échéance la perte d'Alexandrie. Mais Sforza ne voulait pas se brouiller inutilement avec la France, et refusa de combattre. A la fin les Milanais réussirent à ramasser environ cinq cents hommes et les envoyèrent vers Alexandrie ; les Français, d'abord victorieux, mais attardés sur le champ de bataille au massacre des vaincus, furent finalement battus le 17 octobre, Du Dresnay fut fait prisonnier ; les restes de son armée retournèrent en désordre à Asti, tandis que les quelques places qu'il avait prises revenaient à la domination milanaise. Ce fut quelques jours après ce revers, le 26 octobre, qui ruinait tout espoir de succès pour son entreprise, que le duc d'Orléans fit son entrée solennelle dans la ville d'Asti.

Ce voyage parut d'abord aux Italiens un fait de la plus haute importance. Les guelfes lombards, jusqu'alors orientés vers Venise, se déclarèrent pour le prince français, encore plus hautement que pendant la campagne de Du Dresnay. Charles d'Orléans arrivait fort des promesses de secours de la France, des ducs de Bourgogne et de Bretagne, du roi d'Angleterre. A l'entendre, il aurait plus de troupes qu'il n'en voudrait pour son expédition, mais il espérait bien que toute expédition serait inutile : il somma la République de Milan de se soumettre à son duc légitime. Les Milanais refusèrent absolument d'accéder à cette invitation. L'emploi de la force était donc nécessaire pour les amener à changer de sentiment : en décembre 1447,

Charles d'Orléans demanda le concours de Venise pour la réduction de Milan. Les Vénitiens, peu soucieux en principe d'introduire un prince étranger en Lombardie, préférèrent cependant, si vive était leur haine contre Francesco Sforza, le doux et incapable Charles au soldat héroïque et ambitieux qu'était son rival. Ils tergiversèrent toutefois, payèrent le Français de bonnes paroles, d'avertissements contre les intrigues de Francesco Sforza : l'apparition en Italie de quelqu'un des corps auxiliaires promis à Charles les aurait déterminés à s'allier à lui sans plus rien attendre. Francesco Sforza ne pouvait lutter avec ses forces actuelles contre une telle coalition; pour avoir le temps d'en réunir de nouvelles, il demanda et obtint, de Florence et de Venise, une suspension d'armes. Cette trêve ne changea pas la situation. Charles d'Orléans continua à attendre les renforts annoncés, et Venise à attendre qu'il les eût reçus. Le 9 mai, le duc d'Orléans demanda positivement à Venise son concours effectif. La Seigneurie s'engagea à lui fournir un contingent important, aussitôt que ses auxiliaires de France seraient arrivés, et fit faire à la fin de mai 1448, une enquête à Asti, auprès du duc même, et à Turin, sur l'état réel de ses forces présentes et à venir. Mais Charles jugea que ses affaires avançaient peu : les Vénitiens faiblissaient, les Milanais lui refusaient tout acte d'obédience, en France on semblait l'avoir oublié; il comprit qu'il était préférable d'abandonner l'Italie et d'aller surveiller lui-même ses affaires : après neuf mois de séjour à Asti, il repassa les Alpes, ramenant avec lui son ami le poète Antonio Astesano, rapportant sans doute en France un premier souffle de renaissance. A peine y fut-il rentré, l'Italie oublia complètement qu'elle l'avait considéré quelque temps comme le plus dangereux prétendant au trône de Milan. Le duc de Savoie, dont les réclamations étaient de pure fantaisie et ridicules, prit sa place (1); eût-il risqué un grand coup, au lieu d'émietter ses intrigues et de les embrouiller comme à plaisir, il avait des chances de devenir protecteur de la République

(1) Il prétendait que, lors du paiement de la dot de sa sœur à Filippo Maria, Filippo avait promis de laisser son duché, s'il n'avait pas de fils, au duc de Savoie. Il est évident que cette promesse, à la supposer vraie, était sans valeur, puisqu'il avait ensuite légué son duché à Alphonse; et d'ailleurs on voit difficilement comment il pouvait disposer par testament d'une propriété dévolue déjà à ses neveux par le testament de son propre père, et qui, d'après la loi féodale, devait retourner au Saint Empire Romain.

ambrosienne : l'audace lui manqua. La suite confuse des intrigues italiennes remplit toute l'année 1447. — Entretemps, Charles d'Orléans avait repris ses projets d'expédition à Milan : en juillet, son cousin le duc de Bourgogne l'avait recommandé aux Vénitiens, qui avaient protesté de la loyauté et de la persistance de leur dévouement à l'égard du duc. Le 14 novembre, Charles d'Orléans fit sa rentrée en Italie, en déclarant sa certitude de l'alliance des ducs de Bretagne et de Bourgogne, en annonçant qu'il aurait, avant Noël, une armée en Lombardie, que Jean d'Angoulême négociait avec le roi la concession d'un corps supplémentaire de troupes royales, que Jacques Cœur était favorable à l'entreprise. Il écrivait : *Dei gratia, omnia negotia Lombardiæ ad nos spectantia sunt in his presentibus optime disposita.* Noël passa, les armées ducales n'existaient encore qu'en idée : mais les illusions de Charles persistaient. Le réveil fut cruel : avant qu'il eût d'Asti une réponse à ses lettres, Milan était aux mains d'un autre, et d'un Italien ; famine, misère, discordes, y avaient abattu les courages ; les partis s'émiettaient ; les citoyens se retrouvaient d'accord pour honnir cette misérable liberté, pseudonyme de la guerre civile, masque de la ruine. Le jour où courageusement Gasparo Vimercati déclara que Milan devrait se donner à Francesco Sforza, les Milanais pensèrent se réveiller d'une longue folie, et ils acclamèrent cette proposition. Francesco Sforza entra dans Milan, le 25 février 1450 ; par un symbolisme grossier, mais saisissant, tous ses soldats étaient chargés de pain. Il était maître de Milan : Gênes et Florence formèrent immédiatement avec lui une ligue défensive contre les Vénitiens, le duc de Savoie, le dauphin Louis et le roi de France. Le duc Charles d'Orléans n'y était même pas nommé parmi leurs adversaires.

Cette prise de possession, qui terminait tout, ne résolvait rien. Même au xve siècle en Italie, le droit du fait, s'il suffisait pour conquérir, ne suffisait pas pour maintenir une domination. A Milan une opposition se forma assez vite : beaucoup se tournaient vers le roi de Naples, successeur désigné du dernier duc, d'autres vers l'empereur, un plus grand nombre vers Charles d'Orléans. Hors de Milan, Francesco Sforza était haï ou craint, et il le savait ; aussi chercha-t-il à assurer sa domination sur des preuves écrites de son droit : il fit rechercher si dans les archives n'existerait pas quelque testament en faveur de sa femme ; on n'y trouva que celui de Jean Galéas Visconti en faveur de Valentine Visconti. Cette découverte lui permettrait au moins de se garantir contre des réclamations mieux fondées (1). La maison d'Orléans, si bon que fût en théorie son droit, perdait en fait, par l'avènement de Francesco Sforza, ses meilleures chances d'arriver au duché de Milan. Les princes le comprirent, et leur activité se ralentit. En 1454, Alphonse d'Aragon, ayant demandé à Venise de continuer, dans un intérêt général, ses relations avec eux, Venise répondit qu'ils étaient trop éloignés de Milan et trop lents dans leurs préparatifs. La République songeait de préférence, — car elle désirait non moins que le roi de Naples la disparition de Sforza, — à employer le dauphin, et à lui proposer un partage du duché de Milan avec le duc d'Orléans. Le duc devant avoir Milan, et le dauphin Plaisance et le Ticinèse. Ce projet de collaboration était singulier, car les deux princes ne s'aimaient guère.

Cette autre raison, en effet, paralysait les désirs des Orléans, que leur maison se trouvait en butte à la haine du dauphin Louis : le programme de sa politique comprenait, pour l'avenir, la réduction à l'impuissance des maisons féodales et en particulier de celle d'Orléans, et, pour le présent, la formation d'un royaume comprenant le Dauphiné, Asti, le Ticinèse, Plaisance et la Ligurie toute entière, formation pour laquelle les Orléans ne le gênaient pas moins que Francesco Sforza. Charles VII, d'autre part, après avoir quelque temps soutenu les Orléans, s'était lui-même allié au nouveau duc. L'avènement de Louis XI ne modifia pas cette attitude : il oublia ses ambitions et ses préférences personnelles, et se fit, malgré son hostilité antérieure, le plus grand admirateur et l'ami de Francesco Sforza. Dès le 10 mai 1463, il voulait s'entendre avec Milan ; en décembre 1463, il lui céda les prétentions ou les droits de la France sur Gênes ; il prépara même la cession de Savone, qui en droit appartenait au duc d'Orléans et non à la France ; d'audacieuses négociations pour céder Asti à Francesco Sforza durent s'arrêter, les habitants déclarant leur volonté de rester sous la domi-

---

(1) Le 19 février 1452, il ordonna au notaire Oliari, archiviste ducal, de lui livrer l'original de ce testament. Après une longue résistance, et des refus multipliés de lui montrer autre chose qu'une copie de cet acte, Oliari dut s'exécuter, « sous peine de rébellion », mais après avoir exécuté et placé en lieu sûr cinq copies de ce testament. Francesco Sforza le détruisit. Plus tard, dans des recherches analogues, Ludovic Sforza, on l'a vu, devait rencontrer ces copies et les détruire aussi. Cette suppression anéantissait la meilleure base du droit des Orléans, qui d'ailleurs en avaient toujours ignoré l'existence.

nation des Orléans. — Les Orléans ignorèrent d'abord cet abandon, ou n'y crurent pas : le 10 octobre 1465, ils envoyaient encore une très secrète ambassade à Venise pour proposer à la République une ligue, sous la direction du roi de France, entre elle, le duc d'Orléans, le comte d'Angoulême et le duc de Bretagne, pour la restitution de Milan à Charles d'Orléans. Les Vénitiens connaissaient sans doute mieux les intentions réelles de Louis XI, ils savaient évidemment qu'il était trop tôt ou trop tard pour songer à déloger Sforza du duché. Ils répondirent, en protestant de leur amitié pour la maison de France, par un refus net de participer à une nouvelle attaque contre Milan. Les Orléans renoncèrent alors à lutter pour la conquête de leur héritage : Charles d'Orléans mourut dans l'année même ; Dunois, le plus habile politique de la famille, trois ans plus tard; leur héritier, le futur Louis XII, était encore en bas âge. Les circonstances assuraient par là de longues années de tranquille possession à la famille Sforza.

Mais la tradition survécut : la veuve de Charles d'Orléans, Marie de Clèves, qui entretenait un culte romanesque pour la mémoire de Valentine Visconti, ne laissa point son fils ignorer les droits de sa maison, et les tentatives déjà faites par son père pour reconquérir le patrimoine maternel. En montant sur le trône de France, Louis XII connaissait quels droits au duché de Milan il tenait de sa grand'mère, droits peut-être obscurs, incertains même à l'origine, mais tenus pour réels sans contestation, admis par beaucoup en Italie même, consacrés en tout cas par le sang versé pour les faire valoir, par l'honneur de sa maison engagé, sans succès, dans leur défense.

III.

CAUSES PERSONNELLES DE L'EXPÉDITION

De cette question dynastique Louis XII avait déjà fait une question personnelle. Avant d'être roi, il avait déjà, par la diplomatie et par les armes, essayé de reprendre et de continuer avec un meilleur succès l'œuvre ébauchée par son père. Il s'était déjà trouvé en personne aux prises avec le duc de Milan. Ludovic Sforza ; il avait échoué dans sa tentative, et le roi de France ne pouvait vraiment pas oublier l'injure faite ce jour-là au duc d'Orléans.

Quand Louis d'Orléans devint roi, il y avait environ quinze ans que, comme duc, il avait rouvert la querelle de la succession milanaise. Il l'avait fait à la suggestion de Venise, qui, en janvier 1484, avait profité de l'ambassade d'Antonio Loredam à Charles VIII pour « expliquer en secret au duc d'Orléans quelles » bonnes chances il avait de recouvrer Milan qui lui appartient » de droit, et lui dire combien ses prétentions seraient favorisées » par les dissentiments actuels de Venise et Milan et par le » mécontentement des Milanais. » Et quelques jours après, le 4 février, le Conseil des Dix faisait conseiller au duc de conquérir rapidement le Milanais et lui offrait toute l'armée vénitienne pour cette entreprise; le jeune duc prit ces propositions au sérieux, et ses juvéniles projets causèrent quelque trouble à la cour de France. Mais les Vénitiens n'avaient en matière de politique extérieure qu'un principe fixe, qui était de servir Venise selon l'utilité présente ; dès le mois d'août, ils traitaient avec Sforza et abandonnaient sans plus de façons le jeune duc d'Orléans. Pendant sept ans l'affaire du Milanais s'assoupit ; ce calme devait durer autant que l'emprisonnement du vaincu de la *Guerre folle*, dans laquelle l'avait jeté, à défaut d'une expédition en Italie, son besoin d'action et d'aventures.

L'expédition de Charles VIII en Italie, en 1494, renouvela les espérances de Louis d'Orléans et lui fournit l'occasion et le moyen de nouvelles tentatives. Il précéda le roi outre monts, commandant en chef les préparatifs militaires, amiral de la flotte destinée à écarter les Napolitains de Gênes, mais il n'alla pas plus loin que la Lombardie ; après sa victoire de Rapallo, il fut atteint, à Asti, où il était retourné pour assister à un conseil de guerre, d'une fièvre quarte et dut rester dans son comté avec sa maison, au milieu d'une population qui lui était dévouée. Il se trouvait le plus proche voisin territorial de Ludovic Sforza. Les deux rivaux étaient d'ailleurs dans l'impossibilité de se combattre, étant l'un et l'autre auxiliaires du roi, ayant eu des relations personnelles presque courtoises dans la préparation de l'expédition. Charles VIII, d'autre part, était venu en Italie sur l'appel de Ludovic le More, comme son ami et son hôte ; preuve d'alliance qui semblait comporter un désaveu absolu des prétentions de son cousin au duché de Milan. Néanmoins, et quoi qu'il pût se dire pour se rassurer, l'accident qui retenait à quelques lieues de Milan son compétiteur le duc d'Orléans, était pour Ludovic une complication imprévue et dont il ne pouvait guère mesurer la gravité ; car il ignorait peut-être les démarches faites par Venise en 1483, auprès du duc d'Orléans, pour raviver le souvenir à demi effacé de ses droits; mais le danger était réel pour lui. A peine le roi de France commença-t-il sa marche vers le sud que Venise et Florence s'empressèrent d'intriguer avec le duc d'Orléans : le soir même où Charles VIII sortait d'Asti, un messager de Pierre de Médicis y entrait. On offrait aux Français Milan au lieu de Naples. Le duc d'Orléans suggéra lui-même que le roi se contenterait peut-être de l'hommage et d'un tribut pour Naples. Mais ces négociations, menées à l'insu du roi et difficiles, furent très lentes; à mesure que le succès de l'expédition s'affirmait, les demandes de Louis d'Orléans devenaient plus hardies; bientôt il réclama Milan aux Sforza Visconti, mais les offres des puissances italiennes diminuaient proportionnellement; elles avaient offert Milan au lieu de Naples; elles ne tardèrent pas à penser que Milan même était trop, et se détachèrent vite de Louis d'Orléans.

Louis d'Orléans se disait maître légitime du Milanais; pour le peuple de Lombardie il était le dernier Visconti; Ludovic Sforza, qui avait greffé son usurpation personnelle sur l'usurpation de son père, sentit le besoin de régulariser sa situation. Faisant table rase de tous les droits acquis, de toute possession de fait et de toute transmission testamentaire, il admit que son père, son frère et son neveu avaient lésé le droit de l'empire en acceptant du peuple la souveraineté de Milan; que par là même le duc actuel, son neveu, était déchu de tous ses droits pour forfaiture; et il demanda à l'empereur Maximilien, comme un acte de sa libre grâce, de lui conférer pour lui-même et ses enfants, le titre de duc de Milan, comme Wenceslas l'avait fait pour Jean Galéas Visconti. Ce à quoi consentit volontiers, moyennant une somme de cent mille ducats, l'empereur, qui lui envoya ses lettres d'investiture le 5 septembre 1494. Le duc Jean Galéas Sforza mourut peu après, et Ludovic accepta provisoirement l'élection populaire au détriment de son petit-neveu. La mort de Jean Galéas et l'avènement d'un nouveau prince redonnèrent quelque popularité au duc d'Orléans; à Milan, Ludovic était peu aimé; la défense du petit prince dépossédé aurait pu être un excellent moyen pour la France d'établir sa domination dans le Milanais. Les relations des Milanais avec les Français se tendaient chaque jour, et pour répondre par un coup d'éclat aux intrigues et au mécontentement qui grouillaient autour de lui, Ludovic Sforza publia le privilège impérial qui le créait duc de Milan.

L. P., tom. I.

La surprise fut à coup sûr désagréable pour le duc d'Orléans. Son rival était maintenant nanti d'un titre aussi bon, sinon meilleur, que le sien propre, car le diplôme de Maximilien valait celui de Wenceslas. Il ne restait plus qu'une ressource à Louis d'Orléans : conquérir le Milanais, forcer l'empereur à révoquer le privilège de 1495 et l'obliger à confirmer celui de Jean Galéas Visconti. Aussi vit-il avec joie le moment de combattre celui en qui, comme Français, il voyait un traître, et, comme Visconti, un usurpateur. Tout en préparant la guerre, il chercha à reconstruire les titres juridiques et généalogiques qu'il avait à la possession de Milan. Sur ce point, personne dans son entourage n'était grand clerc : ses secrétaires furent réduits à inventer. Leur chef, Nicolas Gilles, déclara que Filippo Maria Visconti avait épousé une princesse française, Madame Bonne, fille du roi Jean; qu'il en avait eu deux filles légitimes, dont l'aînée, Valentine, avait épousé le duc d'Orléans, et la deuxième, un baron breton; qu'il avait eu d'autre part une fille naturelle, Bianca, femme de Francesco Sforza ; c'était la plus claire de ces généalogies fantastiques. Mieux valait les débrouiller sur le champ de bataille. Le moment aurait été bien choisi pour une attaque : à Milan Ludovic était détesté à cause des impôts; déjà des villes avaient des « pratiques » secrètes avec le duc d'Orléans. Commines déclarait qu'il serait reçu à Milan avec plus de réjouissances qu'à Blois même.

Une insolence provocatrice de Ludovic le More vint précipiter les événements. Le 17 avril 1495, il ordonna au duc d'Orléans d'abandonner Asti et de repasser les Alpes avec ses troupes. Louis répondit fièrement : « Cette place et les châteaux qui en dépendent font partie de mon patrimoine. Les mettre en d'autres mains, partir, abandonner mes propres domaines, c'est ce que je ne penserai jamais à faire. Allez dire à votre souverain que je suis prêt à combattre, et pour cela l'attendre ici, ou marcher à sa rencontre. J'ai une commission du roi et j'ai l'intention de m'en acquitter. » La commission du duc d'Orléans était d'attendre à Asti l'arrivée des troupes royales, et de ne rompre la paix sous aucun prétexte, — cette rupture devant aux termes mêmes de la ligue de Venise provoquer l'attaque des coalisés contre l'armée royale. Le duc d'Orléans l'oublia. Il désirait trop une rencontre personnelle avec son rival, et se persuadait qu'il pourrait aisément assurer la possession de la Lombardie à la France. Il multiplia les demandes de renforts au duc de Bourbon « pour rendre au roi un service dont on parlerait longtemps »: bientôt il eut sous ses ordres cinq mille hommes de pied, quinze cents hommes d'armes, cent archers et deux pièces de canon. Il savait que Ludovic Sforza n'avait plus de quoi payer son armée et que le mécontentement s'exaspérait en Lombardie; ses intrigues avec les nobles des diverses villes lombardes l'informaient que tout était prêt pour un coup de main. Le 31 mai, à la faveur de la nuit, Jean de Louvain traversa la plaine lombarde avec vingt hommes d'armes, et le lendemain, au point du jour, se présenta à Novare devant la porte San Stefano, que lui livrèrent les Opicini; les Novarais l'acclamèrent et la petite garnison sforzesque se renferma dans la citadelle. Le 13 juin, le duc d'Orléans vint en personne occuper la place. Aussitôt Pavie et Milan lui offrirent de le recevoir : il aurait pu y entrer, s'il avait aussitôt pris l'offensive, sans laisser à Ludovic Sforza et à ses alliés le temps de réunir une armée; mais sa défiance envers les Italiens était trop grande, il crut plus sage d'attendre l'arrivée des troupes royales; de là l'échec de ses projets; avant que l'armée de Charles VIII eût pu le rejoindre, les Vénitiens avaient envoyé une garnison à Milan, désormais imprenable; bientôt le duc se trouva assiégé lui-même dans Novare, et, à son retour à Asti le 27 juillet, Charles VIII dut s'occuper de délivrer le duc d'Orléans, dont les soldats commençaient à mourir de faim, de fièvre et de misère dans la place étroitement bloquée. Il y eut alors dans l'entourage royal de très grandes discussions : les capitaines déclaraient franchement toute bataille impossible contre des ennemis aussi nombreux, dans l'état actuel de leurs troupes, et estimaient qu'il fallait tirer de Novare le duc par une capitulation; le conseil insistait au contraire pour un engagement immédiat, et l'on accusa Briçonnet d'avoir été gagné par le duc d'Orléans; l'indécision dura; ce ne fut que le 26 septembre que le duc et son armée furent délivrés par traité; la garnison française était réduite à une poignée d'hommes : plus de deux mille soldats étaient morts de faim, et plusieurs, arrivés au camp, moururent de voracité. Cette capitulation et les misères qui l'avaient précédée ne terminèrent rien et ne détruisirent pas les espérances du duc d'Orléans. Sa brillante et généreuse conduite pendant le siège et la famine de Novare, — il avait chaque jour envoyé la table ducale aux malades des hôpitaux, se contentant de la nourriture du soldat, — l'avaient rendu cher aux troupes; le jour même de l'évacuation de Novare, un corps de vingt mille Suisses arrivait au secours du roi : les jeunes capitaines voulaient recommencer les hostilités, disant qu'avec cette armée on pourrait conquérir non seulement Milan, mais toute l'Italie; mais, outre que les négociations pour la paix avaient déjà commencé, le bruit s'était répandu que les Suisses voulaient profiter de leur nombre pour s'assurer de Charles VIII et de sa noblesse, les emmener en captivité dans les Alpes et exiger d'eux d'énormes rançons ; aussi le roi préféra-t-il renvoyer ces dangereux alliés et conclure une paix définitive. Il promit d'abandonner la cause de Louis d'Orléans et de ne point l'aider à faire valoir ses droits ou prétentions sur Milan, pourvu que Ludovic Sforza de son côté renonçât à ses prétentions sur Asti et payât au duc d'Orléans une indemnité de cinquante mille ducats.

Contresigné par le duc d'Orléans, ce traité aurait rendu impossible toute revendication ultérieure des héritiers de Valentine Visconti. Louis d'Orléans ne le voulut point. Furieux de cet acte qui le dépouillait et qui s'ajoutait à l'humiliation et à la défaite précédentes, il songea à reprendre la guerre pour son propre compte, embaucha une partie des troupes suisses; il allait marcher sur Milan. Mais il n'avait pas l'âme assez féodale pour mener à bout son dessein : le cœur lui manqua, et il demanda le consentement du roi; Charles VIII lui refusa l'autorisation de violer le traité à peine conclu. Le duc d'Orléans rentra donc en France avec le roi, mais ses projets de guerre contre le Milanais ne furent point abandonnés. Par un revirement inattendu, dû à la mort de son fils, et quand la qualité d'héritier présomptif passa à son cousin, Charles VIII se décida ensuite à le seconder. Florence, restée, seule de toutes les puissances italiennes, fidèle à la France, offrait au roi pour chasser de Milan Ludovic Sforza, l'allié des Médicis déchus, huit cents hommes d'armes et cinq mille hommes de pied. Le cardinal Julien de la Rovère, les Orsini, les Bentivoglio, les Este, d'autres encore avaient promis des renforts et des contributions. Trivulce devait conquérir Gênes pendant que le duc d'Orléans marcherait sur Milan. Ce fut alors, à la surprise de tous, le duc d'Orléans qui renonça à conduire cette expédition, ne consentant pas à la diriger en son propre nom, ne voulant partir que comme lieutenant du roi et sur son ordre exprès. Charles VIII ne voulut pas le forcer à faire la guerre malgré lui, et, malgré les supplications des Florentins, le projet fut abandonné. Cette volte-face inattendue a été expliquée par bien des hypothèses : il est probable que le duc, constatant l'état maladif du roi, ne voulait pas être éloigné de France au moment de la disparition de Charles VIII. Mais, tout en donnant des rangs à ses ambitions, il n'en sacrifiait aucune. Ainsi sa petite cour resta le centre des partisans de l'expédition d'Italie: les Italiens chassés du Milanais pour leurs opinions guelfes trouvèrent en lui un protecteur ; il s'entourait d'Astésans ; de Trivulce lui-même, le pire ennemi de Ludovic Sforza, il avait fait son lieutenant général à Asti.

A son avènement, Louis XII se trouva tout naturellement enveloppé dans ce réseau d'enthousiasmes militaires, de désirs de vengeances personnelles, de haines antigibelines. Il ne put oublier ni faire oublier qu'il avait combattu pour soutenir les prétentions de son père, pour achever son œuvre, qu'il avait souffert dans Novare et à Verceil de cruelles souffrances morales et physiques pour l'honneur de sa maison et de sa cause, qu'il avait été vaincu et humilié dans son duel contre Ludovic Sforza. Louis d'Orléans n'aurait pas été un homme de la Renaissance s'il n'avait pas ressenti vivement les injures et les torts, s'il n'avait pas eu des passions profondes et violentes. Ce n'est pas seulement la politique traditionnelle de France, ni la politique dynastique de sa maison qui l'ont poussé à la guerre du Milanais: ç'a été aussi, sous l'impulsion inexorable d'une passion dominatrice, son cœur tout entier qui la rêvait depuis si longtemps et qui l'a voulue.

CHAPITRE II.

LA PRÉPARATION DE LA GUERRE DU MILANAIS.
LA LUTTE DIPLOMATIQUE EN EUROPE.

A l'avènement de Louis XII, une expédition française en Italie contre Ludovic le More était donc nécessaire ; le projet en était, dès l'avènement, absolument arrêté dans l'esprit du nouveau roi. Il en commença sans délai la préparation tant diplomatique que militaire. Le duc de Milan, averti, dès les premiers jours du règne de son ennemi, de ce danger menaçant, ne tarda pas, quoiqu'il ne s'en figurât qu'assez mal l'imminence et la gravité, à essayer de se mettre en état d'y résister, par ses négociations d'abord, puis par ses armements. Les uns et les autres remplirent les seize mois qui précédèrent le passage des Alpes par l'armée française. Ce fut là une première, une véritable période de lutte où les deux adversaires s'attaquèrent dans toutes les cours d'Europe et auprès de toutes les puissances d'Italie, où ils luttèrent d'habileté et d'énergie pour nouer le plus solide faisceau d'alliances, pour s'isoler le plus complètement l'un l'autre, pour s'entourer des ressources militaires les plus efficaces. L'issue de l'expédition du Milanais a, presque autant que de la campagne militaire proprement dite, dépendu de cette longue et délicate campagne diplomatique. Aussi importe-t-il de suivre pas à pas les deux adversaires sur toutes les scènes, même les plus médiocres, de ce long duel.

Cette campagne diplomatique, c'est auprès de toutes les puissances de l'Europe que la situation politique générale exigeait qu'elle fût menée. A la fin du xv° siècle, les intérêts des diverses nations ou des divers états se pénétraient déjà trop et formaient un tout trop complexe, pour qu'aucun d'eux pût ne point tenir compte de l'action des autres. Aussi les quatre grands états, l'empire d'Allemagne, le roi de France, le roi d'Angleterre, les souverains espagnols, se surveillaient-ils avec jalousie. Leurs négociations avaient eu, souvent déjà, pour objet indirect ou implicite, la péninsule italienne, où trois d'entre ces états avaient des intérêts à soutenir, des droits à défendre et une destinée à poursuivre, et qui semblait devenue le terrain banal de leurs ambitions ; on avait vu Charles VIII obligé d'obtenir, avant de passer les Alpes, la neutralité et le consentement tacite de l'Angleterre, de l'Allemagne et de l'Espagne. D'autre part, les divers états italiens, incapables de former contre un envahisseur, quel qu'il fût, une coalition durable et suffisamment forte pour le repousser, s'étudiaient à rendre impossibles les invasions, — quand ils n'avaient pas intérêt à les provoquer ou à les faire réussir, — et à balancer les unes par les autres les ambitions des *forestieri* : la politique de Venise et de Ludovic Sforza avait failli armer toute l'Europe contre Charles VIII victorieux. Les dernières années du règne de ce prince n'avaient fait que resserrer et embrouiller encore les intérêts des puissances : l'obligation de s'assurer l'alliance, ou tout au moins la neutralité, des divers états n'en était que plus impérieuse encore pour Ludovic Sforza et pour Louis XII.

En 1498, à l'avènement de Louis XII, la situation diplomatique de la France en Europe était difficile. Brouillé avec l'empereur Maximilien et avec l'archiduc Philippe, à cause des difficultés soulevées par l'interminable règlement de la succession de Bourgogne, divisé d'avec les souverains espagnols à cause de la protection qu'ils accordaient au roi de Naples, mal vu du roi d'Angleterre à cause de son alliance avec l'Ecosse, le successeur de Charles VIII était à peu près isolé. Un diplomate milanais calculait qu'il lui faudrait au moins deux ans pour s'installer, obtenir de ses sujets l'obéissance nécessaire, et conclure quelque accord avec les souverains étrangers. Vers le même temps, au contraire, le duc de Milan entretenait auprès de Maximilien d'Allemagne, auprès de Ferdinand et de Henri VII, des ambassadeurs habiles, puissants sur l'esprit de ces princes et de leurs ministres; ses relations personnelles avec eux et leurs cours étaient excellentes. La lutte ne s'engageait pas dans des conditions égales. Louis XII l'entama avec courage et la soutint avec habileté.

I.

LES PUISSANCES OCCIDENTALES.

§ 1. — *L'alliance franco-anglaise.*

L'isolement de l'Angleterre, peu préoccupée des affaires d'Italie et mal remise encore de la guerre des Deux Roses, empêcha que la lutte y fût trop vive. Louis XII ne pouvait lui demander qu'une promesse de neutralité, mais non une aide effective; Ludovic Sforza pouvait au contraire, en lui faisant espérer de nouvelles conquêtes sur le sol français, obtenir d'elle une attitude menaçante, une attaque qui détournât Louis XII de ses projets contre l'Italie ou une diversion qui les lui fît abandonner. L'Angleterre ne se laissait, dès ce temps, guider que par son intérêt, et le prouva.

Il n'y avait pas de représentation diplomatique entre la France et l'Angleterre, malgré, sous Charles VIII, l'accord durable entre les deux états. Louis XII, à peine roi, manifesta son désir de le maintenir : il notifia au roi d'Angleterre son avènement par le héraut d'armes Normandie, et dans cet acte il appelait Henri VII « son frère et allié ». Les dispositions de Henri VII envers Louis XII n'étaient pas bienveillantes: son hostilité était entretenue par le milanais Raimondo Raimundi. Il la manifesta par la lenteur qu'il mit à répondre à cette communication, par sa tentative de profiter du changement de règne pour faire rompre l'alliance franco-écossaise, tentative dont il chargea le résident espagnol en Ecosse, Pedro de Ayala (1). Cependant le gouvernement anglais ne soutint pas Henri VII, et, dès les premiers jours de mai, une ambassade fut envoyée à Louis XII (2). Ludovic Sforza s'empressa de renvoyer Raimundi à Londres pour essayer de conclure lui-même une alliance avec Henri VII (3), et pour protester contre l'usurpation faite par

---

(1) Milan, A. d. S. *Potenze estere, Inghilterra*, avis de Raimondo, 6 mai 1498.

(2) L'opinion générale fut dès lors que le roi d'Angleterre serait l'allié du nouveau roi comme de l'ancien.

(3) Milan, A. d. S. *Carteggio generale*, minute originale de l'instruction de Ludovic Sforza à Raimundi. « Volemo che tu faci intendere ad dicta Maesta che lo titulo del ducato nostro de Milano, quale se usurpa questo nuovo re francioso, como hanno pur fatto alcuni duchi d'Orliens, suoi proge-

Louis XII du titre de duc de Milan, « titre qui ne lui appartenait en aucune façon, bien qu'il eût été porté par plusieurs de ses ancêtres » (1). Mais cette mission échoua, et Raimundi repassa peu de temps après sur le continent (2). — C'était avec la France que l'Angleterre s'alliait ; le mois de juillet fut rempli par un échange d'ambassades : le bailli de Senlis, M. de Marmi, avait été envoyé à Londres et en était revenu très satisfait de l'accueil reçu ; puis Henri VII avait à son tour envoyé à Paris comme ambassadeur un personnage « de grande condition » pour confirmer tous les articles et les conventions du traité existant entre lui et Charles VIII (3). Ce nouveau traité devait durer pendant toute la vie des deux rois et ne prendre fin qu'un an après leur mort (4). L'amitié entre les princes était alors si grande que les ambassadeurs espagnols usaient de l'influence anglaise pour faire aboutir leurs propres négociations en France, et Philippe de Valperge attribuait à la crainte de cette alliance l'hésitation qu'avait Maximilien à attaquer le roi de France en Bourgogne (5). — Ludovic Sforza et Maximilien ne se découragèrent cependant pas : au début d'août, au moment où une rupture décisive entre la France et l'Allemagne semblait imminente, Raimundi fut de nouveau envoyé en Angleterre (6), mais il reconnut vite qu'il ne devait espérer aucun succès (7) :

nitori, in nessuno modo li pertene, et in questo te extenderai difusamente, monstrandoli tute le rasone che nuy te havemo dato in scritto, ne per questo volemo che tale rasone siano publicate a presente... ; che la sua Majestà sola, al judicio delaquale citiniamo molto, intenda che la casa d'Orliens mai habbia dritto in questo nostro stato. »

(1) Ludovic Sforza avait fait remettre à Raimundi un long mémoire contenant tous les «raisonnements» sur la question, qu'il devait développer oralement, mais qu'il ne devait montrer qu'à Henri VII. Ludovic tenait beaucoup à ce que le roi d'Angleterre, dont il appréciait infiniment le jugement, sût que la maison d'Orléans n'avait aucun droit sur son duché.
(2) Milan, A. d. S. *Pot. Estere, Inghilterra*, lettre de Raimondo Raimundi à Ludovic Sforza, Londres, 20 juin 1498.
(3) *Documents sur la première année du règne de Louis XII*, pag. 13 : lettre de Ph. de Valperge au chancelier de Savoie, Paris, 16 mai 1498; *ibid.*, pag. 16 : lettre du même, Paris, 14 juillet 1498.
(4) *Ibid.*, pag. 22, lettre de Lorenzo Mozanica à Ludovic Sforza, Asti, 27 juillet 1498.
(5) *Ibid.*, pag. 16, document cité ci-dessus note 3.
(6) *Ibid.*, pag. 25, lettre de Giovanni Cotta à Ludovic Sforza, Fribourg, 5 août 1498. La lettre est signée aussi par Raimundi.
(7) La rupture d'une négociation matrimoniale à longue échéance entre une fille de Henri VII, encore enfant (« che non passa anni VIII »), et le baron de Rohan en Bretagne, et le projet de mariage, aussitôt formé, de cette

Henri VII lui fit attendre quarante jours une audience (1) et fut beaucoup moins bienveillant qu'à son premier voyage (2).

L'état général de l'Europe et de l'Italie s'était modifié de telle sorte qu'une alliance anglo milanaise n'offrait pour l'Angleterre que des dangers, moins encore à cause de la rupture entre Ludovic le More et Venise qu'en raison des bruits répandus d'une confédération entre le Saint-Siège, Venise et le roi de France, et du rapprochement franco-espagnol qui l'effrayait encore davantage ; Henri VIII avait un intérêt pécuniaire à son alliance avec la France qui lui fournissait de gros subsides (3) et payait de fortes pensions à plusieurs personnages de sa cour ; — enfin l'Angleterre, « n'ayant besoin de personne », avait tout à gagner à se tenir à part, et en tout cas ne voulait pas éveiller les défiances du gouvernement français, avant d'avoir vu la France politiquement bouleversée (4).

Ce ne fut que plusieurs mois plus tard, en mars 1499, que le duc de Milan, voyant sa situation décidément compromise, fit une nouvelle tentative auprès de Henri VII (5). Il lui demanda, après avoir essayé de prouver que Louis XII n'avait aucun droit sur le duché de Milan, son appui contre ce prince, qu'il devait lui-même considérer comme un ennemi personnel, à titre d'usurpateur du royaume de France appartenant à l'Angleterre; il lui demanda sa fille en mariage pour son fils aîné, le petit comte de Pavie, et requit, en marque d'amitié et d'honneur, l'ordre de la Jarretière pour lui-même. Le roi d'Angleterre répondit à ces demandes par un triple refus très sec et très net : il ne pouvait ni ne voulait donner aucun appui à Ludovic Sforza, ayant conclu avec Louis XII un bon traité de paix et d'alliance qui devait durer toute leur vie ; sa fille n'ayant que trois ans, il ne songeait encore à aucun projet de mariage pour elle, et, y

---

enfant avec le roi d'Écosse, n'eurent aucune influence sur les relations anglo-françaises. Raimundi cependant a noté ces faits avec soin comme s'il y attachait quelque importance (Milan, A. d. S., *Pot. Estere, Inghilterra*, lettre de Raimundi à Ludovic Sforza, du 17 novembre 1498 : « Imperoche la pratica de Monsignor de Roano de Bertagna è al tutto extincta. »)

(1) « Per non umbrezare el re di Franza. » (Milan, *ibid.*, même document).

(2) « Ne epsa è reuscita in li parlari facti cum M. Raymundo cossi bene como faceva l'altra volta. » (Milan, *ibid., id.*).

(3) « Del quale ne cava più denari cha del passato e lo estima più » (Milan, *ibid., id.*).

(4) Milan, A. d. S. *Pot. Estere, Inghilterra*, lettre de Raimundi, 17 novembre 1498, à Ludovic Sforza.

(5) Marino Sanuto, II, 567. L'ambassadeur vénitien à la Seigneurie, Londres, 2 mars 1499.

songeât-il, elle était d'une maison trop supérieure à celle des Sforza pour qu'il acceptât sa proposition : enfin les statuts de l'ordre de la Jarretière, ordre de première distinction fondé par le roi Arthur, obligeaient ses membres à se jurer amitié réciproque : par conséquent, Louis XII étant déjà chevalier de l'ordre, Ludovic Sforza ne pouvait pas le devenir. Les ambassadeurs milanais furent congédiés dès le lendemain de l'audience où ces demandes et ces réponses s'étaient échangées, et s'en allèrent, dit un vénitien, « fort peu satisfaits ».

Ce nouveau rebut ne lassa cependant pas Ludovic Sforza. Au mois de juin 1499, il tenta de nouveau, par voie indirecte, un rapprochement avec le roi d'Angleterre, profitant du passage à Milan d'un ambassadeur anglais qui allait à Rome : il le reçut avec de grands honneurs et eut plusieurs entretiens secrets avec lui. On en conclut à Milan que ce personnage, « avait quelque chose de plus à dire qu'un simple passant», mais le secret fut gardé avec rigueur, et l'on ne sut pas s'il s'était agi entre eux des affaires de France ou de celles de Rome. Le duc de Milan avait encore vers le même temps un agent en Angleterre (1), mais son habileté fut impuissante contre le parti-pris que Henri VII mettait au service de son intérêt politique, et Louis XII put compter sur la non-intervention de l'Angleterre pendant sa campagne contre le Milanais.

§ 2. — *Les négociations des Rois Catholiques avec la France et le duché de Milan.*

La paix était plus difficile peut-être à rétablir entre Louis XII et les souverains catholiques (2). La question, toujours pendante, de la possession du Roussillon et de la Cerdagne, l'affaire, plus

---

(1) MARINO SANUTO, II, 804 ; Lippomani, ambassadeur vénitien près Ludovic Sforza, à la Seigneurie, Milan, 6 juin 1499. — Florence, A. d. S., *Lettere agli Dieci della Balia*, les ambassadeurs florentins près Ludovic Sforza à la Seigneurie, Milan, 11 juin 1499 : « Qui è uno oratore del Re d'in Ghilterra (*sic*), qualedi cono va a Roma e vedesi in più congressi ha hauti col Signore ha pratiche di più che de huomo che passi ; non intendiamo quello si tractino ; potrebbano esser cose per Roma o qualche intelligentia per le cose di Francia, perche anche questo Signore ha uno huomo in Inghilterra.»

(2) Dans les documents diplomatiques italiens de ce temps, Ferdinand et Isabelle ne sont jamais mentionnés séparément, en tant que souverains et dans les démarches officielles, et jamais sous leurs titres de roi d'Aragon et de reine de Castille ; ils sont toujours désignés par les appellations de *reali di Spagna* ou de *cattolici reali*.

grave encore, de la succession de Navarre, étaient autant de motifs de dissentiments entre eux. La protection que les rois d'Espagne voulaient faire admettre qu'ils exerçaient sur le roi de Naples, celui-là même que Louis XII appelait Don Frédéric, celle qu'ils étaient sollicités par celui-ci d'étendre sur le duc de Milan son allié, leur dessein depuis longtemps poursuivi d'intervenir dans les affaires italiennes, les disposaient, moins encore que Henri VII, à une entente avec Louis XII.

A l'avènement de Louis XII, il y avait en France une ambassade espagnole, composée de trois diplomates, envoyés l'un par le roi d'Espagne, l'autre par les pays d'Espagne, le dernier par le roi du Portugal (1). Ferdinand le Catholique hésita sur la politique qu'il avait à suivre : il laissa un mois s'écouler avant de renouveler, conformément à l'usage suivi pour tout changement de règne, les instructions de ses diplomates. L'ambassadeur vénitien en Espagne lui ayant demandé de recommander au nouveau roi de France le maintien de la paix générale, Ferdinand refusa d'abord, disant que la chose lui paraissait inutile (2). Il déclara, en même temps, que la trêve franco-espagnole se trouvait finie par le fait même de la mort de Charles VIII (3). Cependant les négociations engagées entre lui et Charles VIII continuèrent avec le successeur de ce prince. L'ambassadeur vénitien renouvela et précisa sa demande; avant la fin d'avril, il souhaitait que Ferdinand chargeât ses envoyés d'arranger avec Louis XII, dans l'intérêt général, un bon traité de paix, et proposât sa médiation pour régler les difficultés pouvant exister entre la France et la Ligue italienne, particulièrement avec le roi Frédéric. Ferdinand trouva cette proposition raisonnable et promit d'agir en ce sens. L'ambassade espagnole en France reçut l'ordre de continuer les négociations en attendant son remplacement (4).

---

(1) Voir (Milan, A. d. S. *Carteggio generale*) une lettre à Ludovic Sforza, du 4 avril 1498, dont la signature manque.

(2) Et d'autre part, il recommandait aux puissances de l'Italie de rester unies entre elles « nel principio de queste turbulentie francese ».

(3) Milan, A. d. S. *Carteggio generale*, lettre de P. Suardi, ambassadeur milanais à Ludovic Sforza, 24 avril 1498. Tolède.

(4) *Ibid.*, même document, Suardi pensait que Ferdinand n'écrirait pas de si tôt la lettre promise à l'ambassadeur vénitien, précisément parce que la reine, toujours consultée dans les affaires politiques, n'avait pas assisté à cet entretien. Mais l'ambassadeur vénitien s'empressa d'expédier en toute hâte un courrier « couvert d'or » avec mission d'arriver « volando » à Venise, d'où la nouvelle de l'intervention promise serait répandue partout.

Les souverains espagnols parurent un moment vouloir jouer ce rôle de médiateurs entre la France et les princes italiens, intervenir entre Louis XII et Ludovic Sforza, et sauvegarder en même temps les intérêts du roi de Naples. Le 5 mai 1498 (1), les représentants des puissances italiennes priaient Ferdinand et Isabelle de donner ordre à leurs ambassadeurs en France de travailler à l'établissement entre Louis XII et leurs maîtres d'une trêve, la plus longue qu'il serait possible, s'étendant au commerce de terre et de mer, comprenant tous les membres de la Ligue italienne et le roi Frédéric, désignant nommément les Génois et les Malaspina, et interdisant à toutes les parties contractantes de donner asile aux pirates (2). Ferdinand et Isabelle acceptèrent cette mission (3).

La nouvelle ambassade espagnole était arrivée à la cour de France vers la fin de juin 1498. Elle y fut bien reçue et bien traitée, et dès ce moment l'on espéra l'établissement d'une bonne intelligence entre les deux états; au milieu de juillet, les perspectives d'accord semblèrent un moment compromises, les ambassadeurs se retirèrent, quittant Louis XII «en désordre». Les motifs de cette brouille subite étaient sans doute le grand nombre des demandes adressées au roi de France, par les ambassadeurs, tant les anciens que les nouveaux, et surtout la prétention émise

(1) Milan, A. d. S. *Carteggio generale*. Lettre de P. Suardi à Ludovic Sforza, 5 mai 1498. Un avis politique anonyme dit que la trêve demandée devait durer dix ans.

(2) Précaution prise évidemment par Ludovic Sforza en faveur de la ville et du commerce de Gênes, contre les corsaires provençaux et surtout marseillais, qui infestaient le golfe. « Fare une tregua, dit la lettre de P. Suardi, più longa che se potesse, laquale fosse merchantile per mare et per terra ; e non se desse recapito a pirati ; cum inclusione de tuli li signori confederati et el serenissimo re Federico, specificando Genoesi et Malaspini.» — Vers la même époque les souverains espagnols essayèrent d'infliger un échec indirect à Louis XII en poussant Maximilien à marier sa fille Marguerite, pour que l'espoir de ce mariage fût absolument perdu pour le roi de France (Venise, Bibl. Marciana, Cheregati, nonce pontifical, lettre du 3 juillet 1498: « Serenissimi Hispanie reges, ut mihi retullit eorum orator, Cæsarem sollicitant ut Domina Margarita filia sua nuptui tradatur, quod etiam Cæsar optat ut illarum nuptiarum spe Rex Franciæ frustretur; sed difficile erit æqualem sponsum invenire. »

(3) Ils faisaient très bon visage aux Italiens, et surtout à l'ambassadeur milanais Landriano, général des Umiliati, frère du trésorier de Ludovic qui fut assassiné par Simon Rigoni en août 1499 (Milan, A. d. S. *Cartegg. gener.* Lettre de Landriano à Ludovic Sforza, 14 juillet 1498). Celui-ci retourna à Milan vers le milieu de juillet, chargé des protestations d'amitié et d'alliance des souverains espagnols pour Ludovic Sforza.

par Ferdinand, en vertu de ses promesses aux états italiens, de réserver les droits du roi de Naples. Tout d'abord, Louis XII répondit à ces demandes par un refus très sec. Mais le gouvernement français comprit qu'il ne devait pas brusquer l'Espagne, dont il avait besoin (1). Louis XII alla en personne, sous prétexte d'une chasse, rejoindre les ambassadeurs, qui déjà s'étaient éloignés de quatre milles de Paris ; il eut avec eux un entretien absolument secret, dans lequel fut vraisemblablement émise la première idée d'un partage éventuel de la monarchie napolitaine, et les ramena à Paris. Le traité entre la France et l'Espagne fut signé le 31 juillet 1498 (2), sans aucune réserve en faveur du roi de Naples ni du Pape. Il y était seulement dit que, si le Saint-Siège attaquait l'un des deux alliés, l'autre ne serait pas tenu de venir à son secours, par dérogation au principe de la réciprocité de l'appui effectif (3). Ce traité fut publié le 15 août en France et en Espagne (4).

La partie, là aussi, était perdue pour Ludovic Sforza. Les souverains Espagnols lui montrèrent dès le début d'août qu'ils ne voulaient pas se brouiller avec Louis XII, par leur attitude dans l'affaire du *titre* du marquis de Mantoue, qui mettait aux champs toute la diplomatie milanaise (5). Ludovic Sforza, pour contenter l'orgueil et l'impatience de son irascible beau-frère, dont il voulait faire son condottiere, avait demandé pour lui à Ferdinand et Isabelle le titre de capitaine général des armées espagnoles en Italie, titre purement honorifique d'ailleurs. Les souverains d'Espagne refusèrent nettement cette concession, en accompagnant leur refus de beaucoup de regrets, mais en déclarant

(1) *Documents sur la première année du règne de Louis XII*, pag. 16. Lettre de Valperge au grand chancelier de Savoie, 14 juillet 1498. Il voulait « exceptuare » le roi de Naples.

(2) *Documents sur la première année du règne de Louis XII*, pag. 28. Lettre de Paolo Somenzi, ambassadeur milanais à Florence, à Ludovic Sforza, 7 août 1498. — La nouvelle de la paix franco-espagnole arriva à Turin le 6 août 1498 (Milan, A. d. S. *Post. Est. Savoia*. Lettre de Maffeo Pirovani, 6 août 1498).

(3) Un autre article stipulait la libre circulation par terre et par mer et la sécurité des sujets de chacun des deux rois dans les domaines de l'autre. *Documents*, etc., pag. 28. Lettre de Pietro Suardi à Ludovic Sforza, Saragosse, 15 et 16 août 1498.

(4) A Saragosse, où était alors la cour espagnole, le traité fut crié au son des trompettes sur la grande place de la ville. Les ambassadeurs revinrent en Espagne, comblés d'honneurs et de bons procédés par Louis XII.

(5) PÉLISSIER, *La politique du marquis de Mantoue*, et, sur ce point spécial, *Documents sur la première année*, etc., pag. 23, lettre de Pietro Suardi à Ludovic Sforza, Saragosse, 3 août 1498.

qu'il leur paraissait qu'on pourrait les blâmer d'avoir donné un pareil titre, alors qu'ils n'avaient point de troupes en Italie. La véritable raison de leur refus était autre : ils ne voulaient pas, au cas où Ludovic Sforza emploierait le marquis contre la France ou telle autre puissance, donner lieu à cette puissance de se plaindre d'être attaquée par l'Espagne en la personne d'un capitaine général des armées espagnoles, et risquer de se trouver par suite engagée dans une guerre.

La conclusion du traité franco-espagnol fut cependant annoncée avec ménagement à l'ambassadeur Suardi. Ferdinand parut presque s'en excuser ; il dit que, tous les membres de la Ligue italienne ayant déjà envoyé leurs ambassadeurs au roi de France, chacun pensant exclusivement à ses intérêts personnels, quelques-uns ayant déjà conclu leurs accords, il n'avait pas hésité à confirmer et à renouveler le traité d'alliance qui avait longtemps uni ses prédécesseurs à ceux du roi de France. Cette déclaration parut un peu sèche à Suardi : il répliqua ironiquement qu'il ne doutait pas que Ferdinand n'eût agi pour le mieux des intérêts de la Ligue italienne, mais qu'il fallait cependant reconnaître qu'il avait été le premier des confédérés à envoyer une ambasse en France. La discussion ne pouvait d'ailleurs avoir aucune portée (1). Ferdinand le Catholique multiplia auprès du duc de Milan les protestations que ce traité ne porterait préjudice à aucune des puissances de la Ligue italienne et particulièrement à lui (2).

L'événement montra bientôt quel genre de relations les souverains espagnols auraient dorénavant avec la Ligue italienne. Dans une audience que Suardi eut le 16 août, tant qu'il se borna à exposer les actes de Ludovic Sforza depuis son voyage

(1) *Documents sur la première année*, etc. Lettres de Suardi à Ludovic Sforza, 15 et 16 août 1498.

(2) Mantoue, *Archivio Gonzaga*, XIX, E, 3. Lettre de Brognolo au marquis François de Gonzague. « Cum protesta però che non havesse ad pregiudicare ad alcuno potentato de la liga, nominando in specie il predicto illustrissimo signore. » Le secret le plus absolu fut d'ailleurs gardé vis-à-vis des états italiens sur la teneur de ce traité. Suardi se mit vainement en campagne pour le connaître exactement. Aussi les imaginations se donnèrent-elles libre carrière. A Florence, on alla jusqu'à prétendre que le roi d'Espagne avait offert sa fille en mariage au roi de France, avec Perpignan en dot, et promesse de lui léguer la moitié de son royaume (*Documents sur la première année*, etc. Lettre de Paolo Somenzi à Ludovic Sforza, Florence, 7 août 1498). — L'article relatif au Saint-Siège fut très diversement interprété : l'ambassadeur espagnol à Venise essaya de tromper à son sujet l'évêque Latuada (Latuada à Ludovic, 10 septembre 1498).

à Mantoue au mois de juin, ses offres à l'empereur, son alliance avec François de Gonzague et avec les Bentivoglio. Ferdinand répondit par des félicitations vagues, par des protestations banales de dévouement au duc de Milan et à la Ligue italienne; mais Suardi ayant porté l'entretien sur le traité franco-espagnol, Ferdinand ne dissimula pas que le traité comportait la réciprocité d'aide militaire en cas d'attaque d'un des contractants par une tierce puissance, et des garanties pour la liberté de commerce et de circulation; puis quand le Milanais, allant plus loin, interrogea Ferdinand sur ses futures relations avec la Ligue italienne et sur ses intentions en cas d'attaque de l'un des confédérés par Louis XII, le roi d'Aragon, tout en affectant beaucoup de rondeur et de bonhomie, se borna à des déclarations ambiguës, dit n'avoir pris aucun engagement de nature à nuire aux membres de la Ligue ni à aucun d'eux; et, à la remarque de Suardi, à savoir que la confirmation de l'alliance avec la France lui semblait tout à fait contradictoire avec les bonnes intentions qu'il manifestait à l'égard des princes italiens, il ne répliqua rien, sinon qu'une alliance n'empêchait pas l'autre (1).

Ce n'étaient là, et Ludovic Sforza ni son ambassadeur ne s'y trompaient, que des protestations orales. Les souverains espagnols se désintéressaient absolument, dans la pratique, des affaires d'Italie ; ils estimaient peu Ludovic Sforza, comme n'étant arrivé au pouvoir que par ruse et par des voies obliques ; ils s'inquiétaient peu que Louis XII le détrônât. Cependant ils désiraient le maintien de la paix, pour éviter toute complication, et, sachant que l'alliance franco-vénitienne était une des conditions essentielles de l'entrée en campagne de Louis XII, ils s'efforçaient de la rompre. « Ambassadeur, dirent-ils au vénitien Trevisani dans son audience de congé, dis à la Seigneurie de ne pas se fier aux Français : ils lui donneront de bonnes paroles et puis ne l'aideront en rien ; conseille lui de grouper et de maintenir autour d'elle les autres puissances italiennes » (2).

Ne pouvant pas conclure d'alliance avec l'Espagne ni rompre celle qu'elle venait de former avec Louis XII, Ludovic Sforza essaya, vers la fin de décembre 1498, d'employer la médiation

(1) *Documents sur la première année*, etc. Lettre de Suardi à Ludovic Sforza, 16 août 1498.
(2) MARINO SANUTO, *Diarii*, II, 211. Compte rendu de Trevisani (Trevixam) au Sénat de Venise (Conseio de' Pregadi), le 16 décembre 1498.

de Ferdinand pour obtenir de Louis XII qu'il laissât comprendre le duc de Milan dans la paix ou la trêve que l'empereur Maximilien allait conclure avec la France. Ludovic commença cette négociation par l'entreprise de l'ambassadeur espagnol Juan Clavero, mais elle échoua complètement (1).

Ludovic Sforza faisait demander par lui l'intervention des souverains catholiques pour le rétablissement de la paix entre le roi de France, l'empereur Maximilien et les autres princes, leur intervention pour hâter le couronnement de l'empereur; il leur faisait exposer la politique vénitienne et les dangers qu'elle créait à ses voisins, la situation de son duché; il leur demandait des conseils sur la politique à suivre à l'égard du pape; enfin, il désirait savoir si, vu leur alliance avec la France, Suardi devait rester à Madrid ou retourner à Milan. Les souverains répondirent sur ces derniers points de façon à le satisfaire, réclamèrent le maintien de Suardi comme ambassadeur, reconnurent la nécessité d'une action commune contre le pape, se déclarèrent prêts à secourir Ludovic Sforza, en cas de besoin, annoncèrent qu'après la solution de l'affaire de Pise, ils tâcheraient d'aider le roi Frédéric à reprendre les places occupées par les Vénitiens dans son royaume. Ils se dirent aussi très touchés de l'intérêt manifesté par Ludovic pour le couronnement de Maximilien, qu'ils lui avaient souvent eux-mêmes conseillé de célébrer. Mais sur le point essentiel, le rétablissement de la paix, leur réponse manqua trop de précision pour être satisfaisante. Ferdinand couvrit d'éloges cette idée d'une paix universelle, déclara s'y associer de tous ses désirs. Il insista sur ce fait que déjà une trêve générale avait été signée et qu'il s'efforcerait de la faire transformer en paix définitive. Et pour conclure, il faisait dire à Ludovic Sforza que l'affection qu'il portait aux rois d'Espagne serait récompensée, et que ceux-ci en avaient une égale pour lui. A cette déclaration, Ferdinand ajouta quelques informations d'un caractère plus pratique, et révéla à Suardi (2) son intention d'envoyer, soit en France, soit en Allemagne, des personnages considérables en ambassade, pour essayer de faire nommer Ludovic Sforza dans la trêve alors négociée entre Louis XII et Maximilien. Mais ce

---

(1) *Documents sur la première année*, etc., pag. 58. Extrait d'une lettre chiffrée de l'espagnol Juan Clavero au duc de Milan (27 décembre 1498).

(2) *Ibid., id.*, pag. 56. Extrait de lettre de l'ambassadeur de Suardi à Ludovic Sforza (26 décembre 1498).

n'était là qu'un simple projet. Malgré les instances de Suardi et de Juan Claverio, il ne semble pas avoir été mis à exécution. Les négociations de Ludovic Sforza se prolongèrent sans intérêt et sans résultat : il ne réussit pas à modifier le sentiment de Ferdinand d'Aragon, qui se désintéressa complètement de sa rivalité avec Louis XII et des conséquences qu'elle pouvait avoir. Loin de le défendre, il faisait conseiller par son ambassadeur à Louis XII, en juillet 1499, d'agir gaillardement contre Milan(1).

II.

LES ÉTATS DE L'EMPIRE.

§ 1. — *L'alliance de Maximilien et de Ludovic Sforza.*

La troisième grande puissance qui pût intervenir, d'une façon nuisible pour les projets de Louis XII, entre lui et le duc de Milan, était l'Allemagne. Maximilien était l'ennemi, trop déclaré et trop systématique de la France pour qu'on pût tenter d'obtenir de lui mieux que sa neutralité. D'autre part, l'intimité existant entre les cours d'Allemagne et de Milan, la communauté de leurs intérêts, devaient faire penser à Ludovic Sforza que, le moment venu où il aurait besoin d'un allié, c'est en Maximilien qu'il le rencontrerait. La parole rapportée par Aluisio Morello autorisait nettement cet espoir. Ce fut donc à obtenir de l'empereur d'Allemagne un concours effectif que le duc de Milan employa le principal effort de sa diplomatie.

Au moment de l'avènement de Louis XII, la partie semblait belle pour le duc de Milan ; ses relations avec Maximilien étaient bonnes. Depuis la fin de novembre 1497, il y avait entre eux de fréquents échanges d'ambassades ; plusieurs habiles diplomates le représentaient en Allemagne : Agostino Somenzi, Gaspar San Severino, et surtout Herasmo Brasca, un de ses meilleurs conseillers ; Maximilien était personnellement bien disposé pour lui ; il écoutait volontiers les avis de Brasca ; l'impératrice Bianca Maria était sa nièce et secondait l'influence milanaise. Aussi semblait-il, au mois de juillet 1498, qu'une entente parfaite s'établirait aisément entre l'Empire et le duché de Milan, pour

---

(1) MARINO SANUTO, *Diarii*, II, 1050. Lettre de l'ambassadeur vénitien à la Seigneurie, Lyon, 22 juillet 1499.

une guerre décisive contre la France, guerre où le duc fournirait l'argent, et Maximilien les hommes et les batailles. Après de longues hésitations, enfin convaincu par l'éloquence subtile de Brasca que leur intérêt commun était de retenir Louis XII en France et de l'occuper dans son royaume, vexé du rapprochement opéré entre le roi de France et l'archiduc, Maximilien avait commencé la guerre en Bourgogne. Mais le succès de cette invasion ayant été médiocre, disputé, coûteux, sans résultats appréciables, l'esprit mobile de l'empereur s'en fatigua promptement. Brasca, revenu entretemps à Milan, ne put pas raffermir à point la volonté belliqueuse de Maximilien. Après mille tergiversations et de traînants pourparlers, Louis XII obtint une trève, mais qui resta assez longtemps incertaine et peu respectée. De retour à la cour impériale, Brasca trouva les visages changés, les cœurs refroidis, l'empereur ironique et presque menaçant : Maximilien reprochait avec amertume à Ludovic Sforza, grief à demi vrai seulement, ne lui avoir pas fourni assez d'argent en temps opportun. Il manifestait hautement l'intention de se désintéresser des affaires d'Italie, de ne plus faire inclure Ludovic Sforza dans les trèves ou traités de paix qu'il pourrait signer avec Louis XII. Le duc de Milan avait à redouter dès lors que la neutralité de l'empereur ne donnât libre carrière aux Français. Ainsi ces neuf ou dix mois avaient été perdus pour lui ; tous les résultats des négociations de Brasca se trouvaient officiellement annihilés, et l'année 1498 finissait par un échec complet de la politique milanaise en Allemagne.

Ce ne fut que durant les six derniers mois avant l'expédition française que Ludovic Sforza put engager avec Maximilien des négociations profitables et conclure en effet une alliance avec lui. Vers la fin de janvier, quelques concessions du duc commencèrent à désarmer l'empereur, qui, de son côté, fit des semblants d'excuses au sujet d'une impertinence, très vivement ressentie par Ludovic (1). Puis la sagesse l'emporta chez lui sur l'irritation et la rancune. Quand la nouvelle des négociations de Ludovic en France lui arriva, l'empereur craignit, ne connaissant pas la vanité réelle de ces pourparlers franco-milanais, un rapprochement, peut-être dirigé contre lui, entre les deux

---

(1) Ludovic Sforza n'avait pas été informé officiellement de la naissance de la fille de l'archiduc. D'après Maximilien, cet oubli était le résultat d'un malentendu, car il avait en personne donné à Mathieu Lang l'ordre positif d'en informer le duc de Milan.

puissances. De là sa lettre du 10 février 1499, point de départ d'une période nouvelle (1).

Cette évolution fut aidée par l'influence du parti milanais. L'impératrice Bianca Maria prit texte des succès de Maximilien (dans la guerre contre les Suisses) pour conseiller à son oncle de s'accommoder avec l'empereur ; elle souhaitait qu'une juste appréciation de ces succès le fit redevenir envers Maximilien, « ce qu'il avait été autrefois », et lui rappelait que tout dommage arrivant à Maximilien aurait son contre-coup sur lui-même. Peu après, en exprimant ses regrets de voir se dissoudre la « vieille et bonne union et amitié des deux princes » (2), elle offrait de s'employer à la restauration du bon accord entre eux. Pierre de Trieste, Mathieu Lang, Agostino Somenzi, travaillaient à cette réconciliation (3). Aussi Maximilien qui, selon le mot de Pierre de Trieste, était accessible aux « persuasions raisonnables», se familiarisa bientôt avec l'idée d'une alliance définitive. « Il persévérerait d'autant plus dans ses nouvelles dispositions qu'il verrait Ludovic lui en avoir plus de reconnaissance, et que Ludovic comprendrait mieux qu'il avait en Maximilien son vrai refuge et son véritable protecteur, sans vouloir rechercher ailleurs son salut». La traduction en bon italien de cet amphigouri diplomatique était claire : le duc de Milan devait, pour obtenir l'alliance, donner de l'argent, et n'avoir point de relations occultes avec la France ; Pierre de Trieste ajoutait : opérer un versement immédiat de vingt-cinq mille ducats en gage de ses bonnes dispositions ultérieures.

L'empereur, s'il refusait encore à Ludovic l'autorisation d'adresser un ambassadeur à la diète de l'empire, acceptait qu'Agostino Somenzi lui fût renvoyé, pour expliquer à la diète l'interminable affaire des droits d'investiture ; et il prouva son apaisement en chargeant Ludovic Sforza de faire négocier, par son gouverneur à Gênes, la restitution de l'argenterie impériale laissée en dépôt et en gage entre les mains de Nicola Spinola quelques années auparavant (4). La guerre entre les Suisses et l'Empire, qui de l'aveu même de Bianca Maria ne fut pas

---

(1) *Docum.*, II, 34.

(2) Milan. A. d. S. *Pot. Est. Germania*. Bianca Maria à Ludovic Sforza, 16, 19 février 1499.

(3) Milan, A. d. S. *Cartegg. Gener.* Pierre de Trieste à Ludovic Sforza, 26 février 1499.

(4) Milan, A. d. S. *Cartegg. Gener.* Maximilien à Ludovic Sforza, Anvers, 24 février 1499.

sans danger pour l'Allemagne, hâta sans aucun doute le rapprochement de Maximilien avec Ludovic (1). Celui-ci lui ayant exprimé ses félicitations pour quelque victoire, Maximilien saisit l'occasion de renouer leurs relations personnelles, reconnut qu'il y avait eu entre eux un malentendu, et l'invita à lui envoyer quelqu'un (2) pour le débrouiller. Le trésorier Bontemps écrivait en même temps que l'origine de tout le mal était l'oubli de ces paiements si souvent promis. Le 7 janvier 1499, par l'envoi à Milan du secrétaire Pierre de Trieste, chargé de diverses commissions, par l'envoi en Allemagne de Marchesino Stanga (3), les relations diplomatiques directes recommencèrent ; c'était, fait remarquable, sur l'initiative de Maximilien qu'elles étaient reprises (4). L'expérience lui montrait

(1) Milan, A. d. S. Pot. Est. Germania Bianca Maria à Ludovic Sforza, 16 février 1499 ; 24 mars 1499.Sur les préparatifs de Maximilien pour marcher en personne contre les Suisses, voir Mantoue, Arch. Gonzaga, E, XIX-3, Brognolo au marquis, 7 mars 1499.

(2) Milan, ibid. Maximilien à Ludovic Sforza, 28 février 1499. Après l'avoir remercié de ses félicitations pour les victoires impériales, il ajoute : « Sed quia frustra et incassum fortuna secunda offertur, nisi illa recto tramite et sapienti consilio ducatur, et inter nos et te, ut novisti, hactenus error quidam intervenerit, potes aliquos ex consiliariis tuis principalioribus (sic), in quos etiam nos confidere possimus, ad nos mittere,... (*et nous réussirons*) sic tamen quod omnino reliquam summam pecuniarum, sicut thesaurarius noster Burgundiæ Joannes Bontemps, pridie ad te scripsit, persolvas. Antverpiæ, ultimo die mensis februarii 1499.

(3) Mantoue, Arch. Gonzaga, Brognolo au marquis de Mantoue, 10 mars 1499 ; et Milan, A. d. S., *Cartegg. gener.*; dans une lettre du 23 mars 1499, Ludovic Sforza annonce à l'évêque de Brixen l'envoi comme ambassadeur en Allemagne de Marchesino Stanga « secretarium nostrum, quem oratorem ad serenissimum Dominum Romanorum regem designavimus, et qui post dies festos Pasce iter ingredietur ». Il le remercie en même temps des bontés qu'il a eues pour G. Cotta. Des lettres analogues de recommandation et de remerciement sont écrites au lieutenant impérial et au conseil d'Inspruck. Il les prie de plus : « Interim hortamur ac rogamus ut de rebus novis crebro certiores facere nos velint ». — Ludovic Sforza ne manifeste d'ailleurs pas grand enthousiasme pour cette reprise des relations : il se déclare prêt à dépenser largement pour Maximilien, mais seulement «pourvu qu'il retire quelque fruit de ses dépenses, et tout en craignant comme résultat final la perte de ses hommes et de son argent». Ce fut peut-être le contre-coup de la mauvaise humeur causée par ces exigences qui atteignit les protégés de Maximilien, comme Giovanni Brasca. Erasmo prit la défense de celui-ci dans une lettre éplorée (22 mars 1499).

(4) Mais ses exigences pécuniaires recommencèrent en même temps ; le 18 mars 1499, « in oppido Koch », Maximilien prévient Marchesino Stanga qu'il envoie à Milan Georges de Hohenberg, pour y acheter, en vue de la guerre contre les Suisses « nonnulla arma atque pectoralia ». Ce Hohenberg

décidément l'utilité de retrouver en Ludovic Sforza, à l'occasion, un auxiliaire pouvant immobiliser les troupes vénitiennes, et, en tout cas, un banquier à coffres ouverts et inépuisables.

Dès lors l'amitié renouvelée ne se dément plus entre les deux princes, — dans les conditions, cela s'entend, où elle pouvait exister entre eux, — et subordonnée toujours, chez l'un comme chez l'autre, au souci de leur intérêt. Les cinq mois qui séparèrent l'envoi de Stanga en Allemagne de la chute de Ludovic Sforza furent, d'une façon ininterrompue, remplis par de lentes et monotones négociations, toutes dirigées vers ces buts connexes d'assurer à Maximilien le concours financier du Milanais, et à Ludovic, sérieusement menacé d'une attaque directe de la France, le concours moral et militaire de l'Empire. Il serait à coup sûr fastidieux, et d'ailleurs presque impossible, de raconter en détail et au jour le jour ces négociations que ne varie plus aucun retour offensif de Louis XII, aucun caprice de Maximilien, et qui ne sont plus que les débats préliminaires d'un contrat d'association (1). Il suffira ici de les considérer d'ensemble. Dans cette courte période, les relations diplomatiques entre l'Allemagne et le Milanais furent fréquentes et suivies. Les envoyés italiens en Allemagne furent très nombreux : il y en avait à la cour jusqu'à trois en même temps ; ils firent de nombreux voyages entre l'Allemagne et l'Italie ; aux ambassadeurs ordinaires il faut ajouter les envoyés extraordinaires chargés de missions spéciales. A défaut d'Herasmo Brasca (2), Ludovic était représenté en Allemagne par trois bons diplomates, Agostino Somenzi, Marchesino Stanga et Giovanni Cotta. Le premier résida le plus souvent à Lindau, à Fribourg ou à Constance, spécialement chargé des relations avec la diète ; Giovanni Cotta, à Inspruck, assurait les communications avec le conseil impérial ; Marchesino Stanga était attaché à la personne même de Maximilien et le suivait partout. Il faut mentionner aussi un compagnon de

---

« pecuniam reliquorum 25,000 ducatorum, quos Mediolani dux Petro Paulo de Cassiario factori Henrici Wolfii Mediolani persolvet, ad comparanda arma 2000 florenos Renenses accepturus est ». L'alliance de la France avec Venise et le pape lui montrait la nécessité de ne pas rester isolé en Europe. Modène, A. d. S. *Cancelleria ducale, Carlegg. diplom. estero.* Maximilien à Ludovic Sforza, Cologne, 29 mars 1799.

(1) Pour toutes les notes et références de ce chapitre, je renvoie une fois pour toutes et d'avance à mon étude, *La Mission de Marchesino Stanga en Allemagne* (avril-août 1499).

(2) Après la retraite de Brasca, les affaires milanaises furent dirigées presque jusqu'à la fin d'avril par le conseiller impérial Pierre de Trieste.

Somenzi, Angelo de Fiorenza, Raimundo de Raimundi, envoyé par Ludovic en Angleterre, mais souvent chargé au passage de commissions pour Maximilien, enfin Galéas Visconti, envoyé aux Suisses en juillet et août, et en rapports fréquents avec la cour impériale. De plus, l'ambassadeur napolitain Francesco Delli Monti prêta souvent son ministère au duc de Milan.

Désigné, au milieu de mars, comme successeur de Brasca, Marchesino Stanga était à Lindau le 18 mai. Il y vit l'empereur et fut chargé d'importantes communications pour Ludovic Sforza; mais les manœuvres des troupes suisses et impériales dans la région rendirent son voyage de retour pénible et dangereux: il ne put rejoindre l'empereur, fut obligé de fuir précipitamment, et dut se réfugier à Inspruch. Ses négociations avaient pour but l'admission de Ludovic dans la Ligue de Souabe; son ambassade se termina par une audience de l'empereur, qui, à cause de la « *combustione della luna* », ne put avoir lieu que le 10 juin (1); Agostino Somenzi resta alors seul en Allemagne, jusqu'au jour où le duc dut quitter Milan devant les Français, accompagnant sans cesse l'empereur, s'acquittant avec zèle d'une mission de jour en jour plus délicate; pendant ce temps, à Inspruch, Giovanni Cotta s'occupait de la guerre helvéto-impériale, des fournitures de vivres à livrer aux armées de l'empereur, des paiements à effectuer entre les mains de ses trésoriers.

Maximilien, soit en vertu de ce principe que le souverain n'a pas à être représenté chez un de ses vassaux, soit surtout par économie, n'avait pas à Milan de résidents fixes; il se contenta d'y envoyer à plusieurs reprises, en missions extraordinaires, directes ou indirectes, divers secrétaires ou diplomates, le plus souvent Pierre de Trieste, surtout en avril et en mai; en mai encore, un ambassadeur qui devait ensuite passer en Espagne, Luca Rinaldi.

La situation de ces diplomates, tant à l'égard des princes qu'ils représentent que de ceux auprès desquels ils les représentent, est d'ailleurs assez mal définie; ils sont également les serviteurs de tous les deux, et ne font pas difficulté d'épouser tour à tour les intérêts de l'un et de l'autre. Maximilien, qui appelait Herasmo Brasca « *consiliarus noster* », emprunte Agostino Somenzi à

(1) De même, à son retour (20 juin 1499), il dut attendre plusieurs jours à Bellagio, sur le lac de Côme, pour éviter de rejoindre Ludovic Sforza pendant la *combustione della luna*.

Ludovic Sforza et le charge même de sa correspondance avec le duc (1). Ludovic Sforza traite Pierre de Trieste comme son conseiller, et celui-ci lui donne sans hésiter des conseils en contradiction directe avec les désirs de Maximilien.

Les diplomates milanais trouvèrent à la cour allemande des auxiliaires puissants et parfois dévoués. L'impératrice Bianca Maria, sans avoir pour Ludovic Sforza de vifs sentiments de tendresse, mit toujours son influence au service de son oncle, du moins dans les derniers temps qu'il régna ; elle fut jusqu'à sa chute un des auxiliaires sur lesquels Ludovic a le plus justement compté (2). Le 7 août 1499, il écrivait encore à Agostino Somenzi : « *Me sara grato che faci opera che la serenissima regina me ricomanda alla predicta Maestà, perche hora è tempo di ricognoscere l'amore chella mi porta.* Maximilien lui-même, s'il n'eût écouté que ses sentiments personnels, aurait été l'ami du duc de Milan. Les ambassadeurs milanais étaient traités avec plus d'égards que les autres, admis à des conseils d'où était exclu le reste du corps diplomatique. Cette exception était une conséquence naturelle de la conception impériale du duché de Milan ; si ce duché faisait partie intégrante de l'Empire, son chef avait, tout autant que les ducs de Saxe ou de Bavière, le droit d'assister aux conseils impériaux. Maximilien, enfin, convaincu de la sagesse du précepte que donne aux Habsbourg le fameux proverbe « *Tu, felix Austria, nube* », aurait voulu remarier le duc de Milan et commençait à faire des combinaisons matrimoniales pour le jeune comte de Pavie. Au mois de juillet 1499, l'érection du comté de Pavie en principauté fut une marque éclatante de l'amitié qui unissait Ludovic et Maximilien. Cependant, malgré toutes ces démonstrations extérieures, l'empereur ne s'abandonnait pas. Peut-être les demandes des ambassadeurs milanais n'eussent-elles pas eu de prise sur cet esprit versatile, si leur influence ne se fût doublée de celles de quelques conseillers, si ces conseillers n'eussent pas exercé sur lui « *une persuasion raisonnable* ». Ces conseillers, Pier Bonomi de Trieste, Mathieu Lang, le comte de Furstemberg, qui tous, selon Stanga, « *faisaient de belles diligences pour les affaires du duc de Milan* », ne s'y employaient pas par une conviction

---

(1) Le texte est à citer : « Te hortamur magnopere ut contentus sis ipsum Augustinum in servitiis nostris esse, et scriptis suis quae ad te nostro nomine scribet, fidem indubitatam adhibere velis. »

(2) PÉLISSIER, *Les amies de Ludovic Sforza*, dans *Revue Historique*, 1891, janvier.

désintéressée ; leur dévouement, qui « *méritait récompense* », était savamment entretenu par les ambassadeurs milanais : ainsi, à son arrivée en Allemagne, Marchesino Stanga avait offert à Lang cent florins ; le 15 juin, il lui octroya une nouvelle gratification de deux cents florins ; une autre fois, c'est un cadeau d'étoffes de velours qui est fait tant à Lang qu'à un autre *ami*, Hans de Consech. Et Pierre Bonomi recommande à Ludovic Sforza, en parlant de Furstemberg, « *de ne pas l'oublier.* »

Ce grand déploiement de forces diplomatiques, les efforts de ce personnel dévoué aux intérêts du duc de Milan, ne produisirent cependant pas les bons résultats que ce prince pouvait en attendre. Tant qu'il ne fut question que d'un concours moral, de démarches diplomatiques et de promesses plus ou moins vagues, Maximilien parut tout dévoué aux intérêts de son « cher oncle ». Mais son dévouement s'atténua et chercha des excuses quand il fallut un concours effectif. Pendant la mission de Stanga, l'on avait discuté les conditions de l'alliance et de l'entrée de Ludovic Sforza dans la ligue de Souabe ; l'alliance paraissait faite, et l'intimité était très grande en juillet et surtout en août ; mais à mesure que les Français firent des progrès en Lombardie, les dispositions de l'empereur changèrent, il ne fut plus question de l'alliance, et l'on ne parla plus que rarement de secours militaire officiel.

L'isolement auquel il était menacé d'être réduit préoccupait beaucoup Ludovic Sforza ; aussi l'une des demandes qu'il adressa, avec le plus d'insistance, à Maximilien fut de montrer qu'il considérait le duché de Milan comme partie intégrante de l'Empire, et, dans ce but, de l'associer à lui dans ses actes diplomatiques. La première partie de cette demande n'avait rien qui pût déplaire à Maximilien : aussi déclara-t-il de toutes manières cette dépendance ; dans une lettre du 10 février, il disait estimer qu'il était de son devoir de « veiller au salut et à la conservation de l'état milanais, lequel dépend de l'Empire et de l'empereur. » Le 21 mai, Marchesino Stanga rapporte un autre mot analogue : « L'état de Milan, on le sait, ne fait qu'un avec ceux qui doivent marcher derrière Sa Majesté. » Ludovic Sforza et ses agents multipliaient eux-mêmes les déclarations analogues pour fortifier de leur propre aveu la conviction de Maximilien. Le 24 juin, Maximilien ayant dit qu'il préfèrerait attirer contre lui-même les Suisses plutôt que leur permettre d'attaquer Ludovic, Somenzi lui répond que le ravage de la Valteline par les Suisses serait en effet une honte pour l'armée impériale, et que défendre les états de Ludovic Sforza, c'était défendre ceux de l'Empire. La dépendance féodale du Milanais à l'égard de l'Empire était donc acceptée à la fois par l'empereur et par le duc; ainsi, par suite, se trouvait établi le droit de celui-ci à être protégé par celui-là, comme un vassal par son suzerain. Maximilien avait d'ailleurs prouvé, par les remontrances hautaines qu'il avait adressées en février 1499 au duc Ludovic, qu'il prenait au sérieux ses droits de suzeraineté.

La première conséquence de cette dépendance était l'inclusion du duc de Milan dans tous les actes diplomatiques de l'Empire, le suzerain ne pouvant négocier et traiter sans comprendre son vassal dans ses négociations et ses traités. Cela était de la plus haute importance pour Ludovic Sforza. En effet, il venait d'encourager l'empereur à faire la guerre à la France et y avait contribué de ses deniers; la guerre était, il est vrai, suspendue, mais la trêve franco-impériale n'excluait nullement la possibilité d'une nouvelle rupture; de mai en août 1499, il avait aidé l'Empire contre les Suisses et les Grisons; il n'ignorait pas qu'il avait à redouter une attaque des Vénitiens, aussi mal disposés pour lui que pour Maximilien. Aussi sa sécurité devait-elle être gravement compromise, si Maximilien, faisant sa paix particulière avec la France, les Suisses et Venise, l'abandonnait seul à ses trois ennemis. Il tenait donc à s'associer étroitement à la diplomatie impériale. Stanga exprimait en termes très nets le programme de la politique extérieure ducale en disant à Maximilien, le 10 juin, « que Ludovic était fermement résolu à ne vouloir que la paix ou la guerre qui paraîtrait convenable à l'empereur; qu'il avait repoussé et rejeté toutes autres négociations et pratiques pour obéir à sa volonté, et pour être avec lui dans tous les cas et toutes les circonstances. » Ludovic devait d'autant plus tenir à convaincre Maximilien qu'une récente expérience lui avait montré avec quelle désinvolture son protecteur l'abandonnerait s'il y trouvait avantage. En juin 1499, Marchesino Stanga emportait, dans le mémoire impérial destiné au duc, la promesse que « si l'empereur faisait la paix avec les Suisses, il ferait comprendre dans cette paix le duc de Milan comme prince de l'Empire. » Les conseillers d'Inspruch, en juillet, pensaient que Maximilien allait conclure un accord définitif avec la France, et qu'en même temps il réglerait les affaires de Ludovic avec Louis XII. Ludovic demandait, le 31 juillet, que l'empereur profitât des dispositions pacifiques des Suisses pour conclure avec eux la paix ou au moins une trêve, en l'y comprenant.

C'était aussi au suzerain à régler les querelles de son vassal : de là l'intervention diplomatique de Maximilien, en faveur de Ludovic Sforza, dans toutes les cours. Ce fut en somme la meilleure forme de l'appui qu'il donna au duc de Milan. Malheureusement pour Ludovic, les réclamations et les menaces impériales ne furent pas appuyées par une puissance militaire suffisante, et personne n'en tint compte. Toute la campagne diplomatique, que, de février en août 1499, Maximilien mena en faveur de Ludovic, aboutit à un piteux échec. Ses efforts furent d'ailleurs dirigés avec intelligence ; combinés avec ceux de Ludovic Sforza, ils tendirent vers ce triple but d'empêcher la rupture de Venise avec Ludovic, de maintenir le marquis de Mantoue dans le parti milanais, et d'empêcher le duc de Savoie de s'allier avec la France.

Le secrétaire vénitien à Turin, qui était alors Zuam Dolce, écrivait dès le 11 octobre 1498 à la Seigneurie qu'il entendait dire que l'empereur ferait tout pour Milan contre Venise. Ce bruit acquit bientôt quelque consistance. Une mesure prise vers la fin du mois, sous l'inspiration de Herasmo Brascha, montra les sentiments de l'empereur à l'égard de la Seigneurie. La défense fut publiée dans les comtés de Tyrol et de Trente qu'aucun sujet de l'Empire ne prît de service à la solde de Venise ou du marquis de Mantoue. Pendant les négociations de la république avec Louis XII, et après la conclusion de leur traité d'alliance, Maximilien se tint sur la réserve ; mais il se plaignait, au témoignage de Luca Rinaldi, que les Suisses lui fissent la guerre avec l'argent de Venise. A mesure que l'alliance franco-vénitienne s'accentua, les représentations de Maximilien devinrent plus énergiques. En réponse au conseil que lui donnait Ludovic d'attaquer Venise avec le concours des Suisses, il prenait la résolution, au dire de Somenzi, d'attaquer la République par le Trentin et la Croatie. Enfin, aux premiers jours d'août, Maximilien envoya à Venise, en ambassadeur, Georges Hellecher, avec mission de menacer la république d'une déclaration de guerre si elle la commençait contre le duc de Milan. Les sentiments de la nation allemande devenaient belliqueux à l'égard de Venise : le 7 août 1499, les régents et les conseillers d'Inspruch avaient grande envie de voir faire la paix avec les Suisses et déclarer la guerre à la Seigneurie ; ils affirmaient qu'on aurait contre Venise des soldats sans les payer, que, sur l'espoir d'un riche butin, ils marcheraient spontanément, n'ayant rien à perdre que leurs lances ; et les soldats disaient déjà qu'ils voudraient aller à la Merceria auner les étoffes de soie à la longueur de leurs lances. Un faux bruit se répandit même qu'un capitaine était déjà choisi pour descendre en pays vénitien avec deux cents hommes de pied et cinq cents cavaliers. Ce qui était plus sérieux, c'était la mission donnée par Maximilien, à un ambassadeur espagnol, retournant en Espagne, de renouveler à la Seigneurie les menaces de l'empereur. Cotta, qui le rencontra à Inspruch, pensa qu'il saurait «*parlare galiardo*» aux Vénitiens. Mais les menaces de Maximilien furent aussi impuissantes que les politesses de Ludovic à ébranler la résolution de la Seigneurie.

Les actes du marquis de Mantoue, qui tenait son fief de l'Empire, étaient par-là même soumis au contrôle impérial. C'était le meilleur condottiere de l'Italie, et Ludovic, pour se l'associer contre Venise, lui avait fait concéder par l'empereur le titre de capitaine général, après des négociations longues et pénibles. Mais le marquis fit une brusque volte-face et se rapprocha de la Seigneurie. Ludovic en appela alors au bras impérial. Son ambassadeur à Venise, Latuada, le lui avait aussitôt conseillé : « Peut-être ne serait-il pas mauvais que la Majesté Impériale, dans ces circonstances qui constituent pour elle une injure personnelle, recommandât au marquis *sub pœna privationis feudi et dignitatis*, d'observer la foi due à Votre Excellence et de ne pas se mettre au service ni de cette Seigneurie ni d'autres. » Le marquis de Mantoue ne croyait pas avoir commis un grand crime, car, le 23 octobre, arrivait à Frisbourg en Brisgau un sien ambassadeur ; Brasca multiplia les instances à l'empereur pour obtenir que cet ambassadeur fût reçu « comme le méritait la grandeur de l'erreur du marquis ». Le 12 novembre, Maximilien remercia Brasca de lui avoir signalé ce «*tumultus italicus*», et ordonna ensuite au marquis, par des lettres «dures» et «comminatoires», de renoncer à son projet ; il traita avec une froideur marquée cet ambassadeur, et interdit aux Allemands de prendre du service à la solde du marquis. La sévérité hostile de l'empereur et d'autres causes amenèrent bientôt après le marquis à quitter Venise pour rentrer au service de Ludovic ; puis il se renferma dans une parfaite neutralité. B. Bembo, annonçant au duc de Ferrare cette nouvelle volte-face du marquis, de « *quel merchadante di Mantoa* », l'attribue à l'influence de Maximilien.

La Savoie était aussi un fief impérial ; les tentatives de Maximilien pour maintenir à Turin l'influence milano-impériale y eurent encore moins de succès qu'à Mantoue. Les relations de famille entre la maison de Savoie, Ludovic Sforza,

et la famille impériale, ne prévalurent pas contre les intérêts
évidents du duché : obligé de choisir entre Louis XII, qui, en
échange du libre passage pour son armée, lui offrait des avantages positifs, et Ludovic Sforza, qui lui demandait de résister
à Louis XII et de risquer sa ruine sans profit ni compensation,
Philibert ne pouvait hésiter. Aussi les ambassadeurs de Maximilien n'obtinrent-ils jamais de lui que de belles paroles en
échange de leurs belles recommandations. Un avis de Turin à
Venise signale, le 6 mai 1499, deux envoyés impériaux à la cour
de Genève, le président de Bourgogne et le bailli de Charolais
et Bourgogne, venus pour engager le duc à «imiter l'antique
fidélité de sa maison à l'Empire»; celui-ci protesta de son propre
dévouement, et les ambassadeurs s'en allèrent très contents.
Plein de bon vouloir pour l'Empire, au reste, quand cela ne contrarierait pas ses intérêts, il envoya M. de Menthon négocier le
rétablissement de la paix entre les Suisses et le Roi des
Romains. Le mois suivant, les offres de la France devenaient
de jour en jour plus belles et plus tentantes : le duc de Milan
fit demander par Marchesino Stanga à l'empereur d'envoyer
une ambassade au duc de Savoie pour lui conseiller de repousser
les propositions de la France. Maximilien y consentit et voulut
d'abord donner ses instructions à ce même M. de Menthon,
qui, sa mission finie, rentrait en Savoie. Mais, il ne parut pas
assez «*milanais*» à Stanga, et l'on chercha un envoyé qui fût
plus agréable au duc de Milan. A ce moment, du reste, Ludovic
croyait et annonçait à Maximilien que le duc de Savoie était
en excellentes dispositions envers eux. L'empereur répondait
qu'il avait en effet eu de lui de bonnes paroles, mais qu'il craignait que «les encouragements continuels, les intrigues, les promesses et les artifices des Français et leur voisinage même, ne
le portassent à quelque accord avec eux». Il ajoutait avec plus ou
moins de conviction que le véritable intérêt du duc était de rester
fidèle à l'Empire. : « Peut-être aurait-il quelques ennemis dans
les circonstances actuelles ; mais, s'il est en bonne intelligence
avec l'empereur et le duc, les trois souverains pourraient s'aider
et se défendre contre tout agresseur».

Ces illusions durèrent peu: le duc de Savoie s'accorda avec
Louis XII, avec la restriction « sauf son honneur et son devoir»,
que Ludovic interprétait : « sauf sa dépendance de l'Empire ».
Ludovic réclama alors, avec plus d'insistance que jamais, l'envoi
d'un ambassadeur auprès du jeune Philibert. Le prévôt de Brixen,
à qui Maximilien avait laissé le choix entre deux missions à

Rome ou en Savoie, opta pour l'ambassade de Savoie; mais malgré les prières de Ludovic, ce ne fut pourtant qu'à la fin de juillet qu'il reçut à Brixen les lettres de créance, les instructions et les frais de route nécessaires pour sa mission, avec l'ordre de passer d'abord à Milan pour prendre les avis de Ludovic. Cette ambassade n'eut aucun résultat et ne pouvait en avoir, car Philibert, comme le reconnaissait le 17 août Ludovic, s'était « *in tuto facto Francese e col stato e colla persona* ». Une dernière tentative restait à faire : Maximilien la fit, sans doute sans grand espoir de succès : le 20 août, il adressa au duc de Savoie une longue lettre de récriminations et de menaces, le blâmant avec vivacité d'avoir accepté une alliance avec la France, lui membre du Saint Empire Romain, et vassal de l'Empire. « Aussi ne pouvons-nous assez nous étonner que vous ayez embrassé le parti français contre nous, contre l'Empire et ses dépendances. Nous vous commandons et ordonnons, à peine de notre plus grave indignation, de la perte des fiefs que vous tenez du Saint Empire et de la mise au ban de l'Empire, aussitôt les présentes lettres vues, de renoncer à cette coupable alliance, aux intrigues commencées contre le duc de Milan, et au contraire, comme il sied à un bon et fidèle prince de l'Empire, de vous opposer de tout votre pouvoir au passage des Français en Italie ». A supposer que le duc Philibert aurait consenti à se rendre aux ordres exprimés ici, cette lettre, avait toutefois un tort grave, c'était d'arriver trop tard : le 20 août 1499, l'armée française était déjà en Italie, et le duc et le bâtard de Savoie y commandaient des compagnies.

Maximilien intervint aussi en faveur de Ludovic auprès du duc de Ferrare et du marquis de Montferrat, auquel il envoya des ambassadeurs. Celui qu'il adressa à Constantin Arniti, régent du Montferrat, fut précisément le prévôt de Brixen, qui passa par Casal, avant de se rendre à Turin et à Genève. De même, il menaça longtemps le pape Alexandre VI d'une rupture diplomatique et même d'un schisme, s'il persistait à suivre le parti français, et il en vint jusqu'à une sorte de rupture. En août 1499, un légat pontifical ayant été envoyé à Inspruch pour s'occuper de l'accommodement avec les Suisses, Maximilien lui fit donner l'ordre par les régents de quitter l'Allemagne dans le mois, en ajoutant qu'il ferait donner des explications au pape par un agent à lui. Cet ordre fut reçu avec amertume, « *bevuto amaramente* », mais le légat ne s'y rendit pas tout de suite, donnant pour temporiser d'assez médiocres raisons. Il n'avait d'ailleurs aucune influence sur la population, qui le traitait d'espion papal, et qui n'aurait pu «avoir une plus mauvaise opinion de lui». Maximilien essaya aussi d'engager les souverains espagnols dans les intérêts de Ludovic Sforza, sans y réussir davantage. Il est évident qu'il a essayé, sans succès, de créer dans les diverses cours d'Europe un état d opinion favorable au duc de Milan.

Il tenta même de le protéger par voie diplomatique contre Louis XII : entreprise malaisée, vu les relations presque hostiles existant depuis longtemps entre la France et l'Empire, et vu l'attitude de franc adversaire gardée par Maximilien, malgré la trêve de trois mois et son prolongement. Cette suspension d'armes ne modifia pas en effet les dispositions de l'empereur ; lui et Ludovic ne firent, jusqu'au mois d'août 1499, que s'encourager à la guerre contre la France. Le 10 juin, Stanga supplie Maximilien de ne pas employer les ambassadeurs français à préparer la paix entre l'Empire et les Suisses, « action qui serait contraire à son intérêt et à sa gloire. » Huit jours après, c'était l'empereur qui conseillait à Ludovic une véritable provocation à l'égard de la France, le refus du passage par le Milanais aux ambassadeurs que Louis XII envoyait à Venise : conseil que d'ailleurs Ludovic se garda bien de suivre. Le 22 juin, Trivulce ayant fait sous main dire au duc de Milan qu'il était, au fond, de ses amis, et Ludovic ne sachant trop s'il devait tenter de se réconcilier avec son grand ennemi, Maximilien l'encouragea à repousser toutes négociations, disant que Trivulce voulait assurément le tromper une fois de plus ; que s'il savait ou pouvait trouver un moyen de ruiner l'Allemagne et le Milanais, il n'y avait pas à douter, selon lui, que le lieutenant royal ne l'employât sans hésiter. L'empereur avait mille fois raison en l'espèce, mais ce trait de clairvoyance n'en est pas moins caractéristique de sa haine envers la France. Ainsi, pour Ludovic, il agissait, il s'affichait en ennemi déterminé de Louis XII. — En fait, et depuis la trêve précédemment conclue avec la France, il n'avait aucune envie de rompre de nouveau avec Louis XII. Il reçoit, en mars, une ambassade française, et, quelque conseil qu'ait pu lui donner Stanga, il accepte volontiers son intervention entre les Suisses et lui-même. Le 24 mars, Enea Crivelli signale la présence à Berne d'un diplomate français allant et venant de la cour impériale à Berne, et il charge même le suisse Giovio Chotis de surveiller et, autant que possible, de déjouer ses intrigues. Le 10 juin, une nouvelle mission française arrive en Allemagne, ayant pour but officiel d'établir un accord germano-suisse, ayant pour fonction véritable de transformer la trêve franco-allemande en une paix définitive. Devant ces envoyés de Louis XII, Maximilien ne veut pas montrer ses préférences ordinaires pour les Milanais, et il fait savoir à Ludovic Sforza qu'il recevra son ambassadeur en même temps que les Français, mais qu'on n'attendra pas son arrivée, s'il est en retard, pour commencer l'audience. Ces coquetteries avec la France n'eurent d'ailleurs pas de résultat : il fallut bien, quand la guerre franco-milanaise fut devenue imminente, en août 1499, que Maximilien se décidât entre Louis XII et Ludovic Sforza. Il n'osa pas abandonner le duc de Milan, et il sembla resserrer son alliance avec lui, tout en attendant les événements ; le 1ᵉʳ août, il écrivit à Louis XII une lettre très menaçante : il lui ordonnait de renoncer à tous ses projets d'attaque contre Ludovic Sforza, qui était prince du Saint Empire, et qu'à ce titre il lui appartenait de défendre. « Que s'il y avait entre les deux princes quelque querelle ou discussion juridique, c'était devant lui, comme roi des Romains et futur empereur, véritable et suprême souverain du duc et du duché de Milan, que l'ordre de la justice ordonnait de la régler ; pour sa part, si le roi de France avait quelque droit prouvé contre le duc de Milan, il ne refuserait pas de lui faire pleine et entière justice. » Il sommait le roi de lui répondre par le retour du courrier. — En même temps, Maximilien renouvelait à Ludovic Sforza ses protestations d'amitié ; il lui promettait de venir en personne à son secours, si en France passait en personne les Alpes, et il lui annonçait l'envoi en France d'une ambassade solennelle au nom de l'Empire, pour renouveler les sommations de sa lettre. (Cette ambassade, dont l'évêque de Worms devait être le chef, ne partit point). Ludovic Sforza fut naturellement enchanté de cette lettre et d'un mémoire comminatoire envoyé en même temps aux Vénitiens. Il regretta pourtant que les menaces de représailles ne fussent pas plus nettes : « à l'endroit où une réponse est demandée, j'aurais désiré, dit-il à Pierre de Trieste, qu'il fût dit que, si les attaques de la France contre nous ne cessent pas, l'empereur et le Saint-Empire agiront contre elle : cela aurait pu la faire tenir sur la réserve. S'il y a lieu d'écrire au roi une nouvelle lettre, je demande qu'on n'oublie pas d'y mettre cela ». — La réponse demandée à Louis XII par Maximilien ne se fit pas attendre : le 2 septembre, le roi de France envoya à l'empereur un véritable manifeste. Il y déclarait que l'ordre de l'empereur lui avait paru déraisonnable « *a jure et omni ratione aliena res* », et, pour expliquer cette appréciation peu diplomatique, il reprenait l'histoire des droits de sa maison sur le duché de Milan, depuis Valentine Visconti jusqu'à lui-même, et concluait que Ludovic Sforza n'était qu'un simple usurpateur. Quant à la proposition de Maximilien, de faire juger le différend par le tribunal impérial, Louis XII la déclina nettement en rappelant à l'empereur qu'il n'était pas seulement suspect de partialité, mais partie formellement déclarée pour son parent d'alliance, Ludovic Sforza. Pour lui, il avait l'intention de prêter serment, et sans aucun retard, au Saint Empire et d'accomplir toutes les obligations auxquelles le tenait la nature de ce fief; son serment serait plus honorable et plus utile à l'Empire que cette *prædonica et violenta usurpatio* de Ludovic Sforza. Il se disait sûr, pour terminer, que si les princes de l'Empire, avec qui Maximilien prétendait avoir discuté les termes de sa lettre avaient connu la réalité de ses sentiments et la vérité des faits, ils auraient été d'un avis tout à fait opposé à celui que leur prêtait son correspondant. Cette lettre n'arriva du reste à l'empereur qu'après la nouvelle de la défaite et du départ de Ludovic Sforza : il était alors trop tard pour y répondre par les armes. L'intervention diplomatique de Maximilien se borna à ces démarches, que leur caractère même frappait d'impuissance.

Maximilien essaya aussi d'intéresser l'Empire à la fortune du duc de Milan : en sa qualité de prince du Saint Empire, il était assez naturel que Ludovic fût secouru par ses pairs. Bien qu'il y eût entre lui et les Allemands une vieille discussion d'argent toujours en suspens, et malgré les perpétuelles divisions du corps germanique, Maximilien ne trouva pas là une opposition trop accentuée. La mission de Stanga fut même, en grande partie, destinée à régler cet arrangement, dont la négociation, dirigée et présidée par l'empereur, remplit le mois de juin. Il ne s'agit d'abord que de déterminer les conditions de la fourniture des hommes que la ligue de Souabe aurait à prêter à Ludovic Sforza : la Ligue s'engageait à lui fournir quatre mille hommes à raison de quatre florins par tête, jusqu'à concurrence de cinquante mille ducats. Mais bientôt ce projet primitif se transforma, s'agrandit, jusqu'à un véritable traité entre la Ligue et Ludovic Sforza. Stanga en discuta les conditions dans une très importante audience le 10 juin. Les principales étaient : l'obligation à Ludovic d'empêcher le ravitaillement des Suisses ; la prestation d'un contingent de six mille fantassins italiens dans la guerre contre les Suisses ; une contribution de quarante mille ducats. Le duc acceptait cette taxe, mais, vu l'importance de la somme, il demandait à n'en payer que vingt-cinq mille le jour de la conclusion de la ligue, et le reste quelque temps après; il offrait de remplacer les Italiens, soldats en général médiocres, par quatre mille Allemands. D'autre part il demanda quelques additions à ces articles : que la Ligue prît envers lui, en cas de guerre avec les Vénitiens, les mêmes engagements qu'en cas de guerre avec la France ; que, sous la dénomination de Suisses, on entendît aussi les Grisons et le Valais ; que l'Empire ne traitât pas avec les Suisses sans leur imposer la restitution au Milanais de la Val di Blegno et de la Val Leventina ; enfin que les paiements qu'il aurait à faire se fissent à Milan. Mais Maximilien n'accepta pas ces propositions ; il consentit seulement à ce que le paiement de la contribution de guerre s'effectuât en deux versements. Après cet entretien, Stanga, muni des pleins pouvoirs de Ludovic, ayant demandé à Maximilien de signer cet accord, l'empereur, moins pressé, lui répondit qu'il avait auparavant à arranger cette affaire avec la Ligue. Mais il repoussa nettement la proposition du duc de faire entrer aussi dans la Ligue le roi de Naples : la ligue de Souabe admettait volontiers Ludovic par égard pour Maximilien, « *essendo reputato l'uno e l'altro una cosa medesima* », mais jugeait les états napolitains trop éloignés pour que l'alliance de leur roi pût être utile. — Les négociations entre Maximilien et les membres de la Ligue furent ensuite interrompues par un soudain revirement de Ludovic, dont les causes ne semblent pas bien éclaircies. Le 31 juillet, il déclara ne plus vouloir, au moins pour le moment, entrer dans la Ligue : les Suisses, contre lesquels était alors dirigée et armée la Ligue, étaient en ce moment, — au moins le croyait-il, — fort bien disposés pour lui, et il craignait, en s'unissant à elle, de paraître les provoquer. Et pour que Maximilien ne crût pas que ce refus avait pour cause le désir d'éviter le versement des subsides convenus, il s'offrait à en verser une partie pour commencer la guerre contre les Vénitiens ; il se déclarait prêt d'ailleurs à entrer plus tard dans la confédération, mais pour le moment « *adesso trovandose in mezo de Francesi e Venitiani, se tirassimo anchora Sviceri contra noy, non credemo fosse a proposito nostro* ». — Malgré ce refus, Maximilien n'en continua pas moins ses démarches. Au début d'août, il réunit un grand conseil, auquel assistèrent les marquis de Brandebourg et de Bade, le représentant de l'archevêque de Mayence, les évêques de Worms et de Constance, et d'autres conseillers impériaux. On y conclut que l'empereur et l'Empire devaient absolument, — *omnino*, — aider le duc, faire les préparatifs nécessaires pour faire reculer Louis XII et lui envoyer une ambassade avec un ultimatum (1). On y avait émis des vues très justes sur la politique de Louis XII et sur les conséquences possibles de son expédition ; les résolutions prises étaient excellentes ; mais l'Allemagne, pas plus que l'empereur, ne fit de démarches vraiment sérieuses. Cependant c'était déjà un résultat pour Maximilien d'avoir obtenu ces promesses en faveur de Ludovic.

Maximilien, toujours un peu chimérique, avait même songé à une autre manière de fortifier la puissance de Ludovic ; c'était, on l'a vu plus haut, de le remarier. Une première tentative avait été faite en 1498 : il lui avait proposé de devenir le gendre du marquis de Brandebourg. En mai 1499, de nouvelles insinuations lui furent faites ; Matteo Lang dit un jour à Stanga, tout en causant : « Il faudra qu'un de ces jours vous et moi nous donnions femme à Son Excellence ». Stanga comprit qu'on voulait par là tâter le terrain et répondit : « Je suis absolument sûr que Son Excellence est décidée à ne pas se remarier, et je crois qu'elle en a fait vœu ». Maximilien se rejeta alors sur le mariage du jeune fils de Ludovic, le comte de Pavie, et proposa de le fiancer à la toute jeune fille de l'archiduc de Bourgogne. Les événements ne permirent pas à ces projets, qui n'étaient d'ailleurs qu'assez vagues, de se réaliser.

L'on voit ainsi en quoi consistèrent les services diplomatiques que Maximilien rendit à Ludovic : ce fut une série de négociations malheureuses ou d'interventions maladroites pour lui conserver ses alliés ou désarmer ses ennemis. Il y avait certainement là de la bonne volonté, mais il fut fâcheux qu'elle n'ait été ni plus énergique, ni plus dévouée.

Le plus clair bénéfice que Ludovic Sforza ait retiré de son alliance avec Maximilien fut le secours militaire que celui-ci lui promit, lui fit longtemps désirer, lui fit chèrement payer, et finit par lui donner, un peu tard, et quand il lui fut devenu à

---

(1) Il y eut une longue discussion entre les conseillers : ils reconnurent d'un commun accord l'injure évidente et le danger considérable que couraient l'Allemagne et l'Empire si on laissait un libre cours à l'entreprise du roi de France contre le duc de Milan, prince et membre dudit empire ; on déclara que, si le roi de France devenait maître du duché, on pouvait tenir pour assuré que le roi des Romains n'obtiendrait jamais la couronne impériale ; que même l'Allemagne ne pourrait plus rester siège de l'Empire, mais que l'Empire reviendrait à la France.

peu près inutile. — Il était depuis longtemps, tacitement ou expressément, convenu qu'en échange des sommes considérables données à l'empereur par le duc, l'empereur fournirait au duc, en cas de guerre, un contingent destiné à renforcer les soldats italiens, de la valeur desquels Ludovic, non sans raison, se défiait. Ce n'est guère qu'en juillet 1499, au moment où la guerre parut inévitable, que Ludovic se préoccupa sérieusement de les réclamer. Le conseil d'Inspruch, à qui Cotta en parla d'abord, refusa de prendre cette grosse responsabilité. Ludovic s'adressa alors directement à Maximilien : Angelo da Firenze et Agostino Somenzi furent chargés, en juin 1499, d'obtenir de l'empereur cinq ou six mille fantassins et trois cents lances bourguignonnes. Et cet épisode suffit à montrer quel écart il y avait toujours chez l'empereur entre l'imagination, toujours grandiose, et l'action, souvent médiocre ou impuissante : Maximilien les promit. Il s'engagea à fournir sur-le-champ cinq cents hommes de pied, tirés de Bourgogne et du comté de Ferrette, déjà tout prêts, et qui pourraient être rendus à Ivrée en vingt jours ; il promit de prendre à sa charge leurs frais de route jusqu'à destination ; mais dès leur arrivée en Italie et la revue qu'on leur ferait passer, Ludovic leur payerait une solde de quatre florins par mois ; il promit aussi de lever en Carinthie mille hommes de pied avec deux bons capitaines : ils se «mettraient en ordre» à Trieste, où Ludovic les ferait passer en revue et leur paierait une solde de quatre florins par homme, ils se rendraient à Milan en huit jours, et y serviraient six semaines ; ce temps révolu, ils recevraient une nouvelle paye, pour laquelle ils serviraient de nouveau six semaines ; après quoi leur solde mensuelle leur serait payée régulièrement. Les promesses lui coûtaient peu : il annonça que, de Bohême, il viendrait aussi mille hommes payables, dans les mêmes conditions, mais il leur faudrait un mois pour arriver ; d'autres, qu'on aurait à une solde inférieure, seraient levés aussi dans les pays du Danube. L'empereur promettait encore mille archers picards et mille hommes de pied allemands qui venaient de faire avec lui la campagne de Gueldre et qui étaient déjà en route pour venir en Italie, plus deux cents hommes d'armes, bien armés, avec quatre chevaux pour chacun, payés six florins du Rhin par cheval et par mois, et commandés par les capitaines Robert de Maloue et de Vilerne. Le 25 juillet, Ludovic chargeait ses envoyés de présenter ses remerciments à l'empereur pour toutes ses promesses, en exprimant la crainte que ces renforts, sauf les

Bohémiens, n'arrivassent pas à temps; aussi priait-il Maximilien de lui procurer, par un moyen quelconque, au moins quatre mille Allemands, tant à cause de leur valeur dans le métier des armes que parce qu'il lui importait beaucoup d'opposer des Allemands aux Français: « *A noi importa molto el nome deli Todeschi contra Francesi* ». La réalité ne répondit qu'imparfaitement aux paroles. Ce ne fut que le 7 août que Maximilien envoyait à Ludovic le capitaine Heinrich Weispach, récemment revenu d'une mission en Hongrie, et, le 17 août, un petit corps de trois cents hommes arrivait à Tirano, où P. Bilia allait leur payer leur solde; mais les troupes qui devaient venir par Ivrée n'étaient pas prêtes, et les autres l'étaient encore moins. Ludovic Sforza, plein d'illusions que la réalité ne put jamais dissiper, croyait cependant à leur existence : il portait la naïveté jusqu'à recommander que ces troupes ne prissent pas la route de Savoie sans un sauf-conduit, demandé directement au duc de Savoie par l'empereur, car on le lui refuserait à lui-même. Des affaires analogues remplirent juillet et août. Le 28 août, Ludovic suppliait Somenzi de renouveler ses instances auprès de Maximilien : il se disait prêt à payer seize mille cinq cents florins, reliquat du subside qu'il avait promis: « *Dio volesse*, ajoutait-il, *che li fanti fussino cosi presto!* » Il ne voyait plus de remède à la situation que dans la descente en Italie de Maximilien avec une armée imposante. Il offrait de remettre en ses mains Bormio, Tirano, Côme et la Valteline comme gages qu'il serait payé ; une fois de plus, il lui représentait qu'il était aussi intéressé que lui-même à ce que les Français ne s'emparassent pas de Milan. Il est probable qu'il fut bien peu convaincu de la nouvelle que lui annonça alors Galéas Visconti, nouvelle qu'il communiqua à toutes les villes du Milanais pour relever leurs courages abattus : l'arrivée de Maximilien en Italie avec trente mille hommes, tant Allemands que Suisses. Les quelques secours que l'empereur lui envoya ne purent empêcher que, cinq jours après l'annonce de ces trente mille hommes, il dût quitter Milan. Le concours militaire de Maximilien ne le servit pas davantage que son appui diplomatique.

Le peu qu'il faisait pour Ludovic Sforza, Maximilien se le fit chèrement payer par son aide diplomatique et surtout par ses contributions financières. Pendant les mois que dura leur bon accord, il abusa de la détresse politique du duc de Milan pour tirer de lui le plus d'argent possible et le plus de services de toutes sortes.

Les recommandations individuelles adressées par l'empereur et l'impératrice à Ludovic Sforza pour leurs familiers, leurs courtisans, des femmes de service, des prêtres, soit à Milan, soit en cour de Rome, furent fréquentes: mais ce n'était apparemment pas là ce qui coûtait le plus au duc de Milan.

La diplomatie milanaise fut, aussi souvent que le duc lui-même, mise à contribution par Maximilien: à diverses reprises, les ambassadeurs de Ludovic Sforza furent associés aux actes et aux emplois de leurs collègues impériaux.— Pendant la guerre de Suisse, le duc fut appelé à rendre des services effectifs à Maximilien, et lui en rendit en effet de réels : dans cette guerre de montagnes, les troupes impériales furent, après quelques succès, arrêtées par la nature même du terrain de la lutte et par l'obstination de leurs ennemis. Les Suisses étaient du reste en secret soutenus par le roi de France, à l'instigation duquel ils avaient commencé cette campagne, et par Trivulce, qui, le 12 mai par exemple, leur envoyait cinquante hommes d'armes. Il était donc naturel que les deux adversaires de Louis XII s'unissent contre ses alliés. Le concours ici prêté à Maximilien par Ludovic fut de deux sortes : d'abord, il fournit des vivres à l'armée impériale et empêcha le ravitaillement des Suisses, puis il lui donna un appui diplomatique. — Le 16 mai 1499, il envoya par Bormio des fournitures à l'armée de Maximilien ; le 23 mai, Maximilien réclamait un second envoi que, le 31, il envoya chercher en Valteline. Un commissaire spécial, nommé Tommaso Brascha, avait été délégué par Ludovic à la surveillance de ces livraisons de vivres et d'armes. Les envois étaient assez importants, au début de juin, pour exciter l'attention du podestat vénitien de Brescia. L'obligation d'empêcher le ravitaillement des Suisses figurait d'ailleurs aussi parmi les conventions du projet d'alliance, et était respectée. Le 20 juin, une proclamation de Ludovic Sforza autorisa l'exportation gratuite, «*senza pagar dacio*», des vivres dans la Valteline, et l'interdit dans le pays des Grisons. Mais Ludovic, tout en subissant la nécessité de prêter son concours à Maximilien, ne voulait pas se brouiller complètement avec la Ligue Suisse, qu'il craignait d'avoir plus tard comme ennemie. Aussi ne cessa-t-il pas de conseiller à Maximilien de traiter. Le 31 juillet, il exposait avec une grande franchise, à son ambassadeur Galéas Visconti, les motifs de ce conseil : « Si sa Majesté impériale se voyait si puissante et si bien fournie de troupes qu'elle pût sûrement vaincre ses ennemis, nous lui conseillerions de continuer son entreprise, mais

nous savons que cela lui serait difficile, parce qu'elle n'a pas à ce point de vue tous les éléments de succès qui lui seraient nécessaires : et c'est pourquoi nous lui conseillons de traiter. »
Dès juin, on commença à diverses reprises des négociations ; vers la fin de ce mois, les instances de Ludovic Sforza purent faire croire la paix prochaine : le 22 juin 1499, Maximilien écrit à Baldassare Pusterla que, se rendant aux prières de Ludovic Sforza, exprimées soit par ses lettres, soit par ses ambassadeurs et ses secrétaires, il veut bien user de clémence envers les Grisons, malgré leurs trahisons, et leur accorder des lettres de grâce; il leur proposait d'envoyer des ambassadeurs à une conférence à Bormio avec ses représentants. Mais cette offre n'aboutit pas. — Enfin Maximilien, lassé de cette guerre qu'il n'y avait pas de raisons qui finît, en vint à faire un appel direct à la médiation de Ludovic, et le pria ou lui ordonna d'envoyer un ambassadeur à Berne pour négocier un accord ou une trêve, et aussi pour combattre l'influence de la mission française que Louis XII venait d'y envoyer. Galéas Visconti fut chargé de ces négociations ; mais, malgré son entrevue du 5 août 1499 à Schaffouse avec les capitaines suisses, ses efforts échouèrent : le 10 août, Cotta annonçait la rupture des pourparlers. Ce ne fut que le 20 août environ, qu'un accord définitif fut conclu. La diplomatie de Ludovic Sforza n'avait pas été étrangère à ce résultat.

Mais c'est surtout la question d'argent qui faisait de Ludovic un précieux auxiliaire pour Maximilien : le duc de Milan a été le banquier de l'Empire, qui a puisé sans compter dans ses caisses qu'il semblait qui dussent être inépuisables. C'est Ludovic qui avait fait en grande partie les frais de la guerre de Bourgogne : il avait promis pour cela à Maximilien cinquante ou soixante mille ducats d'or ; la moitié de cette somme avait été payée pendant la campagne. Le 22 novembre 1498, Maximilien réclamait un acompte sur le restant dû, demandait le remboursement de mille ducats destinés au paiement de ses ambassadeurs en Espagne, somme absorbée par les dépenses militaires, et la fin du paiement des soldes dues à M. de Vergy. Le 30 novembre 1498, Ludovic annonçait que Pierre de Trieste porterait des explications à Maximilien sur ce complément de paiement, et que les mille ducats seraient comptés à l'empereur, dès qu'il aurait dit où et à qui il fallait les verser. Au mois de février 1499, Zuam Dolce annonce que Ludovic vient d'envoyer quinze mille ducats à Maximilien, et qu'il avait convenu de lui fournir pour deux ans un subside annuel de dix mille ducats en temps

de paix, de lui donner en temps de guerre ce qu'il pourrait.
Au mois de juin, Maximilien avait besoin d'argent pour faire
la guerre aux Suisses ; c'était le moment où Ludovic demandait
son admission dans la ligue de Souabe ; l'empereur la lui vendit
cher, en lui demandant quarante mille ducats pour sa part des
frais de guerre. Ludovic accepta, mais demanda comme la somme
était forte, à la payer en deux versements, l'un de vingt-cinq mille
ducats immédiatement, l'autre de quinze mille après un certain
délai, tous les deux à Milan, pour éviter les dangers des voyages
de Milan en Allemagne. Maximilien accepta ces deux conditions,
et le 14 juin 1499, dans ses instructions à Marchesino Stanga, formula ainsi sa demande définitive : « Sa Majesté demande au duc
de Milan de vouloir bien, vu les nécessités de la présente guerre,
lui fournir un subside de trente-trois mille florins du Rhin, dont
il sera tenu compte au dit seigneur duc dans les payements qu'il
aura à faire selon la teneur des articles de la Ligue». Le traité
ne prévoit pas explicitement la conduite à suivre au cas où,
l'argent versé, Ludovic n'entrerait pas dans la Ligue. Il y est dit
seulement que, si la Ligue ne se concluait pas, l'empereur
devrait fournir au duc deux mille soldats allemands payés pour
quatre mois. Il est probable que cela était considéré comme
une compensation suffisante. Le payement de ces quarante
mille ducats s'effectua lentement. Les bruits les plus fabuleux
circulaient à ce sujet : à Ferrare, le résident vénitien Bembo
entendait dire que Ludovic avait envoyé cent soixante mille
ducats au duc de Milan. Le 24 juin, l'empereur se fit montrer
les lettres patentes de Ludovic contenant la promesse de payer
les quarante mille ducats (ou trente-trois mille florins), la moitié
dans la semaine, l'autre moitié dans le courant de juillet ;
et il fit rédiger aussitôt des lettres patentes autorisant la
perception de seize mille cinq cents florins à verser par
Baldassare de Pusterla. Le 28 juin, Maximilien écrivait à
Ludovic Sforza une lettre de remerciements : ce versement
prouvait, lui disait-il, que Ludovic était vraiment le bon parent
de Maximilien. Il y eut toutefois quelques difficultés pour le
payement, qui ne fut pas effectué en entier ; le 5 août, il restait
dû encore deux mille florins sur ce compte ; les trésoriers de
l'empereur n'avaient voulu recevoir que treize mille cinq cents
florins, alléguant que le reste n'était pas en florins comme ils
le voulaient, que les ducats perdaient de leur valeur en Allemagne, et que le transport serait trop incommode. Ludovic
chargea aussitôt Somenzi d'informer Maximilien que les autres

treize mille cinq cents florins seraient envoyés à Inspruch entre les mains de Giovanni Cotta, d'où l'empereur pourrait les retirer avec plus de facilité qu'à Milan. — Le compte de l'armée de Gueldre s'ajouta à ceux-là ; le 1ᵉʳ août, Ludovic avança à l'empereur neuf mille ducats pour l'entretien de cette armée, avec la promesse illusoire d'une restitution à la Saint-Martin.—A l'argent fourni ainsi directement à l'empereur, il faut ajouter les fonds envoyés à Somenzi pour payer personnellement les capitaines qui offraient leurs services au duc. Somenzi, le 5 août, avait demandé deux mille florins pour cet usage: pour donner le même jour cent florins à Georges Vogel, qui allait mener trois cents fantassins en Italie, il avait été réduit à les emprunter au comte de Nassau.— On voit par là quelle quantité d'argent Ludovic Sforza déboursa au profit de l'empereur et de l'Empire ; il paya près de cent mille ducats les quinze cents hommes que Maximilien lui fournit, — et lui fournit trop tard ! Et ces exigences eurent un contre-coup fatal pour le duc en Lombardie ; pour remplir le trésor, épuisé par ce drainage impitoyable, il fallut établir à Milan de nouveaux impôts : les émeutes qu'ils provoquèrent hâtèrent sans nul doute l'effondrement de l'édifice sforzesque.

Ainsi, privé de soldats par la lenteur de Maximilien, privé d'argent par sa cupidité, Ludovic éprouva le manque de solidité de cette alliance allemande, en quoi il avait mis le meilleur et le suprême de son espérance. L'alliance milano-impériale ne servit qu'à Maximilien. Il est aisé de discerner les causes de cette réciproque impuissance ; la plus apparente est sans contredit la lenteur constante des négociations. En janvier 1499, quand Louis XII avait déjà traité conclu avec Venise, et qu'il était presque sûr de la cour de Rome, Maximilien et Ludovic Sforza en étaient encore à se reprocher des payements non faits et des soldats non fournis plusieurs mois auparavant. Ce ne fut qu'en juin qu'ils commencèrent à chercher un terrain solide d'alliance : mais il était trop tard alors. Cette lenteur d'action, outre le caractère même des deux princes, eut pour motif leur commune incrédulité à l'égard des informations politiques qui leur venaient de France ; ils étaient, Ludovic Sforza surtout, fort exactement informés des événements d'outre-Alpes ; mais par une singulière disposition d'esprit, le duc fut toujours porté à croire les renseignements optimistes qu'il avait d'autres sources, et qui étaient généralement faux ; il accueillait trop volontiers les nouvelles de prétendues mésintelligences du roi avec les grands seigneurs, duc de Bourbon ou duc de Lorraine. L'empereur était influencé par la quiétude de son allié, aussi les deux princes ne mirent-ils aucune hâte à s'entendre. Une alliance à conditions égales était d'ailleurs fort difficile à réaliser entre eux ; Maximilien comprenait trop qu'il était le seul allié possible de Ludovic pour le ménager beaucoup, et Ludovic lui laissait trop voir qu'il ne comptait que sur son appui. — Enfin, malgré leurs promesses et leurs protestations, Maximilien et Ludovic n'eurent jamais, ne purent jamais avoir l'un en l'autre qu'une confiance très limitée, car leurs trahisons étaient réciproques. Tout en disant à Maximilien qu'il ne voulait « faire qu'un seul état » avec le sien, Ludovic négociait en France ; tout en l'excitant contre Venise, il essayait de rompre à son profit l'alliance franco-vénitienne ; il refusait ostensiblement des vivres aux Suisses pour complaire à l'empereur, mais il leur faisait savoir sous main qu'ils pouvaient venir s'approvisionner dans le Milanais en toute sécurité. Maximilien, pour sa part, finissait, après tant de belles protestations, par observer une indifférente et prudente neutralité. Ce manque de sincérité fut certainement une des causes les plus sérieuses de l'échec de cette alliance. Dans cette association de deux intérêts pareils, les égoïsmes n'avaient pas fusionné ; quand ils essayèrent de se lier plus étroitement, il n'était plus temps de conclure une alliance utile : Maximilien le comprit et se résigna à laisser Louis XII attaquer, avec toutes les chances de succès, Ludovic Sforza, et à devenir ultérieurement l'allié de son ancien ennemi victorieux.

§ 2. — *Le rapprochement de Louis XII et de l'Archiduc Philippe d'Autriche.*

Que Louis XII eût pu obtenir de Maximilien la neutralité, qu'il l'eût, à parler plus exactement, réduit à l'observer, c'était déjà un assez beau résultat. Mais la volonté impériale n'était pas toute puissante en Allemagne, et avant même de l'avoir paralysée, Louis XII avait su lui créer dans l'intérieur et sur les frontières de redoutables embarras, en la privant de quelques-uns de ceux qui semblaient ses auxiliaires naturels.

C'était de la Maison de Bourgogne qu'étaient sorties toutes les difficultés qui divisaient alors la France et la Maison d'Autriche. Elles n'avaient été réglées que d'une manière imparfaite et provisoire par le traité de Senlis, conclu entre Maximilien et

Charles VIII. Depuis lors le gouvernement des Flandres et des portions de l'héritage de la duchesse Marie restées autrichiennes était passé aux mains de son fils l'archiduc Philippe. C'était à lui qu'appartenait, avec le soin de terminer les affaires encore en suspens avec la France, la possibilité de donner à son père l'empereur et à toute l'Allemagne la paix ou la guerre.

Quand mourut Charles VIII, l'archiduc Philippe était en pourparlers avec lui au sujet de la restitution des places de la Somme que le traité de Senlis avait conditionnellement laissées à la France : le duc de Clèves, pour le compte de l'archiduc, et le duc d'Orléans, pour la France, s'y employaient avec beaucoup de zèle (1). La mort de Charles VIII modifia un instant ses intentions : il songea à attaquer la France du côté de Thérouane et à reprendre ses villes de vive force. Il eut cependant la sagesse d'envoyer demander au nouveau roi s'il entendait lui restituer l'objet du litige (2): Louis XII lui répondit qu'ayant été heureux autrefois de lui servir d'intermédiaire auprès du roi pour cette affaire il ne pouvait, maintenant que tout intermédiaire était inutile entre eux et qu'il était souverain, qu'être très satisfait et fermement résolu à lui restituer, dans son intégrité, et selon l'accord précédemment conclu, tout ce qui lui appartenait. Louis XII engagea en même temps l'archiduc à venir à son sacre, ou à s'y faire représenter : ce serait une occasion de conclure un accord définitif. L'archiduc, qui n'avait nulle envie de faire la guerre, fit un accueil empressé à ces propositions, et se fit représenter à Reims par quatre de ses conseillers (3).

Après cet échange de marques de bon vouloir, les négociations entre le roi de France et l'archiduc traînèrent. On peut en attribuer le ralentissement à l'influence du duc de Milan, représenté en Flandre par plusieurs agents, diplomates ou consuls, Raimondo Raimundi, Agostino di Cremona et d'autres encore, par les ambassadeurs milanais à la cour impériale, et à la pression exercée par Ludovic Sforza sur Maximilien, dans le sens d'une rupture complète entre la Maison d'Autriche et la France. Le 1er juillet, les ambassadeurs de l'archiduc étaient toujours

---

(1) Milan, A. d. S, *Cartegg. gener.* Summario di lettere scripte da Bruges, a di primo di mazo, 1498.

(2) Milan, *ibid., id.* Lettre de Paolo Somenzi à Ludovic Sforza, 1er juillet 1498.

(3) Tornielli dit que le bâtard de Bourgogne était chargé d'offrir à Louis XII « la personne et les biens » de l'archiduc et d'assister en son nom au couronnement.

en France, sans avoir rien conclu au sujet de ces restitutions de places, mais toujours cordialement traités. Louis XII déclarait, assurait-on, qu'il avait eu l'intention de restituer les places à l'archiduc à la Saint-Jean, le 24 juin 1498, mais qu'en présence des armements faits par Maximilien en Bourgogne, sa dignité était intéressée à leur conservation ; dès lors il se serait décidé à les garder, et se bornerait à abandonner à l'archiduc, « un os à ronger (1) ».

Le 14 juillet, M. de Nassau, chargé d'affaires de l'archiduc, reçut son congé. Il ne partit pourtant pas (2). Les négociations furent reprises avec plus d'activité : l'on trancha la difficulté décidément insoluble. Louis XII promettait de remettre à l'archiduc trois places situées en Artois sur la frontière de Picardie, et l'archiduc lui abandonnait le reste; l'archiduc promettait d'obtenir la retraite de Maximilien et de l'armée impériale concentrée sur la frontière de Bourgogne ; il s'engageait à ne pas résider ni réunir de troupes sur ses propres frontières ; il jurait de rendre au roi l'hommage et lui promettait de mettre à sa disposition toutes ses troupes, s'il était attaqué par qui que ce fût, « sans en excepter homme du monde. » Louis XII avait fixé la restitution des villes et places promises par le traité de Senlis au jour qui suivrait la prestation du serment et la retraite des troupes impériales hors de la Bourgogne (3). Le traité de paix fut signé le 22 juillet par Louis XII et M. de Nassau (4).

Vivement irrité, l'empereur, soit de son propre mouvement, soit sous l'influence d'Herasmo Brasca et des autres Milanais, voulut empêcher l'archiduc d'accepter ce traité. Il envoya à son fils le héraut Toison d'or, à M. de Nassau un courrier extraordinaire (5), et il se décida à commencer les hostilités,

---

(1) *Louis XII et Ludovic Sforza, Documents*, 33.— La même impression est indiquée aussi dans une lettre d'Agostino di Cremona, du 25 août 1498 (*Documents sur la première année*, etc., pag. 32) Ces lenteurs dans les négociations n'inquiétaient nullement l'opinion; on ne pensait pas que la guerre éclatât au sujet de ces places.

(2) *Documents sur la première année*, pag. 16. Lettre de Ph. de Valperge au grand chancelier de Savoie. Paris, 14 juillet 1498. — On disait M. de Nassau très mécontent.

(3) *Ibid.*, pag. 18. Lettre du même au même, Paris, 22 juillet 1498.

(4) Le traité fut remis le 10 juillet à Maximilien par le héraut Toison d'Or de la part de l'archiduc Philippe. La nouvelle du traité arriva à Trivulce à Asti le 27 juillet (*Documents sur la première année*, etc., pag. 22. Lettre de Mozanica à Ludovic Sforza).

(5) Le propre frère de son maître des postes, que d'ailleurs Louis XII fit retenir.

pensant que Louis XII ne se fierait plus à l'archiduc, quand lui-même lui ferait la guerre (1). Pour obtenir des secours de la diète, il déclara qu'il considérait cette paix comme un affront personnel, vu qu'aux termes de son contrat de mariage, étant usufruitier des états de feu sa femme, c'était à lui seul et à nul autre qu'appartenait le droit de paix et de guerre (2).

La paix fut pourtant conclue. Le 23 juillet, les deux princes attestaient publiquement leur bonne entente par une demande en commun au pape (3).

A la cour impériale, on affectait volontiers de croire cette paix instable et éphémère (4) ; Ludovic Sforza, dont elle ruinait tous les plans, offrait cinquante mille ducats à l'empereur pour la rompre. Maximilien restait fort hésitant : tantôt il reconnaissait avoir accepté la paix, « y avoir mis sa signature avec de la mauvaise encre, mais que les envoyés de son fils avaient prise pour de la bonne encre tout de même »; tantôt il le niait ou essayait de discuter (5). L'archiduc passa outre et fit confirmer par ses ambassadeurs la promesse faite à Louis XII que, si Maximilien ne voulait pas retirer ses troupes du duché de Bourgogne, il l'aiderait à les en chasser. L'intérêt de l'archiduc à l'établissement d'une paix durable entre son père et Louis XII était évident, puisque Louis XII, dans leur accord, avait subordonné à cette paix la restitution de ses places.

Louis XII, qui tenait dans ses mains les gages de la paix, attendait sans impatience la conclusion définitive du traité. L'opinion en Flandre commençait à s'émouvoir : on y avait trouvé les

---

(1) *Documents sur la première année*, etc., pag. 16. Lettre de Filippo Burgognono, 18 juillet 1498. Maximilien avait du reste une arrière-pensée : il voulait profiter du désir qu'avaient les Bourguignons de faire la guerre (« spalla di fare novita ») pour y entraîner aussi les Flamands, et profiter des événements pour reprendre en main le gouvernement des états de son fils, en se débarrassant de certains conseillers de l'archiduc qui lui étaient désagréables.

(2) *Ibid.*, pag.19. Lettre de Giovanni Cotta à Ludovic Sforza, Philipsbourg, 24 juillet 1498.

(3) *Ibid.*, pag. 21. Il s'agissait d'obtenir la promotion du prévôt de Leyde, Elbuseden, un des conseillers de l'archiduc, à l'archevêché vacant de Besançon.

(4) On prétendait que cette paix se réduirait à une trêve de trois mois; que pour réduire les Bourguignons récalcitrants les moyens pacifiques ne suffiraient pas à Louis XII ; le trésorier de Bourgogne disait nettement que les nouvelles militaires qui venaient de Franche-Comté étaient trop bonnes pour que l'empereur restât les mains liées.

(5) *Documents sur la première année*, etc., pag. 24. Lettre de Giovanni Cotta à Ludovic Sforza, Fribourg, 5 août 1498.

conditions de la paix peu satisfaisantes, les places dont la restitution était promise n'étant pas celles dont le traité de Senlis avait fait mention (1). Le roi ne traitait pas l'archiduc avec de grands égards: ainsi il ne tint nul compte, au début de ses négociations avec Venise, d'une protestation que lui adressa Philippe contre l'occupation par la Seigneurie d'une partie des états héréditaires de la maison d'Autriche (2).

Malgré tout, ni le voyage de Philippe à la cour impériale en octobre 1498, ni le séjour de Maximilien en Flandre, d'octobre 1498 à janvier 1499, ne modifièrent les dispositions de l'archiduc. L'archiduc envoya un nouvel ambassadeur à Paris pour protester de son respect à l'égard du traité précédent et de sa neutralité entre Louis XII et son père. Il allait même jusqu'à demander le secours effectif de la France si on essayait de l'obliger par la force à rompre cette paix. Fort des encouragements de Louis XII, l'archiduc résista à toutes les prières comme aux menaces de Maximilien, qui dut quitter la Flandre sur cet échec grave et fort mécontent de son insuccès (3). Peu de temps auparavant, l'archiduc avait manifesté son peu d'estime pour Ludovic Sforza, en le faisant prévenir par une simple lettre de la naissance d'un de ses enfants, et, la lettre n'ayant pas été écrite ou s'étant égarée, en s'excusant très sèchement et avec beaucoup d'impertinence (4).

Pour maintenir l'archiduc dans ces dispositions amicales, Louis XII envoya à Philippe d'Autriche une ambassade. Le capitaine Robinet de Framezelles et Claude Seyssel partirent le 4 mars pour la Flandre; leur séjour se prolongea jusque vers le

---

(1) On trouvait que l'exécution du nouveau traité tardait à s'effectuer; on venait à croire que, Maximilien se retirât-il de Bourgogne, Louis XII garderait les places sous quelque prétexte. Au reste le pays restait assez indifférent à la pensée de ce manque de foi possible. *Documents sur la première année*, etc., pag. 32. Lettre d'Agostino de Cremona à Ludovic Sforza, Bruges, 25 août 1498.

(2) *Documents sur la première année*, etc., pag. 33. Lettre des ambassadeurs Florentius en cour de France à la Seigneurie de Florence (Paris, 17 septembre 1498).

(3) *Ibid.*, pag. 64. Sommaire d'une lettre de P. de Chatillon au trésorier de Savoie, 7 janvier 1499.

(4) Ludovic Sforza avait essayé de le ramener à lui en lui envoyant des présents et en lui faisant toutes sortes d'offres de services (*Louis XII et Ludovic Sforza, Documents*, 68, lettre du 18 décembre 1498). Plusieurs mois après, acceptant son humiliation précédente, il lui écrivait pour le remercier du bon accueil fait à ses présents et à son ambassadeur Francisco de Aunono (17 mai 1499. Milan, *ibid.*, *Cartegg. gener.*).

milieu de mai (1), et ils revinrent très satisfaits. L'archiduc avait renouvelé ses déclarations d'amitié pour Louis XII, « que les conseils de son père ne réussiraient pas, disait-il, à ébranler »; il avait proposé une rencontre avec le roi de France dans une place sur les frontières de Bourgogne ; il avait offert aussi de venir en France pour jurer fidélité au roi entre les mains du représentant que choisirait Louis XII. D'autre part, il appuyait une demande de trêve adressée par Maximilien au roi de France, trêve de trois mois qui devait durer jusqu'au commencement d'août, et que Louis XII accepta (2).

L'exécution du traité de juillet 1498 eut alors lieu : Louis XII restitua à l'archiduc les places de Béthune, Aire et Hesdin. L'acte de remise fut accompli le 6 juin par Georges d'Amboise et M. de Ligny en même temps que le grand chancelier allait recevoir le serment de fidélité de l'archiduc pour la Picardie (3).

Louis XII assurait ainsi la sécurité de ses frontières septen-

---

(1) MARINO SANUTO, *Diarii*, II, 558, l'ambassadeur vénitien à la Seigneurie, Blois, 24 février 1499. *Documents sur la première année*, etc., pag. 67. Lettre anonyme de Lyon, 7 mars 1499. Milan, A. d. S., *Cartegg. gener*. Lettre de Petroboni à Ludovic Sforza, Alexandrie, 13 mars 1499. — On avait cru à Venise que cette ambassade était destinée à la Seigneurie (Marino Sanuto, *Diarii*, II, 533, lettre de Zorzi, 18 mars 1499). On attribua aussi la prolongation du séjour des ambassadeurs en Flandre à des difficultés qui n'existaient pas. C'est surtout Petroboni qui est l'écho de ces renseignements pessimistes erronés. — L'ambassadeur vénitien a annoncé aussi dès le 26 avril le retour de Robinet, et cette nouvelle est prématurée à cette date. Entretemps le bruit d'une entrevue à Compiègne entre les deux princes circula avec persistance.

(2) *Documents sur la première année*, etc., pag. 76. Lettre de Jean Guisoard à Ludovic Sforza. Marino Sanuto, II, 714 et 720. L'ambassadeur vénitien à la Seigneurie, Blois, 6 et 15 mai 1499. L'archiduc avait traité les ambassadeurs français avec beaucoup d'honneur et leur avait donné de la vaisselle d'argent. Robinet, qui avait annoncé son retour pour le 6 mai, ne revint effectivement que le 12 du même mois.

(3) Un secrétaire royal alla procéder à la même cérémonie en Bourgogne, et opérer la restitution de Dôle à l'archiduc. Marino Sanuto, *Diarii*, II, 755. L'ambassadeur vénitien à la Seigneurie, 16 mai 1499. Milan, A. d. S. *Cartegg. generale*, Lettre de Somenzi à Ludovic Sforza, Turin, 10 juin 1499. Marino Sanuto, II, 777, Turin, 24 mai 1499. *Documents sur la première année*, etc., pag. 70-71, Lettres de Lucio Malvezzi à Ludovic Sforza, Alexandrie, 12 et 15 juin 1499. Milan, A. d. S. *Cartegg. generale*, Lettre de Somenzi à Ludovic Sforza, Genève, 18 juillet 1499. — Tous les articles du traité de juillet 1498 étaient naturellement confirmés ici. L'archiduc s'interdisait formellement de prêter son concours à l'empereur pour attaquer Louis XII, et autorisait au contraire le roi de France à lever en France et en Bourgogne les troupes dont il aurait besoin.

trionales; il privait Ludovic Sforza, qui du reste n'avait pas lutté directement contre lui auprès de l'archiduc, de la possibilité d'une diversion qui eût immobilisé loin de l'Italie une partie de ses forces, sinon son armée tout entière. Il privait Maximilien d'un allié puissant et surtout de la possibilité de prolonger les débats sur la succession de Bourgogne et le règlement du traité de Senlis ; il lui infligeait en même temps, en détachant de lui, en son fils, un des premiers princes de l'Empire, une double et cruelle humiliation. Le contr-ecoup devait s'en faire sentir sur les affaires de Milan (1).

§ 3. — *L'ambassade française en Hongrie.*

A l'autre extrémité de l'Allemagne, le royaume de Hongrie, bien qu'il fît à peine partie de l'Europe, devait, dans l'état actuel des intrigues politiques, une importance réelle à sa situation géographique (2). Limitrophe à la fois des domaines de la maison d'Autriche et des états vénitiens, il pouvait inquiéter ou paralyser en partie l'effort, soit de Maximilien, soit de la Seigneurie. Ludovic Sforza ne paraît pas avoir aperçu l'intérêt qu'il pouvait y avoir pour lui à obtenir du roi de Hongrie une diversion contre la République de Venise. Louis XII fut plus clairvoyant. Dès le mois de juillet 1498 (3), il entrait en négociations avec Mathias Corvin, en vue de la conclusion d'une

(1) Ne faisant pas ici l'histoire diplomatique de Louis XII, je n'ai pas à insister sur les diverses négociations engagées par lui avec les princes allemands. Il faut signaler cependant le traité conclu par lui avec l'électeur Palatin du Rhin, dont l'alliance lui était précieuse à cause de la situation géographique de ses états. Louis XII s'engageait à recevoir à sa cour le fils aîné de l'électeur, âgé de quinze ans environ, à lui donner une pension de 800 livres tournois et à le traiter comme son propre parent. Un autre fils de l'électeur devait être envoyé à l'Université de Paris pour s'y former « à la science et aux bonnes mœurs » ; le roi lui promettait pour l'avenir un évêché ou une abbaye. Moyennant quoi l'électeur renonçait à faire valoir une créance de 72,000 livres qu'il avait sur Charles VIII et Louis XII, et à remettre en vigueur le traité d'alliance qui avait existé autrefois entre Charles VIII et lui, ou un traité analogue (Paris, Bibliot. Nationale. Port. Fontanieu, 152-153, fol. 272),
(2) Fraknoï, *Rapports diplomatiques de la France avec la Hongrie au commencement du* xvie *siècle*, dans la *Revue d'Histoire diplomatique*, III, 236. L'auteur ne dit presque rien de ce premier épisode.
(3) Lettre de Louis XII au cardinal Orsini, de Moulins, 3 juillet 1498.

alliance par l'intermédiaire du cardinal Orsini (1). Déjà il avait chargé d'une proposition analogue un religieux hongrois (2). Il n'attendait qu'une réponse à cette première ouverture pour envoyer une ambassade en Hongrie. Il insistait beaucoup sur l'intérêt que Mathias trouverait à remplacer l'alliance de l'empereur, qui ne cherchait qu'à lui enlever son royaume, par celle de la France, qui serait absolument désintéressée. Il lui offrait, en cas de traité, un mariage avec une princesse du sang. Les négociations aboutirent à la conclusion d'un traité d'alliance franco-hongrois et au mariage de Mathias Corvin avec une nièce de Louis XII. Ce rapprochement avec la France entraînait pour la Hongrie un rapprochement avec Venise et l'obligation de s'associer à la Seigneurie pour lutter contre l'invasion ottomane. Ce ne fut qu'à la veille de sa rupture avec la France que Ludovic Sforza s'en avisa et qu'il essaya de détacher la Hongrie de la ligue franco-vénitienne. Un projet d'ambassade milanaise en Hongrie fut ébauché vers le milieu d'août ; mais les événements militaires se précipitèrent et rendirent cette ambassade impraticable autant qu'inutile (3).

§ 4. — *La lutte pour l'alliance avec la Ligue Suisse.*

Maîtresse des Alpes et des routes de communication entre l'Italie et cette Allemagne dont Ludovic Sforza attendait son plus ferme appui, la Ligue Suisse avait évidemment un grand rôle à jouer dans le différend franco-milanais. Les deux adversaires se disputèrent avec une habileté acharnée son utile alliance : ambassades, distributions d'argent, pensions, promesses, rien ne fut oublié par eux pour la gagner. Ludovic Sforza voulait, en se l'assurant, garantir la liberté de ses communications avec l'empereur ; se réserver un inépuisable haras d'hommes de guerre ; priver Louis XII de son meilleur marché de soldats ; assurer à Maximilien la liberté de ses mouvements militaires, soit pour menacer la France, soit pour défendre le Milanais envahi ou attaqué. De son côté, Louis XII voulait séparer Ludovic Sforza et l'Allemagne par une solide barrière ; séparer

---

(1) Le cardinal Orsini, « protecteur » de la couronne de Hongrie en cour de Rome et ami de la France.
(2) Marino Sanuto l'appelle Jacopino Venante.
(3) M. Sanuto, *Diarii*, II, 1102, 1138. Lettres de Liom, podestat vénitien à Crema, 17 et 22 août 1499. — Le 22 août, ce Moresimi était encore à Milan, et son départ était par ordre retardé de dix jours.

l'Allemagne de Venise pour empêcher la première de retenir et d'immobiliser dans les Alpes les troupes de la seconde ; occuper Maximilien chez lui par la crainte d'une guerre contre les Suisses ; délivrer Venise de la même crainte ; enfin priver son adversaire des meilleures troupes de l'Europe et se les garder à lui-même. La complexité des intérêts mis en jeu explique suffisamment l'insistance de la France et de Milan.

Aussitôt après son avénement, Louis XII envoya un agent secret aux cantons Suisses (1) ; il promettait que le nouveau roi tiendrait tous les engagements pris et payerait toutes les pensions promises par Charles VII, au moins pour la fin de l'année courante, en attendant de nouveaux arrangements (2). Cette ambassade n'était pas un acte de prudence inutile, car déjà les Suisses se montraient disposés à user d'intimidation pour se faire payer les sommes promises ou dues par son prédécesseur ; une ambassade générale avait été envoyée à l'empereur au nom de toute la Confédération; déjà plusieurs cantons, auxquels restaient dus les arrérages de l'expédition de Naples et de la campagne de Novare, venaient de conclure avec l'empereur un accord, par lequel, en échange de leur concours militaire, Maximilien s'engageait à ne pas traiter avec la France sans qu'ils ne reçussent satisfaction (3) ; le comte de Nassau levait dans les cantons six mille hommes pour l'empereur, en leur donnant en garantie trois places de Bourgogne ; les Zurichois se montraient particulièrement disposés à aller faire la guerre en Bourgogne contre le roi de France : déjà on annonçait la formation au profit de l'Empire d'une grande armée de la Confédération (4) ;

---

(1) Au mois d'août 1498, il envoya à Genève le frère du bailli de Dijon, qui tint caisse ouverte pour enrôler tous les Suisses qui voudraient prendre du service en France; dès le 5 août, un grand nombre (3,000, dit Raimundi) étaient déjà enrôlés et le recrutement continuait (*Documents sur les premières années*, etc., pag. 25. Lettre de Cotta, 5 août 1498).

(2) Milan, A. d. S. *Carteggio generale*. Lettre à Ludovic Sforza, signée « El proposito di Berna, 5 juin 1498» (*Louis XII et Ludovic Sforza, Documents*, 23).

(3) Milan, A. d. S., *Carteg. gener.*, Ludovic Sforza à l'ambassadeur Moresini, Milan, 23 juin 1498 (*Louis XII et Ludovic Sforza, Documents*, 29). *Ibid.*, lettre de B. Chalco à Ludovic Sforza, 5 juin 1498, d'après des renseignements provenant de Zurich et transmis par le marchand comasque Paolo da Dervio. « Havere *de visu* visto levare da Zuricho gran numero de Alamani per andare a l'impresa de Borgogna contra el Re de Franza, persuadendose com questa via indure el predicto Re a satisfarli de le pensione promesse, lequale Sua Maestà demostra non volere pagare.

(4) Modène, A. d. S., *Cancelleria ducale. Carteg. estero. Summario de alchuni capituli de Bartolomeo de Mari*. 10 mai 1498 (*Louis XII et Ludovic Sforza, Documents*, 16).

symptôme plus grave : le bailli de Dijon, Antoine de Bessey, agent ordinaire du roi de France en Suisse, se vit refuser par les Bernois un sauf-conduit pour se rendre à la diète fédérale de Zurich (1). Quelque temps après, il faillit être massacré en représailles du non-paiement des arrérages dus par la France (2).

C'était vers Ludovic Sforza que les Suisses se tournaient pour lors le plus volontiers. Le duc de Milan vit dans la mort de Charles VIII une occasion convenable de renouveler et de confirmer ses bonnes relations avec les cantons (3) ; déjà il était représenté à la diète des Ligues grises par un ambassadeur, Giulio Cattaneo (4). Il demanda aux Bernois la permission de leur en envoyer un à eux-mêmes, qui fut Giovanni Moresini. Les Bernois y consentirent et s'employèrent à décider les autres cantons, surtout Uri, Schwytz et Unterwalden à conclure avec le duc de Milan des traités dans la même forme que le leur (5). En même temps que ces négociations générales, Ludovic Sforza concluait des traités particuliers avec divers capitaines suisses : le 8 mai 1498, avec Georges Wiermann, chef de trois cents hommes, pour vingt-cinq florins par mois ; le 29 juin, avec

---

(1) Maximilien leur avait enjoint de refuser absolument l'entrée de leur pays au bailli, et c'est cet ordre qu'ils avaient devancé, bien que les Zurichois les eussent avertis qu'Antoine de Bessey venait pour renouveler les anciens traités de Charles VIII avec les Suisses, preuve évidente de leur hostilité contre le nouveau roi.

(2) *Louis XII et Ludovic Sforza, Documents*, 16 ; *Documents sur la première année*, pag. 16, Relation de Filippo Burgognono.

(3) Milan, A. d. S., *Cartegg. generale*, Ludovic Sforza à la république de Berne, 2 mai 1498, minute originale.

(4) Milan, *ibid., id.* Lettres de Cattaneo à Ludovic Sforza, juin 1498. Il s'agissait de l'exemption d'impôts pour la Valle Misolcina, réclamée par les Grisons.

(5) Milan, *ibid., id.*, instructions de Ludovic Sforza à Giovanni Moresin qu'il envoie en Suisse ; Milan, 14 juin 1498, minute originale. « Li Bernesi se sono affaticati continuamente, come sapete, per redure gli altri cantoni maxime Urania, Suit et Underwald, ad la sigillatione di capituli cum noi nel modo sono loro ». En juillet 1498, il y avait encore en Suisse un autre agent de Ludovic Sforza, appelé Bartolomeo de Mari. Le duc ne put cependant traiter avec le canton d'Uri qu'après avoir consenti à une transaction au sujet de certains territoires disputés : il dut leur abandonner la vallée de Blegnio et ne put se réserver qu'Abrasca. Cet abandon était consenti par Ludovic Sforza dès le départ de Moresini, mais le 25 juillet, ce diplomate n'en avait pas encore fait parler aux gens d'Uri par les Bernois. Ceux-ci promettaient à cette date de faire renoncer Uri à la revendication d'Abrasca.

Anselmo de Cruala, chef de deux cents hommes (1). Le nombre des offres de service des capitaines suisses fut si grand que Ludovic, ne pouvant les accepter toutes et n'osant pas les repousser, prit le parti d'en renvoyer les auteurs à Maximilien (2). Cet empressement n'était au reste nullement désintéressé : les capitaines suisses attendaient de Ludovic Sforza de hautes soldes; quelques-uns le considéraient même comme le trésorier de Maximilien (3). Les cantons, de leur côté, se faisaient payer leur alliance par des cessions, non de territoires, mais de privilèges juridiques et d'exemptions financières (4). D'ailleurs ils ne sacrifiaient pas leurs confédérés, même les plus récents, même les Trivulce, à leur puissant allié le duc de Milan (5). Les avantages

---

(1) Milan, A. d. S., *Cartegg. gener.*, acte d'engagement par Ludovic Sforza de ce capitaine. *Ibid. id.* Lettre de Cesare Porro, résident à Bellinzona, à Ludovic, 29 juin 1498.

(2) Milan, *ibid., id.* Lettre de Ludovic Sforza à plusieurs capitaines suisses. 8 août 1498.

(3) Milan, A. d. S., *Pot. Est.*, *Svizzera,* acte original par lequel un groupe de capitaines de Schwytz, Uri, Berne et Thurgovie, et d'autres encore, réunis au «camp devant Coyse» en Bourgogne, donnent pouvoir à Ambrosio Guglehwerge, leur mandataire, de réclamer à Ludovic Sforza une somme de 10,282 florins à eux due par l'empereur Maximilien. — Maximilien d'ailleurs leur donnait l'exemple.

(4) MARINO SANUTO, *Diarii*, II. 168, 29 novembre 1498 : les ambassadeurs de la ligue grise demandent à Ludovic de « mettre en liberté » (au point de vue financier) certaines vallées limitrophes de leur pays.

(5) Au moment même de l'avènement de Louis XII, des relations cordiales s'établissaient entre les ligues suisses et Niccolo di Misocco, qui, grâce à la possession du château de ce nom, avait des intérêts communs avec elles. Misocco se rendit en Suisse au début d'avril par le Piémont et la Savoie pour éviter le territoire milanais : il devait arriver à Coire le 24 et à Misocco le 27 avril (Milan, A. d. S. *Cartegg. gener.*, lettres de Cesare Porro à Ludovic Sforza, Bellinzona, 8 et 24 avril 1498); il venait demander aux Suisses d'appuyer les demandes adressées par lui à Ludovic pour être nanti de 34,000 ducats, reliquat de diverses soldes dues par le duc à Trivulce (Milan, *ibid.* lettre de Balbiano à Ludovic Sforza, 23 avril 1498 : [Misocco est venu] « per haver adiuto da quelli de la parte ad conseguire de la Ex V. assai miliara de ducati, 34 000, di quali debba esser creditore epso M. Jo. Jacomo de lo stipendio suo ad Figarolo; il quale adiuto de la parte richiesto altre volte e stato recusato per non essere andato M. Jo. Jacomo ne il fiolo niuna volta ad zurare fra loro». Cette demande avait été souvent faite déjà aux Suisses par Trivulce et toujours repoussée, sous prétexte que ni Trivulce ni son fils n'étaient membres de la confédération. Misocco arriva le 1er mai à Coire, y fut bien accueilli par l'évêque, y reçut le serment d'hommage de ses vassaux de Misocco et de Soaza, qui lui apportèrent deux veaux et une chèvre ; puis il jura fidélité à la confédération des ligues grises, et celles-ci lui accordèrent le droit de tenir son château ouvert ou fermé à son gré, tandis qu'auparavant il était

immédiats ou futurs qu'ils retiraient de l'alliance sforzesque accrurent l'influence milanaise parmi les cantons : à la fin de 1498, plusieurs d'entre eux étaient absolument décidés à s'allier à Ludovic Sforza.

Louis XII ne voulut pas laisser détruire l'influence française dans les cantons par les intrigues milanaises : une ambassade solennelle, annoncée dès le début de décembre 1498 (1), et composée de Chrétien de Salazar, archevêque de Sens, et de Rigaud d'Aurelle, bailli de Chartres, fut envoyée en Suisse, en février 1499 (2). L'habileté des diplomates français fut grandement aidée par les circonstances : la guerre ayant éclaté entre les cantons et l'empereur, Ludovic Sforza était presque nécessairement contraint de sacrifier ceux-là à celui-ci; tout au plus pouvait-il tenter entre eux une réconciliation. Les Suisses, avec une parfaite aisance, se retournèrent vers Louis XII; dès la fin de février, tous, les Bernois surtout, manifestaient leur désir de servir le roi de France en Bourgogne. Le 16 mars (3), les ambassadeurs français signèrent avec les représentants des cantons à Lucerne un traité que son préambule donna comme un simple renouvellement des traités anciennement conclus entre la France et les Suisses, comme une confirmation de « cette alliance qui avait été si utile aux deux nations et qui devait leur assurer contre leurs communs ennemis une force

---

tenu de le laisser ouvert (Milan, *ibid.*, *id.* Lettre de Porro à Ludovic Sforza, 2 mai 1498 : [Misocco fut] carezato prima et presentato honorevolmente dal veschovo di Coyra; poi da li uomini de Misoccho e Soaza visitato e presentato di vitelli duy et una capra »; on dit que les hommes de « la liga grissa con liquali è confederato e giurato fidelta l'hanno messo in liberta di lassare il castello de Misocco aperto e serrato al suo piacere). — Les Suisses se chargèrent de demander pour lui à Ludovic Sforza l'exemption d'impôts pour la Valle Misolcina, et envoyèrent dans ce but une ambassade à Milan; leur demande fut repoussée le 16 juin par les conseillers B. Chalco, Andrea Cagnolo, Scipion Barbavara et autres « quali soleno intervenire al examine de le cose Alamanice» (Milan, *ibid.*, *id.*, note orig.). Ludovic modifia cette réponse et accorda aux ligues ce qui faisait l'objet de leur demande (Milan, *ibid.*, *id.* Ludovic à la Ligue, 24 juillet 1498. Voir aussi ROSMINI, *Istoria di J.-J. Trivulzio*, I, 306-307 et *preuves*, II, 251-254 (pièces 71 à 76).

(1) MARINO SANUTO, *Diarii*, II, 198 ; Venise, 7 décembre 1498.

(2) *Id.*, II, 481. Lettre de Dolce, Turin, 23 février 1499 (Dolce se trompait d'ailleurs sur le but de l'ambassade qu'il croyait destinée à Maximilien) ; *ibid.* II, 558, Lettre de l'ambassadeur vénitien à la Seigneurie, Blois, 24 février 1499. On annonçait dès ce moment de prochains envois d'argent aux Suisses par Louis XII.

(3) Milan, A. d. S. *Cartegg. gener.* Copie du texte du traité de Lucerne. *Louis XII et Ludovic Sforza, Documents*, 110.

très efficace ». Louis XII promettait aux cantons appui et défense à ses frais, paiement annuel, le jour de la Purification et dans la ville de Lyon, en manière de pension annuelle, d'une somme de vingt mille livres, divisible en dix parties égales, soit deux mille livres pour chaque canton ; paiement, au cas où les cantons, ayant une guerre à soutenir, lui demanderaient un secours militaire que ses propres guerres l'empêcheraient de leur fournir, d'une somme de quatre-vingt mille florins du Rhin, en quatre quartiers et à Lyon, sans préjudice de la pension annuelle. En retour, les Suisses promettaient au roi, pour ses affaires et ses guerres, le nombre d'hommes « qu'il leur serait possible et convenable de fournir (1) ».

A ces clauses exclusivement militaires s'ajoutaient des clauses politiques. Chacune des deux parties s'engageait à faire nommer l'autre dans les trêves et les traités de paix conclus par elle. Si, comme les circonstances le faisaient prévoir, les Suisses se trouvaient engagés dans une guerre, Louis XII était tenu de déclarer la guerre à leur ennemi et de les aider. En revanche, les cantons interdisaient à tous leurs sujets de prendre les armes contre le roi de France et de le combattre, soit directement, soit indirectement ; les cantons exceptaient de l'obligation de commune guerre le Saint-Siège, le Saint Empire et tous les états avec lesquels ils avaient des traités, alliances ou engagements quelconques. Mais il était spécifié que cette réserve ne s'appliquait pas au duc de Milan, et les cantons déclaraient « sans dol et sans fraude » n'avoir aucune confédération, alliance ni intelligence avec lui (2).

En vertu du traité de Lucerne, Louis XII soutint les Suisses dans la guerre qui venait d'éclater entre eux et Maximilien. Il avait tout intérêt à prolonger cette interminable lutte, guerre

---

(1) Cet engagement était pris aux conditions suivantes : 1° l'obligation cessait si les Suisses étaient eux-mêmes en guerre, mais dans ce cas le roi pouvait recruter des soldats individuellement dans les cantons ; 2° Louis XII n'était pas tenu de prendre à la solde les Suisses qu'il n'aurait pas demandés lui-même ; 3° tout Suisse à la solde royale devait recevoir une solde mensuelle de quatre florins et demi, à commencer du jour où le soldat quittait sa maison ; 4° le premier trimestre devait être payé d'avance, le premier tiers à Thurgovie ou à Lucerne, les deux autres à Genève ou en tout autre endroit convenable ; 5° les immunités et privilèges des troupes royales étaient stipulés pour les soldats suisses.

(2) Seuls, les Bernois ne s'associèrent pas à cette dernière déclaration : ils avaient conclu récemment des traités avec Ludovic Sforza, et, malgré leur alliance avec Louis XII, voulaient en garder le bénéfice.

de montagnes, presque sans batailles et sans gloire, traversée de négociations confuses, coupées de trêves forcées par la difficulté des approvisionnements ou la rigueur du climat, plaie savamment entretenue au flanc de l'empire, trop bénigne pour que le malade voulût la cautériser et en finir, assez profonde pour l'irriter. Les premiers mouvements militaires des Suisses eurent lieu en janvier 1499 (1) ; ce ne fut qu'au mois d'août suivant que les cantons acceptèrent la paix avec Maximilien. Pendant ces six mois de guerre, la lutte diplomatique entre Louis XII et Ludovic Sforza en Suisse ne cessa pas un instant.

Louis XII prodigua aux Suisses des secours militaires et pécuniaires, non moins que l'aide de sa diplomatie (2); il le déclarait lui-même officiellement le 26 avril 1499 à Antonio Loredam (3). Le rétablissement de la paix entre Maximilien et les Ligues, dans l'espoir de pouvoir employer à son service l'influence et les forces des deux adversaires réconciliés, était au contraire le but de Ludovic Sforza : dès le mois de février, une ambassade milanaise parcourait les cantons dans ce but(4). Mais cette action diplomatique, bienfaisante quoique intéressée, était singulièrement démentie et gênée par les actes que son désir de contenter

(1) Les Suisses de la Ligue grise rompirent officiellement avec Maximilien dès le 21 janvier 1499, sous prétexte qu'il leur réclamait indûment des troupes qu'ils ne lui devaient pas. (Marino Sanuto, II, 423. Turin, lettre de Dolce à la Seigneurie, 4 février 1499). Les Suisses se rapprochèrent alors de Venise, ennemie naturelle de Maximilien (*ibid.*, II, 474 ; Venise, 22 février 1499).

(2) Au début de mars, il autorise le comte de Misocco à conduire aux ligues grises un renfort de cinquante hommes d'armes et de cinquante arbalétriers à cheval ; en même temps, il leur fait envoyer un subside de 1,500 florins par Trivulce ; en mai, il leur envoie directement de l'argent et des pièces d'artillerie.

(3) Milan, A. d. S., *Cartegg. gener.* Lettre de D. de Petroboni à Ludovic Sforza, Alexandrie, 3 mars 1499 : « Apresso me ha dicto como el conte de Misoccho se debe partire fra di 12 d'Ast e andare da la liga grixa con cinquanta homini darme e balestrieri cinquanta a cavalo ». Mais les troupes de Misocco n'étaient pas encore parties au milieu de mai. Marino Sanuto. *Diarii*, II, 769. Lettre de Dolce à la Seigneurie, Turin, 17 mai 1499 ; *ibid.*, II, 553, lettre du même, Turin, 22 mars 1499 ; *ibid.*, II, 678, 23, 25, 26 avril 1499, lettres de Loredam à la Seigneurie. Milan. A. d. S. *Cartegg. gener.*, lettre de Georgio Soprasasso à Ludovic Sforza, de Sion (Valais), 26 mai 1499. Marino Sanuto, *ibid.*, II, 639, Venise, 16 avril 1499.

(4) *Ibid.*, II, 481, Lettre de Dolce à la Seigneurie. Turin, 23 février 1499. — En même temps qu'à la paix générale, il travaillait à la bonne entente des chefs locaux entre eux : en mars 1499, Jean Cotta essayait la réconciliation difficile de l'évêque de Coire et des régents d'Inspruck. Milan, A. d. S. *Cartegg. gener.*, Giovanni Cotta à Ludovic Sforza, 10 mars 1499.

surtout Maximilien imposait à Ludovic Sforza: le 6 mars 1499, l'empereur, dont les troupes venaient d'éprouver une sérieuse défaite, voulant réduire ses ennemis par la famine, pria péremptoirement le duc de Milan de fermer toutes les routes par lesquelles les Suisses pouvaient s'approvisionner de victuailles ou de munitions, et le duc de Milan s'empressa de se conformer à cet ordre peu déguisé (1). Peu de temps après, il envoya à l'empereur des subsides (2); il mit cinq mille hommes à Bormio pour repousser une agression éventuelle des Suisses (3). Mais la situation était difficile, car les Grisons, qui connaissaient ces trahisons de Ludovic Sforza, le menaçaient, une fois débarrassés des Impériaux, d'aller se venger par l'incendie et la dévastation de Chiavenna (4). La Ligue grise se défiait tant de lui que, pour éviter une surprise ou une trahison possible, elle occupa le château de Conradin de Rozum (5). D'ailleurs, malgré les essais de pacification de Ludovic Sforza, la guerre helvéto-impériale se prolongeait, et, malgré son intervention en faveur de l'empereur, elle se prolongeait en faveur des Suisses (6).

(1) Milan, *Ibid.*, *id.* Lettre de Maximilien à Ludovic Sforza, 6 mars 1499 « Ne res cibariæ aut alia quæcumque talibus hostibus nostris usui pertinentia adduci et advehi queant ». — Maximilien se déclarait « gravemento offeso ed insultato da la republica griggia. »

(2) MARINO SANUTO, II, 503. L'ambassadeur vénitien à la Seigneurie, Milan, 6 mars 1499. En avril Balbiani lui conseilla de s'emparer de la Valle Bregalia.

(3) Milan, A. d. S., *Carteggio generale*, Balbiani au duc, 1er avril 1499. (*Louis XII et Ludovic Sforza, Documents*, 94). Les femmes des Ligues grisonnes avaient commencé à chercher un asile dans la Valle Bregalia, emmenant avec elles leurs bestiaux et emportant leurs biens les plus précieux : c'est alors que les Milanais de la Valle di Chiavenna se portèrent sur les frontières pour venger d'anciens pillages opérés par les Grisons et piller à leur tour. Balbiani donna des ordres sévères pour empêcher toute agression de ses subordonnés contre les Grisons, mais il écrivit à Ludovic Sforza que le moment était favorable pour un coup de main. — Marino Sanuto, *Diarii*, II, 656. Lettre du vénitien Ca da Pesaro à la Seigneurie, Brescia, le 27 avril 1499.

(4) Cf le document cité note précéd. « Il n'y avait pas en Suisse, dit naïvement Balbiani, de plus maudites gens et de pires ennemis du duché de Milan ».

(5) Il commandait la principale des vallées de communication entre le Milanais et son territoire. Marino Sanuto, *ibid.*, II, 671, lettre du podestat de Bergame, 30 avril 1499.

(6) A la fin de mars, l'armée suisse montait à 30,000 hommes environ, et les Bernois avaient décidé de faire durer la guerre pendant toute l'année en engageant ces troupes par petits paquets (*Ibid.*, II, 572, lettre de l'ambassadeur vénitien à la Seigneurie, Blois, 25 mars 1499). Maximilien, furieux

Ce fut ce moment que, soit pour intimider Maximilien, soit pour encourager les Suisses, choisit Louis XII pour ratifier à Blois,

de cette prolongation de la résistance et se doutant que l'influence de la France n'y était pas étrangère, voulait recommencer la guerre contre Louis XII en Bourgogne (*Ibid.*, II, 533, lettre de Dolce à la Seigneurie, Turin, 22, mars 1499). Les Suisses remportèrent divers légers avantages par ce système, enlevèrent six étendards impériaux à Raspurch, prirent plusieurs châteaux voisins de Constance, remportèrent une victoire près d'Ulm (Marino Sanuto, II, 570, Venise, *in colegio*, 2 avril 1499). Beaucoup d'Allemands périrent noyés dans cet engagement. Après une suspension d'armes à cause de l'extrême froid (au début d'avril), des négociations s'ouvrirent, mais les Suisses réclamant le remboursement de leurs frais de guerre et la cession de plusieurs places, les deux armées recevant chacune des renforts, surtout la leur, et Maximilien se montrant peu disposé à céder à leurs prétentions, elles furent vites interrompues, sur le conseil des évêques et abbés suisses. (Marino Sanuto, *Diarii*, II, 627 ; Venise, 9 avril 1499 ; *ibid.*, II, 627, lettre de Dolce à la Seigneurie, Turin, 17 avril 1499). Les Suisses d'ailleurs haïssaient sincèrement l'empereur. (Sanuto dit énergiquement qu'ils n'avaient pas « *bon sangue* » envers Maximilien). L'armée suisse, avec ses renforts, comptait un nombre de troupes considérable ; les cantons crurent avoir terminé la guerre par leur victoire de Constance, remportée vers la fin d'avril, sur une armée de douze mille hommes, et où les Allemands leur abandonnèrent le terrain avec treize mille hommes et plus de vingt pièces d'artillerie, et suivie de plusieurs engagements heureux, où en quinze jours les Impériaux perdirent, tout compris, trois mille hommes. Fiers et sûrs de leur armée, comptant sur l'épouvante que leur nom seul jetait parmi les Allemands, comptant aussi sur le malaise de l'Allemagne, où les paysans, disait-on, attendaient leur victoire pour se rendre libres comme eux, ils auraient voulu finir la guerre par une autre grande bataille. (*Sanuto*, II, 656 et 679, lettres de Dolce, Turin, 25 et 26 avril 1499. Le chiffre de quatre-vingt mille hommes, indiqué par Dolce d'après une source qu'il n'indique pas, est très vraisemblablement exagéré. *Ibid.*, II, 656, lettre de Brescia, 27 avril 1499 ; *Documents sur la première année du règne de Louis XII*, pag. 75, lettre de Malvezzi à Ludovic Sforza, 28 avril 1499 ; Marino Sanuto, II, 712 et 773, Venise *in colegio*, 14 mai, et Milan, 26 mai, lettre de l'ambassadeur vénitien à la Seigneurie). Ils avaient trente-huit mille hommes de pied : la plus grosse part, trente mille, gardaient le pays, les montagnes et surveillaient le camp impérial ; deux colonnes de trois mille et cinq mille hommes allaient dévaster et brûler les vallées appartenant à la maison d'Autriche : par exemple, au début de mai, incursion dans la Valle di Tristina. Mais Maximilien faisait naturellement le calcul inverse : il voulait user cette belle armée par la fatigue, la famine, le manque de munitions, sachant que les Suisses n'avaient plus d'autres troupes à mettre en ligne, tandis que les siennes se renouvelaient sans cesse (*Ibid.*, II, 639, lettre de Roveredo, 16 avril 1499 ; *ibid.*, II, 712, lettre de Dolce à la Seigneurie, Turin, 12 mai 1499). A la fin d'avril, l'empereur alla prendre l'étendard impérial à Cologne et réunit une nombreuse armée, quarante mille hommes de pied et treize mille chevaux. A voir l'armée ennemie combler ses vides si aisément, le découragement commença à gagner les Cantons, qui demanet pour publier officiellement, le traité de Lucerne (1) ; il fut aussitôt répandu et commenté en Italie ; l'article qui assurait aux Suisses la faculté de pouvoir demander en tout temps des subsides au roi, frappa beaucoup l'opinion ; on assura même que Louis XII avait envoyé son sceau à la Confédération, pour qu'il figurât sur les actes fédéraux à côté du sceau helvétique (2). — Les tentatives des agents milanais, les accusations qu'ils adressaient aux ambassadeurs de Louis XII, de multiplier les « promesses vaines » dans le seul but de détacher les Suisses de Ludovic Sforza ; les représentations de Tornielli, dont la bonne foi n'était pas moins suspecte que l'impartialité, n'empêchèrent pas la signature définitive du traité d'alliance (3). — Après avoir un moment conseillé aux Suisses, après la victoire de Constance, de tenter des négociations « pour le bien général de la chrétienté », et (comme le remarquait finement Loredam), pour retrouver la libre disposition des troupes qu'il lui fallait pour sa campagne d'Italie, après leur avoir demandé de faire une trêve avec Maximilien jusqu'à l'envoi de ses ambassadeurs (4), Louis XII en revint à des idées franchement belliqueuses. Il envoya aux Suisses, au commencement de juin, deux cents lances, huit pièces d'artillerie, des munitions, et vingt-six mille francs pour payer leur infanterie (5). Des délégués de Fribourg et de Zurich

dèrent de nouveau contre Maximilien l'appui de Venise. (Sanuto, II, 746, Venise, *in colegio*, 4 mai 1499). Bientôt les Allemands traitèrent Venise en ennemie ; en juin, ils envahirent son territoire, tuèrent une dizaine de bergers et firent une prise de trois mille moutons qui étaient à la montagne (Marino Sanuto, II, 815, lettre de Feltre, 12 et 13 juin 1499).

(1) *Documents pour la première année du règne de Louis XII*, pag. 77. Lettre de Guisoard à Ludovic Sforza, 6 mai 1499. Les lettres patentes de Louis XII, annonçant la conclusion du traité « avec les magnifiques et puissants seigneurs des dix cantons de l'illustre et antique confédération de la Haute-Allemagne », présentaient cet acte comme un renouvellement d'une antique alliance.

(2) *Ibid.*, pag. 77. M. de Saint-Priest déclarait Louis XII absolument décidé à soutenir les Suisses. Marino Sanuto, II, 878, d'après une lettre de Trivulce, 24 juin 1499.

(3) Milan, A. d. S. *Pot. estere Svizzera*. Lettre de T. Tornielli à Ludovic Sforza, Lucerne 8 mai 1499. Il les avertit de prendre garde que le roi de France se souciait peu qu'ils gagnassent sur l'Allemagne même un *pollaro*, qu'il n'agissait que dans son intérêt particulier, qu'une fois devenu plus puissant par leur aide, il tenterait de les vaincre à leur tour et de leur ôter leur liberté (*Louis XII et Ludovic Sforza, Documents*, 112).

(4) MARINO SANUTO, II, 678 et 679 ; lettre de l'ambassadeur vénitien à la Seigneurie, Blois, 23, 25, 26 avril 1499.

(5) Milan, A. d. S. *Potenze estere, Svizzera*, lettre de Soprasasso à Ludovic

allèrent à Genève demander au duc de Savoie le libre passage pour cette artillerie, et à Dijon et Auxonne en prendre livraison, en examiner l'état et en surveiller l'expédition en Suisse. Ils devaient aussi porter au roi les plaintes des cantons contre le duc de Milan, qui avait interdit l'importation des vivres sur leur territoire et solliciter l'envoi de troupes françaises sur les frontières milanaises (1).

Entretemps les relations politiques entre Ludovic Sforza et les Suisses étaient presque complètement interrompues ; ils se refusaient à toute intervention du duc de Milan entre eux et l'empereur, car le duc y mettait pour condition qu'ils deviendraient ses propres alliés (2). Une longue et monotone série d'incidents de frontière, presque tous identiques et n'ayant pas, chacun pris à part, grande importance, maintenait la mésintelligence et un trouble permanent entre la confédération et le duc de Milan (3). De son côté, Ludovic Sforza prenait les mêmes mesures défensives qu'il aurait prises dans un état d'hostilité déclarée contre les Suisses : multiplication des officiers dans le haut Milanais ; nomination de Cottino à la surveillance spéciale du lac Majeur, de Georges de Langosto et de Hannibal Balbiano à la garde de Chiavenna et de son comté (4) ; ordre de faire un état de tous les hommes valides et en état de porter les armes, et des armes le plus utilisables (5) ; interdiction de l'exportation des approvisionnements par la vallée de Bellinzona, « bouche par où se vide tout le corps du duché » (6) ; réunions de grands approvi-

---

Sforza, 26 mai 1499. Le document qui dit que Louis XII hésitait à envoyer des troupes aux Suisses «parce qu'ils savaient mal diriger leurs affaires» est sans doute mal renseigné.

(1) Milan, A. d. S. *Potenze estere, Savoia*, lettres de Somenzi à Ludovic Sforza, Genève, 14 et 19 juin 1499 (*Louis XII et Ludovic Sforza, Documents*, 141, 142 et 143).

(2) Marino Sanuto, II. 859, lettre de Dolce, Turin, 24 juin 1499.

(3) Citons, entre mille, des querelles entre les gens de Bormio et la Valteline au sujet du respect par ceux-ci des privilèges des premiers, plaintes des Grisons contre la parcimonie avec laquelle les Milanais leur fournissaient des vivres et menaces de s'en procurer par la force, incursions fréquentes des Suisses et des Grisons sur le territoire milanais. Milan, A. d. S. *Cartegg. gen.*, pétition de Bormio, 10 mai 1499 et *ibid.*, Balbiano à Ludovic Sforza, 3 juin 1499 (*Louis XII et Ludovic Sforza, Documents*, 114 et 130).

(4) *Ibid., Documents*, 131.

(5) *Ibid., Documents*, 132. Une note conservant une partie du résultat de cette enquête est conservée dans le *Carteggio generale* ; elle signale 780 hommes « boni » dans le seul comté de Chiavenna.

(6) Milan, *ibid., id.* Ludovic Sforza à J. Crivelli, commissaire à Bellin-

sionnements, d'armes et de munitions à Tirano, sous prétexte d'un voyage éventuel du duc de Milan pour se rendre à une entrevue avec Maximilien (1) ; puis défense de l'exportation du soufre; mesures douanières très sévères prises pour la visite des bagages des voyageurs, surtout suisses et allemands (2) ; enfin, organisation d'un système d'espionnage dans le pays des Grisons (3) : il était sans doute malaisé de multiplier davantage les barrières entre le duché de Milan et ses voisins du nord.

Louis XII, voyant avec l'été s'approcher le jour de son entrée en campagne, ne négligeait rien pour développer l'influence française que servait si bien cette attitude si maladroite ou même hostile. En même temps qu'il fournissait directement par Trivulce de l'artillerie aux Suisses (4), il multipliait les ambassades destinées, non pas seulement à représenter d'une façon apparente son bon accord avec la confédération, mais aussi à diriger et à surveiller le recrutement des troupes qui lui étaient nécessaires. Après l'archevêque de Sens, le bailli de Dijon, puis le marquis de Rothelin, enfin M. de Myolans, furent successivement envoyés en Suisse.

C'était la période pratique de son alliance qui commençait pour Louis XII, avec l'audience que le bailli de Dijon obtint le

zona. Milan, 9 juin 1499. *Documents*, 136. — Ces mesures prohibitives émurent les habitants de la Valdireno, qui voulurent par représailles venir *fare novità* dans la Valle San Giacomo. Ludovic Sforza dut écrire à Balbiano de calmer ces inquiétudes populaires. Bien que la nécessité du moment l'obligeât à restreindre la liberté de la circulation des blés et vivres, ses dispositions pour les habitants étaient toujours excellentes. Ludovic ne cachait pas d'ailleurs que l'incertitude où le plongeait l'action des Français étaient un des motifs de cette interdiction ; les mauvaises récoltes dans le Montebrianza, jadis un des greniers de la Lombardie, en étaient un autre (Milan, *ibid.*, *id.* Ludovic Sforza à Balbiano, 12 juin 1499. *Ibid.*, *Documents*, 140).

(1) Marino Sanuto, II, 834, 18 juin 1499.

(2) Milan, A. d. S. *Potenze estere*, *Svizzera*, Ludovic Sforza à Balbiano, 20 juin 1499.

(3) Milan, *ibid. Cartegg. gener.*, Balbiano à Ludovic Sforza, 12 juin 1499. Il réclame la grâce d'un de ces espions, «pratico ed accorto a quel mestier» menacé d'une condamnation à mort par le podestat (milanais) de Morbegno.

(4) Badino di Pavia annonce à Ludovic Sforza, au début de juin, une victoire remportée par les Grisons, grâce à de l'artillerie à eux prêtée par Trivulce seulement pour cette bataille et qui devait lui être renvoyée immédiatement après (Lettre de B. de P. Tirano, 5 juin 1499, dans *Louis XII et Ludovic Sforza, Documents*, 133). Des espions vénitiens prétendaient qu'il y avait quinze cents Français dans l'armée suisse (Marino Sanuto, *Diarii*, II, 897, lettre de Roveredo, 5 juillet 1499).

21 juin de la diète fédérale de Lucerne (1). Après avoir manifesté l'intention du roi de commencer incessamment la guerre contre le duc de Milan, Antoine de Bessey demanda à la diète l'autorisation de recruter une armée de quatre à cinq mille hommes que le roi de France enverrait à ses frais en Milanais. Mais une complication retarda l'entente à ce sujet; la diète recevait en même temps un nouvel ambassadeur de Ludovic Sforza, Galéas Visconti; les deux diplomates rivaux, ajournés à huitaine, comparurent ensemble. Galéas Visconti présenta la défense ou les excuses du duc de Milan sur ses relations trop amicales avec l'empereur, et annonça une nouvelle et décisive intervention de Ludovic Sforza en faveur de la paix, en échange de laquelle il ne demandait à la Confédération que sa neutralité. Cette communication fut froidement accueillie par la diète. Les gens d'Uri déclarèrent sans ambages au bailli qu'il fallait commencer la guerre le plus tôt possible. L'échec de Galéas Visconti semblait donc assuré ; mais le prudent bailli de Dijon avertit néanmoins le cardinal d'Amboise de cette mission milanaise et de l'ambassade projetée en Allemagne, et conseilla de hâter le départ de l'archevêque de Sens. En l'attendant et en attendant qu'il apportât les six mille livres qu'il avait promises aux Suisses, le bailli de Dijon commençait ses opérations d'enrôlement. La mission de Chrétien de Salazar eut, cette fois comme la première, un plein succès. Peu de temps après son arrivée, il écrivait à Louis XII qu'il trouverait en Suisse, en cas de besoin, les quatre ou cinq mille hommes nécessaires (2). Louis XII ne se contenta pas cependant de ses services; à la fin de juillet il lui adjoignit le maréchal de Bourgogne, marquis de Rothelin. Cette nouvelle ambassade eut, aux yeux des contemporains, une énorme importance (3); on en fit dépendre le succès définitif des Suisses et celui de l'expédition de Louis XIV.

(1) Lettre d'un agent de Louis XII, Lucerne, 22 juin 1499 (*Louis XII et Ludovic Sforza, Documents*, 146).

(2) Voir ces documents publiés par PÉLISSIER, *Cryptographie de Simon Cattaneo*.

(3) Milan, A. d. S, *Potenze estere, Savoia*, lettre de P. Somenzi à Ludovic Sforza, Genève, 23 juillet 1499: «Hogi se aspecta qua el marchese de Rotolino, marescial de Burgogna, oratore del Re de Francia che va alli Sviceri, non obstante che gli sia M. de Sans. Qua e aviso como M. Visconti è partito da Lucera per andare alla Cesarea Maestà e che ha da Sviceri havuto bona commissione de tractare la pace ». Marino Sanuto, II, 1006, lettre de Dolce à la Seigneurie, Turin, 27 juillet 1499. — Florence, A. d. S., *Lettere esterne*, XXXVII, fol. 40, Lettre de Soderini à la Seigneurie, 23 juillet 1499. On donnait à cette date pour motif à l'ambassade de Rothelin soit de « fare fanti », soit de « accordali col archiduca e l'imperio».

Entretemps avait lieu l'envoi de l'artillerie promise aux Suisses par Louis XII, en vertu du traité de Lucerne : Louis XII devait la faire conduire à ses frais jusque sur le territoire suisse avec tous ses accessoires, charrettes, poudre, chevaux, ainsi que tous les maîtres bombardiers (1) ; après diverses péripéties, elle arriva au camp suisse vers la fin de juillet. En même temps, en vertu des promesses faites par la diète à Antoine de Bessey et à l'archevêque de Sens, le recrutement des troupes suisses pour le compte de la France acheva de s'organiser ; il fut contrarié quelque temps par des mesures restrictives prises pour endormir les défiances de Ludovic Sforza et de ses agents en Suisse et en Savoie (2) ; au début d'août, M. de Myolans fut envoyé à Genève et dans le pays de Vaud pour le surveiller ; et, dès le 30 juillet, commencèrent à passer à Genève, se rendant à Lyon ou en Dauphiné, les Suisses enrôlés, qu'attiraient au service de la France l'appât d'une solde certaine et la vision des grasses plaines de la Lombardie (3).

Pendant que s'exécutait ainsi le traité de Lucerne, la lutte diplomatique s'exaspérait entre les puissances qui avaient intérêt à la continuation ou à l'achèvement de la guerre entre l'Empire et les Suisses. La suite de la guerre même avait bien modifié la situation générale et les dispositions des puissances. Après une période de succès qui avaient enorgueilli les Suisses jusqu'à l'insolence, — ils conseillaient aux Allemands de se mettre leurs cuirasses sur le dos pour protéger leur fuite (4), — les troupes de la confédération subirent plusieurs revers, notam-

(1) Ce convoi descendit la Saône et remonta le Rhône accompagné depuis Lyon d'une escorte de 1,500 hommes, qui pénétra sur le territoire de Savoie, menaçant les habitants d'une dévastation générale s'ils s'opposaient à son passage. Le duc de Savoie, ne pouvant s'opposer à cette violation de son territoire, lié d'ailleurs par son traité avec la France, finit par accorder aux délégués spéciaux de la confédération, envoyés à Genève, le libre passage : mais il refusa la garantie qu'ils lui demandaient que cette artillerie ne leur serait pas enlevée ni abîmée dans le transit, soit par les Bourguignons, soit par d'autres. Arrivé à Genève, le convoi y fut retenu jusqu'au 18 juillet par l'écroulement du pont d'Arve et la chûte d'une pièce d'artillerie dans la rivière (*Louis XII et Ludovic Sforza, Documents*, 193).

(2) Le bailli de Fribourg vint à Genève interdire la sortie de tout soldat suisse hors du territoire, sous prétexte que la confédération avait actuellement besoin de tous ses membres ; des précautions matérielles contre cette émigration militaire furent même prises.

(3) Milan, *ibid.*, *id.* Lettre de Somenzi à Ludovic Sforza, 1ᵉʳ août 1499, et de Cornelio Nibbia, 16 août 1499 (*Louis XII et Lud. Sforza, Documents*, 277).

(4) MARINO SANUTO, II, 897.

ment une grave défaite à Coire; la flotille suisse, réunie sur le lac de Constance, bien armée et bien approvisionnée, fut détruite ou enlevée par les gens de Constance et des environs, qui massacrèrent environ quinze cents Suisses (1). Les cantons, découragés, se montrèrent tout à fait disposés à traiter.

Ludovic Sforza, saisissant cette circonstance favorable, envoya Angelo de Fiorenza à la diète de Berne (2), où étaient réunis les chefs de l'armée fédérale et où la tendance pacifique (3) s'affirma hautement, mais où les efforts du duc de Milan, finalement, échouèrent : le 12 juillet, tous les cantons, sauf la Ligue grise, se prononcèrent pour la continuation de la guerre, et une armée de vingt mille hommes se mit en marche vers Bâle pour combattre les impériaux ou ravager ce qu'elle pourrait du territoire Allemand (4). Mais, rapportées par Galéas Visconti à la diète de Zurich, les propositions pacifiques de Maximilien furent prises en très sérieuse considération ; la diète offrit de se transporter à Schaffouse pour les continuer (5).

Toute conclusion de la guerre par l'influence de Ludovic Sforza eût été funeste à la puissance et aux projets de Louis XII. Aussi celui-ci essaya-t-il de conclure la paix entre l'Empire et la confédération (6), avec une exclusion rigoureuse du duc de Milan. Il n'y réussit pas, mais il put du moins la faire retarder

---

(1) Milan, A. d. S. *Cartegg. [gener.*, Lettre de Lattuada à Ludovic Sforza (*Louis XII et Ludovic Sforza, Documents*, 195).

(2) Milan, *Ibid., Potenze estere, Savoia*. Somenzi à Ludovic Sforza, 18 juillet 1499 (*Louis XII et Ludovic Sforza, Documents*, 193). Marino Sanuto II, 897. Lettre de Roveredo, 5 juillet 1499. Ce personnage passe le 9 juillet à Bassano avec une quinzaine de cavaliers (*Ibid.*, II, 912, Lettre du vénitien, Lion, Bassano, 12 juillet). *Ibid.*, II, 921, avis de Bergame, 15 juillet 1499.

(3) Elle devint assez forte pour inquiéter les ambassadeurs français à Venise, Beaumont et Maynier, qui supplièrent la Seigneurie d'intervenir pour empêcher la conclusion de la paix. Marino Sanuto, *ibid.*, II, 912, Venise, *in colegio*, 11 juillet 1499.

(4) Milan, A. d. S. *Potenze estere, Savoia*, Somenzi à Ludovic Sforza, Genève, 18 juillet 1499 (*Louis XII et Ludovic Sforza, Documents*, 193).

(5) Milan, Bibl. Ambrosienne, Cod. A. 114, Arluno, *Storia di Milano*, pag. 107 v°. Modène, A. d. S. *Cancell. Ducale, Notizie ed estratti*. Die 25 julii 1499, in Zurigs: Responsum datum per magnificos dominos confœderatos magnifico et præstantissimo equiti domino Galeazio Vicecomiti ducali oratori (*Louis XII et Ludovic Sforza, Documents*, 212). — Milan, A. d. S. *Carteggio gener.*, lettre de Moresino à Ludovic Sforza. Sion, 2 août. *Documents*, Marino Sanuto, II, 973. Lettre de Barbaro, podestat vénitien à Feltre, 26 juillet 1499.

(6) Arluno dit nettement qu'il employa tous les moyens pour empêcher les Suisses de s'entendre avec Maximilien : « donativis prægrandibus sol-

jusqu'au moment même où son armée fut complètement organisée et la campagne commencée. Un accord était désormais inoffensif, et les troupes disponibles de Maximilien ne pouvaient plus arriver en temps utile au secours du duc de Milan. Quant aux Suisses eux-mêmes, Ludovic Sforza n'avait rien à espérer d'eux : leur ayant offert des approvisionnements et demandé leur concours militaire, ils répondirent qu'ils ne se souciaient pas de sa proposition de vivres, et qu'ils ne voulaient pas s'associer à un ennemi du roi de France et de la Seigneurie de Venise (1). Ce ne fut qu'individuellement que quelques capitaines Suisses prirent du service en Milanais (2). Officiellement la confédération était l'alliée de Louis XII.

Le Valais, isolé du reste de la confédération helvétique ne suivit pas sa politique, et subit absolument l'influence du duc de Milan. Louis XII ne paraît pas du reste s'être soucié beaucoup de l'attirer à lui. Bien que les Schinner, qui possédaient quasi héréditairement l'évêché de Sion, fussent les obligés de Charles VIII (qui, l'année même de sa mort, venait d'abandonner à l'évêque de Sion divers bénéfices possédés en France par le cardinal de Saint-Séverin) (3), ils étaient inféodés aux Sforza. Ce fut parmi les Valesans que Ludovic Sforza trouva ses meilleurs soldats et notamment le capitaine Georges Soprasasso, qui agissait comme son véritable agent : il faisait, par exemple, porter aux soldats Suisses déjà arrivés en France la défense, proclamée par la diète, d'aller au service des princes étrangers ; il essayait de débaucher les capitaines au service de Louis XII (4). Ludovic Sforza le chargea d'engager le plus possible de capitaines d'infanterie aux conditions que lui indiquerait Enea Crivelli, et de les lui expédier avant que l'interdiction du service à l'étranger fût définitive. Il finit par engager Soprasasso lui-

---

licitat Helvetios Rhetiosque in Cæsarem » (Milan, A. d. S. *Cartegg. gener.* Lettre de Moresini à Ludovic Sforza, Sion, 2 août 1499). Le bailli de Fribourg assurait à Genève que cette négociation avait été confiée au prince d'Orange par Louis XII. D'après Somenzi, c'est sous l'influence de la « subornatione » accomplie sur eux par les diplomates français que les Suisses refusèrent de traiter avec Maximilien (Milan. A. d. S., *Pot. Est. Savoia*. Somenzi à Ludovic Sforza, 29 août 1499, Genève. *Louis XII et Ludovic, Documents*, 319).

(1) MARINO SANUTO, II, 1185, Lettre de Bergame, 30 août 1499.
(2) Voir plus loin chap. V. *Les préparatifs militaires de Ludovic Sforza*.
(3) Milan, A. d. S. *Cartegg. Gener.* Note du 8 avril 1498.
(4) Milan, *ibid., id.* Correspondance de Georges Soprasasso et de Ludovic Sforza, juillet et août 1499.

même. Malheureusement pour lui, là comme ailleurs, ce fut beaucoup trop tard qu'il se mit à l'œuvre : ces négociations destinées à lui assurer des troupes et l'alliance d'un pays qui par sa situation géographique pouvait gêner, des deux côtés des Alpes, une invasion française, c'était à la fin du mois d'août 1499 qu'il les entreprenait, tandis que les bivouacs de l'armée française s'allumaient déjà aux portes d'Alexandrie et de Milan elle-même.

III.

LE TURC.

Un retard non moins impolitique empêcha Ludovic Sforza de se servir avec profit et succès de l'alliance la plus redoutable qu'il ait formée contre Louis XII. « Le Turc », ennemi commun de la chrétienté, terreur universelle de l'Europe, et surtout de l'Italie, était jusque alors resté en dehors du système européen et de la diplomatie naissante. Il fallait une singulière hauteur de vues et une rare hardiesse pour rompre avec la tradition et et demander le concours du sultan contre une nation chrétienne : Ludovic Sforza eut cette audace et cette habileté. Les possessions levantines et grecques de la république de Venise, sa domination sur les côtes orientales de l'Adriatique, l'exposaient la première aux dangers d'une invasion turque. Il était d'une sage politique pour le duc de Milan, à ne considérer que l'aspect matériel de la situation, d'essayer de faire opérer contre la Sérénissime république une formidable diversion. Ludovic Sforza commença, au printemps de 1499, des négociations fort obscures et fort secrètes avec Bajazet. Il lui offrit deux cent mille ducats comme frais d'une expédition contre Venise (1). S'il n'est pas démontré qu'il ait provoqué les Turcs à la guerre, il sut au moins diriger contre Venise l'expédition qu'ils préparaient. Il s'en cachait soigneusement : le 15 mai, il affectait de dire

---

(1) Marino Sanuto, II, 958, l'ambassadeur vénitien de Rome à la Seigneurie, 19 et 20 juillet 1499, et *ibid.*, II, 912, *in campo*, 11 juillet 1499. — Ce chiffre de 200,000 ducats, si exagéré qu'il paraisse, est celui que donnent tous les documents indirects, les seuls auxquels on puisse s'adresser, en l'absence de tout témoignage de premier degré. Au surplus, la somme n'est pas relativement trop forte, vu celles que Maximilien, par exemple, extorquait de Ludovic Sforza pour de moindres services. — Voir Rosmini, *Istoria di Trivulzio*, I, 312 et II, 103-105, qui croit à la « culpabilité » de Ludovic Sforza

publiquement à l'ambassadeur de Maximilien à sa cour que l'empereur devrait se mettre à la tête d'une croisade, et il offrait un subside annuel de cinquante mille ducats dans l'intérêt commun de la chrétienté (1). En de tels propos son hypocrisie était entière : il songeait en ce moment à envoyer à Constantinople, un ambassadeur, qui eût été Galéas Visconti (2), pour presser l'armement et la mise en route de la flotte turque (3), et il attendait lui-même des envoyés du Grand Seigneur, pour lesquels il faisait fabriquer de riches étoffes (4) ; il prenait mille détours pour refuser au procureur de l'ordre de Rhodes de fournir à la flotte des chevaliers des vaisseaux génois : la possibilité d'un débarquement de pirates provençaux sur la Riviera était l'honnête prétexte de ce refus (5). Mais, d'autre part, pour effrayer ses adversaires et surtout Venise, il laissait volontiers croire à son entente absolue avec le Sultan : il répétait que les Turcs seraient plus tôt à Venise que les Français à Milan (6). En réalité, il ignorait presque complètement leurs intentions et leurs mouvements. Dans l'intimité ses vœux pour le succès de leurs armes étaient francs : le 18 juin 1499, il disait, devant l'ambassadeur mantouan Brognolo, qu'il voudrait être oiseau pour avoir plus rapidement des nouvelles des progrès du Turc (7). L'été

(1) MARINO SANUTO, II, 759 ; l'ambassadeur vénitien à la Seigneurie, Milan, 23 mai 1499.

(2) Galéas Visconti revenait alors d'une mission en Toscane.

(3) *Documents sur la première année du règne de Louis XII*, pag. 77. Lettre de Guisoard, 6 mai 1499 : les Turcs avaient déjà réuni une grande flotte, mais leurs projets avaient été retardés par le naufrage du vaisseau amiral et de plusieurs autres.

(4) MARINO SANUTO, II, 780, l'ambassadeur vénitien à la Seigneurie, Milan, 1er juin 1499.

(5) Milan, A. d. S. *Cartegg. gener*. Lettre du cardinal Ascanio Sforza à Ludovic Sforza, 14 juin 1499. « Tochandoli però chel bisognava fusse in gran consideratione alla E. V. il sfornirsi in questi tempi de le nave Zenuese per le cose che vano intorno e maxime per le minaze de Franzesi ; alche epso procuratore rispose che non bisognava che la E. V. dubitasse de questo, perche el priore de Alvernia, quale de presente dovea andare in aiuto de le cose de Rhodi, conduria cum se quasi tutti li navilii importanti di Francia, e per consequente la Excellentia Vostra veneria ad restare libera de le cose maritime de Francesi ». On voit que le procureur de Rhodes ne fut pas dupe du prétexte allégué par le cardinal Ascanio.

(6) MARINO SANUTO, II, 933 ; lettre de Dolce à la Seigneurie, Turin, 16 juillet 1499.

(7) Mantoue, *Archivio Gongaza*, E., XIX. 3. Lettre de Brognolo au marquis de Mantoue, Milan, 18 juin 1499 : «De le cose dil Turcho non se intende

venu, il envoya en Orient plusieurs missions, sans que l'on puisse dire exactement ni quel en était l'objet précis, ni quelle influence elles purent avoir sur les résolutions du Turc : le fils du despote de Morée, neveu de Constantin Arniti, Fernando, d'une part, et de l'autre Ambrosio Buzardo de Pesaro avec un secrétaire du duc, se mirent presque simultanément en route en juillet 1499 (1). Ludovic Sforza recevait lui-même des envoyés du sultan : un ambassadeur partit le 15 juin de Constantinople pour Milan (2). A Milan, on ne doutait pas de son alliance avec les Turcs ; les Milanais allaient répétant que « le Turc » taillerait de la besogne à la Seigneurie de Venise. Toutes les puissances faisaient retomber sur lui la responsabilité de cette invasion : le pape Alexandre VI lui reprochait de l'avoir personnellement provoquée : « Je pense que le duc s'allierait au diable pour précipiter les événements » (3). — Louis XII se borna à fournir des vaisseaux à l'ordre de Rhodes pour combattre les Turcs, à Venise pour aider à sa défense, sans trop s'en préoccuper. Avant que l'invasion turque pût le priver du concours des Vénitiens, il espérait n'en avoir plus besoin, et peut-être n'était-il pas fâché, dès ce moment, de voir diminuer la puissance de l'état avec lequel il partageait les dépouilles de Ludovic Sforza.

Commencée quelques mois plus tard, cette attaque des Turcs aurait pu paralyser les forces de Venise, et lui faire perdre le respect de son traité avec Louis XII. Au moment où elle se produisit, Venise était trop engagée dans l'action commune pour s'en pouvoir retirer. Le duc de Milan ne retira aucun profit de son entente avec le Sultan.

Autant la situation diplomatique de la France était mauvaise à l'avènement de Louis XII, autant l'habileté de ce prince réussit à l'améliorer avant d'entreprendre son expédition contre le duché de Milan. Un an environ après son avènement, il avait

---

cosa alcuna da molti di in qua et pur questa matina la sua Ex^{tia} ha ricordato con dire che voria essere un ucello per potere intendere presto li progressi de li Turchi.

(1) Marino Sanuto, II, 938 ; l'ambassadeur vénitien à la Seigneurie, Milan, 17 juillet 1499, et *ibid.*, II, 944, 22 juillet 1499.

(2) *Ibid.*, II, 910, *in campo*, 10 juillet 1499, et II, 912, *in campo* 12 juillet 1499. On signalait en même temps à Rimini la présence non pas d'un ambassadeur turc proprement dit, mais d'un émissaire appelé «Zorzi Schiavo.»

(3) *Ibid.*, II, 945. Lettre de Liom à la Seigneurie, Crema, 20 juillet 1499 ; II, 958, ambassadeur vénitien à la Seigneurie, Rome, 19 et 20 juillet 1499.

reconstitué les alliances de la France en Europe : il s'était assuré par des traités honorables et avantageux la neutralité de l'Angleterre et de l'Espagne; si l'empereur Maximilien restait son ennemi déclaré, il l'avait contraint à accepter une trêve qui se renouvelait chaque trimestre, il avait paralysé son mauvais vouloir en l'occupant d'abord par la guerre de Gueldre, puis par la guerre de Suisse; il l'avait enveloppé d'une ceinture d'états alliés de la France : à l'Ouest, le patrimoine de l'archiduc Philippe; au Sud, la Confédération suisse ; à l'Est, le royaume de Hongrie. — Le progrès de la France s'augmentait encore de la décadence politique du duc de Milan : successivement privé par Louis XII de ses anciens alliés, il ne lui restait plus que l'amitié platonique et vacillante de Maximilien d'Allemagne, presque réduit à l'impuissance, et le concours problématique et maudit du Turc. Rarement plus belle situation diplomatique avait été plus promptement ruinée : l'indécision du programme, encore plus que la maladresse des agents, en avait été la cause. Louis XII, au contraire, fut admirablement servi par la violence et la fixité de sa passion politique : et l'on comprend que l'art qu'il mit à isoler aussi complètement le duc de Milan en Europe ait excité l'admiration du florentin Capponi: « Après avoir conclu des traités avec tous, dit-il dès le 1er octobre 1498, il pouvait tenir pour parfaitement assurée la sécurité du royaume de France».

CHAPITRE III.

LA PRÉPARATION DE LA GUERRE DU MILANAIS (Suite).
LA LUTTE DIPLOMATIQUE EN ITALIE.

La Ligue de Venise et ses suites, la bataille de Fornoue, la retraite de Charles VIII, le siège de Novare et le traité de Verceil, avaient presque complètement ruiné l'influence française en Italie. Louis XII, à son avènement, se trouva en présence d'un pays presque entièrement hostile à la France et presque complètement dominé par le duc de Milan. Les quatre grands États de la péninsule, le Saint-Siège, la république de Venise, le royaume de Naples, le duché de Milan, contrairement à leurs habitudes, avaient fait trêve à leurs discordes ordinaires pour former une confédération dont la haine ou la crainte de la France était le lien, et son abaissement, le but ; la république de Florence, restée en dehors de la Ligue de Venise, s'épuisait en longs et vains efforts dans l'interminable guerre de Pise, qui la réduisait à l'impuissance en toute autre question. Seul parmi les confédérés, le duc de Milan avait conclu un traité de paix avec le roi de France, et s'était ainsi officiellement délivré de toute crainte d'un retour offensif de l'allié qu'il avait trahi. Sa paix avec la France, son alliance avec l'Allemagne, lui assuraient la prépondérance en Italie et sur ses confédérés même. S'il y avait eu, dans les dernières années du règne de Charles VIII, une tendance de quelques états, de Rome et de Venise notamment, à se rapprocher de ce prince ; s'il avait pu former de nouveaux projets d'expédition, rien de tout cela n'avait cependant modifié dans la réalité la situation politique de l'Italie, et l'attitude respective des diverses puissances entre elles et envers la France. Le vaincu de Fornoue (1) laissait tout à faire à son successeur.

---

(1) Bien que l'on considère généralement la bataille de Fornoue comme une victoire pour l'armée de Charles VIII, on ne saurait oublier que cette

Dans le morcellement politique de l'Italie, à la fin du xv⁰ siècle, les États réellement actifs et capables d'agir sur le progrès général de l'histoire étaient peu nombreux : rares aussi, ceux avec qui avaient à compter, dans ces projets de conquête en Italie dont elles commençaient à prendre l'habitude, les nations étrangères. — Au Nord-Ouest, les États subalpins, le duché de Savoie, les marquisats de Saluces et de Montferrat, plus français qu'italiens, étaient absorbés dans des difficultés de régences ou de minorités, prolongeant le moyen âge jusqu'en pleine renaissance ; au Nord-Est s'isolait la puissante république vénitienne, partagée entre le souci de sauvegarder son commerce du Levant contre les Turcs et sa suprématie politique en Italie contre Milan et Florence. Au centre, le duché de Milan avait démesurément grandi ; le génie du premier Sforza lui avait assuré un rôle dans la politique européenne générale, et la valeur de ses institutions, non moins que la force acquise, le lui conservait. A côté de lui s'étiolaient lentement, avec les courts arrêts que peut apporter à la décadence des états la sagesse des individus, le duché de Ferrare, la république de Bologne, le marquisat de Mantoue, réduits à des combats sans grandeur pour une vie sans gloire et sans espoir de floraison. Dans la plaine toscane, Pise, Lucques, Sienne, avaient subi le même écrasement progressif de la part de leur puissante voisine la république de Florence; mais, moins heureuse que Milan après Francesco Sforza, celle-ci n'avait pas su retenir sa puissance après Lorenzo di Medici ; sauvée du gouffre mystique où avait failli l'entraîner le génie de Savonarole, tout son horizon se limitait maintenant aux moissons fumantes dans la campagne de Pise, et à ces collines détestées

Per che Pisani veder Lucca non ponno.

La papauté aussi avait quitté les longs espoirs et les vastes ambitions. Son action sur la politique générale, Alexandre VI semblait la mettre tout entière au service de la maison Borgia ; mais son influence, quoique un peu diminuée déjà, restait encore à ménager. — Au Sud enfin, le royaume de Naples, à peine délivré de l'invasion et de l'occupation étrangères, pour

victoire eut précisément le résultat que voulait atteindre la Ligue de Venise une retraite précipitée et désordonnée de l'envahisseur vers les Alpes. Ce fut, si l'on veut, une victoire pour une heure, mais une défaite dans la durée totale de l'expédition.

tomber dans les difficultés liées à tout changement de règne et de dynastie, reprenait possession de lui-même, sous la menace toujours imminente d'une nouvelle invasion : sa masse seule lui conservait quelque importance politique. — C'était pour le moment à ces quatre états, Milan, Venise, Rome et, avec quelque infériorité, Naples, qu'appartenaient les destinées de l'Italie et les conditions dans lesquelles l'intervention étrangère pouvait se produire. Les autres, principautés ou républiques, n'étaient qu'un appoint presque nul au point de vue politique, une force presque négligeable au point de vue militaire. Dans l'hypothèse, d'ailleurs irréalisable, d'une ligue formée d'eux seuls, ils eussent été impuissants, même dans les questions et les luttes purement italiennes, à plus forte raison devant une puissance étrangère. Alliés à l'un des états italiens ou étrangers, ce n'est qu'exceptionnellement, pour ainsi dire, et pour des raisons extérieures, qu'ils pouvaient lui être utiles : le marquisat de Mantoue, par exemple, pour les talents militaires de François de Gonzague; les états subalpins, pour leur situation géographique. Aussi bien tinrent-ils une place relativement restreinte dans les préoccupations rivales de Louis XII et de Ludovic Sforza : toute leur politique consista d'ailleurs, pour ceux qui n'estimèrent pas la neutralité la plus sage des politiques, à se faire payer le plus cher possible leur alliance. Le principal effort des deux adversaires fut dirigé vers les deux grands états qui partageaient avec Milan la direction politique de la péninsule, Venise et Rome.

I.

L'AMBASSADE DE NICOLO ALAMANNI.

A l'avènement de Louis XII, il n'y avait pas de relations diplomatiques, au moins officielles, entre la France et les puissances italiennes. Le nouveau roi les reprit de la façon la plus naturelle du monde en leur faisant notifier son avènement, et rétablit ainsi la possibilité de conclure des alliances plus ou moins intimes avec elles. Après la diffusion en Italie de la nouvelle de la mort de Charles VIII, annoncée à Trivulce et à Constantino Arniti, par une lettre collective du cardinal de Reims, du chancelier Rochefort, de La Trémoille et de Ligny (1), Louis XII

---

(1) Milan, A. d. S., *Potenze estere, Francia*, 1496-1500, lettre de Rochefort, etc., à Trivulce, 7 avril 1498. Copie. — Le fait de la mort fut vite

notifia son avènement à la plupart des puissances italiennes, à l'exclusion du duc de Milan, par des lettres particulières (1). Il le fit, à l'égard du Pape et de Venise, « en termes bienveillants et sans orgueil », disant au premier « qu'il voulait être le bon fils de Sa Sainteté », à l'autre « qu'il entendait continuer la bonne et sincère amitié qui depuis longtemps existait entre eux », à tous les deux qu'il voulait être leur ami (2). Les lettres de Louis XII furent portées à destination par un ambassadeur spécial, Nicolo Alamanni, chargé de les « amplifier ». Il devait en même temps accomplir la même mission verbalement auprès de tous les souverains, princes ou républiques d'Italie qui avaient eu antérieurement des traités avec la France (3) : il était porteur de lettres pour la république de Florence, le duc de Ferrare, le marquis de Mantoue, les Vitelli et les Orsini, les républiques de Sienne et de Lucques. D'une façon générale, il avait pour instructions de réconforter et d'encourager tous les anciens clients de la France en Italie, de leur recommander la paix entre eux (4). Il avait une mission particulière auprès de la Seigneurie de Florence, touchant les affaires de Pise; auprès du gouvernement siennois, il devait insister sur l'utilité d'un accord de Sienne avec Venise (5). Au marquis de Mantoue, il devait rappeler que

répandu, mais les causes restèrent assez peu connues en Italie. Donato Preti écrit le 13 avril 1498 : « El re è morto de uno accidente del male suo epilecticho, delche io scrisse altrevolte, già molti giorni, alle Signorie Vostre essere infirmato » (Mantoue, *Archivio Gonzaga*, E. XIX, 3), et Pirovani, le 14 avril 1498, dit que « la qualita de la morte del Re Karlo.... è che sua Maestà a li 7 del presente, che fu sabato, andò alla predica e stette sano tuto el di. Alla cena gli vene la indisposicione sua consueta del male caduco, che qui se dice de santo Joanne, che fu circa una hora de nocte, e verso le quatre hore mancoe. » La lettre officielle de Rochefort indique comme cause de la mort une « malattia de poplesia ».

(1) Ces lettres furent écrites dans les premiers jours qui suivirent l'avènement ; elles arrivèrent à Sienne le 26 avril (Milan, A. d. S. *Cartegg. gener.*; l'ambassadeur milanais à Sienne, à Ludovic Sforza, 26 avril 1498).

(2) Mantoue, *Arch. Gonzaga*. E XIX 8, Donato Preti au marquis de Mantoue, Mantoue. (*Louis XII et Ludovic Sforza, Documents*, 12).

(3) Milan, A. d. S., Potenze estere, Firenze, Somenzi, 3 mai 1498, « lettere directive a tutti li potentati e signori chi sono stati alla devotione di Francia.»

(4) Milan, *Ibid., id.*, Somenzi à Ludovic Sforza, Florence, 3 mai 1498 : « Afferma che il predicto Re manda a confortar tuti li soi amici ha in Italia che vogliano stare de bona voglia perche epso vole omnino venire aut mandare a racquistare el reame di Napoli ».

(5) Voir *Notes italiennes d'histoire de France, XIII. Lettre de Louis XII à la Seigneurie de Sienne pour lui notifier son avènement* (1498), pag. 5, lettre d'« Antonius Maria » à Ludovic Sforza. 12 mai 1498.

ce n'était pas sans profit que l'on rendait service à la couronne de France (1).

Nicolo Alamanni semble avoir voulu accomplir le plus rapidement possible ce voyage circulaire dans les états italiens. De Turin, où il eut un entretien avec le résident vénitien Stella, qui lui-même allait comme ambassadeur en France, il envoya à Venise, pour gagner du temps, les lettres de Louis XII par un courrier de Stella, et il partit en poste pour Florence. La curiosité de Lucio Malvezzi, commissaire ducal milanais, qui essaya de le faire causer, le retarda à Alexandrie : ce fut de Bologne qu'il envoya au marquis de Mantoue les lettres de Louis XII, avec une lettre personnelle d'excuses, où il lui donnait du caractère du nouveau roi un aperçu propre à lui inspirer le désir d'être son allié : « Dieu sait le bonheur des gens d'armes de servir sous un prince guerrier, valeureux, toujours fidèle à ses amis et à ses serviteurs » (2). — Alamanni arriva le 3 mai à Florence, et, reçu avec de grands égards, y eut une audience solennelle de la Seigneurie le 8 mai ; il y exposa l'objet de sa mission, tout en comblant de compliments les Florentins, «dont le roi tenait grand compte, comme le méritait leur fidélité» (3). Après avoir rempli de même, mais plus brièvement, son office à Lucques et à Pise, il arriva le 11 mai à Sienne, où on ne lui fit pas grand accueil (4) et où il ne réussit pas à modifier l'opinion dominante, et de là se rendit à Rome, où finissait sa mission.

Pendant qu'il faisait ainsi son tour diplomatique d'Italie, Louis XII envoyait au pape Alexandre VI une ambassade par-

---

(1) Voir *Notes italiennes d'histoire de France*, etc., pag. 3, lettre de N. A. au marquis de Mantoue, Bologne, 1er mai 1498.

(2) Ce voyage est connu par diverses lettres du *Cartegg. gener.* de Milan, 1° de Pirovani, Turin, 1er mai 1498:«A me è stato dicto che epso parlò secretamente al secretario veneto.»2° de Lucio Malvezzi, 5 mai 1498, Alexandrie. 3° de P. Somenzi, ambassadeur milanais à Florence, 3 et 8 mai 1498. 4° lettre de Ludovic Sforza à Somenzi, 4 mai 1498. 5° de Guaschi à Ludovic, 11 mai 1498, Sienne. 6° d'*Antonio Maria*, Sienne, 14 mai 1498 (Milan, *Pot. Est. Siena*, 1498). Voir, pour plus de détails et de références, la publication citée page 168 note 8.

(3) Lettre de Somenzi à Ludovic Sforza, 8 mai 1498: «(Li Signori) de lequali (il Re) tene gran concto secondo merita la fede loro, perche hanno a persuadersi che ne sarano restorati».

(4) C'est un ambassadeur milanais qui le dit. Milan, *Cartegg. generale, Pot. estere, Siena*, Lettre de C. Guaschi à Ludovic Sforza, 11 mai 1498. Logé dans la maison de Nicolo Borghese, ennemi de Ludovic, il l'encourageait à embrasser le parti du roi et à décider la ville à en faire autant. Borghese lui répondait en entrant dans ses vues.

ticulière d'obédience (1). Cet empressement s'expliquait par l'intérêt complexe qu'il avait à le ménager.

On ne doutait pas en France que ces ouvertures diplomatiques ne dussent être suivies de succès. Soit conviction, soit politique, les courriers français qui sillonnaient l'Italie répandaient un peu partout cette naïve conviction, serviteurs inconscients de l'influence française, naïfs et humbles propagateurs de son bon renom à l'étranger. L'un d'eux, dès le 5 mai, disait à un courrier ferrarais, rencontré à Reggio d'Emilia, que le roi aurait bientôt fait de se mettre d'accord avec Venise et tous les autres souverains d'Italie, excepté le roi de Naples et le duc de Milan (2). L'événement ne devait pas tarder à lui donner raison.

Le premier résultat de l'insolite mission de Nicolo Alamanni fut de troubler profondément les esprits en Italie. Elle inquiéta fort Ludovic Sforza, qui y vit, non sans raison, une rentrée en scène de la France dans la politique italienne. Aussi chercha-t-il par tous les moyens à savoir les buts secrets du voyage d'Alamanni (3). Il s'inquiétait surtout de savoir si Alamanni devait aller à Pise. Les réponses d'Alamanni étaient souvent vagues : le roi, selon lui, voulait passer la première année de son règne à rétablir l'ordre à l'intérieur de son royaume, sans rien entreprendre. Parfois, pour augmenter les perplexités du duc de Milan, il répandait des nouvelles fausses, annonçant par exemple que le roi prenait les Vitelli à son service avec une solde de quarante mille ducats (4). Le duc de Milan ne put que fort imparfaitement satisfaire sa curiosité. Aussi voulut-il opposer

---

(1) Voir PÉLISSIER, *Intorno ad alcuni documenti relativi all' alleanza fra papa Alessandro VI et re Luigi XII*, et ici-même, § 6.

(2) Modène, A. d. S., « carte *Francia* » : Lettre de Guielmino Cordeta au duc de Ferrare, Reggio, 5 mai 1498.

(3) Il demanda des informations à son ambassadeur à Turin, Maffeo Pirovani, à son commissaire d'Alexandrie, Lucio Malvezzi, à un de ses agents à Sienne, « Antonio Maria », qui, lié d'amitié avec l'envoyé français, obtint de lui quelques confidences. Milan, A. d. S., *Carteyg. gener.*, lettre de Malvezzi à Ludovic Sforza, 5 mai 1498. Les renseignements ainsi obtenus furent communiqués à Gênes, à Ferrare ; Milan, *ibid.*, un accusé de réception à Ferrare du *Sommario* de la visite de Malvezzi à Alamanni ; *Ibid.*, lettre de Ludovic Sforza, 4 mai 1498, où il recommande « investigar bene la venuta d'Alamani in Italia »

(4) Voir la lettre d'Antonio Maria, citée note 6, et celle de Ludovic lui-même citée note 13. — Alamanni n'avait du reste aucune peine à faire croire que Louis XII « n'entreprendrait rien » cette année-là : c'était l'opinion générale en Italie. Aussi le commissaire Malvezzi, à qui un capi-

politesse à politesse et ambassade à ambassade, et combattre Louis XII par ses procédés. A la fin d'avril, il envoya en tournée diplomatique le docteur en droit Bernardo Archinto : cet ambassadeur alla visiter à Forli Catherine Sforza et son fils Ottaviano, à Pesaro Giovanni Sforza, à Ancone les Magnifiques Anciens, à Bologne Bentivoglio. Archinto ne négligea pas d'aller rendre hommage aussi à cette autre puissance qu'était la Madone de Lorette et de demander son concours en faveur de Ludovic (1). Cette mission ne paraît d'ailleurs pas avoir eu de conséquences importantes, même pour les relations ultérieures de Ludovic avec les puissances terrestres. — L'ambassade française jeta d'autres princes encore, sinon dans la même inquiétude, au moins dans un égal embarras. Le marquis de Mantoue, alors en pleines négociations d'alliance avec Ludovic Sforza, resta perplexe, ne sachant comment répondre à ces avances : sa femme dut demander conseil, par l'ambassadeur Costabili, à son père le duc de Ferrare (2). A Sienne, Pandolfo Petrucci, d'abord assez indécis, se décida à attendre les événements. A Naples, on pensa que la situation, encore peu claire, méritait d'être suivie avec attention (3).

Par contre, plusieurs états envoyèrent à Louis XII des lettres ou des ambassades de félicitations. — L'une des premières, la république de Pise, s'acquitta de ce devoir, qui était pour elle une nécessité, et dont le succès était son dernier espoir de salut : Dans la lettre qu'elle lui écrivit le 26 mai 1498, elle disait au roi de France que « le jour où elle avait appris son avènement avait

---

taine français, ignorant encore la mort du roi, annonçait le 10 avril 1498 que tout serait prêt pour la guerre dans trois ou quatre mois, écrit-il en apprenant la mort de Charles VIII, le 12 avril : « Molto bene veniva per questa nova ». (Milan, A. d. S., *Pot. estere, Savoia.* Malvezzi à Sforza, Alexandrie, 10 avril 1498.)

(1) Milan, *Cartegg. gener.*, Lettre de B. Archinto, 30 avril 1498 : « Sta mattina ho visitato la Madona di Loreto, ed in la chiesa, ho facto dire sette messe e ad lo altare in capella de quella ho facto cantare una messa (etc.).

(2) Modène, A. d. S., Exemplum litterarum dominæ marchinonissæ ad oratorem Ferrariensem. Mantoue, 5 mai 1498. Voir une *Note sur la politique du duc de Ferrare, Documents.*

(3) Milan, A. d. S., *Cartegg. gener.*, Casati, ambassadeur à Naples, à Ludovic Sforza, 14 mai 1498. On apprend à Naples les conversations tenues par Alamanni à Alexandrie : « A questo non fu dicto altro senon che per questo ancora non se possea ben cognoscere quale havesse ad essere el stato de Franza, ma che era necessario che ogniuno aprisse molto bene li ogii in modo che se fosse preparato a tuto quello che pare aparegiarsi contra Italiani. »

été aussi heureux pour elle que celui où, aidée par Charles VIII, elle avait renversé la tyrannie florentine »; elle exprimait l'espoir que Louis XII ne lui retirerait pas sa protection avant que son indépendance, sa liberté et son repos ne fussent tout à fait assurés (1).

L'ambassade du duc de Ferrare, l'un des plus anciens et les plus constants alliés de la France, eut un caractère plus désintéressé. Composée de Borso da Corregio, de Giacomo Trotti, et d'une assez nombreuse suite (2), elle fut bien reçue à la cour de France, où son séjour se prolongea jusque vers la fin de juillet : en les congédiant, Louis XII dit aux ambassadeurs qu'il priait le duc de continuer à être toujours bon français, comme il l'avait été précédemment, mais il leur fit sentir qu'il n'admettrait pas d'intervention étrangère, même officieuse dans les affaires de sa diplomatie (3). — Bientôt, à leur suite, tous les princes et la plupart des républiques eurent des ambassadeurs sur la route de France : la Seigneurie de Venise et le marquis de Mantoue, la ville de Gênes et la république de Florence, le duc de Savoie et le pape, tous désireux également de s'assurer d'où soufflerait le vent avant de s'embarquer à nouveau.

(1) Pise, A. d. S., Reg. XLIII, fol. 20 v°, die XXVI maii 1499 (St pis.) [1498]: « al christianissimo Re di Francia »; et fol. 23, die XXVII maii, « ad eumdem christianissimum regem Franciæ ». On trouvera le texte de ces deux lettres dans *Louis XII et Ludovic Sforza, Documents,* 20 et 21 (La deuxième est une demande de libération d'un pisan prisonnier en France).

(2) Milan, A. d. S. *Carteggio Generale*, Antonius Vicecomes à Ludovic Sforza, le 12 juin 1498.

(3) Milan, A. d. S. *Cartegg. Gener*, Avis de Paris, 30 juillet 1498 : « Como al di soprascripto era expedito l'ambasatore de Ferrara e como la Maestà Reale in darli la licentia, gli haveva dicto chel confortasse el signor duca de Ferrara ad perseverare bon francese como era stato per el passato; cum dire che sua maestà laiutara ne gli mancaria punto, potesse bene perseverare in questo e confortasse S. Ex. ad desistere de pregare S. M. che volesse admetere li ambaxatori del signore duca de Milano, perche, se gli andariano nel regno suo gli faria butare nella riviera. » — Borso da Corregio, revenant de France, arriva le 20 août à Turin, où Pirovani lui fit faire une réception solennelle par les membres du Sénat de Savoie et lui fit donner un logement honorable. Il devait repartir de Turin le 22 et, à son passage à Milan, informer Ludovic Sforza des affaires de France. (Milan, A. d. S. *Pot. Est. Savoia,* Pirovani à Ludovic Sforza, 21 août 1498): « El Signor Borso è arrivato hiersera qua, e per lo aviso mio fu incontrato da questi senatori, fu allogiato ancora honorevolmente, e gli sono facte le spese. Domatina partira et per la via de Chrio et Asti fara transito per V. Ex., et persuadendomi che da lui quella sera integramente informata de le occorentie de Franza non duraro fatica in significarli.

II.

LES NÉGOCIATIONS DE LA FRANCE ET DE MILAN AVEC LES ÉTATS SUBALPINS.

§ 1. — *La lutte pour l'alliance avec le duc de Savoie.*

Le duché de Savoie, à la fin du xve siècle, sans compter encore parmi les grandes puissances italiennes, et laissé en dehors des combinaisons politiques qui rapprochaient ou divisaient les uns des autres les états italiens, recevait de sa situation géographique, qui le mettait à l'écart de la politique générale de la péninsule, une grande importance dans les relations de la France avec ces diverses puissances : l'expédition de Charles VIII venait de le prouver (1). Aussi, dès les débuts de sa lutte diplomatique avec Ludovic Sforza, Louis XII essaya-t-il de s'assurer l'alliance de l'état qui pouvait ouvrir ou fermer à son armée la route de l'Italie. L'habileté politique du gouvernement savoisien, les efforts de la diplomatie milanaise à Turin et à Genève, rendirent longtemps incertaine la conclusion de cette alliance. — A l'avènement de Louis XII, un nouveau règne venait aussi de commencer en Savoie, mais le successeur du duc Philippe II, le brillant et chevaleresque Philibert le Beau, semblait tout occupé de ses plaisirs et laissait le gouvernement aux mains de son frère naturel René, le bâtard de Savoie, de la duchesse douairière Blanche, du chancelier et du trésorier de Savoie. L'influence française et l'influence milanaise se trouvaient dès ce moment en présence et en lutte à la cour de Turin. La première s'appuyait sur la parenté de la maison ducale avec la maison royale de France, et avec la maison française de Luxembourg (par M. de Ligny), sur les souvenirs de l'alliance conclue sous Charles VIII, sur les bonnes relations du duc et

---

(1) J'ai donné toutes les indications des sources utilisées pour l'histoire des relations de Louis XII et Ludovic Sforza avec Philibert le Beau dans une étude sur *Le traité d'alliance de Louis XII et de Philibert de Savoie en* 1499 (in-8°, 118 pag., Montpellier, Ch. Boehm, 1893), dont je me borne à résumer ici les traits essentiels. M. Ferd. Gabotto, dans son ouvrage *Lo stato Sabaudo da Amedeo VIII ad Emanuele Filiberto*, tom. III (1496-1504), s'est largement servi de ce mémoire, et n'a modifié que quelques détails peu importants à ses conclusions.

de la duchesse de Bourbon avec le jeune duc. Louis XII la confirma en faisant annoncer à la duchesse de Savoie, en même temps qu'à Trivulce, la mort de son prédécesseur, et en prévenant le duc qu'il serait heureux de le voir à sa cour. L'influence milanaise était représentée à la cour de Turin par la duchesse douairière Blanche, par le trésorier Sébastien Ferrier et surtout par le « secrétaire » milanais Pirovani, qui avait pour mission d'intéresser le duc de Savoie au maintien du *statu quo* en Italie et particulièrement à la conservation du duché de Milan, comme étant l'état le plus voisin du sien, le plus lié au sien par l'amitié et les alliances de famille. La mort de Charles VIII fut une occasion pour Ludovic Sforza de renouveler à la duchesse de Savoie ses sentiments d'alliance : son influence parut prépondérante à Turin et à Genève : la duchesse Blanche communiquait à Pirovano les renseignements reçus par elle de France ou de la cour de son fils, alors au delà des Alpes : elle se prêtait à l'achat par Ludovic Sforza de plusieurs gentilshommes et conseillers du duc, du grand bâtard, qui reçut une pension de six cents écus, de M. de la Chambre, dont les relations avec le duc de Bourbon pouvaient être utiles et qui en toucha cinq cents : la cour de Savoie autorisait un gentilhomme savoisien à entrer, comme espion résidant en France, et moyennant finances, au service de Ludovic Sforza. Les préférences milanaises de la duchesse et de la cour se trahissaient encore dans l'affaire de la *desdicta della tregua* (1), dans le règlement des intérêts de la duchesse Bona, dans l'extrême froideur avec laquelle on traitait le secrétaire vénitien, Zuam Dolce. Enfin le trésorier de Savoie proposa à Ludovic Sforza de s'employer avec la duchesse à sa réconciliation avec le roi de France. Le duc de Milan accueillit cette offre avec empressement. Rien ne semblait donc moins probable ni moins assuré, dans les premiers mois du règne de Louis XII, qu'une alliance franco-savoisienne.

Cependant Louis XII avait, dès ses débuts, donné à la cour de Savoie quelques marques évidentes de ses dispositions bienveillantes. — Dès avril 1498, pendant que le jeune duc était encore à se divertir dans le comté de Genève, le duc de Bourbon lui écrivit qu'il faisait son éloge à Louis XII. Au mois d'octobre, on annonçait à Genève l'arrivée d'un ambassadeur français. Louis XII avait exprimé le désir de traiter directement avec le duc de Savoie, et avait fait prier Philibert de s'adresser désormais pour ses affaires à Georges d'Amboise. Le jeune duc et le gouvernement savoisien ne partageaient d'ailleurs pas absolument l'engouement de la duchesse pour l'alliance milanaise. Au début de juin, le duc envoya en ambassade au nouveau roi, pour le féliciter de son avènement, l'évêque de Maurienne, grand seigneur bourguignon, riche et magnifique, et le conseiller ducal, M. de Viri. Officiellement, l'ambassade était toute d'étiquette; mais elle avait en fait une haute portée politique. Elle prouvait que le duc de Savoie subissait l'attraction de la France. D'autres incidents, de menus faits, le secret gardé sur cette ambassade même vis-à-vis de Ludovic Sforza, le renvoi successif par le duc de M. de la Jallerie et de M. de Chateauvieux, conseillé par M. de Viri, témoignent aussi cette volonté d'indépendance. — Ainsi, pour l'heure, le duc restait neutre.

La situation changea avec l'arrivée à Turin, au mois de novembre 1498, de l'ambassade française. Louis XII prit l'initiative d'une proposition formelle et positive d'alliance à l'égard du duc Philibert. Son ambassadeur offrit au duc et au bâtard de Savoie deux compagnies de cent lances. Ces premières propositions furent déclinées. Quoique sérieusement mécontent de cet échec, Louis XII, à la demande des ambassadeurs vénitiens, pour qui l'alliance valait bien qu'on oubliât une petite humiliation, et sur le conseil de MM. de Trans et de Monteynard, consentit à renouveler ses offres.

Le duc de Savoie voulait avant tout connaître les intentions positives de Ludovic Sforza. Des négociations très actives et très serrées s'engagèrent entre son gouvernement et Maffeo Pirovano; plusieurs ambassades furent échangées entre Turin et Milan, et le gouvernement savoisien affecta toujours de déclarer très haut que l'alliance milanaise était son plus cher désir. Une première ambassade milanaise à Turin resta sans résultat: Ludovic Sforza gagna le mois de décembre sans avoir pris de décision. Le bâtard devenait menaçant; alléguant l'impossibilité de demeurer plus longtemps sans pension : « Nous suivrons le parti que nous montrera la fortune », disait-il. « Pour moi, je me tiendrai désormais pour justifié à l'égard de son Altesse ». Le 15 décembre, le duc de Savoie envoya en ambassade à Milan le président du conseil de Turin, Besso Ferrier, son favori, et Jacques Langlois : ils avaient pour mandat de découvrir le fond de la pensée du duc, et de l'avertir qu'un ambassadeur savoisien, M. de La Chambre, était déjà sur la route de France. Suivant la décision du duc, M. de La Chambre recevrait, avant même de quitter le territoire savoisien, l'ordre de refuser poliment ou d'accepter les offres du roi. Après huit jours passés à la cour de Milan, du 21 au 28 décembre 1498, malgré de « grands colloques » très mystérieux avec le duc de Milan, les ambassadeurs savoisiens revinrent à Turin sans avoir réussi à faire accepter les propositions du duc Philibert. Malgré cet échec, le parti milanais resta plein d'espérances.

Le duc de Savoie se rejeta alors tout entier vers l'alliance française. Déjà le désir de peser sur les résolutions de Ludovic Sforza lui avait dicté quelques manifestations aimables pour la France et pour Venise; dont la principale fut l'autorisation donnée à Zuam Dolce de présenter ses lettres de créance. Les négociations recommencèrent de plus belle après le refus de Ludovic Sforza. — Un nouvel envoyé de la France, M. de Tero, récemment arrivé à Turin, avec de nouvelles offres d'engagement pour le duc et le bâtard, et d'abord assez mal accueilli, fut ensuite mieux traité et prolongea son séjour. D'autre part, l'ambassadeur désigné pour se rendre en France, qui n'attendait pour y pénétrer que la réponse négative du duc de Milan, M. de la Chambre, se mit en route. La cour de Savoie ne dissimulait plus son hostilité contre le More. Pour se soustraire plus aisément à l'influence du voisinage immédiat du Milanais, la cour de Savoie, en plein hiver, passa les monts pour aller s'installer à Chambéry. Le 25 janvier 1499, Maffeo Pirovano retournait à Milan : son départ était un signe visible de la défaite du parti milanais. Le 17 février, le grand chancelier de Savoie avouait implicitement la conclusion de l'alliance entre le roi et le duc.

Les ambassadeurs savoisiens, La Chambre et le président d'Yvoire, reçus à merveille par la cour et le roi, avaient aisément mené à bien leur mission. Un projet de traité d'alliance, dressé par les ambassadeurs de Savoie et les ministres de Louis XII, fut signé à Chateau-Reynaud le 22 février 1499, par Georges d'Amboise et La Chambre. Il comprenait deux catégories de conventions, les unes relatives à l'expédition projetée contre le duché de Milan, les autres d'une plus longue portée. L'échange des paroles du cardinal d'Amboise et du maréchal de Gié pour le roi, du bâtard de Savoie et de Monsieur de La Chambre pour le duc de Savoie, devait servir de ratification audit traité. Un mois plus tard environ, le 18 mars, les ambassadeurs français chargés de conclure le traité définitif, l'évêque de Saint Pol de Léon et le conseiller royal Richard le Moyne, reçurent leurs pouvoirs et partirent aussitôt pour la Savoie. Le but déclaré de leur mission était de « traiter, conclure et accorder certains articles, traictés et accords concernant le bien d'entre nous et de nosdits sujets » et d'une façon générale de renouveler l'alliance qui jusqu'au prédécesseur du duc actuel avait existé entre la France et la Savoie. Le duc feignit de les accueillir froidement ; c'était une ruse destinée à tromper Ludovic Sforza. Les négociations furent menées très secrètement ; on ne négligea rien pour les dissimuler au duc de Milan et même pour le tromper sur les vrais sentiments de Philibert de Savoie. On disait que Louis XII réclamait beaucoup du duc en vue de l'attaque contre le duché de Milan ; on assurait que le duc, tout en acceptant l'alliance française, réserverait sa fidélité envers le roi des Romains. Cependant, par le refus d'une pension de Maximilien, par l'abandon d'un château situé sur les frontières de Bourgogne, Philibert et son frère donnaient des gages à l'alliance française (1). Grâce aux précautions prises, grâce aux bruyantes manifestations de sympathie du parti milanais en Savoie, Ludovic ignora jusque vers le milieu d'avril l'existence du projet de traité de février. Quand il le connut positivement, et qu'il manifesta sa surprise au grand bâtard, en développant toutes les raisons qui devaient faire pencher la Savoie vers Milan plutôt que vers la France, et en joignant à ses démonstrations les termes échus des pensions qu'il continuait à payer au bâtard et à d'autres seigneurs, le duc Philibert persista à lui donner le change, et le fit prévenir de ses mauvaises dispositions à l'égard des ambassadeurs arrivants. Ce ne fut que le 24 avril que le grand bâtard commença à lui découvrir l'amère vérité : Ludovic Sforza comprit la gravité de la situation. Ne pouvant plus lutter personnellement contre les progrès de l'alliance française, car il n'avait pas donné de successeur à Maffeo Pirovano, il voulut recourir contre elle à l'influence de l'Empire. Pier Bonomi de Trieste fut envoyé à Genève par Maximilien pour rappeler au duc de Savoie ses devoirs envers l'Empire. Mais on affecta de considérer son ambassade comme un témoi-

(1) Aussi annonçait-on le prochain mariage du duc de Savoie avec une princesse française de la maison de Bourbon, et son enrôlement, ainsi que celui de son frère le bâtard, parmi les *généraux français*. (Milan, *Cartegg. Gener.*, Conradus de Valle à Ludovic Sforza, Casal Montferrat, 4 avril 1499). Ulteriùs si è dicto quasi come lo ill^{mo} Signor duca de Savoya non prendera più la flola de la duchessa vechia, come haveva promesso, ma prendera una francese de la casa de Burbon, et il ser^{mo} Re di Franza da soldo al predicto illustrissimo Signor duca per lanze cento e al bastardo de Savoia per cinquanta, et al conte Manfredo Tornielli per vinticinque, e tutti insieme veneno ad star resydenti ad Vercelli.... »

gnage d'amitié et une démarche purement honorifique de l'empereur : Bonomi arrivait trop tard.

Le 13 mai 1499 en effet, les ambassadeurs français, l'évêque de Saint-Pol-de-Léon et maître Richard le Moyne, signèrent, avec Philibert de Savoie, le traité préparé à Paris par le cardinal d'Amboise et M. de La Chambre. L'ensemble du projet était conservé, mais il y avait d'importantes modifications de détail. Le 11 juin, le roi de France, en présence des principaux personnages de la cour, le cardinal d'Amboise, le maréchal de Gié, l'amiral de Graville, les évêques de Luçon et d'Alby, et de l'ambassadeur de Savoie, Claude de Ballanson, jura et promit, « sur son honneur et parole de roy », d'observer le traité signé et juré par son cousin le duc de Savoie le 13 mai précédent, et le fit promulguer solennellement. L'alliance franco-savoisienne fut dès lors un fait accompli.

Les clauses du traité comprenaient des avantages, surtout militaires, faits par le duc de Savoie à Louis XII, et des concessions pécuniaires faites par Louis XII à Philibert. Le duc de Savoie s'engageait à donner passage dans ses états à l'armée française en vue de la guerre contre Ludovic Sforza, à lui fournir des vivres à un tarif déterminé équitablement par deux commissaires, l'un français, l'autre savoisien ; à lui fournir des guides de montagne et des logements ; il autorisait pendant la durée de la guerre l'armée française à circuler librement dans ses villes et pays en conservant toujours une exacte discipline ; il autorisait ses propres sujets à prendre du service dans l'armée française ; il interdisait l'entrée de ses états aux troupes du duc de Milan. Le duc de Savoie recevait le commandement d'une compagnie de cent hommes d'armes à perpétuité et le commandement de cent hommes de plus pour la durée de la campagne. Il s'obligeait à fournir six cents hommes de cavalerie et deux mille hommes de pied pour six semaines seulement, si besoin était. Les capitaines de ces troupes devaient être « sûrs et fiables » au roi. En échange, Louis XII donnait au duc une pension annuelle de vingt-deux mille livres pour lui et une autre de dix mille livres pour le bâtard de Savoie. Il se chargeait de la solde de la compagnie de deux cents hommes, au tarif français, payable par trimestre, le premier trimestre devant échoir au mois de juillet 1499. Il donnait une solde mensuelle de trois mille écus pour les contingents complémentaires. Le duc de Savoie pourrait se servir de ces troupes levées pour le roi de France, en cas d'attaque de ses états par le duc de Milan ou ses alliés après la déclaration de guerre. S'il rendait des services particulièrement importants au roi de France pendant la campagne, le roi de France l'en récompenserait convenablement. D'autres clauses réglaient les relations de la France et de la Savoie après la fin de la guerre. Les pensions de vingt-deux mille et de dix mille livres tournois seraient continuées au duc et à son frère leur vie durant, ainsi que la solde d'une compagnie de cent hommes ; en cas d'une nouvelle guerre survenant, Louis XII recommencerait à fournir la solde mensuelle de trois mille écus. Le duc de Savoie serait compris dans toutes les ligues, confédérations et alliances signées par le roi de France et réciproquement.

Toutes ces clauses avaient passé sans modification du projet à l'acte définitif. Mais divers avantages faits au duc de Savoie dans le projet disparaissent du texte du 13 mai. Par le projet, le roi s'engageait à livrer au duc, dans les deux mois après la conquête, des terres et seigneuries contigües aux états de Savoie pour une valeur de vingt mille ducats d'or, et au bâtard des terres pour une valeur de quatre mille ducats, terres qui appartiendraient à l'un et à l'autre en toute souveraineté et juridiction: cette clause est purement et simplement supprimée du traité. Elle devait être plus tard l'objet d'une négociation particulière. Du traité était aussi supprimée la promesse faite dans le pays par le roi au duc de mettre tout ou partie de l'armée française à sa disposition pour reconquérir les terres de son duché indûment occupées par l'évêque et la république de Valais. En revanche, le duc était dispensé dans le traité d'avoir à mettre son état à la disposition de Louis XII pour les convenances militaires et stratégiques de l'expédition ; il était dispensé d'avoir à fournir des vivres à l'armée française autrement que pendant le premier passage ; il obtenait le maintien de sa seconde compagnie de cent lances même en temps de paix. Des pensions assez importantes étaient constituées à divers personnages de la cour de Savoie, notamment à MM. de La Chambre, de Challais, Sébastien Ferrier, Laurent de Gourdon, Amé de Challes, Claude de Ballanson ; elles s'élevaient à un chiffre total de huit mille livres tournois. Elles étaient officiellement destinées à rendre ces « serviteurs et domestiques » du duc « plus enclins à faire service au roi. »

Enfin le duc de Savoie avait fait insérer, dans le traité définitif, d'une façon incidente il est vrai, la réserve de ses devoirs envers l'Empire. Mais c'était là, pour ainsi dire, une clause de style et une concession de pure forme à l'adresse de Ludovic Sforza.

La conclusion du traité franco-savoisien terminait à proprement parler la lutte si longtemps débattue à Turin. Pendant les quelques mois qui la séparent du commencement de l'expédition, cette lutte ne fit que se prolonger dans des tentatives de médiocre importance. — Une situation politique nouvelle avait été faite par cet acte au duc de Milan. Le secret fut observé à Turin encore plus rigoureusement qu'après la rédaction du projet, et Ludovic Sforza ne devina pas que les portes du Milanais venaient d'être livrées à son mortel ennemi. Cependant il s'inquiéta de raffermir en Savoie son influence, qui déclinait depuis le départ de Maffeo Pirovani (1). A la fin de mai, il envoya pour remplacer celui-ci, qui n'avait pas eu de successeur, Paolo Somenzi. Somenzi fut si bien accueilli, tant à Turin qu'à Genève, et le trésorier et le bâtard cachèrent si bien leurs sentiments, que Somenzi déclara à Ludovic Sforza qu'ils semblaient lui être dévoués : le duc affirma que jamais il n'avait consenti à accepter les propositions de Louis XII relatives au duc de Milan. Le jour même, un ambassadeur savoisien alla remercier Ludovic Sforza de l'envoi de Somenzi. Ce qui rend extrêmement piquant ce beau discours du duc Philibert, c'est que le lendemain même du jour où il était prononcé, le roi de France publiait solennellement le traité du 13 mai. — Quant au grand bâtard, déterminé partisan de la France, telle était son inconscience ou son hypocrisie, que le jour même de son départ pour la France, il entra dans une violente colère en apprenant que le duc de Milan voulait (et cette intention paraît assez justifiée) diminuer sa pension.

Ne pouvant plus avoir de doutes sur la réalité de l'alliance du duc de Savoie avec la France, Ludovic Sforza voulut du moins savoir jusqu'à quel point le duc Philibert s'était engagé avec ses ennemis. Il envoya à Turin Giulio Cattaneo sous prétexte de porter au duc ses remerciements. Le véritable but

---

(1) Comme il ne négligeait aucun appui, et que d'ailleurs sa superstition était grande, il offrait des ornements d'église (un *paramento*) au couvent des Augustins de Turin. Le prieur Thadée l'en fit remercier par Cornelio Nibbia, lui promit de prier « per la tranquillita, augumento, exaltatione e gloria de la Excellentia sua », mais profita de la situation pour réclamer encore du duc « uno camiso de quelli che hano lo ricamo a grope d'oro solamente. » (Milan. A. d S., *Pot. estere*, *Savoia*, C. Nibbia, à Ludovic Sforza, 29 juillet 1499).

de sa mission était d'obtenir des renseignements nets et certains sur les intentions de Philibert, de savoir s'il servirait Louis XII comme chef de troupes seulement ou bien comme chef d'état. Le duc Philibert ne répondait rien de précis.

L'aveuglement de Ludovic Sforza était entier; il ne semblait pas comprendre quelle distance séparait ses prétentions d'autrefois des distinctions subtiles où il bornait maintenant ses humbles demandes : le 14 août, il demandait encore le libre passage pour sa cavalerie bourguignonne. Il essayait d'inquiéter le duc de Savoie en annonçant la prochaine arrivée à Turin d'un ambassadeur de l'Empire, chargé d'une commission si précise que le duc de Savoie, s'il la respectait comme l'exigeait son devoir, devrait s'abstenir de donner aucun secours aux Français. Le contingent savoisien était déjà réuni à l'armée française, la conquête du Milanais déjà commencée, que Ludovic entretenait encore une correspondance avec Somenzi et essayait même, au mépris de sa dignité, de conserver quelques relations avec le duc de Savoie.

Le duc de Savoie cependant le traitait en ennemi, se moquait ouvertement de lui, disant, après la prise d'Annona : « Je m'étonne beaucoup que le duc mon oncle laisse ainsi prendre ses villes sans faire aucune résistance. J'en suis fâché jusqu'au fond du cœur, et je vous prie d'encourager Son Excellence à se défendre gaillardement, et à ne pas se laisser enlever ses états sans faire une belle défense » et Somenzi remerciait encore, — tel était son aveuglement ou sa platitude, — le duc de Savoie de ces marques d'intérêt.

Pendant ces derniers efforts de Ludovic Sforza, Louis XII avait continué par tous les moyens à accroître son influence sur le duc Philibert : il lui conseillait d'aller résider en Piémont pour qu'il fût plus facile à Trivulce de le surveiller et de négocier avec lui ; il envoya un résident à la cour de Savoie, Maraffino. — Philibert faisait de son côté en toute occasion acte d'allié de la France, et la bonne harmonie ne fut troublée entre eux que par quelques rares incidents militaires (1).

Il se mit en mesure de tenir les engagements militaires pris par lui dans le traité. Pour assurer le bon recrutement de ses troupes, le duc de Savoie interdit à ses sujets de Savoie et du canton de Vaud de prendre du service de qui que ce fût. Le 7 août, le contingent savoisien était prêt. La circulation des

(1) Le plus grave de ces troubles fut l'œuvre de la compagnie de César Borgia.

troupes savoisiennes et françaises dans les passages des Alpes, notamment par le Mont Cenis et par le Saint-Bernard, ne tarda pas à rendre difficiles les voyages des courriers entre Genève et Milan. Le 16 août enfin, le duc de Savoie ordonnait la concentration générale de l'armée en Piémont. La guerre allait commencer.

A la fin de juillet, un nouvel acte avait encore resserré l'alliance des deux princes. Le duc de Savoie avait reçu le commandement d'une seconde compagnie de cent lances, de deux mille hommes de pied et de six cents de cavalerie légère de plus, et il obtint le 29 juillet 1499 une confirmation solennelle de la donation promise, sur les pays à conquérir du duché de Milan, de terres contiguës au duché de Savoie, pour un revenu de vingt mille ducats pour le duc et de quatre mille pour son frère. — Aussi l'ambassadeur que Maximilien, à la requête de Ludovic Sforza, envoya au duc pour lui interdire d'attaquer un prince membre de l'Empire, arriva-t-il décidément trop tard, et le malheureux Somenzi, convaincu de l'inutilité de ses efforts et de la perfidie de ses adversaires, resta à Genève jusqu'à la fin d'août, témoin impuissant de la ruine du duc de Milan.

§ 2. — *L'hommage du marquis de Saluces à la France.*

Au sud du duché de Savoie, le marquisat de Saluces n'avait presque aucune importance politique. Cependant la politique des deux ennemis vis-à-vis du marquis et la sienne même furent analogues à celle suivie avec le duché de Savoie. Le marquis de Saluces avait la réputation d'être un grand ennemi de Ludovic Sforza (1) ; cependant celui-ci entretenait à Saluces un secrétaire, moins diplomate peut-être qu'agent d'information, par qui il obtenait de précieux renseignements sur les actes du roi de France (2). Dans la première quinzaine de mai, Louis XII fit prier le marquis de Saluces, qui relevait de maladie, de venir à la cour lui rendre en personne son hommage d'obéissance (3). Le marquis n'hésita pas à obéir à cet ordre à peine déguisé :

---

(1) Mantoue, *Arch. Gonzaga*, E XIX, 3, Donato de Pretis au marquis de Mantoue, 28 avril 1498.
(2) Ou plutôt toute une famille qui se partageait ces fonctions délicates. Voir *Note italiane sulla storia di Francia*, IV. *Les Inviciati, agents d'information de Ludovic Sforza à Saluces.*
(3) Marino Sanuto, *Diarii*, I, 954, lettre du 13 mai 1498.

mais il ne voulut pas rompre ouvertement avec le duc de Milan et lui demanda ses ordres pour Louis XII (1). Ludovic Sforza sans essayer de détourner le marquis de Saluces de ce voyage en France, avait tenté d'en tirer profit en faisant du marquis son intermédiaire auprès de Louis XII ; mais, pressé par le temps, il ne put lui donner aucune mission particulière (2). — Parti d'Italie le 12 juillet dans des dispositions peut-être bienveillantes pour Ludovic Sforza, impatiemment attendu et désiré à la cour, le marquis redevint promptement tout français (3). Louis XII le prit à son service avec le commandement d'une compagnie de cent lances. Son séjour à la cour de France se prolongea pendant tout le mois d'août. Il prit quelque influence sur l'esprit du roi (4).

Le rôle du marquis de Saluces fut d'ailleurs nul, à la suite de ce voyage qui fit de lui un allié et un capitaine de Louis XII. Il ne chercha qu'à consolider sa situation et à se créer des protecteurs auprès du roi, en mariant sa fille à un protégé ou allié de la France. En même temps, il rêvait des agrandissements territoriaux aux dépens du Montferrat : il fomenta une conspiration pour l'assassinat de Constantin Arniti, qui le gênait dans

---

(1) *Documents sur la première année du règne de Louis XII,* pag. 12. Lettre de Maffeo Pirovani à Ludovic Sforza, 27 mai 1498. — Marino Sanuto, I, 962, mai 1498. Voir aussi à Milan, A. d. S., *Cartegg. gener.*, une lettre de la marquise de Saluces à Ludovic Sforza, 30 mai 1498, contenant des protestations d'amitié.

(2) Milan, A. d. S., *Potenze Estere, Saluzzo*, Maffeo Pirovani à Ludovic Sforza, 12 juillet 1498 (le marquis partit le vendredi suivant). Modène, A. d. S., *Cancell. ducale. Cartegg. diplom.* Costabili, ambassadeur ferrarais, au duc de Ferrare, 30 mai 1498.

(3) Milan, A. d. S. *Pot. Estere Savoia.* Maffeo Pirovani à Ludovic Sforza Turin, 23 juillet 1498. La rencontre qu'il fit à Lyon, à son aller en France, du cardinal de la Rovère, ennemi déclaré du duc de Milan et « tout vénitien », ne contribua pas peu sans doute à ce changement.

(4) Voir *Notes italiennes d'histoire de France,* XVI. *Rapports secrets au duc de Milan en* 1498. Costabili annonce son retour en Italie dans les premiers jours de septembre (Modène, *Ibid.* Costabili au duc de Ferrare, 11 septembre 1498). Les Florentins semblent s'être servis de lui pour tenter de dissuader Louis XII de l'alliance vénitienne et le pousser à une alliance florentine. Le 12 janvier 1499, Neri Capponi déclare à Turin qu'il vient en Italie exprès pour demander au marquis de Saluces d'envoyer un homme à lui (et nommément Zanino d'Aladio) pour dissuader le roi de s'entendre avec les Vénitiens et le pousser vers ses compatriotes (*Documents sur la première année du règne de Louis XII,* pag. 64. Sommaire d'un rapport fait par Neri Capponi à Turin).

ses projets, mais elle ne réussit pas (1). Ludovic Sforza cessa de son côté toute tentative pour détacher de la France le marquis de Saluces : mais celui-ci continua à lui fournir sur les affaires de Louis XII des renseignements aussi complets et aussi amples que possible (2). Ce qui ne l'empêcha pas, finalement, de conduire un corps de l'armée de Louis XII contre le Milanais.

§ 3. — *Les intrigues de Constantin Arniti.*

Si le marquisat de Montferrat n'était pas, quant au territoire, beaucoup plus considérable que le marquisat de Saluces, il tirait une importance politique bien plus grande des talents militaires et de l'habileté de l'homme qui le gouvernait. Pendant la minorité du jeune Guillaume de Montferrat, sa principauté était sous la domination de son oncle maternel, Constantino Arniti, grec d'origine, ambitieux et adroit entre tous, autant pour lui-même que pour son jeune pupille. Sentant l'indépendance du marquisat gravement compromise par les dangers d'une minorité et d'un gouvernement étranger, il essayait de la sauvegarder par un savant système de bascule, en neutralisant les uns par les autres ses voisins : le duc de Milan, le duc de Savoie, le marquis de Saluces, et la France, que Trivulce représentait à Asti. Aussi Louis XII et Ludovic Sforza se disputèrent-ils plus chaudement son alliance.— Une sympathie réciproque, le sentiment de certaines analogies dans leurs destinées de régents toujours un peu suspects d'usurpation, avait rapproché Constantin Arniti de Ludovic Sforza ; quand Louis XII devint roi, ils étaient étroitement alliés. Au mois de février 1498 (3), sous la crainte des armements et des menaces d'invasion de

---

(1) MARINO SANUTO, II, 591, Venise, 7 avril 1499.

(2) Modène, *ibid.* Costabili au duc de Ferrare, Milan, 13 juillet 1499 [Le duc], me ha dicto questa mattina sentirsi tanto obligato a lo ill^{mo} signor marchese de Salucio, quanto a niuno altro amico che lui habia, per essere per la verita tanto plenamente advisato per suo mezo de li progressi di Francia quanto dire se possa.

(3) Milan, A. d. S, *Pot. Estere.* Monferrato, Instruction à P. P. Varesino, Alexandrie, 19 février 1497 (*anc. st.*) Il réclamait le droit d'occuper les diverses places que le marquis tenait en fief dans le Milanais, le droit de passage à travers le marquisat pour ses troupes et ses approvisionnements ; il demandait le refus de passage pour les troupes de ses ennemis, si une armée, partant par exemple d'Asti, tentait d'envahir le Milanais par le Novarese ou la Lomelline.

Charles VIII, Ludovic Sforza avait envoyé à Casal un ambassadeur, P. P. Varesino, pour conclure avec le Montferrat un accord militaire : le marquis de Montferrat demanda au duc de Milan une *condotta* pour lui et pour Constantin Arniti (1). Ludovic, malgré les très pressants avis de ses conseillers qui l'engageaient à l'accorder, se fit quelque peu prier. Enfin, il offrit au marquis une solde de quinze mille ducats (2), en temps de paix et de guerre indifféremment ; moyennant quoi, le marquis le servirait de sa personne et de son état, et entretiendrait à la disposition du duc cent hommes d'armes et cinquante cavaliers légers ; vu le jeune âge du marquis, son service personnel ne serait pas obligatoire. Constantin Arniti recevrait une solde de quinze mille ducats en temps de paix, qui serait doublée pendant la guerre ; il s'engageait à servir personnellement avec cent hommes d'armes et trente cavaliers légers pendant la paix, avec deux cents hommes d'armes et cent cavaliers légers en tout (3). Alors des relations fort cordiales s'établirent entre les deux états (4). Mais les négociations de Ludovic Sforza ne tardèrent pas à être contre carrées par celles qu'ébaucha Venise pour prendre à sa solde le gouverneur du Montferrat : la Seigneurie espérait qu'elle réussirait, à défaut d'autre procédé, par l'intermédiaire du roi de France (5). Il s'ensuivit une période de marchandages où Constantin Arniti, se voyant plus recherché, n'hésita point, malgré la convention précédente avec le duc de Milan, à élever ses prétentions et finit par ne conclure avec personne.

De son côté, malgré les tendances milanaises de Constantin

---

(1) Mantoue, *Arch. Gonzaga*, E., XIX-3 ; Modène, *ibid.* Costabili au marquis de Mantoue, 2 mai 1498. « Vi sono de quelli che molto stringeno la cosa ».

(2) Ludovic Sforza semblait trouver modeste sa proposition, puisqu'il priait le marquis et le gouverneur de vouloir bien s'en contenter.

(3) Document cité pag. 184, note 3. Je crois inutile de citer ici d'autres clauses de moindre importance.

(4) Ainsi que le prouve une fréquente correspondance entre Ludovic Sforza et Arniti, notamment une lettre d'Arniti du 1er avril 1498 (Milan, *Cartegg. gener.*). L'ambassadeur de Montferrat était soutenu à Milan par le parti des San Severino, qui s'associaient aux jalousies du marquis et de son tuteur contre le marquis de Mantoue ; ce fut sous leur impulsion que, le 10 juin 1498, cet ambassadeur chercha à l'ambassadeur mantouan, au bon Capilupi une querelle de préséance. Mantoue, *Arch. Gonzaga*, E XIX, 3, Capilupi à à marquise de Mantoue, 10 juin 1498.

(5) Milan, A. d. S. *Cartegg. gener.*, Fontana à Ludovic Sforza, 14 juin 1498 : « e che quando non lo possa altramente havere, operara de haverlo per la via del re di Franza. »

Arniti, Louis XII ne négligeait rien pour l'attacher à sa politique. Il lui fit annoncer en même temps qu'à Trivulce la mort de Charles VIII, en le priant de conserver sa fidélité au nouveau roi (1). La lenteur qu'Arniti mit à lui envoyer une ambassade de félicitations ne le rebuta pas (2); il lui envoya le cardinal de La Rovère, et, bientôt après, lui donna le collier de l'ordre, avec les dignités de chambellan et de conseiller royal (3). L'inquiète ambition de Constantin Arniti ne se satisfaisait pas de ces marques d'amitié : en décembre 1498, il noua de subtiles intrigues avec les ambassadeurs vénitiens résidant en France, avec l'agent de Trivulce (4). Mais l'utilité de l'alliance avec le Montferrat était trop grande pour Louis XII pour qu'il ne persévérât pas, malgré cette attitude assez louche et l'impopularité de Constantin Arniti, à vouloir le gagner. Il commença par lui garantir son maintien à la tête du gouvernement du Montferrat, et la restitution des divers châteaux qui lui avaient été enlevés par Ludovic Sforza; il lui promit, en cas d'une descente en Italie, de respecter absolument tout le territoire du Montferrat et de n'y point loger de troupes; il lui promit enfin de l'argent, des troupes et de l'artillerie, en échange d'une promesse de service dans l'armée royale (5). Aussi, après l'envoi à Louis XII par le marquis de Zanino d'Annono (6), un traité fut finalement

(1) Milan, A. d. S., *Pot. estere*, *Francia*, Lettre circulaire de Rochefort, Ligny, etc., à Trivulce et Arniti pour annoncer la mort de Charles VIII, 9 avril 1498.

(2) Milan, A. d. S. *Pot. estere Savoia*, Pirovani à Ludovic Sforza, 30 juin 1498. — A cette date, aucune ambassade du Montferrat n'avait encore été envoyée en France, mais Maffeo assurait que l'ambassade était désignée et qu'elle avait retardé son départ pour voyager, plus sûrement, en compagnie de l'ambassade vénitienne : « De Monferrato non ho inteso se andarano o non ambasatori, ma io suppico ne siano tardato fin qui per acompagnarse cum la legatione veneta ».

(3) MARINO SANUTO, *Diarii*, II, 31, l'ambassadeur vénitien en France à la Seigneurie, 11 octobre 1498. Des négociations auraient commencé en vue d'un mariage ultérieur entre le jeune marquis de Montferrat et la jeune fille de la duchesse d'Angoulême, la future Marguerite de Navarre.

(4) *Documents sur la première année*, etc., pag. 60 : Taddeo Vimercati, ambassadeur milanais à Florence, à Ludovic Sforza, 30 décembre 1498.

(5) MARINO SANUTO, II, 576, Dolce à la Seigneurie, 31 mars 1499 ; et II. 491, Urbano d'Albania à la Seigneurie, 3 mars 1499. Constantin Arniti voulait d'ailleurs entrer dans la ligue franco-vénitienne.

(6) *Documents sur la première année*, etc., pag. 77. Lettre de Guisoard à Ludovic Sforza, 6 mai 1499. Marino Sanuto, II, 559, l'ambassadeur vénitien à la Seigneurie, Blois, 10 mars 1499.

conclu, le 31 mai 1499, à Châteauneuf-du-Loir (1). Le bruit circula que Constantin Arniti avait conclu, moyennant la promesse d'être ensuite maintenu sa vie durant dans ses fonctions de gouverneur, et de recevoir quelques territoires milanais, une alliance perpétuelle avec le roi de France (2). — L'alliance existait en effet : Louis XII envoya en juillet 1499 un représentant à la cour de Casal, M. de Mombray ; en même temps, il donna à Arniti une compagnie de cinquante lances avec un revenu de trois cents ducats assigné sur les rentes du Milanais, un corps de deux cents arbalétriers à cheval, enfin de l'artillerie, sous la conduite de Rogiano (3). Conformément aux engagements pris à son égard par Louis XII, Arniti refusa à Trivulce, en juillet 1499, de loger des gens d'armes sur le Montferrat (4). — Le roi de France et ses agents servaient d'autre part, en véritables alliés, sa politique matrimoniale. En juin 1499, il était en négociations avec le marquis de Mantoue pour marier son neveu à une princesse Gonzague (5).

Depuis l'envoi de Zanino d'Annono en France, Constantin Arniti agit, dans sa politique officielle et ostensible, en ennemi déclaré du duc de Milan. Un des derniers actes où ils agissent d'accord est, le 5 mars 1499, le règlement de la juridiction de Felizzano (6). Cette place, propriété du Montferrat, était sous la suzeraineté du duc de Milan : de là, d'incessantes querelles en matière de juridiction. Arniti ne daigna prêter aucune attention

---

(1) Voir dans *L'Ambassade d'Accurse Maynier à Venise, Appendice*, les documents où est décrite la cérémonie de la ratification de ce traité à Casal, le 16 juin 1499.

(2) Florence, A. d. S., *Lettere esterne*, XXXVII, les ambassadeurs à la Seigneurie, Milan, 10 juillet 1499 : « Et intendesi che il signor Constantino ha capitulato col illustrissimo Christianissimo la sua conducta per sempre, con esser confirmato in quel governo.» — On prétendait même à Milan que le roi avait promis à Constantin une portion du territoire du Milanais.

(3) MARINO SANUTO, *Diarii*, II, 559, l'ambassadeur vénitien à la Seigneurie, Blois, 10 mars 1499, et *Relations de France* dans le *Cartegg. gener.* de Milan.

(4) Voir *La Cryptographie de Simon Cattaneo*, et Milan, A. d. S., *Cartegg. gener.*, Andrea da Capoa à Ludovic Sforza, 13 juillet 1499 : « Lo signor Constantino he stato a Galiano appresso in Ast, et hano fato uno grande consiglio cum miser Johan Jacomo da Treuls (*sic*). Io andero e non tornero may che non veda cum li ogi mei ogni cossa, avisando che tuta la gente che ho visto, fino a mo, non sono troppo bene in ordine ».

(5) Voir *La Cryptographie de Simon Cattaneo*.

(6) Milan, A. d. S. *Cartegg. gener.* « Per questo non intendemo sii derogato a la superiorità e rasone nostre como su del directo de epso feudo ».

à des représentations relatives aux attaques dirigées par les troupes françaises, au profit du Montferrat, contre divers châteaux du Milanais; il affecta une indépendance absolue et une hostilité complète à l'égard de Ludovic Sforza : au commencement de mai, l'agent milanais Jean Guisoard pouvait même craindre son arrestation (1).

Le duc de Milan fit une dernière tentative de rapprochement dans les premiers jours de juillet: il dépêcha à Constantin Arniti et au marquis de Montferrat un personnage sans caractère officiel, un moine, Fra Arcangelo, pour leur offrir, une dernière fois, de devenir ses alliés (2). Mais à la date où elle était faite, cette tentative ne pouvait présenter le moindre avantage pour le Montferrat, ni, partant, avoir le moindre succès.

Tout ce à quoi consentit Arniti, malgré sa rupture officielle avec le duché de Milan, ce fut à fournir des renseignements, parfois confidentiels et secrets, à Ludovic Sforza. Ni lui, ni le marquis de Saluces, ni Trivulce lui-même, ne croyaient,

(1) *Documents sur la première année*, etc., pag. 77, Lettre de Jean Guisoard à Ludovic Sforza, 6 mai 1499. Arniti n'était pas moins agressif contre le marquis de Saluces, auquel il voulait faire un procès, en raison du complot mentionné plus haut (Marino Sanuto, II, 575, Turin, 31 mars 1499. Dolce à la Seigneurie), et contre le duc de Savoie, avec qui il eut, en juin 1499, un incident de frontières assez grave. Constantin Arniti ayant fait enlever quatre cents têtes de bétail aux Piémontais, ceux-ci enlevèrent six individus de Montferrat. Constantin envoya un ambassadeur à Turin pour examiner l'affaire avec le grand chancelier ; cet ambassadeur prétendait que les Piémontais avaient le droit de saisir sur leurs terres le bétail du Montferrat, et qu'ils devaient reconnaître à la partie adverse un droit analogue. Il était très difficile d'arranger cette affaire, on craignait même qu'il n'y eût là le début de quelque conflit grave. M. de Grammont, ayant, en ce temps là même, été envoyé en ambassade par le duc de Savoie à Trivulce, on croyait qu'il s'agissait de décider Trivulce à prendre parti pour la Savoie contre le Montferrat (Lettre de Dolce à la Seigneurie de Venise, 2, 9 et 11, 11 juin 1399. Marino Sanuto, II, 809, 814).

(2) Milan, A. d. S., *Pot. Estere*, 1491-1500. « Instructio fratris Archangeli. » En voici un fragment important : « et quando vedesti chel stesse su boue parole generale, voi li havereti a dire che non volendo venere ad conclusione effectuale, vi lassa cum troppo caricho, facendovi parlare de una cosa et havendo l'animo contrario a le parole. Quando anche vedesti chel venesse ad mente de risolversi effectualmente, ve chiareteti bene quello chel predicto signore Constantino voria particularmente per se, poi per lo illustrissimo signore marchese, e quali oblighi voria fare per el stato ; cum certificarlo che intendendo noi resolutamente lo intrinseco suo, retrovara quelli effecti dal canto nostro quali se deveno expectare da proprio fratello, ne ce mancharano li modi e mezi de potere accompagnare quello signor marchese honoratissimamente et ad proposito de la securita di quello stato.

en agissant ainsi, commettre une trahison envers le roi de France; ils ne faisaient que contenter chez un de leurs concitoyens ce goût passionné d'information, cette curiosité universellement en éveil qu'ils éprouvaient eux-mêmes, et qu'excitaient au plus haut degré les faits et gestes de Louis XII. Soit par reconnaissance de ce service relativement important, soit plutôt par machiavélisme, pour le rendre suspect à la France et à Venise, Ludovic Sforza affecta de ne jamais traiter en ennemi le gouverneur de Montferrat (1).

Cette réserve du duc de Milan et ce qu'il y avait à certains égards de louche dans la conduite de Constantin Arniti ne manquèrent pas en effet de le rendre suspect à quelques-uns, dans l'entourage de Louis XII. Pour se laver de ces défiances, Arniti redoubla d'énergie dans les manifestations de sa haine contre Ludovic Sforza (2). Quelles que fussent au fond du cœur ses ambitions et ses préférences, il agit en allié, lui aussi, et en capitaine de Louis XII. Avec lui, comme avec le duc de Savoie, c'étaient les interminables temporisations et les subtilités de Ludovic Sforza qui avaient assuré la défaite diplomatique du duc de Milan.

Tout l'ouest de l'Italie était ainsi dans la main du roi de France. Non seulement les routes du Milanais lui étaient largement ouvertes, mais c'étaient les contingents subalpins qui allaient les premiers les fouler pour se concentrer dans l'Astesan avec l'armée française. Sur ces âmes encore féodales de princes pauvres et besogneux, l'appât des concessions de territoires, des dignités militaires, des sacs d'écus, avait été plus fort que le mirage ondoyant et lointain des promesses machiavéliques de Ludovic le More.

(1) Marino Sanuto, II, 1096. Liom à la Seigneurie de Venise, Crema 15 août 1499. Ainsi en pleine guerre, il se refusait à ouvrir les lettres d'Arniti à un podestat vénitien, surprises sur un espion arrêté.
(2) Il poussa de toutes ses forces le roi à commencer les hostilités au plus tôt, lui assurant qu'en deux mois la guerre serait finie ; il lui conseilla de réunir toutes ses troupes à Rivoli, et de tomber ensuite d'un seul choc sur Ludovic Sforza pris au dépourvu ; quant à lui, il promettait d'être le premier à attaquer Ludovic Sforza.

III.

LA POLITIQUE DES PRINCES APPARENTÉS A LUDOVIC SFORZA.

Au moment où commençait la grande crise de son règne, le duc de Milan pouvait s'attendre à trouver appui moral et matériel chez plusieurs princes dont il était, par la naissance ou le mariage, le parent : son union avec Béatrice d'Este, qu'il avait perdue après peu d'années de mariage, l'avait fait le gendre de Hercule d'Este, duc de Ferrare, et le beau-frère de François de Gonzague, marquis de Mantoue. Sa nièce, la fille naturelle de son frère Galéas, Catherine Sforza, était devenue, par son mariage avec un Riario, comtesse de Forli et d'Imola, et, pendant la minorité de son fils Ottaviano, restait maîtresse de son comté : tous les trois avaient avec Ludovic Sforza des relations de bons parents. — Par un hasard, ces trois princes régnaient sur des états géographiquement rapprochés : le duché de Ferrare et le marquisat de Mantoue étant voisins dans le bassin inférieur du Pô, resserrés entre les territoires vénitiens de terre ferme, le duché de Milan, et la république de Bologne, et le comté de Forli peu éloigné, sur les rives de l'Adriatique au pied de l'Apennin. Aucun état de l'Italie n'était en communications plus aisées et plus ouvertes avec le duché de Milan : le Pô et la voie Emilienne étaient leurs grandes routes. Ces trois princes se trouvaient dans des conditions politiques analogues : leur ennemi commun était la Seigneurie de Venise, qui depuis longtemps rêvait pour les Este et les Gonzague le sort des tyrans de Vérone et de Padoue, qui destinait à la côte italienne de l'Adriatique, le sort de la côte orientale, et qui déjà y avait pris pied dans les ports napolitains: contre les envahissements de cette infatigable ennemie, le duché de Milan avait toujours été leur soutien naturel. — De sérieuses raisons semblaient donc rapprocher de Ludovic Sforza le duc de Ferrare, le marquis de Mantoue et la comtesse de Forli.

§ 1. — *L'effacement du duc de Ferrare.*

La mort de Béatrice d'Este, enlevée en pleine jeunesse en donnant le jour à un enfant qui ne vécut pas, n'avait pas rompu les relations d'amitié cordiale que son mariage avait créées entre Ludovic Sforza et la famille d'Este. Une foule de faits l'atteste: l'empressement de Ludovic à communiquer à son beau-père les nouvelles politiques, la fréquence de sa correspondance avec lui, les services personnels qu'il lui demandait, son zèle à lui communiquer les avis de Rome (1). En mars 1498, le duc de Milan avait mis en possession de l'archevêché de Milan le jeune cardinal Hippolyte d'Este, et il avait accompagné cette faveur de paroles très flatteuses pour le nouveau prélat et très touchantes : « Pour assurer la solidité de la puissance de ses enfants, il n'avait pas vu de meilleur moyen que de désigner de son vivant celui qui serait leur tuteur, s'ils restaient orphelins avant l'âge d'homme, et il n'avait trouvé personne plus capable que lui de remplir cet office (2) ». Il appelait Sigismond d'Este en séjour à sa cour, et organisait pour lui des chasses (3). Un peu plus tard,

---

(1) Tous ces faits nous sont connus par les lettres mêmes de Ludovic Sforza à Hercule d'Este : les archives de Modène en ont conservé cinquante et une pour les trois années 1498, 1499, 1500, adressées par le duc de Milan au duc de Ferrare. Si elles n'ont pas toutes une égale importance historique, elles forment une preuve générale de leurs relations personnelles courtoises. J'en ai donné le catalogue analytique très détaillé dans une étude sur *les Relations de François de Gonzague, marquis de Mantoue, avec Ludovic Sforza et Louis XII, notes additionnelles*, pag. 86-89, auquel je renvoie pour plus de renseignements sur celles de ces lettres qui seront citées ici. Voir notamment celle du 25 février 1498.

(2) Lettre de Ludovic à Hercule, Milan, 7 mars 1498, citée *ibid.* pag. 88.

(3) Lettres du même au même, 10 février et 1er avril 1498, citées *ibid.* pag. 88. Sigismond eut à Milan une indisposition assez longue; le 12 avril 1499, il n'en était pas encore bien débarrassé, ainsi que le prouve la lettre suivante (Modène, A. d. S., *Cancell. ducale. Lettere de Principi esteri.*) Suscr: *Illustrisimo cognato et tamquam fratri charissimo domino Sigismondo Estensi. Ferrarie. cito.* — Illustrissime cognate et frater noster charissime, cum grandissimo piacere havemo inteso el megliorameno de la Signoria vostra : cossi nui desideramo sentire che in tutto La sia liberata. Mediolani, XII aprilis 1499. Ludovicus Maria Sfortia Anglus, dux Mediolani, B. Chalcus. Pendant son voyage à Gênes, il fut en correspondance fréquente avec le cardinal d'Este. Modène, A. d. S., *Cancell. ducale, Lettere di Principi esteri, Milano, Exemplum litterarum ducis Mediolani ad cardinalem Estensem*, 14, 16, 17, 18 mars 1498. Voir ces lettres dans mes *Documents pour l'histoire de la domination française à Gênes* (1498-1500).

le prince Alphonse étant tombé malade, il envoyait un ambassadeur spécial, Marliano, s'informer de ses nouvelles (1). Cette sincère cordialité autorisait Ludovic Sforza à se croire implicitement l'allié du duc de Ferrare.

Mais le sage Hercule d'Este, déjà arrivé à l'âge du repos, était beaucoup trop soucieux de sa tranquillité et de ses intérêts pour vouloir compromettre les uns ou l'autre dans des intrigues politiques ou dans des luttes trop chanceuses. Il était l'ami et le conseiller sympathique du duc de Milan, mais il était depuis longtemps aussi l'allié de la France : il ne voulut pas sacrifier celle-ci à celui-là. Dès qu'il eut reçu la notification de l'avènement de Louis XII, il s'empressa d'envoyer au nouveau roi une ambassade de félicitations. Cette ambassade, qui allait féliciter Louis XII, « roi de France et duc de Milan », prit à son passage à Milan les commissions de Ludovic de Sforza, « duc de Milan », pour le roi de France : toute la politique d'Hercule d'Este se symbolise dans cette contradiction singulière et dans ce désir de concilier les extrêmes les plus opposés. Le duc de Milan avait beaucoup applaudi à cette idée d'ambassade en France, qu'il trouvait « empreinte de la sagesse accoutumée » du duc Hercule ; il chargea l'envoyé ferrarais, Borso da Corregio, d'une mission analogue à celle qu'il avait donnée précédemment au marquis de Saluces (2). Louis XII montra les meilleures dispositions pour le duc de Ferrare, mais le pria de renoncer à toute intervention en faveur du duc de Milan (3). Le duc de Ferrare sentit toute la force de cette recommandation très claire ; il comprit que la condition du maintien de son alliance avec la France était qu'il s'abstînt de toute ingérence dans les affaires de Louis XII. Il se conforma si bien à cette règle qu'en juin 1498 Ludovic Sforza et François de Gonzague lui ayant fait demander ce qu'il ferait dans le cas d'une descente des Français en Italie, il ne voulut pas se risquer même à leur donner une réponse (4).

Le duc de Milan comprit dès lors qu'il ne devait pas espérer une alliance véritable avec son ex-beau-père. Il se borna à

---

(1) Lettre de Ludovic à Hercule, Milan 14 avril 1498, citée dans les *Relations de François de Gonzague*, etc., pag. 88.

(2) Modène, *ibid.*, Costabili au duc de Ferrare, 30 avril 1498.

(3) Milan, A. d. S., *Carteggi. gener.*, Avis de Paris, 30 juillet 1498. Document cité plus haut.

(4) Marino Sanuto, *Diarii*, II, 786. Lettre de Donado, vicedomino vénitien à Ferrare, à la Seigneurie, Ferrare, 2 juin 1498.

maintenir avec lui de bonnes relations pour pouvoir tenter de se servir, soit de sa diplomatie, soit, le cas échéant, de son appui militaire. Il usa ainsi plusieurs fois utilement du duc de Ferrare et de ses relations avec lui (1) : ce fut à sa demande que, dans l'interminable question de Pise, le duc accepta de rendre un jugement arbitral entre les deux républiques de Venise et de Florence. Cet arbitrage était délicat. La conclusion de la Ligue franco-vénitienne avait peu auparavant mécontenté et effrayé le duc de Ferrare, car il craignait que la vieille jalousie des Vénitiens à son égard n'arrivât à provoquer un refroidissement entre Louis XII et lui-même (2). Mais, bien que ses sympathies personnelles allassent plutôt vers les Florentins (3), il n'en laissa rien paraître. Son impartialité refroidit beaucoup Ludovic Sforza à son égard, malgré les compliments officiels qu'il ne put se dispenser de lui adresser.

D'ailleurs, Ludovic Sforza n'avait pas encore complètement désespéré d'entrer en relations avec Louis XII par l'intermédiaire du duc de Ferrare (4). Au mois de septembre suivant, il lui demandait l'envoi en France d'un agent secret, tant pour traiter ses propres affaires que pour surveiller les ambassadeurs vénitiens : mais il se heurta à un refus catégorique de Hercule d'Este. Hercule voulait bien envoyer en France quelqu'un, et nommément Nicolo de Bianchi, mais à titre officiel, comme ambassadeur, et non pas incognito, en espion (5). A la suite de ce refus, les relations entre le beau-père et le gendre cessèrent presque entièrement pendant plusieurs mois.

Elles recommencèrent quand Ludovic Sforza, décidément menacé par Louis XII, demanda au duc de Ferrare son concours

---

(1) Modène, A. d. S. *Cancelleria ducale, Lettere di Principi esteri,* Ludovic à Hercule de Ferrare, 24 juillet 1498. — La mission de Galéas de San Severino fut suivie peu de jours après par celle de Piero Griffo (*ibid.*, le même au même, 1ᵉʳ août 1498).

(2) MARINO SANUTO, II, 482. Donado à la Seigneurie, Ferrare, 25 février 1499.

(3) Florence, A. d. S. *Lettere estere alla Signoria,* reg. XXXVIII, fol. 99 et 112. Lettres du duc de Ferrare, 13 et 20 juillet 1499, au sujet de l'envoi à Florence de deux mille boulets de fer par le maître artilleur Antonio da Certaldo.

(4) Lettre de Ludovic Sforza au duc de Ferrare, 8 août 1498. *Loc. cit.*, pag. 89. C'est sans doute dans l'espoir qu'elle parviendrait au roi de France qu'il adresse à Hercule d'Este, le 8 août 1498, une lettre très vive de protestation contre la mauvaise opinion qu'avait de lui le roi de France, à savoir qu'il poussait Maximilien à la guerre.

(5) Modène, A. d. S., *Cancell. ducale,* B. 13, Costabili au duc de Ferrare, 18 septembre 1498.

militaire. A la fin de juin 1499, il le pria de lui fournir, dans le cas d'une invasion française, le plus d'hommes d'armes et de cavalerie légère qu'il pourrait, et de l'artillerie(1); puis il réduisit sa demande à cinquante hommes d'armes sur les cent qui composaient la compagnie de don Fernand, puis il offrit de lui acheter quarante ou cinquante pièces de petite artillerie (2); le duc de Ferrare consentit à lui fournir un peu d'artillerie, mais, pour les envois de troupes, il faisait la sourde oreille. Ludovic Sforza devenait de plus en plus pressant (3); et le 22 juillet, Hercule d'Este se décida, non sans hésitations, à envoyer à Milan cinq cents hommes, hommes d'armes, arbalétriers ou cavaliers légers de la compagnie de don Alphonse d'Este, sous la conduite de Giulio Taxon; une crise de mal français survint à propos pour dispenser Alphonse d'Este de prendre le commandement de ses troupes, et son abstention entraîna celle d'un grand nombre de ses gentilshommes, qui, aux termes de leurs *capitoli*, n'étaient tenus de servir en personne que sous son commandement personnel (4). De plus, Ludovic Sforza essayait d'obtenir du duc de Ferrare un concours purement diplomatique : il lui demandait d'envoyer Alberto Della Pigna à Venise pour y surveiller les actes de l'ambassade française (5).

Ces manœuvres du duc de Milan eurent pour résultat de rendre Hercule d'Este suspect aux Français et aux Vénitiens. Déjà les Vénitiens commençaient à trouver l'attitude du duc *cruda e gaiarda*. Dans sa relation sur Ferrare, Bernardo Bembo disait, le 21 juillet 1499, aux Pregadi que la rupture entre Venise et Ferrare était imminente (6). Le sage Costabili

---

(1) Florence, A. d. S. *Lettere estere alla Signoria*, reg. XI. Lettre de Francesco Soderini, évêque de Volterra, et de Francesco Pepi à la Seigneurie de Florence, Milan, 29 juin 1499 : « Questo Signore ha richiesto il duca di Ferrara che venendo Franzesi vuole lo aiuti a sue spexe di più homini d'arme che può, e cosi cavalli legieri, et in presente vuole circa 70 pesi d'artiglieria. » Modène, A. d. S., B, 14, Costabili au duc de Ferrare, Milan, 29 juin 1499.

(2) Modène, A. d. S. *Cancell. Ducale*, Costabili au duc de Ferrare, 5 et 8 juillet 1499.

(3) *Ibid., id.*, 20 juillet 1499 : « Non trova ne parente ne amico che se offerisca ad aiutarlo, excepto la Signoria Vostra, che pure li ha imprestato le sue artiglierie.

(4) MARINO SANUTO, II, 955, Donado à la Seigneurie, 22 juillet 1499.

(5) Lettre de Ludovic Sforza au duc de Ferrare, 11 juillet 1499; *loc. cit*, pag. 89.

(6) MARINO SANUTO, II, 942, B. Bembo devant le colegio, 21 juillet 1499.

ne se méprit pas sur ces dangers ; il encouragea le duc à s'en tenir à la plus stricte neutralité, même à garder son artillerie à Ferrare. Comme le disait très justement Hercule lui-même, la présence de cette artillerie à Milan ne serait que d'une faible utilité pour Ludovic Sforza, et le fait de l'avoir prêtée pourrait avoir pour le duc de Ferrare de graves inconvénients (1). — Mais l'abstention que conseillait Costabili n'allait pas jusqu'au sacrifice des intérêts pécuniaires : Ludovic ayant manifesté le dessein d'augmenter la *condotta* d'Alphonse d'Este, en lui donnant cinquante hommes d'armes de plus, et un accroissement proportionnel de solde, Costabili fut d'avis d'accepter cette augmentation, « ce qui », disait-il, « ne pourrait être blâmé par personne (2) ».

Le duc de Ferrare se rendit aux conseils de prudence de son ambassadeur : il refusa d'aller voir Ludovic Sforza à Milan, de s'employer pour lui personnellement en qualité de capitaine général. Alphonse d'Este imita son père : les réclamations les plus pressantes de Ludovic Sforza à Costabili et à Alphonse d'Este ne purent faire que cette compagnie fût mise sur le pied de guerre (3). — Le duc de Ferrare s'absorba dans sa prudente et habile réserve. Pour corriger aux yeux de Venise le mauvais effet de quelques-unes de ses démarches antérieures, il crut devoir s'excuser de ne pas se mettre au service de la République, vu son grand âge et son unique souci de se consacrer désormais aux œuvres de la religion et de la paix (4). Un des derniers actes caractéristiques de ses relations avec Ludovic Sforza fut la défense qu'il fit à son fils Hippolyte, le cardinal d'Este, de servir personnellement dans l'armée milanaise. Dévoué à son beau-frère,

---

(1) Modène, A. d. S., *Cancell. Ducale*, B 14, Costabili au duc de Ferrare, 24 juillet 1499 : « Parme che la ill^{ma} Signoria Vostra habia gran ragione a conservarse neutrale più che la puo, tenendo le artiglierie sue per se, perche como sapientissimamente la scrive, qua potriano esser de poco juvamento e a lei di grandissimo detrimento.

(2) *Ibid., id.*, Costabili au duc de Ferrare, 27 juillet 1499.

(3) *Ibid., id.*, Costabili au duc de Ferrare, 21 juillet 1499 : « Don Alfonso me ha scripto che domani se incominceranno ad inviare li gentedarme sue ». — Milan, A.d.S., *Cartegg. gener.* Ludovic à Costabili, Sainte-Marie-des-Grâces, 3 août 1499 : *ibid., id. Potenze estere, Ferrara*, 2 août 1499, Alphouse d'Este à Ludovic Sforza.

(4) Marino Sanuto, II, 976, Venise, *in conseio*, 29 juillet 1499. Son grand âge et sa retraite ne l'empêchaient pas de se livrer à quelques opérations profitables à son domaine comme l'échange de Sassuolo en Modenais contre la moitié de Carpi (Florence, A. d. S., *Lettere estere*, XXXVII, Soderini et Pepi à la Seigneurie, 22 juillet 1499) : « Il duca di Ferrara ha comprato la metà di Carpi da uno da quelli fratelli e dato in cambio Sassuolo in Modenese.

le cardinal s'était fait fabriquer des armes de luxe pour combattre à ses côtés. Tout cardinal qu'il fût, Hippolyte d'Este s'attira de ce chef une verte semonce de son père(1): «Qu'un prêtre s'armât, c'était offenser Dieu et appeler sa vengeance ; ses seules armes devaient être les prières;voilà ce qui serait de bonnes armes blanches, qui ne risqueraient pas d'être irrégulières. » Le jeune et bouillant cardinal refusa d'écouter les sages observations de son père. La crainte d'être compromis par la légèreté de son fils augmenta encore la réserve personnelle du duc de Ferrare, et les commencements de la guerre, si malheureux pour Ludovic Sforza, le firent s'applaudir davantage de n'en être pas sorti. L'affection très réelle qu'il portait à son gendre ne se changea donc pas en une alliance effective (2).

§ 2. — *Les variations diplomatiques du marquis de Mantoue.*

L'un des capitaines les plus habiles et les plus célèbres de la fin du xv° siècle, comparable et peut-être supérieur aux Baglioni de Pérouse, à Paolo Vitelli, à Bartholomeo d'Alviano, à J.-J. Trivulce, François-Marie de Gonzague doublait son pouvoir militaire d'une souveraineté territoriale (3).Situé entre les territoires de Venise, de Bologne, de Ferrare et de Milan, son état était constamment menacé de ses voisins : c'était le condottiere qui devait faire respecter le marquis. De l'engagement de son armée, autant que de ses succès, dépendaient son honneur et sa richesse. De là la politique, pour ainsi dire nécessaire, du marquis: s'allier ou se vendre le plus cher possible à l'état le plus besogneux d'hommes et le plus riche, attendre les offres et provoquer les surenchères, et ménager toujours dans l'adversaire actuel un bailleur de fonds futur. Après avoir été cassé par Venise de son commandement, le 23 juin 1497, atteint à la fois dans son amour-propre et dans ses revenus, il entama des négociations avec la France, séduit par ses gros subsides, et

---

(1) *Louis XII et Ludovic Sforza, Documents*, 283.
(2) Sigismondo dei Conti di Foligno, *Istoria*, II, 203.
(3) J'ai donné tous les textes et les références pour les sources de ce chapitre dans trois articles: *La politique du marquis de Mantoue pendant la lutte de Louis XII et de Ludovic Sforza* (1498-1500) ; *Les relations de François de Gonzague avec Ludovic Sforza et Louis XII*, notes additionnelles : (dans les Annales de la Faculté des Lettres de Bordeaux, 1892 et 1893);*Documents sur les relations de Louis XII, de Ludovic Sforza et du marquis de Mantoue de 1498 à 1500* (dans le *Bulletin du Comité des Travaux historiques*,1893).

avec Maximilien, flatté de l'espoir de son capitanat général en Italie. Ludovic Sforza, intermédiaire de celles-ci, se courrouça fort des premières, et menaça à son tour le marquis de se brouiller avec lui. Près d'une année s'écoula ainsi, pendant laquelle le prestige du vainqueur de Fornoue diminuait chaque jour. La Seigneurie qui regrettait son renvoi, Ludovic Sforza qui peut-être l'avait provoqué pour en profiter, attendaient chacun que ses besoins d'argent le leur livrassent à meilleur compte.

Il était encore en disponibilité quand Charles VIII mourut. Louis XII ne garda pas rancune à François de Gonzague de la bataille de Fornoue. Il lui notifia son avénement par une lettre conçue en termes flatteurs et affectueux, qui fut un baume pour le cœur ulcéré du marquis, et qu'il s'empressa de faire connaître en Italie. Il fit remercier Nicolo Alamanno par Gio. Francesco Peschera. Toutefois ce ne fut qu'en juin qu'il envoya une réponse à Louis XII ; dans une lettre adressée le 21 juillet 1498 à sa sœur Claire de Gonzague, il motivait ce retard par le désir de faire porter la lettre par un « messager plus honorifique » qu'un simple courrier. La vraie raison en est probablement que la politique de Louis XII ne se dessinait pas encore assez nettement pour lui offrir une alliance utile, et que d'ailleurs il lui était plus avantageux de ne pas s'offrir.

Avec lui comme avec plusieurs autres, ce fut Ludovic Sforza qui prit l'initiative d'une alliance. Quand il voulut grouper autour de lui des alliés militaires, des condottieri, des soldats, le marquis de Mantoue fut le premier auquel il pensa. L'ambassade de Louis XII lui avait fait craindre de le voir passer au service de son rival. La frayeur lui fit mener et conclure rapidement une négociation que l'économie lui conseillait de prolonger.

Les pourparlers commencèrent entre Ludovic Sforza et François de Gonzague en avril 1498. Ludovic Sforza proposait seulement au marquis le titre de « capitaine général du roi des Romains ». François de Gonzague, qui connaissait la médiocre solvabilité de Maximilien, désirait que le More intervînt au contrat, et lui accordât le titre de capitaine du duc de Milan. Mais ce titre appartenait à Galéas de San Severino, que Ludovic Sforza ne voulait pas mécontenter. Le marquis et surtout Isabelle d'Este n'y tenaient guère et préféraient une augmentation de solde. L'influence du duc de Ferrare, sollicité par François de Gonzague d'intervenir, pour faire accorder au marquis une plus forte paye et un titre honorifique, fut efficace. Quinze jours après, les deux parties étaient d'accord sur les conditions de la *condotta*. Ludovic Sforza, obligé d'accepter les conditions du marquis, perdait la partie en beau joueur : le 27 mai, dans une longue et intime causerie avec Capilupi, il lui disait : « Cette alliance, c'est mon seul moyen d'assurer Milan à mes enfants. De quelque façon que je meure, je mourrai content, si je laisse la tutelle de mes fils au duc de Ferrare, au marquis de Mantoue et aux fils du duc ; mais à parler franc, j'ai plus confiance dans le marquis. » Et le vieux politique affectait un si entier abandon, prodiguait tant de protestations, que le bon Capilupi en était tout ému: « Peu s'en fallut que tous deux ne pleurassent d'attendrissement». Cependant les dernières négociations traînèrent en longueur. Le marquis, par une de ces brusques inspirations qui lui étaient familières, se décida à aller les terminer en personne : il arriva incognito à Milan le 30 mai. L'entente fut facile; on laissa à l'arbitrage du duc de Ferrare, trois articles: la durée de l'engagement sans mention d'*anno de beneplacito*, la solde personnelle du marquis, le titre honorifique à lui donner si l'empereur n'accordait pas celui de capitaine général de l'Empire. Le jour même, le marquis annonça à l'empereur Maximilien et au pape son alliance avec Ludovic Sforza. La joie de Ludovic Sforza était grande : « on l'aurait cru amoureux du marquis ; il le câlinait comme une jeune fille». Tout Milan partageait sa joie. L'alliance était conclue en principe. Un voyage projeté de Ludovic à Mantoue en grande pompe devait la sanctionner solennellement.

Mais il restait à régler plusieurs questions importantes, et les difficultés de détail commencèrent aussitôt. La question du titre qui lui serait conféré préoccupait beaucoup le marquis, qui alla demander conseil au duc de Ferrare. Ludovic Sforza avait fait proposer tout d'abord à François de Gonzague le titre de capitaine du duc de Milan et de capitaine d'un autre prince. Le marquis accepta d'abord en principe ces offres, mais il voulait que Ludovic lui promît, dans le délai d'un mois, le titre de capitaine de l'Empire et du duché de Milan, ou de Milan et d'une ligue, ou de Milan et d'un autre prince (1). Ludovic Sforza, d'abord assez ému, protesta contre les demandes qu'on lui faisait, et conclut qu'elles lui paraissaient impossibles à satisfaire; cependant, convaincu par les raisonnements de Costabili, il finit par s'engager à donner au marquis de Mantoue, dans un délai de six mois, un titre en commun avec Maximilien ou Florence, ou un autre titre « suffisant »; il songeait en effet à créer une charge de connétable, comme il y en avait en France et à Naples. Le

3 juin, Capilupi fut envoyé à Mantoue pour savoir si le marquis consentirait à traiter avec Ludovic sur ces bases et à recevoir les ambassadeurs de Milan. Le marquis de Mantoue accepta, en demandant une réduction de moitié du délai pour la collation du titre définitif et l'adjonction d'un titre milanais au titre impérial. Le 18 juin, J.-P. de Gonzague, J.-P. Stanga et Capilupi furent envoyés à Milan, porteurs d'un message en ce sens. Costabili était très mécontent de ces marchandages qui faisaient surgir de nouvelles difficultés. Le 19 juin, Ludovic Sforza offrit de réduire à quatre mois le délai primitif, et le marquis accepta cette réduction. Il ne restait plus qu'à proclamer officiellement l'alliance.

Le duc de Milan désigna pour cette cérémonie qui devait avoir lieu à Mantoue Gaspar de San Severino, Corradolo Stanga et Zoanne de Gallarate. La cérémonie de l'alliance fut célébrée le 24 juin. Elle commença par la lecture du traité.

Le préambule de cet acte rappelait que le voisinage des états du duc de Milan et du marquis de Mantoue et leur bonté naturelle avaient depuis longtemps créé entre eux des relations de parfaite bienveillance; que les liens de famille devaient désormais renforcer la cordialité de ces relations et les transformer en une fraternité sincère et parfaite, et que le duc de Milan, voulant donner à toute l'Italie une preuve éclatante de sa confiance en la sincérité et le génie militaire de François de Gonzague avait décidé de le prendre à son service à des conditions honorables, et avait dans cette intention envoyé à Mantoue une ambassade de distinction. Ensuite étaient énumérées les conditions de l'alliance : le marquis, avec ses troupes, ses états et sa ville de Mantoue, entrait au service du duc de Milan pour une période de trois ans qui commencerait au début de juin 1498; il promettait, pour toute la durée de son engagement, d'obéir fidèlement et loyalement au duc, d'avoir les mêmes alliés et les mêmes ennemis ; il prenait le même engagement pour ses cousins et pour leurs possessions, jadis détachées du territoire du marquisat. Le marquis s'engageait à donner au duc de Milan et à son armée passage, logement, asile et vivres sur ses états et ceux de ses cousins. Il promettait de ne conclure aucun traité ni aucune alliance ostensible ou secrète avec aucune puissance sans le su et le consentement du duc de Milan, jusqu'à un terme de deux mois avant l'expiration de son contrat. Toutes les places, châteaux, bourgs, villes ouvertes ou forteresses que le marquis pourrait prendre appartiendraient au duc de Milan, avec les munitions qu'elles contiendraient, mais les prisonniers

et le butin en biens mobiliers fait par le marquis de Mantoue
resteraient sa propriété : pour les prisonniers importants, les
rançons se partageraient entre le duc et le marquis ; mais le
marquis disposerait seul de ses parents, s'il arrivait qu'il y en
eût dans les armées ennemies et qui se fissent prendre. Le marquis ne donnerait pas asile à Mantoue et dans le reste de son
territoire aux gens que le duc de Milan lui dénoncerait comme
des rebelles et fugitifs de ses états ; mais les émigrés milanais
fixés depuis longtemps à Mantoue pourraient continuer d'y
habiter. Il ne pourrait engager comme capitaine ou homme
d'armes aucun individu étant au service du duc de Milan, s'il
n'était muni d'un congé régulier et réciproquement. Enfin il
promettait de ne rien faire par voie directe ou indirecte, ouvertement ou en secret, contre le duc de Milan et ses alliés pendant
les premiers six mois qui suivraient la fin de son engagement.

En échange de ces promesses, qui mettaient le marquis de
Mantoue dans une étroite dépendance du duc de Milan, celui-ci
promettait à François de Gonzague une pension annuelle de
quarante mille ducats pour tout le temps de sa *condotta* : six
mille ducats de pension personnelle, trente mille ducats pour
entretenir trois cents hommes d'armes, et quatre mille ducats
pour entretenir cent chevaux, le tout sans aucune retenue et
aussi bien en temps de paix qu'en temps de guerre, payables par
trimestre en tout temps, sous forme de prêt, une moitié avant
l'ouverture de la campagne, de façon à lui permettre de faire ses
préparatifs militaires, et le reste par versements mensuels. On
définissait *temps de guerre* celui où le marquis verrait se former
sur la frontière du marquisat une armée de sept à huit mille
hommes d'armes, montrant des intentions menaçantes contre
lui. En cas d'attaque dirigée particulièrement contre lui, le marquis était autorisé à se consacrer uniquement à la défense de ses
états sans envoyer ses troupes au dehors, et si l'attaque se produisait pendant une absence causée par le service du duc, à
retourner dans ses états. Moyennant ces conditions, et d'autres
accessoires sur le passage, le logement et l'entretien de ses troupes, le marquis entretiendrait, en temps de paix comme en
temps de guerre, trois cents hommes d'armes et cent hommes de
cavalerie légère, bien équipés et habiles dans leur métier. Le
marquis ne serait tenu à commander lui-même ses troupes qu'en
temps de guerre, et, pendant la paix, en cas de révolte d'une grosse
ville du duché de Milan. Dans aucun de ces divers cas, le marquis ne pourrait avoir à obéir à aucun capitaine général, sauf

au duc lui-même, mais il promettait de marcher toujours d'accord avec les autres capitaines de Ludovic Sforza. Si le marquis se trouvait avoir sous ses ordres des soldats du duc, il pourrait les commander comme le duc de Milan lui-même ; s'il se trouvait employé dans quelque entreprise avec le lieutenant ou le capitaine ducal, ils seraient tous les trois sur le pied d'égalité. Le marquis acceptait d'aller trois ou quatre fois par an, de dix à quinze jours chaque fois, à Milan pour conférer et délibérer avec Ludovic Sforza sur sa politique. Il s'obligeait, en temps de paix, à mettre ses troupes trois mois par an à la disposition de Ludovic Sforza, à condition de les employer en Lombardie et à Gênes, entre les Alpes et Bologne, sauf le cas où le marquis aurait des raisons sérieuses de craindre une attaque contre son état. Enfin, « pour ne pas laisser sans honneur le marquis de Mantoue », le duc s'engageait à lui faire avoir, dans un délai de quatre mois, le titre de capitaine général du roi des Romains ou d'un autre souverain, avec celui de capitaine ducal, ou bien, si c'était impossible, un autre titre équivalent propre à satisfaire le marquis.

Ces divers articles furent signés par François de Gonzague en son propre nom, par les trois ambassadeurs de Ludovic Sforza au nom du duc de Milan, en présence des conseillers les plus intimes du marquis, son capitaine d'infanterie légère, Enea Furlano, ses conseillers Tosabezzi et Georgio Brognolo, et son secrétaire Jacopo d'Atri, comte de Pianella. La cérémonie avait eu lieu dans le *Salon du Soleil.*

A ces articles publiés furent joints des articles secrets, relatifs aux villes de Vérone et de Vienne, aux pays d'Asola, Lonato, Brescia et Peschiera, qui appartenaient alors aux Vénitiens, mais qui avaient été autrefois détachés du duché de Milan, et que la secrète ambition des Sforza avait toujours été de reconquérir. Il fut convenu qu'au cas où le marquis, pendant une guerre entre Venise et le duc de Milan ou par un autre moyen, s'emparerait d'une ou de plusieurs de ces villes et de leurs territoires, elles seraient mises au pouvoir de François de Gonzague et de ses héritiers, qui reconnaîtraient les tenir en fief de Ludovic Sforza ; et que, moyennant cette cession, Ludovic Sforza serait dispensé de donner, soit au marquis, soit à ses descendants, aucun des subsides ou des autres provisions pécuniaires spécifiées dans le traité, tandis que le marquis resterait soumis à toutes les conditions susdites ; si le marquis ne prenait que Vérone, la pension que lui devait le duc serait réduite seulement de moitié. En cas d'occupation de Brescia, de Bergame, ou d'autres places, le duc de Milan s'engageait à faire restituer leurs biens aux personnes punies d'exil et de confiscation pour avoir pris le parti des trois marquis de Mantoue, prédécesseurs de François de Gonzague. Il est aisé de comprendre l'intérêt qu'avaient les deux parties contractantes à ne pas divulguer ces dernières conventions dirigées contre la République de Venise et qui rendaient évidentes les intentions belliqueuses de Ludovic Sforza.

Peu de jours après ses ambassadeurs, Ludovic Sforza se dirigea à son tour vers Mantoue ; son voyage avait un double but: manifester publiquement sa haute estime pour le marquis, remercier la marquise des heureux résultats de son habileté politique. C'était les prendre l'un et l'autre par leur vanité. Tout le mois de juin fut employé par Isabelle d'Este aux préparatifs de la réception de Ludovic Sforza: les questions les plus intimes, l'ameublement de sa chambre, la qualité de son vin préféré, les costumes à porter pour lui plaire, sont l'objet d'une correspondance minutieuse entre Capilupi et elle et, qui plus est, de graves délibérations entre Capilupi, le cardinal d'Este et l'intendant de Ludovic Sforza, Vesconte.

L'itinéraire du duc de Milan et le programme de son voyage étaient déjà fixés quand il faillit y renoncer, vers le milieu de juin, et rompre en même temps son récent traité. L'interminable et épineuse question du *titulo*, qui avait été réservée jusqu'à l'expiration du délai convenu, en était la cause : le marquis se croyait berné par Ludovic Sforza. Il fallut une éloquente intervention de Costabili pour calmer ses appréhensions (1).

Le marquis se borna à demander à son beau-frère une promesse écrite que dans un délai de quatre mois, il aurait reçu de lui le titre de « capitaine général du Roi des Romains » ou d'un autre prince avec le sien propre. Le duc de Milan signa cette promesse, en ajoutant qu'à défaut des deux titres réunis, il donnerait au marquis celui de grand connétable. Toutes les difficultés étant ainsi aplanies, le duc fit le 27 juin une entrée solennelle à Mantoue : il y passa plusieurs jours en réjouissances, et versa au marquis le premier quart de sa solde, dix mille ducats.

Restait pour Ludovic Sforza à faire ratifier par l'empereur le principal article de la *condotta* de François de Gonzague, c'est-

---

(1) Pour les détails de cette péripétie, plus intéressante pour la psychologie du marquis que pour l'histoire, voir *La politique du marquis de Mantoue*.

à-dire à obtenir pour lui le titre de capitaine général de l'Empire en Italie, titre que Maximilien semblait assez peu disposé à lui concéder. Aussi est-ce à cette question qu'est en grande partie consacrée la correspondance de Ludovic Sforza avec ses ambassadeurs en Allemagne et Maximilien lui-même : lettres et supplications deviennent de jour en jour plus pressantes. Les raisons apportées au débat par le duc de Milan sont toujours d'ailleurs à peu près les mêmes : l'intérêt qu'aurait l'empereur à avoir le marquis pour allié en Italie, l'impossibilité où est le duc lui-même de donner à son beau-frère un titre suffisamment honorable. Ludovic Sforza avait stipulé un délai de quatre mois pour amener l'empereur à cette conclusion. Ce terme, partant du 1er juin, date de la signature de l'accord entre Ludovic Sforza et François de Gonzague, devait échoir le 1er octobre. La non-exécution de cette clause à cette date rendait sa liberté au marquis.

Pendant ces quatre mois, le marquis de Mantoue s'appliqua à faire sentir à Ludovic Sforza que leur traité n'avait rien encore de définitif. Sa politique à l'égard de son beau-frère fut assez fière et indépendante : en juin même, il fit ou laissa répandre le bruit que Venise avait recommencé des négociations avec lui, et que la Seigneurie l'engageait à une défiance absolue envers le duc de Milan.

Il se rapprocha ostensiblement de la France : déjà il avait voulu répondre à la mission de Nicolo Alamanno par l'envoi en France de Gian Pietro de Gonzague; mais il était alors en plein traité avec Milan, cette ambassade n'avait pas eu de caractère politique, et Ludovic Sforza lui-même l'en avait félicité comme d'un acte de courtoisie. Le 21 juillet 1498, il adressa au roi de France une lettre de félicitation pour son avènement, et le même jour une lettre amicale au grand bâtard de Bourbon. Un peu plus tard, il envoya à Louis XII un nouvel ambassadeur, Giancarlo Scalona. Bien que ce fût encore avec l'approbation de Ludovic Sforza, une arrière-pensée politique commençait à se mêler à ces démarches. Au reste, cette oscillation vers la France masquait des tentatives beaucoup plus sérieuses pour se rapprocher de Venise. Cette double feinte du marquis réussit comme il le désirait : le duc de Milan et avec lui tous les mantouans partisans de l'alliance milanaise s'en effrayèrent fort.

Sur ces entrefaites, Maximilien se décida à accorder au marquis de Mantoue le titre de son capitaine général en Italie, et, en même temps, Ludovic obtenait du duc de Ferrare la renonciation de son fils Alphonse au titre de lieutenant ducal en Italie. La patente de Maximilien arriva à Milan le 24 septembre. Le 29, le duc l'expédia à Mantoue par son conseiller Cesare de Birago. Birago emportait des instructions très détaillées. Il devait annoncer officiellement au marquis sa nomination, lui exprimer les félicitations de Ludovic; ajouter, que *«pour prouver la profondeur de son affection pour le marquis, et bien que le don du titre impérial fût suffisant à lui seul pour signifier l'exécution de la clause, le duc de Milan y joignait le titre de son lieutenant-général»*; enfin lui annoncer l'envoi du bâton, emblème du capitanat impérial, et de l'étendard, emblème de la lieutenance ducale. Mais, après le départ de Cesare Birago, Ludovic fut avisé par Brognolo que les titres de capitaine-impérial et de lieutenant-général ne contenteraient pas le marquis. Ludovic, tout en s'étonnant que le titre de capitaine-impérial ne suffît pas au marquis, « *étant un de ces honneurs que de mémoire d'homme n'avait obtenu prince italien* », consentit à lui laisser le choix entre la lieutenance ou le capitanat ducal.

Il semblait que le marquis dût se tenir pour satisfait. Mais, pendant ces quatre mois la situation générale avait changé; l'alliance franco-vénitienne avait reçu, personne ne l'ignorait en Italie, un commencement de réalisation; les relations de Ludovic et de Maximilien s'étaient au contraire refroidies; l'expérience venait de prouver au marquis qu'il avait peu d'argent à attendre de l'empereur : la *condotta* de Milan devenait beaucoup moins brillante. D'autre part, depuis le mois de septembre, ses avances à Venise, d'abord froidement reçues, avaient trouvé meilleur accueil. La Seigneurie, fort occupée à protéger contre Florence la liberté de Pise, songeait à envoyer en Toscane le marquis combattre pour elle. Dans le conseil, le doge et la majorité lui étaient favorables. Il lui devenait plus avantageux de reprendre du service de la Seigneurie. La pensée d'une trahison mûrissait dans son esprit dès les derniers jours de septembre.

Sa fourberie fut alors singulièrement compliquée. Le mercredi 3 octobre, il reçut Cesare de Birago, le remercia des titres qu'il lui apportait, surtout du titre milanais, mais sans manifester la joie et la satisfaction qu'attendait l'ambassadeur milanais, et il l'avertit qu'il avait envoyé directement sa réponse à Ludovic. Cette attitude embarrassée donna des inquiétudes à l'envoyé milanais. Ce n'était point sans motifs.

La veille, en effet, le marquis de Mantoue avait écrit à son ambassadeur à Milan, Brognolo, « *qu'après avoir attendu pendant le terme convenu de quatre mois la collation du titre promis, ce terme étant échu sans qu'il eût obtenu ce titre, il se considérait comme dégagé de toute promesse et était résolu à tout souffrir, plutôt qu'à faire le métier des armes sans le titre et les honneurs convenables à sa situation et à lui garantis par les traités* ». Le marquis donnait comme motifs de sa rupture le refus de Ludovic de le nommer capitaine-général et l'offre, insultante et dérisoire selon lui, de la lieutenance ducale qui appartenait à son beau-frère Alphonse de Ferrare. Il chargea Brognolo de bien faire constater par Ludovic qu'il avait attendu pour commencer à négocier avec d'autres puissances l'expiration du terme officiel (1). Sans perdre un jour, sans savoir si le duc de Milan accepterait ou non son interprétation, il profita de la liberté qu'il s'attribuait. Dès le 6 octobre, il envoya officiellement Jean de Gonzague offrir ses services à la Seigneurie. Sans faire de conditions pour son titre et sa pension, il offrait d'aller combattre les Florentins pour le compte de Venise, avec cent cinquante hommes d'armes, deux cents de cavalerie légère et quinze cents hommes d'infanterie. Cette démarche éclatante ne laissait plus aucun doute sur les intentions apparentes du marquis de Mantoue.

Ludovic se sentit encore plus menacé dans ses intérêts par cette rupture qu'humilié dans son orgueil. Il refusa d'admettre l'interprétation donnée de leur contrat par le marquis, puis il essaya des moyens comminatoires pour le ramener à lui; le 10 octobre 1498, il le menace, au nom de l'empereur, de le punir de sa trahison en lui enlevant son fief par voie juridique; le 13, il proteste solennellement devant l'ambassadeur mantouan contre l'interprétation donnée au contrat par le marquis, et le déclare responsable des événements qui pourraient en résulter ; le 14, il charge Herasmo Brasca de protester de même devant l'empereur; il demande que l'empereur déclare le marquis déchu de son fief, lui interdise de prendre du service de tout autre souverain que lui et veuille bien délier ses sujets du serment de fidélité; le 15, il rompt les relations diplomatiques avec Mantoue par le renvoi de l'ambassadeur Brognolo, malgré son estime pour la personne de cet ambassadeur ; mais « la grandeur du crime

---

(1) En même temps il chargea Giancarlo Scaloua d'une mission auprès de Maximilien pour lui exposer ses griefs contre Ludovic Sforza et justifier sa rupture.

du marquis, disait Ludovic Sforza à Costabili, lui rendait désormais sa présence intolérable» ; le 20, pour donner une sanction matérielle à sa colère, il fait occuper les domaines de Castello Vescovato en Crémonais, possessions des comtes de Nuvolara, apparentés aux Gonzague. Enfin, le 21, il demande au Conseil secret, au Conseil de justice et à l'ordre des avocats de Milan une consultation sur la question de droit discutée. Dans cette demande, il disait très nettement que, quoiqu'il crût avoir le droit de se venger du marquis, il voulait faire proclamer avant tout la sainteté de sa cause. Les arbitres consultés devaient répondre sur les points suivants: si cette trahison n'était pas suffisante pour que Ludovic pût accuser publiquement le marquis de perfidie et de manquement à la foi jurée ; si, en raison de cette trahison, le duc ne devait pas refuser de payer au marquis ce qui lui restait dû des arrérages de ses anciennes soldes ; s'il n'avait pas le droit de lui réclamer les dix mille ducats récemment versés en acompte de sa *condotta* actuelle ; s'il ne pouvait pas rendre le marquis responsable de tous dommages qu'il risquerait du chef de cette trahison ; si enfin il n'avait pas le droit de faire saisir et verser à son trésor tous les biens que le marquis ou ses sujets pouvaient posséder dans le duché ; et pour résumer, Ludovic demandait à ses conseillers de lui indiquer tout ce que les lois écrites et la coutume l'autorisaient à faire contre le marquis et ses sujets pour connaître, après leur équitable sentence, quelle voie suivre pour venger cet outrage.

Ni les menaces de Ludovic, ni les sages avis de Pierre de Trieste, qui lui conseilla d'attendre pour prendre une résolution la décision impériale, n'empêchèrent le marquis d'opérer son évolution vers Venise. L'astrologie et la superstition avaient été d'accord pour la lui conseiller. Le 8 octobre, le Sénat de Venise par 135 voix contre 36, délibéra de reprendre le marquis à son service. Le 20 octobre, François de Gonzague se rendit en personne à Venise et se jeta aux pieds du Doge, en jurant de se consacrer, lui, sa femme et ses enfants au service de la Seigneurie.

Le rapprochement du marquis et de Venise fit une profonde sensation en Italie. L'ambassadeur milanais Latuada écrit que « cette trahison ne peut avoir été inspirée de l'Esprit Saint » et y voit «une inspiration de l'*Angelus Sathane* déguisé en *Angelus lucis* ». L'opinion générale fut cependant que sa trahison ne profiterait pas au marquis, et qu'il y laisserait « des plumes ».

François de Gonzague ne tarda pas, en effet, à voir qu'il avait lâché la proie pour l'ombre. Venise l'avait repris à son service, mais elle prit ses garanties : il ne reçut d'abord qu'une assez faible solde, quinze mille ducats pour lui et ses hommes d'armes, plus la somme nécessaire pour réunir et équiper quatre mille hommes d'infanterie. Quant au titre de capitaine, on ne le lui donna pas immédiatement. Mais, par contre, comme la politique vénitienne était beaucoup plus pratique et plus précise que celle de Ludovic Sforza, dans l'acte même de son engagement il était spécifié qu'avec deux cent cinquante hommes d'armes, deux cents chevaux et trois mille hommes de pied, dont cinq cents escopettes, il devait se mettre aussitôt à la disposition de la Seigneurie, et dès le 24 octobre, l'ordre lui était envoyé de se mettre en mesure de passer le Pô avec son armée pour marcher en Toscane. Mais François de Gonzague n'était nullement décidé à partir. Très blessé des retards qu'on mettait à lui accorder son titre de capitaine, profondément vexé de se voir offrir le titre de «capitaine général» ou de «lieutenant général» qu'il avait refusé de Milan, il envoya à la Seigneurie le 30 octobre, par son agent Antimaco, une espèce d'ultimatum. C'était risquer toute sa fortune d'un coup. La Seigneurie répondit très vivement à cette insolence. Une délibération très longuement et très sévèrement motivée, dans laquelle on faisait sentir au marquis que ses évolutions antérieures justifiaient toutes les précautions qu'on pouvait prendre contre lui, se termina par une mise en demeure d'avoir à exécuter sans délai les ordres de la Seigneurie.

Les négociations traînèrent encore à Venise pendant quelques jours (1); mais le 6 novembre, les Pregadi, refusant toute réponse précise à Antimaco, lui déclarèrent « qu'il avait entendu tout ce qu'ils avaient à lui répondre », et que s'il voulait partir, il en était libre; Antimaco se tint pour congédié. Après son départ, les Pregadi « dirent tant de mal du marquis qu'on ne pourrait dire pis du plus grand *tristo* du monde » (2). Dès le 1ᵉʳ novembre, François de Gonzague avait averti le provéditeur en rési-

---

(1) Quelques-uns, dont Latuada, pensèrent que Venise, malgré sa colère, ne romprait pas avec le marquis avant de connaître les intentions de Florence, et de savoir si le concours de François de Gonzague ne lui serait pas absolument nécessaire. Milan, A. d. S., *Cartegg. Gener.*, Latuada à Ludovic Sforza, Venise, 3 novembre 1498 (dépêche chiffrée).

(2) Milan, A. d. S. *Cartegg. gener.*, Latuada à Ludovic Sforza, 6 novembre 1498.

dence à Mantoue depuis son engagement de son intention de reprendre son indépendance et sa liberté d'action.

C'est qu'en effet, le titre de capitaine général que la Seigneurie lui refusait, Maximilien et Ludovic Sforza se montraient maintenant tout disposés à l'accorder au marquis de Mantoue. Au lendemain même du jour où Ludovic lui demandait une déclaration de déchéance contre François de Gonzague, Maximilien accordait à celui-ci le titre, si longuement désiré, de capitaine général de l'Empire en Italie et en même temps un étendard impérial. Cette nouvelle, à peine communiquée au marquis, ébranla son dévouement, trop fraîchement réparé. Les lenteurs de Venise, comparées aux promesses de plus en plus magnifiques de son beau-frère, achevèrent de le décider. Dès avant le 30 octobre, il avait fait dire secrètement à Ludovic que, pour une augmentation de pension de dix mille ducats, il se remettrait avec lui. Ludovic avait accepté avec empressement.

Le 1ᵉʳ novembre au soir, Marchesino Stanga, l'habile diplomate milanais, envoyé pour la seconde fois à Mantoue, arriva à Crémone, où il se rencontra le soir même dans sa propre maison avec G. Brognolo, arrivé peu de temps avant lui, qui lui exposa la situation : le marquis se déclarait plus que jamais esclave et fils affectionné du duc de Milan, reconnaissait que « *ce qui lui était arrivé* » ne le rendait pas digne de tant de bonté, mais disait qu'il s'efforcerait de la mériter à l'avenir. Mais il demandait au duc une subvention immédiate de dix mille ducats pour restituer à la Seigneurie les sommes qu'elle lui avait versées ; il protestait que, quand même Venise lui offrirait cent mille ducats, il les refuserait, pour rester toute sa vie au service de Ludovic. Après une courte hésitation, car le secret demandé pour son voyage lui fit craindre une ruse, Stanga accepta les propositions du marquis, en réservant toutefois la question des cent mille ducats. Le lendemain, 3 novembre, la *condotta* fut conclue « *à la louange et gloire de Dieu, de sa divine mère, de saint Ambroise et saint Anselme et de toute la cour triomphale céleste, et pour le bonheur des états des illustrissimes seigneurs duc de Milan et marquis de Mantoue* ». Aucune allusion ne fut faite à la rupture et à la trahison de François de Gonzague. Il était dit seulement que le traité du 24 juin était renouvelé par les princes « *pour exprimer mieux la grandeur et la profondeur de leur mutuelle affection* ». L'alliance était, en effet, confirmée sur les mêmes bases avec addition de quelques articles : le duc concédait au marquis le titre de son capitaine général avec tous les honneurs et privilèges attachés à ce rang : la pension annuelle du marquis pour ses troupes et pour lui était portée à quarante mille ducats ; le duc de Milan promettait de faire obtenir le chapeau au protonotaire de Gonzague à la première promotion, et d'accorder à Enea de Gonzaga une solde pour cent chevaux ; en échange, le marquis consentait à défalquer des quarante mille ducats qu'on lui promettait les sommes payées d'avance à quelques-uns de ses hommes d'armes. Le marquis demanda que le traité fût tenu secret pendant sept ou huit jours, jusqu'au départ du provéditeur vénitien Foscarini.

Cette nouvelle volte-face du marquis surprit l'opinion autant que la première. L'indignation populaire fut grande à Venise (1). Le Conseil des Dix rappela Foscarini, en lui donnant mission de réclamer l'argent indûment touché par le traître. Foscarini énonça son sentiment sous cette forme brutale : « Tous les conseillers du marquis sont des ruffians », et Alexandre VI félicita la République en ces termes : « Voilà la Seigneurie débarrassée d'un grand fou ». Louis XII exprima ses condoléances aux ambassadeurs vénitiens et menaça de châtier sévèrement leur ennemi commun : « Il sera pris entre nos deux états, et il donnerait la moitié de son territoire pour n'avoir pas commis cette faute ». En Allemagne et à Milan au contraire, la réconciliation fut fêtée. Une mission de Giancarlo Scalona auprès de l'empereur eut pour effet de consolider l'entente entre Maximilien et le marquis de Mantoue.

Les mois de novembre et de décembre furent remplis par l'échange des ambassades et par les cérémonies solennelles qui devaient accompagner la signature du nouveau traité. Gianpietro de Gonzague et Brognolo allèrent chercher à Milan le paiement du premier trimestre de la solde du marquis, comptée à dater du 1er octobre 1498 et à raison de quarante mille ducats par an. Ludovic Sforza chargea Lorenzo Mozaniga de rédiger la patente de capitaine général du marquis « dans la forme la plus solennelle possible », et Mozaniga fit fouiller toutes les archives pour retrouver la patente jadis accordée au père de François de Gonzague et s'en servir comme modèle. Dès le 8 décembre, Ludovic Sforza avait choisi comme ambassadeur à Mantoue Galéas Visconti, qui devait se joindre à Erasmo Brasca, ambas-

---

(1) MARINO SANUTO a raconté en détail les manifestations qui la traduisirent.

sadeur de Maximilien. Le duc avait réglé minutieusement leur itinéraire et un programme de préséance pour éviter les désaccords et les querelles personnelles (1). De grands préparatifs de fête avaient été faits à Mantoue pour les recevoir. La remise des insignes eut lieu en forme privée le 19 décembre ; Brasca présenta d'abord les patentes et l'étendard du roi des Romains, puis Galéas Visconti l'étendard, les patentes et le bâton de Ludovic Sforza. La cérémonie s'effectua dans l'appartement même du marquis, en présence de la marquise, de l'évêque, du protonotaire et de quelques familiers. La cérémonie fut ensuite renouvelée en public ; le 21 décembre, les armes de Venise furent supprimées de tous les édifices publics et remplacées par celles de Milan. Le 22, le marquis de Mantoue adressa à Maximilien une lettre de remerciements. Le 26 décembre, pour corriger le mauvais effet produit peut-être par la médiocrité du premier versement effectué, Ludovic Sforza écrivit au marquis une lettre pleine de rassurantes promesses, et lui envoya divers cadeaux; en retour, le marquis de Mantoue offrit un cheval à son petit neveu le comte de Pavie. L'alliance entre le duc de Milan et le marquis de Mantoue parut ainsi définitivement scellée.

Mais les prévenances de Ludovic Sforza ne pouvaient prévaloir contre l'esprit positif et intéressé du marquis. L'alliance franco-vénitienne fut proclamée le 1er février 1499. François de Gonzague comprit qu'il s'était décidément trompé dans le choix de son alliance, et toute sa politique consista dès lors à chercher un moyen d'échapper aux obligations que lui imposait son traité, soit pour provoquer une rupture, soit pour se forger longtemps d'avance l'excuse d'avoir été un mauvais allié et pour ne pas se compromettre au point de rendre impossible toute nouvelle volteface.

Cette attitude d'allié malgré lui et récalcitrant se manifesta de plusieurs façons : le marquis fit diverses tentatives de rappro-

(1) La remise du bâton de commandement et des étendards aurait lieu le lendemain de leur arrivée. Trois camériers du duc figuraient dans l'escorte, portant l'un le bâton, les deux autres les étendards. Herasmo Brasca, représentant de l'empereur, étant moins noble personne que Galéas Visconti, représentant du duc, Ludovic Sforza établit qu'ils voyageraient ensemble jusqu'à Mascaria, mais que là Brasca prendrait deux heures d'avance, pour donner au marquis le temps de lui faire une réception solennelle comme ambassadeur impérial. Galéas Visconti ne serait reçu qu'ensuite. Il est à noter que Ludovic fixait les heures du départ et de la réception de ses ambassadeurs, de façon à ce que l'entrée de Visconti eût lieu à l'heure désignée par « l'astronome ».

chement et d'alliance avec la France et Venise (1). Déjà à la fin de décembre, le marquis avait eu le projet d'envoyer une nouvelle ambassade à Louis XII, mais ç'avait été avec les encouragements de Ludovic Sforza, qui l'avait prié de faire passer par Milan son envoyé Alessandro del Baese, pour pouvoir lui donner lui aussi ses instructions. Dès le mois de février, on constate des marques non équivoques du désir de se rapprocher de Louis XII : courtoisies personnelles, offre d'envoyer des faucons au roi, envoi d'un faucon à J.-J. Trivulce, envoi enfin effectué de l'ambassadeur Del Baese à Louis XII, hommage d'un cheval au roi par le même ambassadeur. Cette mission de Del Baese eut d'ailleurs pour lui l'avantage de le mettre au courant, par des renseignements *de visu* et autorisés, des formidables préparatifs du roi et de l'acharnement qu'il y mettait, et de l'avertir « d'avoir l'œil ouvert, attendu qu'il fallait que le duc se préparât à faire bonne contenance (1) ».

Cette politique du marquis se traduisit, beaucoup plus nettement encore, par la singulière attitude qu'il adopta à l'égard de Ludovic Sforza. Il refusa aussi bien de tenir ses obligations militaires que ses obligations politiques. Invité par le duc de Milan à envoyer trois cents hommes de cavalerie légère secourir Ravenne contre l'armée qu'y menait Pitigliano, il refusa, sous prétexte que cette expédition détruirait le bel état de ses troupes; invité à commencer les hostilités contre Venise, il s'y refusa non moins nettement tant que le duc de Milan n'aurait pas commencé la guerre lui-même.

Par contre, il se montrait d'une exigence rigoureuse pour les questions d'argent. Il lui était dû, pour cinq mois de service sous le régime de la première *condotta*, à raison de 40.000 ducats par an, 16.666 ducats ; pour un semestre sous le régime de la seconde, à raison de 50.000 ducats par an, 25.000 ducats ; au total, 43.416. On lui en avait payé, le 10 janvier 1499, soit à Mantoue, soit à Milan, entre ses mains en outre celles de Brognolo, 39.217. Ludovic Sforza ne lui devait plus, comme reliquat de sa solde des quatre premiers mois de 1499, que 4.199 ducats, exigibles d'ailleurs seulement le 3 mai. Cependant, dès le 5 avril, le marquis commençait à adresser à Brognolo

---

(1) S'il faut en croire Latuada, pendant même la négociation du rapprochement avec Milan, en novembre, le marquis aurait encore hésité et conservé des intrigues avec Venise. *Louis XII et Ludovic Sforza, Documents*, 65, et Mantoue, *Arch. Gonzaga*, E xv 3, Del Baese au marquis, 18 mars 1499.

des récriminations, déclarait qu'il ne pouvait plus entretenir sa compagnie, que ses soldats se plaignaient de ne pas recevoir d'argent.

Il savait néanmoins sauvegarder les apparences, et affectait de s'intéresser de très près à la politique de Ludovic Sforza. A la fin de mars, il le rassurait sur les résultats que pouvait avoir pour lui l'alliance de Louis XII et de Venise, car il était incertain qu'elle répondît aux intentions de ses promoteurs. Il lui communiquait les renseignements qu'il obtenait sur la politique des Vénitiens, leurs relations avec les Turcs, la défiance que Louis XII avait pour eux, les estimant « gens de peu de valeur »; il lui conseillait de le prendre pour intermédiaire dans ses négociations avec Louis XII (1).

Mais ces démonstrations toutes platoniques d'amitié n'aveuglaient pas Ludovic Sforza sur le peu d'utilité véritable qu'avait pour lui l'alliance du grand marquis. Une nouvelle réclamation d'argent fit éclater son irritation. Le marquis, faisant sonner haut l'envoi de cent hommes de cavalerie légère en Toscane, lui demandait le payement de vingt mille ducats qu'il prétendait avoir avancés : Ludovic Sforza fit relever son compte, qui prouva qu'il ne restait dû au marquis que quatre mille ducats, et ensuite il se répandit en invectives contre son beau-frère : « Me prend-il pour un enfant ou un marmiton ? Malgré toutes les avances, toutes les concessions honorifiques ou utiles qu'il lui avait faites, il n'avait pas obtenu un signe de bon vouloir. Les cent chevaux envoyés en Toscane ne valaient pas les trente-trois mille ducats que le marquis lui coûtait. Pour cette somme, il aurait quinze cents hommes à lui, qu'il pourrait employer dans toute l'Italie et même en France, si c'était nécessaire. Il prendrait des mesures pour empêcher le marquis de lui nuire. » Brognolo refusa de transmettre ces propos à son maître, et le duc envoya au marquis un ambassadeur, Paul Bilia, pour lui exprimer de vive voix son mécontentement. Mais au retour, Bilia, peu perspicace ou facilement gagné, assura à Ludovic qu'il avait trouvé le marquis dans les meilleures dispositions à son égard. Cette opinion semble avoir été générale à Milan, où l'on paraît avoir attendu François de Gonzague vers le même temps. On préparait le Castello de Monza pour le recevoir, et le

(1) Plus tard, Ludovic lui demandait de se faire communiquer le plus de nouvelles de France qu'il pourrait, « car la connaissance des actes de nos ennemis ne peut que nous profiter pour agir nous-mêmes ».

duc voulait lui faire passer une revue générale de ses troupes.

Ludovic, pour s'assurer plus sûrement le concours du marquis, voulut modifier la teneur du traité et préciser certains articles qu'il trouvait « trop étendus » ou trop vagues. Le 2 juin, il remit un ultimatum à Brognolo : il y déclarait son intention de régler une fois pour toutes ses affaires et les affaires du marquis; les modifications qu'il proposait étaient: 1º que le marquis, non obligé jusque-là d'envoyer ses troupes au delà de Bologne, y serait désormais tenu; qu'il appartiendrait au duc, et non plus au marquis, de décider quand l'état des affaires personnelles du marquis pourrait le dispenser de cette obligation ; 2º que les troupes mantouanes prêteraient un serment spécial de rester fidèles au duc même en cas de trahison ; 3º que Maximilien lui remettrait une déclaration que François de Gonzague, en cas de trahison, était *ipso facto* déchu de son fief, et que cette déclaration serait rendue publique à Mantoue pour l'instruction des gentilshommes du marquis. On crut une rupture imminente. Brognolo conseilla à son maître de tenter sa justification et d'apaiser la colère de Ludovic Sforza. Le marquis, loin de suivre ce conseil, répondit à Ludovic une lettre très digne, où il refusait de modifier les termes de sa condotta ; il priait le duc de Milan d'expliquer clairement ses griefs, et demandait personnellement à Ludovic des explications catégoriques au sujet de ses intentions. Le duc de Milan ne répondit qu'en ajoutant une nouvelle exigence aux précédentes : il réclama le serment des gentilshommes mantouans d'abandonner le marquis en cas de trahison. Comme le marquis ne cédait pas, ses récriminations devinrent violentes : « Jamais il ne m'a voulu de bien. Aux Vénitiens qui l'ont renvoyé, qui ont voulu lui couper la tête, il allait tous les jours faire des courbettes à Venise, et à moi, qui suis allé lui faire honneur jusque chez lui, il n'a jamais donné une marque d'amitié. » Au fond, Ludovic désirait très vivement, plus vivement que jamais, vu les circonstances, un arrangement durable, et il tentait de le négocier par le moyen du duc de Ferrare. Celui-ci, de son côté, suppliait le duc de Milan de patienter et de garder le marquis de Mantoue comme allié, même sans conditions bien arrêtées « pour avoir, le cas échéant, moins d'ennemis ».

Ce fut dans cet état de brouille intime, de semi-rupture officielle que restèrent les deux alliés depuis le mois de juin jusqu'au commencement de la guerre : le duc de Milan se disait prêt à accepter des conditions acceptables du marquis ou un arbitrage du duc de Ferrare ; le marquis sollicitait une intervention de son beau-père, mais ni l'un ni l'autre ne faisait le premier pas, et l'alliance du duc et du marquis ne subsistait plus que sur le papier.

C'était moins la perspective d'une nouvelle rupture avec Ludovic qui, dans la circonstance, avait effrayé le marquis de Mantoue, que la crainte de se trouver isolé pendant une guerre générale et de rester à la merci des Vénitiens. Il préparait depuis longtemps en effet cette rupture, dont Ludovic Sforza l'avait menacé dès le premier juin ; la situation de Ludovic était chaque jour plus compromise ; il y avait chaque jour moins d'avantages et plus de dangers à être son allié. Mais le marquis, avant de dénoncer l'alliance de Ludovic Sforza, attendait, pour renouveler son coup de théâtre du mois de novembre précédent, d'avoir combiné une nouvelle alliance. Une dernière tentative d'intervention et d'arbitrage du duc de Ferrare, accueillie sans enthousiasme par Ludovic Sforza, fut nettement repoussée par le marquis de Mantoue ; celui-ci comprenait trop bien de quel côté, dans la guerre qui se préparait, étaient les chances de victoire, pour conclure une alliance définitive avec Ludovic Sforza. Loin de consentir à donner des garanties au duc de Milan, ce fut lui qui, peu après, repoussa ses propositions et ses avances.

Sa nouvelle et définitive alliance, le marquis de Mantoue la chercha de nouveau du côté de Venise et de la France. Il n'osait pas encore s'adresser directement à la Seigneurie, mais il espérait beaucoup, pour se faire reprendre en grâce, en l'appui de Louis XII, avec lequel, depuis son avènement, il n'avait eu en somme que de bonnes relations, et à la cour de qui sa sœur Claire de Gonzague lui était une alliée naturelle et assez influente. Louis XII aimait beaucoup la maison de Montpensier, où cette princesse était entrée par son mariage, et il donnait en ce moment même une preuve de cette affection en autorisant les fiançailles de Suzanne de Bourbon avec un des fils de Claire, le futur connétable de Bourbon. Au mois d'avril, Louis XII avait reçu fort honorablement un messager de Jean de Gonzague ; le roi lui dit beaucoup de bien du marquis, fit un grand éloge de ses talents militaires, déclara qu'il n'y avait pas en Italie de meilleur capitaine que lui. En juin 1499, le marquis employa, pour négocier avec Louis XII, un exilé napolitain, le duc de Catanzaro, qui vivait à la cour de France, tandis que sa femme résidait à Mantoue : séparation qui amenait une fréquente correspondance sous laquelle la politique pouvait aisément se masquer. Mais

Louis XII répondit qu'il ne ferait avec François de Gonzague que ce que voudrait la Seigneurie, et Ligny ajouta que le roi ne voulait pas déplaire à ses alliés vénitiens. — Le marquis essaya donc de se créer des intelligences à Venise même : en mai, quand les ambassadeurs Zorzi et Micheli, revenant de France, passèrent à Borgoforte, il envoya un secrétaire, Ptolomeo, leur porter ses souhaits de bienvenue et de bon voyage, et sa prière de présenter à la Seigneurie ses hommages de respect et d'amour. Les ambassadeurs accueillirent ses vœux avec bienveillance.

Toutefois, les négociations entre le marquis et la république de Venise ne commencèrent sérieusement qu'au passage à Mantoue des ambassadeurs que Louis XII envoyait à la Seigneurie, M. de Beaumont et Accurse Maynier. Le marquis les reçut avec les plus grands honneurs le 24 juin. Il fut très probablement question dans leurs entretiens des voies et moyens de réconciliation, mais l'on ne peut faire sur ce point que des conjectures. Dès leur arrivée à Venise, toutefois, M. de Beaumont et Maynier s'employèrent pour le marquis (1). Louis XII, dans un intérêt militaire évident, entrait pleinement dans les désirs de François de Gonzague : il avait chargé Beaumont et Maynier de faire valoir à la Seigneurie l'avantage que la Ligue retirerait de l'adjonction de cet allié. Il faisait bon accueil à un envoyé mantouan, Jamet de Nesson. Il demanda lui-même, à la Seigneurie par une lettre directe, de reprendre le marquis à sa solde, donnant comme motifs les intelligences qu'il avait dans plusieurs villes du Milanais, surtout à Crémone, la valeur et le nombre de ses troupes, qui comprenaient trois cents hommes d'armes et six cents de cavalerie légère. Mais, tout en proposant cette alliance, il déclarait qu'il suivrait sur ce point les préférences de Venise. Encouragé par l'appui de la France(2), François de Gonzague ouvrit des négociations avec la Seigneurie par l'intermédiaire du médecin Zaccaria. Venise, ne voulant pas déplaire à Louis XII, pardonna au marquis sa trahison : le 11, il faisait remercier la Seigneurie par Antonio de Roberti et Donato Preti et déclarait « se jeter dans les bras et le sein maternel de la

---

(1) Par une lettre du 17 juillet 1499, il les remercie de leurs bons offices pour lui.

(2) Florence, A. d. S., *Lettere esterne alla Signoria*, XXXVIII, fol. 179. Ridolfi à la Seigneurie, 5 juillet 1499 : « Il Marchese di Mantua al continuo tiene praticha di qua, e per quanto ritragho dovera fare qualche apunctamento con questa Signoria.

République, mettre en son pouvoir sa personne, son état, tous ses biens, y compris son âme », en exprimant le désir de faire à son service quelque belle chose *qualche cosa rilevata*». Mais telle était son astuce ou sa prudence que, même alors, étant déjà d'accord en principe avec Venise, il restait en négociation avec Ludovic Sforza : ce ne fut qu'après l'entrée de François à Milan qu'il eut le courage, ou la sagesse, de choisir définitivement son parti: celui du plus fort.

§ 3. — *L'alliance militaire de Catherine Sforza avec Ludovic le More.*

Catherine Sforza, comtesse de Forli (1), se trouva par suite de ses relations de famille, l'alliée naturelle du duc de Milan. Mais la médiocrité territoriale de son état, son éloignement du centre de la vie italienne, les difficultés particulières qu'étant femme et veuve, elle rencontrait à gouverner son comté et à commander son armée, les entreprises du Saint-Siège, de Venise, de Ferrare et des Manfredi contre son indépendance ou contre l'intégrité de ses possessions, contre lesquelles elle devait se défendre ou prévoir sa défense, la jeunesse de son fils Ottaviano Riario, les rivalités de ses capitaines : tout se réunissait pour faire de cette alliance non pas un appui, mais une charge pour le duc de Milan.

Quand la lutte diplomatique entre Louis XII et Ludovic Sforza commença, Ludovic Sforza fournissait des troupes à Catherine contre la Seigneurie de Venise, et lui promettait, au cas de démonstrations militaires des Vénitiens, d'ajouter à ces troupes tout ce qui pourrait être nécessaire à la défense de son état. Aussi Catherine recourut-elle à lui dans toutes les inquiétudes et les mille difficultés que lui créa la politique pendant ces deux années (2). Sa situation était en réalité très criti-

---

(1) Toute cette question est exposée en détail, et beaucoup plus longuement que je ne puis songer et que je n'ai à le faire ici, dans la belle et complète biographie que le sénateur Pier Desiderio Pasolini a récemment donnée de Catarina Sforza (Lœscher, Rome, 3 vol in-8°).

(2) Elle avait d'autant plus le droit d'être inquiète qu'en septembre précédent elle avait repoussé des offres très brillantes d'alliance que lui avait faites la Seigneurie de Venise (Mantoue, *Arch. Gonzaga*, E, XIX-3, Brognolo au marquis, Milan, 18 septembre 1498) : « Da Furli se hano lettere como quella illustrissima Madona sta pur salda alla divotione de questo stato, se ben dal canto de Venetiani gli sono facte offerte grandissime. »

que, et, dès le mois d'octobre 1498, elle pouvait avec raison écrire que «si elle était une femme d'un naturel peureux, elle aurait été chassée depuis longtemps de ses états».

Ludovic Sforza était aussi son protecteur politique et son chargé d'affaires auprès des autres états italiens, et surtout de la Seigneurie de Florence. Il intervenait dans ses démêlés financiers avec Florence, s'offrait à la faire payer de toutes ses créances par la Seigneurie, surtout essayait de calmer son indignation, toujours prête, au moindre incident, à éclater. Il s'efforçait d'autre part de rassurer sa nièce : sans lui dissimuler la gravité du péril, et tout en lui avouant que les Vénitiens tentaient tout « pour réussir », il lui conseillait « de bannir les craintes que les circonstances présentes pouvaient lui avoir fait concevoir »; il multipliait les protestations de dévouement, se disant prêt à engager, non seulement sa personne, mais son état pour la défendre contre Venise.

De toutes les raisons qui empêchaient Catherine Sforza de secourir effectivement Ludovic, une des principales était son engagement militaire avec Florence. En 1498, au moment de l'avènement de Louis XII, Ottaviano Riario était à la solde de la Seigneurie de Florence moyennant quinze mille ducats. Sa *condotta* expirait à la fin de juin 1499, mais avec le bénéfice d'un *anno di beneplacito*, c'est-à-dire qu'elle pouvait être renouvelée pour une nouvelle année au gré des Florentins. Bien que Riario fût assez mécontent de la façon dont ses patrons avaient tenu leurs promesses envers lui, et ne voulût « plus rien entendre », la comtesse se montrait au contraire très disposée à confirmer le *beneplacito*, mais elle voulait par prudence laisser aux Florentins l'initiative de ce renouvellement d'alliance (1). Aussi n'osait-elle pas trop insister dans ses réclamations pécuniaires. — Au mois de juillet 1499, quand Ludovic Sforza lui demandait des troupes, elle ne pouvait lui en envoyer, étant encore en négociations avec la République de Florence et ne pouvant disposer de ses soldats sans le consentement des Florentins (2): elle envoya plusieurs agents à Florence pour presser la réponse de la Seigneurie. Celle-ci lui envoya à son tour en ambassade un

---

(1) VILLARI, *Niccolò Macchiavelli ed i suoi tempi*, I, 325.
(2) Voir *Quelques documents inédits sur Catherine Sforza*, et Florence, A. d. S., *Lettere esterne alla Signoria*, XXXVIII, fol. 178, Catherine Sforza à la Seigneurie, Forli, 12 juillet 1499: « siando nui cum la compagnia nostra obbligata a la Exc. Reppublica Vostra, non li habiamo potuto determinatamente respondere ».

jeune secrétaire qui faisait ses premières armes diplomatiques, Nicolas Machiavel (1) : les Florentins étaient disposés à confirmer le *beneplacito* d'Ottaviano, sans lui accorder plus de dix mille ducats de pension, et sans exiger de lui l'obligation personnelle: Catherine Sforza, mise au courant de ces demandes, réclama le temps de la réflexion : elle sut dissimuler parfaitement si elle penchait vers Milan ou vers Florence : elle était retenue dans sa tendance vers Milan par la situation difficile où elle voyait Ludovic, sans savoir de quelle résistance il était capable et s'il serait prudent de s'allier à lui. Cependant elle eut la loyauté, vraiment rare pour l'époque, de lui demander son avis sur la situation et sur le parti à prendre : Ludovic Sforza lui répondit le 22 juillet qu'il la remerciait vivement de sa déférence, mais qu'il la laissait absolument libre d'agir au mieux de ses intérêts. Cependant Catherine, après avoir été sur le point de conclure l'accord, se retira, disant qu'il valait mieux pour elle n'adhérer à ce traité que si les Florentins s'engageaient par écrit à défendre son état. Machiavel avait sur ce point des instructions précises et négatives de son gouvernement: il déclara qu'« il semblait inutile à la Seigneurie de prendre par écrit un engagement qui était gravé dans son cœur », et s'en retourna à Florence. Catherine Sforza, sans être dorénavant liée par un traité, resta cependant en bonnes relations avec la Seigneurie de Florence.

Au moment où les deux alliés auraient eu besoin l'un de l'autre, ils se trouvèrent ainsi dans l'impossibilité de se prêter le moindre appui. En juillet 1499, Ludovic Sforza refusa à sa nièce vingt-cinq hommes d'armes et cinquante arbalétriers qu'il lui avait antérieurement promis, et elle-même lui refusa cinquante hommes d'armes et autant d'arbalétriers qu'il lui demandait à son tour (2). Ainsi, c'est par une impuissance réciproque que se traduisait enfin cette alliance très sincère, au moins chez Catherine, entre elle et Ludovic Sforza (3). La défaite du duc de Milan laissa la comtesse de Forli exposée sans défense aux représailles du roi de France et aux tentatives de

---

(1) Sur cet intéressant épisode, qui est malheureusement étranger à notre sujet, voir Villari, *op. sup. laud.*, I, 328-329.

(2) Ces troupes auxiliaires étaient souvent une cause d'embarras pour les états à qui elles étaient prêtées : Catherine en fit l'expérience.

(3) Ludovic Sforza avait refusé, malgré les conseils de Casati, de se servir des troupes d'Achille Tyberti et de l'alliance de Catherine pour créer des embarras au pape dans les Romagnes et notamment à Cesena.

César Borgia (1), et la sympathie des Florentins était trop peu active ou trop peu efficace pour l'en sauvegarder. Quant au duc de Milan, loin de le servir en rien, cette alliance n'avait été pour lui qu'une cause d'embarras militaires et surtout diplomatiques.

IV.

LES NÉGOCIATIONS DE LA FRANCE ET DE MILAN AVEC LES RÉPUBLIQUES TOSCANES ET BOLOGNE.

Les républiques toscanes étaient en complète décadence à la fin du xve siècle. Sienne, dans ses vallées aux horizons étroits, Lucques, dans les grasses plaines de la basse Toscane, avaient depuis longtemps perdu presque toute importance. Pise défendait non sans peine contre Florence les restes de son indépendance (2).

(1) Plus généreux avec sa nièce qu'avec ses autres alliés, Ludovic conseilla d'ailleurs à Catherine, à la fin de juillet, de rester l'amie des Florentins.

(2) Réduits à l'impuissance la plus complète par leur guerre contre Florence, les Pisans ne pouvaient être d'aucun secours ni à Louis XII, ni à Ludovic Sforza. Aussi ne voit-on pas que ni l'un ni l'autre de ces princes aient recherché leur alliance. Ils ne se servirent d'eux et des prétendues négociations avec eux que comme moyen d'action sur Florence. Les Pisans, au contraire, multiplièrent les démarches pour obtenir l'appui de l'un ou de l'autre : en mai 1499, ils envoyèrent dans ce but à Milan un secrétaire, puis, en juin, une ambassade solennelle. Dès la fin de mai, en effet, ils avaient perdu à peu près tout espoir d'une alliance avec Louis XII et se rejetaient entièrement sur Ludovic Sforza. Latuada le dit explicitement le 28 mai 1499 : « Da Pisa uno citadino di la ha scripto qua ad un altro, como il messo mandato in Franza è ritornato, e nel riporto suo pareli non poterse reponere molta speranza. E pero credere che! sara necessario habiano refugio al primo fundamento, il quale primo fundamento se dice esser la Excellentia Vostra. » En juillet, ils eurent à Lyon un agent mystérieux auprès du roi de France. Plusieurs ambassades l'y avaient précédé sans succès (Marino Sanuto, II, 693, lettre de Milan, 5 mai 1499 ; *ibid.*, II, 830, *in colegio*, 17 juin 1499. Florence, A. d. S., *Lettere estere alla Signoria*, reg. XXXVII, lettre de Lyon, 23 juillet 1499). — Quant à Lucques, bien que Louis XII y ait envoyé, comme aux autres républiques toscanes, Nicolas Alamanni, il ne parait pas s'être soucié d'elle ensuite. Ludovic Sforza était en relations d'amitié avec elle, mais sans traité. Après la conclusion de la ligue franco-vénitienne, il lui fit dire de ne pas s'effrayer, ni se détacher de lui pour cela, parce qu'on réservait dans cette ligue une place honorable au duc de Milan; il lui demandait vers le même temps des logements pour les troupes qu'il envoyait en Toscane (Marino Sanuto, II, 512 : lettre de Bologne à la Seigneurie de Venise, 9 mars 1499). Pise ni Lucques ne semblent avoir joué de rôle dans les relations franco-milanaises de cette période.

Seule, la république de Florence pouvait avoir encore une politique à elle, quelque influence sur la politique générale de l'Italie. Mais elle était bien tombée depuis les jours glorieux où Lorenzo de Médicis était l'arbitre et le pacificateur de la péninsule. Après le bouleversement profond qu'avait causé l'éloquence enflammée et anti-sociale de Savonarole, toute sa vie semblait bornée au rétablissement de son autorité sur Pise et au maintien de l'équilibre entre Venise et elle-même. N'ayant point d'intérêt direct au triomphe de l'un ou l'autre des deux adversaires, n'en ayant point à une intervention spontanée dans leur lutte, la politique de toutes ces républiques dut être toute passive et réservée, l'observation d'une neutralité qui n'excluait pas les sympathies, mais qui empêchait les actes.

§ 1. — *L'alliance de la république de Florence avec Louis XII.*

La république de Florence, plus qu'aucune autre, se trouvait dans une situation particulièrement délicate dans le conflit de la France et de Ludovic Sforza, qui tous deux avaient été, étaient encore, ses alliés, dont elle avait reçu des bienfaits et des services, de qui elle en attendait de nouveaux. — Ses relations avec le duc de Milan étaient marquées d'une familiarité cordiale ; elles étaient devenues plus étroites pendant la guerre de Pise, car Ludovic Sforza aidait les Florentins, comme Venise aidait les Pisans, par esprit d'équilibre et aussi pour l'intérêt qu'il avait à voir s'affaiblir les deux républiques l'une par l'autre dans une guerre prolongée.

Après avoir vainement tenté, en avril 1498, de rétablir la tranquillité à Florence en réconciliant Savonarole et Alexandre VI (1), Ludovic Sforza n'essaya plus que d'y maintenir son influence par des services de nature diplomatique: l'influence milanaise était représentée à Florence par Paolo Somenzi, homme habile, mais trop souvent réduit à l'impuissance par le manque d'argent où l'abandonnait le duc de Milan (2), puis par Taddeo Vimercati.

---

(1) Milan, A. d. S., *Potenze estere, Firenze*, Lettre de Taddeo Vimercati à Ludovic Sforza, 4 avril 1498.

(2) Milan, A. d. S., *Potenze estere, Firenze*, Paolo Somenzi à Ludovic Sforza, 8 mars 1498 : il lui demande de l'argent « perche era reducto a termine che non poteva più comparire per la cipta per essere infestato da li creditori, per laquale cosa como disperato mi era reducto a stare in villa.» Au mois d'octobre, Somenzi, se voyant toujours dans le même dénuement, en était malade et découragé: pour se procurer de quoi aller jusqu'à Piombino,

A Milan, les ambassadeurs florentins furent, à partir du mois de mai, Francesco Pepi, jurisconsulte savant, et Guidantonio Vespucci (1). Les relations étaient très cordiales entre le duc et la République (2). Ce fut lui qui prit l'initiative de remettre au duc de Ferrare l'arbitrage de la question pisane. D'autre part, la Seigneurie lui exprimait ses condoléances au sujet de la trahison du marquis de Mantoue «qui, lui semblait-il, et par quelque industrie qu'il essayât de s'excuser, avait tous les torts du monde (3).» A Florence, les questions de Pise, de la trêve et de l'arbitrage, la discussion des intérêts de Catherine Sforza et de la Seigneurie, occupaient et préoccupaient vivement l'ambassadeur Vimercati. Le 23 février 1499, il se dit « noyé jusqu'aux yeux dans les affaires » et se plaint avec vivacité d'être « abruti par ces cervelles hétéroclites (4). Leur intimité avec le duc de Milan était si

où il était envoyé pour une négociation, il avait dû mettre un habit en gage: «Jo mi trovo qua malato et disperato, per non havere el modo di potermi substentare ; ne li giorni passati, quando io andai a Piombino, fui necessitato impegnare una veste che io havevo per andarvi.

(1) Milan, A. d. S., *Carteg. gener.*, Lettre de Somenzi à Ludovic Sforza, 14 mai 1498. Leurs lettres de créance sont datées du 4 mai 1498.

(2) Milan, *ibid., id.* Somenzi à Ludovic Sforza, 18 juin 1498 et 22 juillet 1498. En juillet 1498, Ludovic prête à Florence, pour ses besoins militaires, quinze mille ducats pour trois mois ; en novembre, il lui fournit de nouveau trente mille ducats, refusant un prêt plus considérable «à cause des dangers que la politique française faisait courir à toute l'Italie». Milan, *ibid., id.* Ludovic Sforza à Taddeo Vimercati, 29 novembre 1498. « Quanto al imprestito de li denari li havemo risposto, che per la consideratione quale ne convene havere a le cose de Franza, non possemo per hora extenderne più oltra de li 30000 ducati.» Le 11 octobre 1498, il lui envoya un corps de troupes de deux mille hommes. Marino Sanuto, *Diarii*, II, 34, 11 octobre 1498. — Mais il y a contradiction entre cet acte de Ludovic et l'ordre donné par lui à Bentivoglio d'interdire à ses fils toute chevauchée hors de son état au secours des Florentins, sous la menace de rétablir les Malvezzi, ennemis des Bentivoglio, à Bologne (Marino Sanuto, *ibid.*, 1, 1,065, fin août 1498). Il faut supposer ou bien qu'à cette dernière date Ludovic voulait ménager Venise, ou bien qu'il ne voulait pas que Florence trouvât d'aide en dehors de lui.

(3) Milan, A. d. S., *Potenze estere*, Firenze, Vimercati à Ludovic Sforza, 19 octobre 1498 : « Li pareva anchora a loro chel predicto marchese havesse tuti li torti del mondo, quantuncha cum cavillatione se sforzasse de excusare lo errore suo, ne circa cio fo dicto altro ».

(4) Milan, A. d. S., *Pot. Est., Firenze* (1491-1500). Vimercati à son beau-père B. Chalco, 23 février 1499 : « Summerso ne le facende fin alli ochi e stracho da questi cervelli eterochliti (*sic*), non so que altro scrivere... » Ludovic Sforza suivait de si près les affaires florentines qu'en avril 1499 il envoya un autre ambassadeur, un Visconti, à Florence (*Louis XII et Ludovic Sforza, Documents*, 105).

grande que les Florentins en vinrent à craindre d'être bannis du royaume de France comme les Milanais eux-mêmes (1).

Cette intimité avec Milan, plus familière en quelque sorte que diplomatique, n'empêcha nullement Florence d'entrer en négociations très étroitement suivies avec Louis XII. Aussitôt après le passage à Florence de Nicolo Alamanni et la notification de l'avènement du nouveau roi, la Seigneurie lui envoya une ambassade. Elle fut composée de l'évêque de Pazzi et de P. Soderini; on leur adjoignit Lorenzino de Médicis, qui, depuis quelques mois, résidait en France (2) ; l'ambassade fut reçue le 25 août par le roi, avec beaucoup de solennité (3).

Ludovic Sforza, à qui les ambassadeurs florentins avaient demandé un sauf-conduit (4) pour traverser le Milanais, essaya d'utiliser cette ambassade à son profit. Il fit demander à la Seigneurie (5) d'écrire à Louis XII et d'agir sur lui dans un sens pacifique, lui recommanda de hâter le plus possible le départ de ses envoyés pour qu'ils ne fussent pas devancés à la cour par les Vénitiens et pour qu'ils eussent le temps de prêcher au roi la défiance contre ceux-ci (6). Les Florentins suivirent le conseil de Ludovic Sforza. Ludovic accueillit les ambassadeurs à Milan avec beaucoup d'égards (7), et à Turin leur fit remettre secrètement

(1) MARINO SANUTO, *Diarii*, II, 628, Florence 9 avril 1499.

(2) Mantoue, *Arch. Gonzaga*, E., XIX-3, Donato Preti, ambassadeur à Milan, au marquis de Gonzague, 12 mai 1498.... « Lorenzino che gia più mesi andò in Franza a Santo Antonio».

(3) Jusqu'au milieu de juin, ils furent occupés par leurs préparatifs ; le 25, ils annonçaient leur départ pour trois jours plus tard. Un des ambassadeurs est signalé à Parme le 16 juillet (Milan, A. d. S. *Cartegg. gener.*, le gouverneur de Parme à Ludovic, 16 juillet 1498. *Ibid. Pot. Est., Firenze*. Somenzi à Ludovic, 15 et 25 juin 1498). Un malheureux incident au commencement de juillet retarda encore leur départ : la mort presque subite d'une domestique de Soderini fit croire à un début d'épidémie : « Benche si credeva che la peste fussi scoperta in casa de Piero Soderini per essergli morta una serva sua de morte repentina, nondimeno se e trovato chel non è morta, ma è morta de altra malatia ; pero epso Piero non restara de andare in Francia per oratore insieme con il Reverendo vescovo de' Pazzi ; liquali se inviarano fra quattro di senza mancho ; pero pregano Vostra Excellentia che si degni far provedere alli passi per il suo stato (Milan, *ibid., id.*, 7 juillet 1498, Somenzi à Ludovic).

(4) Lettre de Somenzi du 7 juillet 1498, citée plus haut.

(5) Milan, A. d. S., *Pot. estere Firenze*, Somenzi à Ludovic Sforza, 12 mai 1498.

(6) « Imprimere ad epsa Maestà che la non ha per alcuno modo a prestare fede a quello li manda a dire Venetiani » (même lettre).

(7) Milan, A. d. S., *Cartegg. Gener.*, Ludovic Sforza à N..., minute autographe, 23 juillet 1498.

par Maffeo Pirovano une lettre officielle et à Soderini des instructions secrètes (1).

Les ambassadeurs florentins arrivaient à Paris sans enthousiasme : Soderini à Turin avait dit à Pirovano que s'il se gouvernait avec sa sagesse et sa prudence ordinaires, Ludovic Sforza pourrait réussir en France. Ils étaient sans illusions aussi sur la manière de réussir à la cour et de s'y créer un parti ; Capponi conseillait d'acheter trois ou quatre grands personnages : trois mille ou quatre mille ducats y suffiraient par an, et cela servirait non seulement aux Florentins mais à tous leurs amis d'Italie (2). — Le peuple florentin au contraire semblait tout disposé à s'allier avec la France (3).

La politique de Florence à l'égard de Louis XII fut dirigée par le désir de devenir son alliée en restant en bonnes relations avec le duc de Milan, et à deux conditions, en empêchant l'établissement d'une entente entre la France et Venise. Sur les deux points son échec devait être complet.

Louis XII reprochait à la Seigneurie sa cordialité de relations avec Ludovic Sforza, et il ne voulait point échanger l'alliance vénitienne contre celle de Florence (4). Aussi bien les relations de cette ambassade avec Louis XII subirent-elles le contrecoup des relations du roi avec les ambassadeurs vénitiens : plus froides quand la « *pratica* » de Venise marchait bien, elles devenaient plus cordiales quand l'autre rencontrait, — et ce fut fréquent, — quelque anicroche. Au mois de septembre, d'Amboise

---

(1) Milan, A. d. S., *Pot. estere, Savoia*, Maffeo Pirovano à Ludovic Sforza, 27 juillet 1498. Soderini promit de s'employer pour Ludovic Sforza si c'était possible, et de correspondre par chiffre avec Maffeo Pirovano : mais il oublia de lui donner la clef du chiffre.

(2) Même lettre de Maffeo Pirovano.

(3) On peut citer à ce propos une anecdote assez pittoresque et qui rappelle certaines *facéties* de Pogge. Un florentin, allant à Paris avec sa femme, rencontre un individu qui revient de la cour ; il lui en demande des nouvelles, et surtout : « Que font les Vénitiens ? — Ils y sont bien vus et ont promis au roi de l'aider à reconquérir le Milanais. — Et nous, reprend le Florentin, nous ferons mieux : nous l'aiderons à prendre Milan, nous lui amènerons le doge de Venise par la barbe ; nous lui livrerons Florence, les Florentins, nos biens et nos femmes pour en faire ce qu'il voudra, et moi le premier je lui conduis la mienne, comme vous voyez. » Cette bouffonnerie dénote certainement le désir d'une alliance entre Louis XII et Florence, et le motif caché de ce désir, qui était l'abaissement des Vénitiens. *Documents sur la première année du règne de Louis XII*, pag. 30. Lettre de Lucio Malvezzi à Ludovic Sforza, Alexandrie, 19 août 1498.

(4) Même lettre de Lucio Malvezzi.

en personne déclara aux ambassadeurs que, si la Seigneurie de Florence voulait accepter les conditions d'alliance offertes aux Vénitiens et repoussées par eux, Louis XII romprait toute négociation avec les Vénitiens et conclurait au contraire l'alliance avec les Florentins. La proposition fut faite avec toutes les apparences de sérieux, puisque d'Amboise exhorta les ambassadeurs à en référer le plus vite possible à la Seigneurie(1). Cependant ce n'était sans doute qu'une démarche destinée à exciter un peu le zèle somnolent des ambassadeurs vénitiens, car Louis XII entendait réunir le plus grand nombre d'alliés possible en Italie, mais non sacrifier les uns aux jalousies des autres.

L'évêque de'Pazzi et Soderini travaillaient de leur mieux à réaliser, sinon tout le programme de leur Seigneurie, du moins l'alliance elle-même avec Louis XII. La conclusion s'en fit très longtemps attendre. L'évêque de Pazzi, rappelé à Florence au milieu d'octobre 1498, ne la vit pas (2). Louis XII, après la froideur des premiers temps, faisait « mille caresses » aux ambassadeurs florentins et affirmait que Pise resterait à leur Seigneurie (3). En Italie, les amis de Ludovic Sforza criaient déjà à l'ingratitude de Florence (4). Cette bonne harmonie se confirmait peu à peu : en janvier 1499, Louis XII soutenait délibérément Florence dans l'affaire de Pise, attitude d'autant plus délicate qu'il la prenait contre Venise son alliée : il proposait de se porter garant de la remise entre ses mains, comme séquestre, de la ville de Pise par la Seigneurie de Venise (5). Les Florentins étaient appuyés à la cour par le cardinal d'Amboise, mais vivement combattus par le comte de Ligny (6), mais l'in-

---

(1) Modène, A. d. S. *Cancell. ducale*, B. 13. Costabili au duc de Ferrare, 28 septembre 1498 : « Da Roano proprio è facto intendere ad epsi oratori fiorentini che volendosi declarare li soi Signori per quello modo che se offeriscono Veneciani, Sua Maestà rompera la praticha cum loro, e concludera cum epsi signori Fiorentini, stringendoli a volere scrivere volando a soi Signori. » — Le service des postes de Paris à Florence était en effet d'une extrême célérité. La teneur des pouvoirs accordés par Venise à ses ambassadeurs fut portée de Paris à Florence en cinq jours (même dépêche).

(2) *Documents sur la première année du règne de Louis XII*, pag. 46, lettre du 15 octobre 1498.

(3) *Ibid.*, pag. 60. Lettre du 30 décembre 1498.

(4) *Louis XII et Ludovic Sforza, Documents*, 71.

(5) Les Florentins reprochèrent au duc de Ferrare de ne s'intéresser à la question pisane que pour les brouiller eux-mêmes avec Louis XII. *Louis XII et Ludovic Sforza, Documents*, 72.

(6) MARINO SANUTO, II, 368, l'ambassadeur vénitien en France à la Seigneurie, 14 janvier 1499.

fluence de d'Amboise était dès ce moment prépondérante : dès le milieu de février, on annonçait qu'un ambassadeur français, allant à Rome, demandait à la Seigneurie le passage et des vivres pour les troupes françaises qui allaient venir en Italie (1).

En réalité, la jalousie de Florence contre Venise d'une part, de l'autre son état d'amitié pour le duc de Milan, retardaient toute conclusion. Les ambassadeurs florentins suppliaient Louis XII et le cardinal d'Amboise de leur faire connaître les conditions de l'alliance franco-vénitienne. Le cardinal refusait absolument de les leur communiquer : « Cela ne vous regarde pas : l'article sur la communauté d'amitiés vous en exclut. » Il leur reprochait leur amitié pour Ludovic Sforza ; pour entrer dans la Ligue, il fallait d'abord abjurer cette alliance. Les Florentins assuraient n'avoir aucune raison d'inimitié contre Venise, si ce n'est la question de Pise : mais l'inflexible cardinal répliquait que Louis XII ne voudrait jamais faire quoique ce fût contre la Seigneurie de Venise (2).

La conclusion de l'alliance franco-vénitienne fut d'ailleurs une nouvelle raison de retards dans les négociations franco-florentines ; les instructions des ambassadeurs les autorisaient à traiter avec la France, mais non pas à entrer, eux troisièmes, dans une Ligue : pour continuer les négociations dans ce cas, qui n'avait pas été prévu, il leur fallait recevoir de Florence une nouvelle commission (3). Mais entretemps ils continuèrent de savantes et complexes intrigues dans l'entourage royal (4).

Louis XII, enfin lassé de ces tergiversations, demanda à la Seigneurie, avec beaucoup d'insistance, un acte écrit d'adhésion à la ligue franco-vénitienne, menaçant, si la Seigneurie lui était effectivement hostile, de garder prisonniers tous les Florentins résidant en France (5). Les ambassadeurs pressés par Louis XII répondirent noblement que leur ville avait trop d'obligations à Ludovic pour consentir à « ce qui lui ferait du tort », et demandèrent à en référer à leur République (6). Ces tempo-

(1) Milan, A. d. S. *Carteg. gener.*, Latuada à Ludovic Sforza, 18 février 1499.
(2) MARINO SANUTO, II, 559 ; l'ambassadeur vénitien à la Seigneurie. Blois, 15 mars 1499.
(3) Voir le texte de Marino Sanuto, cité note précédente.
(4) MARINO SANUTO, II, 576 ; lettre de Lyon à la Seigneurie, 26 mars 1499.
(5) *Ibid.*, II, 633 ; l'ambassadeur vénitien à la Seigneurie, 11 avril 1499.
(6) Latuada à Ludovic Sforza, 20 avril 1499. *Louis XII et Ludovic Sforza, Documents*, 102.

risations n'étaient, dans leur espoir, que le prélude de leur neutralité.

Le duc de Milan, cependant, ne pouvait voir sans inquiétude négocier une alliance entre la France et Florence, tandis que lui-même s'en tenait à un régime mal défini de sympathie et de courtoisie sans action (1). Au milieu de mai, il fit à la Seigneurie ses premières propositions fermes: il lui offrait la restitution de Pise en son obéissance, en échange de son alliance contre la France, et de l'entretien à son service et contre la France de trois cents hommes d'armes et de deux mille fantassins (2).

Si Florence hésitait avant d'accepter l'alliance de Louis XII, elle ne mit pas moins de temps à répondre aux propositions milanaises. Sa réponse fut vague et polie, n'engageait rien et ne compromettait personne : elle demandait, pour conclure, que Ludovic indiquât les voies et moyens pour la restitution de Pise : elle-même chercherait en même temps les meilleurs moyens de lui être utile.

Le duc de Milan s'indigna de cette prudente réponse, s'emporta, déclara aux Florentins qu'ils avaient trop peur des Français pour se déclarer jamais contre eux. Il était d'autant plus défiant à l'égard de Florence que celle-ci continuait et multipliait ses armements et ses préparatifs contre Pise, et mettait en marche pour l'assiéger Paolo Vitelli : si les Florentins enlevaient Pise sans son aide, il n'aurait plus de prise sur eux. Aussi fit-il le subtil calcul de faire avoir Pise aux Florentins par un accord dicté par lui, ce qui les obligerait moralement à s'allier par reconnaissance à leur bienfaiteur ; et d'autre part, il autorisa les Pisans à lui envoyer des ambassadeurs. Mais les Florentins redoutaient une perfidie de Ludovic : ils craignaient, s'ils se déclaraient contre les Français avant d'être nantis de Pise, de voir le siège de cette ville indéfiniment prolongé par les intrigues de Ludovic et d'être entraînés à des dépenses trop lourdes et sans résultat. Costabili suggéra que les deux puissances pour-

---

(1) Il essayait de peser sur la décision de Florence en appuyant sur la puissance de son allié Maximilien. En mars, il faisait annoncer pompeusement à Florence la réconciliation de l'archiduc avec l'empereur son père. *Louis XII et Ludovic Sforza, Documents*, 93.

(2) Marino Sanuto, *Diarii*, II, 730, *in colegio*, 17 mai 1499. D'après les renseignements arrivés à Ferrare et transmis par le vicedomino vénitien (*ibid.*, II, 786, 2 juin 1499), la contribution de Ferrare devait être de deux cents hommes d'armes et 4,000 francs.

raient se donner des garanties réciproques de l'exécution de l'alliance, mais Florence ne se pressa pas de donner une réponse définitive au duc de Milan : il y eut des discussions entre ses ambassadeurs et lui, au sujet des affaires de Pise, des secours promis et non envoyés par le duc (1). Le duc leur fit en retour un grief sérieux d'une lettre censément adressée en Espagne par un résident florentin de Milan : l'auteur y manifestait le désir de voir arriver les Français pour « *donner du travail* » au duc de Milan ; les ambassadeurs ayant demandé le nom de l'auteur pour fixer, selon l'autorité de l'écrivain, la juste importance de cet incident, Ludovic Sforza refusa de le leur donner, et ils purent s'assurer que ladite lettre était purement imaginaire (2). Ils s'assurèrent aussi que, malgré la raideur de son langage et la colère par où il espérait les impressionner, Ludovic Sforza, au fond du cœur, était fort troublé (3). Une lettre de la Seigneurie, conçue en termes aimables et modérés, vint à propos le calmer (4). En retour, le duc de Milan envoya à Pise deux ambassadeurs, Paolo

(1) Florence, A. d. S., *Lettere alli Dieci di Balia*. Les ambassadeurs florentins à Milan, 4 juin 1499. « Les dévotions » fréquentes de Ludovic Sforza retardaient souvent les négociations « Hieri havemo quelle di V. S. de 26, 28, 29 passato, e per essere il Signore retracto a sue devotione, non potemo esser seco. »

(2) Les ambassadeurs florentins à Milan, 15 juin 1499, *Louis XII et Ludovic Sforza, Documents*, 144.

(3) Modène, A. d. S., B, 14., Costabili au duc de Ferrare, 19 juin 1499 : «Anchorche questo illustrissimo Signore habia parlato gagliardo alla presentia de li oratori florentini, nientedimeno per quello che io comprendo me pare pure chel sia tuto turbato. »

(4) Florence, A. d. S,, *Lettere alli Dieci di Balia*, les ambassadeurs florentins à Milan, 20 juin 1499 : « Habiamo communicato col Signore Duca li avvisi di Francia e le vostre lettere e parci che l'uno e l'altro habbi facto buono effecto, perche la lettera era si amorevole e dolce che ha assai contentato e satisfacto il signor e li avisi di Francia erano di natura che, ricercando provisione, fara più riconoscere e stimar li amici. » — Remarquons, à propos de ces « avvisi di Francia » communiqués si libéralement au duc de Milan, que les ambassadeurs florentins étaient depuis longtemps coutumiers de ces générosités. Louis XII en fit même des remontrances à la Seigneurie. Les ambassadeurs rejetèrent la responsabilité de l'indiscrétion sur leurs collègues résidant en France. Voir *ibid. id.*, *Lettere alli Dieci di Balia*, 25 juin « hora noctis secunda » : « circa la querela della lettera di Francia, ci accadde replicare che si chi era di costa per S. Ex. facessi quello buono officio che facciamo di qua noi, queste querele e suspicione cesseriano, e che troverria che Vostre Signorie sono consuete communicare queste cose franzese più volentieri a Milano per li oratori loro che a Firenze al ducale, e che vogli reputare V. S. della solita bontà o almeno di tanto ingegno da sapersi justificare ».

Bilia et Antonio-Maria Pallavicini pour tenter de décider cette cité à se soumettre à l'arbitrage du duc de Ferrare (1).

Malgré ce rapprochement extérieur, il devenait visible que la Seigneurie ne serait jamais l'alliée de Ludovic Sforza : les 29 et 30 juin, le Conseil eut des délibérations aussi importantes que secrètes sur l'orientation générale de sa politique, et sur la réponse à donner à un envoyé spécial du duc de Milan, Antonio da Colle. On n'en laissa rien soupçonner officiellement à l'ambassadeur Vimercati. Mais un Florentin, ami des Milanais, homme sage et quelque peu au courant des affaires générales de la République, et de cette question en particulier, lui dit le lendemain : « Ambassadeur, je veux vous communiquer un secret dont la violation, si on m'en sait coupable, peut me coûter la tête. Faites savoir à votre maître qu'il ne fasse aucun fond sur nous, et qu'il n'espère pas pouvoir obtenir rien de ce qu'il demande. Lui fît-on, par impossible, la moindre promesse, on ne la tiendra pas. » L'impression générale, telle que Vimercati la constatait partout, était conforme à la révélation de ce Florentin : jamais la Seigneurie ne consentirait à un acte d'hostilité envers la France : la majorité avait la ferme intention de rester neutre. Vimercati pensait même que, si Louis XII les obligeait à prendre un parti, les Florentins s'efforceraient même alors de gagner du temps par l'envoi de nouveaux ambassadeurs spéciaux, afin de voir dans l'intervalle comment tourneraient les affaires de Pise, de la France et de Ludovic lui-même (2).

Ce fut, en effet, en ce sens que la Seigneurie de Florence répondit à l'envoyé spécial de Ludovic Sforza, Antonio da Colle. En même temps, elle essayait d'obtenir du duc de Milan, par l'intermédiaire du duc de Ferrare, qu'il n'exigeât pas d'eux un engagement écrit, tout en continuant à les aider autant qu'il pourrait. Ils répétaient qu'une fois Pise en leurs mains, ils « seraient pour Ludovic plus qu'il ne pouvait penser », mais c'étaient là de vaines paroles (3), comme le disait Vimercati, qui s'en remettait à Ludovic de décider s'il vaudrait mieux pour l'Italie que Florence fût maîtresse de Pise : « Une fois débarrassée du frein de ce souci, ce peuple, comme un poulain sans bride, courrait au précipice pour son malheur et celui de ses

---

(1) Modène, A. d. S., B. 14. Costabili au duc de Ferrari, 24 juin 1499.
(2) Vimercati à Ludovic Sforza, 1ᵉʳ juillet 1499, *Louis XII et Ludovic Sforza, Documents*, 154.
(3) *Ibid.*

amis. » Il était évident que les Florentins seraient du parti du plus fort (1). Déjà le peuple était tout entier, par sympathie naturelle, acquis à l'alliance française. Un profond mystère enveloppait d'ailleurs les décisions ou plutôt les incertitudes de la Seigneurie. Ridolfi, ambassadeur florentin à Venise, interrogé par son collègue milanais Latuada, s'il était vrai qu'il y eût un accord entre Florence et la France, répondit de bonne foi qu'il avait au contraire entendu parler d'un accord entre Florence et Ludovic, mais qu'il ne croyait ni l'un ni l'autre (2).

De toutes parts cependant, on conseillait à Florence d'accepter l'alliance française. Les ambassadeurs français à Venise, Beaumont et Maynier, dans leur première entrevue avec leur collègue Ridolfi, lui conseillèrent d'avertir immédiatement et de façon pressante « ses Seigneurs » de ne pas abandonner le parti de Louis XII, qui les avait toujours aimés et qui «tiendrait compte» d'eux; à agir autrement, il pourrait leur mésarriver»(3). Ridolfi plaidait très vivement, et avec des arguments très positifs, la cause de l'alliance française (4). Pier Soderini, de son côté, ne cessait de la prêcher, non seulement dans ses dépêches officielles, mais aussi dans ses lettres particulières à Corbinelli, à L. Leonardi : il enveloppait ses conseils sous des recommandations générales de prudence. « Du parti bon ou mauvais que

(1) Florence donnait un curieux exemple de cette tendance presque à la même heure : les nouvelles du Levant ayant fait craindre une invasion turque qui ruinerait ou paralyserait Venise, les Florentins se déclaraient tous pour Ludovic Sforza. Vimercati à Ludovic Sforza, 3 juillet 1499. *Louis XII et Ludovic Sforza, Documents*, 163.

(2) Lettre de Ridolfi à la Seigneurie, *Louis XII et Ludovic Sforza, Documents*, 169, Ridolfi avait au reste de bonnes relations avec son collègue Latuada et parlait avec courtoisie du duc de Milan ; il se défend vivement de lui avoir reproché de faire faire un vilain métier à ses condottieri («sopra le parolle chel debe havere usato che quella habii facto puttanezare li capitanei soi ». Milan, A. d. S., *Carteyy. gener.*, Latuada à Ludovic Sforza, 10 juillet 1499). Vimercati (lettre à Ludovic Sforza, 10 juillet 1499, Milan, A. d. S. *Potenze estere, Firenze*, exprime la même incertitude). Cependant l'amitié pour la France à Florence n'allait pas encore jusqu'à faire envisager tranquillement l'hypothèse, née on ne sait d'où, d'une occupation de Pise par l'armée française.

(3) Latuada à Ludovic Sforza, 5 juillet 1499, *Louis XII et Ludovic Sforza, Documents*, 166. Ridolfi se rendait très bien compte que la Seigneurie de Venise aurait été ravie de voir Florence s'allier à Ludovic Sforza, de façon à rester, après la défaite, exposée aux représailles des alliés. *Louis XII et Ludovic Sforza, Documents*, 150 et 169.

(4) Ridolfi à la Seigneurie de Venise, 28 juin 1499, *Louis XII et Ludovic Sforza, Documents*, 150.

vous allez prendre, dépend le salut de la République », et il ajoutait : « Je vois que vous n'estimez pas ce roi autant qu'il lui semble que vous devriez l'estimer ».

Louis XII voulait que Florence « l'estimât » assez pour renoncer à sa neutralité et s'allier définitivement avec lui. Le 8 juillet, à la veille d'entrer à Lyon, Louis XII demanda aux ambassadeurs florentins quelle était la résolution de leur Seigneurie, renouvelant sa menace d'arrestation de tous les marchands florentins ; d'Entragues, pour les effrayer, proposait au roi d'aller secourir Pise (1). Au milieu de juillet, l'alliance franco-florentine semblait un fait admis, quoique non encore officiel. Ridolfi, interrogé sur la conduite que tiendrait sa cité en cas de guerre, répondit que « la Seigneurie serait certainement navrée de cette invasion, mais que son cœur était français et qu'elle ne ferait rien pour altérer les sentiments de Sa Majesté à son égard »(2). Les partisans de l'alliance milanaise s'égrenaient de jour en jour et perdaient tout leur aplomb : ils espéraient que si Ludovic Sforza pouvait résister heureusement quelques mois, Florence se mettrait sans hésitation de son parti ; une guerre un peu prolongée devait forcément, suivant les politiciens du temps, se terminer par la débandade de l'armée française et la défaite de Louis XII (3).

Après son entente définitive, quoique occulte, avec la France,

---

(1) MARINO SANUTO, *Diarii*, II, 922, l'ambassadeur vénitien en France à la Seigneurie, Lyon, 8 juillet 1499.

(2) Milan, A. d. S., *Carteg. gener.*, Latuada à Ludovic Sforza, 16 et 19 juillet 1499. Les ambassadeurs français à Florence partageaient l'opinion dominante : « Essendo dicto alli oratori Francesi como Paolo Vitelli si doveva conzare cum la Excellentia Vostra, havendolo Fiorentini licentiato, hano dicto non crederlo perche Firentini sono boni francesi, como è anche Paolo Vitelli. Un motif tout politique poussait d'ailleurs en ce moment les Florentins vers Louis XII : ils se sentaient menacés par les intrigues des Pisans à sa cour, surtout par la présence d'un certain Piero da Campiglia, personnage malfaisant, artificieux et subtil ». Florence, A. d. S., *Lettere esterne*, XXXVII, Lettre de Lyon, 23 juillet 1499. « Noi habiam scoperto questa macchina che li è venuto in questa corte Pietro da Campigilia, huomo notissimo e conventato per uno astuto e sottile tristo ». — Les partisans de la paix se raccrochaient à toutes les branches : si, à Milan, on parlait « avec modération » de la guerre, ils le notaient : « Delle cose franzese qui se ne parla temperatamente e quello si creda habbi a piacere ». Florence, A. d. S. *Lettere estere*, XXXVII, fol. 196, lettre de Soderini-Pepi à la Seigneurie, 1er juillet 1499.

(3) Vimercati à Ludovic Sforza, 16 juillet 1499. *Louis XII et Ludovic Sforza, Documents*, 189.

Florence continua à faire bon visage au duc de Milan, et, le 24 juillet, elle le fit féliciter par Vimercati du peu d'importance des hostilités engagées par Trivulce ; en même temps elle le comble de compliments au sujet de l'érection du comté de Pavie en principauté (1).

Le duc de Milan, malgré son aveuglement, finit par comprendre qu'il ne devait pas compter sur l'appui des Florentins : alors il se répandit en plaintes adressées, sous une forme vague et générale, à la Seigneurie : « Après avoir enduré mille peines en Italie pour le salut commun de la ligue et le salut particulier de chaque état, maintenant qu'il était dans un si grand péril, il se trouvait isolé et ne trouvait d'appui chez personne » (2). — Au dernier moment, le 27 juillet, il tentait un suprême effort, illusoire sans doute, en essayant de prendre par l'attendrissement les compatriotes de Machiavel. « C'est pour l'amour de vous, leur dit-il, et pour avoir voulu vous secourir contre les Vénitiens, que j'en suis à cette extrémité. Aussi faudra-t-il, le moment venu, qu'à votre tour vous pensiez à m'aider et à vous aider vous-mêmes pour ne pas devenir esclaves des barbares et des Vénitiens » (3). Cependant il ne voulut jamais traiter les Florentins en ennemis (4).

La République de Florence n'avait voulu s'associer effectivement, malgré leurs avances, ni à Ludovic Sforza ni à Louis XII. Sa neutralité ne put assurer son repos et lui coûta une grande part de son ancienne puissance et de son autorité morale : elle se réduisait, par cette ténacité dans la non-intervention, à la condition d'une puissance de second ordre. Louis XII, qui avait peut-être voulu lui donner le rôle de Venise dans ses projets

---

(1) Vimercati à Ludovic Sforza, 24 et 25 juillet 1499, *Louis XII et Ludovic Sforza, Documents*, 209 et 210.

(2) Soderini et Pepi à la Seigneurie de Florence, 20 juillet 1499. *ibid. Documents*, 201.

(3) Soderini et Pepi à la Seigneurie, 27 juillet 1499, *Ibid., Documents*, 216.

(4) Florence, *Ibid. id.*, Soderini et Pepi à la Seigneurie, 31 juillet 1499 : « [Ludovic] ringratia della congratulazione del principato ed investitura de figlio et de buoni successi contra Francesi ». En revanche la réserve des Florentins irritait Louis XII autant qu'elle attristait Ludovic Sforza. A la fin de juillet, il avait un véritable accès d'indignation contre la Seigneurie qui fut raconté jusqu'à Florence, sans l'émouvoir d'ailleurs. Florence, *ibid. id.* Ambassadeur florentin en France à la Seigneurie, Lyon, 27 juillet 1499 : « Il presente secretario è informato della mente del Re e di Roano ha saputo delle parole indicative di uno sommo sdegno ed ira conceputa contro a Vostre Signoria ».

contre le Milanais, perdit en somme assez peu à n'être pas appuyé par elle. Il fut plus nuisible à Ludovic Sforza de n'être pas secouru de ses troupes contre Venise ou contre le Saint-Siège, mais aux temporisations et aux incertitudes de la République, quelle impulsion pouvait donner la politique si hésitante elle-même du duc de Milan ?

§ 2. — *La neutralité de la république de Sienne.*

Reléguée dans ses collines paisibles, dans le centre même de l'Italie, la république de Sienne n'avait aucun intérêt direct à une intervention dans la guerre franco-milanaise; elle était hors d'état d'ailleurs de fournir un appoint sérieux à l'un ou à l'autre des adversaires. Dans les premiers mois de 1498, elle se trouvait, comme alliée de Venise, en lutte avec Florence (1). Le motif déterminant de son attitude politique fut l'ambition d'Alexandre VI et le danger que les projets du Saint-Siège faisaient courir à son indépendance : le pape avait en effet à plusieurs reprises exprimé l'idée de déloger Pandolfo Petrucci de sa tyrannie pour le remplacer par son fils César Borgia (2). Les Siennois furent naturellement amenés à se rapprocher de Ludovic Sforza contre le Saint-Siège, et par suite contre la France.

Ce fut à Sienne que fut le moins bien accueilli Nicolas Alamanni, l'ambassadeur de Louis XII. Son éloquence et ses raisonnements paraissent avoir échoué contre la fidélité de Petrucci et des Siennois au duc de Milan (3). Louis XII ne renouvela pas sa démarche et les abandonna à leurs préférences. Peu après le passage à Sienne d'Alamanni, Cesare Guaschi, ambassadeur milanais à Sienne, avertissait Ludovic Sforza d'« avoir l'œil ouvert » pour « assurer la conservation de cette République » et lui garantir « la protection efficace et bienveillante que méritait le dévouement des Siennois envers leur patron ». Les Siennois demandèrent à Ludovic Sforza l'appui de son influence

---

(1) Milan, *Cartegg, gener.* Lettres de Guaschi à Ludovic Sforza, *passim*.
(2) Milan, *ibid.* Cesare Guaschi à Ludovic Sforza, 11 février 1498. Voir ce document dans mon étude *Intorno ad alcuni documenti sulle relazioni tra Alessandro VI et Luigi XII*, ainsi que d'autres renseignements complémentaires.
(3) Voir *ibid.*, § 1, et l'article auquel j'y renvoie.

pour obtenir une paix ou du moins une trève avec Florence (1). La cordialité des relations des deux états dura jusqu'à la chute du duc de Milan; Cesare Guaschi, transféré de Sienne à Rome à cause de son habileté, se chargea de plusieurs négociations à la cour d'Alexandre VI au profit des Siennois et resta le conseiller de Pandolfo Petrucci et l'intermédiaire entre lui et les Sforza (2). Son successeur, Agostino Maria de Beccaria, continua sa politique toute amicale (3); de son côté Ludovic Sforza avait reçu solennellement à Milan, le 29 janvier 1499, un ambassadeur siennois Antonio Venafro (4).

Ces bonnes relations se prolongèrent, plus longtemps même qu'il n'arriva entre Ludovic Sforza et d'autres états. Toutefois, après l'invasion française et les premiers revers, les Siennois se refroidirent, et il devint visible qu'ils n'avaient plus pour le représentant du duc la même considération. Beccaria mit tout son talent à pallier la vérité sur les événements militaires, à tout montrer sous un jour favorable au duc de Milan. Mais Petrucci comprenait que l'agent milanais lui dissimulait la véritable situation (5). A mesure que la situation générale empirait, les Siennois s'assombrissaient davantage : Petrucci feignait « la plus grande amertume et le plus grand déchirement de cœur que pût supporter un cœur humain ». Le premier septembre fut le dernier beau jour des partisans du duc de Milan à Sienne: ce fut ce jour-là qu'arriva la nouvelle de la paix conclue entre Maximilien et les Suisses; les politiciens milanais en attendaient le plus grand et le meilleur résultat : déjà Petrucci et d'autres faisaient conseiller à Ludovic Sforza de décider l'empereur à descendre en Italie: mais ce ne fut qu'un seul jour. Beccaria se

---

(1) Lettre de Cesare Guaschi à Ludovic, du 11 février 1498, citée ci-dessus.

(2) Sienne A. d. S. *Lettere alla Balia*, 422. Lettre de Cesare Guaschi à la Seigneurie de Sienne, 14 avril 1499 et *passim*, dans *Intorno ad alcuni documenti*, etc.

(3) Ce Beccaria trouvait un collaborateur volontaire en août 1499 dans un frère conventuel de Saint-François, portugais d'origine, Maître Emmanuel, qui lui offrit ses services, soit auprès de la République de Sienne, soit en Espagne, où il avait, disait-il, un certain crédit sur les souverains catholiques. Mais il demandait avant tout qu'on lui donnât le moyen de faire le voyage. Ce diplomate marron pourrait bien n'être qu'un ingénieux escroc. Cependant Beccaria crut devoir en référer à Ludovic Sforza Sa lettre est à Milan. A. d. S., *Pot. Est.*, *Siena*.

(4) Sienne, A. d. S. *Letterre alla Balia*, 422. Venafro à la Seigneurie, 29 janvier 1499.

(5) *Louis XII et Ludovic Sforza, Documents.* 293.

faisait si peu d'illusions sur ce qu'il pouvait désormais avoir d'influence à Sienne qu'il avait adressé à Ludovic Sforza et renouvelé une demande de rappel (1).— La sympathie des Siennois resta donc acquise à Ludovic Sforza aussi longtemps qu'il resta duc, mais dès ce temps-là elle lui fut parfaitement inutile.

§ 3. — *L'alliance de Bentivoglio avec Ludovic Sforza.*

La République de Bologne, gouvernée par les Bentivoglio, n'était pas moins menacée que Sienne par l'ambition du pape et de César Borgia, qui voyait dans le territoire bolonais le complément nécessaire de son futur duché des Romagnes. Contre les Borgia, les Bentivoglio s'appuyèrent naturellement sur Ludovic Sforza. Un autre motif les y poussait encore : la peur d'être renversés par leurs ennemis Malvezzi, qui, exilés de Bologne, avaient trouvé une retraite et des emplois dans le duché de Milan, dont Ludovic Sforza les menaçait fréquemment, et qu'il pouvait, suivant les circonstances, soutenir, et au besoin armer contre eux (2). Aussi, autant pour conserver la tyrannie que pour sauvegarder l'indépendance de leur République, furent-ils des alliés résolus et fidèles de Ludovic Sforza, à qui leur valeur militaire et l'audace de leur tempérament les rendirent fort utiles (3). Dès le mois d'octobre 1498, les principales conditions d'un accord entre le duc de Milan et les Bentivoglio étaient posées (4).

---

(1) Milan, *Cartegg. gener.* Beccaria à Ludovic Sforza, 1er septembre 1499 — Le duc de Milan avait tenté un rapprochement avec le Saint-Siège par l'intermédiaire du cardinal légat Borgia que Beccaria alla visiter en son nom à Sienne, mais il n'obtint rien (*ibid.*, id. Beccaria à Ludovic, 31 août 1499). — Beccaria est peut-être excusable de n'avoir pas été plus habile : il venait de perdre de la peste son petit garçon.

(2) En août 1498, un des fils Bentivoglio, ayant voulu « *cavalcare* » contre Florence, Ludovic Sforza menace son père, s'il l'y autorise, de rétablir les Malvezzi à Bologne (Marino Sanuto, I, 1065. Venise, fin août 1498).

(3) Il les tenait aussi par des intérêts pécuniaires. Le 2 septembre 1498, Annibal Bentivoglio, ayant conclu un engagement avec les Vénitiens, Ludovic Sforza entra dans une colère épouvantable, se dit trahi par le père et le fils, menaça de confisquer les revenus, quatre ou cinq mille ducats, que les Bentivoglio possédaient sur des terres du Milanais (Mantoue, *Archivio Gonzaga*, E XIX 3. Brognolo, ambassadeur à Milan au marquis de Mantoue, 2 septembre 1498).

(4) Marino Sanuto, *Diarii*, II, 75 ; lettre de Milan à la Seigneurie, 26 octobre 1498.

Mais les Bentivoglio ne voulaient pas se livrer trop complètement à leur protecteur, et la République bolonaise ne tenait du reste pas à les suivre aveuglément ; aussi manifestent-ils leur indépendance à diverses reprises : ainsi le 23 février 1499, G.-G. Bentivoglio exprime au secrétaire vénitien sa satisfaction de la conclusion de l'alliance franco-vénitienne ; peu après, il refuse de demander au *Reggimento* au nom du duc de Milan des cantonnements dans le Bolonais pour cinq cents hommes d'armes milanais (1).

G.-G. Bentivoglio ne se tourna décidément vers Ludovic Sforza que lorsque le Saint-Siège fut devenu l'allié déclaré de la France, et qu'après avoir lui-même tenté en vain, par l'intermédiaire du Saint-Siège, un rapprochement avec la France (2). Leur liaison fut alors serrée, consacrée par la présence à Bologne de deux ambassadeurs, Tommaso Tornielli et Francesco Tranchedini, dont le rôle était prépondérant. La concession d'un contingent bolonais fut la grande affaire que les représentants du duc de Milan eurent à débattre avec les Bolonais et les Bentivoglio. Mais là aussi, ce ne fut qu'en présence d'un danger évident et imminent que le duc de Milan commença à agir.

Vers la fin de juillet 1499, on annonçait l'envoi à Milan de quinze cents fantassins, qui y recevraient six mois de solde (3), d'un corps d'arbalétriers soldés pour un tiers par Bentivoglio ; mais au milieu d'août, ces troupes n'étaient pas encore parties. Ludovic Sforza en profitait pour demander que Bentivoglio voulût bien leur payer leur solde jusqu'à concurrence de six cents ducats au lieu de deux cents ; qu'au moins ces troupes fussent envoyées jusqu'à Parme, où les officiers du duc iraient les contrôler et payer le complément des soldes (4). Alors les Bentivoglio mirent en route leurs troupes ; la compagnie de cent *elmetti* d'Annibal Bentivoglio partit le 14 août pour Milan sous le commandement de son lieutenant Carlo Grati ; le 16, ce furent

---

(1) MARINO SANUTO, II, 482, Lettre du secrétaire vénitien de Bologne à la Seigneurie, 23 février 1499.

(2) Mantoue, *Archivio Gonzaga*, E, XIX, 3, Brognolo au marquis de Mantoue, 4 juillet 1499 : «Qua se ha aviso che M. Zoanne Bentivoglio ha mandato ad intercedere l'opera del pontefice apresso la Maestà del Re di Francia, cum laquale dimonstra volersi accontiare.

(3) MARINO SANUTO, II, 955, Lettre de Donado à la Seigneurie, Ferrare, 22 juillet 1499.

(4) *Louis XII et Ludovic Sforza, Documents*, 265.

les troupes de Gian et d'Alessandro Bentivoglio, trois cents elmetti à cheval et deux cents arbalétriers, qui les suivirent (1).

Malgré ses succès diplomatiques, la situation de Tranchedino à Bologne n'était rien moins qu'agréable (2). A mesure que les événements militaires se succédaient, peu glorieux pour Ludovic Sforza, l'opinion publique lui devenait hostile; et l'ambassadeur, laissé sans nouvelles officielles et certaines de Milan, ne savait par quel moyen la ramener. Bentivoglio et ses fils, sous prétexte de divertissements, s'étaient retirés à leur maison de campagne de « Bentivoglio »; ils voulaient peut-être se soustraire aux trop fréquentes demandes de Tranchedino. Ginevra Bentivoglio seule restait absolument dévouée à Ludovic Sforza, et consentait encore vers le milieu d'août à lui avancer quatre cents ducats pour le payement des arbalétriers envoyés à Milan. Cependant l'ambassadeur ne perdait pas courage (3) : il recrutait à bon compte des soldats pour Ludovic dans les troupes licenciées de l'expédition de Bibiena, il relevait le courage des partisans du duc de Milan: « Ceux-ci, écrivait-il à son maître, espèrent fermement que Votre Excellence, par une vigoureuse défense, remportera la victoire et aura l'honneur de la campagne ». Mais son action était contrariée par les maladresses et les brutalités de langage que le secrétaire bolonais à Milan apportait à l'envoi des nouvelles militaires; toujours mauvaises, ces nouvelles épouvantaient Bologne. La négligence et la lenteur de la chancellerie milanaise à lui répondre achevaient de compliquer la situation du malheureux ambassadeur (4).

(1) Bologne, *Biblioteca dell' archivio di Stato*, Ghirardacci, *Storia* (inédite) *di Bologna*, III, pag. 402 (14 août 1499) et 404 (16 août 1499) : « Giov. Bentivoglio manda il sue genti d'arme e quelle di Allessandro il suo figliolo al duca di Milano : furono 300 elmetti a cavallo e 200 ballestreri a cavallo per guareggiare cum il re di Francia ».

(2) *Louis XII et Ludovic Sforza, Documents*, 291 et 306.

(3) Milan, A. d. S.. *Carteggio generale*, Tranchedino à Ludovic Sforza, 24 août 1499.

(4) *Louis XII et Ludovic Sforza, Documents*, 305. Les preuves de cette incurie de la chancellerie milanaise affolée sont innombrables. Tranchedino réunit à Bologne des officiers et des *caporali* qui avaient jadis appartenu au cardinal San Severino : on néglige de lui faire savoir où il faut adresser ces troupes : pendant ce temps leur enthousiasme se refroidit, et elles en arrivent à tenir de méchants propos contre Ludovic Sforza. Plus tard il transmet à Ludovic des offres de service de Julien de Médicis offrant de faire espionner Pitigliano et d'Alviano, et Ludovic ne le charge de ses remerciements qu'après un long retard (Milan, A. d. S., *Cartegg. gener.*, Ludovic à Tranchedino, 27 août 1499).

Cependant, Bentivoglio rentra le 26 août à Bologne, rappelé par Tranchedino à cause de la gravité des circonstances. Sa perplexité était grande. Il finit par consentir à autoriser son fils Ercole, mais lui seul, à l'exclusion d'Annibale et de tous les autres, à servir Milan ; il refusa de se mêler de l'enrôlement des troupes de pied que demandait de nouveau Ludovic, et adressa ou renvoya Tranchedino aux « contestabili » étrangers et bolonais pour s'entendre directement avec eux ; il ne consentit qu'après une nuit de réflexions à lui désigner trois des meilleurs contestabili, les deux cousins Teseo et Cesare della Corvara et Alessandro de Cassel, « tous les trois ayant la mine de vaillants hommes et de soldats expérimentés ». Tranchedino passa les derniers jours d'août à s'occuper de ces enrôlements et des très minutieuses difficultés financières qui surgissaient à leur propos. Il paraît y avoir eu parmi ces troupes quelque enthousiasme en faveur de Ludovic Sforza (1). — Bentivoglio fit donc œuvre d'allié à l'égard du duc de Milan, et, le dernier peut-être des princes italiens, il osa lui rendre service.

Malheureusement pour Ludovic, ces renforts et ces dévouements de la dernière heure ne lui servirent guère (2), et bientôt la chute du duc rompit son alliance avec Bologne. Resté plusieurs jours sans nouvelles, Tranchedino apprit enfin, le 6 septembre, la retraite de Ludovic Sforza ; il communiqua aussitôt la nouvelle à Gian Bentivoglio ; il écrivit ensuite une lettre de recommandation personnelle au gouvernement provisoire (3), tandis

---

(1) *Louis XII et Ludovic Sforza, Documents,* 310, 312, 314.

(2) Un «chancelier» bolonais avait offert à Tranchedino de s'entremettre en faveur du duc auprès des condottieri vénitiens, Pitigliano et d'Alviano. Ludovic l'en remercia beaucoup, mais l'offre demeura inutile. Il en fut de même d'une ébauche de négociation avec Julien de Médicis (Milan, *Carteg9. gener.,* Ludovic à Pitigliano, 27 août 1499). Quanto ala offerto facta da epso cancellaro de fare bono officio verso noi, andando lui a servire apresso el conte de Pitiliano et B. d'Alviano, recevemo piacere del bono animo et affectione quale demonstra portarne. Cosi ce sara grato chel facii cum effecto.

(3) *Louis XII et Ludovic Sforza, Documents,* 349. L'opinion publique faisait des vœux en faveur de Ludovic Sforza, et ne doutait pas que « s'il s'aidait, le ciel ne l'aidât ». Tranchedino transmettait ces bonnes paroles au duc de Milan, mais c'était un maigre encouragement (Milan, A. d. S., *Pot. Estere,* Bologna, Tranchedino à Ludovic Sforza, 24 août 1499) : « Hano li amici ferma speranza che Vostra Signoria aiutandose vigorosamente reportara victoria e gloria, e, ad doverlo fare, non gli deve manchare cousiglio, forza ne animo, essendo bon christiano et cattolico e che ricognosca li boni suoi servitori ».

que Bentivoglio demandait au nouveau pouvoir milanais de vouloir bien se rappeler qu'il avait toujours dépendu du duché de Milan et qu'il avait toujours obéi à ceux qui avaient eu à lui commander. A l'alliance avec Ludovic, Bentivoglio substituait donc, dès le lendemain de son départ, une alliance avec Milan, et, dès le 7 septembre, Carlo Griti rentrait avec ses troupes à Bologne (1).

Louis XII n'avait rien fait, après la mission d'Alamanni, pour disputer à Ludovic Sforza l'alliance bolonaise.

V.

LA POLITIQUE DE VENISE ET SON ALLIANCE AVEC LA FRANCE.

A la fin du XV⁰ siècle, la Seigneurie de Venise était un des quatre grands états italiens, l'un et peut-être le premier de ceux qui, ayant une politique positive et personnelle, pouvaient la suivre avec indépendance. Aussi, les relations de la France et du Milanais avec elle ont-elles un tout autre caractère qu'avec les autres puissances de la péninsule : du premier jour au dernier, il est évident que ce ne sont pas des états protecteurs qui se disputent les services d'un état protégé, mais trois états traitant de pair à pair ; l'initiative et souvent la conduite des négociations n'appartient pas aux deux adversaires ; il y a non pas soumission de Venise à une politique étrangère qu'elle choisit parmi toutes celles qu'on lui propose, mais coïncidence entre sa politique personnelle et celle de l'allié qu'elle choisit.

§ 1. — *Les relations de Venise et de Milan à l'avènement de Louis XII.*

Après le traité de Verceil entre Ludovic Sforza et Charles VIII et le retour en France de celui-ci, l'amitié qui, au moment de la Sainte Ligue, avait uni la sérénissime République au duc de Milan avait bien diminué ; elle faisait insensiblement place à une hostilité peu déguisée, quoique encore latente et purement platonique : la question de Pise acheva la brouille des deux anciens alliés. Venise avait, d'ailleurs, parfaitement conscience de ce changement et n'était pas en peine de le motiver ; elle fit

(1) Bologne, *Bibl. Arch. Stato*, Ghirardacci, *Storia di Bologna*, III, 7 septembre 1499.

présenter au Pape sur ce sujet un mémoire justificatif. Aux reproches de ne pas se prêter aux tentatives d'accommodement et aux négociations commencées par d'autres états, de n'agir que dans son intérêt particulier et non dans l'intérêt général de l'Italie, elle répondait par la comparaison de sa conduite avec celle du duc de Milan depuis l'expédition de Naples : ce n'était pas elle qui avait appelé le roi de France en Italie; au contraire, elle avait mis ses soins les plus habiles à retarder ou empêcher le départ de Charles VIII ; quand, plus tard, les promoteurs mêmes de l'invasion française, craignant pour leurs propres états, l'avaient invitée à une action commune pour la défense du Royaume de Naples, défense à laquelle ils étaient plus intéressés que Venise, elle avait cependant accepté sans hésitation de s'associer à eux ; malgré les offres considérables de la France, c'est avec eux qu'elle avait traité ; ce n'était pas pour elle, mais pour les confédérés qu'elle en était venue, après la prise de Novare et de Tuscanella, à la guerre ouverte contre la France ; ce n'était pas dans son intérêt non plus qu'elle avait contribué à la délivrance du royaume de Naples. Où était dans tout cela l'intérêt personnel de Venise? Elle s'était bornée à demander une caution pour l'argent qu'elle avait fourni à la Confédération en plus de sa contribution personnelle. Elle n'avait retiré de la ligue ni acquisition de territoires, de places fortes, de villes, ni accroissement de revenus, mais seulement des risques et des dépenses. De même la Seigneurie dans les mêmes conjonctures, s'était employée pour le Saint-Siège; par deux fois elle avait contribué à la remise de Novare entre les mains du duc de Milan, « par pure charité et à grands frais », elle avait fait à Gênes de très grandes dépenses dans l'intérêt général de la Ligue : toujours elle avait libéralement prêté son appui à qui le lui avait demandé. Elle protégeait la liberté pisane pour éviter que Pise retombât entre les mains des Florentins ou des Français. C'était toujours l'application du même système d'équilibre et du même esprit de dévouement (1). En même temps qu'elle présentait cette défense générale, Venise justifiait son attitude spéciale dans la question de Pise. Après y avoir été engagée par ceux qui maintenant la lui reprochaient, la Seigneurie avait résolu de s'y tenir tant que les mêmes périls menaceraient, avec la liberté de Pise, l'équilibre italien ; elle refusait d'admettre la proposition de Florence et de remettre Pise sous séquestre

---

(1) *Louis XII et Ludovic Sforza, Documents*, 2.

entre les mains d'un tiers : rien n'autorisait les autres états à lui donner cette marque de défiance. Cette fière déclaration réunit la presque unanimité du conseil des Pregadi : elle signifiait, dans son ensemble, que Venise se jugeait mal récompensée des services rendus à l'Italie ; elle contenait comme une menace d'isoler son action du concert de la politique italienne, une affirmation de son indépendance à l'égard de Ludovic Sforza et de sa volonté de ne pas obéir aveuglément à ses anciens confédérés.

Mécontent de cette indépendance, Ludovic Sforza essaya, tout en restant l'allié officiel de Venise, de lui trouver des ennemis et de l'obliger de céder par force aux prétentions des Florentins qu'elle ne voulait pas admettre. Il songea à une intervention de Maximilien contre Venise, à une alliance entre l'empereur et Florence, moyennant la restitution de Pise à sa rivale victorieuse, l'offre de larges subsides par Florence à Maximilien et l'entrée de Florence dans la Ligue d'Italie (1). En même temps, il voulait mettre Venise dans l'impossibilité matérielle de secourir Pise : le 22 avril 1498, il refusait le passage, à travers le duché, au capitaine vénitien Tommaso Zen, conduisant à Pise quatre cents estradiots, sous prétexte que la mort de Charles VIII rendait cette expédition inutile.

Ce dernier acte, autant que ce qu'on savait des dispositions générales de Ludovic Sforza, excita une certaine indignation à Venise contre le duc de Milan ; on affecta d'y voir la preuve de ses mauvaises intentions contre la Seigneurie, le résultat d'une nouvelle ligue secrètement établie entre le pape, Ludovic Sforza, Maximilien d'Allemagne, le roi de Naples, malgré ses répugnances, les Florentins et qui aurait le marquis de Mantoue pour capitaine général. La réalité, c'est-à-dire le vif désir qu'avait Ludovic Sforza de voir Venise abandonner « l'entreprise de Pise », suffisait pour monter les imaginations, pour faire croire à l'imminence d'une guerre. On se demanda si l'on continuerait les relations diplomatiques. Le départ de l'ambassadeur désigné pour Milan, Domenigo Pixani, qui allait y remplacer Lippomano, et avait déjà reçu ses frais de voyage, fut suspendu ; quelques-uns envisageaient comme prochaine la nécessité de rappeler Lippomano et de faire une démonstration militaire sur l'Oglio (2).

(1) *Louis XII et Ludovic Sforza, Documents*, 15. Costabili au duc de Ferrare, 16 avril 1498, rapportant une conversation de Ludovic Sforza sur les affaires de Venise.
(2) MARINO SANUTO, *Diarii*, I, 945 et 946. Venise. 22 avril 1498.

Loin de se modérer, Ludovic Sforza aggrava encore la raideur de son attitude (1) ; le 27 avril, il adressa à la Seigneurie une lettre de menaces et de protestation pour l'engager à abandonner Pise aux Florentins (2) ; le mécontentement des Vénitiens, que Latuada ne déguise pas, fut extrême. Ils déclaraient que, si Ludovic s'adressait jamais à eux, ils le feraient repentir de son refus de passage ; en cas d'une guerre entre la France et le Milanais, sans souhaiter la victoire de la France, qui serait contre leur propre intérêt, ils le laisseraient se « débrouiller tout seul », un bon moment avant d'aller à son secours (3). Diverses vexations montrèrent la mauvaise humeur de Ludovic Sforza contre Venise (4). Le mécontentement que l'attitude de Venise dans les affaires de Pise causait au duc n'était un secret pour personne (5).

Cependant Ludovic Sforza affectait de rester toujours l'allié de la Seigneurie : tandis qu'à Venise on commençait dès lors à traiter son représentant Latuada avec défiance, à Milan, au contraire, l'ambassadeur vénitien et ses gens avaient pleine liberté d'aller, de venir et de communiquer (6). Ludovic Sforza demandait à la Seigneurie d'aider, par Urbano de Stradalonga,

(1) Ludovic Sforza desservait la Seigneurie auprès de Maximilien. L'ambassadeur vénitien en Allemagne transmettait à Venise ces paroles de l'empereur : «La Seigneurie n'a pas en Italie de plus grand ennemi que le duc de Milan». *Louis XII et Ludovic Sforza, Documents*, 15, Latuada à Ludovic Sforza, 17 mai 1498.
(2) MARINO SANUTO, I, 948. Venise, 27 avril 1498.
(3) *Louis XII et Ludovic Sforza, Documents*, 15, Latuada à Ludovic Sforza, 10 mai 1498.
(4) En avril 1498, par exemple. Venise voulant obtenir du pape une nomination à l'abbaye de Cerreto, et y employant plusieurs hautes influences, Ludovic Sforza essaie de faire échouer ce projet (Milan, A. d. S., *Cartegg. gener*, Ludovic Sforza à Latuada, 29 avril 1498 ; réponse de Latuada, 3 mai 1498 ; il y a plusieurs lettres de Latuada sur l'affaire de l'abbaye de Cerreto, avril-mai, 1498) ; il ne respecte même plus les immunités diplomatiques : l'ordre ayant été donné d'empêcher la circulation sans permis dans le Novarais, un courrier envoyé de Milan à Turin par Lippomano est arrêté pour n'avoir pas de marque d'identité «Per non havere altro segno che il cornetto.» Mantoue, *Archivio Gonzaga*, E XIX 3, Donato Preti au marquis, 8 mai 1498).
(5) «Tra il duca e Venetiani è venuto sdegno grande per detta causa». (même lettre de Donato Preti).
(6) Milan, A. d. S., *Pot. Est. Venezia*, Latuada à Ludovic Sforza, 19 juin 1498 : «A me non pare molto difficile che l'ambasciatore di questa Signoria possa intendere le cose se fano apresso la Excellentia Vostra perche cum li soi pratichano ogniuno senza rispecto, cosa che non possemo far noi cum questi qua dove ogniuno ce fuge, dubitando non esser pigliato in suspicione.»

agent vénitien en Montferrat, à la réconciliation du Milanais avec le Montferrat et Constantin Arniti; Latuada fit plusieurs démarches à ce sujet, auprès de la Seigneurie, mais sans résultat (1). Le duc affectait avec la plus grande candeur de demander à Lippomano « pourquoi l'amitié entre Venise et lui semblait diminuer » (2). Il accorda, sans difficulté, le libre passage aux ambassadeurs envoyés en France (3).

Mais la réalité ne répondait pas aux apparences. Ludovic Sforza tendait à se détacher de la Seigneurie et à l'isoler par tous les moyens. C'est sur ses conseils que l'empereur Maximilien avait réclamé le rappel de l'ambassadeur vénitien G. Pisani, et déclaré qu'il ne voulait pas en recevoir d'autre à sa cour sans l'avoir demandé : la Seigneurie avait par conséquent dû surseoir au départ de Sébastien Giustiniani, ambassadeur désigné en Allemagne.

Un dernier incident, d'autant plus significatif que tout le système politique de Venise à l'égard de la France y était impliqué, aggrava définitivement la brouille (4). Les confédérés avaient, du vivant de Charles VIII, commencé à Gênes, au profit du duc de Milan, des armements pour résister aux pirateries des Provençaux et aux courses du terrible vaisseau *La Louise*. Après l'avènement de Louis XII, Latuada demanda instamment que Venise continuât à collaborer à ces mesures défensives et à montrer ses dispositions favorables aux Génois. Ce à quoi la Seigneurie répondit que ces armements avaient été faits pour répondre aux desseins de Charles VIII, dont on connaissait l'hostilité contre l'Italie, mais que ce roi était mort et remplacé, que tous les souverains italiens allaient envoyer à son successeur des ambassades qui pourraient avoir de bons résultats ; que l'on ignorait encore les dispositions du nouveau roi à l'égard des états italiens ; qu'avant de les connaître, la Seigneurie ne croyait pas devoir s'associer à une démonstration militaire tout à fait de nature à irriter le nouveau roi et à valoir de sa part aux Italiens le reproche d'avoir armé contre lui sans motif et avant d'avoir connu ses sentiments. La Seigneurie faisait

---

(1) Milan, A. d. S. *Pot. Est. Venezia.* Latuada à Ludovic Sforza, 12 mai 1498.

(2) Milan, A. d. S. *Cartegg. gener.* Ludovic Sforza à N. (minute d'un discours ?) 24 mai 1498.

(3) *Chronicon venetum,* pag. 55 (mai 1498).

(4) *Louis XII et Ludovic Sforza, Documents.* 19. Latuada à Ludovic Sforza, Venise, 12 mai 1498.

remarquer de plus que, si les Génois avaient réellement peur d'une attaque de Louis XII, ils n'auraient pas envoyé pour cinq cents ducats d'étoffes à la foire de Lyon et que ces étoffes n'y auraient pas été reçues librement ; que, si *La Louise* prenait la mer, ce serait pour de simples courses de piraterie et non pour des actions de guerre régulières, et que, contre ce genre d'attaques, Gênes pouvait se protéger par sa propre flotte, sans donner la charge de sa défense à la Ligue. Ce fut en vain que Latuada répondit à ce raisonnement serré : Venise ne contribua pas à cet armement dirigé contre la France. C'était là un grave symptôme qu'elle méditait un renversement d'alliances et une politique nouvelle.

§ 2. — *La première ambassade vénitienne à la cour de France.*

L'avènement de Louis XII lui en avait suggéré l'idée et fourni l'occasion. La Seigneurie l'avait appris en même temps que la mort de Charles VIII par les dépêches de son résident à Turin, J.-P. Stella, et par la communication officielle que Louis XII avait chargé Nicolo Alamanni de lui remettre. La nouvelle avait été accueillie, non seulement comme celle d'un événement naturel et attendu, mais encore avec plaisir, tant à cause de la sympathie que le duc d'Orléans avait toujours manifestée pour la Seigneurie qu'à cause du crédit que La Rovère, ami de la République, passait pour avoir auprès de lui. La Seigneurie songea immédiatement à reprendre avec le nouveau roi les relations diplomatiques restées interrompues entre elle et la France (1) depuis le jour que Commynes avait quitté Venise.

Le 16 avril 1498, dans le conseil des Pregadi, les *Savii di Conseio* et les *Savii di Terra Firma* proposèrent à la majorité d'envoyer le secrétaire Stella à La Rovère pour le remercier de la communication de cette importante nouvelle et pour lui témoigner la satisfaction de la Seigneurie à l'avènement du duc d'Orléans. Stella aurait aussi pour mission de prier La Rovère de continuer à avertir la Seigneurie, « heure par heure », des nouvelles de France, afin que le gouvernement, après avoir reçu d'une façon absolument sûre la confirmation de ces nouvelles, pût prendre d'autres mesures pour exprimer publiquement

---

(1) Latuada à Ludovic Sforza, 5 mai 1498. *Louis XII et Ludovic Sforza. Documents*, 11.

ses sentiments. Cette proposition réunit soixante-dix-huit voix, mais le conseiller Domenico Bollani et Antonio Grimani, *savio dil conscio*, demandèrent et obtinrent, par cent-dix-sept voix contre quatre, que, vu son importance, la discussion de cette question fût renvoyée à une date postérieure (1). Deux jours après, le 18 avril, le conseil des Pregadi reprit la question. Stella reçut l'ordre de prendre congé de la duchesse douairière de Savoie, sous prétexte que la Seigneurie l'envoyait sans délai au duc outre monts, puis de prendre le plus vite possible la route de France. Muni de lettres de créance, il se présenterait au roi, lui exprimerait les félicitations de la République et le plaisir que lui avait causé son avènement. La conclusion de sa harangue serait que sa mission avait été votée aussitôt après la réception de la nouvelle, pour manifester avec plus de zèle à Louis XII les bonnes dispositions de la Seigneurie, mais qu'une ambassade solennelle lui serait promptement envoyée, pour satisfaire aux devoirs de la République envers le roi. Les instructions de Stella l'obligeaient à demeurer ensuite à la cour jusqu'à l'arrivée de cette autre ambassade, à s'y efforcer de maintenir le roi, les ministres et l'entourage royal dans les meilleures dispositions possibles à l'égard de Venise et à justifier en toute occasion la conduite antérieure de la Seigneurie à l'égard de la France. Avant de partir, Stella devait aller à Chivasso informer La Rovère de la mission qui lui était confiée, lui demander le secret pour quelques jours, et pour plus de sûreté, bien que la Seigneurie pensât un sauf-conduit inutile, réclamer de lui, — faveur que La Rovère ne refuserait pas, — un de ses secrétaires pour compagnon de route. Enfin l'ambassadeur, s'il rencontrait le duc Philibert au passage, en Savoie, devait lui rendre une visite officielle, et lui déclarer que le but de son voyage était de féliciter Louis XII de son avènement. Ces instructions, qui engageaient Venise dans une politique de réconciliation avec la France, furent adoptées par cent-quarante-six voix (2).

Une autre mission, ayant pour objet Trivulce, fut en même temps confiée à Stella. Les insolences de Ludovic Sforza à l'adresse de Venise inquiétaient la Seigneurie ; d'autre part,

---

(1) *Secretario nostro in Sabaudià*. Cf. *L'Ambassade d'Accurse Maynier à Venise*, appendice, pag. 74.

(2) *L'Ambassade d'Accurse Maynier à Venise*, app., pag. 75 ; — Marino Sanuto, *Diarii*, I, 948, Venise, avril 1498. Latuada à Ludovic Sforza, 5 mai 1498, *Louis XII et Ludovic Sforza, Documents*, 11.

certaines confidences de La Rovère à Stella, au sujet de Trivulce, lui laissaient penser qu'une entente était possible entre la Seigneurie et le condottiere. Stella fut donc chargé de prier La Rovère de pressentir Trivulce au sujet de cette entente éventuelle, en lui faisant secrètement entendre que la République avait toujours eu pour lui beaucoup de sympathie et d'estime, et en lui proposant d'envoyer à Venise un secrétaire, muni de pouvoirs étendus, chargé de faire à la Seigneurie des offres de service honorables et acceptables, avec promesse que, si Trivulce se montrait raisonnable dans ses propositions, la Seigneurie le serait aussi. Quelques *savii di conseio* auraient désiré que, vu l'importance de ces négociations avec Trivulce, l'envoi des deux instructions fût différé jusqu'au lendemain, mais leur demande fut rejetée par cent-quarante-six voix contre cinquante-cinq (1).

La hâtive expédition de ce secrétaire en France avait pour but de compenser la lenteur de la mise en route de l'ambassade solennelle, de traiter sans délai diverses questions qui réclamaient une solution rapide, et de tenir plus secrète la nouvelle politique de Venise. Malgré pourtant les recommandations de discrétion de la Seigneurie, Stella fut le premier à ébruiter le but et le motif de son voyage. Il confia à Jacques Langlois, qui le répéta à l'ambassadeur milanais M. Pirovani, qu'aussitôt après l'arrivée d'une lettre de Venise qu'il attendait, et l'accomplissement d'une mission dont il était chargé auprès du duc Philibert, il partirait pour la France : « Il regrettait d'avoir à dire que le but de sa mission était de remédier aux mauvais déportements dont Ludovic Sforza usait envers la Seigneurie, et que dans quinze jours l'on verrait beaucoup de nouveau. » Il ajoutait qu'au demeurant Venise ne voulait pas la ruine de l'état milanais, mais seulement la reconnaissance de ses droits (2).

Louis XII n'était d'ailleurs pas en retard de courtoisie avec Venise; dès le 20 avril, il lui avait notifié son avènement par la lettre qu'Alamanni remit de sa part à J.-P. Stella ; la chose était d'autant plus remarquable que cette notification n'avait été faite sous cette forme qu'à deux autres états de la péninsule, le Saint Siège et la république de Florence. Cette lettre exprimait son désir de vivre en bonne intelligence avec la Seigneurie, qu'il y appelait sa « chère amie ». Cette lettre fit d'autant meilleur effet que, le jour

---

(1) Venise, *Secreta Senatûs*, XXXVII, fol. 12, 18 avril 1498 (Marino Sanuto, *Diarii*, I, 948).

(2) *Chronicon Venetum*, pag. 52, mai 1498. Maffeo Pirovani au duc de Milan, 29 avril 1498, *Louis XII et Ludovic Sforza, Documents*, 8.

même de sa réception, l'ambassadeur milanais Latuada était venu, par ordre du duc, notifier au Colegio, que l'empereur, mal disposé pour l'Italie, avait récemment donné ordre aux ambassadeurs de l'ancienne ligue italienne de cesser de suivre la cour impériale. Cette communication était destinée à effrayer Venise : la lettre de Louis XII la rassura. Quand Latuada eut fini son exposition, le doge se borna à lui répondre : « Vous venez de nous donner de vos nouvelles ; bientôt nous vous en donnerons de notre façon. » — A la lettre royale était jointe la déclaration, par Louis XII, que les marchands de tout pays pouvaient désormais circuler et négocier librement en France. La demande de la réciprocité de ce traitement à Venise pour les Français était une sorte d'avance faite à la Seigneurie par le roi de France (1).

Le voyage de J.-P. Stella fut prompt et heureux. Malgré ses indiscrétions, il avait réussi à donner le change à l'ambassadeur milanais résidant à Turin. Pirovani s'imagina qu'il allait en Savoie pour proposer au duc Philibert la succession du marquis de Mantoue comme capitaine général des troupes vénitiennes, et s'empressa de prévenir de sa découverte la duchesse douairière pour qu'elle détournât Philibert d'une telle alliance. Ce ne fut que par Latuada que Ludovic Sforza sut que Stella allait en France ; encore lui laissa-t-on croire qu'il s'agissait d'une simple ambassade de félicitations. Stella put donc franchir sans difficultés les Alpes et traversa en toute hâte la Savoie, sans même prendre le temps d'une visite au duc. Il annonçait en chemin le prochain passage d'une ambassade solennelle (2).

Le choix de Stella comme ambassadeur avait été motivé, non seulement par la proximité de sa résidence d'avec la France, mais aussi par les relations qui avaient autrefois existé, entre Louis XII, alors duc d'Orléans, et lui. La Seigneurie ne se trompait pas en pensant que Louis XII en avait gardé le souvenir; il accueillit très bien Stella. Le roi était en déplacement dans les environs de Paris : il envoya au-devant de Stella un de ses maîtres d'hôtel et de nombreux gentilshommes, pour lui faire honneur. A peine fut-il arrivé, Louis XII lui fit savoir qu'il lui donnerait audience quand cela lui conviendrait. Aussitôt intro-

---

(1) *Chronicon Venetum*, pag. 49 (...1498). Marino Sanuto, I, 953, *in colegio*, 4 mai 1498 ; *Chronicon Venetum*, pag. 50 (..mai 1498).

(2) *Louis XII et Ludovic Sforza, Documents*, 8, Latuada au duc de Milan, 5 mai 1498 ; Sommaire de lettre envoyée au cardinal Julien de La Rovère, 2 mai 1498.

duit, il trouva le roi s'amusant avec ses gentilshommes. Louis XII se leva, marcha au devant de lui jusqu'au milieu de la salle, l'accola, l'embrassa, lui prodigua les marques de bienvenue : « Secrétaire, vous êtes le bienvenu en France ; nous sommes heureux de vous voir. Comment va la Seigneurie ? Comment va le Doge ? ». — « Fort bien, Sire, et tout au service de Votre Majesté ». Puis Stella présenta ses lettres de créance. Louis XII lui rappela très familièrement leurs amicales relations d'autrefois. Ensuite, tous les assistants, d'Amboise excepté, ayant été congédiés, il voulut, avant même le dîner, connaître la mission dont était chargé le secrétaire. Stella harangua le roi dans le sens que lui avait indiqué la Seigneurie, et termina ses félicitations par l'annonce de l'élection d'une ambassade chargée de les lui renouveler d'une façon plus solennelle. Louis XII se montra satisfait de cette harangue, rappela en termes pleins de bonté et de sympathie, son ancienne amitié pour la Seigneurie, « qu'il aimait et estimait plus qu'aucun autre état en Italie », celle qu'il espérait désormais entretenir avec elle. Il se déclara enchanté de l'élection des ambassadeurs, tout disposé à les bien recevoir, souhaita qu'ils arrivassent le plus tôt possible et en temps opportun pour assister à son couronnement. Il dit ne pas connaître Zorzi, mais au contraire connaître et aimer beaucoup Loredam. L'audience se termina par le conseil de Louis XII à Stella de se rendre sans retard à Paris, pour éviter les incommodités que causeraient plus tard aux voyageurs le voyage de la cour et l'encombrement qu'il occasionnait. Stella quitta en effet la cour presque aussitôt, après avoir rendu visite aux ambassadeurs espagnols et au duc de Lorraine, qui le reçut cordialement, en lui demandant des nouvelles du Doge, qu'il avait jadis familièrement connu (1). Dans ses autres entrevues avec Louis XII, J.-P. Stella commença à lui parler de la possibilité d'un rapprochement entre la France et la Seigneurie. Mais, après l'arrivée des ambassadeurs, il n'eut plus de rôle politique à jouer. Parti de la cour à la fin d'août, il arriva à Venise au début d'octobre, et le 11 octobre, il faisait aux Pregadi la relation de son ambassade, insistant sur le désir qu'avait le roi de faire « l'entreprise de Milan », et citant cette parole textuelle de Louis XII : « Vous

---

(1) *Chronicon Venetum*, pag. 54 (juin 1498). Marino Sanuto. I, 979. Lettre de J.-P. Stella, 3 juin 1498. Latuada à Ludovic Sforza, 5 juin 1498. Stella n'exagère pas la bienveillance de l'accueil à lui fait par Louis XII. Un messager de La Rovère, Pier Zoane, l'agent du marquis de Montferrat, Urbano, l'attestent également (Latuada au duc de Milan, 16 juin 1498).

direz à la Seigneurie que, si elle est avec moi, elle n'a à redouter aucune puissance (1) ».

Tandis que Stella annonçait à Louis XII la prochaine arrivée d'une ambassade solennelle, et que le roi manifestait son désir de la voir arriver (2), cette ambassade se préparait à Venise. Les ambassadeurs avaient été élus le 4 mai 1498, par les Pregadi; c'étaient, dans l'ordre du scrutin : Nicolo Michiel, docteur et *avogador di comun*, Antonio Loredam et Hieronimo Zorzi, tous les deux anciens *avogadori di comun*, «trois dignissismes patriciens». Immédiatement avertis de leur élection, ils demandèrent une journée de réflexion pour accepter, et acceptèrent très volontiers la mission à eux confiée. Un mois s'écoula avant qu'on décidât le départ de cette ambassade : le 4 juin, les Pregadi arrêtèrent que les ambassadeurs devraient s'être mis en route avant le 15 du mois, à peine d'amende; beaucoup de Vénitiens auraient désiré qu'ils eussent été déjà en chemin. Le 7 juin, la Seigneurie, ayant reçu des nouvelles de Stella, et sachant le bienveillant accueil que lui avait fait le roi, ne voyant plus de motif de retarder le départ de ses envoyés, leur donna une audience et leur enjoignit de partir sans délai. Leur suite, vingt-cinq chevaux pour chacun, était prête et rassemblée à Padoue ; le *cassier di collegio* leur compta à chacun huit cents ducats. Ils ne partirent cependant que le 19 juin, après une audience définitive de congé de la Seigneurie. Le public ne connaissait nullement la teneur et le sens de leurs instructions ; on croyait savoir qu'elles ne contenaient que des généralités destinées à continuer les relations de bienveillance commencées avec Louis XII (3). A Florence, on croyait cette ambassade chargée de

(1) Au commencement de septembre 1498, Stella et ses douze chevaux sont à Aiguebelle; il comptait arriver bientôt à Turin ; il n'y arriva que le 17, étant allé voir d'abord La Rovère; le 19 septembre, il eut une audience de la duchesse de Savoie, mais en présence de l'ambassadeur milanais; aussi, plus discret qu'au départ, resta-t-il dans les généralités, se contentant de dire que le roi faisait bon visage aux ambassadeurs vénitiens. Il annonça l'intention de visiter Ludovic Sforza, comptant passer par Casal et par Milan. Il quitta Turin le 20 septembre pour Chivasso (Pirovani au duc de Milan, 18 septembre 1498). — La relation de Stella eut lieu le 11 octobre 1498 : « Dirai a la Signoria che hessendo insieme con mi, non tema di niuna potenza » (Marino Sanuto, II, 30, 31).

(2) Latuada à Ludovic Sforza, 16 juin 1498, *Louis XII et Ludovic Sforza, Documents*, 26.

(3) *Chronicon Venetum*, pag. 49 (1498). Marino Sanuto, I, 954, 4 mai 1498. — Venise, *in pregadi* ; *ibid.*, I, 981, 4 juin, et I, 987, 6 ou 7 juin 1498. — Latuada à Ludovic Sforza 16 et 18 juin (*Louis XII et Ludovic Sforza. Documents*, 26 et 28).

dire au roi que, s'il jurait de ne prétendre à rien de plus qu'au duché de Milan, la Seigneurie de Venise serait heureuse de lui prêter son concours, si besoin était, pour le reconquérir (1). — Un sauf-conduit avait été demandé à Ludovic Sforza pour les ambassadeurs et accordé par lui, non sans que cette libéralité étonnât les Vénitiens (2).

Il était fort naturel que le public ne connût pas les instructions données par la Seigneurie à ses envoyés (3) : c'était, en effet, un usage constant de la république de ne donner à ses ambassadeurs d'instructions précises et de pouvoirs que jour par jour et pour des cas particuliers. Michiel, Loredam et Zorzi ne reçurent les leurs qu'à Vérone : elles avaient été délibérées le 25 juin (4).

Ces premières instructions réglaient seulement l'itinéraire des ambassadeurs par Milan, Casal de Montferrat, Asti, Chieri et Turin, et leur traçait la ligne de conduite à suivre avec le duc de Milan, le marquis de Montferrat, le cardinal de la Rovère, J.-J. Trivulce, et le duc de Savoie, qu'ils devaient visiter au passage. A Ludovic Sforza, ils devaient déclarer que leur mission en France n'avait pas d'autre but que de complimenter Louis XII sur son accession au trône, hommage d'autant plus convenable que la République avait toujours entretenu avec la maison d'Orléans et particulièrement avec le nouveau roi les meilleures et les plus bienveillantes relations. Si Ludovic Sforza mettait sur le tapis la question de Pise, ils devaient répondre qu'ils en ignoraient, qu'ils savaient seulement d'une façon générale que la République n'avait jamais eu l'intention de s'emparer de Pise, qu'elle n'avait voulu que la défendre ; qu'au demeurant, la Seigneurie accepterait « le premier moyen honorable » de terminer son différend avec Florence. Si Ludovic Sforza insinuait que la Seigneurie devrait proposer ce moyen, ils répondraient qu'il semblait plus naturel qu'un tiers, moins engagé qu'elle dans l'affaire, prît cette initiative. La préoccupation de

---

(1) Milan, A. d. S. *Cartegg. gener.*, Paolo, Somenzi à Ludovic Sforza, 7 juillet 1498. « Se dice che la summa de l'ambasciata loro in Francia è che, quando quella Maestà gli voglii promettere de non volere altro cha el stato de Milano, che la Signoria de Venetia è contenta de assentirli e de prestargli aiuto a reaquistarlo quando bisognassi.

(2) *Chronicon Venetum*, pag. 55. Voir ci-dessus, pag. 244.

(3) Latuada le dit dans sa lettre du 19 juin 1498 à Ludovic Sforza.

(4) MARINO SANUTO, I, 999, *in pregadi*, 25 juin 1498. Venise, *Secreta Senatûs*, XXXVII, fol. 23.

la Seigneurie était visiblement de tromper Ludovic, tant sur sa politique en Italie que sur sa politique en France. Au marquis de Montferrat et à C. Arniti, ils devaient faire de grandes protestations d'amitié, de grands remerciements de ce qu'ils avaient écrit en France sur le compte de la Seigneurie, mais ils devaient, là aussi, présenter leur ambassade comme une simple mission de politesse. Ils n'avaient pas d'instructions particulières pour la Savoie. Quant à La Rovère et à Trivulce, ils devaient seulement les remercier de leur appui auprès du roi, et leur présenter les hommages de dévouement de la Seigneurie. Cet itinéraire avait le tort d'allonger la route des ambassadeurs par le détour sur Asti et Chieri. Quelques membres des Pregadi, F. Foscarini, les deux Bollani, Domenico et Marco, Polo Barbo, proposèrent en amendement d'envoyer les ambassadeurs « par le chemin le plus court » de Milan à Turin, et de ne songer à visiter le marquis de Montferrat, Trivulce et La Rovère que si une occasion favorable les leur faisait rencontrer en route. Mais ce contre-projet ne réunit que 38 adhérents, et le projet primitif fut adopté par 153 voix (1).

Le voyage des ambassadeurs s'accomplit sans contre-temps : Ludovic Sforza était absent de Milan quand ils y arrivèrent le 30 juin. Galéas Sforza, avec le Conseil et les magistrats de la ville, alla à leur rencontre jusqu'à Santa Maria del Paradiso, où ils s'étaient arrêtés pour entendre la messe ; il leur souhaita la bienvenue au nom du duc, et les accompagna au logis qui leur était préparé dans la maison des Médicis. Les ambassadeurs voulaient repartir dès le lendemain pour Vigevano. Il essaya de les décider à prolonger leur séjour à Milan, d'y attendre deux ou trois jours le retour du duc, en laissant reposer leurs chevaux et en visitant les curiosités de la ville, « qui ne pouvaient manquer de les intéresser. » Les ambassadeurs, persistant dans leur projet, refusèrent et lui demandèrent de leur fournir deux bateaux pour aller jusqu'à Abbiategrasso. Le soir eut lieu une entrevue officielle entre Galéas et l'ambassade. Galéas annonça aux Vénitiens que le duc de Milan venait de prendre à sa solde le marquis de Mantoue ; ceux-ci firent poliment mine de s'en réjouir, se disant sûrs que cet engagement était contracté par de bonnes raisons et dans de bonnes intentions. Ensuite ils s'acquittèrent de la mission qu'ils avaient reçue à leur départ. Après

---

(1) *L'Ambassade d'Accurse Maynier à Venise*, app., pag. 77. Marino Sanuto, I, 999, *in pregadi*, 25 juin 1498.

avoir déclaré qu'ils croyaient inutile de renouveler les assurances de l'amitié existant entre Venise et Ludovic, amitié «que les faits prouvaient suffisamment», ils dirent que leur mission avait pour unique but de féliciter le roi de son avènement, et qu'elle ne durerait pas plus de trois mois. Galéas répliqua en regrettant l'absence de Ludovic Sforza, « qui les privait d'une réception plus digne des deux états » ; il promit de lui rapporter leurs déclarations, et exprima la certitude qu'en toutes leurs démarches les ambassadeurs songeraient aux intérêts et à l'honneur du duc de Milan. Après cet échange de serments diplomatiques, Galéas leur annonça que leurs bateaux étaient prêts. Un officier milanais, Conradino, présida à leur embarquement ; les ambassadeurs, qui ne voyageaient que pendant les heures fraîches, allèrent dîner à Vigevano (1).

Leur réception à Casal, non moins courtoise, fut plus sincèrement enthousiaste. Le marquis les reçut avec de grands honneurs; la population les accueillit aux cris de « *Marco ! Marco !* » L'une et l'autre étaient dévoués à Venise. A Asti, où le roi avait envoyé un héraut d'armes à leur rencontre, J.-J. Trivulce les reçut avec des démonstrations flatteuses d'amitié et de très grands honneurs. Sur le logement préparé pour eux, on avait réuni les armes du roi, celles de Venise et les leurs propres. Le soir, Trivulce leur offrit une fête où prirent part « des demoiselles » (2).

A Turin, en l'absence du duc Philibert, le trésorier de Savoie les reçut, le 14 juillet, «bien et amicalement», avec une nombreuse escorte. Ils visitèrent la duchesse et eurent une conférence avec le secrétaire vénitien Dolce. Le 20 juillet, ils arrivèrent à la frontière française, à Pont-de-Beauvoisin. Ils y trouvèrent le héraut de France en costume d'apparat, qui les précéda ensuite pendant tout leur voyage (3). A Lyon, on n'alla pas à leur rencontre, mais toute la ville était aux fenêtres « comme s'ils n'avaient jamais eu de guerre avec la France ». Après trois jours de repos, ils partirent pour Paris, où ils espéraient arriver, et où on les attendait, le 30. Louis XII leur avait assigné pour loge-

---

(1) *Louis XII et Ludovic Sforza, Documents*, 32.
(2) Marino Sanuto, I, 1012, 10 juillet 1498 ; — Avvisi venuti di Ast de le cose di Franza, 1 e 2 giulio 1498.
(3) *Id.*, I, 1015, 14 juillet 1498 ; J.-P. Stella aux ambassadeurs, 30 juin 1498 ; *ibid.*, I, 1084, les ambassadeurs vénitiens à la Seigneurie, 23 juillet 1498 ; *ibid.*, I, 1029, les mêmes à la Seigneurie, 3 août 1498 ; *ibid.*, III, 1048, *Avis de France*, 26 juillet 1498.

ment les hôtels de Louis XI et de Charles VIII et un traitement de cinquante francs par jour (soit vingt-cinq ducats), chose insolite en France, où l'on n'avait pas l'habitude de payer les dépenses d'aucun ambassadeur. Le voyage des ambassadeurs était retardé par les pluies et les mauvais chemins. Ils arrivèrent le 3 août à Paris, d'Étampes, sous la pluie (1).

Ils arrivaient munis d'instructions pour leur première audience et plus le début des négociations (2). La rédaction de ces instructions avait donné lieu à de nombreuses séances et à de longues discussions du conseil des Pregadi. Fallait-il, oui ou non, faire la guerre au duc de Milan ? C'était en somme le fond de la question. Les uns penchaient pour l'affirmative ; le manque d'argent faisait hésiter les autres. La plupart étaient d'avis d'attendre pour savoir ce que ferait la France, et estimaient que, si Louis XII voulait conclure un accord en vue de cette guerre, ce serait une bonne occasion de détruire la puissance du duc de Milan. Ce ne fut que le 10 juillet que les instructions furent votées. Elles contenaient des dispositions relatives à la suite du voyage de l'ambassade, notamment à la visite de condoléance à faire, le cas échéant, à Moulins au duc et à la duchesse de Bourgogne. Mais la plus grande partie était consacrée aux premières négociations à engager avec le roi et ses conseillers. Ils devaient demander sans délai une audience, présenter leurs lettres de créance, et adresser au roi les félicitations de la Seigneurie, en lui faisant un tableau de ses sentiments à la nouvelle de l'avènement de Louis XII et de ses actes depuis lors. La Seigneurie leur adressait, pour conclure sur ce chapitre, cette recommandation : « Plus vous vous étendrez et appuierez sur ce point que nous ne faisons qu'indiquer sommairement, en gardant votre dignité, plus vous vous conformerez à la vérité et vous nous serez agréables ». La première audience devait être tout entière réservée à ces banalités. Dès la seconde audience

---

(1) Le *Chronicon Venetum* parle de deux barons chargés de les escorter dans tout le royaume (pag. 55).

(2) *Chronicon Venetum*, pag. 56, juillet 1498. Marino Sanuto, I, 1012, 10 juillet 1498, *in Pregadi*, et Venise, *Secreta Senatûs*, XXXVII, fol. 26, dans l'*Ambassade d'Accurse Maynier à Venise*, app., pag. 79). Arluno ne s'est pas soucié de rapporter le détail et l'évolution des conditions proposées par Venise, il dit tout simplement que les ambassadeurs devaient offrir au roi la conquête du duché « si Cremonensis dicionis ipsos frui patiatur imperio et ad cubitos quadraginta secundum Abduæ ripam proferri fines suos non aversetur ».

privée et secrète, ils devaient exprimer le désir de la Seigneurie d'être et de rester toujours unie au Roi par une amitié et une alliance sincère et solide, et, si le roi répondait à ces ouvertures en parlant de la possibilité de conclure entre eux une alliance nouvelle, ils devraient se montrer satisfaits de cette proposition, déclarer que la Seigneurie en serait également satisfaite, et essayer par les moyens les plus habiles de connaître les sentiments intimes du roi sur cette question. Cette instruction contenait d'autres recommandations accessoires : les ambassadeurs devaient demander au roi l'autorisation pour Trivulce de passer au service de Venise : le remercier d'encourager la Seigneurie à défendre la liberté de Pise, en lui faisant entendre que cette politique tournait à l'honneur de la France, dont le précédent roi l'avait inaugurée et dont les ennemis étaient les mêmes que ceux de Pise ; dénoncer les communications que Lorenzino de Médicis adressait au duc de Milan sur les affaires de France. Ils devaient aller visiter le duc de Lorraine, la reine Anne de Bretagne «pour lui présenter les condoléances de la Seigneurie, si elle était toujours veuve, ou ses félicitations, si elle était déjà remariée. » Il leur était recommandé de vivre familièrement avec les représentants de La Rovère, de Trivulce et du Montferrat, d'aller visiter ceux de l'Espagne, de l'Angleterre et de l'Empire, mais de telle façon que Louis XII ne pût pas en concevoir de soupçons. Enfin, dernier article qui peint bien la politique méfiante et minutieusement prudente de Venise, si Louis XII et ses conseillers parlaient des conditions des alliances autrefois conclues entre Venise et Louis XI ou Charles VIII, ils devaient répondre, pour n'avoir pas à s'y conformer dans l'éventualité d'une nouvelle confédération, qu'ils n'avaient aucune idée de pareils actes, et que ces actes avaient sans doute péri dans l'incendie du palais ducal. Ces instructions avaient été votées par 113 voix. Un amendement, qui, en supprimant une phrase sur le plaisir que la Seigneurie aurait d'apprendre que Louis XII proposait une nouvelle alliance, n'engageait pas aussi complètement la Seigneurie, ne réunit que 90 voix et fut écarté. Il était recommandé aux ambassadeurs d'envoyer, le plus fréquemment possible, des nouvelles à la Seigneurie.

L'opinion publique s'imagina à Venise que l'alliance avec la France serait conclue immédiatement puisque la Seigneurie la désirait. Le 7 mai 1498, le doge écrivait à son ambassadeur à Milan, Lippomano, de refuser à Ludovic toute contribution à l'armement qu'il préparait pour la défense de Gênes et que les bonnes dispositions du nouveau roi rendaient inutile (1). L'élection de l'ambassade avait fait penser que la République allait s'allier avec la France; en juin, on disait tout haut que Louis XII, s'étant mis d'accord avec la République, descendrait l'année suivante en Italie pour conquérir le Milanais et le royaume de Naples (2). A Rome, les Vénitiens se vantaient «d'avoir de bons moyens de châtier le duc de Milan», en le faisant attaquer d'un côté par Trivulce, au nom du roi de France, de l'autre par leurs propres troupes et de rétablir sur le trône le fils de l'ancien duc mort, sous la tutelle de Trivulce et moyennant le payement à la France d'un tribut de cent mille écus (3). Ils s'étonnaient, vu la haine qui divisait en ce moment leur Seigneurie et le duc, qu'on eût tardé si longtemps à renouer ces négociations ; ils proclamaient que cette alliance était le véritable but de leur ambassade en France. Ils parlaient des affaires politiques avec plus de liberté qu'à l'ordinaire. — Officiellement, au contraire, la Seigneurie s'efforçait de donner à sa politique un caractère pacifique. Quand le doge communiqua au corps diplomatique le bon accueil fait par Louis XII au secrétaire vénitien, les ambassadeurs furent déconcertés, mais dirent tous que «tous les états italiens étant membres de la même Ligue, les honneurs rendus à l'un d'entre eux les touchait tous», et qu'ils espéraient que «les résultats de cette ambassade tourneraient au profit de la paix universelle». L'ambassadeur d'Espagne rappelant la maxime que, «un homme heureux se souvient rarement de ses amis» dit que si Louis XII se rappelait ses anciennes relations avec Venise, c'est qu'il devait y avoir intérêt. Le doge répondit à tous les ambassadeurs que la République s'était toujours employée au bien de tous et qu'elle ne cesserait pas de le faire (4). — La Seigneurie n'avait aucune illusion sur la sincérité des vœux des états italiens; elle-même ne voulait que les tromper. Le 16 juillet, pour édifier ses ambassadeurs et le roi lui-même sur les dispositions avec lesquelles les états accueillaient le premier début de leur projet d'alliance, « sur les agissements des

---

(1) Milan A. d. S., *Cartegg. gener.* Le doge Barbadico à Lippomano. 7 mai 1498.

(2) *Chronicon Venetum*, pag. 54, juin 1498.

(3) Milan, A. d. S., *Pot. estere, Bologna.* Copie d'une lettre de Ant. Sassigni à Giov. Bentivoglio, Rome, 26 juillet 1498, *Louis XII et Ludovic Sforza, Documents*, 38.

(4) Marino Sanuto, I, 954 ; *in pregadi*, 4 mai 1498, et *Louis XII et Ludovic Sforza, Documents*, 24.

autres puissances et les intrigues qui se machinaient contre le roi», elle leur adressa la copie d'un bref d'Alexandre VI à l'empereur Maximilien où cette alliance était fort maltraitée (1).

§ 3. — *L'attitude de Ludovic Sforza au début des négociations franco-vénitiennes.*

Ludovic Sforza apprit promptement, tant par une déclaration officielle de la Seigneurie que par les dépêches de Maffeo Pirovani, l'envoi en France de J.-P. Stella. L'inattendu de cette ambassade le surprit (2) ; il y vit une preuve éclatante des mauvaises dispositions de la Seigneurie, et Maffeo Pirovani partagea son avis (3) ; d'après lui, les Vénitiens faisaient le calcul qu'une invasion française ou étrangère, quelle qu'elle fût, ne pouvait rien fonder de durable en Italie, mais qu'elle pouvait y détruire ; aussi voulaient-ils se servir des Français pour ruiner Ludovic Sforza, le réduire au même état que le roi de Naples et les Florentins, en profiter pour asseoir leur domination définitive à Pise et dans les ports napolitains qu'ils occupaient, et gouverner ainsi toute l'Italie (4). En fait, rien n'était plus vrai. La politique vénitienne allait devenir hostile au duc de Milan.

Cette hostilité latente ne changea d'abord rien à l'extérieur des relations diplomatiques : il y a entre Latuada et la Seigneurie, entre Ludovic et Lippomano, échange de nouvelles politiques, communication de documents officiels (5) ; en juin 1498, le duc

---

(1) *Louis XII et Ludovic Sforza, Documents*, 36.

(2) Il chargea Pirovani de s'informer des motifs de l'envoi de Stella de l'autre côté des Alpes : « Te caricamo de sapere la vera causa de landata sua, laquale noi non credemo sii per andare poi in Franza, et intendersi col novo Re, peroche mettendo Veneziani tutti li penseri soi et actione a farsi grandi in Italia et aspirando con ambitione immoderata alla monarchia di epsa, non è ragionevole che debiano cercare de tirarli Francesi ne voler compagnia de chi è mazor e pò più de loro, che sara contrario a suoi designi.

(3) Maffeo Pirovani à Ludovic Sforza, 6 mai 1498, *Louis XII et Ludovic Sforza, Documents*, 6.

(4) Maffeo Pirovani disait, dans la même lettre du 6 mai, que, si les Français étaient prudents et habiles, il leur serait facile de prendre Pise pour eux-mêmes, et qu'alors le plan des Vénitiens échouerait ; mais les Vénitiens étaient tranquilles sur ce point, connaissant le caractère des Français pour une « *natura aliena dal vero e rasone vole giudicio.* »

(5) Communication à Latuada de la réponse de la Seigneurie à Louis XII, le 5 mai 1498 ; communication par Latuada de la nouvelle du renvoi par

de Milan annonce l'intention de créer Lippomano chevalier « pour montrer publiquement en quelle estime il tient la Seigneurie ». Il déclare avec une humilité assez étrange qu'il se conformera aux instructions de la Venise pour régler sa politique, « car il est le fils de la Seigneurie et il est convenable que le père admoneste le fils et lui fasse entendre quand il manque en quelque chose à son devoir » (1). Latuada complimente le Doge à l'occasion de cette collation de chevalerie. Le doge se répand en grands remerciements. Tous deux échangent des protestations de dévouement, chacun jure avoir conscience qu'il n'a jamais manqué à ses devoirs envers l'autre (2). Ni l'un ni l'autre n'en croyait un mot.

Ce fut sur l'interminable question de Pise que Venise et Ludovic Sforza continuèrent à s'aigrir et finirent par se brouiller. Le mois de juin fut rempli aux Pregadi par la lecture de mémoires du duc de Milan, par les récriminations de Latuada, ses querelles sur l'étiquette, les réponses et les protestations du Doge et de la Seigneurie. Ludovic Sforza avait vivement reproché à Lippomano la conduite de Venise dans les affaires pisanes, l'avait accusée de vouloir s'emparer de Pise, lui avait reproché l'envoi d'une ambassade en France, l'avait menacée des Turcs. C'est à ces reproches officiellement communiqués à la Seigneurie que le doge répondit le 8 juin, dans une séance solennelle des Pregadi, en présence des ambassadeurs d'Espagne, de Naples, de Milan, de Ferrare et de Montferrat (3). Latuada demanda qu'avant la lecture du mémoire vénitien on donnât connaissance au corps diplomatique des accusations auxquelles il était destiné à répondre ; il y eut un léger incident à propos de l'au-

---

Maximilien de l'ambassadeur vénitien, le 25 mai 1498 (Milan, A. d. S. *Cartegg. gener.* Latuada à Ludovic, aux dates).

(1) Marino Sanuto, *Diarii*, I, 968, fin mai 1498. — Modène, A. d. S. *Cancell. ducale*, B 13. Costabili au duc de Ferrare, 14 juin 1498. « Per mostrare a tutto il mondo che più che mai teneva bono compto de quello illustrissimo dominio » et plus loin « essendoli figliolo, è conveniente cosa chel padre lo admonisca e gli facia intendere sel mancha in cosa alchuna del debito suo, perche se emendara quando se li facia intendere havere dato principio dal canto suo a cosa che habia ad alterare li animi tra loro.» Lippomano commença par refuser cet honneur, qu'il accepta ensuite. A Venise, il en fut peu loué, soit parce que cette distinction ne semblait pas très honorable pour lui, soit à cause des relations aigres du duc avec Venise ; l'opinion générale fut qu'il avait eu tort d'accepter.

(2) Latuada à Ludovic Sforza, 28 mai 1498. *Louis XII et Ludovic Sforza, Documents*, 22.

(3) *Ibid., Documents*, 25.

thenticité du texte qu'on lut de la lettre du duc. Après ces difficultés de procédure soulevées par Latuada, un secrétaire lut la réponse des Vénitiens au duc de Milan. L'essentiel en était « qu'il était faux que la Seigneurie eût l'idée de s'emparer de Pise; elle ne la secourait que pour défendre et sauver son indépendance ; elle répétait, ce qu'elle avait toujours dit, qu'elle s'associerait à tout expédient qui garantirait la liberté de Pise ; en conclusion, elle affirmait sa volonté de ne rien négliger pour sauvegarder cette précieuse liberté, et, en même temps que son désir de rester en bonnes relations avec le duc de Milan, sa ferme résolution, s'il manquait aux obligations de l'amitié, de lui répondre *pari passu*. Quant à l'envoi d'une ambassade au roi de France, l'amitié toujours professée par la Seigneurie pour le nouveau roi, avant même son avènement, en était un motif suffisant». Le passage important de cette lettre, nul ne s'y trompa, était la déclaration relative au caractère des rapports ultérieurs de Venise avec le duc de Milan. Aussi fut-elle diversement accueillie par le corps diplomatique : l'ambassadeur espagnol exprima quelques regrets qu'une telle déclaration fût devenue nécessaire entre deux états alliés ; les envoyés de Ferrare et du Montferrat s'associèrent à ces regrets ; le Napolitain ne fit aucune réflexion. Latuada voulut tenter une justification du duc : « il avait parlé avec la sincérité ingénue d'un fils vis-à-vis de son père ; il s'était borné à dire que l'amitié de la Seigneurie à son égard lui semblait moins franche que par le passé ; il avait cherché la cause de cette altération, ne l'avait pas trouvée dans ses propres actes, avait demandé à la Seigneurie de la lui faire connaître, si elle-même la comprenait mieux que lui ; la Seigneurie n'avait pas voulu s'expliquer nettement ; le duc, avec la même franchise, avait alors déclaré que ce qui faussait les relations de Venise avec lui, c'était leur mésentente au sujet de la question pisane : la remise de Pise en liberté avait été proposée et décidée à Rome, par le pape et les autres membres de la Ligue, et seule Venise s'y était opposée». Latuada concluait que, cette affaire résolue, l'amitié des deux états redeviendrait aussi et plus intime qu'auparavant. — La réplique du doge de ces observations de Latuada fut plus vigoureuse que nette : «après tous les services qu'il avait reçus d'elle, Ludovic Sforza ne devrait pas avoir une telle défiance de la Seigneurie et lui prêter de si noirs desseins, tels que l'occupation de Pise pour avoir pied sur la Méditerranée, ruiner Gênes et dominer par là toute l'Italie ; Venise avait souvent repoussé des occasions de pareilles conquêtes ; du reste, la Seigneurie était au fait des intrigues engagées contre elle par le duc à Rome, en Allemagne (1), ailleurs encore : si ces intrigues duraient, elle saurait non seulement se défendre, mais attaquer». — L'ambassadeur d'Espagne établit alors le droit de Ludovic Sforza à exposer publiquement les soupçons et les craintes qu'il pouvait avoir. Il ajouta qu'entre les deux affirmations aussi positives du duc de Milan et de la Seigneurie, relativement aux intentions conquérantes de Venise sur Pise, certifiées par lui, niées par elle, il devait y avoir une sorte de compromis ou d'arbitrage à établir, que c'était aux confédérés de se prononcer. Là-dessus le doge et le conseil l'interrompirent, pour repousser toute intervention étrangère dans cette affaire : la seule conclusion acceptable était de trouver un moyen de garantir l'indépendance pisane : Ludovic Sforza saurait, s'il le voulait, trouver ce moyen. — Personne n'ajouta plus rien : la discussion était d'ailleurs assez inutile, puisque la lettre lue devant les Pregadi était déjà votée et envoyée à destination.

Cette lettre provoqua une réplique de Ludovic Sforza à Lippomano, et cette réplique, une nouvelle discussion, le 18 juin, dans les Pregadi, entre Latuada et le Doge (2). Latuada l'envenima d'abord par des discussions de pure étiquette : ensuite on échangea des protestations d'amitié et de bonnes dispositions ; mais Venise maintenait sa résolution inébranlable de conserver la liberté aux malheureux Pisans qui jadis avaient lutté pour la liberté de l'Italie ; elle repoussait le parti proposé par le duc de Milan de s'en remettre au jugement des confédérés ; elle voulait qu'il indiquât lui-même la façon de garantir la liberté de Pise ; Latuada lui renvoyait l'honneur de décider. Antonio Grimani, se levant brusquement, dit «qu'il n'y avait qu'une solution à cette longue querelle, c'était de laisser Pise indépendante et libre. » — « Est-ce l'état actuel de la liberté pisane, interrogea Latuada, que l'on veut assurer ? » — On lui répliqua que l'on

---

(1) Venise n'ignorait pas que c'était sous l'influence de Ludovic Sforza que Maximilien avait congédié son ambassadeur. Le doge avait reçu cette nouvelle apportée par Latuada avec un sang-froid parfait et d'un ton qui lui montra qu'il n'était pas sa dupe. Milan, A. d. S., *Cartegg. gener.*, Latuada à Ludovic Sforza, 25 mai 1498, *Louis XII et Ludovic Sforza, Documents*, 19. — Le *Chronicon venetum* (pag. 52, juin 1498) assure que Ludovic fit écrire par Maximilien à la Seigneurie une lettre de blâme, sous prétexte que, Pise étant ville impériale, ses affaires ne regardaient que l'Empire et l'empereur.

(2) *Louis XII et Ludovic Sforza, Documents*, 28.

entendait l'intégrité de son territoire et la restitution de ses frais de guerre. Latuada répondit que les Florentins préféreraient leur ruine à un pareil parti. Mais les Pregadi refusèrent d'envoyer d'autres instructions à leur ambassadeur Lippomano.

Il était évident que de telles conditions ne seraient jamais acceptées par les Florentins et par Ludovic Sforza; aussi l'opinion générale, à Venise comme à Milan, était-elle que la guerre éclaterait forcément entre le duc et la Seigneurie. Dès le mois de juin, les relations entre eux étaient si « *travagliate* », les lettres adressées à la Seigneurie tellement mêlées de « *dolce ed amaro* », que l'on disait à Milan que l'année ne se passerait pas tranquillement : déjà le duc demandait à ses officiers et aux chefs de famille le serment de ne livrer les places et les forteresses qu'à lui ou à ses fils (1); il se plaignait publiquement de la lettre de la Seigneurie du 8 juin; il y avait répondu qu'il connaissait les intentions de Venise, qu'elles ne le faisaient point hésiter, qu'il saurait se défendre, ayant de l'argent et la faveur de toute l'Italie (2); il affectait de ménager peu le résident Lippomano, négligeait de le convoquer aux audiences du corps diplomatique (3), lui faisait de petites avanies : ainsi le 11 juillet, à une audience se présente un secrétaire napolitain qui va pour prendre place au rang des secrétaires ; Ludovic lui enjoint de prendre séance au-dessus de l'ambassadeur milanais, « car j'ai reçu avis de Naples, dit-il, que vous êtes fait ambassadeur; sur quoi Lippomano quitta brusquement la séance (4). — Venise ne désirait pas la guerre avec Milan avant de s'être assuré l'alliance de la France, mais le sentiment populaire était plus ardent que la Seigneurie; à la fin de juillet, tout Venise « était en mouvement »; tous parlaient de la guerre et de l'expulsion de Ludovic Sforza; tout l'espoir du peuple était au roi Louis XII, qui, on le savait de mille sources diverses, voulait « être tout vénitien »(5), et le chroniqueur anonyme sent vers ce moment un impérieux besoin d'expliquer et de justifier solennellement l'alliance de Venise avec la France (6). « Crois, lecteur, que bien grands ont été les motifs et les injures qui ont forcé la Seigneurie à s'accorder

---

(1) Marino Sanuto, I, 989, vers le 15 juin 1498, et I, 995, 18 juin 1498.
(2) *Chronicon venetum*, pag. 55, juin 1498.
(3) Marino Sanuto, I, 1063 ; Lettre de Lippomano à la Seigneurie, fin août 1498.
(4) *Ibid.*, I, 1015, Lettre de Lippomano à la Seigneurie, 11 juillet 1498.
(5) *Ibid.*, I, 989, et I, 1025, fin juillet 1498.
(6) *Chronicon venetum*, pag. 56, fin juillet 1498.

avec la France pour faire et détruire le duc de Milan : car il eût mieux valu pour les Vénitiens avoir comme voisin un seigneur tel que le duc, plutôt qu'un aussi grand potentat que le roi de France. Mais les Vénitiens, voyant Ludovic Sforza si traître et, contre toute raison, si hostile à leur état, se sont résolus à venger ces injures » (1). — On rendait le duc de Milan responsable, vu les mesures défensives qu'il fallait prendre, de l'énorme accroissement des dépenses, qui atteignaient, en août, cinquante mille ducats par mois. La haine contre Ludovic Sforza grandissait : beaucoup de gens, dès septembre, commençaient à parler du rappel de l'ambassadeur vénitien de Milan et de l'envoi de deux provéditeurs en Bresciana (2). Latuada allait beaucoup moins souvent aux Pregadi que par le passé. Aux Pregadi, quand on prononçait le nom du duc, tout le monde tapait des pieds sur les bancs pour qu'on n'en parlât plus (3). Les deux états échangeaient des écrits comminatoires et des « paroles gaillardes »; les préparatifs de la guerre de Pise allaient bon train de part et d'autre ; en un mot, selon la pittoresque expression d'un contemporain, entre les Vénitiens et Ludovic Sforza s'était « congelée » une grande inimitié.

Mais la nouvelle de l'entrée en négociations sérieuses de Venise avec Louis XII, des grands honneurs rendus en France aux ambassadeurs vénitiens, « donna à penser » à Ludovic Sforza, le refroidit un peu à l'égard de l'affaire de Pise, et l'arrêta dans la manifestation, jusqu'alors trop claire, de ses sentiments anti-vénitiens (4). Ce fut en juillet 1498 que commença ce changement d'allures : il se mit à flatter les Vénitiens pour regagner leur amitié, il déclarait « qu'ayant pour lui la Seigneurie, il n'avait rien à craindre des Français » (5). Latuada tenait les mêmes discours à Venise, déconcertant ainsi ses interlocuteurs qui croyaient une rupture imminente et la désiraient (6). Il prêchait la conciliation générale : l'annonce de la conclusion de la paix entre Louis XII et l'archiduc et des restitutions de places qui en

---

(1) Les Vénitiens escomptaient aussi le mécontentement des sujets de Ludovic, parmi les causes qui faciliteraient leur propre succès.

(2) MARINO SANUTO, I, 1057 ; Venise, fin août 1498.

(3) Rapport de P.-Z. de Forli venu de Venise à Novare, 31 août, *Louis XII et Ludovic Sforza, Documents*, 46.

(4) *Chronicon Venetum*, pag. 56, juin-juillet 1498. Marino Sanuto, I, 1.014 ; lettre de Lippomano, Milan, 12 juillet 1498.

(5) *Chronicon Venetum*, pag. 56.

(6) Latuada à Ludovic Sforza, Venise, 7 juillet 1498. *Louis XII et Ludovic Sforza, Documents*, 34.

étaient la condition lui fournit le motif d'une harangue en faveur de la paix: «C'est un bon exemple pour l'Italie. Le roi de France a consenti à restituer ses places à l'archiduc pour procurer la paix. Si chacun en Italie faisait de même et se contentait de son bien, les guerres pourraient s'apaiser, la tranquillité et la paix se rétablir en Italie » (1). Ludovic Sforza écrivait à la Seigneurie des lettres aimables, faisait tout pour détourner Venise de l'accord avec la France : constatant chez elle l'intention de tout faire pour sa ruine, ce qui le mettait « de mauvaise, et très mauvaise humeur », il se rapprochait de Lippomano. A mesure qu'il constatait les symptômes de l'alliance future, l'isolement où était laissé son ambassadeur à Venise, le bruit que Trivulce avait pris du service de la Seigneurie, la hâte de Louis XII de lui faire la guerre, son inquiétude croissait (2). Si la connaissance qu'il avait de la prudence naturelle aux Vénitiens, la certitude qu'ils ne lui déclareraient pas la guerre sans s'être procuré une solide alliance le rassuraient sur l'imminence du danger (3), il commença dès lors à se préoccuper sérieusement d'un rapprochement officiel avec Venise : le 10 août 1498, il faisait dire à Lippomano par un de ses principaux conseillers, Bernardo Visconti, que « le moment était venu de faire un accord entre la Seigneurie et le duc » (4).

§ 4. — *L'ambassade vénitienne en France et les premières négociations.*

Les événements ne marchèrent pas aussi vite que le souhaitait l'opinion, et Venise ne resta pas maîtresse, comme elle l'avait peut-être espéré, de diriger à son gré les négociations avec la France. La première audience fut accordée aux ambassadeurs par Louis XII au début d'août ; il les reçut, siégeant sur un fauteuil dressé sur un tapis de soie semé de fleurs de lis. Antonio Loredam entra en tête de l'ambassade, et Louis XII dit aussitôt en riant : «*Questo è il nostro bon padre*», puis il alla au devant de lui «avec les plus grandes démonstrations d'amitié du

---

(1) *Louis XII et Ludovic Sforza, Documents*, 39.
(2) MARINO SANUTO, I, 1,024 ; lettre de Lippomano, 28 juillet 1498 ; *ibid.*, I, 1.031, lettre de Lippomano, 10 août 1498.
(3) *Chronicon Venetum*, pag. 62: « largo partito ».
(4) MARINO SANUTO, I, 1,031, 10 août 1498, lettre de Lippomano.

monde». Loredam lut son discours: Louis XII l'écouta attentivement, les yeux fixés sur l'orateur, et, quand celui-ci soulevait sa barette pour saluer, il lui disait: « Mettez votre bonnet » (1). La cour de France eut pour l'ambassade d'égales attentions ; pendant les premiers temps de leur séjour, les ambassadeurs furent tout à fait choyés (2).

Cependant les opinions de la cour se partageaient quant à la probabilité de l'alliance : les uns n'admettaient pas que la Seigneurie laissât le roi de France conquérir Milan et se résignât au voisinage d'une aussi grande puissance ; d'autres pensaient qu'elle y consentirait dans l'espoir de recueillir le Milanais à la mort du roi, «qui n'avait pas d'enfants et n'avait pu en avoir d'aucune femme»(3). Quelques-uns annonçaient déjà que la Seigneurie se réservait Crémone, son territoire, la Ghiara d'Adda, les états de Mantoue et de Ferrare (4).

A Venise et en Italie, quand on apprit les premiers faits et gestes de l'ambassade, et surtout avec quelle impatience le roi avait attendu l'arrivée des Vénitiens, les imaginations s'enflammèrent. La nouvelle de la première audience, apportée en sept jours par le courrier Cristofoleto (5), les transporta (6). La Seigneurie accentua sa froideur à l'égard du duc de Milan et du roi de Naples, en refusant de communiquer à leurs ambassadeurs les nouvelles, la réception flatteuse de l'ambassade vénitienne et de la paix franco-espagnole.

Plus que jamais, on crut l'alliance conclue. Un frère de Zorzi donnait le traité comme signé ; une seule clause, la réciprocité

---

(1) MARINO SANUTO, I, 1,050 ; lettre des ambassadeurs à la Seigneurie, 11 août 1498. Les mots: «*Mettez votre bonnet*», d'une familiarité aussi caractéristique qu'étrange, sont en français dans la lettre des ambassadeurs.

(2) *Documents sur la première année du règne de Louis XII*, pag. 38. Maffeo Pirovano au duc de Milan, 20 septembre 1499, d'après le rapport de J.-P. Stella.

(3) MARINO SANUTO, II, 31, 11 octobre 1498.

(4) *Ibid.*, II, 151, 7 et 15 novembre 1498.

(5) Cristofoleto, malgré ses soixante ans, était arrivé en sept jours à franc étrier d'Etampes à Venise ; il avait dépensé soixante ducats sur la route. Les ambassadeurs vénitiens lui avaient promis une prime de cinquante ducats s'il arrivait en sept jours, et vingt-cinq ducats pour le compte de la Seigneurie, s'il arrivait avant la réunion du conseil des Pregadi (Marino Sanuto, I, 1,046, 21 août 1498).

(6) Latuada à Ludovic Sforza, 22 et 25 août, *Louis XII et Ludovic Sforza, Documents*, 43 ; Marino Sanuto, *Diarii*, I, 1,046, deux textes à la date du 21 août 1498. Maffeo Pirovani au duc de Milan, 26 août 1498, *Louis XII à Ludovic Sforza, Documents*, 44.

des amis et des ennemis, restait, selon lui à établir(1). Le courrier Cristofoleto, arrivé le 21 août à bride abattue, répétait à qui voulait l'entendre qu'en France tout le monde disait le roi et la Seigneurie d'accord contre « ce traître de duc ». — En Italie, les bruits en circulation n'étaient pas moins positifs: Arluno affirme que, moyennant une cession de territoire le long de la rive de l'Adda, Venise laissait au roi pleine liberté d'action (2). D'autres croyaient que Venise avait promis son concours au roi s'il voulait partager les états du Milanais avec elle, en prenant le Pô comme frontière; d'autres, qu'elle avait demandé au roi la cession du Milanais moyennant un loyer annuel de deux cent mille livres et l'occupation des meilleures places fortes en garantie. Le « prieur de Lombardie » et Francesco Confaloniero assuraient que Louis XII confirmerait à la Seigneurie la possession de Bergame, de Crema et de Brescia, lui abandonnerait Pise et les ports napolitains, et l'autoriserait à conquérir Ferrare et les Romagnes (3). — Le seul Latuada à Venise s'efforçait de se convaincre que la ligue franco-vénitienne ne marchait pas ; il disait que, « si les choses allaient au gré de la Seigneurie, elle le crierait très haut selon son habitude » ; mais il ne réussissait à tromper que lui ; il espérait aussi que Louis XII ne consentirait pas à un partage du duché, et que Venise, d'autre part, ne laisserait pas « les barbares se faire grands » en Italie ; il croyait que l'alliance n'avait pour but que de diminuer la puissance du duc de Milan, mais non de la détruire (4). Entretemps, Pirovani, plus énergique que scrupuleux, proposait à Ludovic Sforza, de faire arrêter, pour savoir à quoi s'en tenir, les courriers vénitiens, qui d'ailleurs employaient les postes milanaises, et de saisir les lettres de France (5) ; en octobre, un courrier vénitien

---

(1) Latuada à Ludovic Sforza, 1ᵉʳ septembre 1498, *Louis XII et Ludovic Sforza, Documents*, 48.

(2) Milan, Bibl. Ambros. E 79 inf., Arluno, *Storia di Milano*, à la date.

(3) Milan, A. d. S., *Pot. Estere Savoia*. Maffeo Pirovani à Ludovic Sforza. 26 septembre 1498. Avvisi retracti dal priore di Lombardia e de Francesco Confalonero, die 17 september 1498 : « Essendo da loro aiutata, Sua Maestà li confirmara per adesso Bergamo, Bressa e Crema e li lassaria acquistare Ferrara e le terre di Romagna, cum lassarli etiam Pisa e le terre hanno in lo regno de Napoli ».

(4) Latuada à Ludovic Sforza, 5 octobre 1498, *Louis XII et Ludovic Sforza, Documents*, 56.

(5) Milan, A. d. S. *Pot. Est. Savoia*. Pirovani à Ludovic Sforza, 26 septembre 1498.

venant de Gênes fut arrêté à Lodi, mais le duc n'eut pas la hardiesse de faire ouvrir les lettres qu'il portait (1).

Les négociations réelles allèrent moins vite que les imaginations des Italiens ; il fallut presque immédiatement les suspendre à cause du manque de « pouvoirs » des ambassadeurs. Le 18 août, les Vénitiens eurent une conférence avec quatre conseillers royaux, deux barons et deux évêques, qui leur exposèrent la volonté du roi : « Louis XII voulait reconquérir son duché de Milan et son royaume de Naples, mais il désirait beaucoup plus vivement recouvrer Milan, qui lui appartenait *de jure*. Quelles étaient les intentions de la Seigneurie ? Quel concours prêterait-elle au roi ? » Les instructions des ambassadeurs portaient seulement, en cas de semblables ouvertures, d'en référer à la République. Le lendemain 19, nouvelle audience ; le roi en personne leur demanda les intentions de la Seigneurie ? Ils répondirent les ignorer, avoir fait demander instructions et pouvoirs à Venise. Louis XII reprit : « Arrangeons toujours l'alliance, le reste sera vite fait ». — Les ambassadeurs expédièrent coup sur coup deux courriers à Venise (2).

Ces instructions se firent attendre près d'un mois, jusqu'au 17 septembre. La situation ne pouvait changer dans ce temps-là. Le roi, laissant à Paris les ambassadeurs, fit plusieurs voyages. Au début de septembre, il songea même à aller en Normandie (3).

La suspension des négociations était très naturelle ; elle provoqua pourtant beaucoup de conjectures. Quelques-uns pensaient que Louis XII ne les reprendrait qu'après l'arrivée de l'ambassadeur napolitain ; d'autres, que le manque de précision des Vénitiens, les généralités à quoi ils s'étaient tenus, l'avaient mécontenté. Un Florentin paradoxal allait jusqu'à dire que leurs conférences avaient été plus utiles aux Florentins eux-mêmes qu'aux Vénitiens ; d'autres Florentins écrivaient le 18 septembre « que les ambassadeurs vénitiens n'avaient plus qu'à s'en aller, qu'ils n'avaient pas obtenu et qu'ils n'obtiendraient pas de conclusion à leur affaire ». L'archiduc d'Autriche, réconcilié avec Louis XII, intervenait d'autre part contre les Vénitiens ; il priait le roi de France de se rappeler que la Sérénissime Répu-

---

(1) Marino Sanuto, II, Lettre de Crema, 18 octobre 1498.

(2) *Id.*, I, 1.060, Lettre des ambassadeurs en France à la Seigneurie, 18-19 août 1498.

(3) Milan, *Cartegg. gener.* Lettre de France (anonyme), 5 septembre 1498.

blique détenait plusieurs provinces appartenant à l'empereur et faisant partie de son patrimoine. Les ambassadeurs pontificaux qui quittèrent Paris le 17 septembre au matin, croyaient tout rompu. D'après eux, les Vénitiens étaient en défaveur, essayaient vainement de faire patienter le roi par de bonnes paroles; ils avaient à trois reprises reçu leur congé du roi. Tout cela était exagéré. Il est vrai cependant que des intrigues rivales commençaient à s'agiter autour du roi, que les ambassadeurs florentins l'assiégeaient sans relâche, qu'un envoyé de Milan était incognito à la cour; après le 15 septembre on attendit avec quelque fièvre l'arrivée du courrier vénitien (1).

Depuis l'arrivée du courrier Cristofoleto, les Pregadi avaient commencé à s'occuper de la discussion des clauses de l'alliance avec la France. Quand la nouvelle de l'audience du 19 août fut apportée à Venise par le courrier Travestino et qu'il fallut prendre une décision, les Pregadi tinrent des séances pendant quatre jours consécutifs du 2 au 6 septembre. Les plus distingués membres du Conseil firent des discours. Le plus grand secret fut observé sur ces délibérations. On savait seulement que deux opinions partageaient le conseil. Le dernier jour, les ambassadeurs d'Espagne, de Naples, de Milan furent mandés devant lui et consultés. Leurs audiences furent longues, surtout celle du Milanais. L'après-dîner, il y eut assemblée des Pregadi, la séance se prolongea jusqu'à dix heures du soir. et la question fut tranchée *in nomine Domini*. Le parti de l'alliance française l'avait emporté (2).

Le 6 septembre, sur la proposition de T. Marino et de L. Giustiniani, *cai di quarantia*, de la majorité des *savii dil conscio*, et de Marco Zorzi, *savio di terra firma*, les instructions à envoyer aux ambassadeurs furent votées par 171 voix. Les diplomates fran-

---

(1) « Summario de avvisi di Franza, 21 septembre 1498 ». *Louis XII et Ludovic Sforza, Documents*, 54. Milan, A. d. S. *Pot. Est. Savoia*, relation du secrétaire de l'ambassade pontificale, Turin, 1ᵉʳ octobre 1498. Marino Sanuto, I, 1.094, ambassadeur vénitien en France, 18 septembre 1498. *Documents sur la première année*, pag. 34, 17 septembre 1498. — Latuada à Ludovic Sforza, 5 octobre 1498. *Louis XII et Ludovic Sforza, Documents*, 56. Maffeo Pirovani allait même, quelque temps après, jusqu'à penser que tout ce que l'on disait au sujet de l'alliance franco-vénitienne était une ruse de Venise : « Non essendo mai più inteso altro de la liga fra el re e Venetiani, io me vado omne hora più confirmando nel sapientissimo parere de V. Ex., che questo aviso sia proceduto da arte de Venetiani. » (Milan, A. d. S., *Pot. Est., Savoia*, Pirovani à Ludovic, 16 novembre 1498).

(2) Marino Sanuto, 1, 1066, 3, 4, 5 et 6 septembre 1498.

çais avaient reproché aux Vénitiens de n'avoir que des instructions générales. A cela la Seigneurie répondit que ses propositions de ligue étaient déjà assez précises ; que c'était par respect pour le roi et pour lui faire honneur qu'elle n'avait pas fait de proposition ferme, lui laissant ainsi la faculté de parler le premier et d'ouvrir les avis, au cas qu'il eût quelque opinion particulière à émettre, mais puisqu'il demandait aux ambassadeurs de lui faire connaître leur commission, la Seigneurie allait donc attaquer la question la première, en envoyant à ses agents des pouvoirs aussi étendus que possible. Si le roi les interrogeait sur la manière dont Venise envisageait le principe, la forme et la nature de l'alliance, ils devaient répondre que la République attendait avec impatience que Louis XII déclarât et exposât les clauses qu'il voulait insérer dans l'acte de cette confédération que l'on pouvait à juste titre dire déjà conclue et décidée dans leurs esprits ; ils devaient essayer, par les moyens les plus habiles, de connaître d'une façon positive et précise les intentions royales. Si le roi leur parlait du duché de Milan et de l'occupation de ce duché par ses troupes, ils devraient insinuer que l'Etat de Venise était limitrophe sur une longue étendue de territoire de celui de Milan, et que de ce voisinage pouvaient parfois naître des conflits, qu'assurément tant que vivrait le roi, la République était assurée de la plus parfaite sécurité, mais que néanmoins il était prudent de songer à l'avenir et de prendre des précautions en vue des éventualités futures ; et qu'ils pensaient que le roi, comme il le leur avait déjà fait dire par ses conseillers, résoudrait cette difficulté par des mesures convenables et justes. Ils devaient affirmer que la Seigneurie de son côté ne ferait que des demandes justes et raisonnables.

— Il était dit à la fin des instructions que les ambassadeurs devraient employer au profit de la Seigneurie le crédit du duc de Lorraine, et essayer de voir le roi seuls à seul (1).

Ces instructions étaient déjà expédiées quand la Seigneurie apprit le 8 septembre, par une lettre du 25 août, ce que ses ambassadeurs avaient fait après la première conférence, et les premières ouvertures qui leur avaient été faites par M. de Ligny, au sujet de la guerre contre le duc de Milan. Plusieurs *savii di conseio* et *di terra firma* proposèrent de compléter les instructions envoyées la veille par de nouvelles qui insisteraient, après

---

(1) MARINO SANUTO, I, 1076, 6 septembre 1498 ; *Secreta senatûs*, 6 et 7 septembre. *Louis XII et Ludovic Sforza, Documents*, 50 et 51.

avoir admis sans discussion le principe de l'alliance, sur la question de la guerre au duc de Milan. Pour éviter des lenteurs dans la suite des négociations, les ambassadeurs devraient recourir en particulier à Ligny, lui dire que la Seigneurie non seulement n'aiderait pas Ludovic Sforza, ni ne resterait neutre, mais qu'elle ne demandait qu'à marcher d'accord avec le roi de France, et à concourir dans la proportion qui lui paraîtrait nécessaire à la conquête du Milanais ; mais, vu les exigences de la sécurité de Venise, les propositions faites à Marco Zorzi au nom du roi par son familier Alessandro de Resti d'abandonner à Venise les territoires et les villes au delà de l'Adda et de conserver la liberté de Pise, Venise demandait des garanties honnêtes et raisonnables ; et quand elle connaîtrait les offres définitives de Louis XII, elle répondrait définitivement. Il était recommandé aux ambassadeurs de traiter directement avec le roi, Ligny et le duc de Lorraine, et dans le plus grand secret. Rien n'était plus nécessaire qu'une « discrétion taciturne » et que le plus profond silence au succès de cette négociation. Mais ce supplément d'instruction fut jugé inutile par la majorité des Pregadi et repoussé par 115 voix et 19 abstentions contre 61 voix.

Le 18 au matin, les ambassadeurs demandèrent au roi une audience qui leur fut accordée pour l'après-midi même, et là, devant le roi et ses principaux conseillers, après les compliments d'usage, toujours longs et emphatiques, ils exposèrent en substance que la Seigneurie de Venise, désireuse de prouver par les faits sa bienveillance pour la couronne de France, venait de leur faire parvenir un pouvoir *in amplissimâ formâ* de conclure toutes sortes d'intelligences, de confédérations, de ligues et d'amitiés entre les deux états ; ou plutôt un pouvoir, non pas de conclure à nouveau une alliance de ce genre, car ils se persuadaient qu'elle était déjà contractée, mais de la continuer, s'offrant à être les amis de ses amis et les ennemis de ses ennemis, à faire la guerre et la paix selon le plaisir du roi, sans en excepter prince ni état du monde, tant pour l'offensive que pour la défensive. « Cette harangue une fois faite en bons termes, ils présentèrent leur commission, dont fut donnée lecture, et qu'on trouva rédigée en bonne et authentique forme et conçue en termes honorables pour le roi. » Louis XII leur répondit en termes courtois et leur promit une très prompte réponse.

Le roi et son conseil délibérèrent longuement sur cette réponse des ambassadeurs. On conclut qu'on ne devait et qu'on ne voulait rien terminer avec les Vénitiens, avant d'avoir l'opinion et de connaître la volonté du pape, à qui un courrier fut expédié avec ordre de revenir dans moins de quinze jours. Mais par un changement d'avis assez brusque, le soir même le roi rappela les Vénitiens, et leur dit qu'il acceptait volontiers la «ligue, confédération, intelligence et amitié» dont parlait leur commission. Il renvoya au surlendemain la discussion des « détails » (1). Dans ces conférences, les propositions de Louis XII furent les suivantes : admission dans la Ligue et nomination en tête de l'alliance du pape ; engagement de Venise de ne prêter aucun appui direct ni indirect au duc de Milan ; possibilité pour le roi de demander le concours des Vénitiens pour son expédition, et, dans ce cas, promesse d'une récompense à donner à la Seigneurie ; réciprocité des amis et des ennemis et promesse de chacun des alliés de secourir l'autre effectivement contre ses ennemis, ou du moins, promesse de Venise d'attaquer, dans un certain cas, le Milanais ; concessions territoriales à Venise sous prétexte d'assurer la sécurité de ses frontières. — Ces propositions furent immédiatement transmises à Venise par des courriers du 19 et du 22 septembre.

Le conseil y répondit le 6 octobre : acceptation de l'accession du pape à la Ligue, destinée à lui donner plus d'autorité ; renouvellement de la promesse de ne pas aider Ludovic Sforza et d'aider Louis XII; la promesse d'une récompense ne pourrait être subordonnée à l'emploi des troupes vénitiennes, mais devrait être faite d'une façon définitive ; refus d'admettre la réciprocité sous sa forme générale, étant donné que la grandeur du royaume de France lui vaut beaucoup de voisins et d'ennemis, et que la France est assez puissante, non seulement pour se défendre, mais pour attaquer ; acceptation de la clause de la réciprocité, en la spécialisant contre le duc de Milan ; promesse de ne prêter de concours à personne contre Louis XII ; introduction, pour le cas à peu près sûr où Ludovic Sforza ferait attaquer la Seigneurie par quelque puissance et vraisemblablement par l'Empire, d'une clause portant que Louis XII serait obligé de défendre Venise ; enfin, rappel, sur le dernier article, de l'offre antérieure de la région jusqu'à l'Adda inclusivement avec les villes et places sur les deux rives ; cette offre avait été

---

(1) *Documents sur la première année*, etc., pag. 33, les ambassadeurs florentins à la Seigneurie de Florence, 17 septembre 1498. Pirovani à Ludovic Sforza, Turin, 5 octobre 1498. *Louis XII et Ludovic Sforza, Documents*, 55.

antérieurement faite à Venise par Charles VIII en échange de l'appui que la Seigneurie offrait maintenant à Louis XII; Venise espérait que Louis XII ne diminuerait pas, qu'il accroîtrait plutôt les offres de son prédécesseur (1).

Il y avait, de plus, à régler une question accessoire sur laquelle Louis XII et Venise étaient en désaccord: le sort de Pise, que les Vénitiens voulaient qui restât indépendante, et dont les Florentins réclamaient la soumission, en se réclamant de l'appui de Ludovic Sforza et du souvenir de l'appui de Charles VIII. Au mois de septembre, on semble avoir pensé à une solution provisoire: Pise et les territoires pisans occupés par les Vénitiens seraient remis en dépôt dans les mains de Louis XII et du pape. Le 12 octobre, Louis XII proteste de son désir de régler la question pisane pour calmer les Florentins et pouvoir «s'occuper tous ensemble après de l'affaire de Milan», et promet de ne rien faire qui ne soit à l'honneur de Venise (2).

Les négociations continuèrent ainsi longtemps: la question était traitée alternativement à Venise et à Paris, et subissait pendant les voyages, pourtant très rapides, des courriers vénitiens des arrêts forcés. Bien que le début des événements leur eût prouvé que c'était à Paris que se faisait la politique, les Vénitiens ne cessèrent pas d'entretenir de bonnes relations avec Trivulce. Dès le mois de juin 1498, Stella avait eu un successeur à Turin en la personne de Zuam Dolce. Ce secrétaire était beaucoup plus l'agent de la Seigneurie auprès de Trivulce qu'auprès du duc Philibert, qu'il n'alla pas voir à son arrivée et qu'il demeura fort longtemps sans avoir visité (3): au contraire, Maffeo Pirovani a noté ses fréquents voyages à Asti, en leur attribuant des motifs plus ou moins véritables; il y alla notamment entre le 20 et le 25 septembre, peu après le passage à Turin de Stella revenant de France: on lia naturellement les deux faits; on supposait aussi que Dolce était chargé de conseiller à Trivulce de faire « *qualche novità* » (4). — L'anxiété générale croissait:

---

(1) *Louis XII et Ludovic Sforza, Documents,* 57.

(2) *Documents sur la première année,* etc., pag. 33. Lettre des ambassadeurs florentins, 17 septembre 1498. Marino Sanuto II, 64, les ambassadeurs vénitiens à la Seigneurie, Milan, 12 octobre 1498.

(3) Venise, A. d. S., *Secreta senatûs,* XXXVII, fol. 18, nomination de Z. Dolce (4 juin 1498).

(4) *Documents sur la première année,* etc., pag. 38 et 39, Pirovano à Ludovic Sforza, 20 et 22 septembre 1498. Milan, A. d. S., *Cartegg. Gener.* Malvezzi à Ludovic Sforza, 24 septembre 1498 : « Quello chi sta residente in

le secret le plus absolu était gardé sur les négociations ; les courriers qui passaient à Turin ne laissaient rien savoir de leurs dépêches ; des bruits fantastiques circulaient ; on disait que les Vénitiens et les Florentins s'étaient disputés en présence du roi (1).

Les délibérations du Sénat de Venise, prises le 6 octobre et communiquées le 7 aux ambassadeurs vénitiens, arrivèrent à Paris vers le 17 octobre. C'est entre cette date et le 3 novembre qu'eurent lieu les négociations tout-à-fait sérieuses. Les ambassadeurs envoient des nouvelles à Venise le 29 octobre et le 3 novembre; le projet définitif de traité y est conclu le 5 novembre (2).

Louis XII repoussa comme inacceptables les partis proposés, plus ou moins sérieusement, par Venise : division du Milanais entre les deux alliés avec le Pô pour limite ; occupation totale du Milanais par Venise, moyennant un tribut annuel de deux cents mille ducats et l'occupation des places fortes par la France comme garantie. Louis XII déclara même avec un peu d'irritation aux Vénitiens « qu'ils demandaient trop », et qu'il était bien suffisant qu'ils eussent la rive gauche de l'Adda. Après plusieurs conférences, notamment l'une le 26 octobre entre les ambassadeurs, le Roi, d'Amboise, le chancelier, Du Bouchaige, l'autre le 3 novembre, entre les mêmes ambassadeurs et les conseillers du roi assistés de Manfredo Tornielli et d'Opicino Caza, les deux parties se mirent d'accord sur les points essentiels(3). Les ambassadeurs envoyèrent à la Seigneurie un projet, rédigé en français, contenant les propositions royales : conclusion d'une paix perpétuelle entre Venise et Louis XII, avec faculté au Saint-Siège d'y entrer ; abandon de Crémone à Venise en échange d'un subside de cent mille ducats. Venaient ensuite divers articles litigieux, sur lesquels, avant d'aller plus loin, les ambassadeurs voulurent attendre la réponse de la Seigneurie: demande

---

Turino per la Signoria de Venecia è venuto in Ast per volere inducere M. Jo. Jacomo a fare qualche novità. » Et (*ibid.*, *Pot. estere, Savoia,* 24-25 octobre 1498) « Chel secretario veneto non è mai andato ad visitare el duca; che lassa grande admiratione a tutti. »

(1) *Documents sur la première année*, etc., pag. 39, même docum. cité, note 92.

(2) MARINO SANUTO, II, 68, Dolce à la Seigneurie, 17, 22, 23 octobre 1498; *ibid.*, II, 111, les ambassadeurs vénitiens à la Seigneurie, 29 octobre et 3 novembre 1498.

(3) On trouvera l'exposé très détaillé de ces conférences à leurs dates dans les *Diarii* de Marino Sanuto.

par Louis XII à la Seigneurie d'un corps auxiliaire de quinze cents hommes d'armes et quatre mille hommes de pied, Suisses autant que possible ; promesse de secourir Venise si Maximilien lui déclarait la guerre ; liberté au roi de faire entrer dans l'alliance le grand maître de Rhodes et les Florentins, et de se faire livrer Pise, pour ôter aux Florentins tout prétexte de secourir Ludovic Sforza ; obligation à Venise de lui fournir les cent mille ducats destinés à la solde des Suisses pendant les six mois qu'il comptait que durerait l'entreprise, et promesse de payer lui-même toutes soldes supplémentaires. — Les ambassadeurs trouvaient ces diverses demandes raisonnables sans prendre sur eux de les accepter. Ces propositions furent communiquées aux Pregadi dans le plus grand mystère (1).

En même temps avait eu lieu une discussion entre les ambassadeurs et le roi sur la valeur des territoires cédés. Le roi estimait le revenu du Crémonais à cent vingt mille ducats, les ambassadeurs à trente-six mille seulement. De plus, les Vénitiens se plaignaient que le roi, en leur cédant la Ghiara d'Adda, se réservât Lecce, sur le lac de Côme à la sortie de l'Adda, Lodi, Cassano et Trezo sur l'Adda (2).

Louis XII personnellement ne tenait pas ou affectait de ne pas tenir beaucoup aux cent mille ducats : « Nous nous arrangerons toujours » avait-il dit. Mais le chancelier avait fait insérer cette clause dans le projet de traité. Les ambassadeurs, craignant que leur refus ne fît tout manquer, n'avaient pas osé protester. Quelques jours après, après diverses politesses faites par la Seigneurie à Louis XII, ils revinrent sur la question, le priant de renoncer à ces cent mille ducats : « Bien, bien, répondit-il, nous entamerons ce chapitre une autre fois. Je veux être avec la Seigneurie et l'on ne me séparera pas d'elle. Espérons qu'un jour nous serons tous d'accord ». Ces négociations étaient tenues fort secrètes, et Louis XII ne voulait pas les faire connaître, même au pape, bien que sa place fût marquée dans la confédération (3).

Un peu effrayés de l'accueil que la Seigneurie pourrait faire à la demande des cent mille ducats, les ambassadeurs avaient retardé de quelques jours l'expédition du courrier Morgante ; il n'arriva à Venise que le 12 novembre. L'émotion y était grande, car on l'y avait cru un moment intercepté. Le plus grand mys-

---

(1) MARINO SANUTO, II, 107, Venise, *in Pregadi*, 5 novembre 1498.
(2) *Ibid.*, II. 111, Venise, 3 novembre 1498.
(3) *Ibid.*, II, 107, 5 novembre 1498, et II, 150-151, 7 et 15 novembre 1498.

tère régna sur les documents dont il était porteur et leur contenu (1).

Les propositions royales ne furent soumises au Conseil des Pregadi et discutées par lui que le 15 novembre : il y eut deux séances, l'une le matin, l'autre le soir ; celle-ci se prolongea jusqu'à une heure avancée ; on reprit la délibération les jours suivants, et ce ne fut que le 21 que l'on put arriver à une conclusion (2).

L'heure était en effet solennelle pour la politique vénitienne, qui orientait d'un seul coup de barre, pour de longues années peut-être, la destinée de Venise. Aussi la décision à prendre fut-elle discutée avec acharnement. Bien que, pour mettre la question en délibération, l'on eût profité de l'absence du doge, hostile à l'alliance, le Conseil des Pregadi se trouva divisé en deux fractions: l'une favorable à la France, l'autre ne voulant à aucun prix introduire les Français en Italie.

Le parti français proposa d'accepter, dans les formes suivantes, les articles du projet : acceptation de la communauté d'alliances, sous réserve qu'aucune des parties ne pourrait favoriser les ennemis de l'autre, — clause dirigée contre une entente franco-florentine possible ; acceptation d'une diversion à opérer par la Seigneurie contre Milan, en cas de guerre entre Louis XII et Maximilien, sous réserve d'une attaque simultanée des deux parts ; obligation pour Louis XII d'un secours pécuniaire à donner à la Seigneurie, en cas d'une diversion tentée par Maximilien sur son territoire au profit du Milanais, après la proclamation de la ligue, — clause sur laquelle il était recommandé aux ambassadeurs d'insister ; consentement à fournir le nombre de troupes demandées par Louis XII, sous réserve que les deux armées attaqueraient simultanément le Milanais, et que Louis XII fournirait lui-même quinze cents lances et six mille hommes de pied, nombre de troupes que Venise jugeait absolument nécessaire au succès de l'expédition ; de plus, les ambassadeurs devraient tâcher d'obtenir qu'il ne serait pas spécifié que ses troupes seraient suisses, pour éviter, non pas tant la dépense, que les querelles entre les soldats de la même armée ; refus absolu d'admettre le grand-maître de Rhodes dans la ligue

---

(1) Milan, A. d. S., *Cartegg. gener.*, Latuada à Ludovic Sforza, 29 novembre 1498. On peut en croire sur ce secret Latuada, qui ne dut rien épargner pour satisfaire sa curiosité.

(2) MARINO SANUTO, II, 125, 129, 131, *in Pregadi*, 15, 16 et 17 novembre.

pour ne pas motiver d'hostilités de la part des Turcs: refus de promettre au roi l'aide de la République contre Gênes et une garnison pour cette place, — condition dont la Seigneurie tenait à ce qu'il ne fût rien dit dans le traité ; ordre aux ambassadeurs de remontrer au roi l'injustice de cette demande de cent mille ducats qui faisait retomber tout le poids de l'entreprise, argent et contingents, sur Venise, dans l'espoir que, vu les «charges lourdes et accablantes» qui pesaient déjà sur la Seigneurie, le roi y renoncerait ; demande de la cession des deux rives de l'Adda, conformément aux promesses autrefois faites par Charles VIII.

On proposait d'ajouter plusieurs articles généraux relatifs, les uns, aux rapports commerciaux des deux Etats, les autres, à des questions diplomatiques générales. Ainsi, après conclusion de la ligue, chaque partie serait de droit comprise dans tous les traités faits par l'autre, et aucune ne pourrait conclure de traité de paix sans le consentement de l'autre. Pour terminer la querelle de Pise, la Seigneurie demandait (avant d'adopter l'avis du roi, partisan de l'entrée de Florence dans la ligue pour faciliter les relations), qu'on laissât les négociations directes engagées par elle suivre leur cours ; en cas d'échec, elle accepterait la proposition de Louis XII, se fiant à la parole royale qu'il ne serait rien fait contre son honneur et ses intérêts, et entendant par son *honneur* la parole donnée aux Pisans de sauvegarder leur liberté, et par *intérêts* les dépenses faites dans ce but. Louis XII promettrait de secourir la Seigneurie contre le Turc, qui était excité à l'attaquer par Maximilien, Ludovic Sforza et Florence.

Cet ensemble de réponses ne réunit que vingt-et-une voix. Une seconde délibération, proposée par M. Antonio Morosini, fut votée par 104 voix ; elle eut lieu le lundi 21 novembre et se termina, sur une proposition nouvelle du même et de tous les *savii di conseio* et *di terra firma*, par le vote des mêmes réponses, adoptées par 143 voix contre 30 opposants et 10 abstentions.

Mais les Pregadi et la Seigneurie n'acceptaient ces conditions qu'avec quelque hésitation, regrettant d'avoir été trop vivement poussés dans ce chemin nouveau, craignant peut-être d'avoir trop aisément cédé aux exigences de Louis XII. Ils s'en vengèrent en adressant à leurs ambassadeurs une lettre d'une sévérité extrême : ils leur y reprochaient de n'avoir pas toujours été d'accord entre eux, de n'avoir pas communiqué assez fréquemment aux Pregadi l'état de leurs négociations, leurs opinions, la marche des affaires et surtout de n'avoir envoyé aucune lettre entre le 7 et le 29 octobre. Ce blâme fut voté par 185 voix contre quatre.

Les Pregadi avaient encore à s'entendre sur trois questions : la nationalité des troupes à fournir à Louis XII, la contribution de cent mille ducats, la question des concessions territoriales. La discussion fut longue : trois avis étaient en présence : le premier était celui de M. Antonio Morosini, Lois de Molino et Giorgio Cornaro, qui voulaient concéder à Louis XIV un contingent de quatre mille suisses, refuser absolument toute contribution territoriale, exiger la *Ghiara* d'Adda « *citra et ultra Abduam* », Crémone et le Crémonais ou au moins la plus grande partie des territoires au delà de l'Adda. Les ambassadeurs devaient être autorisés à conclure à ces conditions ; ils devaient en référer à la Seigneurie si Louis XII persistait à exiger les cent mille ducats. Cet avis ne réunit que 80 voix contre 124. — Le conseiller Barbo proposait de fournir au roi quatre mille suisses, de refuser la contribution pécuniaire, de demander les deux rives de l'Adda avec les quatre places importantes de Cassano, Lodi, Lecce et Trezzo ; si Louis XII refusait de les céder, offrir de les acheter moyennant une contribution mensuelle de dix mille ducats, qui pourrait être prolongée sept mois, ou moyennant une somme totale de cent mille ducats une fois payée, si le roi restait inflexible : les ambassadeurs étaient autorisés à conclure à ces conditions. Si le roi exigeait les cent mille ducats et ne voulait cependant accorder que la rive gauche de l'Adda, ils devraient en référer à la Seigneurie ; mais, si la situation était telle que le retard nécessaire pour recevoir la réponse de la Seigneurie dût amener une rupture des négociations et un rapprochement entre la France et Ludovic le More, les ambassadeurs pourraient conclure aux conditions du roi. Ce contre-projet fut repoussé, mais par cinq voix seulement de majorité. Un troisième projet, proposé par les *savii di conscio*, Bragadino, Trevisano, Giov. Morosini, Léon Loredam et les *savii di terra firma*, Marco Zorzi et Hieronimo Orio, modifiait sur un simple détail la proposition Barbo : les villes de la Ghiara d'Adda n'étaient plus nommément désignées ; si le roi maintenait ses propositions, les ambassadeurs prendraient le temps d'écrire à la Seigneurie, tout en continuant à mettre la plus grande cordialité dans leurs rapports avec le gouvernement français. Ce projet ne réunit que 27 voix (1).

(1) Venise, *Secreta Senatûs*, 18 et 21 novembre ; *Louis XII et Ludovic Sforza, Documents*, 64.

Toute cette discussion fut en somme très confuse. Beaucoup d'orateurs prirent la parole, surtout sur la question des acquisitions territoriales, entre autres Nicolo Trevixam, *savio dil conseio*, Marco-Antonio Morosini, *conseier*, et Paolo Barbo, *savio dil conseio*. Quelques membres voulaient stipuler le rachat des places au delà de l'Adda, d'autres voulaient qu'on y renonçât; quelques-uns, craignant le mécontentement de Louis XII, voulaient le traité à tout prix. La majorité proposait de demander seulement quatre places au delà de l'Adda, sans que le refus de ces places dût être un obstacle décisif à la signature du traité. Polo Barbo et le procurator Lunardo Loredam évoquèrent le danger d'une invasion turque. Le doge demanda qu'on fît exactement spécifier à quelle date il faudrait rompre avec Milan. Après trois jours de discussions, on finit, pour éviter la confusion des votes, par ne s'occuper que de la première série d'articles. Quelqu'un proposa de surseoir à toute décision, pour avoir le temps de faire sonder par l'ambassadeur à Milan les intentions de Ludovic Sforza : il ne trouva point d'écho. Après de nouveaux discours de Beneto Zustignam, d'Alvixe Bragadino, de Constantino de Prioli, de sier Nicolo Trevixam, de sier Marcantonio Morexini, il fut décidé, à une très grande majorité, d'accepter en principe les propositions du roi de France (1). — Le 21 novembre, la discussion fut rouverte. Le doge mit en question dans un long discours le principe même de l'alliance française à laquelle il était hostile : son avis fut écarté ; les orateurs des jours précédents reprirent la parole sur les trois alternatives discutées : cession par Louis XII des deux rives ou de la rive gauche de l'Adda, sans contribution pécuniaire de Venise ; cession des deux rives, moyennant une contribution de cent mille ducats : dans ce cas, pleins pouvoirs aux ambassadeurs pour conclure ; offre de mensualités de dix mille ducats pour le paiement des Suisses, ou de cent mille ducats pour les deux rives de l'Adda ; mais en cas de refus, obligation aux ambassadeurs d'en référer à la Seigneurie. Les trois propositions, plus celle qui avait été adoptée le 17, furent mises aux voix : à minuit, le jour de Notre-Dame, le scrutin fut clos. La première proposition passait à une grosse majorité. On demanderait les deux rives ou la rive gauche de l'Adda sans contribution pécuniaire, et si Louis XII insistait sur la question d'argent, les ambassadeurs en référeraient à Venise, tout en continuant les pourparlers. A l'unanimité, on

---

(1) MARINO SANUTO, II, 105, *in colegio*, 21 novembre 1498.

décida ensuite de recommander à la mission vénitienne l'union, le calme et la prudence. Les Pregadi s'engagèrent par serment à garder le secret sur cette délibération. La séance ne fut levée qu'à une heure du matin (1).

Entretemps ces lentes négociations continuaient en France; on essayait de plus en plus de peser sur les malheureux ambassadeurs vénitiens; ils étaient sans cesse assaillis par les donneurs d'avis. Tous les grands du royaume leur conseillaient d'accepter la condition des cent mille ducats. Le 21 novembre, Ligny les pressait de conclure sans plus hésiter en considérant que le roi leur abandonnait «un beau territoire»; et, sur une allusion de ses interlocuteurs à la demande « peu honorable» des cent mille ducats, il leur répliquait vivement de n'y faire nulle attention, et les menaçait d'une entente entre la France et Florence (2). L'agent de Montferrat, Zanino de Annono leur donnait le même avis et leur montrait le roi de France prêt à s'entendre avec le duc de Milan (3). La Rovère donnait le même conseil le 14 décembre aux ambassadeurs, et leur laissait entendre que Trivulce préparait un traité entre Ludovic Sforza et Louis XII: aux termes de cet arrangement, imaginaire et inventé pour effrayer les Vénitiens, Ludovic cédait au roi Gênes, toute la Riviera, Tortone et Alexandrie, et un demi-million ou deux cent soixante mille ducats (4).

Les négociations traînèrent en France pendant les mois de novembre et de décembre. Les dépêches des ambassadeurs vénitiens, minutieusement analysées par Marino Sanuto, en donnent le détail quotidien et fastidieux (5). Enfin, le 14 décembre, Louis XII déclara au cardinal La Rovère, pour qu'il le répétât aux ambassadeurs, que de l'avis de son conseil, et pour pouvoir dire à son peuple qu'il faisait cette entreprise avec l'argent italien, il exigeait de Venise les cent mille ducats ; qu'il donnait vingt jours aux ambassadeurs vénitiens pour se décider ; qu'ensuite « il savait ce qu'il aurait à faire » (6).

(1) Marino Sanuto, II, 105, *in colegio*, 21 novembre 1498.
(2) *Ibid.*, II, 107. Conversation entre Ligny et les ambassadeurs, 21 novembre 1498.
(3) *Ibid.*, II, 262, Lettre de Casal, 15 décembre 1498.
(4) *Ibid.*, II, 262, 19 décembre 1498 ; *ibid.*, II, 317, les ambassadeurs vénitiens à la Seigneurie, Chinon, 18-20 décembre 1498.
(5) *Ibid.*, II, 235, Lettres du 12 novembre au 9 décembre 1498. *Chonicon venetum*, pag. 66, novembre 1498.
(6) *Ibid.*, II, 262, les ambassadeurs vénitiens à la Seigneurie, 19 décembre 1498.

La situation de l'ambassade vénitienne, parmi toutes ces tergiversations, était devenue pénible. Au début, les honneurs pleuvaient ; ils avaient quand ils voulaient audience du roi ; on défrayait leurs dépenses (1). Quand il fut acquis que leur séjour en France se prolongerait, cette dernière politesse leur fut supprimée ; alors ils se ruinèrent en frais ; ils durent, par économie et par incertitude de l'avenir, renvoyer une partie de leur équipage. Louis XII commençait à faire entendre contre eux de dures paroles : « Les Vénitiens sont des marchands ; et en fait de marchandises, il leur convient de nous vendre des paroles. Soit ! Mais je n'en veux pas ». Cependant il continuait à les traiter avec égards ; il les emmenait à ses chasses, et une fois Zorzi tua en sa présence un sanglier (2). Les Vénitiens faisaient bon cœur à mauvaise fortune, affectant une grande intimité avec les agents de Trivulce et du Montferrat (3). Pour comble de malheur, ils se sentaient mal appréciés par la Seigneurie ; la lettre de blâme du 21 novembre les avait particulièrement navrés, ils y répondirent le 12 décembre par une lettre de protestation, se plaignant d'avoir été calomniés, affirmant que la plus parfaite union n'avait jamais cessé de régner entre eux (4).

D'autre part, des difficultés, étrangères à la question proprement dite de l'alliance, compliquèrent en même temps ces négociations. La Seigneurie s'était émue de l'existence de pourparlers secrets entre Louis XII et Ludovic Sforza par l'entremise de deux personnages aussi équivoques qu'inconnus, le comte de Saint-Martin et J. de Pietrasancta, d'entrevues secrètes entre ces individus et le duc de Milan, à la campagne ; elle ne s'était pas moins troublée des négociations engagées entre Alexandre VI et le roi de France au sujet de Pise, affaire dont le pape voulait que le règlement fût abandonné à lui et au Sacré Collège. La Seigneurie communiqua ce double sujet d'inquiétude à ses ambassadeurs, les chargeant d'une part de contrecarrer

---

(1) Latuada à Ludovic Sforza, 3 novembre 1498. *Louis XII et Ludovic Sforza, Documents*, 62.

(2) MARINO SANUTO, II, 102, les ambassadeurs à la Seigneurie, 2 novembre 1498.

(3) *Documents sur la première année*, pag. 60, 3 décembre 1498.

(4) MARINO SANUTO, II, 232, les ambassadeurs à la Seigneurie, Chinon, 12 décembre 1498. Dans leur compte rendu, le 24 mai 1499 (Marino Sanuto, II, 750), les ambassadeurs se plaignirent vivement d'avoir rencontré peu de sympathies en France à cause de l'orgueil et du mauvais caractère des Français : Zorzi lui-même, quoique ayant été une fois déjà ambassadeur, n'avait eu qu'un ami véritable.

les projets pontificaux sans cependant en venir à une brouille, d'autre part, de savoir la vérité sur le rôle de Saint-Martin et d'empêcher ses manœuvres diplomatiques de se prolonger. — La Seigneurie s'inquiétait aussi de la demande faite par le Pape au roi de France de lui communiquer les articles de la ligue avec Venise avant de les signer, et elle pria Louis XII de rejeter cette demande indiscrète, «attendu qu'il était inutile de communiquer à des tiers des choses qui ne regardaient que les intéressés » (1). Louis XII tranquillisa la Seigneurie sur tous ces points; il leur déclara notamment, à propos des négociations de Saint-Martin, son refus absolu d'écouter aucun ambassadeur, quel qu'il fût, de Ludovic Sforza (2). — Un incident de piraterie, la capture par un corsaire français, dans les eaux d'Otrante, de *gruppi* et de barques vénitiennes chargées de blés et d'huiles, produisit encore quelque émotion, et la Seigneurie se plaignit du manque de sécurité qui résulterait de pareils actes pour ses galères du Levant. Mais, bien que Latuada ait tenté de gonfler cet incident outre-mesure, il ne semble pas avoir eu d'importance réelle dans la suite des faits (3).

Fatigué des lenteurs des négociations, Louis XII quitta Blois pour aller chasser, y laissant les ambassadeurs auxquels il avait donné rendez-vous à Chinon (4), quand ils auraient du nouveau à lui apprendre. Ils s'y rendirent à la fin de novembre, et le roi les y rejoignit ensuite ; chemin faisant, à Montrichard, il avait signé l'ordre d'expulsion du comte de Saint-Martin : c'était une marque significative de son bon vouloir pour la Seigneurie.

Dès le lendemain de son arrivée, Louis XII donna aux ambassadeurs une audience à laquelle assistèrent d'Amboise, le grand chancelier, Gié, Ligny, Opicino Caza. Après quelques propos sévères sur le marquis de Mantoue, on aborda l'affaire de l'alliance. Les Vénitiens communiquèrent les propositions de Venise: l'abandon des deux rives de l'Adda à la Seigneurie, la renonciation de Louis XII à sa demande de cent mille ducats. D'Amboise les interrompit pour leur parler de Pise ; ils annoncèrent la prochaine conclusion d'un accord au sujet de Pise.

---

(1) Venise, A. d. S., *Secreta senatûs*, XXXVII, fol. 53 v°, *Oratoribus nostris in Francia*.

(2) MARINO SANUTO, II, 150-151 ; les ambassadeurs à la Seigneurie, 7 et 15 novembre 1498.

(3) Latuada à Ludovic Sforza, 7 novembre 1498. *Louis XII et Ludovic Sforza, Documents*, 62.

(4) *Documents sur la première année*, etc., pag. 50, 27 novembre 1498.

L'audience, assez froide et courte, fut suivie d'une conférence entre les conseillers français et les ambassadeurs. On y rédigea, d'après un projet dressé par le grand chancelier, les articles sur lesquels les deux parties étaient d'accord : confédération perpétuelle, *in nomine Dei*, avec liberté au pape d'y entrer; communauté des amitiés, sans obligation de secourir les alliés de l'autre partie, et sans aucune mention spéciale d'obligations pour ou contre Gênes; engagement de Venise d'avoir sur pied quinze cents lances et quatre mille hommes, Suisses ou non *ad libitum*, et engagement du roi, — après discussion entre les Français, qui ne voulaient pas déclarer le nombre de troupes qu'aurait Louis XII, et les Vénitiens qui voulaient qu'il en déclarât au moins autant qu'eux, — d'entretenir un nombre de troupes au moins rigoureusement égal ; simultanéité des déclarations de guerre, conduite parallèle des opérations militaires, simultanéité des traités de paix, nomination des deux parties dans les traités conclus par chacune ; promesse de secours à la Seigneurie en cas d'attaque par Maximilien, sans promesse de Venise d'attaquer Milan en cas d'attaque de la France par Maximilien ; accords commerciaux.

On aborda ensuite les points en litige. Sur la question de Pise, le cardinal d'Amboise proposa une trêve générale ; les Vénitiens déclarèrent n'avoir pas de pouvoirs pour l'accepter, mais consentirent éventuellement, en cas d'échec des négociations alors en cours, au dépôt de Pise entre les mains de Louis XII. — Sur les questions beaucoup plus importantes des territoires à céder et des subsides à fournir, l'entente ne put se faire. Les Français refusèrent toute concession territoriale supplémentaire, insistant sur la valeur des territoires cédés qui valaient cent dix mille ducats de revenu ; ils ne voulurent rien céder sur la rive droite de l'Adda, ni même Lecce, quoique située sur la rive gauche, parce qu'ils la considéraient comme étant la clef du lac de Côme. D'Amboise en colère parlait haut et disait : « Le roi est le roi, dans la guerre comme dans la paix ». Les ambassadeurs tentèrent d'insinuer qu'il était indigne de l'honneur du roi de recevoir de l'argent : « Occupez-vous de l'honneur de la Seigneurie, cria Gié en colère, et laissez l'honneur du roi tranquille ». Les ambassadeurs déclarèrent qu'ils en écriraient à Venise. « C'est inutile, répliqua d'Amboise ; puisque la Seigneurie refuse les cent mille ducats, rien de fait », et on leur refusa copie et communication des articles.

Les Vénitiens ne se tinrent pas pour battus ; le lendemain

même, ils eurent, dans une nouvelle audience, une nouvelle discussion d'argent. Louis XII déclara vouloir absolument cette somme de cent mille ducats. Il protesta de son amitié pour la Seigneurie, qu'il venait de prouver par le renvoi du comte de Saint-Martin et de l'ambassadeur napolitain ; mais il menaça, si la Seigneurie lui refusait ce subside nécessaire aux besoins du début de son règne, d'écouter toutes propositions des autres puissances. Pour l'apaiser, les ambassadeurs lui promirent d'en écrire le lendemain à la Seigneurie. «Faites vite, dit-il, et ayez promptement la réponse»; les Vénitiens demandèrent un nouveau délai de vingt jours. — Craignant d'être blâmés pour ce demi-insuccès, les ambassadeurs, en transmettant à la Seigneurie l'ultimatum français, insistèrent sur la pauvreté du trésor royal, dirent qu'à leur avis la ligue ne se signerait que moyennant le versement des cent mille ducats, et qu'il était insensé d'espérer quelque chose de plus.

Les négociations furent de nouveau suspendues. Louis XII demandait par intervalles aux ambassadeurs s'ils avaient reçu la réponse de Venise et déclarait ne vouloir écouter personne avant qu'elle arrivât. Cependant son attitude avait de nouveau changé : il multipliait les marques de bienveillance à l'égard de la Seigneurie, déclarait «l'estimer plus qu'aucune autre puissance italienne, bien plus que le Saint-Siège» dont il ne se rapprochait que pour obtenir son divorce; après la défaite des Vénitiens à Casentino, il fit présenter ses condoléances aux ambassadeurs par le majordome Malabayla, et Ligny offrit de se mettre avec six mille hommes à la disposition de la Seigneurie. Entretemps, le délai de vingt jours accordé par Louis XII s'était achevé et était dépassé; le 14 janvier, la réponse de Venise n'était pas arrivée encore. Toute la cour se demandait anxieusement la cause de ces longs retards ; on murmurait déjà que les Vénitiens n'avaient eu d'autre but que de tromper le roi, sans aucune intention sincère d'alliance. Le mois de janvier finit dans cette attente. Les ambassadeurs vénitiens avaient suivi Louis XII à Nantes pour les fêtes de son mariage. Il y avait là un tel encombrement qu'ils furent obligés de rester sur le bateau avec lequel ils avaient descendu la Loire et qu'ils ne durent un logement à terre qu'à la complaisance d'Opicino Caza (1).

(1) MARINO SANUTO, II, 318 (20 décembre 1498); II, 368, 14 janvier 1499, lettre de Dolce, Turin, 13, 15 janvier 1499 ; II, 347, relation des ambassadeurs, 24 mai 1499 ; *ibid.*, II, 751, lettre de France, 31 janvier 1499 ; II, 448, lettre de l'*amico fedel*, Lyon, 14 janvier 1499 ; II, 340, l'ambassadeur en France à la Seigneurie, 5 et 10 janvier 1499.

Cependant l'ultimatum du roi était arrivé à Venise le 21 décembre 1498, apporté par un courrier qui avait fait le voyage en sept jours (1). Les Pregadi se remirent pour la dernière fois à la discussion de l'alliance, et ils délibérèrent pendant neuf jours. La séance du 28 décembre fut particulièrement longue: on abordait la question des cent mille ducats ; les Pregadi croyaient encore que le roi pourrait se contenter de dix mille ducats seulement; d'autres voulaient faire traîner les pourparlers jusqu'après la liquidation de la guerre de Pise, par l'intermédiaire du duc de Ferrare. Cependant on abandonna vite ces dernières illusions; on examina les divers moyens de se procurer l'argent nécessaire; on convint de constituer le total de cent mille ducats par la confiscation des deux tiers des sommes versées à la banque de Monte-Nuovo, environ quatre-vingt mille ducats, par un emprunt à la caisse des Procuraties (dépôts et biens des mineurs), par une souscription volontaire dans le conseil des Pregadi pour éviter de recourir à une taxe de décime supplémentaire, et en se réservant le droit de se rembourser de cette souscription sur les rentrées ultérieures des caisses de la République. Enfin le 31 décembre, on lut une dernière fois au conseil des Pregadi les diverses opinions des *Savii*, et l'on décida définitivement d'accepter les conditions imposées par le roi de France (2).

Ces dernières lenteurs, ces suprêmes difficultés n'empêchaient pas qu'en France l'accord ne fût considéré comme conclu. Neri Capponi le disait à Turin dans les premiers jours de janvier 1499 : «A moins qu'il n'y eût de nouvelles exigences, l'alliance était chose faite.» Hieronimo Zorzi, dans sa correspondance familière, se montrait optimiste. Quand on vit que l'article d'une contribution de guerre faisait une difficulté, on pensa que La Rovère interviendrait et tournerait cet obstacle, soit en faisant diminuer la somme, soit autrement (3). On resta cependant assez mal renseigné à Milan sur la situation : le 12 janvier, Brognolo écrivait que le roi de France était toujours aussi peu disposé à s'arranger avec les Vénitiens (4).

(1) Latuada à Ludovic Sforza, 22 décembre 1498. *Louis XII et Ludovic Sforza, Documents*, 70.
(2) MARINO SANUTO, II, 285. Venise, *in pregadi*, 31 décembre 1498 (récit très détaillé). — Latuada à Ludovic Sforza, 29 décembre 1498. *Louis XII et Ludovic Sforza, Documents*, 71.
(3) *Documents sur la première année*, etc., pag. 62 et 64.
(4) Mantoue, *Arch. Gonzaga*, E XIX, 3, Brognolo au marquis de Mantoue, 12 janvier 1499 : « Essendo le cose de Franza per quello che se intende, non meno indisposte allo assetto cum Venetiani».

Le 1ᵉʳ février, les ambassadeurs vénitiens, enfin munis de la réponse si attendue de la Seigneurie, eurent une audience avec le roi de France, seuls à seul (1). Ils firent, suivant leurs instructions, une dernière tentative pour faire exonérer la Seigneurie du don des cent mille ducats, exagérant le danger où les menaces d'invasion turque mettaient Venise, l'impossibilité où elle était pour l'heure de trouver cette grosse somme, la nécessité d'insérer dans le traité un article relatif à l'invasion turque. Louis XII hésita : « Nous en parlerons avec notre conseil, vous aurez promptement notre réponse. » Au sortir de l'audience, les Vénitiens eurent une entrevue avec La Rovère, qui leur promit ses bons offices, et qui eut, en effet, le lendemain, un long entretien avec Louis XII. Il essaya de répondre aux récriminations du roi, de justifier la crainte des Turcs, expliqua les difficultés faites au sujet des cent mille ducats par la nécessité de les employer à l'organisation d'une flotte destinée à la défense commune de la chrétienté. Louis XII menaça de tout interrompre, d'attendre les ambassadeurs de Maximilien et du roi de Naples pour traiter avec ces princes. La Rovère déclara que les ambassadeurs ne pouvaient outrepasser leurs pouvoirs; que les Vénitiens ne donneraient pas les cent mille ducats, qu'ils changeraient de politique : «Toute l'Italie se mettra d'accord et fera une ligue. » — « Elle ne durera pas deux ans. » — « Oui, mais Votre Majesté ne pourra plus faire son expédition outre-monts, et avec trois cents mille ducats qu'elle dépensera par an, cette Ligue obligera Votre Majesté à en dépenser un million pour se défendre contre Maximilien. » — Malgré ces pronostics perfides, l'opinion des conseillers du roi, l'évêque d'Albi, le chancelier, Du Bouchaige et autres, fut que Venise devait donner les cent mille ducats ; seul le cardinal d'Amboise acceptait l'alliance, même sans cela. Louis XII prit, ou feignit de prendre, quelques jours de réflexion, menaça de renoncer à l'alliance, disant qu'il aurait assez de soldats, reprochant aux Vénitiens d'être les ennemis nés des gentilshommes. Les ambassadeurs réfléchirent de leur côté, finirent par se résigner aux exigences du roi, et enfin, le 9 février 1499, à Blois, fut signée la Ligue entre le roi de France et la Seigneurie ; l'échange des serments solennels eut lieu le lendemain 10 ; le même jour, les ambassadeurs offrirent à Louis XII, au nom de Venise, soixante

---

(1) MARINO SANUTO, II, 449 et 450 ; les ambassadeurs vénitiens à la Seigneurie, 1ᵉʳ février 1499.

faucons et cent fourrures de zibeline, d'une valeur de sept cents ducats; le soir, à huit heures, les ambassadeurs adressèrent à la Seigneurie un résumé des incidents de la journée (1).

La nouvelle de la conclusion de la Ligue, envoyée le 11 et le 13 février de la cour à Lyon, transmise le 17 de Lyon en Italie (2), arriva à Venise à la fois de France et d'Asti, par Trivulce (3). On recommanda, sous serment, aux Pregadi le secret sur les conditions du traité jusqu'au jour de la publication, mais on en fêta la signature, le 19 février, à Venise, par de grandes réjouissances (4). — La Seigneurie s'applaudissait d'autant plus de cette conclusion qu'elle avait craint longtemps que Louis XII ne se contenterait pas de ses offres ; mais sa joie n'était pas sans mélange : elle préférait, à tout prendre, avoir pour voisin, Ludovic Sforza, malgré toute sa perfidie, plutôt que le trop puissant roi de France, son nouvel ami : aussi espérait-elle que Louis XII ne commencerait pas la guerre dans l'année même (5). Mais ce n'était qu'une ombre à sa joie. Le 20 février, le conseil écrivit à ses ambassadeurs en France de remercier le roi, la reine et le cardinal d'Amboise d'avoir conclu l'alliance, de leur demander une direction sur la date et le mode de la publication du traité, d'annoncer les manifestations de joie célébrées à Venise. D'autres lettres de remerciements furent écrites à Ligny, à La Rovère, à Trivulce. On donna au messager de Trivulce, arrivé le premier à Venise avec la nouvelle, un habit complet d'écarlate et vingt-cinq ducats (6).

---

(1) MARINO SANUTO, II, 522. *Copia de capitoli di la lega tra el christianissimo re Ludovico XII, re di Francia, conclusi a Bles a di 9 febbraio 1498-1499.* — *Ibid.*, II, 455. Lettre des ambassadeurs vénitiens, 9 février 1499 ; et II, 453, autre lettre du 9 février avec le récit de la journée de la conclusion de l'alliance entre Louis XII et les Vénitiens.

(2) *Note Italiane sulla storia di Francia*; IV, *Gli Inviciati informatori milanesi a Saluzzo*, 1499. Les ambassadeurs florentins, qui transmettaient aussi ces nouvelles, disaient et croyaient que la majeure partie des conditions de l'alliance était inconnue au vulgaire. Eux-mêmes donnent la teneur des articles du traité, mais il y a quelques erreurs dans leurs affirmations.

(3) Au moment où il reçut la nouvelle, Trivulce disait justement au secrétaire vénitien de Turin que la négociation de cette alliance avait trop duré. Marino Sanuto, III, 340, Dolce à la Seigneurie, 11 février 1499. *Ibid.*, II, 453, Trivulce à la Seigneurie, 16 février 1499.

(4) *Ibid.*, II, 455. Venise, 19 février 1499. Lettre de Latuada à Ludovic Sforza, 21 février 1499. *Louis XII et Ludovic Sforza, Documents*, 84.

(5) *Chronicon Venetum*, pag. 68, 10 février 1499.

(6) *Secreta Senatûs*, XXXVII, *Louis XII et Ludovic Sforza, Documents*, 83. Marino Sanuto, II, 457, Venise, *in pregadi*, 20 février 1499.

La Seigneurie donna la plus grande publicité à la signature du traité. Le conseil des Pregadi en informa de vive voix les ambassadeurs d'Urbino et par des messagers ceux de Naples, de Milan, de Ferrare, de Pise et du Montferrat : ces derniers vinrent le jour même l'en féliciter. Des lettres furent adressées au Pape, aux ambassadeurs vénitiens à Rome, à Naples, à Pise et au camp vénitien (1). L'ambassadeur à Ferrare alla avertir le duc Hercule, le 21 février ; il le trouva se rendant à une représentation dramatique organisée pour célébrer la visite à Ferrare de sa fille Isabelle d'Este, la marquise de Mantoue. Le duc resta un moment interdit, puis il chargea Donado de remercier la Seigneurie (2). Les Florentins furent très vexés de la nouvelle ; Tommaso Capponi écrit : « Le pape et le roi de France ont délibéré de faire la Seigneurie de Venise, si l'on n'y prend garde, maîtresse de l'Italie. » et ailleurs : « Le roi de France a conclu une ligue avec les Vénitiens, sans vouloir rien considérer. Que Dieu veille à nos besoins ! » (3). La conclusion de la Ligue franco-vénitienne fut apprise à Milan le 21 février ; le duc et le corps diplomatique furent très troublés: «ils faisaient bonne contenance, mais leur air dénotait leur inquiétude (4)».

§ 5. — *L'opposition de Ludovic Sforza à la ligue franco-vénitienne.*

Tandis que s'opérait, — à travers quelles lenteurs et quelles incertitudes, on l'a vu, — l'événement politique qui devait consommer sa ruine, Ludovic Sforza montra une rare incapacité, faite de présomption, de mollesse, de folle temporisation, d'indécision, dans ses relations avec la Seigneurie de Venise : tantôt il l'irrita ou l'effraya par des démonstrations, personnelles ou indirectes, de mauvais vouloir, tantôt il ne fit que compromettre son autorité par des avances inopportunes ou trop humi-

---

(1) Marino Sanuto, II, 458. Venise, 20 février. Tous les textes ci-dessus se complètent les uns par les autres, sans se rapporter exclusivement à l'un des faits à propos desquels ils sont cités.

(2) *Ibid.*, II, 467, Donado à la Seigneurie. Ferrare, 21 février 1499. — Les Milanais *fuorusciti* établis à Ferrare accueillirent cette nouvelle avec les mêmes transports de joie que si l'on eût annoncé la venue du messie (*ibid.*, II, 467. Donado, 21 février 1499).

(3) *Ibid.*, II, 493, Donado à la Seigneurie, Ferrare, 4 mars 1499.

(4) *Ibid.*, I, 1.014, 12 juillet 1498, Lippomano à la Seigneurie.

liées ou que l'on crut perfides. Ses relations présentent une longue et monotone série d'oscillations périodiques, allant des menaces de rupture aux marques les plus vives de sympathie.

Le commencement des négociations vénitiennes en France, coïncidant avec la signature de la paix entre Louis XII et l'archiduc, irrita Ludovic Sforza au plus haut degré. On lui prêta des paroles amères contre les puissances de la Ligue italienne qui traitaient avec la France dans leur intérêt égoïste, sans souci des intérêts communs de l'Italie; il menaçait de «faire, lui aussi, un beau présent» à Louis XII, dont toute l'Italie serait étonnée (1). Les mauvais rapports entre Venise et la comtesse de Forli accrurent la difficulté de ses propres relations avec la Seigneurie : à la suite de pirateries exercées par les sujets de Catherine Sforza sur le territoire vénitien (2), de représailles trop violentes des Vénitiens, le duc de Milan fit faire des remontrances à la Seigneurie de ce qu'elle n'eût pas plus d'égards pour la comtesse de Forli, quoiqu'il fût son parent, et lui fit déclarer par Latuada que « quand un état a quelque réclamation à faire à un autre, c'est amicalement et non pas les armes à la main qu'il doit la présenter. » La Seigneurie ayant envoyé un provéditeur sur les frontières du comté d'Imola, Ludovic Sforza dut, à la requête de la comtesse, alors privée de l'appui de son fils et de son armée, lui envoyer un corps de cent hommes d'armes et cent arbalétriers : il s'en expliqua avec assez de hauteur vis-à-vis de Venise, disant qu'« il espérait que les troupes vénitiennes n'avaient pas ordre d'attaquer, et dans ce cas les siennes n'avaient pas non plus d'instructions hostiles à la Seigneurie (3) ». Un peu après, dans une cérémonie solennelle, devant tout le corps diplomatique, il adressa de vifs reproches à Lippomano au sujet de ces tentatives vénitiennes contre Forli, et surtout du dessein de la Seigneurie de provoquer une invasion française en Italie (4).

Mais bientôt il comprit l'inanité de telles récriminations et voulut profiter du premier arrêt des négociations en France pour

---

(1) Latuada à Ludovic Sforza, 16 août 1498. *Louis XII et Ludovic Sforza, Documents*, 40.

(2) Le début de toute cette affaire fut un vol de chevaux au préjudice du condottiere vénitien J.-P. Manfrono, qui furent emmenés sur le territoire de Forli.

(3) Milan, A. d. S. *Cartegg. gener*. Ludovic Sforza à Latuada, 23 août 1498.

(4) Modène, A. d. S. *Cancell. ducale*. B, 13. Costabili au duc de Ferrare, 2 septembre 1498.

un arrangement entre Venise et lui. Au début de septembre, Latuada communiqua à la Seigneurie une lettre où Ludovic Sforza proposait de régler tous leurs différends et offrait son amitié aux Vénitiens. Il s'y plaignait du bruit répandu, que « certains » travaillaient à faire venir en Italie, contre lui, le roi de France, et des marches militaires ordonnées par Venise sur ses frontières de l'Oglio. Le doge se borna à répondre à cette ouverture que, « vu les événements, Venise ne savait plus désormais à qui se fier », et que l'intérêt de l'état vénitien exigeait d'ailleurs ces mouvements de troupes(1). Ludovic, abandonnant ses intentions pacifiques, répondit le 4 septembre par un envoi analogue vers l'Oglio des troupes du marquis Hermès, du comte de Melzi, et de F.-B. Visconti. La Seigneurie, craignant de voir commencer les hostilités, y répliqua le 18 par l'envoi de troupes dans la Bresciana et vers l'Oglio (2). — Ludovic Sforza en revint à la prudence quand il reçut de Turin, le 27 septembre, des renseignements détaillés sur la réception et la première audience des ambassadeurs vénitiens en France. Le 5 octobre, Latuada tint un nouveau discours pacifique aux Pregadi (3) : il essaya de les persuader qu'il fallait rétablir le calme en Italie, renoncer aux tumultes de la guerre « par qui les états sont à la discrétion des capitaines et des soldats. » Il y eut une très grande et très violente discussion dans les Pregadi, à la suite de ce discours ; les partisans, encore assez nombreux, de l'alliance milanaise déclaraient qu'il fallait renoncer à toute expédition contre Pise, trouver un terrain d'accord, ne pas en venir à une rupture avec Milan ni même troubler la paix avec Milan ni par l'alliance française ni autrement. Leonardo Grimani exposa avec entrain toutes les raisons qui militaient en faveur de l'alliance milanaise et de l'union de l'Italie, sans plus songer aux « affaires de France », qui ne pouvaient qu'être très périlleuses pour Venise, à cause du danger militaire signalé par Latuada. Constantino Priuli, Antonio Trum, appuyèrent ce discours. D'autres ouvrirent des avis différents : tels Zorzo Cornaro, l'avogador Pol Trevisani, Aluisi da Molin. On ne conclut rien, et le Conseil des Dix se demanda seulement s'il devait ou non sévir contre les orateurs et interrupteurs qui avaient échangé

(1) MARINO SANUTO, I, 1.070, Venise, *in colegio*, 6 septembre 1498.
(2) *Id.*, I, 1.080, vers le 11 septembre 1498 ; *ibid.*, I, 1.101, Venise, 18 septembre 1498.
(3) Latuada à Ludovic Sforza, 5 octobre 1498. *Louis XII et Ludovic Sforza, Documents*, 56.

des injures. Ce mouvement passager suffit pour que Ludovic Sforza, le 11 octobre 1498, interdît à ses deux commissaires sur l'Oglio toute démarche offensive contre Venise, et les autorisât seulement à le tenir minutieusement informé des événements (1). Mais la présence des Vénitiens sur l'Oglio l'inquiétait ; le 13 octobre, il fit proclamer en Ghiera d'Adda plusieurs édits : l'ordre aux hommes engagés sous les divers condottieri d'aller s'inscrire chez son commissaire à Caravaggio, la défense de prendre du service à Venise sous peine d'être déclaré rebelle (2). Mais cette velléité de guerre ne dura pas.

Les nouvelles de France devenant de plus en plus favorables au traité franco-vénitien, Ludovic Sforza sentit le besoin de faire une nouvelle tentative d'y substituer un traité vénéto-milanais ; le 2 novembre 1498, le nommé Zuam Alberto montra au doge une lettre du duc de Milan qui demandait la paix ; le doge se borna à répondre que la Seigneurie la désirait aussi vivement que lui-même (3). L'affaire n'eut pas de conséquences. Le 7 novembre, Ludovic Sforza revint à la charge avec Lippomano : « Il serait temps de faire quelque effort pour rétablir une bonne et solide paix entre la Seigneurie et nous. Tous les princes d'outre-monts sont en bonne intelligence, et nous autres en Italie, nous sommes divisés, nos deux états surtout, qui, par leur union, feraient la loi à tous les autres ». Lippomano lui répondit par quelques généralités sans portée ; c'est ce que Marino Sanuto, d'après les Pregadi, appelle répliquer (4) « très sagement ». La « douceur » de ces déclarations ne trompa personne à Venise, où l'on savait que Ludovic Sforza connaissait les événements de France. Mais le duc tenait à son idée ; le surlendemain, au cours d'une promenade à cheval avec Lippomano, il lui demanda s'il avait transmis sa communication à la Seigneurie (5). La réponse se fit attendre ; le 15, le 17, le duc demanda en vain à Lippomano s'il l'avait reçue ; le 17 il lui dit : « Je m'étonne que la Seigneurie ne vous ait pas répondu ; je vous répète de nouveau que je voudrais m'arranger avec elle » (6).

---

(1) Marino Sanuto, II, 34, 11 octobre 1498.
(2) *Ibid.*, II, 44, 13 octobre 1498.
(3) *Ibid.*, II, 87, 2 novembre, *in colegio*.
(4) *Ibid.*, II, 108, 7 novembre, l'ambassadeur vénitien à la Seigneurie.
(5) *Ibid*, II, 114 ; l'ambassadeur vénitien à la Seigneurie, 9 novembre 1498.
(6) *Ibid.*, II, 130 et 137, l'ambassadeur vénitien à la Seigneurie, 15 et 17 novembre 1498. Ludovic Sforza insistait d'autant plus qu'à ce moment il

Les nouvelles, d'ailleurs, de jour en jour plus défavorables pour lui, justifiaient son empressement. Un inconnu faisait savoir à Latuada, d'une façon romanesque, qu'Antonio Maria de San Severino prenait du service de la Seigneurie. Latuada trouvait les esprits chaque jour plus excités à tout faire pour tirer honneur de l'expédition (1). A Gênes, des notables, Jean Spinola de Serravalle, Jean-Louis Fieschi, se déclaraient pour Venise contre le duc; le dernier voulait même mettre son gendre au service de la Seigneurie (2).

Le passage à Milan, au début de décembre, de l'ambassadeur vénitien Trevixam, qui revenait d'Espagne et auquel il fit un grand accueil, fournit au duc de Milan l'occasion d'une nouvelle tentative de rapprochement avec la Seigneurie (3). Ludovic Sforza déclara que ses sentiments pour Venise restaient invariables, mais que ceux de la Seigneurie pour lui s'étaient bien modifiés ; que pour sa part il n'oubliait pas les services reçus, mais que, si les Vénitiens commettaient tel ou tel acte nuisible à lui ou à l'un de ses descendants, tel que l'occupation de Pise, il ne pourrait le supporter sans protestation ; que la Seigneurie ne devait pas s'imaginer que l'envoi d'une ambassade en France le troublât, qu'elle pouvait se rappeler, pour le jour où Louis XII conquerrait le duché, qu'elle en occupait indûment plusieurs bonnes villes.

Il se plaignit du peu de cas que la Seigneurie faisait de lui, du mauvais accueil fait à ses tentatives de réconciliation, vilipendées, laissées sans réponses. Des plaintes il en vint aux récriminations, puis aux menaces : « Quand je n'aurai plus d'autre ressource, croyez-le, ambassadeur, je donnerai Gênes au roi de France, Milan aux électeurs d'empire, je mettrai les Français et les Allemands en Italie. » Puis, s'interrompant, il dit avec chaleur : « Pour qui me prend la Seigneurie ? Me croit-elle *huomo da exequie* ? » Trevixam répondit que le respect des convenances de langage, très grand à Venise, rendait invraisemblable que la Seigneurie l'eût jamais désigné par ce mot. — « Répétez ce mot au conseil des Pregadi et regardez autour de

---

croyait le traité franco-vénitien déjà conclu (Marino Sanuto, II, 141, 17 novembre 1498).

(1) Latuada à Ludovic Sforza, 10 novembre 1499. *Louis XII et Ludovic Sforza, Documents,* 62.

(2) MARINO SANUTO, II, 116; lettre de Gênes, 5 novembre 1498.

(3) *Ibid.,* II, 188, l'ambassadeur vénitien à la Seigneurie, Milan, 6 décembre 1498.

vous : celui qui l'a prononcé rougira. » Trevixam, le voyant en colère, reprit : « Monseigneur, la colère et la raison ne vont pas ensemble ». — « Mais si la colère est juste ? » — « C'est une opinion personnelle » — Quand Trevixam rapporta cette conversation aux Pregadi, le 19 décembre, on interpella Latuada sur le sens à attribuer à ces propos de Ludovic. L'ambassadeur tenta d'excuser son maître et promit de lui en référer : ainsi cette démarche en vue de la conciliation tournait aussi contre le duc de Milan (1). — En février, il renouvelait encore ses protestations sur un ton plus pressant que jamais : le 8 février, Latuada déclarait en son nom aux Pregadi qu'il ne manquerait jamais à son ancien dévouement filial pour Venise, « qu'il voulait continuer à vivre dans cette condition » ; que tant que l'union de leurs états durerait, il ne craindrait rien (2) ; mais ces paroles étaient singulièrement, et maladroitement, contredites par ses actes : le 18 février, il fit congédier par le commissaire Fontana le secrétaire vénitien qui résidait à Gênes (3).

Peut-être une dernière chance de réconciliation pouvait-elle s'offrir à Ludovic Sforza, pendant les pourparlers de l'arbitrage du duc de Ferrare dans la question pisane. Mais il ne sut que renouveler ses protestations, un peu monotones et humbles, de dévouement à la Seigneurie, de désir immense de l'union de l'Italie, que féliciter Latuada de ses efforts devant les Pregadi (4). Jamais une proposition positive ne sortit de sa chancellerie. Ce fut pourtant son influence qui détermina le duc de Ferrare à accepter le rôle de médiateur, la Seigneurie de Florence à reconnaître l'autorité de l'arbitrage et à envoyer des ambassadeurs pour soutenir ses droits. Ludovic Sforza aurait pu se

---

(1) Marino Sanuto, II, 188, même lettre ; II, 211 et 225, récit de Trevixam au Colegio, 16 et 19 décembre 1498. Mantoue, *Arch. Gonzaga*, E, XIX, 3, la marquise de Mantoue, 6 décembre 1498. *Louis XII et Ludovic* Capilupi à *Sforza, Documents*, 66.

(2) *Ibid.*, II, 430, Lippomano à la Seigneurie, 8 février 1499. S'il eut la bassesse de faire complimenter Lippomano sur la conclusion de l'alliance Franco-Vénitienne par le général des Humiliati, il faut reconnaître qu'il n'eut pas le courage de lui faire en personne ses compliments (Marino Sanuto, II, 481, Lippomano, 24 février 1499).

(3) Mantoue, *Arch. Gonzaga*, E, XXV, 3, d'Atri au marquis de Mantoue, Rome, 18 février 1499.

(4) Latuada ayant, le 7 février, renouvelé ses instances aux Pregadi pour les décider à la paix, Ludovic, le 11, le félicite de ses efforts, assurant que pour sa part il y est tout disposé. Ludovic Sforza à Latuada, 11 février 1499. *Louis XII et Ludovic Sforza, Documents*, 77.

servir, à Venise, de cette double preuve de son influence politique en Italie ; il se borna à faire mettre en relief par Latuada son désintéressement et sa loyauté dans cette affaire (1). Le 14 et le 17 février, Latuada eut des audiences des Pregadi, où il ne fit que reparler des sentiments pacifiques du duc de Milan (2).

Après le prononcé de la sentence (3), Ludovic essaya de s'en attribuer le mérite (4). Il reçut l'ambassadeur Lippomano, lui déclara que ce jugement allait inaugurer une ère de tranquillité pour l'Italie, tranquillité que, pour sa part, il respecterait toujours. Il saisit aussi cette occasion de faire de véritables excuses à la Seigneurie : « si parfois ses actions avaient paru opposées aux intérêts de Venise, c'est qu'il avait été contraint par une nécessité supérieure à agir de la sorte ; il lui en demandait pardon une fois de plus ; il mettait son état et sa puissance à la disposition de la Seigneurie pour toute éventualité (5). » Non content de cette platitude, il la renouvela le 5 avril par l'envoi à Venise de deux ambassadeurs, chargés des mêmes offres (6) ; il l'aggrava encore vers le 12 juin en renvoyant les ambassadeurs pisans que leur Seigneurie négligeait, intentionnellement ou non, de rappeler, montrant par cet acte brutal qu'il s'associait complètement désormais à la politique vénitienne à l'égard de

---

(1) Ludovic Sforza à Latuada, 16 février 1499. *Louis XII et Ludovic Sforza, Documents*, 78. Marino Sanuto, II, 440; *in Pregadi*, 14 février 1499.

(2) Ludovic offrit même à Lippomano d'envoyer lui-même une ambassade spéciale à Venise pour collaborer avec le duc de Ferrare. Lippomano lui fit comprendre que c'était inutile. Cependant, sous prétexte que la présence d'Hercule d'Este à Venise donnerait à Latuada un surcroît d'occupations, Ludovic Sforza y envoya un agent spécial. Ludovic Sforza à Latuada, 17 janvier 1499. *Louis XII et Ludovic Sforza, Documents*, 80.

(3) Mantoue, *Arch. Gonzaga*, E, xix, 3, Brognolo au marquis, Milan, 2 avril 1499. L'arbitrage du duc de Ferrare excita à Venise, malgré les réserves de la Seigneurie, une joie très sincère et très justifiée. Le chroniqueur anonyme (*Chr. Ven.*, pag. 71), écho de l'opinion générale, dit que, sans être mauvais pour les Pisans, l'arbitrage fut le salut de l'état Vénitien. L'impression produite au dehors fut favorable aux Vénitiens et à leur réputation de sagesse politique et de modération. A Turin, on félicita la Seigneurie de trois choses : d'avoir gardé la foi jurée aux Pisans ; de n'avoir pas fait la guerre pour avoir Pise ; de n'avoir pas songé à ménager ses propres intérêts (Marino Sanuto, II, 644, lettre de Dolce, Turin, 19 avril 1499).

(4) Le 19 avril, il disait encore à Lippomano en parlant de cet arrangement : « Nous y avons la part convenable à un prince ami de la paix. » Marino Sanuto, II, 641, l'ambassadeur vénitien à la Seigneurie, 19 avril 1499.

(5) Marino Sanuto, II, 576, Lippomano à la Seigneurie, Milan, 2 avril 1499.

(6) *Ibid., id.*, même lettre.

Pise (1). Mais toutes ces démarches, pour engageantes qu'elles fussent, avaient le grand tort d'être trop tardives ; la ligue franco-vénitienne était signée et proclamée, et aux ambassadeurs de Ludovic Sforza, le Doge se borna à répondre avec une froide correction (sapientissime, dit Sanuto, témoin oculaire), que « la politique de Venise serait conduite par les circonstances (2). »

Autant la part personnelle des ambassadeurs vénitiens à la conclusion du traité avait été grande, autant le rôle de Latuada à Venise, dans la défense des intérêts milanais, fut mince. Il était desservi par son caractère sacerdotal, peu respecté dans la ville du monde qui a peut-être eu la politique la plus essentiellement laïque. Il ne l'était pas moins par son manque de dignité ; dans les discussions des Pregadi, il semblait toujours prendre la défense d'un accusé ou plaider les circonstances atténuantes ; son attitude au sujet du rapport de Trevixam, le 19 décembre, en est la preuve ; il fut de même peu correct au sujet du passage à Venise de Brasca, l'ancien ambassadeur milanais en Allemagne, devenu préfet impérial de Trieste, qui, reçu par les Pregadi, prononça quelques paroles maladroites au sujet de l'alliance franco-vénitienne : tandis que Ludovic en faisait ses excuses à Lippomano, Latuada désavoua son collègue en Pregadi et s'efforça de pallier le sens de ses discours (3) ; de même, le 21 février, c'est en s'en excusant qu'il annonça à Venise le rapprochement de Ludovic Sforza et de l'Allemagne. Sa liberté d'action dans les grandes affaires était diminuée par le grand nombre de petites dont il était chargé, surtout en matière ecclésiastique : ainsi Ascanio Sforza l'employait à réclamer des droits sur certains bénéfices qu'il possédait à « Terra di Puja », son cousin le général des Humiliati à recommander au Colegio un sien procès contre le Vénitien Hieronimo Lando, à poursuivre des bénéfices (4). Sa netteté de jugement était

---

(1) MARINO SANUTO, II, 858, Lippomano à la Seigneurie, 22 juin 1499 ; II, 864, *in colegio*, 30 juin 1499.

(2) *Ibid.*, II, 576, *in Pregadi*, 5 avril 1499.

(3) *Ibid.*, II, 270 et 273, 28 et 29 décembre 1498 ; *ibid.*, II, 314, *in colegio*, 2 janvier 1499. — Latuada eut encore un ennui au sujet de Brasca ; le 17 avril, il eut à réclamer divers objets destinés à Herasmo Brasca à Trieste qui avaient été saisis par les officiers vénitiens (Marino Sanuto, II, 624, Venise, 17 avril 1499, *in colegio*). Herasmo Brasca, dans ses fonctions de préfet impérial à Trieste, continua à se montrer extrêmement agressif contre la Seigneurie.

(4) MARINO SANUTO, II, 582, 3 avril 1499 ; II, 616, 13 avril 1499 ; II, 850, 26 juin 1499.

souvent troublée par une arrière-pensée d'intérêt personnel : c'est ainsi que le désir d'être pourvu de l'abbaye de San-Vittorio de Milan l'induisit à méconnaître l'importance du voyage en France de César Borgia.

Aussi perdit-il promptement toute influence. Dès le début des négociations en France, on le laissa à l'écart, ou il s'y tint. Dès le mois d'août 1498, il venait moins souvent aux séances des Pregadi ; il arriva que ses demandes furent rejetées et cavalièrement remises aux jours suivants, ce qui était contraire à tous les usages (1) ; un menu incident montre en quelle piètre estime on le tenait : le 15 janvier 1499, voulant expédier à Milan, à Ludovic Sforza, quatre barriques de malvoisie et des amandes, il ne put obtenir une dispense des droits de sortie. On ne lui accorda même pas une dispense des droits d'entrée sur du vin à lui envoyé pour sa consommation : le doge en personne la lui refusa, et y ajouta l'humiliante aumône de lui « faire faire bonne mesure » par les employés d'octroi (2). Aussi Latuada perdit-il toute son assurance; dans les derniers mois de son séjour, il était « *pallido e smorto* ».

Comme négociateur, il était voué à l'insuccès par la force des choses, et nous avons montré quelle fut, en effet, son impuissance. Il fut pour Ludovic Sforza, ou du moins il essaya d'être, un informateur autant qu'un ambassadeur : il tenta de son mieux de suivre les négociations avec la France, qu'on lui cachait le plus possible. Il envoyait à Milan tous les on-dit, tous les bruits qui lui revenaient, sans cacher que le plus souvent il parlait par ouï-dire et sans dissimuler le peu d'autorité de ses sources. Le 5 octobre, par exemple, ce sont des lettres de marchands florentins qu'on lui a montrées (3) ; le 24 novembre, ce sont des communications de patriciens vénitiens qui, n'étant pas des Pregadi, ont assez peu de crédit (4). Le 22 décembre, sa curiosité est plus excitée que jamais par l'arrivée d'un courrier venu de France avec une vitesse extraordinaire : il n'obtient

(1) C'est sans doute pour parer aux inconvénients de cette situation que Ludovic Sforza envoya à Venise, comme secrétaire de l'ambassade, Bartolomeo Rozoni (Marino Sanuto, II, 61, 25 octobre 1498), mais celui-ci, autant qu'on peut le voir, n'eut aucune influence et ne joua aucun rôle apparent ; il rentra à Milan à la fin de juin 1499 (Marino Sanuto, II, 854, 30 juin 1499). Il ne faut pas confondre ce personnage avec son homonyme, ambassadeur mantouan à Milan.

(2) MARINO SANUTO, II, 334, Venise, *in colegio*, 15 janvier 1499.

(3) Latuada à Ludovic Sforza, 5 octobre 1498. *Louis XII et Ludovic Sforza, Documents*, 56.

(4) *Ibid., id*. Latuada à Ludovic Sforza, 24 novembre 1498.

que des informations tout-à-fait contradictoires ; il découvre par une habile induction que le même courrier doit repartir pour la France avec la même rapidité, mais cette observation ne le mène à rien (1). Le 19 janvier, on lui annonce l'arrivée d'un messager du roi, logé secrètement dans la maison du secrétaire Gasparo della Vedoa; pour s'assurer du fait, il a l'ingénieuse rouerie d'envoyer à l'épicerie où la Seigneurie se fournissait de *confetti* à l'usage des diplomates, et y apprend que des *confetti* et de la cire ont été, le jour même, par ordre du gouvernement, envoyés à la maison de Gasparo : un messager est donc certainement arrivé ; mais Latuada ne peut découvrir ni son nom, ni sa qualité, ni le motif de son voyage (2). Il aposte des espions dans le palais ducal pour savoir ce que l'on y dit : il n'en obtient que peu de renseignements ; parfois il semble être, de la part de nouvellistes officieux, l'objet de véritables plaisanteries (3). Pour comble de malheur, la Seigneurie s'émut assez vite de ces espionnages et de ces communications ; pour les empêcher ou les rendre plus difficiles, on mit une garde dans sa maison, sous prétexte de l'honorer, en réalité pour surveiller ses visiteurs (4). Cette brigade de sûreté commença, comme de juste, par une bévue: le premier soir, elle faillit arrêter, à titre de suspect, un honnête patricien vénitien qui venait de dîner chez l'ambassadeur. Enfin Latuada, qui ne reculait devant aucun moyen, conseilla au duc de saisir les courriers vénitiens pour avoir, par les lettres interceptées, des informations sûres: le 27 octobre 1498, Ludovic Sforza fait arrêter deux courriers de Zuam Dolce pour se procurer des lettres de France, mais il n'ose pas saisir celles de la Seigneurie et n'ouvre que les correspondances particulières (5). Le 18 juillet 1499, Latuada lui signale le retour de Placidio, secrétaire de Trivulce, de Venise à Asti, et le 26 du même mois lui donne l'itinéraire exact qu'il devait suivre : au mépris des garanties diplomatiques, il lui propose de le faire enlever pour apprendre « tout à fond » (6).

(1) Milan A. d. S. *Pot. Est. Venezia*, le même au même, 22 décembre 1498.
(2) *Ibid.*, *id.*, le même au même, 19 janvier 1499. *Louis XII et Ludovic Sforza, Documents*, 72.
(3) *Ibid.*, *id.*, le même au même, 16 mars 1499.
(4) Voir ci-dessus note 14, lettre de Latuada du 10 novembre 1498.
(5) Marino Sanuto, II, 78, 27 octobre 1498. Déjà le 20 juillet 1498, on avait annoncé (mais à tort) l'arrestation du courrier vénitien Morgante, qui portait en France les instructions aux ambassadeurs (Marino Sanuto, I, 1.017, 20 juillet 1498).
(6) Ces moyens violents étaient d'ailleurs dans le génie de l'époque.

§ 6. — *Le retour à Venise de l'ambassade vénitienne.*

La signature du traité franco-vénitien avait naturellement mis fin à la mission des ambassadeurs. Cependant, et bien que, dès le 17 février, on commençât à annoncer leur départ (1), ils restèrent longtemps avant de recevoir leurs lettres de rappel. Ils assistèrent le 25 mars à la publication à Blois du traité, cérémonie célébrée sur la place du Château, après une messe solennelle et accompagnée de sonneries de trompettes et de cloches et de feux de joie. Le lendemain, il y eut une fête devant la maison des ambassadeurs vénitiens, un banquet, une distribution d'argent au peuple. Le roi y assista en personne. Les Vénitiens commirent la maladresse d'attendre chez eux qu'on vînt les chercher pour la publication, et furent oubliés ; mais Louis XII se rendit en personne à la maison des ambassadeurs, et Zorzi l'y accueillit avec de grandes marques de joie (2). Le Colegio fut très mécontent de cette maladresse des ambassadeurs. Le bruit courut vers le même temps à Venise qu'une ambassade française, composée du capitaine Robinet et de Claude de Seyssel, y allait être envoyée : l'erreur fut causée par une lettre de Hieronimo Zorzi à ses frères Francisco et Federigo, mal lue ; c'était à l'archiduc qu'était envoyée cette ambassade (3).

L'ambassade vénitienne reçut le 11 avril ses lettres de rappel : deux de ses membres devant rentrer à Venise, Zorzi et Michiel partirent. Dans leur audience de congé, le roi exprima le désir qu'il aurait eu que deux des ambassadeurs restassent à sa cour, mais leur dit cependant d'obéir à la Seigneurie. Il

---

Latuada ne devait pas s'émouvoir d'enlèvements et de séquestrations, lui qui, prêtre, admettait l'assassinat politique. A la fin de juillet 1498, le frère mineur Agostino de Lucca, du conseil secret de Milan, très versé dans les questions de haute politique et qui intriguait beaucoup pour le compte de Ludovic Sforza, étant mort aux bains de Lucques, Latuada n'hésita nullement à le dire empoisonné et à accuser la Seigneurie de cet empoisonnement (Sanuto, I, 1.024 et 1.089, fin juillet et 13 septembre 1498).

(1) *Louis XII et Ludovic Sforza, Documents*, 79.

(2) Marino Sanuto, II, 560, 572, les ambassadeurs vénitiens à la Seigneurie, Blois, 15, 25 et 26 mars 1499 ; Marino Sanuto, II, 575 ; lettres de Nicolò Michiel et de Zorzi, communiquées aux Pregadi par Const. Priuli et J.-P. Stella, *in colegio*, 4 avril 1499.

(3) Marino Sanuto, II, 533.

ajouta, ce qui était une dernière promesse : « Dites à la Seigneurie que nous avons l'argent et les soldats pour la guerre contre Milan ». Ils eurent aussi une audience de congé de la reine, qui se montra très bienveillante. Louis XII leur fit remettre une lettre autographe à l'adresse de la Seigneurie, dans laquelle il confirmait encore l'alliance. Ils partirent comblés de présents ; Zorzi avait reçu du roi un épieu de chasse en souvenir du sanglier tué par lui (1).

Le voyage des ambassadeurs ne présenta point d'incidents. Ils arrivèrent à Casal le 16 mai ; Nicolò Michiel retourna le premier à Venise en descendant le Pô ; Zorzi revint plus lentement ; le 23 mai, il arriva à Chioggia, où la Seigneurie envoya pour le recevoir Nicolò Michiel et Marino Sanuto ; il rentra à Venise le soir même, où une foule nombreuse vint à sa rencontre (2).

Le lendemain, 24 mai, Nicolò Michiel et Zorzi firent aux Pregadi la relation de leur ambassade, insistant sur les désagréments matériels qu'ils avaient subis, se louant de leurs secrétaires Roger de Michieli et surtout Hieronimo de la Siega, qui savait le français et avait pu souvent causer avec le maître d'hôtel du roi, Alexandre Malabayla. Comme il restait encore à Venise des opposants à l'alliance française, Zorzi s'efforça de persuader les Pregadi que cette alliance ne pouvait que réjouir et enchanter tout le monde ; ses résultats devaient être excellents : d'abord elle enlevait à Ludovic Sforza toute possibilité d'alliance avec la France, alliance évidemment certaine dans le cas contraire ; son exécution était assurée, car il était injuste de reprocher aux Français leur manque de foi, et le roi ne pourrait tenir ses promesses mieux qu'il faisait ; il n'y avait pas à craindre que la puissance française s'accrût au point de dominer toute l'Italie ; le caractère français rendait cette crainte illusoire ; les Français attaquaient avec furie, mais leur élan était court : Ludovic pourrait aisément leur résister quelque temps, et, pour prévenir une ruine totale, se mettrait à la

---

(1) MARINO SANUTO, II, 623 et 633, les ambassadeurs vénitiens à Blois, 11 avril 1499 ; *ibid.*, II, 751, relation des ambassadeurs au Conseil des Pregadi, 24 mai 1499 ; *ibid.*, II, 721, lettre de Jean de Gonzague, Gonzaga, 8 mai 1499 ; *ibid.*, II, 679, les ambassadeurs vénitiens à la Seigneurie, Blois, 23 avril 1499. Le rapporteur Zorzi cite des paroles textuelles du roi dans sa relation du 24 mai. *Louis XII et Ludovic Sforza, Documents*, 123.

(2) MARINO SANUTO, II, 741, Lippomano à la Seigneurie, Milan, 18 mai 1499 ; relation du 24 mai 1499 ; *ibid.*, II, 745, Venise, 23 mai 1499.

discrétion de Venise : si les Français faisaient quelque acquisition territoriale dans le Milanais, leur mauvaise administration la leur ferait aisément perdre, — l'expédition dans le royaume de Naples en était la preuve, — et tout le duché retomberait au pouvoir de la Seigneurie. Il n'y avait donc que des bénéfices à retirer de cette alliance (1).

Malgré leur éloquence, les raisonnements de Zorzi ne touchèrent qu'assez peu et ne convainquirent pas les Vénitiens(2). Les Pregadi se montrèrent mécontents, non pas de l'alliance, mais des conditions de l'alliance et de la conduite trop indépendante de leurs ambassadeurs. Aussi leur montra-t-on peu de reconnaissance ; tout au contraire, ayant été proposés pour être nommés, Zorzi membre du conseil des Dix, Michiel capitaine de Chypre, ils échouèrent l'un et l'autre : preuve manifeste du mécontentement de la Seigneurie à leur égard.

Loredam resta seul en France : il suivit le roi et la cour dans leurs nombreux déplacements, non sans danger, vu les maladies épidémiques qui sévissaient sur quelques points. Il ne cessa pas de demander son remplacement et son rappel. Le 31 mai il annonça à Louis XII que ses successeurs étaient nommés, mais leur départ de Venise se fit attendre, et il dut prolonger encore son séjour en France (3).

§ 7. — *Les relations franco-vénitiennes après la conclusion de l'alliance.*

Après la conclusion du traité, les relations entre la France et Venise prirent un caractère de cordialité marquée. Trois questions, impliquées par l'alliance, mais non résolues par le traité, furent d'abord réglées.

D'abord la ratification et la publication du traité. Les ennemis de Venise avaient répandu en France le bruit d'une alliance possible entre la Seigneurie et les autres puissances italiennes ; le grand chancelier exigea qu'avant tout « l'instrument » du

---

(1) *Louis XII et Ludovic Sforza, Documents*, 123.

(2) L'opinion de Zorzi était cependant celle de beaucoup d'Italiens qui regardaient la Seigneurie comme le principal auteur de la guerre, et qui croyaient qu'elle avait excité Louis XII contre Ludovic pour lui prendre plus facilement son état (*Diario Ferrarese*, pag. 365, 21 juillet 1499).

(3) MARINO SANUTO, II, 792, 805 et 851, lettres de Loredam à la Seigneurie, 29 et 31 mai, et 17 juin 1499.

traité fût muni en bonne et due forme des signatures des ambassadeurs et de celle du roi. L'échange des instruments du traité eut lieu en France le 4 mars 1499, et la publication de la Ligue, c'est-à-dire des actes du traité, fut fixée au jour de l'Annonciation, le 25 mars 1499 (1). Les ambassadeurs s'empressèrent de l'annoncer à Venise, avant même d'en avoir reçu l'ordre des Pregadi (2). Les Pregadi réglèrent, le 16 mars, la cérémonie et en envoyèrent le programme quelques jours après à leurs ambassadeurs à Paris : la cérémonie devait comprendre une procession solennelle à Venise et dans les villes de terre ferme (3), et une messe dite en grande pompe par le patriarche qui était venu offrir ses compliments à la Seigneurie. La publication fut faite le 25 mars, solennellement, par le doge, en présence du duc de Ferrare et du corps diplomatique, au milieu des applaudissements et de la joie générale. Pour éviter toute querelle de préséance avec le duc de Ferrare, le patriarche fut invité à s'abstenir de figurer à la procession. Il y avait de longues années qu'on n'avait pas vu à Venise une fête aussi belle et aussi joyeuse (4). — Louis XII annonça dès le 10 mars que la proclamation du traité aurait lieu au jour dit, dans tous les ports de mer notamment, pour que les vaisseaux vénitiens y fussent désormais aussi en sécurité que les siens propres (5) ; le 15 mars, il envoya par lettres patentes à l'amiral et au gouverneur de Provence, après communication à La Rovère et aux Vénitiens, l'ordre de traiter les sujets de la Seigneurie de la même façon que les Français (6) et les vaisseaux vénitiens comme ceux des nationaux.— D'autre part, Louis XII, montrant une grande raideur vis-à-vis des ambassadeurs florentins, refusait de leur communiquer avant la date fixée la teneur du traité, qu'ils connaissaient inexactement depuis quelque temps par des indiscrétions (7). La Ligue fut publiée le 25 mars à Paris,

---

(1) MARINO SANUTO, *Diarii*, II, 514, 515, 4 mars 1499, les ambassadeurs vénitiens à la Seigneurie.
(2) *Ibid.*, II, 558, les ambassadeurs vénitiens à la Seigneurie, 24 février 1499
(3) *Ibid.*, II, 528, *in colegio*, 16 mars 1499. Circulaire du colegio aux provéditeurs. *Ibid.*, II, 529, le patriarche de Venise à la Seigneurie, 17 mars 1499.
(4) *Ibid.*, II, 547, Venise, 25 mars 1499.—Venise, A. d. S., *Secreti Senato*, XXXVII, fol. 82 v., 26 mars 1499.
(5) *Ibid.*, II, 533, les ambassadeurs vénitiens en France à la Seigneurie, Blois, 10 mars 1499.
(6) *Ibid.*, II, 559 et 560, les mêmes à la même, 15 mars 1499.
(7) *Ibid.*, II, 599, les ambassadeurs vénitiens à la Seigneurie, 15 mars 1499. Le secret sur le traité fut beaucoup moins bien gardé en France qu'à Venise.

à Blois et dans toute la France avec beaucoup de pompe et de solennité (1).

Louis XII, dès le 11 avril, réclama avec insistance des lettres de confirmation du traité (2). Le 20 avril 1499, les Pregadi les votèrent et les envoyèrent à leurs ambassadeurs, avec ordre de demander au roi de France un acte équivalent. Il n'y eut, sur 162 votants, qu'une opposition de dix voix : l'alliance française avait fait des progrès dans l'opinion (3). Le 8 mai, l'ambassadeur communiqua cette lettre au roi en présence du grand chancelier: Louis XII jugea la ratification suffisante et l'accepta, mais demanda qu'on insérât dans l'acte une clause indiquant qu'il engageait le doge et ses successeurs (4).

Enfin, le 29 juillet et le 8 août, on publia en France et à Venise les noms des diverses puissances alliées aux deux hautes parties contractantes (5). C'étaient le pape, l'Église, l'Empire, les électeurs d'Empire, le roi et la reine d'Espagne, les rois d'Angleterre, d'Écosse, de Portugal, de Hongrie, de Bohême, de Navarre, l'archiduc d'Autriche, l'ordre de Malte, les ducs de Savoie et de Poméranie, le marquis de Montferrat et Constantin Arniti, les anciennes Ligues (Suisses), la Ligue grise, Urbin, Lucques, Ancône, Rimini, Sinigaglia et les Orsini. Louis XII désignait de plus le duc de Ferrare, le marquis de Mantoue et la république de Florence; les Vénitiens nommaient Faenza, et leurs condottieri, Pitigliano, Carlo Orsini, Bortolo d'Alviano et la maison de Lodrom. En dehors de la Ligue ne restaient donc que le roi de Naples, le duc de Milan, Bologne, la comtesse de Forli, Pesaro et les Colonna.

Il fallait aussi fixer la date de l'expédition. Les Vénitiens, dont les préparatifs militaires étaient prêts depuis longtemps, pressèrent, dès la signature du traité, le roi de France de commencer le plus tôt possible son expédition, ou du moins d'envoyer des troupes à Asti et de venir lui-même à Lyon. Louis XII se montra peu disposé à fixer trop longtemps d'avance la date des hostilités. Mais il fit entendre, par de nombreuses allusions et indis-

_____

(1) Milan, A. d. S., *Cartegg. gener.*, lettre de Lyon, 23 mars 1499.

(2) MARINO SANUTO, *Diarii*, II, 633, les ambassadeurs vénitiens à la Seigneurie, 11 avril 1499.

(3) *Ibid.*, II, 662, Venise, *in pregadi*, 20 avril 1499.

(4) *Ibid.*, II, 699, les ambassadeurs vénitiens, 10 mai 1499; II, 791, lettre de Loredam à la Seigneurie, Blois, 25 mai 1499.

(5) *Ibid.* II, 992. Liste des alliés de la France et de Venise, 29 juillet, 1ᵉʳ août, et II, 1140, *in colegio*, 26 août 1499.

crétions, que la campagne commencerait au mois d'août (1). — La Seigneurie insistait d'autre part pour que Louis XII vînt en personne en Italie, «où sa présence et son autorité rendraient l'expédition sans aucun doute plus facile et en assureraient le prompt achèvement,» ce qui était le plus nécessaire. Le 5 juillet, les *Savii di conscio* firent voter une lettre à l'ambassadeur, conçue dans ce sens et fort pressante : le 12 juillet, Louis XII y répondait qu'il irait certainement jusqu'à Grenoble, plus loin si c'était nécessaire, ce qu'il ne pensait pas, car il avait des intelligences dans les places, et son expédition ne durerait pas quarante jours. Cependant les Pregadi renouvelaient leur ordre à leur ambassadeur le 11 juillet. Le cardinal d'Amboise conseillait lui-même au roi de descendre en personne en Lombardie; à la fin du mois les arrestations de courriers le décidèrent à suivre le conseil de d'Amboise et le désir de la Seigneurie (2).

Malgré l'article du traité relatif à une action commune contre le Turc, la Seigneurie était fort inquiète de cette menace d'invasion perpétuelle, mais elle voulait, par dignité, dissimuler son inquiétude à la cour de France (3). Elle s'efforça d'obtenir de Louis XII de nouvelles promesses de secours contre l'éventualité de cette agression : Louis XII ne les épargna pas, il déclara à Loredam devant l'ambassadeur de Montferrat que, si le Turc armait contre Venise, non seulement il enverrait, mais qu'il irait lui-même au secours de la Seigneurie ; en France, l'ambassadeur affectait une grande tranquillité (4). Le 16 mai, les Pregadi, tout en remerciant le roi de ses promesses générales, lui annoncèrent la marche des Turcs contre Rhodes (5) ; le 31 mai, le roi répondit à Loredam que Venise ne devait consentir à aucune restitution ou cession de territoires, en lui pro-

---

(1) La question sera traitée plus longuement dans le chapitre sur les préparatifs militaires de Louis XII. Les principaux textes à citer sont des lettres aux ambassadeurs vénitiens en France, 15 mars, 26 avril ; de Loredam, 31 mai ; de Loredam, Lyon, 11 juillet 1499.(Marino Sanuto, *Diarii*, II, 560, 679, 805, 931) ; voir aussi un extrait d'une lettre écrite de la cour de France, 2 mars 1499.

(2) Venise, *Secreti senato*, XXXVII, fol. 101. Oratori nostro in Francia. Marino Sanuto, II, 914, Venise, *in Pregadi*, 11 juillet ; lettre de Loredam, 12, 20, 28 juillet, 4 et 5 juillet 1499, *ibid.*, II, 931, 1015 et 1032.

(3) MARINO SANUTO, II, 715, les ambassadeurs vénitiens à Blois, 6 mai 1499. *Louis XII et Ludovic Sforza, Documents,* 101.

(4) Milan, A. d. S., *Cartegg. gener.* Extrait d'une lettre anonyme, 10 mai 1499.

(5) MARINO SANUTO, II, 724, Venise, *in colegio*, 16 mai 1499.

mettant de mettre son armée d'Italie, quinze cents lances, au service de la Seigneurie(1). Quand la guerre fut en effet commencée entre Venise et le sultan, Louis XII renouvela ses offres, promit qu'après l'entreprise de Milan ils feraient ensemble la guerre aux Turcs, tonna contre les princes qui s'étaient faits les promoteurs de cette invasion(2). Les Pregadi, à l'unanimité moins neuf voix, dénoncèrent à Louis XII les auteurs responsables de la guerre turque; ils le prièrent d'en écrire au pape, aux puissances, aux électeurs de l'Empire, d'obtenir un bref « au sujet des nouvelles attaques des Turcs contre les chrétiens, et contre les détestables auteurs de cette chose exécrable (3).» Le 12 juillet, Louis XII mit sa flotte à la disposition de la Seigneurie, qui en adressa ses remerciements à M. de Beaumont (4). — La Seigneurie avait eu quelque velléité de profiter des difficultés que lui créa la guerre avec les Turcs pour se soustraire en partie à ses obligations envers la France, ou tout au moins pour tâcher d'en retarder l'échéance (5). Elle tenta de faire reculer la date de l'expédition du Milanais, alléguant qu'elle aurait besoin plutôt d'être aidée par le roi que sollicitée par lui de l'aider, essayant de démontrer que, si elle avait quelque temps pour négocier avec le Turc, il lui serait ensuite plus facile de tenir ses engagements. Mais, comme Louis XII et ses conseillers refusèrent de tenir compte de ces considérations, elle finit par se résigner à commencer de suite la guerre contre Milan (en demandant seulement qu'elle fût courte, car il lui serait impossible de soutenir longtemps deux guerres importantes), et elle persista à déclarer qu'elle remplirait tous ses engagements envers Louis XII (6).

L'accord des deux alliés était ainsi à peu près complet sur tous les points essentiels. Il n'était pas moindre dans les ques-

---

(1) MARINO SANUTO, *Diarii*, II, 805, Lippomano à la Seigneurie, 31 mai 1499, et II, 850, le même à la même, 17 juin 1499. D'Amboise reconnaissait ce jour-là que la guerre turque serait un obstacle pour commencer immédiatement l'expédition.

(2) *Ibid.*, II, 931, Lippomano à la Seigneurie, Lyon, 12 juillet 1499.

(3) *Ibid.*, II, 937 et 932, Venise, *in pregadi*, 19 juillet 1499. Venise, A. d. S. *Secreti senato* XXXVII, 19 juillet 1499.

(4) Docum. cité, note 73.

(5) Milan, A. d. S, *Pot. estere*, *Venezia*. Latuada à Ludovic Sforza, 3 et 10 juillet 1499. Ces jérémiades n'empêchaient pas Venise de mettre en état de guerre une flotte assez importante. *Louis XII et Ludovic Sforza, Documents*, 171.

(6) Milan, A. d. S., *Cartegg. gener.* Simon Cattaneo à « *l'Abbate de San Benedicto*, » 17 juillet 1499.

tions secondaires : Louis XII promit aux Vénitiens de ne jamais les sacrifier aux Florentins, dont les intrigues à la cour préoccupaient la Seigneurie : « S'ils agissent contre nous, nous retiendrons tous les Florentins qui résident dans le royaume ». Il fit remettre en liberté tous les sujets vénitiens retenus sur la flotte comme galériens. Des sujets français entraient, sur la recommandation royale, au service de la Seigneurie. Les deux états se communiquèrent les actes diplomatiques importants : sentence d'arbitrage du duc de Ferrare, traité de paix entre les ducs de Gueldre et de Clèves. Le cardinal d'Amboise et Loredam échangeaient de véritables confidences (1). — En France cependant, la joie de la conclusion de l'alliance se mélangeait d'un peu de mépris pour les « marchands vénitiens »; quoiqu'en général on trouvât les Vénitiens d'une sagesse et d'une prudence admirables. — A Venise, après les premiers transports de la joie populaire, les gens de sens rassis se prirent à rabattre de leur premier enthousiasme : les conditions de la Ligue paraissaient, après réflexion, moins avantageuses pour Venise que pour la France. Quand il s'agit, au mois d'avril, de trouver l'argent des cent mille ducats, il y eut comme un souffle de mécontentement sur la population : on trouva que l'argent était nécessaire pour les affaires d'Italie et qu'il n'y avait pas lieu d'en dépenser trop largement. Mais ces impressions, populaires ou réfléchies, n'étaient pas assez fortes encore pour modifier l'alliance (2).

Après comme avant la conclusion du traité, diverses difficultés gênèrent la régularité des relations des deux puissances alliées : c'étaient la difficulté des communications et l'espionnage à Venise de l'ambassadeur milanais Latuada. — Les communications entre la France et Venise étaient assurées par les postes régulières ou par des courriers spéciaux. Dans les cas très importants, les courriers voyageaient en poste. Mais ce mode de circulation avait le double inconvénient de coûter fort cher et d'attirer trop vivement la curiosité des espions et des gouverneurs de villes. Les courriers ordinaires mettaient environ quinze jours entre Paris et Venise : un laps de temps moindre

---

(1) Pour ces divers faits et d'autres analogues, Marino Sanuto, II, 638 613, 631, 679, 680, 889, lettres des ambassadeurs vénitiens, 11 et 26 avril 1499, Blois, et Venise, *in colegio*, 12, 19 et 26 avril, 6 juillet 1499.

(2) Voir les textes cités plus haut, *passim*, et *Louis XII et Ludovic Sforza, Documents*, 96.

paraissait extraordinaire et digne de récompense. Mais il fallait compter avec la maladie, — cause de retard pour un voyage et par suite pour une négociation, (il arriva au courrier Morgante, au début d'avril 1499, d'être retenu deux jours par la maladie à Turin),—avec les arrestations de courriers, tantôt par guet-apens, tantôt par ordre déclaré du gouvernement milanais, — parfois avec le meurtre ou la pendaison juridique de ces infortunés agents(1). Pour éviter ces derniers inconvénients, les ambassadeurs français conseillèrent de faire prendre aux courriers la route de Suisse : mais ce détour allongeait beaucoup le chemin. — L'espionnage de l'ambassadeur milanais Latuada était réduit à l'impuissance par la sévérité de surveillance de Venise ; il n'arriva jamais malgré tous ses efforts à savoir rien de précis : ainsi ce ne fut que le 20 avril qu'il connut les articles du traité franco-vénitien(2). Cependant tous les moyens lui étaient bons, et leur variété fait plus honneur à l'ingéniosité de son esprit qu'à sa délicatesse. Il n'hésita pas à entretenir un « explorateur » dans le palais de l'ambassade française ; mais il n'apprit rien par lui. Les audiences au conseil des Pregadi étaient données à huis-clos, avec exclusion de beaucoup de membres de l'assemblée, de tous les secrétaires et du corps diplomatique : il lui fut difficile d'en savoir quoi que ce fût. Mais, si peu nuisible qu'elle fût, la présence de Latuada n'en était pas moins une gêne pour la liberté d'action des deux puissances.

Après la conclusion du traité franco-vénitien, le roi et la Seigneurie prirent des mesures pour obvier à ces inconvénients, pour resserrer la suite et la cordialité de leurs relations, et pour être d'une façon constante en communication.

Il y eut un échange d'ambassades entre Venise et Louis XII.

---

(1) MARINO SANUTO, II, 605, Dolce à la Seigneurie, 7 avril 1499 ; II, 1025, Lippomano à la Seigneurie, Lyon, 19 juillet 1499 ; II, 942, Venise, *in pregadi*, 21 juillet 1499. Les communications étaient rendues très difficiles par la nécessité de traverser le Milanais. Voir à ce sujet une longue note dans *L'Ambassade d'Accurse Maynier à Venise*, pag. 6, note 1.

(2) J'ai déjà cité le cas du mystérieux agent français logé chez Gasparo de la Vedoa. Vérification faite, ce personnage n'était qu'un agent de Trivulce venu pour annoncer la conclusion de la Ligue, et Latuada en était pour ses frais d'imagination. *Louis XII et Ludovic Sforza, Documents*, 72. Latuada crut que l'alliance franco-vénitienne avait pour principal objet la question de Pise. On trouvera d'autres exemples de ces investigations malheureuses dans les lettres de Latuada à Ludovic Sforza (Milan, *ibid.*), du 10 avril, du 20 avril, du 3 juillet 1499. — En France, le secret avait été beaucoup moins bien gardé (Lettres de Lyon, 18 février, 16 mars 1499).

— Le 17 avril 1499, les Pregadi décidèrent de procéder le jour même à l'élection de deux ambassadeurs en France. L'élection serait faite aux conditions suivantes : interdiction aux élus de refuser leur charge, sous des pénalités très graves, ordre immédiat de départ avec les instructions que leur donnerait le Colegio. Les ambassadeurs seraient escortés d'un secrétaire et d'une suite de vingt-six personnes. La proposition fut acceptée par les Pregadi tout entiers, moins seize opposants ; au moment de procéder à l'élection, on ne trouva pas les missels nécessaires pour recevoir les serments des élus, et il fallut remettre l'opération au 19 avril ; ce jour-là Domenico Trevixam et Nicolo Foscarini furent élus, mais, comme le scrutin avait présenté des irrégularités, ce ne fut que le 22 qu'eut lieu l'élection définitive. Cette nouvelle ambassade fut annoncée au roi par Loredam et par l'ambassadeur de Montferrat, et Louis XII s'en montra très satisfait (1).

Les Vénitiens avaient en même temps « supplié » Louis XII de leur envoyer un ambassadeur dont la présence à Venise fût pour les autres puissances de la péninsule un signe de leur étroite alliance. Louis XII céda volontiers à ces prières : il comprenait trop bien la nécessité d'avoir à Venise un représentant capable de retenir la République dans sa nouvelle direction politique, de suivre les mouvements de l'opinion, de surveiller et au besoin de diriger les préparatifs militaires et les négociations diplomatiques (2). Aussi bien, dès le début de mai, Louis XII avait-il choisi ses ambassadeurs. Le marquis de Trans et M. de Chaumont, neveu du cardinal d'Amboise, désignés d'abord, refusèrent cette mission l'un et l'autre. Le premier était partisan avoué de l'alliance franco-milanaise et en ce temps même commettait, au profit de Ludovic Sforza, de véritables actes de trahison (3). Le second se croyait sans doute, et à juste

(1) Marino Sanuto, II, 628, Venise, *in pregadi*, 17 avril 1499; *ibid.*, II, 634, 642, Venise, *in pregadi*, 19 et 22 avril. Milan, A. d. S. *Carteg. gener.* Latuada à Ludovic Sforza, 20 avril 1499. Marino Sanuto, II, 728, Loredam à la Seigneurie, 10 mai 1499. Milan, A. d. S. *Carteg. gener.* Lettre du 10 mai 1499. Voir *L'Ambassade d'Accurse Maynier à Venise*, pag. 5, notes 1 et 2. La lettre du 10 mai 1499 y est publiée en appendice, n° 3.

(2) Toutes les sources pour l'histoire de l'ambassade de Beaumont et Maynier sont indiquées dans le travail cité dans la note précédente, et les textes les plus importants y sont cités dans les notes ou les appendices. Je me borne donc à y renvoyer.

(3) Voir dans *L'Ambassade d'Accurse Maynier*, appendice n° 4, une lettre d'un agent secret de Ludovic qui ne peut laisser aucun doute à cet égard.

titre, plus propre à un emploi militaire, et espérait peut-être obtenir le commandement en chef de l'expédition de Milan. Le roi choisit à leur défaut le baron de Beaumont, capitaine de cent lances, plus connu jusqu'alors comme officier que comme diplomate. Le chancelier Rochefort lui fit prudemment adjoindre un jurisconsulte érudit, le juge-mage de Provence, Accurse Maynier (1), qui allait être le personnage important de l'ambassade. Le départ des ambassadeurs s'effectua le 23 mai. Ils arrivèrent le 13 juin à Asti, où Trivulce leur fit de grandes démonstrations d'honneur, et le 17 à Casal de Montferrat; ils en repartirent le 20, munis d'un sauf-conduit pour la traversée du Milanais, et descendirent le Pô; le 26 juin, ils faisaient prévenir la Seigneurie qu'ils arriveraient le même soir à Chioggia. Aucun incident matériel mémorable ne paraît avoir signalé leur voyage.

Ce voyage eut une réelle importance diplomatique dans l'ensemble des négociations alors engagées par Louis XII avec les divers états italiens et fut une véritable manifestation politique à l'égard du duc de Milan. D'abord leur passage à Casal de Montferrat eut pour résultat la conclusion définitive du traité depuis longtemps négocié entre Louis XII et Constantin Arniti (2); puis la manière dont l'ambassade traversa la Lombardie, le luxe inusité de précautions diplomatiques dont elle s'entoura, donna à son passage une signification d'hostilité évidente contre le duc de Milan; enfin, à leur dernière étape, Beaumont et Maynier ouvrirent avec le marquis de Mantoue (3) une négociation pour préparer son rapprochement avec Louis XII et la République de Venise,

La Seigneurie avait donné ordre à tous les gouverneurs des places que les ambassadeurs français devaient traverser de leur rendre de grands honneurs; elle ordonna, quand elle apprit leur arrivée à Chioggia, aux employés des Rason Vecchie de leur préparer leur logement au Palazzo Dandolo, à *calle da le*

---

(1) L'orthographe *Maynier* me paraît être préférable à *Meynier*, puisque c'est celle que donnent le plus fréquemment les documents et contrairement à l'opinion de M. Duhamel, à qui l'on doit presque toutes les informations connues sur la famille de Maynier. Voir loc. cit. pag. 104, *La famille et les débuts d'Accurse Maynier*. Latuada à Ludovic Sforza, 28 mai 1499 (il se trompe sur le titre qu'il donne à Accurse Maynier). *Louis XII et Ludovic Sforza, Documents*. 124.

(2) Voir même chapitre, § 1.
(3) Voir même chapitre, § 3.

Rasse, et d'en faire déménager l'ambassadeur florentin qu'on transféra dans un palais sur la Zuecca. Les Pregadi délibérèrent aussi sur les détails de leur réception et du traitement à leur réserver ensuite: ils décidèrent de leur fournir des gondoles, de leur faire offrir des présents par les villes de Terre ferme, de leur offrir eux-mêmes une somme de cinquante ducats et de payer le dîner du jour de leur arrivée. Filippo Trum et Marco Trevixam proposèrent de payer toutes leurs dépenses; cette proposition ne rencontra que vingt-deux opposants, mais le système fut trouvé trop dispendieux, et le 30 juin, après une nouvelle délibération, on décida de fournir aux ambassadeurs un subside de cent vingt ducats par mois, à charge à eux de s'entretenir comme ils l'entendraient.

Les lettres de créance de Louis XII à la Seigneurie pour ses ambassadeurs furent lues le 28 juin au Colegio par Hieronimo Zorzi, qui était en quelque sorte l'introducteur et l'interprète de ses collègues français, et le lendemain 29 juin eut lieu l'audience solennelle de réception des ambassadeurs français par la Seigneurie. Ils furent reçus par les Pregadi en séance publique, au milieu d'une escorte d'honneur de seize gentilshommes. Maynier prononça en latin un discours très éloquent et très long, qui dura plus d'une demi-heure. Il s'y félicitait au nom du roi de l'alliance contractée par lui avec la République, alliance qui avait eu déjà pour but d'accroître la cordialité de leurs relations. Il entremêla son discours de beaucoup d'insultes et de violences à l'égard du duc de Milan, pour qui il fut vraiment injurieux : «En un mot, il parla comme l'ambassadeur d'une puissance parle pour plaire à la puissance alliée devant laquelle son discours est prononcé ». Immédiatement après s'ouvrit une audience secrète; avec elle commençait la période politique de l'ambassade de Maynier et de Beaumont.

Le but principal en était de décider la Seigneurie à une rupture officielle et définitive avec Ludovic Sforza par le renvoi de l'ambassadeur milanais Christophe de Latuada et le rappel de l'ambassadeur vénitien Lippomano ; en second lieu de fixer en commun une date pour l'ouverture simultanée des hostilités contre le duc de Milan. Ce fut à cette double tâche que s'employa d'abord, et dès le premier jour, Accurse Maynier, qui était évidemment dans l'ambassade la tête pensante (1).

(1) Louis XII attachait une grande importance au résultat de cette ambassade, et il voulait absolument attendre de le connaître avant de laisser

Le 29 juin, après que l'audience des Pregadi eût été déclarée secrète, Maynier reprit la parole pour exposer le but réel de la mission française, il développa les demandes du roi quant à la rupture diplomatique et militaire entre la Ligue et son adversaire. Le plus profond secret fut gardé sur les demandes très importantes adressées par Maynier à la Seigneurie ; le moment était venu pour la Seigneurie de toucher aux réalités politiques ; il y eut à Venise comme un mouvement d'opinion dont les ambassadeurs français eurent une vague sensation, sinon pour essayer de se soustraire aux obligations de la Ligue, au moins pour les alléger. Avant de répondre aux demandes des diplomates français, la Seigneurie prit le temps de la réflexion. Les journées du 30 juin et du 1ᵉʳ juillet furent consacrées par les Pregadi à méditer leur réponse au discours de Maynier et aussi à rechercher les meilleurs moyens financiers à employer pour réunir les fonds nécessaires aux premiers besoins militaires. La curiosité publique était surexcitée. Le 2 juillet, dans une nouvelle audience, les ambassadeurs renouvelèrent leur demande avec plus d'insistance. Il fallait s'exécuter. Les Pregadi votèrent enfin, sur la proposition des *savii di conscio* et des *savii di terra firma*, par 161 voix, le texte de la réponse à adresser aux diplomates français. Cette réponse se composa de deux parties bien distinctes de ton, sinon de style ; dans toutes les affirmations de principes, l'accord était parfait entre les alliés ; sur les questions pratiques, les Vénitiens faisaient d'abondantes réserves et proposaient de nombreux prétextes à l'inaction. Ils exprimaient leur satisfaction d'accueillir à Venise une ambassade française, approuvaient la liste de puissances alliées que Louis XII leur avait fait présenter, se déclaraient enfin prêts à faire le serment solennel qui leur était demandé ; ils se disaient disposés à marcher toujours d'accord avec le roi, mais avant de marcher ils demandaient à «lui faire un exposé fidèle de leur situation, pour qu'il décidât ensuite dans sa sagesse ce qu'il voulait de la Seigneurie» ; les armements des Turcs étaient menaçants ; déjà des attaques partielles avaient prouvé ces armements dirigés contre leur état ; ils laissaient Louis XII juge s'ils pouvaient, sous la menace d'un tel danger commencer une expédition continentale ; enfin ils exprimaient le désir que Louis XII vînt lui-même diriger l'expédition. Ils communiquèrent leur réponse

commencer la moindre escarmouche. Les ambassadeurs florentins à la Seigneurie, 30 juin 1499, *Louis XII et Ludovic Sforza, Documents*, 153.

à leur résident en France, avec charge d'insister très vivement sur le dernier point.

Cette réponse, assez peu nette en somme, fut suivie d'une période d'inaction. Si franches que fussent en principe ses déclarations, la Seigneurie ne hâta pas ses préparatifs militaires et ne voulut précipiter aucune décision relative à la rupture diplomatique avec Milan. Ainsi, le 10 juillet, l'élection des provéditeurs pour le pays de Brescia, depuis longtemps en question, n'était pas encore faite. La Seigneurie semblait disposée à attendre que Louis XII commençât la guerre, et la commençât heureusement. En ville, on disait tout haut que les Pregadi étaient très divisés sur la réponse définitive à faire à la France. Ces bruits arrivèrent aux oreilles des ambassadeurs ; ils demandèrent des explications. Le doge les apaisa en leur promettant de leur communiquer promptement « une bonne résolution », en leur assurant, que malgré l'opposition assez vive d'une bruyante minorité, Venise garderait sa foi à Louis XII ; mais il se retranchait encore, pour obtenir un sursis, sur les dangers que le Turc faisait courir à la Seigneurie. Pour gagner du temps, la République imagina d'obtenir un bref du pape, condamnant les promoteurs de l'invasion turque, et des lettres du pape et de Louis XII aux princes allemands, au comte palatin, au duc de Bavière, à l'archevêque de Mayence, pour les avertir de la politique antichrétienne de Ludovic Sforza. Cette résolution fut communiquée à l'ambassade française, qui l'approuva fort, mais ce n'était qu'une demi-mesure, insuffisante à contenter le roi de France.

Les ambassadeurs se firent de plus en plus pressants. Un incident imprévu, l'arrestation d'un courrier, fournit un nouveau prétexte à leurs demandes ; le 19 juillet, M. de Beaumont demanda qu'on répondît à cet acte arbitraire par le renvoi de Latuada ; le surlendemain Accurse Maynier vient faire constater que cette arrestation équivalait à une déclaration d'état de guerre ; le 22, ils renouvellent leur demande ; un envoyé de Trivulce vient joindre ses instances aux leurs. D'autre part, une lettre de Louis XII, qui le 19 juillet déclarait à Loredam que le moment d'agir était venu, arrivait le 23 à Venise et demandait formellement à la Seigneurie le rappel de l'ambassadeur vénitien résidant à Milan. Le doge ne pouvait plus répondre, comme il l'avait encore fait le 19 à Beaumont, que le temps d'agir n'était pas encore venu, et que l'armée n'était pas prête. Le 24 juillet, les *Savii di conseio* et les *Savii de terra firma*, pour complaire à ce désir du roi, proposèrent d'ordonner à l'ambassadeur Lippomano de demander son audience de congé et de revenir à Venise ; en second lieu, de procéder à l'élection de deux pròvéditeurs généraux, qui devraient être nommés dans les mêmes conditions et munis des mêmes pouvoirs que les pròvéditeurs envoyés jadis sur le territoire d'Alexandrie au secours de Ludovic Sforza lui-même ; enfin, d'expédier le plus promptement possible dans le territoire de Brescia quinze cents hommes d'armes de la République. Cet ordre du jour fut adopté par soixante et onze voix contre huit, avec une abstention. L'ordre de départ de Lippomano lui fut signifié immédiatement et lui arriva le 26 juillet au soir. Cette grave nouvelle fut en même temps transmise à Loredam pour qu'il en fît part à Louis XII. La Seigneurie développait en guise d'excuses les motifs qu'elle avait eus de différer si longtemps le rappel de son ambassadeur : un rappel trop prompt aurait excité les défiances de Ludovic Sforza et l'aurait déterminé à presser davantage l'achèvement de ses mesures défensives ; la présence d'un ambassadeur vénitien était nécessaire pour assurer la liberté de la circulation des courriers entre la France et Venise. Cette décision fut tenue aussi secrète que possible.

Le renvoi de Latuada compléta bientôt le rappel de Lippomano. Dès le 24 juillet 1499, Francesco Capelo avait demandé qu'on donnât à Latuada l'ordre de quitter Venise. Filippo Trum, *savio dil conseio* et *procurator*, avait conseillé de surseoir à cette décision, et, sur sa proposition, on avait délibéré de ne pas le renvoyer avant le retour de Lippomano en terre vénitienne. Mais, malgré que Ludovic Sforza l'eût rappelé et que son départ ne fût qu'une question de jours, les ambassadeurs français intervinrent, déclarèrent qu'il était inconvenant qu'un ambassadeur milanais restât encore si longtemps à Venise. Le 1er août 1499, les Pregadi décidèrent par cent quarante-quatre voix contre trente-trois et neuf abstentions de congédier Latuada, vu le retour de Lippomano, les instances des ambassadeurs français et la convenance de cette mesure. On lui donna jusqu'au dimanche suivant pour achever ses préparatifs de départ. Son audience de congé eut lieu le 3 août. La rupture diplomatique était complète désormais entre la Sérénissime République et le duc de Milan (1). Les ambassadeurs français, à la patience et à

(1) Sur le renvoi des ambassadeurs Lippomano et Latuada, voir le paragraphe suivant et aussi le chapitre VI, *Les préludes de la guerre*.

l'habileté desquels ce résultat était dû, avaient ainsi atteint le but principal de leur mission.

L'ambassade française avait aussi pour tâche de hâter la rupture militaire effective, de surveiller les préparatifs vénitiens, et Hugues de Beaumont devait, à la requête même des Vénitiens, être attaché à l'armée et en partager le commandement, au moins honoraire, avec les deux provéditeurs généraux, soit pour symboliser l'alliance, soit, plus pratiquement, pour la surveiller. Aussi, les ambassadeurs, en matière militaire, s'associent-ils étroitement à la politique vénitienne. Le 24 juillet, ils appellent l'attention de la Seigneurie sur l'intention prêtée à Maximilien d'envoyer par Trente à Ludovic Sforza un corps auxiliaire de huit cents Suisses et demandent que des mesures soient prises pour lui barrer le chemin. Le lendemain, dans une discussion au sujet de l'artillerie milanaise, Beaumont blâme l'emploi des bombardes et préconise celui des canons. Le 24 juillet aussi, ils insistent pour la nomination immédiate des provéditeurs. Bien que la contribution effective de Venise à la guerre et l'envoi à l'armée d'un représentant du roi de France fussent choses convenues dès longtemps, les ambassadeurs eurent à réclamer à diverses reprises l'accomplissement de ces engagements de Venise, et Louis XII les appuya par deux lettres; dans la première, tout en remerciant la Seigneurie du bon accueil fait à l'ambassade, et en annonçant l'envoi outremonts d'une armée française de seize cents lances et de dix mille hommes de pied, il demandait le concours effectif de Venise et l'exécution de ses promesses; dans la seconde, il insistait sur l'intérêt personnel que Venise avait à faire cette campagne, « parce que, disait-il, cette affaire vous regarde ». Cependant, le 25 juillet, Beaumont demandant à être averti du jour où l'armée serait prête à se mettre en marche pour s'entendre avec les provéditeurs, on ne lui fit que des réponses évasives. Ce ne fut que le 28 juillet qu'il fut officiellement autorisé à se joindre à l'armée. Maynier, resté seul à Venise, continua ses démarches pour presser les lenteurs de la Seigneurie, mais ce ne fut que le 22 août qu'il put la décider à la rupture militaire qui compléta la rupture diplomatique. Le 24 juillet, les Pregadi avaient ordonné au secrétaire à Turin, Zuam Dolce, de se rendre dans le camp de Trivulce; la présence de ce Vénitien dans l'armée française, comme celle de Beaumont dans l'armée vénitienne, attestait l'étroite union des deux alliés (1).

---

(1) MARINO SANUTO, II, 961, La Seigneurie à Dolce, 24 juillet 1499.

Cette union n'avait fait que se resserrer, dans les faits tout au moins (1), depuis le jour de la signature du traité : elle allait entrer maintenant dans sa période d'action (2).

§ 8. — *Les relations de Ludovic Sforza et de Venise après l'alliance Franco-Vénitienne.*

La signature, puis la proclamation du traité franco-vénitien, n'avaient pas interrompu les relations de Ludovic Sforza avec Venise. Bien qu'il fût évident, malgré toutes les affirmations de la République, que cette alliance était dirigée contre lui, et que, malgré ses illusions ordinaires, il le comprît ; bien que cette alliance fût un projet trop arrêté pour qu'il pût le modifier par des paroles et des propositions en l'air, et qu'il eût l'intime conviction de cette impuissance, il essaya de faire « ce qu'il pourrait » pour empêcher l'inévitable rupture, soit par menaces, soit par promesses.

Il affecta tout d'abord de croire que la ligue franco-vénitienne n'avait pour but que le maintien de la paix. Il en fit féliciter Lippomano par le général des Humiliati ; Latuada, le 20 février, alla en complimenter la Seigneurie ; « bien que cette alliance fût une nouveauté, il espérait cependant que Venise, ayant jadis contribué plus qu'aucune autre puissance à l'expulsion des Français d'Italie, n'aurait pas accepté maintenant des conditions de traité de nature à les y faire rentrer ; il déclara une fois de plus que Ludovic Sforza était « le fils » de la Seigneurie. Le doge lui répondit « que cette ligue avait pour but la conservation de leur état, qu'elle n'était pas une nouveauté, attendu que depuis deux cents ans ils avaient entretenu une bonne et amicale alliance avec la France, alliance qu'ils n'avaient rompue qu'à la demande des autres puissances italiennes ». Ludovic riposta du tac au tac que son alliance avec l'empereur Maximilien avait pour objet

---

(1) Nous aurons occasion de revenir plus loin sur ce point. L'enthousiasme diminuait déjà un peu ; peut-être les exigences de M. de Beaumont y étaient-elles pour quelque chose : les chiffres de voix aux divers scrutins le montrent.

(2) Pendant cette courte période de l'histoire de Venise, l'alliance française fut le fait principal ; toute la diplomatie de la Seigneurie y fut subordonnée et ses relations avec les autres puissances d'Europe et d'Italie se réglèrent sur celles de la France. On en trouvera un bref exposé dans une *Note sur la diplomatie vénitienne après le traité franco-vénitien de 1499.*

unique la défense de son état et nullement l'orgueil ou l'ambition des conquêtes (1). Le duc de Milan ignorait encore les conditions de l'alliance (2) : avant tout il chargea Latuada de les connaître, surtout de savoir si elle comportait la communauté des ennemis, si elle était offensive ou seulement défensive; il lui ordonna aussi de vérifier si la Seigneurie changeait d'attitude, devenait plus hautaine dans les affaires de Pise ; dans ce cas, le duc de Milan voulait faire constater la différence de leurs politiques et la supériorité de son désintéressement. Le 1er mars, Latuada félicita officiellement au nom du duc la Seigneurie pour la «rénovation» de son alliance avec la France et exprima l'espoir que cet accord serait avantageux à Ludovic Sforza lui-même. Le doge répondit par des paroles non moins banales, « *verba pro verbis*»(3). Le 19 mars, le duc de Milan donna une nouvelle preuve de son désir de continuer les relations pacifiques en saisissant le prétexte de l'arbitrage du duc de Ferrare pour envoyer à Venise deux ambassadeurs spéciaux, chargés non seulement d'aider Latuada, mais encore de faire un exposé du désir de Ludovic d'honorer Venise et de ramener le calme en Italie (4). Le 28 avril, jour de la bénédiction de l'étendard et de sa remise au capitaine général de la flotte, Latuada fit une nouvelle déclaration pacifique, approuva Venise de prendre des précautions contre les Turcs, «qui n'étaient pas encore menaçants, mais qui pourraient bientôt le devenir » et fit au capitaine général les compliments tout particuliers de Ludovic Sforza (5). Latuada saisissait d'autant plus volontiers cette occasion de prôner la paix qu'il avait cru au milieu d'avril surprendre un certain refroidissement, à propos du paiement des cent mille ducats, entre la France et Venise (6)

Tout en affectant, même avec platitude, d'être resté l'ami et l'allié de Venise, Ludovic Sforza ne craignit pas cependant de lui adresser diverses réclamations d'ordre public ou privé, auxquelles la Seigneurie fit rarement droit et répondit le plus

---

(1) MARINO SANUTO, II, 456 et 459, Venise, 20 et 21 février 1499.
(2) Ludovic Sforza à Latuada, Milan, 29 février 1499. *Louis XII à Ludovic Sforza, Documents*, 86.
(3) MARINO SANUTO, II, 487. Venise, *in pregadi*, 1er mars 1499.
(4) Milan, A. d. S. *Cartegg. gener.* Ludovic à Galéas de Saint-Séverin, Milan, 21 avril 1499 (minute autographe).
(5) Milan, A. d. S. *Pot. Est. Venezia*, Latuada à Ludovic Sforza, 28 avril 1499.
(6) MARINO SANUTO, II, 652, 27 avril 1499.

souvent par des paroles évasives. Le 27 avril, Latuada ayant demandé la restitution de l'artillerie de Brescia, il lui fut répondu, après délibération du conseil, que la Seigneurie ne jugeait pas le moment opportun pour une restitution de ce genre. Un mois plus tard, il renouvela sa réclamation, demandant à retirer du Bergamasque trente-deux pièces d'artillerie ; mais les *rectori* de Bergame étaient avisés du mauvais vouloir de Ludovic pour leurs subordonnés de Valcamonica, et il reçut la même réponse. Ce ne fut qu'au milieu de juin que la Seigneurie, sur une nouvelle demande presque suppliante, en autorisa la restitution sous certaines conditions (1). Mais le 2 juillet, le conseil des Pregadi lui refusa l'autorisation d'exporter des « armes en fer » hors du territoire vénitien (2). Au mois de juin, il se rend quelque peu ridicule en protestant contre l'enlèvement par des estradiots d'un convoi de blé dirigé sur l'Allemagne, histoire qui, vérification faite, se trouve fausse (3). Tout ce qu'il peut obtenir de Venise, ce sont des concessions de minime importance : l'assurance verbale que tous les Milanais atteints par la faillite d'une banque vénitienne seraient payés (4), la mise en liberté d'un Milanais emprisonné à Venise pour blasphème et longtemps gardé en prison (5).

Le mois de mai fut assez calme : l'annonce que Louis XII rentrait à Paris fit supposer à Latuada que la paix était assurée (6) et que le roi de France n'avait pas grande hâte de venir en Italie. La discussion continua entre Venise et Milan sur la responsabilité de l'appel des Français et par suite de la guerre en Italie (7). Le doge, annonçant une bataille meurtrière entre les impériaux et les Suisses, dit à Latuada : « C'est votre duc qui en est cause : tout cela est la conséquence de la guerre qu'il a

---

(1) MARINO SANUTO, II, 652, 752, 820, Venise, *in colegio*, 27 avril, 24 mai, 17 juin 1499.

(2) *Ibid.*, II, 876, Venise, 2 juillet 1499. Le 7 juillet, on s'autorise de ce refus fait à Ludovic pour repousser une demande analogue des Florentins d'acheter des *balotte di ferro* à Brescia (*Ibid.*, II, 896, *in conseio*, 7 juillet).

(3) *Ibid.*, II, 810, 13 juin 1499 ; 841. 19 juin 1499.

(4) *Ibid.*, II, 752, Venise, *in colegio*, 24 mai 1499.

(5) Voir note précédente.

(6) Milan, A. d. S. *Pot. Est. Venezia*, Latuada à Ludovic, 18 mai 1499. Non occorre altro di nuovo, senon che di Franza se dice essere venuto aviso chel Re se è inviato verso Paris ; che, quando sia vero, non saria za signo de voler molto in fretta venire in Italia.

(7) Latuada à Ludovic, 1er juin 1499, *Louis XII et Ludovic Sforza, Documents*, 127.

excitée contre le roi Ferdinand ». Latuada protesta, mais n'insista pas trop sur le passé : il se borna à faire remarquer que, «si l'appel des Français en Italie avait été une erreur, il fallait éviter d'y retomber», et il rejeta audacieusement la responsabilité de ces tueries de Suisses sur la France et la Seigneurie, qui, pour affaiblir le Milanais, avaient lancé les Suisses contre Maximilien; il aborda le style pathétique et s'écria que la justice aurait son heure ; ensuite Latuada essaya d'exciter les défiances de la Seigneurie contre les Français, des craintes sur son avenir après la défaite du duc de Milan, qui, disait-il «voyant sa ruine assurée, ne voudra pas être seul ruiné», et en conclusion, il l'engagea à se faire la réorganisatrice de la paix en Italie. Puis la Seigneurie lui ayant fait cette réponse vague, que l'alliance était purement défensive, il la contesta, déclarant savoir que le traité contenait un partage du Milanais ; « ou bien si l'alliance ne comportait que la communauté d'amis et d'ennemis, la Seigneurie pouvait nommer le duc de Milan parmi ses amis, d'autant plus que leur alliance subsistait encore : le roi de France devrait l'accepter comme tel, et la paix serait plus que jamais assurée. » Le doge ayant naturellement répondu que cela était impossible, Latuada finit par se fâcher: « Si le duc mon maître donne à dîner aux Français, c'est Votre Seigneurie qui leur donnera à souper, et peut-être n'attendra-t-elle pas longtemps ! » A quoi le doge se borna à répliquer : « Dieu nous aidera ».

Ludovic usa tous les moyens de ramener la Seigneurie à des sentiments pacifiques : il en vint à dire publiquement que l'invasion turque était «une œuvre de Dieu pour le salut de l'Italie », car elle empêchait Venise de donner suite à ses autres projets belliqueux (1). Il menaçait de s'allier avec les Turcs contre Venise. Sa haine contre la Seigneurie et son désir de la voir battue par les Turcs étaient évidents.

Au début de juillet, une dernière lueur d'espoir égaya la

(1) Florence, A. d. S. *Lettere agli X di Balia*, les ambassadeurs florentins à Milan, 1er juin 1499 : « In discorso di più cose dice questo Signore che li par millanni intendere che il Turco habbi percosso nelle cosse de Venetiani, perchè dipoi vuol chiamare lo oratore veneto, e dimandarlo si è vero che habbia promesso al Re di Francia aiutarlo e chiesto Cremona e il cremonese, e quel paressi loro che aiutassi il Turco e chiedesseli Bergamo e Brescia, e dice reputa questa mossa del Turco opera de Dio per salute de Italia e nostra particulare, perchè se non havessin questa briga, crede che senza dubio rimetterebbano le mane in Pisa, et in somma si vede che dove può fa segno di haverli in odio e desiderare sieno battuti.

tristesse de Ludovic Sforza ; quelques patriciens cherchèrent un moyen de réconcilier Venise avec le duc de Milan et les autres puissances italiennes pour faire tous ensemble la guerre aux Turcs, au cas où cette union ne détournerait pas le sultan de son attaque, ce qui était probable ; mais les promoteurs du projet avaient peu confiance en Ludovic Sforza, ils craignaient qu'il ne préférât s'entendre avec le roi de Naples. Latuada s'efforça de les rassurer sur les intentions et la loyauté du duc de Milan, et, à grand renfort de ses arguments ordinaires sur la connexité des destins de Venise et de Milan, de les encourager à exécuter leur programme. Ludovic s'empressa de recommander à Latuada d'entretenir ces bonnes dispositions (1). Le 5 juillet, le passage à Milan de l'ambassadeur vénitien Badoer fournit à Ludovic Sforza l'occasion d'une nouvelle tentative : l'ambassadeur se borna à dire qu'il transmettrait les déclarations du duc de Milan à la Seigneurie, et cette tentative échoua comme les précédentes (2). Le 12 juillet, Latuada, en son nom personnel et comme prêtre, fit une autre démarche. Il dit dans un fort long discours qu'il voyait un grand incendie menacer l'Italie, et qu'en raison des armements de la flotte turque, on devrait unir toutes les puissances italiennes : le doge, après avoir consulté à huis clos les Pregadi, lui répondit froidement et nettement que les fauteurs de la guerre turque en seraient les premières victimes, que c'était contrainte et forcée que la Seigneurie attirait les Français dans la péninsule (3). Le 15 juillet, sous prétexte de rendre compte aux Pregadi de la réception de Badoer par Ludovic Sforza, le patient Latuada se présenta une fois de plus devant eux, toujours muni des mêmes raisonnements, s'efforçant de plus de disculper Ludovic de la responsabilité de la guerre turque, et essayant d'effrayer Venise sur sa situation, si Ludovic Sforza était vainqueur des Français et qu'elle se trouvât prise entre lui et les Turcs. Il n'eut pas plus de succès que les autres fois (4).

Déjà des actes montraient l'hostilité grandissante de Venise : on proposait de réclamer à Ludovic Sforza le remboursement de

---

(1) Latuada à Ludovic Sforza, 3 juillet 1499, dans *L'ambassade d'Accurse Maynier*, pag. 36, et les ambassadeurs florentins à Milan à la Seigneurie, 8 juillet 1499. *Louis XII et Ludovic Sforza, Documents*, 172.
(2) Marino Sanuto, II, 904, Lippomano à la Seigneurie, 5 juillet 1499.
(3) *Ibid.*, II, 912, 916, 917 ; Venise, *in colegio*, 11 et 12 juillet 1499.
(4) Latuada à Ludovic Sforza, 15 juillet 1499, *Louis XII et Ludovic Sforza, Documents*, 188.

cinquante mille ducats, pour garantie desquels il avait déposé à la procuratie quatre diamants, des balais et des perles et dont il payait quatre mille ducats d'intérêt annuel (1) ; on trouvait indécent que l'argent vénitien servît à faire la guerre à Venise; on voulait priver Ludovic Sforza d'un de ses moyens de défense ; cependant on ne donna pas suite à cette proposition. Le 19 juillet, on refusait à Ludovic livraison des quantités de sel qui lui étaient nécessaires, et malgré plusieurs réclamations, bien que les barques et les hommes fussent là pour l'emporter, la Seigneurie persistait dans son refus (2). — Ludovic ne ménageait plus rien de son côté : il faisait arrêter des courriers, Latuada lui conseillait l'arrestation d'un secrétaire de Trivulce (3).

A Venise, l'hostilité publique était devenue évidente au point de lui créer une situation souvent pénible. Les ambassadeurs français, qu'il était allé visiter à l'issue de leur première audience, l'avaient reçu avec une politesse glaciale. Sans doute ils avaient consenti à recevoir sa visite, étaient allés au devant de lui jusqu'au milieu de l'antichambre, Maynier lui avait cédé la place d'honneur à la droite de M. de Beaumont; ils l'avaient remercié de ses offres personnelles de service, des preuves d'estime que leur avait prodiguées Ludovic Sforza, mais ils avaient borné là leur accueil et leur entretien, et Maynier lui avait parlé de son évêché de Glandève en Provence, façon indirecte de l'effrayer sur les dangers que son dévouement à Ludovic pourrait faire courir à ses intérêts personnels et sur la confiscation qui en serait peut-être la conséquence (4).

Cette hostilité que les ambassadeurs français déguisaient poliment et ne le laissaient que deviner, les Vénitiens la lui manifestaient tout haut et d'une façon grossière. Non seulement les jeunes gens, mais les hommes mûrs, les gens des meilleures familles manifestaient bruyamment leurs sentiments de haine contre le duc de Milan. On insultait Latuada dans la rue : il raconte à Ludovic Sforza quelques scènes violentes, dont il est visiblement affecté, malgré son air de prendre les injures en riant. On rai-

---

(1) MARINO SANUTO, II, 906. Venise, *in conscio*, 9 juillet 1499. Latuada à Ludovic Sforza, 8 juillet 1499, *Louis XII et Ludovic Sforza, Documents*, 171

(2) MARINO SANUTO, II, 932, 944, 959 ; Venise, *in colegio*, 19 juillet, 22 juillet, 24 juillet 1499.

(3) Voir *L'ambassade d'Accurse Maynier*, pag. 6, note 1.

(4) Voir *ibid.*, pag. 33, lettre de Latuada du 29 juin 1499.

sonnait en liberté à Venise du jour prochain où le Milanais appartiendrait aux Français d'abord, puis, à la mort du roi, aux Vénitiens (1). Les adversaires primitifs de l'alliance française étaient ralliés ou muets (2). Latuada n'ignorait pas les dispositions générales de la Seigneurie, l'ensemble de ses préparatifs, l'imminence d'une rupture. Son rôle d'observateur même était rendu impossible par la surveillance jalouse dont on l'emprisonnait (3). Il reconnaissait que les mauvaises dispositions et les haines de la majorité des conseils vénitiens à l'égard de Ludovic Sforza étaient telles qu'aucune tentative de rapprochement ne pouvait plus avoir de résultat, et que le succès seul du duc de Milan lui ramènerait Venise.

Et malgré tout, telles étaient ses illusions qu'au dernier moment il hésitait à croire à la possibilité de son renvoi et d'une rupture. Il s'ingéniait à se persuader que l'on en aurait parlé davantage et depuis plus longtemps si elle avait dû se produire (4). Ludovic Sforza partageait ses illusions : le 16 juillet, on écrivait de Milan à Florence, sous son inspiration, que la Seigneurie ne déclarerait la guerre que si elle voyait les Français victorieux (5). On assurait que le doge était hostile à la politique vénitienne et ne voudrait pas laisser « la ruine de l'Italie » se consommer sous son principat.

Aussi le rappel de Lippomano fut-il pour Ludovic Sforza le réveil douloureux d'un songe. Le 27 juillet Lippomano lui demanda une audience pour lui communiquer les ordres qu'il venait de recevoir, la veille, de son gouvernement (6). Le duc lui répondit d'un air triste qu'il connaissait les accusations portées contre lui par les Vénitiens, qu'elles n'étaient pas fondées ; que la justice de Dieu prononcerait entre eux et lui ; et qu'enfin il allait rappeler son représentant de Venise. Cette réponse verbale ne parut ni suffisante ni assez précise à Ludovic

---

(1) Voir *L'ambassade d'Accurse Maynier*, pag. 34, 35 et suivantes.

(2) Latuada le reconnaît lui-même. Latuada à Ludovic Sforza, 15 juillet 1499. *Louis XII et Ludovic Sforza, Documents*, 188.

(3) Latuada à Ludovic Sforza, 13 juillet 1499. Il se servait, ne pouvant agir lui-même, d'un agent ferrarais, Zoanne Alberto de la Pigna, pour aller là où il n'avait pas accès par lui-même, et pour continuer sa prédication. *Louis XII et Ludovic Sforza, Documents*, 185.

(4) *L'ambassade d'Accurse Maynier*, pag. 38.

(5) Les ambassadeurs florentins à la Seigneurie, 16 juillet 1499. *Louis XII et Ludovic Sforza, Documents*, 189.

(6) Voir, pour les sources de cet épisode, *L'ambassade d'Accurse Maynier*, pag. 38 et suivantes, et le texte même du mémoire, pag. 39.

Sforza. Il rédigea un long mémoire très développé, en forme de réponse au discours de Lippomano, où il essayait de se justifier complètement. Le brouillon fini, il hésita s'il le confierait à Lippomano pour être remis à la Seigneurie, ou s'il se bornerait à lui en donner lecture, et il consulta les ambassadeurs florentins sur ce doute et aussi sur la valeur de son factum qu'ils approuvèrent naturellement beaucoup. Il se décida à lui remettre par écrit, après l'avoir lu publiquement le 21 juillet, ce mémoire qui formait un exposé très net et très complet de la situation politique, telle qu'il pouvait l'apprécier. Il y résume ses griefs et ses arguments ; il déclare son étonnement que la Seigneurie ne croie ni à son dévouement, ni à sa reconnaissance. Il exprime ses plaintes de l'alliance franco-vénitienne, peut-être tolérable s'il s'était simplement agi pour la Seigneurie de renouveler une ancienne amitié, tout-à-fait insoutenable puisqu'elle avait pour but avéré de l'attaquer. Il réfute les arguments que Venise apporte pour justifier cette alliance ; il l'inquiète sur les chances d'une guerre entre la France et Milan, sur l'intervention probable de l'empereur Maximilien ; enfin il se défend d'avoir excité le Sultan à commencer une guerre contre Venise. Ce mémoire, à la fois défensif et comminatoire, fut envoyé aux principales puissances italiennes, et aux ambassadeurs milanais en Allemagne et en Savoie. Un autre mémoire complémentaire, adressé le lendemain aux divers gouvernements, exposait au point de vue milanais la politique vénitienne (dont le but secret dans cette guerre était la prise de possession du duché de Milan qui, soit par suite de la mort de Louis XII dès lors escomptée, soit par suite de l'expulsion des Français déjà prévue en raison de leur despotisme, reviendrait bientôt à la Seigneurie), — et la politique française qui tendait à détrôner le roi de Naples après le duc de Milan, à dominer par là toute l'Italie et à imposer sa loi à tous les princes de l'Europe. Cet appel de la dernière heure à l'opinion européenne demeura sans écho.

Lippomano partit de Milan le 30 juillet et retourna à Venise par Brescia, d'où il écrivit à la Seigneurie une relation plus détaillée de son audience de congé, et où il se fit envoyer par elle de l'argent. Le successeur désigné de Lippomano à l'ambassade de Milan, Domenego Pixani, dont la mission était terminée avant d'avoir commencé, rendit sa caisse aux Raxon Nuove.

Ludovic Sforza fut atterré par ce départ auquel il n'avait pu s'habituer à croire. Le renvoi de Latuada acheva de l'accabler.

Après la proposition de Capelo du 24 juillet 1499, Filippo Trum avait conseillé de surseoir à cette décision, et l'on avait délibéré de ne pas le renvoyer avant le retour de Lippomano en terre vénitienne ; on se borna à la surveiller plus étroitement que par le passé. Ce ne fut que le 30 juillet cependant que le duc, comme s'il gagnait quelque chose en laissant son ambassadeur au milieu d'une ville ennemie, ordonna à Latuada de quitter Venise dans la huitaine : et que celui-ci signifia cet ordre aux Pregadi. « Avant son départ, il désirait une nouvelle audience ; la Seigneurie était libre maintenant et maîtresse de choisir entre la guerre et la paix ». Le doge répondit que « tous les événements dépendaient de Dieu et qu'il avait confiance dans la justice divine». L'audience qu'il demandait fut accordée à Latuada le 3 août, et il dut partir aussitôt après. L'incapacité de Latuada, malgré son zèle et sa finesse d'observateur, avait été grande, et ses illusions, comme celles de son souverain, plus grandes encore. C'étaient celles-ci autant que celles-là qui avaient empêché le duc de Milan de lutter en temps utile, et avec la netteté de vues nécessaire, contre la rencontre quasi fatale de deux puissances ayant des intérêts momentanément analogues et mettant au service de leurs ambitions et de leurs haines jumelles une égale rigueur de méthode et de volonté. Indécis et mou, Ludovic Sforza devait être fatalement rejeté par la systématique et dure République de Venise, au profit du volontaire et ferme roi de France.

VI.

L'ALLIANCE DE LOUIS XII AVEC LE SAINT-SIÈGE ET LES BORGIA.

Comme la république de Venise, la Papauté était encore, à la fin du xve siècle, un des états italiens pouvant agir d'après leur propre dessein ; elle avait un but politique nettement défini, des armes à sa disposition pour le poursuivre, une influence morale et matérielle dont elle pouvait user en faveur de ses alliés, enfin une ambition pour la satisfaction de laquelle des alliés lui étaient nécessaires. Elle donnait prise par conséquent à la rivalité des deux princes qui se disputaient la suprématie de l'Italie, mais elle pouvait se faire payer chèrement son alliance. La politique du Saint-Siège en 1498 se confondait étroitement avec la politique personnelle du pape, et la politique d'Alexandre VI avait pour programme et pour objet unique le mariage de son fils César Borgia avec une princesse, qui lui apporterait en dot une souveraineté territoriale et l'appui d'une grande puissance.

§ 1. — *La politique d'Alexandre VI entre Louis XII et Ludovic Sforza.*

A l'avènement de Louis XII, en avril 1498, la situation de la France vis-à-vis du Saint-Siège était assez singulière et mal définie. Après avoir été étroitement allié à Charles VIII, l'avoir encouragé et favorisé dans sa tentative contre Naples, Alexandre VI s'était, par degrés et assez vite, détaché de lui, et avait fini par adhérer à la Ligue de Venise, qui, sinon officiellement, du moins en fait, était dirigée contre le jeune conquérant. Les missions du comte de Saint Pol, de M. de Bresse, de Perron de Baschi pour le ramener à l'alliance française avaient successivement échoué (1). Pendant la guerre de Novare, le pape avait même menacé Charles VIII d'excommunication, si dans les huit jours il ne retirait pas ses troupes de l'Italie. Après le traité de Verceil, par lequel le roi de France reconnaissait l'existence de la Ligue de Venise, les rapports diplomatiques ne furent pas repris officiellement entre le Saint-Siège et la France ; mais dans les derniers mois du règne de Charles VIII, ils recommencèrent sous une forme secrète. Diverses ambassades furent mystérieusement envoyées par le pape au roi, probablement pour lui conseiller une nouvelle expédition en Italie, peut-être aussi pour sauvegarder les intérêts personnels que les cardinaux avaient en France et qui étaient précisément compromis par cet état de semi-hostilité. Charles VIII léguait à son successeur le soin difficile de se débrouiller dans cette situation obscure et compliquée.

Autant il y avait en 1498 de froideur entre la France et le Saint-Siège, autant il y avait d'intimité entre le Saint-Siège et Milan. Depuis la Sainte Ligue du 31 mars 1495, et malgré l'abandon de ses confédérés au traité de Verceil, Ludovic Sforza entretenait des relations diplomatiques amicales et très suivies

---

(1) J'ai publié tous les documents et pièces justificatives de ce chapitre dans mon mémoire *Intorno al alcuni documenti sopra le relazioni di Alessandro VI e di Lodovico XII* (*Archivio Storico Romano*, 1894-1895).

avec le Saint-Siège. Les deux gouvernements avaient une politique commune dans la guerre florentino-pisane. Ludovic Sforza avait dans le Sacré-Collège un allié naturel, fort habile et souvent influent, son frère le cardinal Ascanio Sforza, vice-chancelier de l'Eglise. Il était en 1498 secondé à Rome par des ambassadeurs habiles, Carazoli et Bartolomeo Saliceti d'abord, l'évêque de Parme, Stefano Taberna ensuite (1). L'entente paraissait entière entre le pape et le duc de Milan.

Ce fut le mariage de César Borgia qui mit aux prises, à la cour de Rome, les deux diplomaties milanaise et française.

Dès le mois de février 1498, avant même la renonciation de César Borgia à la dignité cardinalice, Alexandre VI songeait à lui créer une principauté en Italie et à le marier. Cette principauté, il la chercha un instant à Sienne, si nous en croyons l'ambassadeur milanais, Cesare Guaschi : il s'informait curieusement si Pandolfo Petrucci avait des enfants et des neveux, pour leur offrir des dédommagements convenables et essayait par mille prévenances de les amener à ses vues. L'alliance matrimoniale, Alexandre VI la demandait à Naples : il voulait faire épouser à son fils la princesse Charlotte, fille du roi Frédéric et de la reine née princesse de Savoie, qu'Anne de Bretagne élevait à la cour de France et qui devait recevoir en dot, dans les projets pontificaux, les principautés de Tarente et d'Altamura. Elle était connue en France sous le titre (dépourvu de caractère officiel) de princesse de Tarente (2). Mais le roi de Naples refusait absolument d'entrer dans les vues du pape. Il demandait qu'Alexandre VI modifiât la discipline ecclésiastique et autorisât le mariage des cardinaux : « Il me semble, disait-il, que le fils du pape qui est cardinal n'est pas de telle condition que je lui donne ma fille pour femme, tout fils du pape qu'il est. » Il disait encore : « Faites qu'un cardinal puisse se marier en gardant le chapeau, et alors je lui donnerai ma fille. »

Les Sforza s'entremettaient avec zèle dans ces négociations

---

(1) Stefano Taberna est ambassadeur à Rome en avril 1498.
(2) En même temps avait lieu une autre alliance entre les deux maisons. Alexandre VI avait fait rompre le mariage de sa fille Lucrèce avec Giovanni Sforza de Pesaro, qui, pressé par le pape et par Ludovic Sforza, s'était laissé arracher une déclaration d'impuissance ; et Lucrèce, le 20 juillet 1498, allait épouser Don Alphonse, fils naturel du feu roi de Naples Alphonse II, qui recevait à cette occasion le titre de duc de Bisceglie, avec les villes de Bisceglie et de Quadrato. Cependant en mai on parlait encore du mariage de Lucrèce Borgia avec Gravina, de la maison Orsini.

délicates, espérant que l'union de Rome et de Naples assurerait le repos de l'Italie et consoliderait leur propre alliance avec le pape. En avril 1498, le milanais Stanga était envoyé de Naples à Rome pour presser la conclusion de ces projets. Ludovic Sforza faisait remontrer au roi par son ambassadeur F. Casati le danger auquel l'exposait le maintien de son refus : « C'est, sous prétexte de repousser les périls auxquels sa propre vie, son fils et son royaume pourraient être exposés, ouvrir la voie à d'autres dangers dont la bienveillance du pape seule peut le préserver. » Peut-être Casati n'était-il pas aussi pénétré que son maître des bienfaits de l'alliance romaine pour le roi de Naples : au mois de mai, Alexandre VI se plaignait de lui, comme ayant déconseillé au roi Frédéric le mariage de sa fille avec le cardinal de Valence. Mais en général, le pape était reconnaissant, ou feignait de l'être, aux Sforza de leurs bons offices. Il remerciait chaleureusement Ascanio, disant qu'il ne pourrait jamais « louer suffisamment la sagesse et l'habileté du duc de Milan, et la bonté qu'il emploie pour le bien commun de l'Italie ». Frédéric de Naples résista à toutes les séductions et à tous les avis : il en arriva à un refus formel de continuer de telles négociations. Le 15 juin 1498, l'ambassadeur vénitien écrit de Rome que ce projet de mariage « s'en est allé en fumée ». Malgré cette mauvaise volonté du roi, la question resta ouverte en principe, et les pourparlers ne s'arrêtèrent pas absolument. Au mois d'août, Ascanio Sforza devait, par complaisance pour le pape, aller à Naples parlementer au sujet de ce mariage avec le roi Frédéric.

Cependant cet échec avait quelque peu refroidi le pape Alexandre VI contre le roi de Naples, et, malgré leur concours, peut-être à cause de leur concours malheureux, contre les Sforza. Il eut naturellement l'idée de se rapprocher de la France. Les circonstances étaient favorables. L'avènement d'un nouveau souverain devait amener un échange d'ambassades de félicitations et d'obédience, au moyen desquelles on pouvait amorcer des négociations d'un caractère moins solennel et plus pratique. La haine depuis longtemps déclarée du nouveau roi contre le duc de Milan et le roi de Naples devait le rendre plus désireux d'une alliance avec le pape qui pouvait lui servir. Enfin les projets non dissimulés de divorce de Louis XII allaient lui rendre nécessaire une entente avec le Saint-Siège.

Aussi bien, dès qu'il eut reçu les lettres et l'ambassade par lesquelles Louis XII lui notifiait son avènement au trône avec les protestations de dévouement et les offres de service en usage en pareil cas, Alexandre VI s'empressa t-il de lui envoyer des ambassadeurs pour le remercier de sa communication et le féliciter de son avènement: « Sous ce prétexte de félicitations, ils devaient lui demander de s'abstenir de toute attaque contre l'Italie, l'entretenir des voies et moyens pour le rétablissement de la paix et le maintien de l'ordre politique en Italie. » Il y avait lieu, disait le pape, « d'espérer de bons résultats de cette ambassade, soit à cause des promesses faites par Louis XII dans ses lettres, soit parce que dans le début de son règne, un prince est plus facile à émouvoir. » Alexandre VI comprit si bien ce que son empressement à entrer en relations avec le roi de France avait d'insolite et pouvait avoir de surprenant qu'il s'en excusa auprès de Maximilien Ier. Il donna la même excuse, déjà alléguée par d'autres princes, qu'il imitait l'exemple des puissances étrangères; il insista sur ce fait, que les Vénitiens avaient déjà envoyé une ambassade à Louis XII et qu'il fallait en contrebalancer l'effet, et sur cet autre, que des représentants de presque tous les états italiens allaient se trouver réunis à la cour de France.

Les ambassadeurs désignés par le Pape pour aller en France furent l'archevêque de Raguse, le secrétaire Adriano Florès et le « thexaurerio di Perusa », Centelles. Ils eurent commission de passer à Sienne et à Florence pour proposer à ces républiques d'adhérer à une trêve devant durer pendant toute l'année jubilaire et de s'arrêter à Turin pour saluer la duchesse de Savoie.

Alexandre VI donnait en même temps une autre preuve de son désir de rapprochement avec Louis XII. Dans la diète d'Ulm du 15 au 20 mai 1498, Maximilien, sur les instances du duc de Milan et après de longues discussions, jugeant que le meilleur moyen d'assurer la sécurité et la paix de l'Italie était d'attaquer le roi de France, en prenant l'offensive et en portant la guerre chez lui, avait décidé de déclarer la guerre à Louis XII. Il avait pris pour trois mois le duc de Saxe à sa solde et à la solde de ses confédérés, le pape, le roi de Naples et le duc de Milan. Il demandait à chacun de ceux-ci deux cent mille ducats pour leur part contributive à la paye de ces troupes. Moyennant quoi, il leur offrait d'attaquer le roi de France en Bourgogne, afin que Louis XII, occupé par cette guerre dans son royaume, fût obligé de laisser l'Italie tranquille.

Le Pape reçut ces nouvelles et ces demandes par l'entremise

de son nonce en Allemagne, Cheregati, les communiqua à l'ambassadeur impérial Filiberto Naturelli, au cardinal Sforza, aux ambassadeurs d'Espagne et de Naples, et ce ne fut qu'après cette manière de conseil qu'il répondit à Cheregati.

Dans sa réponse, destinée à être montrée ou tout au moins résumée à Maximilien, il félicita le roi des Romains de sa bonté pour les états italiens et du souci qu'il prenait pour leur repos. Il lui adressa, non sans quelque secrète ironie, des actions de grâce de ce que, lors de sa descente en Italie, il ne s'était épargné aucun danger et aucun désagrément, et de ce qu'après son retour il avait constamment veillé à la défense de l'Italie. Quant au projet d'attaque contre la France, il en était en théorie partisan, et se déclarait prêt en principe à payer sa quote part. Mais sa conclusion était nette : il entendait réserver sa liberté. Il pensait que, « vu la puissance de l'adversaire qu'il s'agissait d'attaquer, il y avait lieu de différer la déclaration de guerre jusqu'à un moment plus opportun, et de prendre le temps de connaître les intentions du roi ». Il annonçait l'ambassade qu'il avait envoyée à Louis XII sur le conseil du Sacré Collège pour le féliciter de son avènement et l'inviter à vivre en paix avec tous les états chrétiens, dans l'intention d'organiser une expédition commune contre les Turcs: « Cette ambassade était d'autant plus opportune que les envoyés de toutes les puissances étaient en ce même moment réunis à la cour de Louis XII. Si Louis XII repoussait ces conseils pacifiques, il serait temps alors de lui déclarer la guerre. D'autre part, une attaque contre un roi nouveau et jusqu'alors pacifique ne serait pas justifiée, et les confédérés cesseraient d'avoir pour eux la justice et l'équité. Enfin ce n'était pas en trois mois et avec deux cent mille ducats qu'on pouvait espérer mener à bien une guerre vraisemblablement si longue et si difficile ; il fallait des préparatifs plus considérables si on ne voulait pas qu'elle se terminât honteusement pour le principal confédéré. » Pour toutes ces raisons, Alexandre VI proposait de retarder la guerre jusqu'au moment où toutes les querelles des états italiens seraient définitivement apaisées. Un tableau très noir du malheureux état de l'Italie corroborait cette proposition. Le pape y insistait surtout sur la question de la restitution de Pise aux Florentins, vainement réclamée selon lui par toute l'Italie, et sur la politique particulariste et égoïste de Venise dans cette question. Il conseillait à Maximilien, s'il tenait essentiellement à faire quelque chose au profit de l'Italie, de demander aux Vénitiens le retrait de la garnison qu'ils entretenaient à Pise:«Une fois l'affaire de Pise terminée, les confédérés de Maximilien l'aideraient à leur tour à reconquérir la Bourgogne et les provinces perdues par l'archiduc. » — C'était là, on le voit, éluder adroitement la difficulté, et il est aisé de voir que le véritable motif d'Alexandre VI à dissuader Maximilien de la guerre est son désir de connaître les intentions réelles de Louis XII. Quelques jours après, le 14 juin, Alexandre VI renouvela encore son invitation à Cheregati d'insister auprès de Maximilien pour qu'il amenât Venise à abandonner Pise à sa destinée. Il promettait, si le roi des Romains envoyait une ambassade dans ce but à Venise, d'y mander lui-même un nonce ou un ambassadeur.

Ces ordres arrivaient à propos pour le malheureux nonce qui se plaignait, en ce moment même, d'être laissé depuis cinq mois sans instructions d'Alexandre VI, de ne recevoir des nouvelles utiles d'aucune personne de la cour pontificale, et qui gémissait «d'avoir l'air d'un étranger auquel il était défendu par le ciel de rien communiquer verbalement ni par écrit.»Ce fut même indirectement et par des ouï-dire qu'il eut la première nouvelle de l'envoi par le pape d'une ambassade en France. Averti enfin de la nouvelle politique du Saint-Siège, Cheregati n'en fut pas un partisan enthousiaste. Il insistait sur le danger qu'il y avait pour l'Italie à séparer sa cause de celle de l'Allemagne : « l'Italie serait laissée en dehors du traité par Louis XII et Maximilien, et elle se trouverait ensuite abandonnée à elle-même ». Il indiqua nettement ces dangers à Alexandre VI; ses observations étaient justes ; elles l'auraient été encore plus si Alexandre VI avait eu l'intention, comme il le laissait croire, de garder la neutralité dans les luttes qui se préparaient. Mais le pape voulait non pas se décider, mais se réserver de choisir le meilleur parti; en aucun cas il ne voulait être isolé ; il persévéra dans son nouveau système d'attente.

Maximilien fut assez inquiet de cette ambassade pontificale, dont l'envoi en France coïncidait avec la présence d'une ambassade espagnole, d'une ambassade vénitienne et d'un envoyé de son fils l'archiduc. C'en était assez pour prouver que l'entente antifrançaise de la Sainte Ligue n'existait plus: «Nous verrons, dit-il, ce qui va sortir de tant et tant d'ambassades ». Les conseils d'Alexandre VI et l'exemple de sa réserve n'empêchèrent pas Maximilien de déclarer la guerre à Louis XII.

Entretemps l'ambassade pontificale s'était mise en route pour la France. Elle ne fit que traverser Sienne, où la proposition d'une trêve n'obtint aucun succès. Le 14 juin, elle fut honorablement reçue par les Florentins, logée chez un particulier, reçue par le *Consilio*, auquel elle présenta un bref du pape et fit ses offres de services en France. La proposition d'un accord avec Sienne, celle même d'un accord limité à la question de Montepulciano, furent également repoussées. Le 16, les ambassadeurs étaient à Bologne; ils annonçaient qu'ils devaient visiter le duc de Milan à leur passage dans ses états ; le 18, Ludovic Sforza ordonna à Oldrado de Lampugnano de bien recevoir à Parme les ambassadeurs pontificaux à leur entrée en territoire milanais, et il vint lui-même au devant d'eux à Crémone.

Son accueil fut empressé et l'entrevue très correcte. Les ambassadeurs étaient chargés de lui demander un exposé de ses droits à la souveraineté du Milanais pour pouvoir les défendre à la cour de France. Ludovic Sforza leur envoya deux de ses jurisconsultes, avec lesquels ils s'entretinrent longuement de ces questions politico-juridiques. Il chargea de diverses missions Adriano Florès, qui devait passer en Angleterre à la fin de l'ambassade. La séparation fut aussi amicale que la réception.

Environ un mois plus tard, le 21 juillet, les envoyés du Pape arrivèrent à Paris. Ils furent reçus sans faste et sans apparat, et les gens de la cour, préoccupés ce jour même par la signature de la paix entre Louis XII et Philippe d'Autriche, ne semblent pas avoir beaucoup remarqué ni commenté leur arrivée. Il n'y eut pas d'audience solennelle. Ils furent simplement reçus en audience secrète par le roi, en présence d'un seul secrétaire, le lendemain de leur arrivée, le 22 juillet 1498. Ils demandèrent trois choses principales : la conclusion d'une trêve de trois ou quatre ans entre le roi de France et les princes italiens, le séjour à Rome de tous les cardinaux français et de Julien de La Rovère, la restitution de certaines terres du Comtat occupées par le roi. Louis XII répondit que cette restitution était déjà opérée, ce qui était vrai : sur les deux autres points, que «selon la conduite que le Pape suivrait à son égard, il s'efforcerait de lui être agréable à son tour.» Les envoyés pontificaux se déclarèrent pleinement satisfaits de leur conversation avec le roi, qui resta ignorée, et dont les détails sont demeurés assez mystérieux. On annonça aussitôt que leur départ pour Rome était fixé au surlendemain, 24 juillet (1). Il fut certaine-

(1) Le 23 juillet, ils écrivaient au Pape pour lui annoncer les traités de paix tout récemment conclus par Louis XII, le 14 juillet avec le roi d'An-

ment question dans cette audience d'un rapprochement complet et garanti par traité entre Louis XII et Alexandre VI, et des conditions de ce traité. Au début, Louis XII et ses conseillers, les cardinaux de Saint-Malo, d'Amboise, et autres, ne voulaient pas trop s'engager. Concurremment aux négociations par l'ambassade, d'autres se poursuivaient par lettres entre la France et le Saint-Siège. Louis XII avait d'abord parlé de donner au cardinal de Valence un revenu de huit mille ducats et une compagnie de cent lances ; dans un mémoire de Briçonnet arrivé à Rome le 17 juillet, il n'était plus question que de six mille ducats, et la compagnie devait se composer de lances italiennes. Alexandre VI ne dissimula pas son mécontentement de ces réductions de promesses. Il était non moins fâché des demandes de Louis XII sur ce qu'il ferait lui-même pour le cardinal et de son intention de régler la question du royaume de Naples comme l'avait fait Charles VIII. Le grand contentement manifesté par l'archevêque de Raguse et ses collègues à l'issue de leur audience, semble indiquer que Louis XII était alors revenu à ses premières intentions. Peut-être, cependant, vaut-il mieux penser que les idées du gouvernement français ne s'étaient pas encore précisées, et que Louis XII attendait, avant de faire des propositions fermes, qu'Alexandre VI eût fait lui-même des avances plus marquées. On n'en était encore qu'aux premiers échanges de vues.

Alexandre VI était lui-même encore fort hésitant. Officiellement il était toujours l'allié du duc de Milan et du roi de Naples. Au moment où il expédiait ses ambassadeurs en France, Ludovic Sforza essayait de l'entraîner dans une politique active contre les Vénitiens. Le 10 juin, il chargeait le cardinal Sforza de lui montrer tous les dangers que pouvait présenter pour les états de l'Eglise la trop grande puissance de la sérénissime République et demandait contre elle à Alexandre VI son concours effectif, moral et matériel. Le pape lui opposa la même réponse négative qu'à Maximilien.

Du reste, il ne considérait nullement encore le duc de Milan en ennemi : le 17 juillet 1498, il prenait en particulier Ascanio Sforza « *dopo le chareze e visitatione facte per Don Alfonso cum Madonna Lucrezia* », et lui communiquait diverses lettres

---

gleterre, le 23, avec l'archiduc et pour lui demander de la part du roi la nomination, à l'archevêché de Besançon, du prévôt de Leyde, François Elbuseden, conseiller et protégé de Philippe le Beau.

de Louis XII, des ministres français, et même le mémoire du cardinal Briçonnet qui causait son irritation. Le 25 août, il chargeait le même cardinal Ascanio Sforza d'aller à Naples pour reprendre les pourparlers matrimoniaux avec le roi Frédéric au sujet de César Borgia. Il travaillait au retour à Rome du « cardinal de Naples », il défendait à Julien de La Rovère, ami et protégé du roi de France, de venir à Avignon. — Un mois avant la célébration du mariage de Lucrèce Borgia avec Alphonse de Bisceglie, il avait fait une tentative pour la marier au fils de la comtesse d'Imola, Catherine Sforza ; l'évêque de Volterra, autrefois intime ami de Giovanni de Médicis, avait été chargé d'aller sonder les intentions de la comtesse. Mais Alexandre VI voulait, au cas où le mariage se ferait, que la comtesse abandonnât son état à son fils, ou du moins lui cédât une de ses deux villes. L'affaire n'eut pas de conclusion. — En somme, pendant cet été de 1498, la politique du Saint-Siège est très hésitante et fort contradictoire. Antonio Sassigni en signale la contradiction fondamentale, la négociation simultanée en France et à Naples d'un mariage et d'une alliance.

Aussi les hypothèses les plus contradictoires se faisaient-elles jour dans les moindres circonstances. L'ambassadeur vénitien, hostile aux Milanais, représente, le 25 août 1498, le départ d'Ascanio Sforza de Rome, comme une preuve de sa complaisance pour le pape. Le résident mantouan à Milan, Brognolo, dit vers le même temps « qu'Ascanio Sforza a quitté Rome parce que sa présence y était inutile aux intérêts de son frère et *par conséquent* à ceux de l'Italie, et parce que sa personne même n'y était plus en sûreté ». — Cependant, vers la fin du mois d'août, l'impression générale fut que le pape s'orientait décidément vers une alliance avec la France. On le voyait « *remuer toute la France* » pour trouver une femme pour son fils : « il laissait voir qu'il s'arrêtait à cette idée ». On disait que le roi de France comptait plus sur le pape que sur les Vénitiens. Ascanio Sforza montrait dans sa correspondance deux choses certaines, l'une « que le pape était *tout français*, depuis que la France avait offert une situation à son fils l'ex-cardinal ; l'autre, que le pape était aussi *tout vénitien* ». Les ambassadeurs milanais à Rome exprimaient plus diplomatiquement le même avis et n'attendaient de la politique pontificale que des malheurs pour l'Italie.

§ 2. — *Le divorce de Louis XII et le voyage de César Borgia.*

Cette impression correspondait à la réalité. Tandis qu'officiellement le Saint-Siège restait indifférent dans les intrigues des états italiens, Alexandre VI avait trouvé un terrain d'entente avec Louis XII. En même temps, presque, que l'ambassade officielle, il avait envoyé en France un personnage moins représentatif, mais chargé d'une mission beaucoup plus positive. Cet ambassadeur privé était l'évêque de Ceuta, Fernand de Almeïda, portugais d'origine, qui avait étudié pendant quelques années à Sienne. C'était, à en croire le résident milanais Cesare Guaschi, « un homme d'une méchante nature et d'un esprit inquiet ». Le prétexte de son envoi en France fut le désir exprimé de la part de Louis XII à Alexandre VI d'obtenir la séparation et la dissolution de son mariage avec Jeanne de France, et l'autorisation d'épouser Anne de Bretagne, veuve de son prédécesseur Charles VIII. Cette demande avait été appuyée par le cardinal de Valence et le cardinal de Saint-Denys, et le pape, dès le mois de juin, avait examiné l'affaire avec ces deux cardinaux et l'ambassadeur français. Ceux-ci faisaient valoir quatre motifs de dissolution du mariage : la contrainte imposée au futur mari, l'abstention absolue de l'époux, la parenté *in tertio consanguinitatis gradu*, la stérilité. Le pape avait voulu consulter le Sacré Collège ; l'ambassadeur français s'y était refusé et l'affaire était restée en suspens. — L'ambassadeur français était chargé d'autre part de demander le chapeau pour Georges d'Amboise et de proposer au pape des partis pour César.

Le 4 juillet, il annonçait à Louis XII l'envoi « pour lui fournir de plus amples explications » de l'évêque de Ceuta et de Guillaume, archidiacre de Châlons et protonotaire apostolique, membre de l'ambassade française à Rome. Ce ne fut pas sans difficulté que s'effectua le voyage de l'évêque de Ceuta. Comme il avait jadis, au temps de la présence des Français en Toscane et plus tard, intrigué contre la république de Sienne et cherché à y installer la domination de César Borgia, il fut obligé de traverser cette ville incognito, et, heureusement pour lui, il ne fut pas découvert, car les citoyens l'auraient pris et pendu. Les Siennois et Pandolfo Petrucci l'attendaient au retour pour savoir ce qu'il avait intrigué en France et puis « lui faire faire pénitence de ses péchés et de ses machinations dans quelque forteresse de ces seigneurs ».

Alexandre VI resta en communication constante avec F. d'Almeïda. Au début de juillet, il lui envoya un certain « fra Martino Spagnolo », qui avait été son compagnon d'études à Paris et qui était «*homo d'ingegno*»; par prudence, cet envoyé n'était porteur d'aucun bref ni d'aucune instruction, mais Ascanio Sforza avait en effet bien raison de craindre qu'il fût envoyé pour traiter avec Louis XII « *qualche cosa fora de proposito* ». Un peu plus tard, le 15 juillet, Lampugnano signalait le passage à Parme de R. Bernardo Brugunzo, docteur en décret, archidiacre de Bayeux, « cubiculaire » du pape, envoyé par le pape en France à son ambassadeur.

Le but de la mission de l'évêque de Ceuta ne tarda pas à être deviné. Les négociations entre le pape et le roi, et les objets précis de ces négociations étaient connus. Ludovic Sforza pouvait, dès le début d'août, informer son ambassadeur Jean Cotta de la demande de dissolution de mariage, et des avantages réclamés par Alexandre VI pour y consentir. On disait même que le pape joindrait au comté de Valence le vicariat d'Avignon, en faveur de son fils, pour lui former une souveraineté territoriale plus importante, et qu'il le créerait gonfalonnier de l'Eglise avec une armée de cinq cents lances dont Louis XII aurait le droit de se servir.

Le premier obstacle que rencontrèrent les deux gouvernements dans la conclusion d'un accord fut la répugnance de la reine Anne à consentir à se remarier. En juillet et août, elle résidait à Paris « avec autant de luxe et d'honneurs que princesse qui fût au monde, » et le roi avait pour elle les mêmes égards que quand il était duc d'Orléans. Mais elle ne se rendait pas à ses instances. En août, elle voulut retourner dans son duché; elle demanda à Louis XII et obtint de lui la permission de quitter Paris, mais elle était si loin de donner son consentement au mariage que le roi crut prudent de lui imposer avant tout un serment de fidélité et la promesse de ne se marier dans aucun cas sans sa permission. Le motif qu'Anne donnait de son refus, c'est « qu'elle ne voulait pas être la concubine du roi et qu'elle savait très bien que, malgré toutes les dispenses du pape, elle ne pourrait jamais être sa femme ». Elle faisait répondre à Louis XII que Charles VIII avait été malheureux toute sa vie et n'avait pas conservé d'enfants parce qu'il avait eu deux femmes, et qu'il en serait de même pour lui s'il se mettait dans le même cas; elle invoquait la proximité d'alliance qui existait entre eux. On allait jusqu'à dire que, de guerre lasse, Louis XII l'avait laissée retourner en Bretagne et l'autorisait à se marier à son gré en se bornant à garder pour lui la forteresse de Nantes, celle de Saint-Malo et toutes les autres citadelles de Bretagne, et lui donnait une pension annuelle de vingt-cinq mille écus. Déjà on annonçait qu'on faisait de grands préparatifs en Bretagne pour la réception de la duchesse, qu'on avait enlevé les armes du roi des lieux publics pour les remplacer par les siennes. Cependant, vers le milieu d'août, les dispositions de la reine veuve changèrent, et on annonça son consentement à une seconde union.

Les négociations continuaient activement entre Paris et Rome. Julien de La Rovère, ancien ennemi des Borgia, maintenant réconcilié avec eux, s'y employa. On annonça même que Louis XII lui avait confié une mission près Alexandre VI, mission, qui, sous un sauf-conduit royal, lui permettait de rentrer à Rome en parfaite sécurité. Mais Julien de La Rovère, malgré le traité de Bracciano et la protection de Louis XII, n'osa pas se risquer à Rome. « Il ne consentirait à y aller, disait son agent Piero Zuam de Forli, que si son frère le préfet de Sinigaglia recevait du pape une solde et des gens d'armes, ou s'il avait Ostia dans sa main comme place de sûreté. Il se défiait tant du pape et de son entourage qu'il semblait impossible qu'il retournât jamais auprès de lui ». Il s'excusa auprès d'Alexandre VI par une longue lettre où il insistait sur les difficultés qu'un voyage d'hiver, dont il faisait le table aupathétique, présenterait pour sa faible santé.

Il se borna à envoyer à Rome un autre de ses agents, son « *huomo intrinseco* », pour presser le départ de César Borgia de Rome pour la cour de France (1) ; le 11 septembre, il vint en France au devant du fils du pape : au passage il alla visiter Trivulce à Asti, Arniti à Casal de Montferrat, et arriva enfin en Avignon,

---

(1) Milan, A. d. S., *Cartegg. gener.* Latuada, 8 septembre 1498 : « De Petro Zoanne e venuto lettere como la Santità di Nostro Signore ha scripto uno brave a Santo Petro ad Vincula, che se ne vada in Franza ; che poi la li dara comissione de quello havera a fare. » Quelques jours auparavant, il annonçait des faits moins exacts : « Per lettere de mercadanti de 26 di questo da Roma, si ha la partita del Signor vicecancellaro per trovarsi cum la Maestà Reale a Gaietta, e che la Santità del pontefice ha concluso chel fiolo che fu cardinale toglia per moglie una figliola de Mre de Sandeya per havere intelligentia cum il re di Franza ; al soldo delquale debe essere el fiolo » (1er août).

dont Alexandre VI venait de le créer légat avec mission spéciale de recevoir César Borgia et de le précéder à la cour de France. Julien de La Rovère était donc muni en France d'un titre officiel du pape ; le roi lui en conféra un équivalent en Italie en le nommant « protecteur de France en cour de Rome ». Alors Alexandre VI lui envoya Francesco de Castello pour le décider à venir à Rome, après le mariage de César Borgia, lui promettant Ostia en garantie, et tout ce qu'il pourrait demander. Mais sur ce point La Rovère resta inflexible. On ne peut même pas croire, comme l'ont supposé les contemporains, surtout en Savoie, qu'il ait eu l'intention de s'embarquer sur la flotte que Louis XII envoyait à Rome pour quérir le fils d'Alexandre VI.

Fernand d'Almeïda fut à son tour envoyé en poste au pape pour le prévenir que Louis XII faisait partir (le 4 septembre) M. de Trans avec quatre galères de Marseille, entre autres le navire *La Louise*, pour Rome ; Louis XII en même temps envoyait en Provence M. de Sérenon, chargé de recevoir ces personnages et de leur faire un accueil honorable. Pendant ce temps, les ambassadeurs pontificaux retournaient en Italie ; ils exprimaient très haut leur satisfaction des bons procédés du roi et disaient avec quelle impatience César était attendu à la cour.

Le 14 août, en effet, le Sacré Collège avait pour la seconde fois reçu la demande du cardinal de Valence d'être relevé des vœux qu'il n'avait prononcés que contraint et forcé et contre toute vocation. Garcilasso de La Vega protesta seul contre cette sécularisation de César, en qui il pressentait un ennemi des rois catholiques. Alexandre VI eut recours à un argument décisif : la vie privée du cardinal de Valence était un objet de scandale ; sa sécularisation étant le seul moyen de sauver son âme. La promesse de distribuer à des personnages agréables à l'Espagne les bénéfices auxquels il allait renoncer, et qui représentaient trente-cinq mille florins, fut encore plus forte sur l'esprit de Garcilasso. Le Sacré Collège unanime déclara s'en remettre à la sagesse du pape. César Borgia fut délié de ses vœux et autorisé à contracter mariage. Le matin du même jour, l'envoyé spécial de Louis XII, M. de Villeneuve, baron de Trans, était arrivé à Ostia, portant les lettres d'investiture du duché de Valence pour César Borgia ; il entra dans la journée à Rome et remit à César Borgia les patentes royales. Le traité franco-pontifical entrait ainsi en voie d'exécution.

L'ambassadeur de Louis XII fut reçu le 25 septembre 1498,

par le corps diplomatique. Il fit mille caresses au vénitien Donado, mais il fit remarquer sa froideur pour les représentants de Naples et de Milan. Il dit au premier qu'il était « l'ambassadeur d'un homme qui occupait un royaume appartenant à son maître », à l'autre que « son maître n'avait pas de domaine, puisque Milan était au roi de France. » — Entretemps tout s'était préparé pour le voyage du nouveau duc et pour la liquidation de sa situation de cardinal. Le pape, qui faisait argent de tout pour constituer un trésor à son fils, avait immédiatement essayé de vendre ses bénéfices: il avait offert à Ascanio Sforza, moyennant dix mille ducats payables comptant, la cession de deux abbayes d'un revenu de quatre mille francs. Des confiscations avaient été prononcées constamment contre le vieil évêque de Calahorra, Pedro de Aranda, majordome du pape; des commutations de peines avaient été vendues à des usuriers et à des juifs. On avait ainsi formé un trésor de deux cent mille ducats à César Borgia. Le 28 septembre, Alexandre VI annonça par un bref à Louis XII le prochain départ de son fils, qui eut lieu au début d'octobre. « César Borgia était parti, vêtu d'habits laïques, accompagné de deux cardinaux qui l'escortaient à droite et à gauche, et d'une telle quantité de gens à pied et à cheval que « c'était un spectacle stupéfiant ». Mais, d'après le témoin qui a conservé ces récits, il semblerait qu'il ne fût pas encore bien accoutumé à son nouveau titre : après son départ, dans une lettre adressée à Rome, il prit encore le titre de *cardinal de Valence*. On s'en étonna, et les malins disaient « qu'on verrait quelque jour des cardinaux vouloir prendre femme, puisque déjà ils voulaient vivre en laïques et rester cardinaux. « Après quelques jours de navigation, César Borgia arriva à Marseille le 19 octobre. M. de Saint Vallier et M. de Monteynard étaient venus l'y attendre, par ordre du roi, avec plus de quatre cents chevaux.

Louis XII avait encore complété ses recommandations et multiplié les marques d'honneur. Il avait ordonné à l'archevêque d'Aix et à tous les gentilshommes de Provence d'honorer César Borgia comme le roi lui-même. Le bruit courait même dans le peuple qu'il avait envoyé à sa rencontre le cardinal Briçonnet. Les mêmes ordres pour des fêtes de réception avaient été envoyés à Lyon : il fallait lui donner « tout le plaisir possible ». Le roi l'appelait dans ses lettres « son cousin le duc de Valentinois ». Le cardinal de La Rovère était à Avignon, où il attendait César pour le fêter ; il devait retourner avec lui à la cour. César Borgia arriva à Avignon le 28 octobre. M. de Trans fut dépêché au roi pour lui demander et rapporter des lettres d'investiture du duché de Valentinois. César attendit son retour à Avignon, où toute la noblesse de la région était accourue. Mais César Borgia n'était pas dans un état de santé très brillant ; on disait tout haut qu'il avait le visage abîmé par « *il malo di San Lazaro* ». Il quitta Avignon le 7 novembre ; Julien de La Rovère le suivit huit jours après.

Toutes ces fêtes et l'éclat de cette réception ne faisaient pas que le bon accord fût complètement établi entre le roi et César ; un observateur attentif, agent du duc de Milan, disait d'après ses propres observations, et se faisant aussi l'écho de l'opinion qu'il avait vu « dans cette entrée, beaucoup de choses forcées et contrefaites ». César Borgia était plein d'orgueil et laissait voir trop de hauteur à l'égard des Français et même du roi. Il comptait tout obtenir de Louis XII en un jour. Celui-ci, de son côté, assurait qu'il ferait du pape tout ce qu'il voudrait.

Le voyage de César Borgia continua sans incidents, toujours marqué par les prévenances de Louis XII, par les somptueuses réceptions des représentants du roi et des villes. Mais l'insolence de César se donna jour mainte fois. A Lyon, M. de Clérieux lui ayant présenté de la part du roi le cordon de Saint-Michel, il le refusa, disant ne vouloir l'accepter que de la propre main du souverain. Malgré cet affront, M. de Clérieux continua à l'accompagner ainsi que M. de Sérenon. Le cardinal La Rovère lui offrit pendant huit jours des fêtes à Lyon; puis il partit en avant pour aller annoncer son arrivée à la cour. César Borgia quitta Lyon le 25 novembre. Sa popularité diminuait déjà sensiblement ; « il avait beaucoup de monde dans son escorte, disait-on, mais peu de personnages de marque. » On remarquait que le roi ne le défrayait pas, et qu'il payait lui-même ses dépenses. Les ambassadeurs vénitiens contribuaient pour leur part à le diminuer dans l'opinion : ils redoutaient son arrivée, disant « qu'il ne venait pas pour le bien de la République de Venise ». Il arriva à Chinon le jeudi 21 décembre avec un faste et une solennité inouïs « qui dépassaient la magnificence des entrées d'empereurs à Rome », et qui plongea dans une profonde stupeur tous les seigneurs. Il fut logé dans le château qu'habitait le roi. Le lendemain, il présenta le chapeau au cardinal d'Amboise, et aussitôt après la remise de cet insigne, la cour descendit du château à l'église, où fut célébrée une messe solennelle.

L'opinion publique en Italie s'inquiéta naturellement beaucoup de ces fréquents échanges d'ambassadeurs entre la France et Rome, encore plus du voyage de César Borgia. Les nouvelles les plus contradictoires et les bruits les plus prématurés y étaient chaque jour répandus. A Venise on annonçait à la fin d'août une prétendue mission du cardinal de Pérouse en France, et l'ambassadeur milanais s'en effrayait beaucoup «*per la qualità del nome* ».Quelques jours après, Latuada annonçait de Venise à Ludovic Sforza le mariage de César avec Mlle de Candale, et toutes les conditions d'un traité qui n'était pas encore conclu. En Savoie, on publiait la célébration et la consommation d'un mariage secret entre Louis XII et Anne de Bretagne, et la donation d'Avignon par le pape à l'ex-cardinal César Borgia. Pirovani, qui tenait ces nouvelles pour vraies, les considérait comme mauvaises, et demandait que «le mal préparé par quelques-uns retombât sur ses auteurs».

Ces nouvelles étaient mêlées de vrai et de faux. Pendant toute l'ambassade de l'évêque de Ceuta, jusqu'à l'arrivée de César Borgia, la situation respective d'Anne de Bretagne et de Louis XII ne changea guère. Le procès en divorce continuait. Anne de Bretagne, revenue à des idées moins sévères, se résignait ou se décidait à épouser le roi moyennant une dispense pontificale. Pour sauvegarder les convenances, elle avait quitté la cour, s'était retirée à Tours d'abord, puis de là en Bretagne, accompagnée par le prince d'Orange et par un grand nombre de seigneurs bretons. Avant leur séparation, la reine veuve et le roi avaient convenu décidément de s'épouser, s'ils le pouvaient légitimement, mais les choses n'étaient pas allées plus loin, quoi qu'on en dît. Anne de Bretagne s'était en somme conduite avec une parfaite prudence : elle avait refusé de contracter mariage avant le prononcé du divorce, disant « qu'elle était de trop bonne maison pour être p.... de France » ; mais, en dernier lieu, elle avouait qu'elle serait très flattée que le roi la prît pour femme. Louis XII ne cachait pas son amour pour elle : il l'aimait autant par raison politique que par affection naturelle. Il laissait croire qu'il l'avait aimée du vivant de Charles VIII et que cet amour avait été pour une part cause de la jalousie de son cousin contre lui. Aussi l'évêque de Ceuta, qui dirigeait le procès de divorce, était-il « *molto accarezzato* » par le roi et ses familiers. Quant aux intentions du roi à l'égard de César Borgia, elles ne paraissent pas s'être définitivement formulées avant son arrivée. Sauf l'investiture du duché de Valentinois, déjà décidée, on ne savait pas encore s'il recevrait cinquante ou cent lances, vingt mille livres de revenu ou davantage, si son duché de Valentinois serait accru d'Avignon, par une cession de l'Église. Surtout on ignorait encore absolument si son mariage se ferait, avec qui et dans quelles conditions : Mlle de Candale, Mlle d'Albret, la princesse de Tarente, étaient tour à tour désignées. En fait, le roi était perplexe et ne savait qui choisir.

§ 3. — *Les relations d'Alexandre VI avec Ludovic Sforza pendant ses négociations en France.*

Par l'envoi en France d'abord de l'évêque de Ceuta, ensuite du duc de Valentinois, Alexandre VI s'engageait assez avant dans la politique française pour exciter l'inquiétude de ses anciens confédérés, et il dut redoubler d'habileté pour pouvoir continuer, jusqu'à l'issue définitive de ses négociations avec la France, sa politique de bascule et d'équivoques. Il serait presque impossible, et à coup sûr peu intéressant, de le suivre pas à pas et jour par jour dans le labyrinthe, chaque jour plus compliqué, de ses intrigues. Il suffira d'indiquer par quelques traits significatifs le caractère qu'eurent pendant cette période ses relations avec les puissances italiennes, surtout avec le duc de Milan et le roi de Naples, plus directement intéressés, l'un à empêcher le mariage de César, l'autre à contrecarrer l'alliance du Saint-Siège avec la France.

L'importance des négociations franco-pontificales ne semble pas avoir frappé au premier moment les ambassadeurs milanais en résidence à Rome. Il semble que l'attitude, d'abord indifférente, puis bénévole, d'Alexandre VI à l'égard de Venise les ait touchés et effrayés davantage. Ils essayèrent de l'entraîner dans une action diplomatique commune contre celle-ci à propos de l'interminable guerre de Florence et de Pise. Ludovic Sforza adressa lui-même au pape, dans les premiers jours de septembre, une lettre où il lui montrait les dangers que l'attitude de Venise faisait courir aux Florentins et l'avantage d'une intervention du Saint-Siège en leur faveur, de concert avec Milan. A cette lettre les ambassadeurs joignirent tous les arguments possibles. Ils firent surtout valoir les inconvénients qu'aurait pour le pape le succès définitif des Vénitiens dans la guerre pisano-florentine, et leur installation comme souverains à Pise, ville qu'ils ne pourraient conserver qu'en s'étendant en Toscane et vers les états du Saint-Siège : « ils auraient encore plus de prétentions sur Bologne, qu'ils cherchaient déjà par tous les moyens à mettre sous leur influence ». La conversation fut longue, et, grâce aux nombreuses digressions du pape, la discussion aborda presque tous les points qui divisaient en ce moment le Saint-Siège et les puissances qui représentaient encore l'ancienne Ligue d'Italie.

Alexandre VI ne voulait pas rompre ouvertement avec le duc de Milan. Aussi essayait-il de représenter le voyage de César en France comme n'ayant pas de caractère agressif, et d'autre part, de le justifier comme ayant été rendu obligatoire par la mauvaise volonté des princes italiens. Il avait assuré aux agents milanais avoir donné à César une commission très positive de s'employer de tout son pouvoir à disposer favorablement le roi de France à l'égard de Ludovic Sforza, du Milanais, et, subsidiairement, de toute l'Italie. Le 14 septembre, il leur déclara que César « aurait préféré être réduit au pain et au fromage en Italie à jouir ailleurs des plus grands trésors, » et il ajoutait « Dieu le pardonne à qui en est cause, » désignant nommément le roi Frédéric. Il tenait aussi à bien montrer qu'il n'avait pas renoncé définitivement à ses négociations, ou tout au moins à ses espérances, sur Naples. Il s'étonnait d'ailleurs que le roi de Naples fît une si vive opposition au mariage de sa fille avec César. Il suggéra qu'il pourrait réserver à César Borgia une autre de ses filles, laquelle était encore toute jeune : « Rien ne lui plairait plus que cette alliance : il est bon serviteur du roi et désire le servir en soldat. » Les ambassadeurs n'eurent pas de peine à lui démontrer que cette princesse était infiniment trop jeune, et que César ne consentirait sans doute pas à attendre sa nubilité : « Il est jeune maintenant ; il lui convient plus de se donner du plaisir que d'attendre que cette enfant soit mûre pour le mariage. » Alexandre VI finit par reconnaître que César ne s'allierait du reste avec personne sans le consentement du roi de France.

Le Pape voulait convaincre Ludovic Sforza de ses sentiments particuliers d'affection pour lui. Dans cette même conversation il manifesta toute sa reconnaissance envers le duc « qu'il avait toujours trouvé très prompt et très zélé à le servir » ; il renouvela l'assurance de son affection cordiale pour le duc de Milan et de son désir de faire toujours pour lui « office de père » ; il assurait que le duc de Valentinois suivrait la même politique en France. — Il voulait aussi faire croire qu'il n'y avait aucune alliance entre les Vénitiens et lui. Il énuméra les mesures qu'il avait prises pour se défendre contre une attaque possible de la République ; mais il jugeait ces préparatifs suffisants et les raisonnements des Milanais ne l'en firent pas démordre. Il poussa la duplicité jusqu'à insister sur le refroidissement que l'on constatait, ou que l'on feignait de constater, entre le roi de France et les Vénitiens. — Il prétendit avoir déconseillé aux Vénitiens l'alliance avec la France : « La meilleure façon de ne pas courir le risque d'une guerre contre Louis XII, leur aurait-il dit, c'était d'opérer l'union de tous les états italiens : ce qui obligerait le roi de France à les traiter avec ménagement et à penser à autre chose qu'aux affaires d'Italie ».

Malgré toute son habileté, Alexandre VI ne réussit pas à dissimuler aux Milanais qu'il ne leur livrait pas tout le fond de sa pensée. Il laissa échapper des contradictions sur les motifs du voyage de César Borgia en France, sur les chances plus ou moins probables de son prochain retour, sur la situation qui lui était faite par Louis XII. Les ambassadeurs, montrant qu'ils savaient que les négociations traitées en France n'étaient pas toutes relatives au mariage de César Borgia demandèrent à quoi elles s'étendaient. Mais Alexandre VI éluda toute réponse précise et se jeta dans des considérations générales. Aux ambassadeurs des autres puissances de la Ligue italienne, le Pape tenait vers le même temps les mêmes discours qu'à ceux de Ludovic Sforza. Il affirmait ne vouloir négocier avec Louis XII que pour lui faire conclure un accord général avec toutes les puissances italiennes. Ludovic Sforza se laissait duper par ces vaines assurances. Il croyait à la sincérité du pape parce qu'il le voyait persister dans les mêmes affirmations depuis assez longtemps déjà. Ascagne Sforza, au contraire, avait quitté Rome et commençait à « se refroidir » à l'égard d'Alexandre VI.

Cette politique pontificale, hésitante et tortueuse, se prolongea tout l'hiver, tant que César Borgia eut quelque chance d'épouser en France la fille du roi Frédéric. Alexandre VI exprimait ou laissait exprimer en son nom les intentions les plus contradictoires. Dans une même dépêche d'Ascanio Sforza, il est dit à la fois que le pape a déclaré son intention d'être bon italien et de déconseiller à Louis XII l'alliance avec Venise, et d'autre part son intention de ne pas secourir Milan au cas d'une expédition française en Italie, de marcher avec le roi contre le duc si le roi dirigeait lui-même son expédition. Il faisait dire cependant que, malgré ses engagements avec Louis XII, il ne combattrait pas contre les Italiens s'ils étaient unis. En même temps, il écrivait au roi de France, des brefs très pressants, « *bonissimi brevi* », pour l'engager à la paix avec le roi des Romains. Il ne refusait pas ses conseils à Ludovic Sforza : interrogé par Ascanio sur « les moyens les plus propres à détourner l'orage qui menaçait le duc de Milan », il lui répondait qu'il devait à tout prix éviter que Maximilien conclût avec le roi de France un accord où lui-même ne serait pas inclus. Il lui conseillait aussi de s'entendre, moyennant finances, avec quelqu'un d'influent dans l'entourage de Louis XII et d'employer cet ami à disposer le roi à un accord.

Malgré cette apparente neutralité, ou plutôt cette indécision du pape, les Sforza se doutaient bien qu'ils ne pouvaient compter ni sur son appui, ni même sur une indifférence plus ou moins bienveillante. Ils étaient prévenus par leurs correspondants de France que Louis XII ne ferait rien en Italie sans le conseil d'Alexandre VI, mais ils n'espéraient pas que celui-ci sacrifiât ses intérêts particuliers au bien général de l'Italie, dévouement qui seul pourrait laisser espérer « *che ogni cosa havessea succedere bene*. La chance qui leur semblait le plus favorable était que les belles promesses faites et prodiguées à César Borgia, ne seraient pas suivies des effets qu'il en attendait et se « dissiperaient en fumée », qu'après que Louis XII aurait obtenu du pape toutes les concessions qu'il attendait de lui, il ne ferait plus autant de cas de César Borgia, et qu'Alexandre VI serait alors obligé d'en revenir à sa première politique. Ils comptaient aussi beaucoup sur la terreur que Maximilien passait pour inspirer à Louis XII et sur les difficultés que le roi de France rencontrerait sur ses frontières, lesquelles l'empêcheraient de donner une suite effective à ses négociations avec le pape. Aussi Ludovic Sforza, au commencement de décembre, songeait-il à envoyer Pierre de Trieste à Maximilien pour lui demander, soit de continuer la guerre contre Louis XII, soit de ne pas traiter avec lui sans comprendre dans le traité le duché de Milan et la paix universelle de l'Italie. A mesure que la situation se prolongeait et que Louis XII traitait mieux César Borgia, les dispositions encore bienveillantes du pape diminuèrent, et Ascanio Sforza, homme d'un caractère violent et emporté, le ménagea moins qu'auparavant. Il y eut entre eux des querelles vives et fréquentes : le 9 décembre 1498, l'ambassadeur vénitien signale une de ces scènes où Ascanio reprochait violemment au pape l'envoi de César en France, tandis que le pape ripostait en lui rappelant l'appel jadis adressé à Charles VIII par Ludovic Sforza.

Alexandre VI continua dans ses conversations à affecter de rendre le duc de Milan responsable de l'envoi de César en France et de l'alliance de Julien de la Rovère avec Louis XII et Trivulce : « Mieux aurait valu les garder contents en Italie et s'en faire des amis ».

Pendant les derniers mois de 1498, l'exécution du traité entre Louis XII et César Borgia subit un temps d'arrêt : « la brillante entrée à Chinon, dit M. Yriarte, eut un lendemain assez sombre ». Les conditions du traité étaient pour le Pape la concession de la bulle de dissolution du mariage entre Louis XII et Jeanne de France, et la remise du chapeau à l'archevêque de Rouen, Georges d'Amboise ; pour le roi, la cession à César du comté de Valence, revendiqué par l'Eglise, et qu'il érigeait en duché en faveur de César, la constitution d'une rente de vingt mille livres et le commandement d'une compagnie, et surtout le mariage de César. De ces diverses clauses, celles qui obligeaient le Pape avaient été exécutées : en arrivant à Chinon, César Borgia apportait le chapeau à Georges d'Amboise, qui le reçut immédiatement. Il apportait aussi la dispense pour le divorce royal, mais il feignit quelque temps, pour se venger des lenteurs de l'exécution de la dernière clause le concernant, de n'avoir pas la dispense entre les mains. Cette dissimulation était assez maladroite et peu politique, puisque Louis XII savait par Alexandre VI lui-même que la bulle était expédiée. Dès le 5 octobre, dans une audience aux ambassadeurs vénitiens, il se déclarait sûr que « le pape ferait tout ce qu'il voudrait. » Le 15 octobre, il était déjà de notoriété à la cour que le roi avait reçu la dispense d'épouser « *reine blanche de Bretagne* ». Aussi passa-t-il outre à la mauvaise volonté de César, et laissant le tribunal ecclésiastique continuer sa longue procédure, il s'était, dès la fin de novembre, mis en route pour aller rejoindre et épouser à Nantes la reine Anne. Celle-ci avait recommencé à se gérer en duchesse de Bretagne ; elle avait en sa puissance toutes les villes bretonnes, excepté la forteresse de Nantes. Elle était en butte aux obsessions des nobles bretons qui voulaient la persuader d'épouser l'un d'entre eux. Mais elle était maintenant décidée à se marier avec le roi de France, et elle lui avait fait répéter par un ambassadeur spécial « qu'elle n'épouserait jamais un autre que lui ». Louis XII arriva à Nantes dans les premiers jours de décembre. Le 17 décembre, le cardinal de Luxembourg, les évêques d'Albi et de Ceuta et les commissaires pontificaux prononcèrent la sentence de dissolution de mariage dans l'église

Saint-Denis à Amboise. Il n'y avait donc plus d'importance à ce que César Borgia retînt plus ou moins longtemps la bulle pontificale. Peu de jours après le prononcé de la sentence, le cardinal d'Amboise alla chercher la reine Anne dans le château où elle s'était retirée à l'arrivée de Louis XII à Nantes, célébra le mariage par procuration et la ramena à Nantes, où celui-ci l'attendait. Le 6 janvier, le Roi fit une entrée à Nantes à 3 heures et demie, et le mariage fut célébré le même jour à 6 heures du soir. Les ambassadeurs italiens, observateurs fort curieux et très indiscrets, assurent que la nuit nuptiale fut une vraie fête pour l'épousée, et que «si cette ardeur a pu paraître à la reine une chose inaccoutumée, elle ne lui a pourtant pas déplu.» La nouvelle en alla jusqu'en Italie, avec des chiffres : elle rehaussa sans doute particulièrement la gloire de Louis XII. Ainsi Alexandre VI avait tenu tous les engagements qui, dans cette négociation, devaient précéder la conclusion de l'alliance.

Restait au roi à marier, ainsi qu'il l'avait promis, le duc de Valentinois. C'était la princesse de Tarente que Louis XII, d'accord avec le désir d'Alexandre VI, lui destinait, mais elle refusait absolument d'épouser César Borgia. Après un mois de séjour en France, le jeune duc n'était pas plus avancé que le premier jour : il avait fait cependant toutes sortes de concessions ; il avait, sur le conseil de M. de Trans, remplacé les Espagnols de sa suite par des Français. On assurait bien sans doute que son mariage se ferait un jour ou l'autre, mais on n'osait pas nommer celle qui pourrait être sa femme. La princesse de Tarente, pour sa part, déclarait obstinément qu'elle ne se marierait avec César que si son père, dont elle connaissait l'opposition à cette union, le lui commandait. Ce sentiment de répulsion, spontané chez elle, était soigneusement entretenu par les ennemis de César. On avait employé tous les moyens pour modifier les idées ; Louis XII lui-même l'avait inutilement poussée à ce mariage. Le principal appui de la résistance de la jeune princesse était M. de Cléricux, partisan très convaincu du roi Frédéric, son principal conseiller : M. de Cléricux fut banni de la cour sans résultat. On crut alors qu'il valait mieux la prendre par la douceur : on rappela M. de Cléricux ; celui-ci afficha la plus grande confiance au succès final, si on le laissait maître d'agir; il promit à Louis XII d'obtenir le consentement de Charlotte si l'ambassadeur du roi de Naples, Antonio Grisoni, recevait l'autorisation de venir à la cour et de travailler à vaincre la résistance de la princesse. Bien que ce fût là une nouvelle cause de retards et de lenteurs, Louis XII, pour en avoir le cœur net, ordonna de faire venir cet ambassadeur à la cour. Julien de La Rovère s'employa avec beaucoup de zèle à la conclusion de ce mariage : il n'eut pas plus de succès que les autres. Louis XII était réellement très troublé et très inquiet de cette « obstination féminine » ; il craignait que, s'il ne pouvait tenir cet engagement, sa bonne foi et sa parole vinssent à être suspectées, non seulement par le pape, mais par tous les princes italiens. Aussi se préoccupait-il de trouver des remplaçantes à la princesse de Tarente, si elle s'obstinait dans un refus définitif. Il songeait à lui substituer sa nièce, la fille du comte de Foix et de sa propre sœur, ou une autre de ses parentes, la fille d'Alain d'Albret : l'une et l'autre étaient également belles et de haute naissance. Julien de La Rovère, qui, le 18 janvier, exposait la situation à Alexandre VI, disait : « Peut-être est-ce par la volonté de Dieu que le mariage avec la fille du roi de Naples ne peut pas se conclure : c'est afin que le duc de Valentinois puisse en conclure un beaucoup plus avantageux. » Mais le souverain pontife était plus blessé de l'échec présent que joyeux des espérances du roi pour l'avenir, et il écrivait le 4 février que « le roi l'exposait à la risée de toute l'Italie, car il était de notoriété publique que César était venu en France pour se marier. » Le 18 janvier, Louis XII avait renouvelé son engagement de marier le duc de Valentinois, et Julien de La Rovère, pour faire prendre patience au pape, lui décrivait pompeusement toutes les qualités que la cour admirait en César, et l'estime et l'affection que tout le monde en France avait pour lui. Il n'en était pas moins vrai que, selon la pittoresque expression de Cattaneo, César était « dans un labyrinthe », et qu'il était fort mécontent.

Bien que César Borgia fût en quelque sorte un ambassadeur permanent et omnipotent en France, il n'y en eut pas moins pendant son séjour des relations directes entre la France et le Saint-Siège, non seulement dans l'ordre ecclésiastique, mais même en matière politique. Au commencement de février 1499, Louis XII envoya à Alexandre VI une ambassade solennelle d'obédience. Elle était composée des évêques de Lisieux, de Famagouste et de Tréguier, procureurs du roi en cour de Rome, de Girault d'Ancezune, trésorier royal, et d'Antoine Taccard, secrétaire royal. Elle était chargée de remettre au Pape les lettres du Roi, de lui prêter dans les formes habituelles un serment de « vraie, pure et sincère obéissance ». Elle devait y joindre une déclaration de reconnaissance d'Alexandre VI, comme « vrai recteur de l'Eglise universelle et vrai vicaire de Dieu en terre », une promesse que le roi imposerait à tous ses états et sujets l'obéissance au Pape, et enfin faire toutes les réserves de style en faveur des privilèges et des libertés de l'Eglise gallicane (1). Peu de temps après, une autre ambassade analogue fut envoyée à Rome par Anne de Bretagne, comme duchesse de Bretagne, et reçue à ce titre par le pape, malgré la vigoureuse opposition des ambassadeurs français, qui ne cessa que sur l'ordre exprès du roi Louis XII.

Malgré toutes ces incertitudes et tous ces retards, Alexandre VI persévérait dans la recherche d'une alliance avec la France. Au commencement de février, César Borgia, humilié et irrité des retards indéfinis qui semblaient menacer son mariage, songea très sérieusement à quitter la France et envoya son majordome prévenir le Pape de son intention. Alexandre VI, craignant un coup de tête, renvoya aussitôt le majordome à César pour le dissuader d'un pareil projet et lui faire comprendre les dangers qu'il courrait et qu'il ferait courir au Saint-Siège s'il le mettait à exécution. Pour mieux lui exposer les raisons qu'il devait avoir d'être patient, le pape joignit au majordome de César son camérier l'évêque de Melfi, chargé spécialement de le chapitrer sur ce point et aussi d'exprimer à Louis XII les plaintes du pape sur la non-conclusion des pourparlers matrimoniaux, de tout faire pour obtenir le mariage de César avec la princesse de Naples, ou, si ses efforts en ce sens demeuraient vains, avec une autre des princesses qu'il avait déjà proposées. Malheureusement, l'évêque de Melfi fut arrêté, dès le début de sa mission, par la maladie ; il dut attendre sa guérison à Florence, et le majordome reçut l'ordre

(1) A la même époque environ se répandit le bruit que le cardinal de La Rovère, le cardinal Briçonnet et Giov. Giordano allaient se rendre à Rome, mais c'était faux. La fausse nouvelle vient peut-être d'une confusion avec l'ambassade de Louis XII. Voir une lettre de Latuada, 21 février 1499 : « Fo anche dicto de la partita del San Petro in Vincula, San Malo et Signor Jo. Jordano de Franza, e dopoi de la zoncta loro ad Marsilia per venire ad Roma, como ho scripto alla Excellentia Vostra. E nientedimeno intendo, per lettere venute da Lione ad mercadanti, non essere vero che essi San Petro in Vincula, San Malo, e Jo. Jordano siano anche partiti da la corte e similmente chel Re non è per venire di presente alla volta de Lione, ma essere ben dicto da la Maestà sua di volersi trovare al Ascensa ad Lione. Delche credo che la Excellentia Vostra ne sia meglio certificata ; pur io anchora li dico quanto intendo di queste cose. »

de porter à César les instructions dont le malade était chargé pour lui. Le pape s'associait de plus en plus à la politique franco-vénitienne ; il félicitait les Vénitiens d'avoir rompu les négociations commencées avec Florence en vue d'un compromis ; il disait très haut à leur ambassadeur que les Vénitiens devraient s'allier à lui et à la France, et que de cette alliance « sortiraient infiniment de bons résultats pour les deux parties »; il poussait avec énergie à la conclusion de l'accord franco-vénitien, mais en secret et sans en parler aux cardinaux ; il affectait au contraire de leur narrer en détail les tentatives faites par Maximilien pour s'accorder avec la France au sujet des affaires de Milan, et l'espoir que l'empereur avait d'y réussir. Le cardinal de La Rovère l'encourageait dans cette politique, lui assurant qu'à défaut de la princesse de Tarente, César Borgia serait aisément marié à quelque autre. Le cardinal français de Gurck, Raymond Péraud, diplomate non moins fameux par sa misère que par son habileté, arriva le 13 février 1499 à Rome, sans La Rovère avec qui l'on avait d'abord dit qu'il viendrait, et il annonça que Louis XII ferait certainement une guerre en Italie. Sa présence fut un nouvel appoint à l'influence française. A la cour le pape s'en remettait à Julien de la Rovère de l'heureux succès du mariage. A la fin de février, on commença à parler de Charlotte d'Albret comme femme possible pour César Borgia, et le 25 février on annonça à Rome la conclusion de la ligue franco-vénitienne. Un messager qui repartit aussitôt en apporta le 25 mars 1499 la nouvelle officielle. Cette nouvelle produisit une profonde impression, toute en faveur de la France, sur le pape et sur le Sacré Collège. Cette impression fut si vive et l'émotion qui s'en suivit grandit si vite que, dès le 8 mars, l'on se demanda au Vatican ce qu'il convenait de faire de la personne d'Ascanio Sforza.

§ 4. — *Les relations des princes italiens avec Alexandre VI pendant ses négociations en France.*

Cependant l'arrêt subi en France par la négociation pontificale et le dépit que César Borgia en avait ouvertement exprimé rendirent à Ludovic Sforza l'espoir de ramener Alexandre VI aux alliances italiennes, qui semblaient au duc de Milan les alliances naturelles pour le souverain pontife. Le 5 février, au moment même où Alexandre VI recommandait la patience à César

Borgia, le duc de Milan tenait conseil avec les ambassadeurs de Ferrare et de Mantoue : il concluait des retards du mariage que Louis XII n'avait jamais joué franc jeu avec Alexandre VI et que toutes ses belles promesses n'avaient eu pour but que de se faire donner une dispense de mariage ; ses interlocuteurs lui conseillaient de profiter de la circonstance pour se réconcilier avec le Pape aux dépens des Vénitiens en faisant céder par l'empereur Ravenne et Cervia au pape, moyennant qu'il s'alliât aux autres puissances italiennes ; la cession de Trévise à l'empereur achèverait de le gagner et de le décider à déclarer la guerre à Venise. Ludovic Sforza dépêcha aussitôt un courrier à Rome pour faire agir Ascanio Sforza sur le pape. Justement l'ambassadeur napolitain Bernardino de Bernardo faisait de nouvelles ouvertures au cardinal Giovanni Borgia au sujet du mariage napolitain : « le roi de Naples n'était pas en état de donner un domaine territorial à César Borgia dans le royaume, mais il ne verrait pas d'inconvénient à donner à ce prince la somme d'argent dont il se réservait de payer son propre accord avec la France, pourvu que Louis XII consentît ce moyen terme ; de plus le roi de Naples s'emploierait à faire avoir à César Borgia un état en Italie, pourvu qu'une grande guerre ne fût pas nécessaire pour l'acquérir. » Le cardinal Borgia se montra favorable à cette combinaison, et Alexandre VI lui-même la prit en considération. C'est ce qui motiva la recommandation faite par lui à l'évêque de Melfi de travailler de tout son pouvoir au succès du mariage napolitain. Ludovic Sforza faisait en même temps avertir secrètement César Borgia de ne pas accepter les partis qu'on lui proposait en France ; il lui choisirait lui-même une femme, qui serait une italienne de son rang. Ascanio Sforza ne se lassait pas non plus de recommander au cardinal Borgia et à Alexandre VI de ne pas se presser de conclure le mariage. Il leur faisait valoir, non sans raison, qu'une fois César marié en France, les puissances italiennes n'oseraient et ne pourraient plus s'allier en confiance et avec sécurité au Pape ; il leur conseillait d'essayer d'obtenir de Louis XII des avantages matériels en échange et comme compensation du mariage manqué, et de continuer à suivre les «pratiques» des deux autres mariages mis en avant par le roi ; surtout il leur recommandait d'éviter une rupture immédiate avec la France, « ce qui ne serait avantageux ni pour le Saint-Siège lui-même, ni pour l'Italie en général», et d'attendre, pour en venir, s'il le fallait, à cette rupture, d'avoir conclu une alliance définitive avec tous les princes de l'Italie.

Ces intrigues et ces pourparlers aboutirent à la fin de février à une proposition ferme d'alliance entre le Saint-Siège et le duché de Milan, que Ludovic fit faire au pape par le cardinal Ascanio. Le 22 février, des lettres patentes, dont le préambule contient l'expression solennelle du désir que le duc a de s'allier avec Alexandre VI, nommèrent Ascanio Sforza « procurateur et mandataire général pour la conclusion d'une ligue entre le pape, le roi de Naples, la république florentine et le duc de Milan » (1). En même temps, au nom du roi Frédéric et de Ludovic Sforza, on présenta au pape un projet de traité (2).

Ce traité stipulait pour un nombre indéfini d'années une alliance entre le pape, Naples, Milan et Florence, et la garantie réciproque par ces puissances de leurs états contre tout état italien ou étranger, ayant des domaines en Italie ou hors d'Italie qui attaquerait directement ou indirectement les états confédérés ou leurs alliés. Le pape s'engageait à entretenir sur pied pendant tout le temps de la Ligue trois ou quatre mille chevaux, deux ou trois mille hommes de pied ; le roi de Naples et

(1) Cet acte a été autrefois publié par Müller dans le *Notizenblatt*, (Vienne, tom. VI, pag. 588), mais l'éditeur n'en a pas connu le préambule, qui est intéressant au point de vue milanais, et comme expression (probablement forcée et exagérée à dessein) des sentiments de joie de Ludovic Sforza. J'ai retrouvé l'acte complet dans le *Carteggio generale* de Milan : « Ludovicus Maria Sforza. Nullius conjunctio ullo tempore magis cordi nobis fuit quam ea quæ nobis summi pontificis fortunam communem fecit. Nam cum suprema illius dignitas Christianos principes in liberorum locum ei faciat, pium est, cui per religionem deditos oportet nos esse, cum eo etiam sæcularem fortunam velle communem habere. Quod si, cum omnibus pontificibus semper optandum fuit, longe nobis desiderabilius extsitit cum Sanctissimo Domino Nostro Domino Alexandro Papa sexto; eum enim ante alios in ipsa prima ejus creatione colendum præcipuo studio suscepimus, nec aliquid gratius unquam habuimus quam cum contigit ut ejus desideriis morem gerere et observantiæ nostræ magnitudinem testari possemus. Itaque, cum hoc tempore de ipsius paterno erga res Italas animo moniti simus, et quam minime nobis dubium esset quod, ubi occasio se ferret, Sanctitas ejus omnia pro boni parentis officio præstaret, tamen imminentia Italiæ pericula effecerunt ut eo nuncio vehementer gavisi simus, statuerimusque nulla in parte deesse quam nos præstare debeamus ut ipse Sanctissimus Dominus Noster non solum dignos nos cognoscat quos ipsius Sanctitas pro sua caritate complectatur, verum etiam ad omnia quæ cupit et agenda putantur obvios et propensos habeat, ut igitur plena facultas, ubi Sanctitas ejus est, habeatur, omnia efficienda quæ serenissimi Domini Federici regis Neapolitani et excelsæ Reipublicæ Florentinæ simul et nostra cum ipsa Sanctitate sua conjunctione necessaria esse videantur et opportuna; tenore præsentium, etc. »

(2) Mais un observateur judicieux, Cattaneo, disait à ce moment « Succeda che si volia, pocho di bon li è per Italia. » — Sur tout ceci, voir Sigismondo dei Conti di Foligno, *Istoria*, tom. II, pag. 200-201 et suivantes.

le duc de Milan, chacun six ou huit mille chevaux ; la république de Florence, trois ou quatre mille chevaux et deux ou trois mille hommes de pied ; le tout s'entendait en bonnes troupes. Les confédérés s'obligeaient à se secourir par les armes réciproquement, en toute province ou tout lieu où ils seraient attaqués, et dans les conditions suivantes : si l'un des quatre confédérés était attaqué, les trois autres non attaqués devraient lui envoyer tout ou partie de leurs forces, soit pour se défendre chez lui, soit pour attaquer à son tour le territoire de l'assaillant. Si un secours maritime était nécessaire, il devait être fourni, en déduction du secours de terre. Si plusieurs des contractants étaient attaqués ensemble, les autres ou l'autre non attaqués devaient leur envoyer des secours dans une juste proportion, par moitié ou par tiers, suivant le nombre des assaillis.— L'état attaqué et secouru devait pourvoir les troupes de secours de logements et de vivres à un prix raisonnable, mais la solde des troupes de secours restait à la charge de l'état qui les envoyait. — Le pape promettait à ses confédérés l'appui des armes spirituelles, et réciproquement les autres états s'engageaient à lui fournir leur appui en matière temporelle. — La paix ne pouvait être conclue par l'un des confédérés sans le consentement et l'inclusion des autres. — Après la conclusion de la Ligue, chacun des confédérés était tenu de désigner ses propres alliés ou adhérents ; pour plus de sûreté, les confédérés s'interdisaient de désigner comme leurs alliés ou adhérents des états supérieurs en puissance ou en dignité à l'une des parties contractantes ; si un état de cette catégorie exceptée était actuellement l'allié d'une des parties contractantes, il devait, pour que cette alliance continuât, accepter les conditions et les obligations des quatre confédérés. En cas d'attaque de l'un des confédérés, les autres s'engageaient non seulement à refuser à l'agresseur le séjour et les vivres sur son territoire, mais aussi lui interdire le passage, même par la force en cas de besoin. — Le roi de Naples, le duc de Milan et la république de Florence promettaient de fournir au pape (chacun pour une part) cent mille ducats pour l'achat du duché de Suessa, de l'office de grand connétable et de tous les états, lieux, terres et droits actuellement possédés par le jeune duc de Gandie dans le royaume de Naples ; ils s'engageaient à faire tous leurs efforts pour obtenir du duc de Gandie et de ses tuteurs la vente à César Borgia de ses états et dignités. — Si, dans un délai à fixer ultérieurement, les trois états n'avaient pu obtenir cette vente, ils achèteraient, pour une valeur égale de cent mille ducats, un autre état au duc de Valentinois. — Les cent mille ducats prévus par les articles précédents ne devaient pas être versés au pape avant le retour du duc de Valentinois en Italie. — En cas de mort d'un vicaire ou gouverneur pontifical dans les Romagnes, mourant sans laisser d'héritiers légitimes, et en cas de dévolution de son état au pape, les confédérés aideraient de leurs troupes à l'occupation de cet état, « afin qu'il vînt au pouvoir du Saint-Siège ou de la personne que le pape désignerait ». — En cas de révolte armée d'un vicaire ou gouverneur des Romagnes, révolte de nature à mériter le nom de «rébellion contre le Saint-Siège» et à faire prononcer la dévolution de son état au Saint-Siège, et en cas de désobéissance d'un de ces vicaires au Saint-Siège, de nature à mériter, de l'avis de la majorité des confédérés, la privation de son état, les confédérés promettaient d'aider le pape au châtiment du rebelle et à la soumission de son état au Saint-Siège ou à un prince désigné par lui. — Le pape et les autres confédérés promettaient de prendre à leur solde Alphonse d'Aragon, duc de Bisceglie, et le prince de Squillace, avec des compagnies de cent hommes d'armes chacun, en se partageant proportionnellement les frais de solde. — Les confédérés renonçaient à entretenir, après la conclusion de la Ligue, aucune alliance ou intelligence avec aucune puissance, sauf du commun consentement des autres parties contractantes, pourvu qu'une telle alliance ne fût préjudiciable à personne des confédérés, et que les articles de la Ligue fussent respectés. — Le droit des autres princes à entrer dans la Ligue était réservé. — Le pape promettait que César Borgia serait en Italie et à Rome dans les deux mois qui suivraient la conclusion de la Ligue. Il s'engageait à ne pas autoriser son retour en France et son mariage avec une femme non italienne sans le consentement des autres parties. — Au cas où une guerre éclaterait avant l'expiration de ce délai de deux mois et avant le retour de César, le pape fournirait la valeur de son contingent en argent.

Alexandre VI approuva dans leur ensemble les articles du traité qu'on lui proposait, mais, soit pour gagner du temps, soit pour obtenir plus de garanties personnelles, il demanda que diverses modifications y fussent introduites : il demanda qu'on attendît la décision formelle des Florentins pour les nommer dans le traité. — Sur l'article 5, il demanda qu'aucun des confédérés ne pût, après la conclusion du traité, nommer pour ses alliés les sujets ou vicaires de l'autre partie ; ou bien il désirait qu'ils fussent désignés immédiatement pour savoir quelle serait la situation politique. Sur l'article 7, il exigeait que les cent mille ducats fussent versés en or et qu'il fût spécifié qu'on entendait des ducats « *in oro de camera* » et qu'il en fût fait dépôt à Rome. — Dans l'article suivant, il ne voulait pas s'en remettre aux princes confédérés du choix de l'état qui serait acheté au duc de Valentinois : si la cession du duché de Gandie ne pouvait s'obtenir, les cent mille ducats seraient versés en or à César Borgia pour s'en acheter un état. — Sur l'article 12, il demandait que les ducs de Bisceglie et de Squillace fussent obligés de demeurer, eux et leurs troupes, sur les territoires du Saint-Siège et ne pussent être tenus au service des confédérés, et que, dans le cas où le pape aurait à envoyer des troupes au secours des confédérés, il pût les compter et les faire figurer parmi ses troupes personnelles. Sur l'article 15, Alexandre VI refusait, César Borgia étant entre les mains de Louis XII, de prendre aucun engagement tendant à le faire revenir dans un délai de deux mois ; il offrait de consentir à l'annulation du traité au cas où César prolongerait plus de deux mois son séjour en France. Il demandait la suppression pure et simple de l'article 16.

Mais tout en s'engageant ainsi dans un projet de confédération italienne, Alexandre VI se ménageait dans le traité même, pour le cas sans doute où il aurait été contraint par les circonstances de le subir, un retour vers la France. Il demandait l'introduction d'une clause portant que, si César Borgia ne revenait pas dans les deux mois, le pape ne serait tenu ni à entrer dans la Ligue, ni à respecter aucun article du traité ; et que, pendant les deux mois de délai précédemment stipulés, aucun des confédérés n'aurait d'obligations à remplir. — Enfin, se fondant sur ce qu'il ne pouvait pas, sans de grands dangers politiques, abandonner l'amitié de la France sans s'être assuré la protection de l'Empire et celle de l'Espagne, Alexandre VI demandait que les confédérés lui assurassent la protection de ces deux puissances pour sa personne et pour les choses spirituelles et temporelles. Faute de l'obtenir en bonne forme, il prétendait n'être lié en rien par la Ligue et n'avoir rien conclu.

Les articles convenus d'abord et les additions d'Alexandre VI furent soumis au roi de Naples, qui les approuva, mais en exprimant l'opinion, très arrêtée chez lui, que le pape ne se résoudrait à rien avant de connaître l'issue des négociations en

France, et que le roi de France, ne voulant pas s'exposer au risque de voir sa dispense de divorce révoquée *pro mala informatione*, ferait tout pour retenir en France le duc de Valentinois. Le résultat serait donc que le pape resterait en pleine liberté de ses actions, tandis que les autres confédérés auraient les mains liées. Frédéric pensait donc qu'il fallait continuer les préparatifs militaires, comme si cette quadruple alliance ne devait jamais être conclue, car il ne fallait pas, dans le cas probable d'un échec, que les puissances italiennes se trouvassent « comme endormies » et prises au dépourvu.

Plus optimiste que le roi de Naples, le duc de Milan essaya de séduire César Borgia lui-même en lui proposant de « grandes choses » en Italie, et en lui conseillant de quitter la France secrètement. Mais César Borgia, loin d'y consentir, révéla les intrigues de Ludovic Sforza à Louis XII. Ce fut même alors qu'il renvoya les derniers Espagnols et Catalans qui se trouvaient encore à son service, et qu'il les remplaça par des Français.

Cependant le pape ne se décidait à rien : le duc de Milan était très effrayé de ses temporisations, Ascanio Sforza dissimulait mal son profond mécontentement sous une feinte gaieté. Le pape disait que le duc de Milan avait « de quoi songer » : Ascanio Sforza demandait qu'Alexandre VI déclarât ses intentions définitives sur la politique italienne ; le pape lui répondait par des propos en l'air. Ludovic Sforza crut améliorer sa situation en renouvelant son ambassade à Rome : Conradolo Stanga fut transféré de Rome à Naples, et y fut remplacé par le résident à Sienne, Cesare Guaschi. Le duc espérait, en renonçant à se faire représenter à Rome par des ecclésiastiques, et en y mettant un laïque, avoir une diplomatie moins facile à la séduction des bénéfices, plus indépendante et plus dévouée. Ascanio Sforza employait tous les moyens d'action pour déterminer le pape : il lui demandait une audience et lui promettait de lui faire bien voir où étaient ses véritables amis ; l'ambassadeur milanais le suppliait d'entrer dans la Ligue. Le pape affectait de se lamenter et déclarait que, n'était la présence de César Borgia en France, il n'hésiterait pas à s'allier au duc de Milan. Il affirmait encore, le 19 mars, ne rien connaître de la conclusion de la Ligue franco-vénitienne, savoir seulement que les ambassadeurs napolitains avaient été outrageusement renvoyés de France.

Tant de lenteurs fatiguaient les puissances italiennes. Le roi de Naples, moins politique que Ludovic Sforza, voulait, dès avant le 20 mars, une rupture définitive avec le pape. Il fallait, selon lui, chasser les Vénitiens de Pise et la rendre aux Florentins, les expulser aussi des places qu'ils occupaient dans le royaume de Naples ; lui-même leur restituerait l'emprunt dont ces places étaient la garantie ; on continuerait à promettre au pape les cent mille ducats et le reste, avec la ferme intention de ne pas tenir ces promesses, mais simplement pour endormir ses défiances ; on lui ferait ensuite savoir que les confédérés ne jugeaient pas à propos, vu sa perfidie, de lui donner, soit de l'argent, soit tout autre instrument d'action qu'il n'emploierait qu'à la ruine de l'Italie. Ascanio Sforza désapprouvait ce plan qui lui paraissait un « plan de désespérés », et qu'il voulait garder pour la dernière extrémité : il ne voulait pas réduire le pape à se jeter dans les bras des Vénitiens ; il ne voulait pas par des perfidies donner le beau rôle au pape. Alexandre VI, sur ces entrefaites, lui annonça la conclusion de la Ligue franco-vénitienne qu'il connaissait officiellement, et les sérieux pourparlers engagés avec les d'Albret pour le mariage de César ; mais il protestait encore de son désir de voir l'Italie unie et pacifique : « Il était, disait-il, libre de choisir le parti qu'il voudrait ; rien ne l'obligeait d'être d'une certaine façon plutôt que d'une autre » avec les princes italiens, mais si on continuait à lui offrir les mêmes avantages dont il avait été question antérieurement, « il ne ferait plus qu'un avec eux ». Ce fut au tour d'Ascanio Sforza à lui tenir la dragée haute, à lui dire que son dernier rapprochement avec la France avait découragé et inquiété la bonne volonté des princes. Cette réponse était faite pour gagner du temps. Le pape donna trois jours au vice-chancelier pour lui faire connaître le sentiment définitif des italiens, disant que, s'ils ne s'étaient pas décidés à ce moment, il prendrait lui-même sa résolution. Ascanio Sforza eut la naïveté de croire, même après cette déclaration, à la sincérité et aux bonnes dispositions du pape à l'égard des états italiens.

§ 5. — *Le mariage de César Borgia.*

César Borgia faisait entretemps contre mauvaise fortune bon cœur. Il se vengeait des refus multipliés de la princesse et du roi de Naples en reprochant à celui-ci de n'être qu'un bâtard du roi Alphonse, tandis que lui était fils du pape et en faisait gloire. —Au début de mars, en effet, le mariage napolitain était décidément abandonné, « évanoui en fumée », à la grande joie du roi de Naples, qui avait été aussi triste et aussi désespéré de ce projet de mariage qu'il l'eût été de la perte de son royaume. Sa joie de le voir définitivement abandonné fut telle qu'il sembla ne pas voir qu'en même temps le roi de France avait assez brutalement congédié ses ambassadeurs. Les Italiens crurent que les autres projets auraient comme celui-là des résultats négatifs. On disait publiquement que c'étaient autant de fourberies « *tutti inganni* ». L'évêque de Pazzi conseillait à Ascanio Sforza de faire savoir à l'évêque de Melfi qu'il ne fallait avoir aucune confiance dans les affaires de France.

À défaut de la fille du roi de Naples, Louis XII voulait donner à César Borgia la fille du comte de Foix ou celle du sire d'Albret. On disait en France que César Borgia ne perdait pas au change, attendu que ces princesses étaient beaucoup plus belles que la princesse de Naples. Mlle de Foix fut vite éliminée : elle était réservée à une destinée encore plus éclatante. Restait Charlotte d'Albret. Toute la cour montra la plus grande confiance dans le succès de ce mariage, bien que l'on dit aussi que la jeune fille n'en voulait pas. Vers la fin de mars César était tellement ennuyé de voir la situation se prolonger ainsi, qu'on annonça son prochain départ pour la Provence avec M. de Trans ; on allait jusqu'à dire que dans son désespoir, César Borgia voulait retourner à Rome et reprendre la pourpre. Louis XII, pour le faire patienter, lui donna un logement à la cour et lui céda la moitié de sa garde, lui donna une escorte de francs archers et une maison française. — Le pape n'était pas moins inquiet que César lui-même ; cependant il voulait ménager à tout prix la France ; malgré ses perplexités, il accueillait fort bien l'évêque de Bourges, confesseur de la reine, qui venait à Rome comme simple particulier et sans mission politique ; mais il était fort mécontent et parfois laissait voir son mécontentement. Le 7 avril, au consistoire, il se plaignit très haut de Louis XII, qui, disait-il, n'avait pas tenu les promesses qu'il lui avait faites. Au commencement d'avril, dans l'entourage même du pape, on croyait le mariage de César et l'alliance française moins sûrs que jamais. Le cardinal Borgia promettait à Ascanio Sforza de lui raconter «bientôt, quand le pape serait d'accord avec les puissances italiennes,» toutes les intrigues qui avaient eu pour but l'alliance avec Louis XII et la ruine de l'Italie.

Mais à ce moment même les négociations avec les d'Albret allaient aboutir : le sire d'Albret déclarait au roi son consentement, et il n'y avait plus qu'à conclure. Malgré les répugnances de sa fille, Alain d'Albret avait en effet, pour de plus grands intérêts politiques, accueilli les ouvertures que le sieur de La Romagère lui avait transmises de la part de Louis XII ; il voulait seulement faire de ce mariage l'alliance la plus avantageuse qu'il se pourrait. Par un acte du 23 mars 1499, il nomma ses procurateurs, Gabriel d'Albret, Regnault de Saint-Chamans et Jean de Calvimont, et le 29 avril, après de longues négociations, il fixa ses conditions ; il demanda « à voir et à toucher » la dispense de mariage accordée à César Borgia ; il demandait que la dot de cent mille livres, garantie à César par le roi, fût fixée à cent mille ducats, et qu'on fixât des garanties et des époques de paiement. Il voulait qu'on spécifiât les biens patrimoniaux de César, pour savoir de quoi sa fille hériterait si elle survivait à son mari. Il voulait faire vérifier par ses procurateurs si l'importance des biens meubles de César en France était bien, ainsi qu'on le lui avait assuré, de cent vingt mille ducats. Il promettait à Charlotte une dot de trente mille livres tournois, payable six mille livres dix-huit mois après la célébration du mariage et le surplus, quinze cents livres par an jusqu'à complet payement ; moyennant quoi, la mariée renonçait à tous ses droits sur la succession de son père et sur celle de sa mère, Françoise de Bretagne. Le mariage était contracté en communauté de meubles et d'acquêts, et le douaire éventuel de Charlotte fixé à quatre mille livres.

Louis XII repoussa, la trouvant excessive, la demande de changement des livres en ducats, mais il consentit à faire garantir par les trésoriers généraux Michel Gaillard, Pierre Briçonnet, Thomas Bohier et Jacques de Beaune, la dot de cent mille livres et son payement dans les dix-huit mois.

Les négociations étant ainsi amorcées, Louis XII ne douta plus du succès final et fut rassuré entièrement sur la conclusion de son alliance avec le pape : aussi, dès le 27 avril, adressait-il à Alexandre VI une lettre autographe, lui annonçant qu'avant la fin de mai il serait en Italie, et le 6 mai, on annonçait la conclusion immédiate du mariage Valentinois-d'Albret. Le cardinal d'Amboise avait eu, en effet, le talent de gagner Calvimont, le principal représentant d'Alain d'Albret et le plus opposé à ce mariage, en lui promettant un office de conseiller au parlement de Bordeaux ; la promesse du chapeau avait gagné Amanieu d'Albret ; la reine Anne de Bretagne avait été appelée à peser sur Alain d'Albret, son beau-frère, et à lui rappeler «que le mariage projeté était très agréable à la reine et au roi, parce qu'il pouvait être cause de grands profits à eux et au royame » et parce que le duc de Valentinois était « un très honnête et bon personnage, sage et discret ». Le roi donna les garanties demandées. César fit, le 10 mai, une cession de ses biens à sa femme pour le cas de prédécès, et le 10 mai aussi, le contrat fut solennellement signé au château de Blois. La partie la plus importante de cet acte privé, au point de vue qui nous occupe, est le considérant où Louis XII exprimait l'espoir que « le duc de Valentinois, ses parents, amis et alliés lui feraient au temps à venir grands et recommandables services et mesmement touchant la conquête de ses royaume de Naples et duché de Milan ». Le mariage, célébré le 10, fut consommé le 12. De grandes fêtes l'accompagnèrent, entre autres un tournoi où figura César Borgia. Louis XII annonça à Alexandre VI la consommation du mariage; il lui dit que le duc avait « rompu quatre lances » de plus que lui-même, deux avant le dîner, six dans la nuit. Cette lettre, quelque peu gauloise, parut singulière, « mais, dit philosophiquement Cattaneo, par le temps qui court, tout est pris pour bon et honorable »; la jeune duchesse écrivit aussi à Alexandre VI pour lui déclarer ses sentiments et ajouta en quelques phrases enjouées « qu'elle était contente du duc. » Le roi, à la satisfaction générale, donna le collier de l'ordre à César Borgia; il fit envoyer à Alexandre VI cent barriques de vin de Bourgogne. La reine Anne donna à César un cheval et un anneau d'or, valant quatre cents ducats, qu'elle le pria de porter pour l'amour d'elle : l'annonce de cette gracieuseté fit sourire Alexandre VI.

Ainsi la clause restée jusqu'alors en suspens dans le traité d'alliance franco-pontificale était exécutée : le pape devenait tout français et tout vénitien. Les cadeaux que lui envoyait Louis XII étaient pour les Italiens autant de preuves que « Sa Sainteté était toute sienne », et Alexandre VI se déclara « très soumis au roi pour l'amour que le roi porte à *notre duc* ». La passion paternelle que révèle ce mot si sobrement énergique est toute la clef de la politique du Saint-Siège pendant le pontificat de ce pape, si bon père de famille.

§ 6. — *Les négociations de Ludovic Sforza après le mariage de César Borgia.*

Ludovic Sforza ne se découragea pas encore. La mort de son ambassadeur à Rome, Taberna, évêque de Parme, et la nécessité de rendre à son poste de Naples le protonotaire Stanga, qui l'avait suppléé quelque temps, lui fournirent l'occasion de remplacer ses ambassadeurs ecclésiastiques par un laïque, le jurisconsulte Cesare Guaschi, dont il fait un grand éloge et de qui il semblait attendre beaucoup. Celui-ci était nommé dès le premier février 1499; malheureusement, les circonstances l'empêchèrent de se rendre tout de suite à son nouveau poste, et il s'écoula deux mois et demi avant qu'il pût aller à Rome. Ce fut un malheur pour la diplomatie milanaise. Ludovic Sforza eut aussi le tort de ne pas donner assez d'indépendance à Cesare Guaschi à l'égard de son frère le cardinal, comme le montre son *instruction*. Guaschi devait, dès son arrivée, aller visiter Ascanio Sforza et lui dire que « sa principale fonction était de recevoir ses ordres et de s'y conformer. » Ce n'était qu'après cette visite que Guaschi devait aller présenter au pape ses lettres de créance et faire ses visites officielles.

Ce fut au lendemain de la conclusion de la ligue franco-vénitienne que Cesare Guaschi arriva à Rome. La situation commençait à se tendre entre Alexandre VI et les puissances italiennes : le pape connaissait la publication de la ligue en France, il en attendait communication officielle. On assurait qu'il voulait être membre effectif de la ligue, mais que, pour y adhérer en public, il attendrait de recevoir une ambassade française et de voir les troupes de Louis XII en Italie. Ascanio Sforza guettait avec soin ses hésitations et ses perplexités, essayant de trouver un moment favorable pour le décider à s'allier aux puissances italiennes. Tantôt il payait d'audace, en lui affirmant que, malgré les apparences, la Seigneurie ne laisserait jamais périr le duc de Milan; tantôt il répandait le bruit de la formation d'une quintuple alliance entre l'Empire, l'Espagne, Naples et Milan, alliance naturellement dirigée contre Venise et la France ; quand le pape se plaignait de la lenteur de Louis XII à tenir ses promesses, il essayait de lui prouver que l'arrangement de la question pisane aurait pour conséquence la rupture de Louis XII avec Venise, et qu'il pourrait ensuite se passer de la France ; bref, il exploitait sous toutes les formes l'irritation très évidente où le retard du mariage de César Borgia mettait le pape. Il toucha presque au but au mois d'avril; l'attitude ambiguë d'Alexandre VI à l'égard de la France dénote alors, ou un grand découragement, ou une profonde perfidie destinée à tromper Ascanio Sforza et Cesare Guaschi : le mariage de César Borgia paraissait plus lointain que jamais ; l'accommodement florentino-vénitien sous l'arbitrage du duc de Ferrare avait offusqué le pape, qui trouvait qu'on n'avait pas assez tenu compte de lui ; c'était un succès pour la politique milanaise ; Ascanio Sforza se vantait que son frère le duc de Milan eût par cet arbitrage rétabli la paix en Italie. Alexandre VI en vint à dire qu'il voudrait bien n'avoir pas envoyé son fils en France ; le 24 avril, il déclara à Ascanio que, quand même le mariage se ferait, il resterait uni au duc de Milan, au roi de Naples et aux Florentins, « cette alliance devant être le meilleur moyen pour obtenir des Français le retour en Italie du duc de Valentinois.» Il conseilla au cardinal de continuer à entretenir ses négociations avec le roi de Naples et le duc de Milan : Ascanio profita de cette surprenante déclaration pour lui remontrer que, « Ludovic et Frédéric ne lui ayant jamais fait aucun mal, il serait injuste qu'il les attaquât ou qu'il s'alliât à leurs ennemis.» Alexandre VI lui communiqua le texte de l'alliance franco-vénitienne : il insista sur la clause relative à une attaque des Turcs comme dispensant les Vénitiens de secourir le roi de France, clause qui n'était pas, selon lui, à l'avantage de Louis XII, et par laquelle la Seigneurie s'était habilement ménagé une porte de sortie. Il se disait sûr que les Vénitiens tromperaient le roi de France. Ces discours, très différents de ceux que le pape tenait aux ambassadeurs français, étonnèrent Ascanio Sforza ; avant de croire aux uns ou aux autres, il consulta le cardinal de Capoue. Celui-ci lui répondit que les uns et les autres exprimaient avec une égale fidélité les sentiments du pape. Le vice-chancelier en concluait que le pape n'avait pas encore pris son parti ; que, selon les nouvelles de chaque jour, il était tantôt italien, tantôt français, et qu'il voulait temporiser, tant qu'il ne saurait pas avec certitude quel serait le plus fort des deux ennemis en présence. Il y eut donc une lutte de finesse et de mensonges entre Alexandre VI et Ascanio Sforza. Celui-ci essayait d'effrayer le pape en lui montrant le duc de Milan en bonne intelligence avec la république de Venise : il félicitait en consistoire la Seigneurie d'avoir consenti à la paix avec Florence. Alexandre VI affectait de considérer l'arrangement vénéto-florentin comme une défaite pour Ludovic : il demandait « si le duc de Milan en était bien ennuyé » : il disait que la Seigneurie voulait avoir un état plus grand que le territoire pisan et qu'elle le trouverait en Lombardie. D'autre part, il essayait d'endormir les vigilantes inquiétudes d'Ascanio Sforza et de Cesare Guaschi ; il disait être assuré que les Français ne feraient rien en Italie dans le courant de la présente année, qu'ils ne pourraient jamais rien y entreprendre, car rien n'était moins assuré que le versement par Venise à Louis XII des cent mille ducats. Il ajoutait enfin que, si l'Ascension passait avant que son fils fût marié, il considérerait l'affaire comme définitivement enterrée. A l'entendre, c'était la seule présence de César Borgia en France qui l'empêchait de rompre dès ce moment avec le roi. Cesare Guaschi concluait de tous ces dires que le pape avait « *sur le cœur* » les affaires de France, et qu'il avait perdu à peu près tout espoir de les voir réussir.

C'est dans ces circonstances qu'on apprit à Rome le mariage de César Borgia, célébré le 10 mai. La nouvelle mettait fin à toutes les indécisions, réelles ou feintes, d'Alexandre VI. Le pape était désormais «*tout français*»(1). En France, ses agents et César Borgia s'associèrent activement aux préparatifs militaires de Louis XII. Dès le 11 juin, on annonçait le retour du prince en Italie, son passage par Turin avec cent lances, quatre cents chevaux et quatre cents gascons. Entretemps, il fallait de l'argent à César Borgia pour mener un train luxueux. Tout l'argent qu'il avait apporté avec lui était dépensé. Alexandre VI paya pour lui dix-huit mille ducats, lui en envoya vingt-deux mille, puis encore un supplément de dix mille « pour qu'il pût vivre largement. » On annonçait d'ailleurs que le roi allait lui donner cent cinquante mille ducats comptant pour payer les domaines qu'il achèterait en France.

Le pape ne désirait plus rien tant que la descente de Louis XII en Italie. Raymond Péraud l'avait « désespéré » en lui faisant craindre que l'expédition n'eût pas lieu dans l'année, mais il se rassura bientôt, en apprenant par son fils que le roi de France serait au milieu d'août en Italie. Il affirmait même, dans ses conversations en confiance, qu'avant la fin de juin, ou au plus tard

---

(1) La joie débordante du Pape est attestée par tous les contemporains. Lattuada dit, le 28 mai 1499: « De Roma per lettere de 22, si ha chel Papa demonstra gran alegreza de la consumatione del matrimonio del fiolo. »

à la mi-juillet, le roi de France aurait déclaré la guerre à Milan. L'ambassadeur vénitien Donado, dans son compte rendu général de mission, le représenta comme « étant maintenant tout dévoué à la France, désirant par-dessus tout la venue des Français outre monts et le bouleversement de l'Italie. » Capelo, de son côté, le disait « enragé » à souhaiter la venue de Louis XII. A la fin de juin, celui-ci lui écrivait que « pour l'entreprise de Milan, il y mettrait plus de diligence et plus de puissance que ne pouvait souhaiter Sa Sainteté. » En même temps, le pape ne dissimulait plus ses sentiments contre le duc de Milan. Donado décrivait dans sa relation aux Pregadi la haine grandissante d'Alexandre VI contre Ludovic Sforza, et, quoique à un degré moindre, contre Ascanio. Le pape laissait entendre que le duc de Valentinois recevrait, pour sa part du Milanais, le comté de Pavie. Il étendait sa haine à tous les membres de la famille Sforza, même aux plus innocents. Apprenant une maladie d'yeux dont souffrait le petit prince Francesco : « Il est nécessaire, dit-il, que toute cette maison soit ruinée et détruite ». Par contre et tout naturellement, il manifestait de la sympathie à la Seigneurie de Venise. Une inquiétude cependant lui restait : il voulait savoir si la Seigneurie, tenant sa promesse au roi, déclarerait la guerre à Ludovic.

Le pape était ainsi devenu membre de la Ligue franco-vénitienne. Au commencement de juillet, Louis XII et César lui envoyèrent un majordome de celui-ci et Jean Ferrier, évêque de Melfi, pour lui porter des nouvelles et le tenir ainsi en communication avec les membres agissants de l'alliance. Ce majordome, personnage fort bavard qui en passant à Sienne révéla à Agostino Beccaria tout ce qu'il savait des préparatifs de Louis XII, arriva à Rome « tout plein d'idées et de désirs français ». Il annonça au pape que Louis XII n'avait pas l'intention de commander lui-même son expédition, qu'il se joindrait seulement, en cas de besoin, incognito, à l'armée pour l'activer et l'encourager ; qu'il était déjà à Lyon ; que le duc de Valentinois s'était mis en route avec lui et l'avait accompagné jusqu'en Berry, à Issoudun, où il avait été malade et obligé d'attendre sa guérison.

Alexandre VI renvoya sur-le-champ en France Raniero da Lorca par la voie d'Asti, pour presser Louis XII de venir de sa personne et officiellement en Italie. Ce messager si bien renseigné fut jugé de bonne prise par le duc de Milan. Lucio Malvezzi, commissaire ducal d'Alexandrie, l'arrêta au passage. Cette arrestation excita la colère d'Alexandre VI, et il écrivit un bref au cardinal Sforza, lui demandant d'obtenir la mise en liberté de son messager, sous peine d'excommunication : « cette violation des libertés de l'Eglise, les excitations aux Turcs d'attaquer Venise étaient un double motif d'être frappé des foudres ecclésiastiques». Le malheureux Guaschi eut à supporter les violents discours du cardinal de Capoue et du pape lui-même, qui rendaient Ludovic Sforza responsable des attaques du sultan contre Venise et contre l'Italie.

En même temps, le pape envoyait par mer et sur deux vaisseaux différents, pour qu'ils eussent plus de chance d'éviter la mésaventure de Raniero da Lorca, deux délégués, l'évêque de Melfi et le sénéchal de Brézé pour renouveler à Louis XII ses instances en vue d'une descente personnelle en Italie. L'évêque de Melfi arriva à Lyon le 6 août. Le roi en était reparti en estafette pour Romorantin, où il allait faire ses adieux à Anne de Bretagne et passer une semaine environ avec elle. César Borgia l'avait accompagné, pour faire lui aussi son devoir de bon mari. L'évêque de Melfi alla aussitôt, après avoir conféré avec Julien de la Rovère, rejoindre le roi.

Ce voyage vers l'intérieur, qui contrariait Alexandre VI, ne devait pas retarder les derniers préparatifs de l'expédition. Louis XII avait laissé à Lyon le cardinal d'Amboise et toute la cour. Déjà les imaginations italiennes devançaient et dépassaient la réalité. Dès la fin de juillet, on signalait la présence dans le canal de Piombino d'une flotte française de quinze navires et de onze galères : sur cette flotte était, disait-on, César Borgia, qui venait s'emparer de Pise ; d'autres disaient qu'elle venait exiger des Florentins une alliance étroite avec la France, moyennant quoi on les aiderait à s'emparer de Pise. Tout cela était faux : cette flotte, de dix-sept voiles seulement, était armée pour la guerre dans le Levant et allait, selon les traités, secourir Venise contre les Ottomans.

§ 7. — *Les derniers efforts de Cesare Guaschi et d'Ascanio Sforza.*

La célébration du mariage de César Borgia avait mis fin aux intrigues du duc de Milan: la politique milanaise avait définitivement échoué. Depuis le milieu de mai jusqu'au début de la campagne de Louis XII, c'est-à-dire pendant environ trois mois, l'ambassadeur milanais et le cardinal Sforza purent se convaincre que tous leurs efforts pour rompre cette alliance seraient vains, et ne furent en somme que les témoins des événements : la correspondance de Cesare Guaschi est presque tout entière consacrée à noter les progrès que la politique française fait dans l'esprit d'Alexandre VI.

Cependant Cesare Guaschi lutta jusqu'au bout, essayant de prévenir une rupture complète entre son maître et le Saint-Siège, essayant d'obtenir du pape des concessions qui fussent contraires à l'intérêt de la France, ou de nature à consolider l'alliance de l'empereur Maximilien avec Ludovic Sforza. C'est ainsi qu'il essaya d'obtenir pour Mathieu Lang, un des conseillers de Maximilien favorables à Ludovic, la prévôté d'Augsbourg qui était alors aux mains d'un neveu du cardinal Savelli; il s'occupa aussi de faire attribuer par le pape à des personnages agréables à Ludovic Sforza la coadjutorerie du cardinal de Gurck, l'abbaye de San Simpliciano et d'autres bénéfices.

Ascanio Sforza et lui se faisaient encore d'étranges illusions. Le cardinal se laissait prendre à l'attitude réservée d'Alexandre VI après la conclusion du mariage de César: il croyait qu'il ne se déciderait réellement pas avant d'avoir vu les « actes effectifs » du roi de France et de l'empereur. Il croyait aussi que le pape décréterait une trêve universelle entre tous les princes chrétiens pour l'année du jubilé, afin que les pèlerins eussent plus de sécurité pour venir à Rome : c'est en ce sens qu'ils interprètent les recherches que faisait faire le pape pour retrouver des bulles analogues de Pie II et de Nicolas V. — Cet extraordinaire aveuglement leur faisait mettre en balance les faits qui prouvaient la part de plus en plus grande prise par Alexandre VI à la Ligue franco-vénitienne, et quelques vagues paroles et protestations d'amitié : l'affirmation par exemple donnée par le pape qu'il voulait persévérer dans « ses bonnes dispositions ordinaires » à l'égard de Ludovic Sforza.

La nouvelle répandue à la fin de mai, que les Turcs armaient une flotte pour attaquer les côtes de l'Adriatique fournit à Cesare Guaschi l'occasion de proposer un projet de défense commune de la chrétienté contre les infidèles : c'était là un moyen de surseoir aux discordes actuelles de l'Italie, sinon de les terminer tout-à-fait ; on se borna à lui répondre que la Seigneurie de Venise ne se préoccupait pas trop de ces attaques, et qu'il serait beaucoup trop long et trop difficile de rétablir l'accord entre les puissances italiennes.

En juin, l'affaire de la succession de l'évêque de Sion en Valais fut une nouvelle preuve de la mauvaise volonté, toujours plus manifeste, d'Alexandre VI contre le duc de Milan. Il s'agissait pour celui-ci d'obtenir que l'évêque de Sion, Schinner, pût résigner son évêché en faveur de son neveu Mathieu Schinner, personnage agréable à Ludovic et connu pour ses sentiments hostiles à la France. Alexandre VI se refusa à l'autoriser, alléguant que cette résignation ennuierait le gouvernement français qui déjà avait été très contrarié de la déposition de l'évêque précédent. Cesare Guaschi revenant à la charge, alléguant que le refus de cette résignation serait une injure gratuite à l'évêque de Sion, que l'on ne pouvait refuser à Ludovic Sforza une nomination épiscopale de nature à assurer la paix du Valais, paix trop souvent troublée autrefois, du fait de quelques évêques, le pape répliqua qu'ayant peu de temps auparavant refusé d'accorder à Louis XII la substitution à l'évêque en fonctions d'un neveu de l'ancien évêque Jodocus, il ne pouvait maintenant l'accorder à un autre prince. Cesare Guaschi représenta vainement que le cas était fort différent, que Louis XII n'avait pas, dans un pays qui n'était même pas limitrophe à son royaume, d'intérêt réel à obtenir telle ou telle nomination, sauf le plaisir de taquiner le duc de Milan ; le pape n'en démordit pas et conclut en engageant Ludovic Sforza et Mathieu Schinner à la patience. L'ambassadeur milanais s'efforça de croire et de faire croire que cette réponse du pape était, non pas définitivement négative, mais simplement *suspensive* ou dilatoire.

Les deux adversaires restaient ainsi en présence. Parfois la patience échappait à Cesare Guaschi : le pape lui ayant un jour annoncé qu'au milieu d'août le roi serait en Italie, Guaschi lui répondit avec vivacité « que le duc ne manquerait ni d'hommes, ni d'argent, ni d'alliances, autant en Italie que hors de l'Italie, et qu'outre celles qu'on pouvait connaître pour l'heure, on en connaîtrait d'autres plus tard ; que le pape pouvait d'ailleurs compter que toute la chrétienté serait en armes et toute bouleversée avant que Ludovic eût perdu un pouce de son duché. » Il corrigea d'ailleurs son emportement en ajoutant « qu'il disait cela moins pour le pape que pour tous ceux qui contribuaient à ces troubles. » — Le pape affectait pour sa part de se considérer comme contraint par les événements ; il se donnait le plaisir cruel de faire chaque jour sentir à Cesare Guaschi que c'était au seul roi de Naples que Ludovic Sforza devait s'en prendre de l'alliance franco-pontificale. N'était-ce pas Frédéric qui l'avait obligé à se jeter dans les bras de Louis XII ? — La situation se tendait de jour en jour. Ludovic Sforza en arrivait à croire un bref spécial du pape nécessaire pour assurer le passage en sécurité, de Bari à Milan, de quarante chevaux qu'il faisait venir de son haras.

Un nouvel incident montra à quoi s'était réduite la politique du duc de Milan à l'égard du pape : il ne tentait plus d'obtenir son concours militaire, ni même son appui diplomatique ou moral, il se contentait de lui faire demander son intervention en faveur de la paix. La guerre turque avait commencé ; des armements se préparaient en France dans le but officiel de secourir Rhodes; le bruit se répandait en Italie qu'ils étaient destinés à l'attaque de Gênes ou du royaume de Naples, ou au transport dans le territoire pontifical d'une armée de huit mille hommes sous le commandement de César Borgia. Ascanio demanda des explications à ce sujet au pape; Alexandre VI se borna à nier, d'une façon générale, que ces bruits fussent fondés et tint quelques propos conciliants. Ascanio saisit l'occasion de demander au pape son intervention en faveur du rétablissement de la paix, disant que les « mouvements du Turc » et l'approche de l'année jubilaire fourniraient une excellente occasion pour imposer une trêve à Louis XII. Il fut appuyé par le Sacré Collège. Mais à cela Alexandre VI ne répondit que par des généralités vagues qui ne l'engageaient à rien. Ce fut la dernière fois que le cardinal Ascanio fit une tentative directe pour amener un rapprochement entre le pape et le duc de Milan. Cesare Guaschi la renouvela encore le 11 juillet, suppliant le pape d'empêcher une descente des Français en Italie, et lui déclarant que, s'il ne l'empêchait pas, le duc le combattrait de toute manière. Le pape lui répondit qu'il voulait rester lié à la France, et que Ludovic Sforza pouvait faire ce qu'il voudrait. Une tentative du roi de Naples, demandant que le pape obtînt de Louis XII un sursis d'un an, n'eut pas un meilleur succès.

Devant cette hostilité ouverte, Ascanio Sforza ne songea plus qu'à sa sûreté personnelle. Depuis longtemps, il n'occupait plus au Vatican les appartements auxquels lui donnait droit son titre de vice-chancelier. Il ne se crut plus en sûreté dans Rome même. Dans la nuit du 13 au 14 juillet, accompagné par quelques arbalétriers et s'étant fait précéder des mulets qui portaient son trésor et son bagage, il gagna la porte San Sebastiano. Ottaviano Colonna l'y attendait avec des arbalétriers et emmena ses mulets à Nepi, château de Fabrizio Colonna, où le cardinal avait l'intention de se retirer. Celui-ci partit à son tour, de grand matin, et arriva sain et sauf à Nepi, sans que ni le pape ni personne n'eût le moindre soupçon de son départ; ses serviteurs partirent après lui; il ne resta plus à Rome que le personnel de l'ambassade milanaise. De Nepi, le cardinal gagna Genezano, puis Nettuno. Trois galères napolitaines l'y attendaient et devaient le mener à Gênes. De Genezano, il envoya demander au pape par Cesare Guaschi et le cardinal de San Severino une permission d'aller à Milan «pour l'intérêt qu'il portait à son frère», en promettant de revenir bientôt. Le pape lui répondit par acte diplomatique de retourner à Rome pour les affaires de la vice-chancellerie, et répliqua en lui intimant d'exécuter dans les trois jours la restitution du bourg et du château de Nepi comme appartenant à l'Eglise, « *sub pœna privationis vice-cancellariæ et excommunicationis* ». Ascanio Sforza ne tint nul compte de cette sommation, il remit Nepi en garde au secrétaire napolitain Bernardo di Nalba. Le 24 juillet à minuit, il quitta Nettuno avec les galères napolitaines, débarqua à Porto Ercole en territoire siennois, et gagna Gênes par terre : il emportait avec lui cent cinquante mille ducats en or et en joyaux ; le lieu de son débarquement avait été tenu très secret. On l'attendait avec impatience à Milan, où il arriva sans encombre quelques jours après.

La guerre était virtuellement déclarée. Le 17 juillet, le commissaire milanais de Plaisance arrêta un majordome du duc de Valentinois et l'envoya à Milan. Là, Ludovic Sforza le traita honnêtement et le fit remettre en liberté. Le majordome l'engagea à «avoir bon courage» et à ne pas irriter trop le pape, « attendu qu'avant deux mois celui-ci serait plus son ami qu'il ne l'avait jamais été ».

La fuite d'Ascanio Sforza, l'arrestation de ce majordome, mirent en fureur Alexandre VI. Dans sa colère irréfléchie, il prit des mesures si violentes contre les gens de la maison d'Ascanio, que plusieurs durent s'enfuir en sautant les murs de Rome et d'autres se cacher chez les cardinaux. Il fit saisir toutes les clefs de son palais et mettre sous scellés la chancellerie. — Les Colonna répondirent à ces menaces par une course jusqu'aux portes de Rome. Alexandre VI menaça d'excommunier Ludovic Sforza et le cardinal, de les dénoncer aux électeurs d'empire pour les faire déclarer déchus de leurs fiefs. Il accablait Ludovic Sforza d'injures, le déclarait «orgueilleux, avare, traître et plein de perfidie.» Les Vénitiens l'encourageaient à prononcer les censures contre le duc de Milan, et les ambassadeurs français firent appuyer la demande de la Seigneurie par le cardinal de Saint-

Denys. Alexandre VI refusait un sauf-conduit pour Milan au cardinal San Severino. Cesare Guaschi n'osait se représenter devant lui qu'en compagnie de l'ambassadeur napolitain. L'ambassadeur espagnol Garcilasso de la Vega, qui s'était toujours montré hostile et cruellement mordant contre le pape, quitta Rome à son tour.

Alexandre VI commençait à récompenser ceux qui l'avaient servi dans la conclusion de cette alliance ; l'évêque de Melfi reçut l'archevêché d'Arles, et l'évêché d'Asti, dont le titulaire fut transféré à Melfi, fut donné au protonotaire Trivulce, neveu du maréchal. — Ludovic de son côté ne ménageait plus rien : un courrier de César Borgia fut arrêté par le commissaire de Novare, fouillé, fouetté et traîné à Milan, et là seulement relâché. Alexandre VI riposta, en faisant saisir près de Viterbe, par de prétendus brigands affiliés aux Orsini, un courrier de Cesare Guaschi, qui fut dépouillé et laissé pour mort. Aux plaintes de Guaschi, le pape se borna à répondre que « c'étaient de justes représailles» et ajouta: «Sache, ambassadeur, que ton duc durera peu, pour ses mérites, et que si tu dois écrire d'ici tes espionnages, nous ne te laisserons pas faire.» A la fin, le pape appelait Ludovic Sforza un tyran. Le duc de Milan n'espérait plus « qu'en Dieu ». Alexandre VI lui porta un dernier coup en donnant le titre de légat d'Italie à son neveu, le cardinal Borgia. Bientôt après commençait la guerre, où figurait dans l'armée française la compagnie de César.

Une évolution aussi complète que rapide s'était donc opérée, en ces deux années, dans les relations du Saint-Siège et du duc de Milan. L'intérêt supérieur de César Borgia, étroitement lié et confondu à celui de la papauté, en fut la cause ; l'indécision de Ludovic, l'hostilité du roi de Naples, l'empressement de Louis XII à gagner la cupidité et l'ambition, à flatter l'amour paternel d'Alexandre VI, en déterminèrent les progrès ; la pression des circonstances en décida les périodes. Dans cette lutte, la diplomatie française ne se montra que par des actes, qui entraînaient des événements ; la diplomatie milanaise ne sut trouver que des paroles, qui ne purent ni les prévenir, ni les enrayer. L'amour paternel avait engagé Alexandre VI dans la voie d'une négociation avec la France, la duplicité et la crainte l'y retinrent, la force des choses l'y précipita.

VII.

L'ALLIANCE DU ROI DE NAPLES AVEC LE DUC DE MILAN.

Les relations de la France avec le roi de Naples, à l'avènement de Louis XII, étaient beaucoup plus nettes qu'avec les autres puissances italiennes. Les événements qui avaient suivi la campagne de Charles VIII, la retraite de l'armée et des garnisons françaises, le rétablissement de la maison d'Aragon, n'avaient pas reçu de conclusion diplomatique. L'état de guerre était encore l'état officiel entre les deux puissances.

Louis XII reprit pour son compte toutes les prétentions de son prédécesseur à la couronne de Naples et ne dissimula pas que ses intentions n'étaient pas moins belliqueuses contre le roi Frédéric que contre Ludovic le More. Il prit le titre de roi de Naples comme celui de duc de Milan, notamment dans ses négociations avec le roi de Hongrie. Il usait de ses droits sur Naples comme d'une valeur d'échange ou de vente dans ses négociations avec le duc de Lorraine, avec M. de Ligny ou d'autres (1). Il refusait aux souverains espagnols de reconnaître Frédéric comme leur allié. Un parti favorable à l'alliance napolitaine, que dirigeait M. de Clérieux, ce provençal ami de jeunesse du roi et qui jadis avait couru la gueuse avec lui, n'empêchait pas les manifestations fréquentes de cette hostilité contre le roi de Naples (2). Louis XII avait systématiquement exclu Frédéric du nombre des princes auxquels il avait notifié son avènement et renvoyé Nicolo Alamanni. D'autre part, les Vénitiens occupaient plusieurs places du royaume de Naples sur l'Adriatique et étaient en état d'hostilité déclarée contre lui. Le pape Alexandre VI, enfin, dissimulait mal son espoir de trouver dans les provinces napolitaines une principauté pour César Borgia. Le danger permanent d'une invasion turque complétait l'isolement du roi Frédéric.

L'état intérieur du royaume, qui se relevait à peine du terrible bouleversement de la conquête française, lui créait une difficulté de plus. Frédéric se débattait dans d'inextricables diffi-

---

(1) *Documents sur la première année du règne de Louis XII*, pag. 13.
(2) MARINO SANUTO, *Diarii*, II, 31, 11 octobre 1498.

cultés financières. En avril 1498 (1), il était obligé d'opérer une révolution dans son personnel financier, et de renvoyer son trésorier général, incapable ou infidèle, et, bien que les revenus de l'état fussent approximativement de deux cent mille ducats, il avait à prévoir un déficit. La misère était générale : suite et conséquence de la guerre, les disettes des quatre années précédentes avaient nécessité de grandes importations de blé de Sicile : on en avait acheté pour plus de trois cent mille ducats. On avait fait venir de Venise des farines pour la Pouille, fait inouï ; il avait fallu accorder à beaucoup de villes, pillées et dévastées pendant la guerre, des exemptions d'impôts. — La « *dogana delle pecore* », dont le revenu annuel ordinaire était estimé, tous frais payés, à quarante-quatre mille ducats, était cette année très difficile à percevoir, à cause précisément de la disette, qui avait éloigné les acheteurs ordinaires de laines, et les bergers, n'ayant rien vendu, se trouvaient sans argent.— Le roi tâchait de son mieux de remédier à tous ces malheurs : il réduisait toutes les dépenses qu'il pouvait, licenciait une partie de ses troupes. — Les brusques changements de régime des années précédentes avaient produit une anarchie véritable : les gentilshommes et le peuple étaient en luttes perpétuelles ; un arbitrage du roi, prononcé en juillet 1498, les calma pour un temps, mais le roi avait réservé le jugement de divers conflits, et c'était la cause de troubles nouveaux : on espérait toutefois que le rétablissement de la paix publique amènerait peu à peu la fin de ces dissensions(2). Il fallait tenir compte aussi des exilés: quatre mille citoyens, tous gens honorables, et quatre cents gentilshommes étaient dispersés en Italie (3) : une entente s'était établie entre eux pour appuyer Louis XII s'il faisait un

---

(1) Milan, A. d. S., *Pot. estere, Napoli*, Casati à Ludovic Sforza, 16 avril 1498. *Louis XII et Ludovic Sforza, Documents*, 6. Il répète les mêmes renseignements dans une autre lettre du 5 mai 1498. « [Le roi de Naples a cassé son trésorier] per rumpere tutti li assignamenti, et cum questo modo de fare portare tuti li dinari in mano del perceptore generale, et non pagare quelli che doverano havere da qui indietro, finche ce sera el modo, et interim non manchare a le cose del stato e de la casa, cum haver retirata la spesa secondo la intrata ».

(2) Milan, A. d. S., *Cartegg. gener.* Francesco de Monti à Ludovic Sforza, 16 juillet 1498. Ce sont les nouvelles qu'il donne à Ludovic Sforza en revenant à Naples après sa mission en Allemagne, d'où il était congédié par Maximilien avec le reste du corps diplomatique.

(3) MARINO SANUTO, I, 972; le prov. vénitien à Brescia à la Seigneurie, 27 mai 1498.

jour « l'*impresa del reame* », ou sinon pour livrer le royaume de Naples aux Vénitiens. Quelques-uns de ces exilés, comme le duc de Catanzaro étaient réfugiés en France. — Frédéric, pour affermir son pouvoir, fit dans le royaume un long voyage pendant l'hiver de 1499 (1).

Ayant les mêmes ennemis, il semble que Frédéric de Naples et Ludovic Sforza eussent dû être des alliés naturels, et que Frédéric aurait dû prêter son appui à son confédéré de la ligue italienne pour repousser le danger qui ne devait l'atteindre lui-même qu'après avoir frappé Milan. C'était son intérêt visible ; de tous les souverains italiens, par sa position géographique, il avait le moins à redouter une attaque subite de Louis XII, et pouvait fournir des troupes à Ludovic sans crainte de représailles immédiates. Ludovic Sforza ne cessait de lui demander de travailler à l'union de toute l'Italie pour la fortifier contre les attaques de la France et l'ambition « des puissances qui cherchent à s'agrandir par le malheur des autres (2) ; et de plus, malgré la pitoyable situation financière du royaume, il insistait aussi, pour que Frédéric contribuât, de son argent et de ses troupes, aux armements de l'Italie (3).

Casati, ambassadeur milanais à Naples, s'efforçait de faire comprendre la situation des finances napolitaines à Ludovic Sforza et de le faire patienter. Frédéric restait indifférent aux menaces de la France, que Ludovic Sforza lui transmettait pour l'effrayer : on lui rapporta les propos comminatoires tenus par Nicolas Alamanni à Alexandrie ; le roi se borna à répondre qu'on ne pouvait guère savoir encore ce que serait l'état de la France sous le nouveau règne, mais que cependant il fallait « ouvrir l'œil » et se préparer à tout (4) ; d'ailleurs il s'excusait de ne faire aucun versement « sur sa pauvreté et sur le grand nombre de demandes d'argent qu'il recevait et auxquelles la possession d'un second royaume ne lui permettrait même pas de suffire (5).

---

(1) Milan, A. d. S., *Cartegg. gener.*, Casati à Ludovic Sforza. « Ex terra Capriolæ, 4 februarii 1499 ».

(2) Milan, A. d. S., *Cartegg. gener.*, Ludovic Sforza au roi de Naples, 2 avril 1498.

(3) Milan, A. d. S., *Pot. Est. Napoli*, Casati à Ludovic Sforza, 5 avril 1498.

(4) Milan, A. d. S., *Pot. Est. Napoli*, Casati à Ludovic Sforza, 11 et 16 mai 1498.

(5) *Ibid., id.* Casati à Ludovic Sforza, 17 mai 1498 : « Per la impossibilità e povertate sua, et cum tanti domandatori che non li basteria uno altro regno. »

A la demande d'une contribution de la moitié de la solde promise aux marquis de Mantoue et de Montferrat et au duc d'Urbin (1), il répond par le refus de tout concours pécuniaire, affirmant qu'il lui serait impossible de tenir un tel engagement dans sa situation actuelle, et que, dès qu'il serait en état de le prendre, il n'attendrait pas qu'on le lui demandât deux fois. La nécessité lui imposait les mêmes réponses à Maximilien qu'à Ludovic Sforza : le 22 août, Maximilien lui réclamant des subsides promis par lui pour payer les Suisses engagés contre la France, il se déclara (2) dans l'impossibilité de les fournir, « vu ses grosses dépenses pour défendre de son royaume contre les Vénitiens, et pour prendre à sa solde personnelle les Orsini». Malgré toutes ses représentations, Casati n'obtint de lui que la promesse d'envoyer à Maximilien Francesco de Monti, pour lui faire un fidèle tableau de la situation du royaume et attendre sa décision. Mais en même temps, pour donner une preuve de bonne volonté, Frédéric ordonnait que Casati et ses conseillers fissent ensemble la vérification de l'état de ses dettes à Ludovic Sforza et qu'on livrât immédiatement un acompte de trois mille ducats à l'ambassadeur milanais.

Ces difficultés en matière de finances, qui forment une importante portion de l'histoire des relations de Ludovic Sforza et de Frédéric d'Aragon, n'empêchaient pas qu'il y eût entre eux une parfaite entente sur la politique générale. Cette intimité entre les deux états inquiéta même Venise, qui s'efforça de la rompre en représentant au roi de Naples Ludovic Sforza comme l'auteur responsable de tous les maux de l'Italie. Venise s'effrayait surtout de la nouvelle répandue d'une ligue entre le Pape, Milan, les Florentins et le roi de Naples (3).

Cependant le roi de Naples comprenait trop bien son isolement et l'incertitude de ses alliances pour ne pas chercher la paix avec toutes les puissances et un traité durable. Il ménageait surtout Venise, dangereuse pour lui par les facilités de débarquement qu'elle avait dans le royaume : quand l'ambassadeur vénitien lui annonça l'envoi d'une ambassade en France, il adressa ses félicitations à la Seigneurie « étant sûr que cet acte serait utile à toute l'Italie, dont un membre ne pouvait souffrir

---

(1) Casati à Ludovic Sforza, 16 juin 1498. *Louis XII et Ludovic Sforza, Documents*, 27.
(2) Le même au même, 22 août 1498. *Ibid.*, 42.
(3) Le même au même, 22 juin 1498. *Ibid.*, 31.

sans que tous les autres n'en pâtissent aussi (1) ». Il recommandait la paix entre Venise et Milan. « Il était à désirer, ajouta-t-il, que ces deux puissances également habiles et sages qui avaient tant fait l'une et l'autre contre les Français, l'une pour les chasser d'Italie, l'autre pour leur en fermer la porte, trouvassent un biais pour liquider la question de Pise au bénéfice de tous. » Pour s'assurer une bonne alliance, il comptait sur le mariage de sa fille Charlotte, l'élève d'Anne de Bretagne, et ne dissimulait pas son intention de la marier au commun profit de Ludovic Sforza et de lui-même (2).

Ce fut la restitution de la princesse Charlotte qui fournit au roi de Naples le premier prétexte pour entrer en relations avec Louis XII. Derrière le danger immédiat d'une attaque de Venise était, en effet, le danger beaucoup plus grave d'une invasion française — Frédéric de Naples, éclairé par l'exemple de son prédécesseur Ferdinand, comprenait fort bien qu'il ne serait sûr de sa couronne qu'après avoir réglé, à l'amiable ou autrement, son différend avec Louis XII : Ludovic Sforza l'encouragea vivement à envoyer en France un ambassadeur.

Le roi de Naples, qui connaissait les dispositions nettement hostiles de Louis XII, ne voulut pas s'exposer à quelque procédé méprisant ou injurieux de la part du roi de France. Il s'informa d'abord par M. de Clérieux et ses partisans si une ambassade napolitaine serait reçue à la cour (3) : l'influence de M. de Clérieux réussit à vaincre les répugnances de Louis XII, et l'ambassade fut autorisée à se présenter en France (4); toutefois, avant d'envoyer une mission solennelle, le roi de Naples envoya en France divers agents; le 21 août, un ambassadeur napolitain, muni d'un sauf-conduit qu'il avait reçu de Trivulce, passait à Turin, tandis que vers le même temps un autre, nommé Angeliberto, arrivait à Marseille (5), où il recevait aussi un sauf-

---

(1) Milan, A. d. S., *Pot. estere, Napoli.* Casati à Ludovic Sforza, 22 juin 1498 : [Le roi répond] Che non posseva se non laudare quello che quella ill^ma Signora faceva, rendendosi certo per le experientie passate che essa in questa andata daria commissione tali alli ambassatori soi che faria a conservatione de tuta Italia, quale era in termini che l'uno non poteva patire senza lialtri.

(2) *Louis XII et Ludovic Sforza, Documents,* 31.

(3) *Ibid.*, même document.

(4) Marino Sanuto, II, 31, 11 octobre 1498 ; l'intervention de Neri Capponi contribua au même résultat.

(5) Milan, A. d. S., *Pot. estere, Savoia,* Maffeo Pirovani à Ludovic Sforza, 21 août 1498.

conduit. Le but de leur mission était de discuter le projet de mariage de Charlotte d'Aragon avec César Borgia, mis en avant par Louis XII, et de trouver une base d'entente entre les deux rois de France et de Naples. Les Vénitiens croyaient que, l'influence de Clérieux aidant, cette affaire pourrait être arrangée, attendu que le roi s'occupait beaucoup plus de « l'entreprise de Milan » que de celle de Naples (1) ; en octobre 1498, il y avait en effet à la cour une « pratique » que tout le monde pensait qui aboutirait. On avait proposé plusieurs solutions de la question napolitaine: suivant l'une, la princesse de Tarente épousait M. de Ligny et lui apportait en dot la principauté d'Altamura ; le roi de Naples s'engageait à rendre leurs biens aux barons angevins exilés, et Ligny les prenait à sa solde ; la parenté entre Ligny et la jeune princesse, qui était sa nièce, ne devait pas être un obstacle à ce mariage. La reine était favorable à cette solution, et les pourparlers étaient déjà assez avancés pour que le duc de Lorraine en prît ombrage et cherchât querelle à Ligny. Suivant un autre système qui fut proposé au mois de novembre, le roi de France renonçait à toutes ses prétentions sur Naples au profit de Frédéric d'Aragon ; et en échange, Frédéric s'engageait à lui donner, en cas de guerre en Italie et particulièrement contre Milan, des secours spécifiés dans le traité (2). Mais Louis XII tenait beaucoup plus à s'assurer l'alliance du Saint-Siège qu'à terminer son différend avec Naples : aussi désirait-il marier la princesse de Tarente avec César Borgia, qui venait en France pour chercher une femme (3), et les projets de traité avec Naples n'aboutirent pas.

La signature de la paix franco-espagnole, « sans inclusion du roi de Naples » vers la fin de septembre, inquiéta encore plus Frédéric d'Aragon (4). Il redoubla d'efforts dans les négociations commencées avec la France. Une ambassade plus solennelle y

(1) MARINO SANUTO, II, 31, 11 octobre 1498.
(2) On ajoutait que Louis XII avait déjà commencé à supprimer les pensions d'un certain nombre des barons napolitains exilés et réfugiés en France. On assurait que Frédéric allait envoyer à Louis XII deux ambassadeurs qui ne seraient pas moins bien reçus que les Vénitiens. Ces bruits avaient pris tant de consistance, à Venise notamment, que le prince de Salerne, émigré napolitain, appelé en France par Louis XII, hésitait à s'y rendre, craignant que, réconcilié avec Frédéric d'Aragon, le roi ne l'accueillît mal (Milan, A. d. S., *Pot. estere, Venezia*, Latuada à Ludovic Sforza, 3 novembre 1498, conversation de Latuada avec l'agent du prince de Salerne).
(3) Voir le chapitre précédent, *passim*.
(4) *Documents sur la première année du règne de Louis XII*, pag. 42.

fut envoyée ; elle dut attendre longtemps en Savoie le consentement de Louis XII à entrer dans son royaume. M. de Clérieux finit par l'obtenir (1). Louis XII, tout entier aux difficultés du mariage de César Borgia, était moins bien disposé maintenant pour les envoyés du roi de Naples. A la fin de novembre, les malheureux étaient encore en Bourg-en-Bresse: ils avaient dû envoyer un de leurs hommes pour demander l'autorisation d'aller plus loin (2). Louis XII leur fit répondre par ce messager que, s'ils venaient comme ambassadeurs de « Frédéric, roi de Naples », il leur interdisait l'entrée de son royaume, mais qu'il les autorisait à venir comme ambassadeurs de « Don Frédéric d'Aragon », et que, « s'ils avaient quelque chose à dire, on leur répondrait » (3). Le 8 décembre, ils n'avaient pas encore reçu, même à ces conditions, leur sauf-conduit ; le 13, ils envoyèrent un compte rendu de leurs tribulations au roi Frédéric (4). Frédéric fut horriblement vexé et indigné de la longue station qu'ils avaient faite en Savoie ; toutefois il se consola un peu, le 14 décembre, en apprenant par Bernardino Bernardi, qui revenait de Rome, que les affaires du pape n'étaient pas, en France, en meilleure situation que les siennes (5).

L'ambassade napolitaine reçut enfin la permission de venir à la cour. L'opinion publique, bien éloignée maintenant des hypothèses de l'automne précédent, croyait qu'elle avait pour mission de hâter la conclusion du mariage de César Borgia avec la princesse de Tarente, dont celle-ci ne voulait pas entendre parler, et que ce mariage était la condition préalable d'un accord qui pourrait ensuite s'établir entre les deux souverains. Cette opinion se fondait sur des déclarations du premier envoyé napolitain, Tommaso Regulano (6), qui, sur les conseils de Clérieux et pour se faire bien venir du roi, peut-être pour mettre le roi Frédéric en présence de faits accomplis, avait promis à Louis XII que, « quant au règlement de l'affaire de Naples et au mariage de César Borgia, il en serait ce que le roi de France voudrait. »

Ces déclarations et ces engagements étaient précisément en

---

(1) Milan, A. d. S., *Pot. estere, Savoia*, Maffeo Pirovani à Ludovic Sforza 12 novembre 1498.
(2) *Documents sur la première année*, etc., pag. 50 ; 27 novembre 1498.
(3) *Ibid.*, pag. 52 ; 30 novembre 1498.
(4) *Ibid.*, pag. 53 et 65.
(5) Milan, A. d. S , *Pot. estere, Napoli*. Casati à Ludovic Sforza, 15 décembre 1498.
(6) *Documents sur la première année du règne de Louis XII*, pag. 65.

opposition directe avec la mission confiée à l'ambassade. Le roi de Naples ne voulait pas, autant par prudence politique que par amour-propre, consentir à ce mariage. La princesse, effrayée et dégoûtée par la réputation et la figure de l'homme auquel on voulait la livrer, appuyée sur la protection d'Anne de Bretagne et sur l'amour chevaleresque d'un gentilhomme breton qu'elle aimait aussi, disait-on, refusait absolument d'épouser César Borgia. L'ambassade nouvelle avait pour but de faire revenir Louis XII de ce projet, ou du moins de le faire exécuter à des conditions avantageuses pour le roi de Naples. Aussi le premier soin de ces diplomates fut-il de renvoyer « du mieux qu'ils purent » Regulano à Naples. Le roi Frédéric, furieux de ses procédés, refusa longtemps de le voir à son tour et déclarait qu'il lui ferait couper la tête, « n'était que cela ferait bavarder » (1).

Pendant que cette ambassade étudiait les moyens de décider la princesse de Tarente à épouser le duc de Valentinois et de rapprocher Naples de Louis XII, une intrigue milanaise tentait de détacher le Pape de l'alliance française et de l'associer à Naples et à Milan par un traité. Un projet d'alliance fut dressé par Ludovic et communiqué à Frédéric par Ascanio Sforza. Le roi de Naples en approuva l'ensemble, mais persista à croire que le pape ne se déciderait jamais à y adhérer avant d'avoir vu définitivement comment tourneraient les affaires de France, et il continua à se tenir sur la défensive à l'égard du Saint-Siège (2).

En France, l'ambassade napolitaine n'obtenait aucun résultat utile. Dans une des premières audiences, les ambassadeurs demandèrent, dans l'intérêt commun de César Borgia et de la princesse, si le mariage avait lieu, que le roi s'employât à obtenir de Venise la restitution des places qu'elle occupait dans le royaume de Naples, et qui formeraient la dot de la princesse. Louis XII s'indigna de ces prétentions et refusa d'écouter plus longtemps les ambassadeurs. Le 24 février, il leur fit défendre par un chambellan de se présenter de nouveau devant lui sans l'ordre écrit du roi de Naples de conclure le mariage de la princesse avec le duc. Les Napolitains s'en tinrent à dire que leur souverain ne voudrait jamais accorder sa fille légitime à « un bâtard de pape », qu'il ne consentirait à ce mariage que par égard

---

(1) *Documents sur la première année*, etc., pag. 66. — Sa colère se calma cependant, et au mois de juillet suivant, Regulano était de nouveau employé dans les ambassades.

(2) Milan, A. d. S., *Cartegg. gener.*, Frédéric de Naples à N..., lettre non datée. Pour les détails de ce projet de traité, voir ci-dessus.

pour le roi de France, mais à condition d'en profiter pour arranger les difficultés de la politique et de lui donner en dot les places occupées par les Vénitiens (1). Après un séjour assez long, pendant lequel les négociations n'avancèrent pas, le roi ordonna aux ambassadeurs d'avoir à quitter le territoire français sans délai, sans arrêts en voyage, avec défense de coucher deux nuits au même endroit, de parler ou d'écrire à qui que ce fût, et sous l'escorte d'un héraut. Il renonçait décidément à donner Charlotte d'Aragon à César, et revenait à ses premiers sentiments de pure hostilité contre Frédéric de Naples : aux ambassadeurs qui lui avaient offert « la personne et le royaume du roi Frédéric », il répondait « qu'il accepterait l'offre de la personne, mais que celle du royaume était inutile, puisque il lui appartenait à lui-même et que d'ailleurs il l'aurait quand il voudrait » (2). L'ambassade napolitaine quitta la France très mécontente ; à son passage à Turin, l'un de ses membres Trojano Betonio exprima très haut ses plaintes des mauvais procédés qu'ils avaient eu à subir en France (3). Le roi de Naples, convaincu de l'inutilité de ses efforts, recommença à faire grise mine, « comme un homme qui sentirait courir derrière lui un ours ». La conclusion de l'alliance franco-vénitienne aggrava encore la situation de Frédéric: il essaya de faire bonne contenance, se déclara sûr que « la Seigneurie ne renoncerait jamais à son système de consacrer toute sa politique au repos de l'Italie »: il insinua adroitement que l'expérience du passé devait empêcher les puissances italiennes d'avoir trop de confiance dans les Français (4) : au fond, malgré son calme apparent, il fut très troublé de la nouvelle (5).

(1) MARINO SANUTO, II, 558., Lettre de Zanino d'Annono à C. Arniti, Blois, 24 février 1498.

(2) Ibid., II, 557, même lettre. — L'ambassadeur de Montferrat à Venise annonça le 3 mars à la Seigneurie le renvoi de cette ambassade (Marino Sanuto, II, 491, in colegio).

(3) Ibid., II, 575, Dolce à la Seigneurie, 31 mars 1499. Les ambassadeurs napolitains partirent le 6 de Turin (Marino Sanuto, II, 604, Turin, 7 avril, Dolce à la Seigneurie), ils arrivèrent le 11 à Milan (Mantoue, A. Gonzaga. E, XIX, 3, Brognolo, 12 avril 1499. « Heri gionse qui... »), où ils devaient apprendre de leur roi s'ils iraient ou non à Venise.

(4) Milan, A. d. S. Pot. estere Napoli, Casati à Ludovic Sforza, 4 février 1499 (C'est bien la date donnée dans la lettre, mais elle est évidemment erronée comme le prouve le texte lui-même. Louis XII et Ludovic Sforza, Documents, 74.)

(5) MARINO SANUTO, II, 517 ; ambassadeurs vénitiens à Naples à la Seigneurie, 9 mars 1499.

Ainsi, brouillé avec les Vénitiens et le pape, abandonné par l'Espagne, menacé dans un avenir plus ou moins lointain par la France, le roi de Naples fut obligé, par la force même des choses, de se jeter décidément dans les bras de Ludovic Sforza et de Maximilien, et de s'associer, lui troisième, à la fortune des deux grands ennemis de Louis XII. — L'ambassadeur Francesco de Monti fut renvoyé en Allemagne avec un secrétaire d'ambassade (1); des précautions minutieuses, même astrologiques, furent prises pour que sa mission commençât sous d'heureux auspices (2). Il promit vingt-cinq mille ducats à Maximilien, et en paya dix mille sur-le-champ (3).

En même temps son rapprochement avec Milan devint tout-à-fait intime. Frédéric montra la plus grande complaisance à l'égard de Ludovic Sforza ; et de nombreux faits, notamment diverses concessions financières, montrèrent l'intimité de leurs relations personnelles (4) ; de nombreuses ambassades entre Milan et Naples resserrèrent ces relations. En avril, Frédéric envoya à Milan deux secrétaires, Trojano Betonio et Gregorio (5), munis en commun d'instructions générales, et Gregorio en particulier d'instructions sur la politique à suivre en commun avec le pape « dont les intentions, d'une malveillance déclarée, font scandale en Italie ». Ludovic répondit à ces ouvertures en l'engageant à tenir ses troupes prêtes pour agir quand il jugerait le moment venu, si les négociations alors engagées entre le pape et Ascanio n'étaient qu'une fourberie d'Alexandre VI ; il l'encourageait même à prendre l'offensive, et lui offrait la solde de mille hommes de pied ; il promettait de créer une opposition nom-

---

(1) Milan, A. d. S. *Pot. estere Napoli*, Casati à Ludovic Sforza, « Ex Vasto, die 25 februarii 1499. Dice me lo Signore Re non haver atteso hieri ad altro che ad la expeditione de questo cancelliere chel manda a stare appresso M. Francesco de Monti... »

(2) *Ibid., id.*, même lettre : « Partira detto cancellere poi domani, passato che sia questa combustion de luna.

(3) Quand il fallut compléter la somme promise, Frédéric ne parla plus que de verser 10.000 ducats : Stanga lui fit remarquer que cela ne ferait que 20.000 en tout. Frédéric expliqua que, tandis qu'il parlait lui-même de payer 25.000 ducats à Maximilien, son ambassadeur Francesco de Monti ne promettait officiellement à l'empereur que 20.000 ducats; c'est naturellement le chiffre le moins élevé que préférait le roi de Naples (Milan, A. d. S. *Pot. estere, Napoli*, Stanga à Ludovic Sforza, sans date).

(4) *Louis XII et Ludovic Sforza, Documents*, 99 et 120.

(5) Stanga à Ludovic Sforza, 15 avril 1499. *Louis XII et Ludovic Sforza, Documents*, 98

breuse dans le Sacré Collège et de faire adresser au pape des remontrances par Maximilien et les souverains espagnols. En retour de ces promesses, Frédéric en faisait d'analogues à Ludovic (1), en prévision d'une invasion française; il s'engageait en pareil cas à lui fournir quatre cents hommes d'armes et quinze cents hommes de pied, sauf dans l'hypothèse où il serait lui-même à ce moment en guerre ou menacé d'une guerre prochaine: l'entretien de ce contingent lui coûterait environ le tiers de ses revenus actuels, « lourd sacrifice, qu'il ferait cependant volontiers pour le duc de Milan ». Quand le mariage de César Borgia fut chose accomplie, le roi de Naples et Ludovic considérèrent définitivement le pape comme un ennemi (2), et leurs précautions redoublèrent: ils renoncèrent à « user des remèdes temporels et spirituels », — les « spirituels » n'avaient pas de succès comme l'avait démontré l'échec des ambassadeurs espagnols, les « temporels » étaient dangereux, car ils pouvaient provoquer une démarche de Louis XII ou de Venise en faveur de Rome; ils jugèrent préférable que le roi de Naples se tînt sur la défensive ; Frédéric promit d'avoir environ douze cents hommes d'armes en bon ordre, dont sept cents sur les frontières de l'état pontifical, avec mission de se porter au secours des Baglioni ou de Camerino, si l'armée du pape les attaquait ; il conseilla à Ludovic diverses mesures de défense, notamment la prise à sa solde des Baglioni, des Conteschi, des Bentivoglio. L'ambassadeur vénitien à Rome n'avait pas tort, à ne considérer que l'ensemble, de dire que le roi de Naples était « tout milanais » (3).

Malheureusement pour ces princes, leur alliance était presque réduite à l'impuissance par le manque d'argent. S'agissait-il de ces mesures d'intérêt commun qu'ils se préconisaient l'un à l'autre, ils se dérobaient toujours devant les frais, le roi alléguant la médiocrité bien connue de ses revenus, le duc protestant de l'énormité de ses charges : entretien de

---

(1) Casati à Ludovic Sforza, 3 mai 1499, *Louis XII et Ludovic Sforza, Documents*, 108.

(2) Milan, A. d. S. *Pot. est. Napoli*, Stanga à Ludovic Sforza, sans date.

(3) MARINO SANUTO, III, 832, 15 juin 1499, L'ambassadeur vénitien à Rome, à la Seigneurie. Mais il était peut-être un peu puéril de s'étonner de le voir envoyer des secours à Milan, « bien qu'il fût sous la protection de la Seigneurie. » A cette date, « la protection de la Seigneurie » était une fiction un peu forte (Marino Sanuto, III, 958. Ambassadeurs vénitiens à Rome à la Seigneurie, 20 juillet 1499).

plus de deux mille hommes d'armes solde du marquis de Mantoue, contribution à la ligue de Souabe, et autres. Frédéric de Naples proposait alors de retarder les dépenses, et par suite les mesures les moins urgentes, et tout ce grand programme aboutissait en fait à l'envoi de sept cent soixante hommes d'armes dans le voisinage de la frontière pontificale.

Quand l'expédition de Louis XII fut imminente, Ludovic Sforza chercha à tirer profit de son alliance avec Frédéric d'Aragon : il s'agissait alors de déterminer les contingents dus par le roi de Naples, de les réunir, et de fixer pour leur mise en route les dates les plus prochaines (1). L'activité de l'ambassadeur milanais à Naples, Conradolo Stanga, fut alors surprenante : au début de juillet, au reçu de lettres de Ludovic Sforza du 30 juin et du 4 juillet et de nouvelles de France, Stanga et un agent du cardinal Ascanio Sforza, Alberto de Canossa, dont l'unique charge était d'appuyer et de seconder l'ambassadeur, demandèrent au roi de Naples de décider s'il enverrait à Ludovic des troupes ou de l'argent, et s'il persistait à ne vouloir envoyer de troupes que si Louis XII venait en Italie avec des réserves considérables (2). Frédéric répondit qu'il enverrait sa contribution de guerre en hommes d'armes, en ayant de solides et en bon état, ce qui valait mieux que de laisser à Ludovic, dans cette extrémité, le souci d'en réunir. Il désignait comme chefs de ces soldats Prospero ou Fabrice Colonna, avec cent quatre-vingt-dix hommes, les frères Savelli avec cinquante, Théodore Trivulce avec soixante-dix hommes ; le reste, pour compléter le chiffre de quatre cents, serait pris sur les troupes cantonnées dans les Abruzzes ; mais il ne voulait pas faire lui-même un choix entre les deux frères Colonna, vu leur égalité de titres et par crainte de les mécontenter l'un ou l'autre ; il pensait que Prospero vaudrait mieux, mais il voulait remettre le choix à la sagesse du cardinal Ascanio Sforza : ces secours ne seraient expédiés que si l'armée envoyée contre Ludovic comptait plus de mille lances et de quatre mille hommes d'infanterie, (encore cette condition devait-elle être interprétée largement par Ludovic Sforza). Mais

---

(1) Voir pour ce qui suit mon étude *Ludovic Sforza et le contingent napolitain en août 1499* (Revue d'Histoire diplomatique, 1896, janvier), où sont publiées les principales lettres de Conradolo Stanga, par lesquelles seules nous sont connus ces événements.

(2) MARINO SANUTO, II, 958. L'ambassadeur vénitien à la Seigneurie, Rome, 20 juillet 1499 : il ne parle que de trois cents cinquante hommes d'armes et cinq cents fantassins.

Frédéric se ménageait une retraite. Dans cette même audience, il montra une lettre à lui adressée par Fabrice Colonna, où était annoncé l'envoi contre Naples d'une flotte française portant César Borgia (2). Peu de temps après, l'ambassadeur espagnol à Rome, Garcilasso de la Vega, lui faisait dire « de garder ses forces pour sa propre défense en cas de besoin », et s'il, voulait aider le duc de Milan, de le faire « de son argent seulement et en secret ». Stanga s'efforça de détruire l'impression faite par ces paroles de Garcilasso de la Vega. Pour le seconder dans cette lutte de tous les instants, Ascanio Sforza envoya à Naples le protonotaire Saliceti. — Beaucoup de Napolitains d'importance, Aloysio Caraffa, Troiano, le duc d'Ariano, déclaraient qu'ils ne conseilleraient jamais au roi de faire sortir ses troupes de son royaume. — Comme si ces difficultés n'étaient pas déjà assez grandes, Ludovic Sforza produisit le 15 juillet une nouvelle exigence : il réclama la participation de Frédéric à l'armement de six gros vaisseaux, destinés à faire la course dans l'Adriatique, à bloquer Venise et à aider au besoin Frédéric à reprendre ses postes occupés par la Seigneurie (1).

Le 24 et 25 juillet, sur de nouvelles instances de Stanga, le roi de Naples dressa la liste des hommes d'armes désignés pour l'expédition, les noms de leurs chefs, leurs instructions, et leur ordonna à tous de se mettre en état de faire campagne ; le 25, le secrétaire Guido Ruccitano fut chargé du règlement des soldes, de la rédaction des instructions à Théodore Trivulce et aux autres condottieri ; un ordre de départ fut envoyé à Prospero Colonna, décidément choisi. Le même jour, à l'occasion de lettres de Venise qui parlaient de tentatives faites par Alexandre VI pour détacher le roi de Naples de Ludovic Sforza, Frédéric d'Aragon renouvela toutes ses déclarations d'indissoluble alliance : rien ne semblait plus devoir retarder le départ du contingent napolitain, quand, le soir même, Frédéric dit nettement qu'il voulait savoir, avant d'expédier ses troupes, ce qu'était la flotte de Provence, quelles troupes elle transportait. Un accès de goutte au pied qui retint Stanga au lit pendant quatre jours, une villégiature de pur agrément du roi à Procida, retardèrent la suite des pourparlers. Quand ils furent repris, la guerre avait commencé entre la France et Milan : un ordre de départ fut immédiatement envoyé par le roi à Pros-

(1) Costabili au duc de Ferrare, 25 juillet 1499. *Louis XII et Ludovic Sforza, Documents,* 211.

pero Colonna; les autres troupes le suivraient ensuite, à peu d'intervalle.

Frédéric songea même à lever pour son propre compte cinq cents suisses; il ordonna le recrutement de trois mille hommes dans toutes les provinces et les villes de son royaume, pour servir pendant toute la durée des événements en cours, afin d'avoir toujours en cas de besoin des troupes à sa disposition. Ces préparatifs militaires inquiétèrent la Seigneurie. L'ambassadeur vénitien fit des représentations au roi de Naples, qui y répondit par une fin de non-recevoir assez sèche : il avait le droit de défense, il en usait, et cela ne regardait personne. Il renouvela cette réponse sous une forme officielle après s'être concerté avec Stanga.

Ému cependant par ces menaces ou feignant de l'être, il en tira de nouveaux motifs de suspendre l'envoi de ses troupes. Le 8 août, il représenta aux ambassadeurs Stanga et Saliceti que les Vénitiens lui faisaient courir de grands dangers, que leur flotte, à son retour du Levant, pourrait laisser dans leurs ports de Pouille huit ou dix galères qui suffiraient à bouleverser tout le royaume. Aussi, consentait-il à maintenir l'ordre de départ déjà donné à Prospero Colonna, mais, pour le reste des troupes promises, il ne voulait pas les donner en hommes, mais seulement en fournir les soldes à Ludovic Sforza, ne pouvant désorganiser sa propre défense. Stanga lui reprocha d'avoir attendu si longtemps pour le prévenir de ce changement de programme; Frédéric s'excusa et promit un versement immédiat de ses subsides ; à l'issue de l'audience, le roi fit faire par le trésorier Leonardo une lettre de change de dix mille ducats d'or sur Milan ou sur Gênes. Mais Frédéric refusa à Ludovic les cinq cents hommes d'infanterie espagnole et les vaisseaux qu'il lui demandait ; son infanterie était trop réduite de nombre pour lui être un appoint utile, ses vaisseaux ne serviraient à rien, et leur armement représenterait de vaines dépenses. — Pendant dix jours encore, ces alternatives se continuèrent : le roi de Naples était partagé entre le désir de secourir Ludovic Sforza et la crainte de rester sans défense dans son royaume. Il retenait Prospero Colonna, qui demandait à se mettre en marche. Ni les instances des ambassadeurs milanais, ni les menaces des Vénitiens ne parvenaient à le décider dans un sens ou un autre. Les Vénitiens lui conseillaient d'abandonner le duc de Milan, d'acheter la paix et l'alliance du pape moyennant quelque cession de territoire. Il se rebiffa contre cette proposition ; Bernardino Bernardi demanda ironiquement aux Vénitiens s'ils voulaient lui en donner l'exemple en donnant au pape Brescia et Bergame ; et Frédéric déclara que la Seigneurie ne devait pas espérer qu'il se résignât à être moins roi que ne l'avaient été ses ancêtres, et qu'il préférerait perdre son royaume et sa vie plutôt que d'être « *re titolare o diminuito* ». Mais ces conseils, les avis analogues du cardinal de Capoue, n'ébranlaient pas la résolution intime de Frédéric de Naples. Le 18 août, Naldino fut envoyé à Prospero Colonna pour lui confirmer l'ordre de hâter ses préparatifs de départ, et le roi annonça l'envoi immédiat de lettres de change. Ainsi Ludovic Sforza obtenait du roi de Naples un concours militaire et pécuniaire effectif. Mais les hésitations et les lenteurs de Frédéric d'Aragon, en retardant trop le jour où il fut fourni, rendirent ce concours inutile.

La lutte diplomatique s'était donc poursuivie, entre le roi de France et le duc de Milan, dans les divers états de la péninsule comme dans les autres états de l'Europe, et, quinze mois après l'avènement de Louis XII, elle avait pour résultat un groupement nouveau des puissances italiennes. Les derniers restes de la sainte ligue de Venise étaient anéantis, et ses membres s'étaient répartis en deux confédérations nouvelles.

Ludovic Sforza, qui depuis quelque temps était prépondérant dans la péninsule, devenait l'âme de l'une de ces ligues, fondée surtout sur l'appui de Maximilien d'Allemagne; le roi de Naples en était le partisan le plus résolu. Venise et le Saint-Siège, dans un intérêt de vengeance ou de profit personnel, s'étaient inféodés à Louis XII, et, avec leur alliance, ils leur livraient non seulement l'appoint de leur autorité morale et matérielle, mais encore la direction des destinées politiques de l'Italie qu'ils avaient partagée jusqu'alors avec le duc de Milan.

Non seulement Louis XII s'était assuré par des traités, qui leur coûtaient trop pour qu'ils eussent intérêt à les rompre ou à s'en dédire trop vite, l'alliance de ces deux états, mais il avait acquis et consolidé par des traités celle des autres états de second ordre dont le concours lui était nécessaire : le duc de Savoie lui ouvrait les portes et les routes d'Italie ; ainsi que les marquis de Montferrat et de Saluces, il promettait de combattre dans les rangs de son armée ; la république de Florence, si elle s'attardait dans une neutralité officielle, tendait visiblement à s'unir à lui ; le duc de Ferrare s'abstenait de toute intervention hostile à sa politique.

Contre cette action diplomatique, nette, positive, puissante, fondée sur des offres d'avantages sérieux ou des menaces de représailles graves, les intrigues, les équivoques, les vantardises, les promesses mensongères de Ludovic Sforza n'avaient pu prévaloir. Ni ses tentatives de réconciliation avec Venise, à qui il n'offrait rien et ne pouvait rien offrir, ni ses projets d'alliance avec le pape, moins profitables et moins sûrs pour celui-ci que les engagements de Louis XII, n'étaient de nature à réussir. Au duc de Savoie comme à Hercule d'Este, comme à la Seigneurie de Florence, il n'avait pas su faire entendre les paroles opportunes et décisives qui enchaînent les amitiés tièdes ou attiédies par l'intérêt. Le marquis de Mantoue lui-même, qui avait étalé avec cynisme sa politique égoïste, lui manqua au dernier moment.

C'était par sa propre indécision, par son manque d'à-propos que Ludovic Sforza avait été vaincu dans ce duel diplomatique; c'était aussi par la netteté des vues de Louis XII, par la rapidité relative de l'exécution du plan royal. Il n'avait pas su profiter des deux occasions qui s'étaient offertes à lui, d'empêcher, en septembre 1498, l'alliance franco-vénitienne; en février 1499, le rapprochement de Louis XII et du Saint-Siège. Il avait eu surtout le tort de croire la politique de ses adversaires aussi raffinée que la sienne, aussi cauteleuse, aussi exclusivement oratoire et ratiocinante; il ne comprit pas ce qu'elle avait de brutal parfois et de violent; il oublia que les conseillers et diplomates de Louis XII, comme ceux de Charles VIII, étaient souvent des gens d'épée habitués à mener une négociation comme une campagne, qu'ils étaient encore ceux que les Italiens appelaient des « barbari », les arrière-neveux de ces grossiers conquérants qui avaient mis leur épée dans les balances de la diplomatie capitoline. Il dut surtout à cette faute ses défaites partielles.

Mais, malgré ces défaites, malgré ces indifférences, ces abandons et ces défections, le duc de Milan restait encore puissant et conservait une notable part d'influence sur les états italiens de second ordre. Florence demeurait en somme indécise, Sienne était toute à lui. Les condottieri de Bologne et des Romagnes, menacés par Venise ou par le Saint-Siège, lui conservaient leur fidélité; la comtesse de Forli, les Bentivoglio, une partie de la famille d'Este, lui gardaient une amitié agissante. L'Italie centrale, les puissances voisines de son duché continuaient à être dans sa main.

La victoire de Louis XII, déjà presque assurée, n'était donc pas encore définitive : il avait profondément changé la situation diplomatique de son gouvernement en Italie, mais son autorité n'y était pas encore absolue. Encouragé par ces succès, la partie était plus qu'à demi gagnée quand il commença la guerre. La guerre pourtant était nécessaire. Louis XII avait par sa diplomatie replanté l'influence française en terre italienne : pour l'y faire croître, il fallait l'engrais des batailles.

CHAPITRE IV.

LA PRÉPARATION DE LA GUERRE DU MILANAIS (Suite).
LA PRÉPARATION MILITAIRE DE LA GUERRE.

La même activité qu'ils avaient mise à la préparation diplomatique de la guerre, Louis XII et Ludovic Sforza l'apportèrent aussi, et avec les mêmes différences dans l'effort et dans le succès, à sa préparation militaire. Dès le lendemain, pour ainsi dire, de son avènement, le roi de France se préoccupa d'assurer les éléments de son entreprise future, et les troupes françaises descendaient déjà les Alpes, que Ludovic Sforza s'affairait encore à réunir des moyens de résistance. Ces préparatifs, dès longtemps combinés par l'un, fiévreusement multipliés par l'autre, durèrent donc autant que les négociations diplomatiques destinées à les corroborer et auxquelles ils se lièrent souvent. Pour les uns comme pour les autres, ce fut Louis XII qui prit l'initiative et se trouva le plus tôt et le plus complètement en état de commencer les hostilités.

I.

LES PRÉPARATIFS DE LOUIS XII.

Pour entreprendre utilement la campagne qu'il méditait, Louis XII avait tout à reconstituer, son trésor à remplir, ses troupes à réorganiser, une armée à former, la sûreté générale de son royaume à assurer. — Avant même de savoir quand et comment il pourrait commencer cette expédition qui lui tenait tant au cœur, dès le début de son règne, et malgré l'opposition d'une partie de sa cour, le roi de France se mit à cette tâche complexe et difficile.

Avant tout il fallait de l'argent. Charles VIII ne laissait pour ainsi dire pas de réserves. Il y avait peu d'argent en France ; la population était très appauvrie; le Languedoc et la Provence étaient presque seuls, parmi les provinces, à fournir des revenus à l'état. Les frais de l'expédition de Naples d'une part, et de l'autre le gaspillage et le pillage des deniers publics par les grands officiers de la couronne avaient à peu près ruiné le Trésor (1). Louis XII prit immédiatement des mesures pour remédier à cet état de choses, et commmença par rétablir partout l'ordre et l'économie, en même temps que l'obéissance. Peu de temps après son avènement, comme il demandait certains fonds à l'un des trésoriers généraux, celui-ci lui répondit n'en avoir point de disponibles; à quoi Louis XII répliqua : « Je sais que vous m'en trouverez, et plus que je n'en demande; et je vous montrerai que je veux être servi, non comme le feu roi Charles, mais comme l'ancien roi Louis », et l'argent lui fut sur-le-champ apporté (2).— Louis XII diminua les dépenses, réduisit les pensions, abolit les dons en argent aux gentilshommes (3). Parmi les suppressions de pensions, une fut spécialement caractéristique : elle atteignit la duchesse Bonne de Savoie, veuve du duc de Milan Galéas, belle-sœur de Ludovic Sforza et abandonnée par lui, qui résidait à Lyon (4). Julien de La Rovère conseilla au roi d'emprunter de l'argent « à ceux qui en avaient », c'est-à-dire de rançonner le cardinal Briçonnet et Etienne de Vesc (5). On alla jusqu'à assurer que Louis XII diminuerait les pensions de Trivulce et de son fils; mais il se garda de cette mesure impolitique. Par contre il « cassa » des gentilshommes de sa compagnie de pensionnaires (6). Il diminua toutes les pensions militaires dans de grandes proportions, sauf celles des soldats. Il en donnait pour raison qu'il faut beaucoup d'argent quand on veut faire la guerre, et il ajoutait plaisamment, en parlant des gentilshom-

---

(1) MARINO SANUTO, II, 30; ambassade vénitienne en France à la Seigneurie, 11 octobre 1498.

(2) Milan, A. d. S. *Pot. estere*, *Savoia*, Maffeo Pirovani à Ludovic Sforza, 6 mai 1498 (ce sont des nouvelles apprises par le canal de La Rovère).

(3) *Documents sur la première année*, etc., pag. 60, 3 décembre 1498; pag. 16. Marino Sanuto, II, 252, ambassadeur vénitien à la Seigneurie, Lyon, 9 décembre 1498.

(4) MARINO SANUTO, II, 790, 23 mai 1499, ambassadeur vénitien à la Seigneurie. Charles VIII lui avait constitué six mille écus de pension, dont trois mille sur les revenus de Bretagne et trois mille sur ceux de France.

(5) ROSMINI (tom. II, pag. 251) cite d'après une lettre de Malvezzi ce mot de Trivulce, que « Louis XII avait entassé trois millions pour la guerre d'Italie ».

(6) MARINO SANUTO, II, 206 et 207, 20 novembre 1498.

mes. mécontents : « S'ils n'ont pas assez d'argent pour porter des manches larges, qu'ils les portent étroites » (1). Il reprit à leurs possesseurs tous les offices qui avaient été distribués gratuitement par Charles VIII et les vendit (2). — Enfin il réunit les états provinciaux pour leur demander deux cent mille ducats pour faire son expédition en Milanais. Ces états furent si exclusivement consacrés aux questions financières que l'ambassadeur vénitien en donna cette définition trop restreinte, mais typique : «Faire les états, ou tenir les états, consiste dans une séance que le roi ouvre en exposant l'état de ses revenus et de ses dépenses et en demandant des subsides » (3).

Grâce à cette sévérité et à ce sang-froid, Louis XII eut bientôt de l'argent en abondance. Dès le mois de juillet 1498, on affirmait que jamais roi n'avait eu un trésor aussi riche (4). L'assertion était évidemment prématurée. Mais à partir du mois de mars 1499 elle fut plus exacte ; dès ce moment, il avait réuni « tout l'argent nécessaire pour ses dépenses ordinaires et extraordinaires » ; il avait non seulement de quoi payer sa première expédition, mais encore, en cas d'échec, de quoi lever une seconde armée (5); au mois d'avril, il déclarait lui-même avoir de l'argent pour deux années de guerre entières (6), et il eut toujours d'avance de quoi payer comptant ses levées de troupes et leurs armements. Ses propres deniers lui auraient donc suffi à entretenir l'armée d'invasion, la contribution de Venise devait lui permettre de ne point épuiser ses ressources.

L'état de l'armée, telle que Charles VIII la laissait à son successeur, n'était pas meilleur que celui des finances. Dans sa

---

(1) *Documents sur la première année*, etc., pag. 63, 4 janvier 1499.

(2) Mantoue, *Arch. Gonzaga*, E XV 3, Aless. del Baese au marquis de Mantoue, 18 mars 1499.

(3) MARINO SANUTO, II, 206, ambassadeurs vénitiens en France à la Seigneurie, 21 novembre 1498. Cet esprit d'économie valut à Louis XII une réputation bien établie d'avarice et de cupidité. On l'accusa de vouloir mettre de l'argent de côté. Il s'inquiéta peu de ces accusations. Il ne s'inquiéta pas davantage du malaise commercial qui résulta de son économie ; l'argent circulait moins abondamment, on fit moins d'affaires ; à la foire de Lyon, en 1498, les transactions furent peu nombreuses, les vendeurs perdirent 6 %, dans leurs affaires. Marino Sanuto, II, 790, ambassadeur vénitien en France, 23 mai 1499.

(4) *Documents sur la première année*, etc., pag. 16, n° 18.

(5) MARINO SANUTO, II, 558, Zanino de Auono, Blois, 9 mars 1499.

(6) *Id.*, II, 722, Gonzaga à la Seigneurie, 8 mai 1499.

ruine presque complète, il n'en restait guère que les cadres (1). Une lettre du 18 mai 1498 en donne un témoignage partiel : tout était à réorganiser : commandement, distribution, discipline et cadres. La plupart des compagnies étaient commandées par des lieutenants : plusieurs étaient cantonnées partie en France, partie sur le territoire d'Asti ; celle du marquis de Saluces était presque toute entière dans son état ; la plupart ne se soumettaient pas aux revues réglementaires, notamment celle de Trivulce ; plusieurs étaient mal montées et mal armées, notamment celle de Trivulce et de Constantin Arniti ; celles qui étaient bien tenues étaient incomplètes. Dans l'armée il aurait dû y avoir, en théorie, quatre compagnies de cent lances, parmi lesquelles celle du duc d'Orléans qui venait de l'abandonner à Robinet, celles de Trivulce et de Constantin Arniti, deux de soixante, dont l'une au marquis de Saluces, cinq de quarante, à Sandricourt, Saint-André, Saint-Priest, Myolans et au grand écuyer, une de vingt-cinq au capitaine Esprit. Or, la compagnie que le duc d'Orléans, devenu Louis XII, cédait à Robinet n'avait que soixante lances au lieu de cent ; celle de Saint-André, vingt-cinq au lieu de quarante ; celle dont La Marche était lieutenant, trente au lieu de cinquante. Seule la compagnie du capitaine Esprit était complète, bien tenue et bien montée. Une petite portion de la compagnie de M. de Saluces, tenant garnison en France, sous le commandement du capitaine Ambaud et du cadet de Comminges, était aussi dans un état satisfaisant. Louis XII allait avoir fort à faire pour remettre ces troupes en état de combattre.

La préparation militaire de l'expédition comprit deux périodes ; d'abord Louis XII prit des mesures générales pour la réorganisation et le rajeunissement de ses cadres (2) ; puis il s'occupa spécialement de la formation d'une armée d'invasion et de sa concentration dans le territoire d'Asti.

La réorganisation de l'armée en France fut activement menée :

(1) *Louis XII et Ludovic Sforza, Documents*, 17.

(2) L'auteur de la lettre du 18 mai assure que Louis XII commença par ordonner de payer les arrérages de soldes dus aux troupes jusqu'au jour de son avènement. Cette nouvelle parut extraordinaire à beaucoup de monde. Ce qui peut la rendre suspecte en effet, c'est que le même nouvelliste annonce qu'il avait accru de quinze cents le nombre des lances, fait qui ne peut à cette date être vrai que comme intention du roi, et qui est probablement mal compris de toute façon. Il faut entendre sans doute que le roi avait manifesté l'intention de porter à quinze cents en tout le nombre de ses lances.

dès le mois d'octobre 1498, Louis XII se vantait, non peut-être sans quelque exagération, d'avoir sous les armes trois mille hommes d'armes, dont cinq cents en Bourgogne, cinq cents sur les frontières d'Espagne et cinq cents en Italie, sous le commandement de Trivulce (1) ; il disait, dès le même temps, avoir l'artillerie et les troupes nécessaires pour une expédition sérieuse (2). En février 1499, il procéda à une refonte complète de l'armée, démembra dix-sept compagnies réduites à des effectifs trop restreints ou formées de cadres trop étroits, et il en versa les hommes dans d'autres, pour les porter toutes au même nombre de cent lances; en même temps, il renouvelait les cent suisses et les cent archers de sa garde (3). Il fit régner dans cette armée une discipline exacte et rigoureuse; « on lui obéissait comme s'il eût régné depuis cent ans paisiblement » (4). — Il assura la défense du royaume en garnissant de troupes les frontières : il mit sur celles de Bourgogne six cents lances destinées à prévenir ou à repousser les attaques de Maximilien, il y multiplia les précautions ; il envoya des troupes à Perpignan (5). Il réorganisa surtout avec soin la garnison française d'Asti, qui devait former le premier noyau de son armée d'invasion ; il le fallait solide et résistant ; dès son avènement, il en rappela toutes les troupes, qui y tenaient garnison depuis trop longtemps, et les remplaça par des troupes moins soumises à l'influence de Trivulce, moins italianisées. Il voulut même augmenter cette garnison de deux cents lances (l'exagération populaire disait même de quatre cents), mais Trivulce le fit renoncer à cette idée (6), pour ce motif que la garnison ainsi augmentée, tout en restant insuffisante pour l'attaque, serait trop nombreuse pour vivre sur le comté d'Asti. Il donna, en juin 1498, des ordres

---

(1) MARINO SANUTO, II, 30, ambassadeur vénitien en France à la Seigneurie, 11 octobre 1498.

(2) *Ibid., id.*, II, 206, 207, 7, même source, 21 novembre 1498.

(3) *Ibd., Id.*, II, 30 et II, 206-207, 11 octobre et 21 novembre 1498, l'ambassadeur vénitien à la Seigneurie. Il ne croit pas au nombre de troupes énoncé par Louis XII. Marino Sanuto, II, 465, lettre de *l'amico fedel* à la Seigneurie, 8 février 1499 ; II, 627, lettre de « Burgos » (Bourges, sans doute), 23 mars 1499, mais l'auteur ne croit pas à la nouvelle et « crede sara zanze ».

(4) *Documents sur la première année du règne de Louis XII*, pag. 6.

(5) MARINO SANUTO, II, 465, L'amico fedel à la Seigneurie, Lyon, 8 février 1499.

(6) Milan, A. d. S. *Cartegg. gener.* Lettre de Suse, 6 et 17 juin 1498, et avis d'Asti à Turin le 30 août 1498. *Louis XII et Ludovic Sforza, Doc.*, 45.

sévères pour le maintien du bon ordre dans cette garnison ; il interdit d'y donner à qui que ce fût la permission de quitter son cantonnement avant la prochaine revue, fixée au début d'août ; à cette date, tous les soldats absents ou en désordre seraient « cassés » et congédiés (1).

Dès le début de 1499, Louis XII songea à la constitution de l'armée destinée à « l'entreprise de Milan ». Il voulait avoir environ quinze cents lances et vingt mille hommes de pied. C'est toujours ce total approximatif qu'il indique, soit qu'il annonce, le 10 mars 1499, à l'ambassadeur vénitien qu'il aurait quinze cents lances françaises, c'est-à-dire un nombre double de celui que lui imposait son traité, soit qu'il informe La Rovère le 15 mars qu'il aurait « à la Saint-Jean », en Lombardie, vingt-cinq mille hommes, cavalerie et infanterie, soit qu'il déclare son intention d'envoyer à Asti douze mille hommes de pied, dont trois mille gascons et autant de picards, avec ses deux cents gentilshommes et les cinquante de la reine, et quinze cents lances (2) ; on peut donc admettre ces chiffres comme les plus probables, en l'absence de documents absolument certains (3).

(1) Avis d'Asti, cité note précéd., et *Documents sur la première année*, etc., pag. 33 : lettre d'Antonio della Croce à Ludovic Sforza, 29 août 1498. Summario de 'avvisi reportati de Asti a di 7 settembre 1498. Milan, A. d. S. *Pot. Est. Savoia*, Pirovani à Ludovic Sforza, 19 juin 1498.

(2) Les lances françaises, composées de huit hommes chacune, équivalaient à un nombre double de lances italiennes.

(3) Au mois de juillet 1499, il augmenta les chiffres ; il pensait qu'il aurait dix-huit cents lances et trente mille hommes de pied, sans compter les contingents de Savoie et de Saluces, pour entreprendre la campagne qu'il voulait finir en quarante jours (Marino Sanuto, II, 533, 560, 10 et 15 mars 1499, l'ambassadeur vénitien à la Seigneurie ; *ibid.*, II, 728, même source, 10 mai 1499 ; *ibid.*, II, 728, lettre anonyme de Lyon, 10 mai 1499, qui fixe les évaluations, à ce moment-là, à seize cents lances). Il avait même dit en mai qu'il aurait et voulait avoir deux mille lances et vingt mille fantassins pour son expédition ; le 31 mai, il annonçait encore à Loredam « quinze cents lances dont la Seigneurie pourrait user », d'après Marino Sanuto, II, 722, Gonzaga à la Seigneurie, 8 mai 1499 ; II, 805, Loredam à la Seigneurie, 31 mai 1499 ; II, 931, même source, Lyon, 11 juillet 1499). En France, comme à Asti, on répétait ces chiffres : la cour donnait, le 12 mars, le commandement de l'expédition avec douze cents lances au duc de Lorraine (*Documents sur la première année*, pag. 67, 3 mars 1499 ; à Asti, on donnait le chiffre précis de quinze cents lances et de vingt mille hommes de pied (*Louis XII et Ludovic Sforza, Documents*, 87). M. de Trans, qui était souvent très au courant des secrets politiques, donnait en mars des chiffres analogues, quinze cents lances et douze mille fantassins, dont six mille Allemands et six mille Gascons.

Dispersée dans les garnisons de France et d'outre-monts, cette armée n'existait encore qu'en partie, et il fallut d'abord la compléter. Dès le mois de mars, des levées de troupes furent organisées dans tout le royaume. « On ne parle de rien de nouveau en France, écrit-on de la cour, sauf de guerre » ; les lances envoyées en observation en Bourgogne en sont rappelées en mai 1499 ; en juin, le roi fait recruter par M. de Longueville dix mille normands, par le chevalier de Louvain trois mille picards, par le capitaine Odet cinq mille gascons. Le recrutement se poursuivait simultanément à l'étranger : en juin, Louis XII prend à sa solde six mille Anglais, un corps d'Ecossais ; mais c'est surtout en Suisse qu'il cherchait des auxiliaires ; dès le mois de juin il avait à son service cinq mille Suisses (1), et en juillet le marquis de Rothelin est envoyé dans le pays de Vaud pour compléter ses contingents (2). Le roi avait même songé quelque temps à s'assurer le concours des Vitelli (3).

Cette armée se rassembla en partie à Lyon, en partie à Asti. Dès le mois de février 1499, des troupes considérables s'acheminèrent vers les possessions ultramontaines de Louis XII, tandis que le gros de l'armée se réunissait autour de Lyon et en Dauphiné, pour ne franchir les Alpes qu'en juillet. C'est à Lyon et dans le Lyonnais que se réunirent en janvier les quatre cents lances de M. de Ligny ; elles y cantonnèrent en février, et leur présence est encore signalée autour de Grenoble en avril ; c'est à Lyon que furent dirigées vers le 25 mars les quatre compagnies de cent lances de Robinet, de La Palisse, de Sandricourt et de Monseigneur de Foix, qui reçurent en même temps que celle de Ligny l'ordre de passer les Alpes, le 6 mai 1499 (4) ; à Lyon

---

(1) *Documents sur la première année*, pag. 67. *Capitulum cujusdam amici ex curia die 3 martis*. Marino Sanuto, II, 850, 15-17 juin 1499, ambassadeur vénitien à la Seigneurie ; lettre anonyme du 10 mai (*ibid.*, II, 728). Ludovic faisait espionner les levées de troupes en Gascogne et à leurs lieux de réunion (*Documents sur la première année*, etc., pag. 75, 28 avril 1499).

(2) Voir *supra*, chap. III, pag. 145.

(3) *Louis XII et Ludovic Sforza, Documents*, 97. Ludovic Sforza s'inquiète vivement du retour d'un messager secrètement envoyé en France par les Vitelli.

(4) Milan, A. d. S. Pot. Est. *Savoia*, Pirovani à Ludovic Sforza, 30 janvier 1499. Marino Sanuto, II, 714 et 728, ambassadeurs vénitiens à la Seigneurie, France, 6 et 10 mai 1499 ; II, 656, 713, 728, Dolce à la Seigneurie, Turin, 25 avril et 12 mai 1499 ; II, 572, ambassadeur vénitien à la Seigneurie, Blois, 25 mars 1499. *Documents sur la première année*, etc., pag. 75 et 76, 28 avril et 6 mai 1499.

aussi, se réunirent les soixante lances de M. de « Zambella » en avril (1), les trois mille gascons du capitaine Odet, qui y arrivèrent par Moulins et le Bourbonnais, enfin les deux cents gentilshommes de la maison du roi et les cinquante de la maison de la reine (2).

L'ingénieux et perspicace observateur Lucio Malvezzi, commissaire ducal à Alexandrie, écrivait le 19 mai 1499 qu'on reconnaîtrait de trois façons différentes l'imminence de la guerre (3) : « les troupes d'Asti recevraient l'ordre de ne plus quitter leurs logements ; des hommes d'armes nouveaux y seraient envoyés; enfin l'infanterie y serait concentrée, ce qui serait le signe décisif. » Cette observation était juste, mais à la prendre au pied de la lettre, c'est dès la fin de l'année 1498 que Ludovic Sforza aurait pu croire la guerre imminente : dès le mois de décembre 1498, en effet, la garnison d'Asti fut renforcée : le 7, Robinet annonçait à Trivulce sa prochaine arrivée (4); mais ce ne fut qu'au mois de février suivant que l'expédition systématique des corps d'armée commença (5) ; le comte de Misocco revint à Asti le 20 mars pour surveiller l'arrivée et la distribution des soldats français dans l'Astésan (6). Dès lors commença, pour durer jusqu'au mois d'août, le passage des troupes ; envoyées par petits paquets pour ménager les pays qu'elles traversaient, marchant à petites journées, obligées de se diviser pour éviter l'encombrement dans les passages alpestres (7), elles couvrirent de leur incessant et confus défilé le Dauphiné, la Provence et le Piémont;

(1) Marino Sanuto, II, 656 et 679, Dolce à la Seigneurie, 25 et 28 avril 1499.
(2) *Documents sur la première année*, etc., pag. 75, 28 avril 1499. Marino Sanuto, II, 792. Loredam à la Seigneurie, 29 mai 1499.
(3) *Louis XII et Ludovic Sforza, Documents*, 118.
(4) Marino Sanuto, II, 198, 7 décembre 1498. La nouvelle était d'ailleurs prématurée, comme celle donnée aussi par Robinet de l'envoi de d'Alègre en Savoie à la mi-carême.
(5) Par l'envoi à Asti de deux cents ou deux cent soixante-dix lances, chiffre ordinaire de sa garnison. (Les contemporains ne sont pas d'accord sur ce chiffre ; Cf. Marino Sanuto, II, 465, Lettre de Lyon à la Seigneurie, 8 février 1499). Elles ne recevaient aucun paiement d'avance, mais étaient accompagnées d'un trésorier qui devait les payer à Asti. Cf. aussi Marino Sanuto, II, 423, Dolce à la Seigneurie, Turin, 4 février 1499.
(6) Marino Sanuto, II, 553, Dolce à la Seigneurie, Turin, 21 mars 1499. On crut à Turin que ce retour annonçait le début immédiat de l'entreprise.
(7) L'ambassadeur vénitien Zorzi dit dans sa relation aux Pregadi que le roi comptait avoir au 24 juin vingt-cinq mille hommes à Asti, mais qu'il ne pouvait les y envoyer que peu à peu, à cause de la difficulté des approvisionnements et des fourrages (Marino Sanuto, II, 751, 25 mai 1499).

leur dispersion, en empêchant les espions ou les simples témoins (1) de juger exactement de leur nombre, rendit plus aisé le travail d'exagération des imaginations populaires, et, en multipliant par la répétition en divers lieux les mêmes nouvelles, elle dut contribuer à accroître le découragement des Milanais, l'ardeur coopérative des Vénitiens et la curiosité respectueuse et effarée de tous ; de tous les débouchés des routes des Alpes, en France et en Italie, chaque jour s'échappait, vraie ou fausse, la nouvelle de quelque mouvement de troupes vers Asti ; c'est l'ambassadeur Zorzi qui, le 18 mars, annonce des envois considérables de soldats à Asti (2) ; c'est, entre le 11 et 22 mai, un Gênois qui rencontre dans les Alpes, venant en Italie, douze cents chevaux qu'il pensait être de la garnison d'Asti (3), c'est le résident Somenzi qui annonce la mise en route de la compagnie d'Aubigny (4), c'est Malvezzi qui signale le passage de gens d'armes appartenant aux garnisons voisines de Saluces (5) : ce sont chaque jour mille récits colportés et grossis, et qui déguisaient les véritables mouvements des soldats de Louis XII (6).

La concentration de la véritable armée commença au mois de mai. A la fin d'avril, on disait à Lyon que, dans le mois de mai, suivant il arriverait à Asti mille lances au complet (7). Les

(1) On imagine aisément que Ludovic Sforza et ses agents ne négligeaient rien pour avoir des renseignements circonstanciés sur les troupes françaises. Lucio Malvezzi avait envoyé quatre espions à demeure aux divers débouchés des routes alpestres, pour avoir des détails sur la circulation de ces troupes (voir sa lettre citée plus loin ; un autre de ses espions assiste à la revue de la compagnie du capitaine Alanda. *Louis XII et Ludovic Sforza, Documents*, 118).

(2) MARINO SANUTO. II, 551, Zorzi à la Seigneurie, 18 mars 1499.

(3) *Louis XII et Ludovic Sforza, Documents*, 119. F. Fontana à Ludovic Sforza, 22 mai 1499.

(4) Somenzi à Ludovic Sforza, 10 juin 1499, *Louis XII et Ludovic Sforza, Documents*, 138.

(5) *Ibid.*, 121. Malvezzi à Ludovic Sforza, 24 mai 1499.

(6) Au mois de mars, il y eut un moment d'accalmie dans ce va et vient bruyant ; M. de Trans annonçait une suspension des envois de troupes, et, de l'autre côté des Alpes, Zuam Dolce constatait que la circulation militaire avait cessé ; que tout se bornait au jeu normal du remplacement des compagnies entre Asti et la France. Comme M. de Trans donnait en même temps diverses autres nouvelles inexactes, celle-ci nous paraîtrait suspecte, si elle n'était confirmée par le témoignage du vénitien Dolce (Marino Sanuto, II, 778, Dolce à la Seigneurie, 24 mai 1499).

(7) Latuada à Ludovic Sforza, 4 mai 1499. *Louis XII et Ludovic Sforza Documents*, 109.

compagnies de Robinet, de La Palisse, de Sandricourt, de M. de Foix, reçoivent le 6 mai, et celle de Ligny le 10, l'ordre de passer les Alpes ; elles se mettent immédiatement en route (1). Dès le 12 mai, trois cents chevaux de M. de Foix passent à Turin, se rendant à Asti (2); les quarante lances de la Palisse sont à Suse vers le même temps (3); les autres compagnies s'ébranlent plus lentement. Au début de juin, d'Aubigny et Robinet reviennent de Paris à Lyon prendre le commandement personnel de leurs effectifs (4); le départ de d'Aubigny était attendu le 13 juin, ainsi que celui de son frère M. d'Auson avec sa compagnie (5); la compagnie de César Borgia, commandée par son lieutenant Aubert Rosset, descend en Provence jusqu'à Digne (6) pour passer en Piémont, tandis que le duc de Valentinois, avec la permission de Louis XII, va passer quelques jours à Rome (7). Le 23 juin 1499, M. de Myolans reçoit à son tour l'ordre de conduire sa compagnie en Italie et, avant de passer les Alpes, va saluer le duc de Savoie dans les états duquel il possède des terres (8); entretemps ses troupes traversent les Alpes par petits paquets. Le 14 juin, trois mille arbalétriers, normands et picards, arrivaient en Italie par le mont Genèvre et Saluces (9). Le 29 juin, le roi complétait la mise en route de

---

(1) Voir pag. 387, note 4.

(2) MARINO SANUTO, II, 769, Turin, 17 mai 1499. Dolce à la Seigneurie ; le lieutenant de M. de Foix, baron de Berni, était arrivé à Asti le 27 avril 1499. Mais il y a une exagération et une erreur manifeste à dire avec Petroboni que, dès la fin de mai, il y avait en Italie environ douze cents lances françaises et que l'on en attendait encore quatre cents dans la semaine. (Petroboni à Ludovic Sforza, 31 mai 1499. *Louis XII et Ludovic Sforza, Documents*, 126).

(3) Lettre de Lucio Malvezzi à Ludovic Sforza du 17 mai 1499, citée plus loin.

(4) *Louis XII et Ludovic Sforza, Documents*, 138.

(5) MARINO SANUTO, II, 832, Loredam à la Seigneurie, 8 et 10 juin 1499. *Documents sur la première année du règne de Louis XII*, etc., pag. 71. Marino Sanuto, II, 588. L'*amico fedel* à la Seigneurie, 12 juin 1499.

(6) *Documents sur la première année*, etc., pag. 71. Elle passait en Dauphiné à la fin de juin. Marino Sanuto, II, 883, Badoer à la Seigneurie, 30 juin 1499, à Vegiano près Turin.

(7) Milan, A. d. S., *Pot. estere, Savoia*, le chancelier de Savoie « Episcopus Montisregalis » à Ludovic Sforza, 6 juillet 1499.

(8) *Louis XII et Ludovic Sforza, Documents*, 147. Somenzi à Ludovic Sforza, 23 juin 1499.

(9) *Ibid., id.*, 141. Le même au même, 14 juin 1499. *Documents sur la première année*, etc., pag. 75, 28 avril 1499 Marino Sanuto, II, 799, Loredam à la Seigneurie, 29 mai 1499 ; *Ibid.*, II, 960, 15 et 16 juillet 1499.

ses quinze cents lances et envoyait en même temps douze mille hommes d'infanterie ; le 14 juin, les deux cents archers de la garde et le 16 les deux cents gentilshommes de la maison du roi, commandés par Yves d'Alègre, reçoivent l'ordre de partir pour Asti (1).

Au commencement de juillet, la concentration de l'armée était donc en pleine voie d'exécution (2) : il y avait quatre cents lances à Asti formant la garnison ordinaire ; quatre cents autres lances parties du Dauphiné et du Lyonnais étaient venues rejoindre les précédentes (3); le duc de Savoie en avait deux cents qu'il commençait à mettre en ordre ; les cinq autres compagnies étaient en marche. Les deux cents gentilshommes et les archers de la garde du roi n'attendaient plus que la revue du roi pour partir; le capitaine des gentilshommes, Yves d'Alègre avait reçu le 13 juin l'ordre exprès de quitter Paris et d'arriver à Lyon en même temps que Louis XII ; il devait recevoir aussi le commandement de cent soixante pensionnaires du roi qui prenaient part à l'expédition comme volontaires (4). L'infanterie devait compter douze mille hommes, dont trois mille gascons, cinq mille normands et picards dont on faisait grand cas en France et qu'on appelait « de solides gens de guerre », et quatre mille suisses, que devaient remplacer, si le recrutement en était impossible, un nombre égal de fantassins picards, normands, provençaux et dauphinois, levés déjà et mis en route. Le chevalier de Louvain, capitaine de mille hommes de pied, passait une revue de ses troupes le 20 juin près de Paris ; le 3 juillet, il était déjà arrivé en Bourgogne et gagnait en toute hâte l'Italie. Les trois mille gascons commandés par les capitaines Odet et Esprit étaient également en route.

Les préparatifs militaires avaient aussi commencé à Asti : le 12 février 1499, ordre fut donné à la garnison « *sub pœna rebellionis* » de se tenir en bon ordre (5) ; à la fin d'avril, les capitaines des compagnies d'infanterie en garnison à Asti y reve-

---

(1) MARINO SANUTO, II, 792, Loredam à la Seigneurie, 29 mai et 8 juillet 1499 (?) ; *Ibid.*, II, 905. Dolce à la Seigneurie, Turin, 5 juillet 1499.
(2) *Louis XII et Ludovic Sforza, Documents*, 226. Lettre anonyme.
(3) L'auteur du document cité note précédente se trompe évidemment quand il suppose que ces quatre cents lances étaient encore en Dauphiné le 3 juillet 1499.
(4) Voir les documents publiés dans *La Cryptographie de Simon Cattaneo*.
(5) MARINO SANUTO, II, 447. Dolce à la Seigneurie, Turin, 12 février 1499

naient tous (1) ; les troupes du comté prenaient leurs logements en mai avec défense d'en changer (2) ; les trésoriers royaux étaient envoyés pour les payer; Trivulce mettait sa compagnie en ordre et faisait faire des « zachi » pour lui donner meilleure tournure (3) ; il faisait remettre la petite artillerie de la place en bon état, fabriquer deux nouvelles pièces, placer devant le château douze pièces d'artillerie (4) et en fabriquer encore quatre (5).

De rigoureuses mesures avaient été prises pour assurer les approvisionnements de l'armée pendant sa marche, et pour y faire régner l'ordre (6). Le 23 mars 1499, un héraut fut envoyé en Provence et en Dauphiné pour ordonner de faire des provisions en farine aux étapes. Louis XII fit faire aussi des provisions de vin, de viandes, de pain, en Dauphiné et en Provence, pour suppléer à la stérilité de ces régions ; des ordres très précis avaient été donnés pour que les soldats ne manquassent de rien (7). L'exportation des blés fut interdite en Provence, pour éviter le renchérissement ou la disette (8). La même interdiction fut étendue à l'Astésan, même au détriment des alliés de la France, comme le duc de Savoie (9).—On évitait ainsi, ou l'on était autorisé à punir les désordres qu'aurait pu amener le manque des vivres; on évita de même ceux qui pouvaient naître des défauts dans le paiement des troupes : les payeurs de l'armée reçurent des ordres très sévères pour être à leurs postes ; le trésorier général de Languedoc alla à Lyon organiser et centraliser le trésor de l'armée ; les trois autres trésoriers généraux de France l'y rejoignirent ; ils devaient toujours avoir chacun

---

(1) Milan, A. d. S. *Cartegg. gener.* G. Rizzi à Laurent Mozaniga, 30 avril 1499.

(2) Malvezzi à Ludovic Sforza, 14 mai 1499. *Louis XII et Ludovic Sforza, Documents*, 117.

(3) Milan, A. d. S. *Cartegg. gener.* Malvezzi à Ludovic Sforza, 19 mai 1499 [rapport d'un espion] : « Dice che M. J.-Jacomo ha facto alcuni zachi chel fa fare per abelimento de la sua compagnia ; fara la sua moustra, che sara al fine del mese presente ».

(4) *Documents sur la première année*, etc., pag. 76, 6 mai 1499.

(5) Milan, A. d. A. *Cartegg. gener.*, 19 mai et 3 juin 1499. Malvezzi à Ludovic Sforza, et *Louis XII et Ludovic Sforza, Documents*, 118.

(6) MARINO SANUTO, II, 627 et 960, ambassadeur vénitien à la Seigneurie, Lyon, 9 avril et 15, 16 juillet 1499 ; II, 656, Dolce à la Seigneurie, Turin, 25 avril 1499.

(7) Voir les documents publiés dans *La Cryptographie de Simon Cattaneo*.

(8) MARINO SANUTO, II, 558, Zanino d'Annono à la Seigneurie, 9 mars 1499.

(9) *Ibid.*, II, 536, Dolce à la Seigneurie, 14 mars 1499.

quatre cents ducats disponibles ; et en effet, les paiements des soldes furent toujours faits régulièrement et complètement (1). — Moyennant ces précautions, Louis XII se crut en droit d'exiger d'elles une discipline rigoureuse. Des commissaires spéciaux furent délégués à Saluces, en Montferrat, en Savoie, dans l'Astesan pour surveiller le passage, l'arrivée et l'installation des troupes (2). Chaque capitaine de compagnie fut, par ordre du roi, accompagné d'un prévôt de justice pour maintenir le bon ordre par des moyens sommaires ; Louis XII voulait que le passage des troupes ne fût accompagné d'aucun désordre, d'aucun dommage pour les habitants ; il était même interdit aux soldats de s'écarter des routes pour aller marauder dans les campagnes. Malgré ces minutieuses précautions, on ne put pas éviter complètement les scènes de désordre : ainsi, dans un village de Savoie, il y eut une rixe entre les soldats et les habitants, où huit de ceux-ci furent tués (3). D'autre part, la traversée des Alpes ne s'opéra pas sans endommager quelque peu plusieurs des compagnies françaises : celle de d'Aubigny était signalée comme « n'étant pas trop en ordre » ; la compagnie que le milanais Nibbia alla visiter à Vigliana était composée de « beaux hommes, mais mal armés » (4) ; un autre témoin oculaire fait, le 2 juillet, un tableau assez triste de l'état de la compagnie de César Borgia arrivant à Suse (5) : elle comptait, sur quatre cents chevaux, la moitié environ de chevaux d'archers ou d'arbalétriers et seulement une quarantaine de bons ; le reste n'étaient que des roussins ; hommes et bêtes paraissaient harassés, ne pouvaient plus se traîner ; ils ne faisaient pas plus de quatre ou cinq lieues par jour, et prenaient encore deux ou trois jours de repos par semaine ; il n'y avait pas quatre-vingts hommes ayant bonne mine ; tout le reste, composé pour la majeure partie de recrues nouvelles, paraissait exténué ; les soldats étaient assez peu armés, mais la compagnie emportait avec elle des armes supplémentaires dans des caisses.

Ce fut au mois de juillet que s'acheva la réunion de l'armée dans l'Astesan.

(1) MARINO SANUTO, II, 656, le même à la même, 25 avril 1499.
(2) *Ibid.*, II, 933, Loredam à la Seigneurie, Lyon, 12 juillet 1499.
(3) *Ibid.*, II, 933, Dolce à la Seigneurie, 16 juillet 1499.
(4) Milan, A. d. S. *Pot. estere Savoia*, Cornelio Nibbia à Ludovic Sforza, Turin, 3 août 1499.
(5) *Louis XII et Ludovic Sforza, Documents*, 156. — Voir aussi *La Cryptographie de Simon Cattaneo, Documents*.

Les routes des Alpes étaient encombrées de troupes, ce qui n'ajoutait rien à leur sécurité : les courriers milanais étaient obligés d'éviter le mont Cenis à cause des Français, le Saint-Bernard à cause des Suisses (1).

L'envoi et la concentration en Italie de l'artillerie avaient été menés parallèlement. Dès le mois de février, un convoi d'artillerie de cent trente pièces était arrivé en Savoie et le 4 mars passait de Cegli (en Savoie) à Asti ; le 14 mai, douze voitures d'artillerie, allant de Paris à Asti, passent à Lyon (2). Le 9 juillet, douze pièces y arrivaient de Bourgogne par la Saône. En comptant ce qui était déjà à Asti, à Ansigli près de Suse et ce qui était en route, il devait y avoir cent trente pièces employées à l'expédition ; le 10 juillet environ, partirent, en plusieurs convois, trente-six charrettes de boulets en fer et quatre chargées de traverses de bois pour paver les routes charretières (3) ; le 13 juillet, soixante-treize pièces étaient déjà à Saint-André, dans les Alpes, il fallait des cabestans et des cordes pour les hisser (4), un convoi de charrettes d'artillerie, sous la conduite du capitaine Jean Berton, était à Suzanna en Dauphiné ; le 13 juillet, Louis XII passait en revue à Lyon dix-huit cents chevaux d'artillerie ; le 17, il y avait déjà passé de soixante-dix à quatre-vingt charrettes de boulets en fer et autres projectiles ; le défilé des convois de munitions dura pendant tout le mois de juillet (5) ; le 19, on signale le passage de seize charrettes de poudre et de boulets en pierre et en fer ; le 27, on expédie des chevaux d'artillerie, soixante canons, six grandes couleuvrines, des fauconnaux et les pièces nécessaires pour compléter le nombre de deux cent soixante bouches à feu (6) ; par Exilles furent envoyés, au début d'août, deux convois, l'un

---

(1) Milan, A. d. S. *Cartegg. gener.*, Giulio Cattaneo à Ludovic Sforza, 6 août 1499.

(2) Marino Sanuto, II, 515, 4 mars 1499, et II, 778, ambassadeur vénitien à la Seigneurie, 19 mai 1499.

(3) *Louis XII et Ludovic Sforza, Documents*, 226 ; voir aussi *La Cryptographie de Simon Cattaneo*, documents cités.

(4) Andrea da Capoa à Ludovic, Susana de lo Delfinado, 13 juillet 1499. *Louis XII et Ludovic Sforza, Documents*, 184.

(5) L'ambassadeur florentin, Lyon, 17 juillet, 1899. *Louis XII et Ludovic Sforza, Documents*, 227. En même temps, on envoyait de l'artillerie aux Suisses.

(6) *Avvisi de bon loco*. fin juillet 1499. *Louis XII et Ludovic Sforza, Documents*, 227.

de quarante pièces d'artillerie, l'autre de quatre-vingts (1) ; ces convois étaient accompagnés d'escortes de Gascons ; le 1er et le 2 août, vingt-trois pièces arrivèrent à Saluces ; quatre cents chevaux faisaient le service des transports de l'artillerie qui arrivait par Saluces (2) ; le 23 juillet, trois cents chevaux destinés au même usage passaient à Briançon ; le 12 août, quatre pièces de grosse artillerie arrivaient encore à Suse. Les maîtres de l'artillerie étaient à Asti dès le 7 août. Trivulce avait fait construire un pont sur le Tanaro ; Malvezzi s'abusait entièrement en se flattant que ce pont n'était destiné qu'à faciliter les transports des foins et des récoltes à Asti. Un autre pont fut établi au mois d'août pour être jeté sur le Pô à Pontesturla (3).

Des mesures étaient prises en même temps pour assurer le bon ordre et le bien-être des troupes : elles étaient logées en majeure partie sur l'Astésan, mais, comme le territoire n'était pas assez grand, Louis XII avait, dès la fin de juin, demandé au marquis de Montferrat d'en loger dans ses états ; la même demande fut faite au duc de Savoie, qui la repoussa (4). Trivulce avait reçu des fonds pour payer les Suisses qui arrivaient directement à Asti par le Piémont. Dans la première semaine d'août, un commissaire royal vint distribuer un quartier de solde à toutes les troupes qui étaient en Italie (5). Les deniers destinés au paiement des gens d'armes et des archers, pour trois mois, étaient gardés à Asti depuis le commencement d'août (6).

Tous ces mouvements de troupes, toutes ces mesures militaires, représentaient un grand effort national. On n'avait laissé en France que le strict nécessaire en fait de troupes ; la maison du roi s'était absolument dégarnie (7). Aussi les ambassadeurs

---

(1) Post-scriptum d'une lettre anonyme écrite à Asti le 7 août 1499. *Ibid. documents*, 250.

(2) MARINO SANUTO, II, 1034, Dolce à la Seigneurie, Turin, 30 juillet 1499, Lettre de Cornelio Nibbia, 3 août 1499, citée plus haut.

(3) *Avvisi de bon loco*, cités plus haut. Somenzi à Ludovic Sforza, Genève 23 juillet 1499. *Louis XII et Ludovic Sforza, Documents*, 209. Lettre de Cornelio Nibbia, 16 août 1499, citée plus haut ; *ibid.*, Malvezzi à Ludovic Sforza, 3 juin 1499 ; *ibid.*, Somenzi, 4 août 1499. *Louis XII et Ludovic Sforza, Documents*, 241.

(4) Voir chap. III, 1, § 1 et III à la fin.

(5) Nibbia à Ludovic Sforza, 31 juillet 1499. *Louis XII et Ludovic Sforza, Documents*, 219.

(6) Cattaneo à Ludovic Sforza, 6 août 1499. *Ibid., id., Documents*, 244.

(7) Milan, A. d. S., *Pot. Est. Savoia*, Nibbia à Ludovic Sforza, 3 août 1499. Il n'y restait plus que les deux cents archers écossais, les vingt-cinq archers

florentins avaient-ils raison de parler d'une façon générale « des nouvelles et grosses provisions de gens à pied et à cheval » qu'avait faites le roi de France (1).— Les prévisions de Louis XII n'avaient été déçues que sur la date où l'armée serait toute entière réunie à Asti, qu'il croyait qui serait le 8 août ; en réalité, et selon les prévisions plus justes des ambassadeurs florentins, cette concentration ne fut achevée que vers le 15 août (2).

Il est difficile de dire exactement à quel chiffre s'élevait cette nombreuse et brillante armée et de quels éléments elle se composait (3). Louis XII lui-même ne paraît pas avoir jamais été

de la garde du corps, et les vingt archers de la garde de la reine ; provisoirement, on y avait laissé cent gentilshommes de la garde du roi qui devaient plus tard, sous le commandement du vidame de Chartres, se joindre au reste de l'armée.

(1) Florence, A. d. S., *Lettere estere alla Signoria*, reg. XXXVII, les ambassadeurs florentins à la Seigneurie, Milan, 24 juillet 1499: «Di Franzesi non si sente poi altro. Alle frontiere di continuo si fanno nuove e grosse provisione di gente a piede ed a cavallo, e cio che fa di bisogno».

(2) Les ambassadeurs florentins à la Seigneurie, Lyon, 23 juillet 1499. *Louis XII et Ludovic Sforza, Documents*, 207.

(3) D'après le grand bâtard de Savoie, Louis XII lui aurait dit qu'il comptait avoir environ vingt mille hommes de pied (*Louis XII et Ludovic Sforza, Documents*, 242, Cattaneo à Ludovic Sforza, 4 août 1499). D'après des *avvisi da bon loco* déjà cités, dès la fin de juillet elle comptait seize cents lances et douze mille hommes de pied ; Andrea da Capoa dit que l'intention du roi était d'avoir treize mille hommes d'armes et seize mille hommes de pied (Voir sa lettre citée, 13 juillet 1499. *Ibid., Documents*, 184) ; en Savoie on comptait à la fin de juillet seize cents lances et seize mille hommes de pied (Lettres de Somenzi, 31 juillet et 1er août, déjà citées). La façon de compter les corps d'élite, c'est-à-dire les gentilshommes et les pensionnaires du roi faisait varier le total entre treize cent soixante et quinze cent lances (*Ibid., Documents*, 226). Le nombre des Suisses variait aussi beaucoup dans les calculs des diplomates italiens et de leurs informateurs français. Somenzi en comptait six mille. Cattaneo disait que Louis XII avait voulu en réunir sept mille, mais que les embarras intérieurs des cantons n'avaient pas permis de lui en envoyer plus de deux mille (Cattaneo à Ludovic Sforza, 7 août 1499, *Ibid., Documents*, 251). Le 13 juillet, Trivulce n'en avait en effet reçu à Asti qu'un millier ; Andrea da Capoa en comptait de quatre à cinq mille (Voir la lettre déjà citée. — On était bien loin en tout cas du chiffre de sept cents lances et de sept mille hommes de pied que l'on indiquait à Rome en mars 1499, d'après Marino Sanuto, II, 552). L'évaluation des ambassadeurs florentins est assez erronée : ils comptaient sur deux mille lances d'ordonnance en y comprenant les deux cents gentilshommes ; mais en y ajoutant les compagnies de Trivulce, de Saluces, de Constantin Arniti, du duc de Savoie, et les deux cents pensionnaires, ils n'arrivaient qu'à quinze cents ; ils comptaient encore six cents arbalétriers à cheval du duc de Savoie, deux cents arbalétriers de Mont-

tout-à-fait sûr du nombre exact de ses troupes. En s'en tenant aux indications forcément approximatives des contemporains, on constitue ainsi l'armée royale : six compagnies de cent lances, sous Ligny, d'Aubigny, Trivulce, Robinet, le duc de Valentinois et d'Auson, le frère de d'Aubigny ; les deux cents lances du duc et du bâtard de Savoie ; quatre compagnies de cinquante lances, entre autres celles de Chaumont d'Amboise et de Constantin Arniti ; cinq de quarante, entre autres celles du marquis de Saluces, de Myolans et de La Palisse ; deux de trente : soit douze cent soixante lances en tout ; les deux cents gentilshommes de la garde du roi, commandés par Yves d'Alègre, qui équivalaient pour le nombre à une compagnie de deux cents lances (1). Les pensionnaires du roi, les gentilshommes de la garde de la reine, les arbalétriers à cheval, les archers de la garde commandés par M. de Crussol et les archers de la reine commandés par M. de Saint-Amador, formant de six à huit cents hommes, suivant les différentes évaluations. Quant à l'infanterie, elle comprenait, outre les cent Allemands de la garde, six mille Suisses, deux mille Picards, deux mille Normands, cinq mille Gascons, Provençaux et francs archers, deux mille Savoisiens. Les chefs les plus connus étaient le chevalier de Louvain, M. de La Londe, le capitaine Odet, le capitaine Poquedenare. Les lances et les corps assimilés formaient environ douze mille cinq cents hommes, l'infanterie en comptait, comme on le voit, dix-sept mille. Le total est voisin des trente mille qu'annonçait Louis XII (2).

L'état-major de cette armée s'était trouvé réuni en même temps que les soldats et en avait surveillé les mouvements et la concentration. Trivulce était dès le début à Asti, où son fils était venu le seconder. Dès la fin d'avril, on y annonçait la prochaine arrivée de Ligny : des lettres à son adresse y étaient envoyées dès ce temps (3). Son voyage en Picardie avec Robinet retarda sa venue ; le 15 mai, il annonçait qu'il serait à Lyon à

---

ferrat, deux cents archers de la garde. Quant aux Suisses, ils avouent que l'on est dans la plus grande indécision sur leur nombre, que l'on porte de zéro à trois mille. *Louis XII et Ludovic Sforza, Documents*, 207.

(1) Ils devaient même être numériquement plus nombreux, puisque, de l'aveu général, c'étaient les troupes les mieux fournies et les mieux organisées.

(2) MARINO SANUTO donne (II, 1097 et 1098) un tableau des troupes françaises en Italie qui est sans doute établi sur des données précises.

(3) Lettre de G. Rizzi, 30 avril 1499, citée plus haut.

la fin du mois ; d'Aubigny fit plusieurs voyages pour présider au passage des troupes ; les officiers financiers de l'expédition étaient à leurs postes dès le mois de juillet. Dans la seconde quinzaine de juillet arrivaient à Lyon le prince d'Orange, Ligny, César Borgia, tandis qu'un des conseillers politiques de Louis XII, le cardinal de La Rovère, venant d'Avignon, y était annoncé dès le 18 (1). — Louis XII voulut enfin surveiller en personne, soit à cause de l'intérêt direct qu'il y avait, soit pour encourager ses troupes, soit pour complaire par cette concession aux Vénitiens, qui réclamaient sa présence en Italie, la formation de l'armée. Il fit annoncer dès le mois de mars qu'il irait à Lyon après les fêtes de Pâques pour surveiller les affaires d'Italie et aussi celles de Bourgogne et présider au départ des troupes. A la fin d'avril, on commença à préparer l'ornementation d'une réception royale (2). Le roi ne quitta décidément Paris que le 17 juin ; après une courte visite à la reine Anne à Romorantin (3), il arriva à Lyon le 5 ou le 6 juillet, et le 9, y fit une entrée solennelle. Il s'y occupa activement de son armée (4). « Il ne pensait jour et nuit, dit l'ambassadeur florentin, qu'à mettre en train son entreprise ; il déclarait qu'il ne s'arrêterait qu'après avoir repris son bien ; plus on lui parlait des préparatifs de défense faits par le duc, plus il s'enflammait, plus il pressait les siens et se plaignait de la lenteur de

(1) MARINO SANUTO, II. 778 ; l'ambassadeur vénitien à la Seigneurie, 19 mai 1499. *Ibid.*, II, 860, Lyon, 15-16 juillet 1499. Le 16 juillet, il était à Lyon « promettant de faire la campagne à l'honneur du roi. » *Avvisi de bon loco*, fin juillet 1499, cités plus haut.

(2) *Ibid.*,II, 558, ambassadeur vénitien à la Seigneurie, Blois, 9 mars 1499, et Milan, A. d. S. *Cartegg. gener.* D'Auton, *Chroniques*, I, 8. *Louis XII et Ludovic Sforza, Documents*, 88. Milan, A. d. S. *Pot. estere*, *Venezia*. Latuada à Ludovic Sforza, 1er mai 1499. *Louis XII et Ludovic Sforza, Documents*, 107.

(3) *Ibid.* II, 721, Gonzaga à la Seigneurie, 8 mai 1499; *Ibid.*, II, 814, Dolce à la Seigneurie, 14 juin 1499; II, 858, l'*Amico fedel* de Lyon à la Seigneurie, 12 juin 1499. *Documents sur la première année*, etc., pag. 71, 12 juin 1499.

(4) *Ibid.*, II, 850, Loredam à la Seigneurie, Paris, 17 juin ; II, 878, le même « Castel Ro Morantin » (*sic*), 24 juin ; II, 910, le même. Moulins, 2 juillet ; il avait dû faire un crochet pour éviter Bourges, résidence de son ancienne femme Jeanne de France (Marino Sanuto, II, 889, Loredam, 29 juin) ; *ibid.*, II, 933, l'*Amico fedel* à la Seigneurie, Lyon, 6 juillet, Milan, A. d. S. *Cartegg. gener.* Constantin Arniti à Giovanni Adorno, 30 juin 1499. Les ambassadeurs florentins à la Seigneurie, Lyon, 25 juillet, *Louis XII et Ludovic Sforza, Documents*, 210.

la marche des troupes (1). Un accident singulier dont il fut victime le 31 juillet ne diminua pas son ardeur (2). A ce moment il était décidé à ne pas quitter Lyon avant d'avoir vu la fin de l'entreprise (3). Trivulce lui ayant annoncé que le cardinal Ascanio Sforza était revenu à Milan pour aider le duc de ses conseils, et que Ludovic Sforza se mettrait à la tête de son armée : « Éminence, dit-il à d'Amboise, c'est à vous de marcher contre le cardinal». — « Volontiers, sire, mais vous, vous marcherez contre Ludovic ». — «Tout le royaume combattra». Mais il ne parla pas de lui-même, et les courtisans déclarèrent que le roi manquerait à sa dignité s'il allait en personne contre le duc de Milan (4). De même, la Seigneurie lui ayant fait demander de hâter son arrivée à Asti, il ne voulut pas s'engager et répondit seulement qu'il irait jusqu'à Grenoble, et même plus loin si les affaires l'exigeaient (5); le 19 juillet, il commençait à dire qu'il irait à petites journées jusqu'à Asti (6).

Ce fut pendant ce séjour de Louis XII à Lyon que furent décidés le choix du commandement en chef et le plan général de l'expédition. — Le choix du commandant en chef était difficile. Trivulce, Ligny, d'Aubigny, avaient des titres égaux ; le roi fut longtemps indécis entre eux, et depuis longtemps circulaient des hypothèses contradictoires : tout d'abord on annonça que Louis II avait nommé Trivulce lieutenant-général en Milanais et qu'il ne lui enverrait pas de troupes françaises ; ce serait avec des troupes italiennes qu'il opérerait contre Milan une attaque parallèle à celle de Venise (7) ; ensuite, en mars 1499, on désigna comme généralissimes le prince d'Orange, puis Ligny, puis le grand écuyer, puis d'Aubigny ; le cardinal d'Am-

---

(1) Les mêmes, Lyon, 17 juillet 1499. *Ibid.*, Documents, 192.

(2) « S'infermò la nate » (*Avvisi di bon loco*, fin juillet 1499). — On fit le silence sur cet accident : « Della infirmità del Re de Franza non s'è inteso altro » (Lettre de Costabili, 10 août 1499).

(3) *Documents sur la première année*, etc., pag. 71. Voir aussi *La Cryptographie de Simon Cattaneo*.

(4) MARINO SANUTO, II, 960, les ambassadeurs vénitiens à la Seigneurie, Lyon, 15 et 16 juillet 1499.

(5) *Ibid.*, II, 931, les mêmes, Lyon, 12 juillet 1499.

(6) *Ibid.*, II, 938, les mêmes, 19 juillet 1499.

(7) Milan, A.d.S., *Pot. Est.*, *Savoia*. Le « priore di Lombardia » à Ludovic Sforza, 17 septembre 1498 ; «Como el Re non mandara gente in Italia, ma ha constituito Messer Jo Jacomo suo locotenente generale in lo stato de Milano, e a lui mandaria dinari per fare gente italiane, adciò che cum epse possa ancora lui rumpere al stato de Milano per correspondere alla ruptura de Venetiani in medesimo tempo.

boise essaya de faire confier le commandement à son neveu Chaumont (1). Entre toutes ces ambitions rivales, Louis XII se décida à donner officiellement la direction générale de l'entreprise à Trivulce sous le spécieux prétexte qu'il connaissait mieux que tout autre le théâtre de la guerre. Le commandement des corps fut dès le même temps fixé; l'avant-garde eut pour chef d'Aubigny; le centre, Ligny : les deux ailes, Chaumont d'Amboise et Robinet de Framezelles; l'arrière-garde enfin, Trivulce. L'infanterie et l'artillerie marchaient ensuite. L'armée, depuis les chefs jusqu'aux soldats, devait obéir à Trivulce comme au roi lui-même. Mais la croyance intime de bien des gens fut que Trivulce n'était qu'un généralissime d'apparat, et que la réalité du pouvoir avait été confiée à d'Aubigny (2). — Le principe de l'expédition était simple : le roi voulait commencer par une « journée », par une bataille et non par des sièges de places; s'il était vainqueur, il continuerait la guerre; s'il était vaincu, il aimait mieux tout perdre à la fois et avoir satisfait son envie que de prolonger médiocrement la campagne (3). D'autre part, il annonçait l'intention de traiter avec la pire cruauté et de ruiner de fond en comble la première place qu'il prendrait, pour épouvanter les autres et les exciter à de promptes capitulations (4). Enfin il ne voulait pas laisser traîner son affaire (5). Le plan de la campagne fut tenu secret : il consistait à diriger l'attaque contre Alexandrie et Pavie : les Milanais firent beaucoup de conjectures là dessus : Somenzi croyait que la construction du pont destiné à Pontesturla n'était qu'une feinte, et que le but des Français, malgré leurs affirmations contraires, restait Novare (6); d'autres, au contraire, assuraient que Novare et Alexandrie avaient bien été le premier but de l'assaillant, mais que les Français, ayant appris que ces places étaient bien fortifiées et occupées par de bonnes garnisons, avaient renoncé à les attaquer (7). La date

---

(1) *Documents sur la première année*, pag. 69; Marino Sanuto, II, 553. Turin, 22 mars 1499; *ibid.*, II, 721, 8 mai 1499.

(2) *Louis XII et Ludovic Sforza, Documents*, 226.

(3) *Ibid.*, même document.

(4) Marino Sanuto, II, 721, Gonzaga à la Seigneurie, 8 mai 1499 (conversation de Jean de Gonzague avec Louis XII).

(5) Latuada à Ludovic Sforza. Venise, 8 juillet 1499. *Louis XII et Ludovic Sforza, Documents*, 171.

(6) Lettres de Somenzi, 4 et 29 août, déjà citées.

(7) *Louis XII et Ludovic Sforza, Documents*, 226.

de l'entrée en campagne fut enfin fixée. Pendant longtemps les Italiens s'étaient refusés à croire à l'imminence de cette expédition. Latuada pensait que la crainte de Maximilien, sa défiance à l'égard du duc de Bourbon, retiendraient Louis XII en France. On fixait à des époques assez éloignées, malgré la vigueur des préparatifs, l'ouverture des hostilités (1). Somenzi (2), qui croyait au fond du cœur la guerre imminente et pensait qu'un obstacle imprévu seul pourrait l'empêcher, disait que, si le roi était venu à Lyon, c'était pour « *dar reputacione* » à ses affaires et tâcher d'épouvanter le duc de Milan, mais qu'il ne commencerait la guerre que s'il était sûr de Venise (3). Manfredo Tornielli supposait qu'en cas de défaite des Suisses, l'expédition serait renvoyée à une autre année (4). Tous ces raisonneurs étaient loin de compte : l'expédition était dès longtemps décidée en principe, la conquête du Milanais déjà escomptée, et le duché partagé entre ses futurs vainqueurs (5) ; les conseils de plusieurs personnes et surtout de « quelqu'un qui était à Asti » décidèrent Louis XII à ne pas attendre la fin de la guerre des Suisses. Trivulce lui assurait que le Milanais était plein de ses partisans, qu'à peine verrait-on ses troupes aux frontières, cinq ou six bonnes places se déclareraient pour lui (6); dès le mois de mars, d'Amboise lui conseillait de faire au plus vite l'expédition, ayant l'argent et les troupes prêtes (7). — Le début en fut fixé au 10 août. Louis XII ne voulait pas que la campagne durât plus de trois mois ; il était sûr de la victoire ; il croyait comme « parole d'évangile », dit Nibbia, « qu'il aurait l'honneur de l'entreprise » (8).

(1) Florence, A. d. S., *Lettere estere alla Signoria,* Ridolfi à la Seigneurie, 28 juin 1499. — Quelques jours auparavant, le pape assurait que Louis XII serait en Italie au milieu d'août (Marino Sanuto, II, 833, l'ambassadeur vénitien à la Seigneurie, Rome, 15 juin 1499).
(2) Somenzi à Ludovic Sforza, Genève, 23 juin 1499. *Louis XII et Ludovic Sforza, Documents,* 147.
(3) Somenzi à Ludovic Sforza, 18 juillet 1499. *Louis XII et Ludovic Sforza, Documents,* 193.
(4) Marino Sanuto, II, 1006, Dolce à la Seigneurie, 27 juillet 1499. Turin.
(5) *Ibid.,* II, 721, Gonzaga à la Seigneurie, 8 mai 1499. Ligny était désigné comme lieutenant du roi à Milan avec vingt mille ducats de pension annuelle, Pavie était promise à Robinet, etc.
(6) Somenzi à Ludovic Sforza, 14 juin 1499. *Louis XII et Ludovic Sforza, Documents,* 141.
(7) Marino Sanuto, II, 533, ambassadeur vénitien à la Seigneurie, Blois, 10 mars 1499.
(8) Lettre de Nibbia à Ludovic Sforza, 16 août 1499. *Louis XII et Ludovic Sforza, Documents,* 277.

Bien que Louis XII ne dût pas avoir à se servir directement de sa flotte contre le duc de Milan, elle ne devait pas lui être inutile, soit pour intimider les Génois et les décourager de leurs armements, soit pour assurer les communications entre la France et le Saint-Siège, soit enfin pour aider Venise contre les Turcs, ou tout au moins lui montrer le désir de remplir les engagements du traité de Blois. Aussi continua-t-il les armements commencés dans les ports de Provence sous Charles VII : une grande activité y régnait lors de son avènement ; on travaillait à construire et à appareiller des vaisseaux, notamment le fameux vaisseau *la Louise* (1) ; au mois de mai, *la Louise*, *la Louve*, avec un autre vaisseau de quatre cents tonneaux, et trois galères étaient sortis du port de Marseille et prêts à prendre la mer (2). On préparait une grande flotte sur laquelle devait s'embarquer une armée de dix mille hommes : mais elle était destinée à aller secourir les chevaliers, tandis que les Milanais la croyaient faite pour porter une armée de quatre cents lances au secours des Florentins, — supposition d'ailleurs invraisemblable à tous les points de vue (3). Pendant toute l'année suivante, les courses et les pirateries des Marseillais furent nombreuses (4). Un an après, en juillet 1499, une flotte de vingt vaisseaux fut formée à Marseille ; elle circula le long des côtes du golfe de Gênes, mais sans faire de descentes ni de ravages (5) ; elle était destinée, non pas à aller combattre sur les côtes du royaume de Naples au profit de César Borgia, comme on aurait pu le croire, mais bien à se joindre à la flotte vénitienne qui allait combattre les Turcs. — La marine ne joua donc presque

---

(1) Milan, A. d. S. *Cartegg. gener.* Fontana à Ludovic Sforza, 3 avril 1498. « Francesi fano lavorare molto forte in darsena e mettere in punto le sue nave », et le même au même, 26 avril 1498 : « la nave Loysa si prepara ».

(2) Milan, A. d. S. *Cartegg. gener.* Neapolitano Lomellini à Ludovic Sforza, Vintimille, 29 mai 1498 : « La nave Aloysia, la Lupa ed una altra nave de quattrocento bote cum le tre galee sono uscite fora de Marsilia » ; il écrira « como siano in ordine e quando posseno essere preste ».

(3) Milan, A. d. S. *Cartegg. gener.*, l'officier de Suse à Ludovic Sforza : « Como se dice per Francesi che se prepara in Provenza una armata de 400 lanze per mandarle in soccorso de Fiorentini, et Maffeo Pirovani à Ludovic Sforza, 19 juin 1498. *Louis XII et Ludovic Sforza, Documents*, 30.

(4) Voir *passim*. (et princip. pag. 69-77), *Documents sur la première année du règne de Louis XII*, et *Documents sur l'établissement de la domination française à Gênes*, app. II, sur cette question qui ne touche pas directement mon sujet.

(5) Marino Sanuto, II, 912, 924, 933, ambassadeur vénitien à la Seigneurie, Rome, 5, 11 et 13 juillet 1499.

aucun rôle, on le voit, dans la préparation par Louis XII de la guerre de Milan.

Louis XII compléta ces préparatifs d'expédition par quelques mesures de sûreté générale ; il voulut assurer la sécurité militaire du royaume avant d'envoyer toute son armée guerroyer au delà des monts ; un corps de cinq cents lances fut laissé en Bourgogne pour veiller à tout événement ; malgré les traités avec le roi d'Espagne et l'archiduc Philippe, les garnisons furent doublées en Gascogne et en Picardie, comme en Bourgogne. Le duc de Bourbon fut investi de la lieutenance du royaume concurremment avec la reine ; le cardinal d'Amboise demeura à Lyon chargé de l'administration générale avec Louis XII, La Trémoille et le chancelier Rochefort.

Ainsi sûr de la tranquillité extérieure et intérieure du royaume, maître d'un trésor bien garni, chef d'une armée nombreuse et bien organisée, Louis XII pouvait commencer la lutte avec confiance.

II.

LES PRÉPARATIFS DE VENISE.

C'était surtout un concours pécuniaire que Louis XII avait demandé à Venise et qu'il attendait d'elle. Elle avait toutefois, en vertu de son traité, une part effective dans l'expédition militaire ; elle eut donc quelques mesures à prendre pour s'assurer l'argent et les hommes nécessaires ; mais son organisation intérieure était si bien ordonnée que ces dispositions lui coûtèrent peu.

L'armée vénitienne se composait de troupes levées dans ses états de terre ferme ou recrutées en Italie, principalement dans les Romagnes et en Suisse, que commandaient des condottieri, et d'estradiots, troupes irrégulières levées dans ses possessions du levant ou sur l'autre rive de l'Adriatique. Le noyau de son armée était formé par des hommes d'armes : c'était l'équivalent vénitien des lances françaises.

En novembre 1498 (1), l'armée vénitienne comptait exacte-

(1) Ce tableau, extrêmement complet de l'armée vénitienne en 1498 (novembre), est dans Marino Sanuto, II, 83.

ment douze mille cent vingt-trois chevaux d'hommes d'armes ; un millier d'hommes était employé à Pise, quatre cents commandés par Marco Martinengo, le reste réparti par groupes de cent ou de quatre-vingts sous divers chefs, Zuam Dredo, Zacomo Savorgnano, Hannibal de Doza, Zuam de la Riva, Lazarim da Rimano, Filippo Albanese, Brazo de Perosa ; il y avait de plus des arbalétriers commandés par Zuam Griego, plusieurs compagnies d'estradiots, et de l'infanterie, sous Zacomo de Tarsia. — Dans le Val de Lamona et contre Forli, étaient les mille chevaux du duc d'Urbin, deux bandes de six cents chevaux chacune à Alviano et à Carlo Orsini, huit cents à Annibal Bentivoglio, deux compagnies de quatre cents à Zuam Paolo de Mamfrom et à Taliam de Carpi, une autre de quatre cents de la *condotta* d'Astorre Manfredi ; puis deux cents chevaux à Jacomazo de Venezia, trois cent vingt sous Colla de Venezia, Meleagro da Forli, Alovisio Valaresio, seize à Batista Sagramoro, six cents aux Baglioni ; en Romagne étaient seulement les quatre cents chevaux de Pandolfo de Rimini ; en Lombardie et sur l'Oglio cantonnaient les mille chevaux de Pitigliano, mille de Bernardin Fortebrazo, quatre cents à Filippo Rossi, quatre bandes de deux cent quarante chacun à Alvixe Avogaro, Taddeo de la Motella, Alessandro Cajom et Zuam-Francesco Gambara, cent soixante à Carlo Secho, soixante-huit à Guerier et à Marco dil Castelazo, enfin trente-deux à Bencivenga di Salerno : enfin sur les frontières septentrionales du Frioul, de la marche Trévisane, du Vicentin, du Bergamasque, et en Polésine, étaient le reste de ces troupes sous d'autres condottieri moins célèbres, parmi lesquels il suffit de citer les deux Dell'Anguillara et Carlo Strozzi, et la *compagnia Ruberteschа*. — Dès la fin de l'année 1498 (1), l'armée vénitienne était assez nombreuse, assez bien organisée et dirigée par des chefs assez habiles pour n'avoir rien à craindre d'une déclaration de guerre immédiate ou imprévue.

La plupart de ces condottieri étaient depuis longtemps au service de la Seigneurie. Leur réengagement ne lui donna, pour

---

(1) L'engagement des Baglioni datait du mois d'août 1499, Milan, A. d. S. *Pot. estere*, *Venezia*, Latuada à Ludovic Sforza, 22 août 1499 : « Cossi hieri se firmò la conducta de Balioni, cioè de Hector e Morgante cum 150 homini d'arme e ducati quindici milia, volendo però questa Signoria la ratificatione da loro de quello che ha fatto l'homo suo. » L'engagement d'Annibal Bentivoglio était à peu près contemporain (Mantoue, *Archivio Gonzaga*, E, xix 3, Broguolo au marquis, 2 septembre 1498).

la plupart, aucune peine (1). Quelques-uns lui furent disputés par le duc de Milan, surtout le comte de Pitigliano, qui allait être le chef suprême de l'armée vénitienne : en septembre 1498, Pitigliano (2), qui avait à Venise un agent en résidence, envoya à la Seigneurie un messager extraordinaire, porteur de grandes protestations de dévouement, « pourvu que la Seigneurie, de son côté, tînt de ses engagements », et de réclamations. Il réclamait notamment douze mille ducats dont il était créancier et qu'on ne pouvait par conséquent avoir de prétexte à lui refuser. Il demandait, pour marcher, une augmentation d'un tiers de sa pension et de sa solde, selon la teneur de son traité. Comme ce traité touchait à sa fin, et que l'année de *beneplacito* allait commencer, il manifestait quelque velléité d'abandonner le service de Venise, « à moins que la Seigneurie tînt autant de compte de lui que de certains autres, auxquels il n'était certainement pas inférieur. » La Seigneurie mit quelque temps à délibérer sur ces propositions et essaya de le contenter par des compliments et des promesses vagues ; on lui offrit une solde que ses secrétaires repoussèrent comme tout à fait insuffisante. Latuada essaya de profiter de la conjoncture pour le détacher de Venise, qui n'aurait certainement pas trouvé pour le remplacer un homme d'égale valeur ; mais il aurait voulu que le roi de Naples contribuât à cette dépense avec Ludovic Sforza ; Frédéric s'y refusant, il estimait qu'il fallait cependant poursuivre la négociation et risquer quelques dépenses plus fortes pendant peu de temps, pour s'assurer une parfaite sécurité. Mais Venise, qui eut vent de ses projets, se hâta de s'assurer, en acceptant les conditions de son général, les services de Pitigliano pour une nouvelle période de quatre ans, le 27 octobre 1498 (3). — Encouragé par le succès de Pitigliano, Bartolo d'Alviano présenta aussi, quelques mois plus tard, avec force protestations de dévouement, diverses demandes à la Seigneurie. Ce petit homme « de médiocre taille et sans prestance, mais d'une vivacité extrême », fit aux Pregadi d'excellentes déclarations ; le doge lui répondit « avec douceur » et le renvoya aux Savii di Terra Firma. On remarqua qu'en quittant la salle il serra la main à chaque

---

(1) Mantoue, *Arch. Gonzaga*, E, XIX 3, Brognolo à François de Gonzague, 6 et 7 janvier, parle des armements de Venise, des engagements d'Alviano et du duc d'Urbin.

(2) Venise, A. d. S., *Pot. estere*, *Venezia*, Latuada à Ludovic Sforza, 10 septembre 1499.

(3) MARINO SANUTO, II, 69, *in Pregadi*, 27 octobre 1498.

membre du collège (1). Ce ne fut cependant que le 6 juillet que son engagement fut renouvelé pour une nouvelle année et une année de « *rispeto* », à la volonté de la Seigneurie, mais il n'obtint pas de changement aux conditions de sa précédente *condotta* (2).

La bonne organisation de son armée permettait à Venise, dès le mois de janvier 1499, de refuser des propositions de condottieri : comme celle du capitaine bourguignon Jean Angiecourt, qui, sans vouloir servir le roi de France directement, désirait cependant combattre à son profit (3); la demande du cardinal de La Rovère à la Seigneurie de prendre comme condottiere son frère le préfet de Sinigaglia fut également repoussée (4). Les offres de service de Fracasso San Severino le furent aussi : le 22 mars 1499, Fracasso alla déclarer à Lippomano (5) qu'il était l'ami de la Seigneurie, qu'il voulait la servir et abandonner le duc (6), mais Venise se défia justement de ces offres, faites très légèrement. — Non contente de choisir ainsi ses nouveaux condottieri, Venise soumettait les anciens à une sévère révision, améliorant et épurant sans cesse ses cadres. Le 1ᵉʳ mai 1499, on parlait tout haut à Venise de faire une nouvelle « réforme » des hommes d'armes. D'après les appréciations à l'ordinaire portées sur les condottieri, Latuada pensait que la Seigneurie renverrait, ou tout au moins cesserait d'employer effectivement le duc d'Urbin, les Baglioni, Annibal Bentivoglio, le seigneur de Faenza, Marco Martinengo et peut-être G.-G. Bentivoglio, et qu'elle conserverait le comte de Pitigliano, sans être très satisfaite de ses services, et renouvellerait aussi les *condotte* de Carlo Orsini, de Bartolo d'Alviano, du comte Bernardino, du comte Filippo Rossi, et des autres condottieri du pays de Brescia; rien n'était certain pour J.-P. Manfrono. Latuada croyait aussi, mais à tort, que la Seigneurie prendrait à sa solde Antonio Maria de San Severino, car les Pregadi le jugeaient un « *huomo*

---

(1) MARINO SANUTO, II, 671, *in colegio*, 5 mai 1499.

(2) En même temps que celle de Carlo Ursino, Marino Sanuto, II, 890, 6 juillet 1499.

(3) MARINO SANUTO, II, 347, *in pregadi*, 23 janvier 1499.

(4) *Ibid.*, II, 516, lettre de La Rovère à la Seigneurie, 4 mars 1499.

(5) *Ibid.*, II, 550, Lippomano à la Seigneurie, 22 mars 1499.

(6) On assurait même que Ludovic Sforza avait confisqué le château que possédait Fracassa. Marino Sanuto, II, 567, Lippomano à la Seigneurie, 1ᵉʳ avril 1499, Le fait est également donné comme certain par Brognolo, le 16 mars 1499, qui dit aussi que Fracassa avait passé au service de la Seigneurie (Mantoue, E, XIX 3, Brognolo au marquis, 26 mars 1499).

d'avventura», et attendaient de lui un meilleur service que de tout autre, en vertu d'un raisonnement spécieux : « de tels hommes s'engagent et combattent de meilleure foi et de meilleur cœur que les autres, car ils ne pensent à rien autre chose qu'à acquérir gloire et honneur ; au contraire les condottieri chefs d'état, craignant la trop grande puissance de Venise, ne consentiraient jamais à aider la Seigneurie à accroître ses états d'un pouce » (1). Les prévisions de Latuada ne se justifièrent pas toutes : plusieurs condottieri furent en effet cassés dans le courant de juin, notamment le duc d'Urbin (2), Alphonse d'Este, Annibal Bentivoglio et Baglione (3).

La Seigneurie procéda en même temps à la reconstitution de ses compagnies d'estradiots. Les *rectori* de Brescia ordonnèrent, dès le mois d'avril, à tous les estradiots de quitter le service du duc de Milan, et de retourner à Brescia, *sub pœna rebellionis* » (4). Cette proclamation fit un grand effet. Constantin Scartageri, de Lépante, employé par le More comme condottiere, quitta Pise, où il guerroyait, revint à Milan avec ses cent soixante-dix hommes, s'excusa au duc d'avoir quitté Pise pour obéir à la proclamation vénitienne et demanda à Lippomano la permission de rentrer à Brescia, mais il voulait un sursis d'un mois pour finir de mettre en ordre ses affaires (5). Michiel Mustachi, chef d'estradiots, depuis huit ans au service ducal, déclara aussi à Lippomano son désir de rentrer sous les ordres de la Seigneurie (6). Le 13 juin 1499, deux *savii di terra ferma* furent désignés pour faire à Mestre une revue de tous les estradiots (7). Quelques chefs de ces estradiots, pour des motifs ignorés, s'enfuirent hors

---

(1) Marino Sanuto, le vicedomino de Ferrare à la Seigneurie, 1ᵉʳ avril 1499.

(2) Latuada à Ludovic Sforza, 1ᵉʳ mai 1499. *Louis XII et Ludovic Sforza, Documents*, 107.

(3) Marino Sanuto, II, 878, l'ambassadeur vénitien à la Seigneurie, 24 juin 1499, Castelromorantino. Cependant Venise changea d'avis quant au duc d'Urbin, et l'autorisa à lever cinq cents hommes d'infanterie. Louis XII paraît s'en être préoccupé, probablement à cause des projets de César Borgia contre Urbino ; le 2 juillet, il redemanda s'il avait été décidément cassé par la Seigneurie ; Loredam lui répondit qu'au contraire, d'après des lettres privées, il était bien accueilli à Venise (Marino Sanuto, II, 953, *in pregadi*, 23 juillet 1499 ; *ibid.*, II, 910 et 931, Loredam à la Seigneurie, 2 et 12 juillet 1499).

(4) *Ibid.*, II, 652, les rectori de Brescia à la Seigneurie, 24 avril 1499.

(5) *Ibid.*, II, 692, Lippomano à la Seigneurie, Milan, 5 mai 1499.

(6) *Ibid.*, II, 804, le même à la même, Milan, 8 juin 1499.

(7) *Ibid.*, II, 810, *in pregadi*, 13 juin 1499.

du territoire vénitien et se réfugièrent à Milan et ailleurs ; leur fuite provoqua une grande émotion et beaucoup de confusion parmi les autres. Pour la punir et pour éviter la contagion de l'exemple, la Seigneurie publia contre eux, à Venise et dans les villes de terre ferme, un décret de mise à prix(1).Quiconque livrerait «dans les forces de la Seigneurie» un de ces chefs, toucherait pour un vivant, quinze cents livres ; pour un mort, la preuve faite de l'avoir tué, mille livres, à prendre sur les biens de l'estradiot livré ou tué, ou, à défaut, sur les deniers publics, et de plus jouirait d'une « provision » égale à celle de ce chef. Les biens des chefs fugitifs situés ou existant dans le territoire vénitien seraient confisqués. Tout estradiot fugitif qui en livrerait un autre mort ou vivant, serait absous et recevrait les mêmes récompenses que tout autre citoyen ; les fugitifs avaient quinze jours pour revenir à Venise sans risquer aucune peine. Cette proclamation n'eut pas de résultats importants.

Plus tard, quand le moment fut venu de réunir les éléments de l'armée destinée à l'attaque de la Lombardie, la Seigneurie ajouta à ses hommes d'armes de l'infanterie. Le 22 juillet, le conseil décida de lever quatre mille hommes, Suisses ou Italiens, et d'envoyer chercher les troupes espagnoles qui étaient disponibles à Rome. La proposition des Savii fut votée par 93 voix ; une proposition contraire de Filippo Trum n'en réunit, après une discussion assez confuse, que 84. L'engagement des Espagnols présentait certaines difficultés : d'Alviano, consulté, répondit que cependant il le croyait possible et chargea un de ses hommes d'affaires à Rome d'y pousser ; la Seigneurie envoya cinq cents ducats en espèces et deux mille ducats par lettres de change à son ambassadeur à Rome pour recruter et payer sur-le-champ les soldats espagnols, en prenant des garanties qu'ils partiraient réellement pour Venise (2) ; le 29, l'ambassadeur accusa réception de la lettre de change de deux mille ducats et de la lettre de renseignements que lui avait écrite B. d'Alviano et qu'il avait renvoyée à Nicolas de Santa-Croce, l'un des chefs de la faction Orsini. Il s'était immédiatement abouché avec plusieurs des chefs de ces troupes espagnoles : ceux-ci consen-

---

(1) Venise, A. d. S. *Senato terra*, XIII, fol. 81. Décret de la Seigneurie. *Louis XII et Ludovic Sforza, Documents*, 164. — Marino Sanuto, II, 885, *in conscio*, 4 juillet 1499. — Ces condottieri sont désignés dans cette proclamation ; ce sont Thodaro Franci, Zuam Zaffa, Mercurio Bua, Constantin Strangaguri, Jachomo Promondino, Domenego Grapsa, Nicholo Bassi.

(2) Marino Sanuto, II, 951 et 952, *in colegio*, 22 et 23 juillet 1499.

taient à prendre du service de la Seigneurie, mais demandaient
pour leurs *fanti* quatre ducats par tête, déclarant que depuis
l'expédition contre Bibiena les hommes étaient plus exigeants.
Après discussion cependant, on transigea à trois cents ducats
pour cent hommes, et il fut spécifié que le ducat serait de dix
carlini seulement et non de treize. L'ambassadeur déboursa
aussitôt seize cents ducats, et les six condottieri promirent de
mener à Venise deux cents hommes chacun, et de se mettre
en route sans délai (1). Le 2 août, mille soldats espagnols partirent sous divers chefs, Medrano, Villasanta, Salazar, Ravenga,
Gaspartija et d'autres encore, ayant touché un acompte sur la première paie au départ de Rome, comptant en recevoir à Ravenne
le complément, et à leur arrivée au camp un second quartier (2).
D'autre part, cent cinquante Suisses étaient attendus de Bâle. Les
gouverneurs des places de terre ferme reçurent l'ordre de lever
des troupes dans leurs circonscriptions. Liom, le 27 juillet, avait
réuni à Crema quatre cents arbalétriers de vingt-cinq à trente ans
levés sur son territoire (3) ; les podestats de Trévise, Padoue,
Vicence et Vérone reçurent l'ordre de désigner deux citoyens
«sages et habiles» pour surveiller «avec toute la diligence possible»
la levée de ces troupes et leur envoi dans le pays de Brescia(4);
on devait lever cinq mille *fanti* en tout dans ce territoire et celui
de Bergame. Quelques gouverneurs ne reculaient pas devant des
moyens violents pour trouver les soldats demandés : Liom convoqua, sous prétexte d'une fête, tous les hommes du pays de Crema;
il en fit le dénombrement et en choisit cinq cents bons pour le
service ; les administrateurs de leurs villages eurent ordre de les
tenir prêts jour et nuit à toute réquisition ; dans Crema même,
par des procédés analogues, il en recruta mille(5). Le 26 juillet,
le duc d'Urbin offrit de fournir la solde de cinq cents *provisionati*
qu'on lui demandait, au lieu des hommes, tout en faisant observer que pas un homme ne consentirait à marcher pour une solde

---

(1) MARINO SANUTO, II, 1017, ambassadeur vénitien à la Seigneurie,
Rome, 29 juillet 1499.
(2) *Ibid., id.,* II, 1049, le même à la même, Rome, 4 et 5 août 1499.
(3) *Ibid., id.,* II, 977, Liom à la Seigneurie, Crema, 27 juillet ; II, 968-9,
26-27 juillet, *in pregadi.*
(4) Venise, A. d. S. *Secreti senato,* XXXVII, fol. 110, 3 août 1499: «Eligere
duos pro qualibet civitate prudentes et practici ut,«cum ogni dilligentia»
sollicitent et impellant gentes armigeras ad ca alcandum usque in Brixien-
sem agrum ».
(5) Cotta à Ludovic Sforza, Lodi, 7 août 1499. *Louis XII et Ludovic Sforza,
Documents,* 255.

de deux ducats. Cette proposition fut repoussée, et les troupes du duc d'Urbin, cent hommes d'armes et cinq cents hommes de pied, durent se réunir à Cesena et à Rimini, d'où elles s'acheminèrent vers Ravenne, le 23 août. Les troupes de Jacomazo et du seigneur de Rimini furent en même temps mobilisées de Ravenne vers la Lombardie (1).

L'infanterie fut placée sous les ordres d'un chef spécial. Les *Savii di Conselo* et *di Terra Ferma* demandèrent et firent voter par les Pregadi la nomination de J.-B. Carazolo comme général de l'infanterie. Il devait avoir sous ses ordres directs une compagnie de cinq cents provisionati et de cinquante arbalétriers, et recevoir une solde de cent florins. Ce choix fut agréable au généralissime Pitigliano (2). Carazolo rejoignit son commandement le 17 août et demanda qu'on lui donnât comme aide de camp M. Lazaro Grasso (3) — Le 24 juillet, les Pregadi nommèrent les « *contestabili* », c'est-à-dire les commandants de l'infanterie : trois compagnies de cent cinquante hommes furent créées et attribuées à Ramazoto de Bologna, Zuam Mato, Bernardino di Ugoni ; six de cent, pour Francesco da Meram, Pini da Bergamo, Hieronimo Bariselo de Ravena, Bernardim da Como, Z.-B. Rustezelo, Paulo Basilio ; trois de soixante-dix hommes pour le grec Cola Calamali, le dalmate Paulitza de Cattaro et l'espagnol Maldonato ; une enfin de cinquante, pour Mateo da Zara (4). Il y eut une grande discussion dans les Pregadi, au sujet de la paie des contestabili: les provéditeurs désiraient qu'elle fût de quarante ducats par mois, la plupart des Pregadi trouvaient cette somme trop élevée ; la discussion n'aboutit pas, et on laissa les provéditeurs agir à leur gré (5).

Le partage définitif des pouvoirs s'opéra vers le 20 août ; les provéditeurs, d'accord avec Pitigliano, donnèrent à Carazolo le commandement absolu des *fanti* et des *provisionati*, avec pouvoir de vie et de mort. — Pitigliano demanda la création d'un commandement spécial des arbalétriers et des cavaliers légers, vu leur nombre d'environ douze cents. Sa proposition fut agréée

---

(1) MARINO SANUTO, II, 985, le duc d'Urbin à la Seigneurie. Urbin, 26 juillet 1499. Tranchedino à Ludovic Sforza, 23 et 26 août 1499. *Louis XII et Ludovic Sforza*, Documents, 296 et 305,

(2) *Ibid.*, II, 975, *in colegio*, 28 juillet 1499.

(3) *Ibid.*, II, 1107, les provéditeurs de Brescia, 18 août 1499 ; II, 1098, *in colegio*, 11 août 1499.

(4) *Ibid.*, II, 934, *in pregadi*, 24 juillet 1499.

(5) *Ibid.*, II, 997, *in colegio*, 1er août 1499.

en principe, mais il y eut une discussion sur le choix du titulaire ; les provéditeurs jugèrent qu'il fallait à ce poste un homme d'autorité et proposèrent Bartolo d'Alviano. Pitigliano, qui avait d'abord mis en avant Zuam Griego et qui craignait la concurrence ou le parallèle avec l'Alviano, parla alors de Jacomazo de Viniexia ou de Filippo Albanese, « qui, disait-il, seraient parfaits ». Cependant Bartolo d'Alviano fut nommé ; on lui donna quatre mestres de camp, le comte Alvixe Avogadro, Zuam Francesco de Gambara, Antonio de Pii et Filippo Albanese (1).

Les différents condottieri qui devaient participer à l'expédition furent désignés, et leurs *condotte* revues et confirmées dans les derniers jours de juillet. Bartolo d'Alviano se présenta au Collegio le 23 juillet, se déclarant prêt à marcher au service de la Seigneurie, mais réclamant une avance de trois paies sur sa solde et des fonds pour acheter des chevaux à trente de ses hommes d'armes ; après un vote, on lui accorda cette avance et deux cents ducats pour compléter sa cavalerie. Il vint présenter ses remerciments à l'audience du soir et partit aussitôt pour le pays de Brescia, où l'armée devait se concentrer (2). Le 18 juillet, Filippo Rossi demanda au Collegio quelques modifications à sa *condotta* : la Seigneurie lui assurait déjà (3), en cas de guerre avec Milan, le droit de commander seul à six cents hommes d'armes ; en cas de conquête dans le Milanais, la restitution des domaines confisqués à sa maison par les ducs de Milan sous prétexte de rébellion ; une pension de douze mille ducats avec quatre cents chevaux ; la dispense de soumettre ses troupes aux revues des contrôleurs vénitiens. On lui promit formellement une augmentation de deux cents chevaux ; une augmentation proportionnelle de solde, dès le début de la campagne ; bien qu'il eût touché déjà deux mille ducats d'acomptes, on lui paya sur-le-champ un quartier de solde, trois mille ducats, et il devait en recevoir encore mille à Vicence ; la Seigneurie, qui venait de faire faire le recensement de ses chevaux et s'en connaissait de disponibles, promit de lui fournir vingt-cinq chevaux de grosse cavalerie qui lui manquaient, en compte sur son «*credito vecchio* » et l'autorisa à aller le 19 à Oriago, à mi-route de Padoue, examiner quatre genêts ramenés d'Espagne par l'ambas-

---

(1) Marino Sanuto, II, 1112, les provéditeurs à la Seigneurie, Brescia, 19 août 1499, et 1131, Pontedoglio, 25 août 1499.
(2) *Ibid.*, II, 952, *in pregadi*, 23 juillet 1499.
(3) Milan, A. d. S. *Cartegg. gener.* Rolland Pallavicini à Ludovic Sforza, 5 août 1497.

sadeur Badoer, et, s'il les trouvait à son goût, à les acheter au prix d'estimation, également en acompte sur ses créances. Rossi devait ensuite, sans revenir à Venise, aller mettre en ordre sa compagnie, ce qui serait bientôt fait quand il aurait ses chevaux manquants, la conduire dans le pays de Brescia, où le capitaine de Brescia lui donnerait de nouvelles instructions. Si la Seigneurie montrait tant de condescendance pour Filippo Rossi, c'est qu'elle ménageait en lui sa double qualité de grand seigneur et de milanais rebelle (1). Elle était plus autoritaire avec les simples capitaines. Jean-Paul Manfrono, condottiere de quatre cents chevaux, cantonné à Asola, reçut une avance de deux paies pour mettre sa compagnie en état de guerre et la mener à Brescia; les mêmes ordres furent donnés à Jean Diedo, condottiere de cent hommes, au comte Bernardino lui-même, qui était alors légèrement souffrant et à qui, comme à Filippo Rossi, on fournit les chevaux qui lui manquaient (2) ; quelques jours après, la Seigneurie confia des compagnies d'arbalétriers à cheval, de cent hommes, à Sonzim Benzom, à Zuam Aldobrandini de Ravenne, de cinquante à Zuam Griego, rappelé de Gradisca et envoyé en pays de Brescia pour remplacer Francesco de Borgo congédié (3). Alessandro Coiom, qui achevait un traitement aux eaux, et touchait à sa guérison, demanda à la Seigneurie de prendre part à l'expédition (4) : la Seigneurie l'y autorisa; Filippo Albanese, son lieutenant, devait le remplacer provisoirement, mais les hommes de la compagnie ne voulurent pas l'accepter pour chef, et envoyèrent un *capo di squadra*, nommé Ferraiva ou Feraga, à Venise, pour protester contre ce choix, qui fut naturellement maintenu par la Seigneurie (5); en même temps les rectori de Bergame envoyaient à l'armée les condottieri Taddeo della Motella et Anzelo Francesco de Santo Anzelo. Le 23 juillet, Marco-Antonio Morexini « *savio di conseio* »

(1) Latuada à Ludovic Sforza, 19 juillet 1499. *Louis XII et Ludovic Sforza, Documents*, 195.

(2) Même document.

(3) MARINO SANUTO, II, 975, *in pregadi*, 28 juillet (soir) 1499.

(4) *Ibid.*, II, 995, les rectori de Bergame à la Seigneurie, 30 juillet 1499. Mais Venise ne voulut pas accepter le remplacement de Piero de Cartagenia, qui était hors d'état de se rendre à l'armée, par son fils. On donna au vieux condottiere une pension viagère mensuelle de vingt florins, et sa compagnie, portée à soixante hommes d'armes, fut donnée à Filippo Albanese (Marino Sanuto, II, 1026, Padoa, 4 août 1499).

(5) *Ibid.*, II, 983, lettres de Brescia, 28 juillet, et de Bergamo, et II, 1048, lettre de Bergamo, 6 août 1499.

demanda l'engagement de Ludovico Sermoni de Crema et de ses quatre-vingts chevaux (1). Des nouvelles demandes de service parvenaient encore au mois d'août à la Seigneurie: Trivulce et Maynier lui proposèrent d'employer le fils du seigneur de la Mirandole sous Filippo Rossi (2). Le commandant des troupes de la dame de Forli, le comte Albertini, demandait une solde à la Seigneurie pour lui et ses trois fils, avec deux cents hommes d'armes et deux cents arbalétriers à cheval (3). En août furent encore engagés deux condottieri, Piero di Cartagenia et Hieronimo Zenoa, et Pandolfo Malatesta (4). Jusqu'au commencement de septembre cette armée ne cessa de grossir.

Le commandement suprême au point de vue technique appartenait au comte de Pitigliano. Pitigliano adressa ses remerciements à la Seigneurie pour l'estime qu'elle faisait de lui et dont témoignait cette honorifique nomination, qu'il déclara accepter de grand cœur, en renouvelant ses serments de fidélité à la Seigneurie. Il demandait en même temps l'autorisation de venir à Venise se disculper de l'accusation méchante et calomnieuse, répandue contre lui (5) : «de ne pas marcher droit», et de s'être laissé suborner par Ludovic Sforza. Si la Seigneurie se montrait si patiente, c'était uniquement pour éviter le scandale et les difficultés que son renvoi aurait soulevés (6) : c'était pour éviter tout éclat qu'elle cédait à toutes ses exigences ; et lui, comprenant la situation, les multipliait. Le premier août, il demanda au collegio pour son fils, alors au service de Sienne, à la tête de quarante hommes d'armes, une compagnie de cent hommes d'armes, et, pour divers neveux, des emplois dans cette compagnie ; il s'autorisait pour cette demande de la promesse d'une augmentation de cent hommes d'armes que la Seigneurie lui avait faite pour le jour de la déclaration de la guerre. On lui accorda ce qu'il demandait (7). Il commença en même temps à donner des avis à la Seigneurie sur le plan de campagne à suivre ; proposant d'attaquer l'armée milanaise dans le

---

(1) MARINO SANUTO, II, 953, Venise, *in pregadi*, 23 juillet 1499.
(2) *Ibid.*, II, 1070, Venise, *in pregadi*, 13 août 1499.
(3) *Ibid.*, II, 1105, le podestat Venier à la Seigneurie, Ravenne, 18 août 1499.
(4) *Ibid.*, II, 1146, Zorzi à la Seigneurie, Rimini, 20 août 1499, et *Ibid.*, II, 1026, *in pregadi*, 6 août 1499.
(5) *Ibid.*, II, 983, les rectori de Bergamo à la Seigneurie, 28 juillet 1499.
(6) *Chronicon Venetum*, pag. 95, août 1499.
(7) MARINO SANUTO, II, 993, 1er août 1499.

Crémonais ou d'envoyer Filippo Rossi et Carazolo la surprendre dans le Parmesan (1).

Les services auxiliaires de l'armée s'organisèrent en même temps que l'armée elle-même ; peut-être Venise s'en fia-t-elle trop à sa bonne administration générale et recula-t-elle trop le moment de prendre les mesures spéciales nécessaires. Le service des approvisionnements ne fut complètement installé que le 20 août entre Brescia et l'armée ; Brescia avait fait entendre des plaintes très vives sur le surcroît de frais que lui occasionnaient la présence de l'armée et les transports, et demandait qu'on fît participer les autres territoires à ces dépenses (2). Dans le territoire où l'armée campait, il avait été d'abord assez difficile, vu la mauvaise volonté des « osti », de trouver des vivres en quantité suffisante (3). — L'artillerie était généralement en bon état, le matériel des places frontières était bon ; à Crema, par exemple, Liom ne signale qu'une bombarde, « la Guardalonzi » en mauvaise condition et hors d'usage ; elle était soigneusement reléguée dans un coin de la citadelle (4). Pour éviter des retards dans la marche de l'artillerie, les rectori de Brescia donnèrent les pièces qui étaient dans cette ville et les remplacèrent ensuite par celles qui arrivaient de Desenzano (5); le 23 toute l'artillerie avait été envoyée au camp (6). — Une vigoureuse discipline régnait dans ces troupes : Carazolo, pour faire un exemple, fit pendre devant sa tente un soldat coupable de s'être fait payer par deux contestabili à la fois : cette sévérité terrifia les autres (7) et les fit marcher droit. — Cette sévérité contribua peut-être à provoquer quelques désertions dans cette infanterie levée sur le pays ; si bonne garde qu'on fît, une dizaine d'hommes de la compagnie de Bernardo da Como passa l'Oglio et s'enfuit dans le territoire milanais d'Orzinuovi. Les provéditeurs jurèrent de les châtier sévèrement s'ils leur retombaient dans les mains (8). — Le service financier de l'armée fonctionnait admirablement bien ; le payeur général avait, à son

---

(1) MARINO SANUTO, II, 964, le capitaine de Brescia à la Seigneurie, 23 juillet 1499.

(2) *Ibid.* II, 1112, les provéditeurs à la Seigneurie, 19 août 1499.

(3) *Ibid.*, II, B. di Como campé aux Orzi avec de l'infanterie demandait que les « osti » lui donnassent au moins de quoi manger.

(4) *Ibid.*, II, 1102, Liom à la Seigneurie, 17 août 1499.

(5) *Ibid.*, II, 1112, les *rectori di Brescia* à la Seigneurie, 19 août 1499.

(6) *Ibid.*, II, 1139, les mêmes à la Seigneurie, 23 août 1499.

(7) *Ibid.*, II, 1149, les *proveditori in campo* à la Seigneurie, 25 août 1499.

(8) *Ibid.*, II, 1112, les provéditeurs à la Seigneurie, Brescia 19 août 1499.

départ pour l'armée, reçu dix mille ducats ; moins de quinze jours après son arrivée, il ne lui en restait plus que trois mille trois cents (1). Le 20 août, les Pregadi lui en firent expédier de nouveau dix mille (2). L'office des Camerlinghi, à Venise, dont les titulaires étaient alors ser Marco Querini et ser Marco Zeno de Biri était fort occupé par ce maniement insolite de fonds (3). Mais les instincts commerciaux de Venise ne se taisaient jamais complètement : le 1er août, les Pregadi transmirent aux gouverneurs de Vérone et de Brescia l'ordre d'interdire aux citoyens de prêter des armes aux hommes d'armes, afin que ceux-ci fussent contraints d'en acheter à Brescia même, et aussi pour en garder en réserve (4).

La Seigneurie de Venise prit quelques précautions pour garantir ses frontières pendant que l'armée, qui réunissait l'élite de ses troupes, serait occupée en Milanais. Des troupes étaient envoyées dans le Frioul contre les Turcs et donnaient même quelques inquiétudes à Somenzi, qui, de Turin, conseillait à Ludovic de s'informer de leur vraie destination (5). L'ingénieur J. Gavardo alla inspecter les fortifications de la Valcamonica (6). Des troupes furent envoyées contre Cottignola et contre la comtesse de Forli (7). Pour défendre Brescia et son territoire les provéditeurs laissèrent entre Quinzano et Gli Orzi trois cents chevaux et cinq cents hommes d'infanterie (8).

Vers le 20 juillet, la Seigneurie faisait annoncer au pape par son ambassadeur qu'elle avait une armée et une flotte considérables et toutes prêtes, et qu'elle commencerait bientôt la guerre (9). Accurse Maynier écrivait un peu plus tard que l'armée vénitienne comptait huit cents hommes d'armes et six mille hommes de pied (10). La Seigneurie était très fière de cette

---

(1) MARINO SANUTO, II, 1112, même lettre des provéditeurs, 19 août 1499.
(2) *Ibid.*, II, 1162, les mêmes à la Seigneurie au camp, 28 août 1499.
(3) *Ibid.*, II, 1110, Venise, 20 août 1499.
(4) *Ibid.*, II, 997, Venise, *in colegio*, 1er août 1499.
(5) Somenzi à Ludovic Sforza, 18 juillet 1499. *Louis XII et Ludovic Sforza, Documents*, 193.
(6) MARINO SANUTO, II, 977. Lettre de Brescia, 27 juillet 1499.
(7) C'était contre elle, disait-on, qu'avaient été levés les Espagnols (Milan, A. d. S., *Pot. estere.*, *Bologna*, Tranchedino à Ludovic, 23 août 1499).
(8) MARINO SANUTO, II, 1112, les provéditeurs, 19 août 1499.
(9) *Ibid.* II, 958, l'ambassadeur vénitien à la Seigneurie, Rome, 19-20 juillet 1499.
(10) Cattaneo à Ludovic Sforza, Genève, 6 août 1499. *Louis XII et Ludovic Sforza, Documents*, 244.

armée qu'elle trouvait supérieure à celle de Louis XII (1). — Le 22 juillet la Seigneurie prit les dispositions générales pour la concentration et la mise en mouvement de cette belle armée. Depuis plusieurs jours les ambassadeurs français lui en demandaient la mise sur le pied de guerre et lui communiquaient que l'intention du roi était de déclarer la guerre le 1er août (2). — Dès le 27 juillet, le comte de Pitigliano déclarait le moment venu de songer au passage de l'Adda et à l'attaque du Crémonais (3). La Seigneurie commença à opérer la réunion de toutes ses troupes en Bresciana et nomma les provéditeurs généraux de l'expédition. Le 24 juillet, le conseil des Pregadi élut comme provéditeurs Marco Trevixam et Marco Antonio Morexini (4); il fut décidé qu'ils n'auraient pas d'honoraires fixes, mais que toutes leurs dépenses seraient défrayées par la Seigneurie. Bien qu'une amende de cent ducats eût été préalablement votée contre le citoyen élu qui refuserait la fonction, les deux élus demandèrent jusqu'au lendemain pour accepter. Trevixam vint en effet le lendemain signifier son acceptation qu'il donnait très volontiers; Morexini y mit moins d'empressement: le bruit s'était répandu qu'il refuserait; Latuada admettait même la possibilité que son excuse serait acceptée et qu'il serait remplacé; on murmurait déjà de ce retard. Il ne se décida que le 26 juillet au soir. Le lendemain, on nomma les secrétaires des provéditeurs. Trevixam prit Zorzi Negro, et Morexini choisit Nicolo Aurelio (5). — Le 28 juillet, les Pregadi décidèrent que Trevixam, qui avait déjà fait savoir qu'il était prêt à partir, devrait en effet partir le 31 juillet pour Brescia ou Vérone et y installer un bureau de recrutement pour cinq ou six mille provisionati; on lui remit vingt mille ducats pour payer ses recrues (6). — Ils décidèrent aussi le 28 de procéder le lendemain à la nomination d'un payeur de l'armée. Ce payeur aurait

---

(1) Marino Sanuto, II, 1218, Relation de Caxaro, 4 septembre 1499.
(2) *Ibid.*, II, 912, Venise, *in conseio*, 11 juillet 1499.
(3) *Ibid.*, II, 976, Rectori de Brescia à la Seigneurie, 27 juillet 1499.
(4) *Ibid.*, II, 961, Venise, *in pregadi*, 26 juillet 1499. Milan, A. d. S. *Pot. estere*, Venezia, Latuada à Ludovic Sforza, 27 juillet 1499; Marino Sanuto, II, 968, *in pregadi*, 26 juillet, et II, 966, 26 juillet, *in conseio*. — Il avait été question, entre autres personnages, pour remplir les fonctions de provéditeur général, de Marco Sanuto, homme très hostile à Ludovic Sforza. Ce Sanuto avait même très sérieusement espéré être nommé.
(5) *Ibid.*, II, 966, 27 juillet 1499. Latuada à Ludovic Sforza, Venise, 27 juillet 1499. *Louis XII et Ludovic Sforza, Documents*, 215.
(6) *Ibid.*, II, 976, *in colegio*, 28 juillet 1499.

une suite de six hommes et six chevaux et un traitement mensuel de soixante ducats, de l'emploi desquels il n'aurait pas à justifier, mais qu'il ne pourrait pas dépasser; il serait tenu d'avoir, aux frais de la Seigneurie, un caissier ou comptable, accompagné d'un valet; il ne pourrait payer aucun compte non présenté au Colegio et non muni de la signature des deux provéditeurs (1). Le 30 juillet, Vido Morosini, fils de Nicolo, fut nommé payeur de l'armée (2). On autorisa les deux provéditeurs à emporter chacun quatre cents ducats; le 1er août, les Pregadi rédigèrent les lettres de commission de V. Morosini, qui partit pour l'armée le 3 au soir. Le 3 août on fixa, par un vote, la date du départ de Marco Antonio Morexini au 7 août, à peine de cinq cents ducats d'amende en cas de retard (3). Trevixam prit Brescia pour centre de ses opérations et pour quartier général (4); c'est de là qu'il prépara toute l'armée; c'est là qu'il attendit l'arrivée de son collègue Morexini, de l'ambassadeur français Beaumont avec qui devait être concerté le plan définitif de la campagne et la date de l'ouverture des hostilités (5).

Les préparatifs militaires de la république de Venise, moins importants que ceux de Louis XII, n'en étaient pas moins fort sérieux, et le concours de l'armée vénitienne ne devait pas être inutile à l'armée française. Mais ils eurent le grave tort d'être commencés beaucoup trop tard et menés beaucoup trop lentement. L'armée vénitienne ne se trouva prête qu'à l'heure où la campagne était en quelque sorte finie, tout au moins quand l'issue probable s'en était dessinée. Que la Seigneurie de Venise ait eu l'intention de manquer aux conditions de son traité et de soustraire son concours militaire à Louis XII, ses propres déclarations, sans cesse répétées et avec une croissante énergie, la présence et le contrôle des ambassadeurs français, le danger même que cette perfidie lui eût fait courir et que les succès des Français aggravaient chaque jour, — ces diverses raisons empêchent de le supposer. Mais on peut croire que son arrière-pensée fut, en formant et en organisant cette belle armée, de la ména-

---

(1) MARINO SANUTO, II, 962, *in colegio*, 30 juillet 1499.
(2) *Ibid.*, II, 978 et 1027, *in colegio*, 29 juillet et 6 août 1499.
(3) *Ibid.*, II, 1009, *in colegio*, 3 août 1499.
(4) *Ibid.*, II, 1069, Trevixam, Brescia, 10 août 1499.
(5) Malgré les mauvaises nouvelles qu'elle recevait de la flotte contre les Turcs, Venise était décidée à suivre les conseils des ambassadeurs français c'est-à-dire à agir vivement pour finir la guerre d'un coup au lieu de la laisser traîner.

ger autant que possible pour s'en servir ensuite contre l'ennemi, beaucoup plus redoutable, qui la menaçait de l'Orient. Au reste, l'invasion française fut trop soudaine et trop foudroyante pour permettre à Ludovic Sforza de tirer avantage de la lenteur des Vénitiens. Et, par une singulière erreur de perspective, les armements de la Seigneurie, par leur méthode, par leur lenteur peut-être, par la facilité même qu'il eut de les connaître, lui firent croire que ce serait de l'Est que lui viendrait son principal adversaire.

Venise compléta son organisation militaire et diplomatique par un système d'espionnage que l'on pourrait mettre en parallèle avec celui de Ludovic Sforza : tous les Vénitiens y collaboraient suivant leurs forces et selon les circonstances : le cardinal Grimani faisait intercepter pour le compte de la Seigneurie les courriers d'Ascanio Sforza, qui partaient de Rome avec des nouvelles importantes; la Lombardie fut sillonnée d'agents secrets qui apportaient à Venise des nouvelles d'Asti, du Montferrat, de Milan, et surtout des informations sur les mouvements militaires et les préparatifs de la guerre (1).

Quant à des dispositions financières spéciales en vue de cette guerre, on peut à peine dire que la Seigneurie en ait combiné, tant ses ressources étaient grandes et ses réserves bien ménagées. Dès le lendemain de la mort de Charles VIII, une taxe extraordinaire de deux dixièmes, imposée en vue de la guerre de Pise, mais peut-être aussi destinée à d'autres éventualités, fut payée avec beaucoup d'entrain par les Vénitiens, et en un mois fit rentrer cent cinquante mille ducats au trésor. Ludovic Sforza fut stupéfait de la facilité avec laquelle cet impôt arrivait dans les caisses vénitiennes (2). La liquidation des Lippomano et la faillite des Garzoni, arrivées coup sur coup en 1499, ne nuisirent pas sérieusement à son crédit. Le bruit que les Lippomano allaient faire faillite avait eu, même jusqu'à Lyon, un énorme retentissement ; mais l'opinion se calma vite quand on sut que tous les créanciers seraient payés et qu'il resterait encore un actif de cent quatre-vingt mille ducats (3).

En juillet 1499, pour réunir, plus vite que par les perceptions

---

(1) *Chronicon Venetum*, pag. 166. Voir un exemple entre autres, Marino Sanuto, II, 1096, Crema, Liom, 15 août 1499.

(2) Milan, A. d. S. *Pot. estere Venezia*, Latuada à Ludovic Sforza, 19 avril 1498, et *ibid.*, *Cartegg. gener.*, Ludovic Sforza à Latuada, 24 avril 1498.

(3) MARINO SANUTO, II, 859; *l'amico fedel* à la Seigneurie, 12 juin 1499.

ordinaires d'impôts, l'argent nécessaire à l'expédition, on fit un emprunt considérable à l'une des procuraties de saint Marc, et on saisit les créances de la banque Garzoni ; on mit en vente les boucheries de la Seigneurie, qui précédemment se louaient comme les boutiques du Rialto (1). Ces diverses mesures et le jeu naturel des revenus de Venise lui mirent entre les mains, à la fin de juillet, d'imposantes disponibilités, environ cinq cents mille ducats (2).

III.

LES PRÉPARATIFS DE LUDOVIC SFORZA.

Les intentions hostiles du roi de France, la jalousie de Venise n'étaient pas ignorées du duc de Milan ; un habile et vaste système d'espionnage lui fit connaître presque jour par jour les préparatifs militaires des deux puissances : il ne pouvait pas douter qu'ils fussent dirigés contre lui. Et cependant, il ne paraît pas avoir jamais compris ni la gravité, ni l'imminence du danger. Il compta tout d'abord sur ses ressources ordinaires, tant militaires que financières ; bien après l'avènement de Louis XII, il comptait encore, loin d'avoir à résister chez lui à une invasion, pouvoir disposer de ses forces pour secourir ses alliés ; ce n'était d'ailleurs ni de Trivulce ni de Louis XII qu'il pensait avoir à attendre la première attaque, c'était de Venise, et il ne craignait pas sa puissance militaire : ce fut donc contre ce danger hypothétique et hypothétiquement médiocre, selon lui, qu'il orienta d'abord tout l'effort de sa résistance.

L'année 1498 finit pour lui dans une trompeuse sécurité ; son armée était théoriquement nombreuse et en bon état, commandée par quelques-uns des meilleurs condottieri italiens, et par divers capitaines milanais de son entourage ou de sa famille. Elle était occupée sur tous les points de la péninsule où l'on guerroyait, et ce n'étaient pas les champs de bataille qui manquaient à l'Italie de 1498. Ludovic Sforza comptait, au cas où les Vénitiens enverraient contre Florence le duc d'Urbin, Carlo Orsini

---

(1) Milan, A. d. S. *Pot. Est.*, *Venezia*, Latuada à Ludovic Sforza, 19 juillet 1499. *Louis XII et Ludovic Sforza, Documents*, 195.
(2) MARINO SANUTO, II, 958, Rome, l'ambassadeur vénitien à la Seigneurie, 19, 20 juillet 1499.

et Bartolo d'Alviano, leur y opposer quatre cent trente-cinq hommes d'armes commandés par le seigneur de Piombino, le comte Renuzzo et J.-P. Baglioni, et cinquante arbalétriers du même Baglioni. En Romagne, si les frontières florentines ou les états de la comtesse d'Imola étaient menacés, il pouvait envoyer Gaspar de San Severino avec cent hommes d'armes et cinquante de cavalerie légère, choisis dans les compagnies du marquis de Mantoue, du prince Alphonse d'Este et dans celle qui portait son nom. Dans l'incertitude des projets des Vénitiens, pour prévenir toute agression par la frontière du Bolonais, il plaçait sur le Tanaro le reste de la compagnie d'Alphonse d'Este, pour le commandement de laquelle il hésitait entre le même Gaspar de San Severino ou le comte de Caiazzo. En Parmesana, il cantonnait deux cents autres hommes d'armes, commandés aussi par Caiazzo, qui devaient rester toujours prêts à se lancer, soit en Romagne, soit vers Florence, et en tout cas tenir en respect Bologne et l'empêcher d'attaquer, soit les Florentins, soit la comtesse d'Imola. Enfin pour répondre aux groupements de troupes que faisaient les Vénitiens aux confins de l'Oglio, avec le comte de Pitigliano, le comte Bernardino de Moltono et Filippo Rossi, Ludovic demandait au marquis de Mantoue de répartir toutes ses troupes, hommes d'armes et cavalerie légère, dans les localités voisines de la frontière vénitienne. Il voulait y envoyer en même temps sur l'Oglio et dans le Crémonais des troupes assez nombreuses avec le marquis Ermete Sforza, le comte Francesco Sforza, F.-B. Visconti et Scaramuzza. Enfin tous les autres hommes d'armes du duché étaient « en ordre », et Ludovic croyait pouvoir s'en servir, soit contre les Vénitiens, soit contre tout autre ennemi (1).

Ces troupes étaient moins imposantes sur le terrain que sur les rôles du gouvernement milanais ; elles étaient mal payées, mal fournies de chevaux et d'armes, incomplètes (2); les places fortes, les fortifications des villes, étaient mal entretenues ; les garnisons y étaient nulles ou médiocres ; l'artillerie était médiocre de qualité et de quantité : en septembre 1498, il n'y avait guère que les places frontières entre le Milanais et Venise qui fussent à peu près convenablement garnies de troupes ; trois

---

(1) Milan, A. d. S. *Cartegg. gener. Provisioni facte per le cose che vanno in cercho.* Pièce sans nom d'auteur et sans date.

(2) Milan, A. d. S. *Cartegg. gener.* A.-M. de San Severino à Ludovic Sforza, 16 avril 1498.

cents hommes d'armes y étaient dispersés en petits paquets (1). Le commandement n'était pas moins divisé : il était partagé entre cinq chefs, Scaramuza Visconti, F.-B. Visconti, le marquis et Francesco Sforza et un Pallavicini ; aussi ces garnisons et ce système de défense paraissaient-ils insuffisants, vu la proximité des places vénitiennes de l'autre côté de l'Oglio (2). Sur tous les autres points, pour les autres questions, la nature même des mesures prises prouve que les défauts à corriger étaient grands : sur la frontière occidentale, la Rocca d'Arazzo, Annona n'avaient que des fortifications à demi ruinées ; Arazzo était mal gardée par le condottiere Jacomo Albanese ; il n'y avait que soixante-dix *fanti* à Annona, garnison insuffisante dans l'état de la place ; le commissaire ducal de l'Oltra Po manquait de fonds pour les réparations nécessaires ; l'artillerie milanaise était mal entretenue (3). — Les dépenses militaires faites pendant l'année 1498 et les premiers mois de 1499 ne présentent aucun caractère d'ensemble ; ce sont des mesures toutes locales, prises pour des motifs particuliers, et à la suite de circonstances sans lien entre elles. Si l'on peut attribuer, par exception, à l'initiative de l'inquiète et haineuse sollicitude de Malvezzi les quelques améliorations introduites en juin à Rocca d'Arazzo et à Annono (4), beaucoup de ces mesures isolées, prises à longs intervalles et différentes de caractère, sont plus semblables à des caprices qu'aux actes raisonnés d'une politique suivie (5). — La seule idée politique qui ait inspiré alors

(1) Vingt-cinq hommes d'armes à Calzo et à Priminengo, à peu près autant à Zinivolta et Zanello, le double à Soncino et à Robero, quarante à Bordolano, quinze seulement à Castelvesconte, vingt à Corte de' Cortesi et à La Bina ; mais il n'y avait que vingt-cinq fantassins à Torre de San-Tristano, et seulement quelques hommes de cavalerie légère à Monistrolo.

(2) Mantoue, *Arch. Gonzaga*, E XIX, 3. Brognolo au marquis de Mantoue, 2 septembre 1498. Elles n'en étaient séparées que par des distances de quatre, trois, deux milles, parfois même un mille et demi.

(3) Milan, A. d. S. *Cartegg. gener.* Malvezzi à Ludovic Sforza, 17 juin 1498.

(4) Malvezzi à Ludovic Sforza, 24 juillet 1498. *Louis XII et Ludovic Sforza, Documents*, 37.

(5) Telles sont la nomination de Scaramuzza Visconti, comme gouverneur de Novare, (La nomination est motivée parce que « suspectiones belli quæ circumvolitant nos admonent nostrum esse judicemus virum rei militaris scientia præditum urbi nostræ Novariæ præficere» Milan, *Cartegg. gener.*, Ludovic à la Seigneurie, Venise, 16 juin 1498), le creusement d'un souterrain sous le château de Milan pour y créer une issue secrète et une voie de secours (Marino Sanuto, II, 25), Lippomano à la Seigneurie. 20 décembre 1498), l'inspection de la citadelle et de la porte de Parme (Milan, A. d. S

quelques actes de ce genre est la défiance et la crainte de Venise : c'est pour lui faire pièce que Latuada accueille favorablement la demande d'entrer au service du Milanais que lui adresse Henri Porro (1), capitaine de quatre-vingts chevaux au service de Venise, ancien officier de la compagnie de Roberto di San-Severino ; c'est pour répondre à l'engagement par Venise de Carlo Orsini et de Bartolo d'Alviano, dirigé contre les Florentins, que le duc engage, de compte à demi avec ceux-ci, le seigneur de Piombino et Jean-Paul Baglioni (2). On pourrait citer un très grand nombre de faits analogues. Une mesure d'un caractère plus général montre nettement quelle était pour l'heure l'orientation de la politique défensive de Ludovic Sforza : il promulgua le 26 février 1499 un édit interdisant aux Milanais « *sub pœna rebellionis* » de se mettre à la solde de la République de Venise (3).

La conclusion de l'alliance franco-vénitienne et le caractère agressif du traité entre les deux états, la menace mal dissimulée d'une invasion combinée, commencèrent à ouvrir les yeux de Ludovic Sforza, sinon sur le foyer principal, au moins sur la gravité du danger qui le menaçait ; quelques mesures de défense générale furent le résultat de cette vision plus saine des circonstances : à la fin de février 1499, il installa une police

(*Vicende communi*, Parme, Instruction de Ludovic Sforza à Filippino Flisco, 13 octobre 1498), une levée de mille *provisionati* et une revue de deux cents hommes d'armes à Pavie (Marino Sanuto, II, 78, 28 octobre 1498).

(1) Milan, A. d. S. *Pot. Est. Venezia*, Latuada à Ludovic, 15 novembre 1498.

(2) Brognolo au marquis de Mantoue, 2 septembre 1498. *Louis XII et Ludovic Sforza, Documents*, 49. Ce ne fut pas sans difficultés que le seigneur de Piombino consentit à entrer au service de Ludovic Sforza. Ce principicule prétendit que l'étendard que Ludovic lui destinait et qui portait des colombes n'était pas assez honorable. Taddeo Vimercati dut l'écrire à Ludovic (Milan, A. d. S. *Pot. Est. Firenze*,10 octobre 1498): «Ad la parte del stendardo mi ha facto respondere che el ringratia la Excellentia Vostra che se ne ricorda, e pensa che la facia depingere le colombe per honorarlo più e crede che nel dominio de Vostra Excellentia le colombe sieno de più honore, ma per essere da le bande di qua più conosciuta la bissa ; quando per questo non se alterasse la mente de la Excellentia Vostra, desideraria più la bissa cha le colombe, e me ha facto pregare chio ne scriva alla Excellentia Vostra» Ludovic fut obligé de discuter, de lui faire dire que « la bissa è arma e non divisa, laqual arma non si è consueta a donar in stendardi; ma chel stia de bona voglia,che questo da le colombine sara molto bello (*Ibid.*,*Carteg.gener*., Ludovic à Taddeo Vimercati, 15 octobre), et Appiano finit par s'en contenter (Taddeo Vimercati à Ludovic Sforza, 19 octobre 1498).

(3) Marino Sanuto, II, 488, Liom à la Seigneurie, 26 février 1499.

sévère pour la garde de ses citadelles ; les châtelains eurent ordre d'y résider continuellement. Ludovic ne les autorisa à en sortir qu'aux jours de fête d'obligation « pour ouïr la messe et prendre quelque récréation », à condition que cette permission même serait suspendue en temps suspect, que ces sorties seraient toujours terminées avant six heures du soir, et que pendant leur durée les châtelains se feraient suppléer par des lieutenants sûrs (1) ; en avril, Galeazzo di San Severino fit une inspection des frontières occidentales du duché ; il s'agissait de visiter les places, forteresses, territoires où le duc avait décidé de mettre des troupes pour prévenir ou repousser une attaque inopinée venant d'Asti ; il alla de Milan à Novare (2), et à son retour on commença à exécuter les travaux qu'il avait reconnus nécessaires, tandis qu'il passait des revues d'hommes d'armes destinés aux places de l'ouest. Le mois suivant, il retourna à Novare pour présider aux opérations que le duc avait ordonnées : il fit démolir la moitié d'un faubourg, construire plusieurs bastions et raser des châteaux inutiles à la défense (3). Mais cet élan s'arrêta ou se ralentit, au cours même de ces travaux : Ludovic Sforza crut sans doute à ce moment que les dispositions menaçantes des Turcs, les difficultés entre Venise et la France au sujet des cent mille ducats que la Seigneurie avait à verser, l'attitude hostile de Maximilien, retiendraient Louis XII et le feraient renoncer à ses projets. Aussi fit-il bientôt arrêter ou suspendre tous les travaux en cours ; il écrivait à Galeazzo di San Severino que « ces réparations ne devant peut-être pas avoir d'utilité immédiate, et les matériaux qu'on y employait se dégradant vite, il était plus convenable d'y surseoir et d'attendre

(1) Milan, A. d. S., *Carteg. gener.* Ludovic Sforza à Raffagnino Donati, « arcis Valentiæ castellanus ». Il est autorisé à sortir « per oldire messa e per tua recreatione, tutte le feste quale sono da commandamento, purche non sia tempo di suspecto, e cum questo che alle 23 hore te retrovi dentro de la fortezza. » — Bien que cette lettre ait un caractère privé, il est probable que des lettres analogues ont été adressées à beaucoup de castellani et qu'elle est le résultat d'une mesure générale.
(2) Marino Sanuto, II, 649, Lippomano à la Seigneurie, 13 avril 1499. Mantoue, *Arch. Gonzaga*, E, xix 3. Brognolo, 2 avril 1499 : « Questa matina el signor messer Galeazzo è partito e andato alla volta di Novara per rivedere quelli loci e passi dove questo illustrissimo signor ha deliberato provedere de zentedarme et fantarie, talmente che venendo Franzosi siano meglio forniti che l'altra volta ». (Allusion à l'attaque dirigée par Trivulce contre le Milanais lors de « *desdicta della tregua* ».)
(3) *Ibid.*, II, 737, Lippomano à l'ambassade vénitienne, 16 mai 1499.

pour les reprendre le dernier moment, en calculant exactement le temps qu'il faudrait y employer » (1).

Ce ne fut qu'au mois de juillet, alors que les préparatifs militaires de ses adversaires étaient déjà en bonne voie d'achèvement que le duc de Milan songea sérieusement à commencer les siens, que sa future situation d'attaqué et probablement d'envahi rendaient plus complexes et plus difficiles à opérer. Il fallait terminer la défense de ces places sur deux frontières, achever et coordonner le recrutement de ses troupes, les distribuer sur les deux frontières attaquées, en donner le commandement à l'un des capitaines qui se le disputaient, faire un plan définitif de résistance aux deux armées envahissantes. Ludovic Sforza, attardé, comme acculé dans un délai trop court par un impitoyable adversaire, montra alors une activité fébrile et les ressources d'un incontestable savoir-faire. Mais, malgré les qualités qu'il déploya, il n'obtint que des résultats incomplets : il fut desservi par des circonstances malheureuses, par des dissentiments d'une extrême gravité entre ses collaborateurs, par la maladie, et enfin par ce qu'il y avait de chimérique dans ses tentatives mêmes.

L'achèvement des fortifications le préoccupa d'abord. Il fit fortifier ou détruire au ras du sol les villas qu'il possédait entre Vercelli et Novara pour donner moins de ressources à l'ennemi (2). Dans le Castelleto de Gênes, précédemment inspecté par le comte de Caiazzo et déjà muni d'artillerie, il fit réparer un bastion, « la bastia de Rest », à demi détruit, inhabitable et menaçant ruine ; il ordonna presque en même temps la fortification des bastions d'Alexandrie, la construction d'un pont sur le Pô entre Valence et Bisignana, l'envoi de l'ingénieur Morgante à Alexandrie, pour y réparer le Castellazzo (3). Le commissaire Malvezzi le seconda avec zèle et clairvoyance ; il fit fortifier Borgolio, un des points que les Français pouvaient

---

(1) Ludovic Sforza à Galeazzo de San Saverino, 21 avril 1499. *Louis XII et Ludovic Sforza, Documents*, 103.

(2) Marino Sanuto, II, 814, Dolce à la Seigneurie, Turin, 11 juin 1499.

(3) *Ibid.*, II, 759, Lippomano à la Seigneurie, 23 mai 1499. Il y avait envoyé deux bombardes grosses, six «costaldi», quatre passevolants et cinquante «schopetieri». Milan, A. d. S. *Pot. Est. Genova*, Gaspar de Cropello à Ludovic Sforza, Gênes, 8 juillet 1499. Marino Sanuto, II, 957, Urbain, ambassadeur de Montferrat à la Seigneurie, Casal, 20 juillet 1499. Milan, A. d. S., *Cartegg. gener.*, Malvezzi à Ludovic Sforza, 9 juillet 1499.

prendre pour but de leur attaque (1) ; il y fit établir des casemates, nettoyer et creuser des fossés, entre autres ceux d'Alexandrie et d'Annona, qui en avaient grandement besoin ; il demanda à Ludovic de ne pas recruter de « *guastadori* » dans le pays entre Stradella et Alexandrie, pour qu'on ne lui enlevât pas ses manouvriers, et il en réclamait six cents de plus : Ludovic lui en envoya six cents pris sur le territoire de Pavie ; Malvezzi en eut à sa disposition jusqu'à mille et davantage (2). — Une nouvelle inspection fut faite à partir du 1er juillet par Galeazzo di San Severino (3).

L'armée se complétait en même temps. Ludovic Sforza ordonna une levée en masse de tous les sujets ducaux pouvant servir dans l'infanterie (4). Une imposante garnison fut envoyée à Alexandrie (5), une autre à Novi, deux mille fantassins et quatre cents chevaux au Castelletto de Gênes (6), la compagnie d'Alphonse d'Este, composée de deux cents hommes d'armes et d'un nombre égal de gens de sa « *famiglia* », fut destinée à occuper le Nova-

(1) Milan, A. d. S. *Cartegg. gener.*, Malvezzi à Ludovic Sforza, 6 juillet 1499 : « e intendo lo nemico far gran disegno sopra quésta cittade : ho animo di fargli tre o quattro casematte et cavarli le sue fosse.

(2) Milan, A. d. S. *Cartegg. gener.*, Lucio Malvezzi à Ludovic Sforza, 9 juillet 1499 : « Supplico la Celsitudine Vostra voglia far tore de li guastadori che stano da la Stradella in qua, adcio non se ritornasse a commandare a quelli medesimi a li quali ho facto commandare io per non metter confusione » et *ibid.*, Ludovic Sforza à Lucio Malvezzi, 11 juillet 1499 : « De li guastatori noi havemo mandato a levar li 600 in le terre de Pavese ; voi ne haveti havere de quelle terre 700 et altri 400 ».

(3) MARINO SANUTO, II, 786, Lippomano à la Seigneurie, Milan, 1er juillet 1499. *Ibid.*, 921, Rectori di Brescia à la Seigneurie, 12 juillet 1499.

(4) Ludovic Sforza voulait passer une revue générale de ses troupes. *Ibid.*, II, 814, Dolce à la Seigneurie, 11 juin 1499. Cette idée persista ; Lippomano, 1er juillet 1499, en reparle (*ibid.*, II, 786). Brognolo au Marquis de Mantoue, 8 juillet 1499. *Louis XII et Ludovic Sforza, Documents*, 158.

(5) Voir note précédente et Marino Sanuto, II, 957, Urbain à la Seigneurie, 20 juillet 1499 (d'après ce dernier témoignage, il y avait encore à cette date peu de monde à Alexandrie). Cette garnison se composait, outre les *guastadori* en très grand nombre, d'infanterie et de cavalerie légère, de quatre cents hommes d'armes et de la *famiglia*, c'est-à-dire de la garde personnelle du duc.

(6) MARINO SANUTO, II, 882, Lippomano à la Seigneurie, 1er juillet 1499. C'est Caiazzo qui conduit les garnisons à Alexandrie et à Novi. — Marino Sanuto, II, 921, Rectori di Brescia à la Seigneurie, 12 juillet 1499, et Florence, A. d. S., *Lettere estere alla Signoria*, reg. XXXVII ; ambassadeur florentin à la Seigneurie, Milan, 10 juillet 1499 : « Non manca questo Signore di mandare tutte le gente sue verso Alexandria et Annono et Novara, e questa matina è inviatosi in a M. Galeaz ».

rese et le pays d'Alexandrie, avec de la cavalerie légère et de l'infanterie, pour s'y tenir en observation et « *far vergogna* » à qui voudrait attaquer le duché (1).

C'est de la même façon hâtive et précipitée que Ludovic Sforza organise son artillerie; il la compose, au commencement de juillet 1499, de pièces d'artillerie, enlevées aux diverses citadelles, que le maître bombardier, Burati de Basgapede, est chargé de distribuer aux maîtres de l'artillerie (2). Tout en dégarnissant ainsi la frontière de l'Oglio, il comprenait la nécessité d'y remplacer l'artillerie enlevée : il promettait au châtelain de Santa-Croce de Crémone de lui fournir des *canoni* et des *spingarde* en même temps que les munitions nécessaires (3). Les approvisionnements ne sont pas préparés plus vite : c'est le 20 juillet seulement qu'il fait fournir de blé les forteresses de Vigevano, Mortara et Saltinara (4). Il organisait d'une façon

---

(1) Ambassadeur florentin à Milan, 3 juillet 1499. *Louis XII et Ludovic Sforza, Documents*, 162.

(2) C'est ainsi qu'il emprunte à la citadelle de Pavie un passevolant et quarante *spingarde* avec leurs fourniments, au château de Pizleone un fauconneau de fer, à la citadelle de Crémone deux passevolants, dix « spingarde », deux cents arquebuses avec leurs accessoires, au château d'Arona un passevolant de bronze, un spingardone, sept «spingarde»; il fait remettre par le châtelain de Santa Croce au comte de Caiazzo, vingt-cinq arquebuses, et vingt-cinq escopettes avec leurs munitions ; il ordonne aux chatelains de Cassano et de Caravaggio de réunir et de tenir disponibles toutes les munitions contenues dans leurs forteresses. (Milan, A. d. S. *Lettere missive*, reg. 62, fol. 298, Circulaire de Ludovic Sforza, 6 juillet 1499, aux chatelains de Pavie, de Pizleone, Soncino, Crémone, Arigonia et Arona). Il semonça même vivement un de ses officiers, qui lui avait probablement fait des observations sur l'exécution de cet ordre; (Milan, A. d. S. *Lettere missive*, reg. LXII, fol. 199 v°) « Capitano Pizleonis » : « Tu hai persuadere che habiamo a memoria del fornimento de artelarie, el qual si trova in questa forteza, e che sapemo multo ben quello che facemo, e pero anche tu hai exequito quello te scrivemo como volemo, consignando a Burati, etc.» Mais il ne fut pas facile partout d'exécuter cet ordre. Conradus de Laudo lui répondit par exemple : «Io me ritrovo molto mal fornito de simile monitione e maxime de artelarie grosse », et lui demanda, pour éviter toute responsabilité, de faire choisir cette artillerie par un officier désigné par lui (Conradus de Laudo à Ludovic Sforza, 12 juillet 1499, Milan, *Cartegg. gen.*). Milan, A. d. S., *ibid.*, fol. 202, Castellano Arcis Sanctæ Crucis Cremonæ. *Louis XII et Ludovic Sforza, Documents*, II. Milan, A. d. S., *ibid.*, fol. 201.

(3) Milan, A. d. S., *Ibid.*, fol. 200. Castellano Arcis Sanctæ Crucis Cremonæ. [Connaissant] « del bisogno de li someci e bolzoni quanto de le spingarde, mandando qui la misura e numero de li canoni quali sono necessarii alle dicte spingarde ».

(4) MARINO SANUTO, II, 946, Liom à la Seigneurie, Crema, 20 juillet 1499.

rudimentaire une surveillance des ports et passages du Tessin, de l'Oglio et du Pô. En prévision d'une attaque des Français, qui pourrait être aussi bien secrète qu'ouverte, il voulait interdire la circulation par les ports du territoire milanais à tout individu d'identité douteuse et d'intentions suspectes ou ayant des projets nuisibles à la sécurité générale.

Il chargea, le 3 juillet, le camérier Spadacino d'une inspection permanente des ports du Tessin (1) et de ceux du Pô (2). Spadacino devait être toujours en tournée le long du fleuve, s'arrêtant aux ports indiqués et y surveillant les gardiens des passages. Il était interdit à ces gardiens de laisser pénétrer en Milanais aucun individu non muni d'un sauf-conduit des officiers commandant les passages. Spadacino devait recommander aux capitaines des ports la vigilance, la présence constante à leurs postes, le sérieux interrogatoire des passants, l'examen de leurs bulletins de circulation et des visas de ces bulletins pour s'assurer qu'ils n'étaient pas falsifiés. Il devait lui-même, autant que possible, s'assurer si ces voyageurs étaient des envoyés de princes amis ou feudataires de la France, s'ils étaient porteurs d'instructions ou de lettres dirigées contre les intérêts ducaux, s'assurer de leur destination. Il devait arrêter tout individu suspect d'intentions ou de pratiques hostiles au duc, saisir ses lettres et les envoyer à Ludovic Sforza, et tenir sous bonne garde l'individu arrêté jusqu'à réception d'une réponse du duc de Milan. Exception n'était faite que pour les courriers officiels des princes italiens, de l'Empire, de l'Espagne, de la France, qui devaient toujours avoir libre circulation, pourvu qu'ils fussent porteurs d'un insigne officiel. Il devait se borner à interroger ces courriers, tâcher de savoir par eux des nouvelles de leurs pays de provenance, et les transmettre au duc quand elles seraient intéressantes. Les ambassadeurs et autres personnages d'importance non suspects devaient être aussi admis à circuler librement. Ludovic Sforza s'en remettait d'ailleurs, pour les cas qui ne pouvaient être prévus, à la sagesse de Spadacino (3). — D'autres camériers furent chargés de missions analogues,

---

(1) Romentino, Turbigo, Oleza, Somma, Casteleto.
(2) La Napola, San Giacomo, Portalba, Savenna, Parpanese.
(3) Milan, A. d. S. *Cartegg. gener.* « Instructio Spadacini, 3 juillet 1499. *Louis XII et Ludovic Sforza, Documents*, 161. — Les officiers du pont de Lodi sur l'Adda demandent au duc, le 24 juillet, un gardien qui soit « de continuo residente per attendere a chi passava. » Le gouverneur J.-P. Burro y installa provisoirement un des dix contestabili du *revelino oltra Adda*.

Gaspar Panigarola eut la surveillance d'une autre partie du Pô, des ports de Panchavara, Dosi et la Gerola, avec mission d'empêcher la circulation autrement que par les ports et sous la sauvegarde de passeports réguliers. Il s'acquitta de sa mission avec une grande sévérité (1). Il fallait, d'après Brognolo, attacher une grande importance à ces mesures prohibitives (2) ; on ne voit pas cependant ce que Ludovic Sforza, étant donné les restrictions en faveur des personnages officiels qu'il faisait lui-même, pouvait en espérer de vraiment utile.

Les fortifications dans le Crémonais, partiellement commencées dès 1498, ne furent poussées avec énergie que vers le milieu de juillet. Le 20 juillet, l'ambassadeur florentin écrivait : «l'on s'occupe activement de pourvoir aux frontières des Vénitiens, bien que l'on ne dise pas qu'il y ait un mouvement à craindre de leur part». Le comte de Caiazzo y fut chargé d'une inspection analogue à celle que Galeazzo di San Severino avait faite dans la partie occidentale du duché ; il visita Robeccho, place du Milanais, voisine de Pontevico, Crémone, Bordolano : il ordonna des constructions de remparts à Soncino, fit approvisionner de blé les forteresses et passa une revue des hommes d'armes en Soresina, une autre de provisionati à Sonzino et à San Daniele (3). Ludovic Sforza avait pris des ingénieurs à sa solde pour ces travaux d'art (4). Il rassemblait en même temps

---

(1) Panigarola à Ludovic Sforza. Pavie, 26 juillet 1499. *Louis XII et Ludovic Sforza, Documents*, 214.

(2) Mantoue, *Arch. Gonzaga*, E-XIX, 3, Brognolo au marquis de Mantoue, 8 juillet 1499, *Ibid., Documents*, 170.

(3) Florence, A. d. S., *Lettere estere alla Signoria*, reg. XXXVII, ambassadeur florentin à Milan, 20 juillet 1499 : «Attendesi con diligentia a provedere le frontiere di Venetiani, di quali pero non s'intende movimento da temere.» MARINO SANUTO, II, 934 et 940, F. Valaresso à la Seigneurie, Pontevico, 17 et 18 juillet 1499. Milan, A. d. S., *Cartegg. gener.* J.-B. Cotti, commissaire de Soncino, à Ludovic Sforza, 29 juillet 1499. « Che facesseno li ripari la dove manchava il muro, e cosi scripse alli homeni ». Ces réparations devaient être terminées en trois ou quatre jours. MARINO SANUTO, II, 976, les rectori de Brescia à la Seigneurie, d'après Hieronimo da Gavardo, 27 juillet 1499. *Ibid.*, II, 946, F. Valaresso à la Seigneurie, Pontevico, 29 juillet 1499, et II, 976, rectori de Brescia, 29 juillet 1499.

(4) Il fit construire des bastions sur les frontières, notamment à Pandino. (Marino Sanuto, II, 946, Liom à la Seigneurie, Crema, 20 juillet 1499). Burro, commissaire de Lodi, insistait sur l'importance stratégique de Ceredo, place voisine de la frontière et entourée de « paduli » ; il demandait l'entretien de ces marais et l'envoi d'un capitaine spécial. (Milan, A. d. S. *Cartegg. gener.* J.-F. Burro à Ludovic Sforza, 24 juillet 1499). Le duc ordonna la construction

des troupes dans le Crémonais (1). B.-Francesco Visconti réunissait dans son château de Brignano, voisin de Crema, des hommes d'armes et des arbalétriers, auxquels il donnait de hautes paies ; il avait publié un avis de recrutement ainsi conçu : « qui veut de l'argent, vienne s'enrôler » ; aussi, malgré les prohibitions de Venise, des Crémasques se rendirent à Brignano (2). Pour faciliter la résistance, F.-B. Visconti faisait couper les arbres à Caravazzo et à Mozaniga (3). Le duc envoyait des troupes à Brivio, à Lecce, à l'abbaye de Ceredo, à Vaylate, cent hommes à Lampugnano, gouverneur de Parme, une compagnie avec Scaramuzza Visconti à Robeccho, F.-B. Visconti lui-même avec huit cents hommes à Soncino. Caiazzo restait comme gouverneur du Crémonais et généralissime de l'armée de l'Est ; la correspondance du duc avec ses commissaires de la Ghiara d'Adda et F.-B. Visconti était incessante (4).

Dès le milieu de juillet, Ludovic Sforza croyait avoir achevé ses préparatifs de défense ; il annonçait l'intention de faire une inspection générale des places fortes du duché, au moins de celles de la partie occidentale, laissant au comte de Caiazzo, le soin de faire la même inspection sur les frontières vénitiennes. Il fut empêché par la goutte de mettre son projet à exécution comme il l'aurait voulu (5). Il se fit suppléer, ne voulant pas attendre son rétablissement pour procéder à cette visite, par le collatéral Simonetta, qui fut chargé de l'inspection spéciale et technique des forteresses (6), et par Galeazzo de San Severino, qui

d'un pont sur l'Adda à Cassano. (Marino Sanuto, II, 946, les rectori de Bergamo à la Seigneurie, 20 juillet 1499). — La construction de ce pont fut jusqu'aux derniers jours une des questions qui préoccupèrent le plus les défenseurs du Crémonais.

(1) Marino Sanuto, II, 146, même document cité note précédente.
(2) Ibid., II, 173, Liom à la Seigneurie, Crema, 25 juillet 1499. F.-B. Visconti offrait quarante ducats (à quatre francs le ducat) aux hommes d'armes et douze ducats aux fantassins.
(3) Ibid., II, 973, même document, et II, 988, Liom à la Seigneurie, Crema, 29 juillet 1499.
(4) Milan, A. d. S. Cartegg. gener. Ludovic Sforza à Lampugnano, Parme, 28 juillet 1499, Marino Sanuto, II, 995, Liom à la Seigneurie, 30 juillet 1499, et ibid., II, 995 et 976, rectori de Brescia à la Seigneurie, 27 et 29 juillet 1499, d'après Hieronimo de Gavardo. Il avait donné aussi à Carlo Angelo Squadrerio, nommé commissaire résident à Caravaggio, le titre et les fonctions de commissaire dans toute la Ghiaradadda et l'avait chargé d'organiser un service d'espionnage du côté de Brescia (Documents, 71).
(5) Voir les documents cités plus loin.
(6) Milan, A. d. S. Lettere missive, reg. LXII, fol. 200. Ludovic aux

la fit plus rapidement: du 20 au 26 juillet, celui-ci parcourut, avec sa légèreté ordinaire, les châteaux de Galiate, Berona, Tortone, la citadelle de Tortone, Voltasio, Novare, le Bosco ; les forteresses des Porte nuove, de Saint-Alexis, de Bergulo, à Alexandrie; Bassignano, Annono, Arazzo et le Castellazzo d'Alexandrie (1), Galeazzo di San Severino revint enchanté du bon état dans lequel il venait de mettre toutes les frontières (2). Ludovic Sforza ne s'en remit pas à son trop superficiel remplaçant ; aussitôt guéri, il partit le 31 juillet pour faire en sept ou huit jours une dernière et plus sérieuse inspection des frontières menacées de l'Ouest (3) ; il voulait faire un voyage exclusivement militaire et pratique, aussi laissa-t-il à Milan toute sa cour et le corps diplomatique. Le 6 avril, il déjeuna à Biagrasso et coucha à Gazano ; le 7, déjeuna à Chiaravalle, et le soir à Melignano, où il devait rencontrer Ascanio Sforza, et où la rencontre eut lieu, en effet, le 8, à deux tiers de mille hors de la ville, sur le conseil des astrologues des deux princes. Il rentra le 9 à Milan. Le but du voyage était de visiter les fortifications, de voir ce qui avait été réparé, ce qui pouvait avoir à l'être encore ; en particulier Ludovic Sforza tenait à remplacer le commandant de Fontaneto, très bonne place du Novarese qui appartenait au gendre de Trivulce, moins par défiance contre cet officier que pour ôter à Trivulce la tentation d'essayer une perfidie. Le duc devait en même temps nommer les gouverneurs de ces places et préciser le nombre des garnisons. Novare, Arcumariano, Vercelli, Robio près de la Sesia, avaient été fortifiées par un ingénieur tchèque sans pareil dans son art (4). Le duc laissa

commandants de places, Milan, 15 juillet 1499. Ordre de faire bon accueil à « Alexandro nobile Simonetta de li nostri collaterali ».

(1) Milan, A. d. S. *Lettere missive*, reg. LXII, fol. 201. Ludovic aux commandants de places : ordre de bien recevoir Galeazzo chargé de mettre des *fanti* dans ces places « *per li presenti tumulti dé Franzesi* ». Milan, 20 juillet 1499.

(2) Florence, A. d. S. *Lettere estere alla Signoria*, reg. XII, fol. 34, ambassadeur florentin à Milan, 26 juillet 1499.

(3) *Rosmini, Storia di Milano*, IV, pag. 256. Lettre de Ludovic Sforza au protonotaire Stanga, 9 août 1499; cette lettre donne un récit complet du voyage. — Ambassadeur florentin à Milan, 31 juillet 1499. Costabili au duc de Ferrare, 5 juillet et 7 août 1499. Broguolo au marquis de Mantoue, Milan, 10 août 1499, *Louis XII et Ludovic Sforza, Documents*, 255 et 258.

(4) Ludovic Sforza fit à Costabili un éloge pompeux de cet ingénieur, qu'il ne nomme pas, et offrit même de le «passer» au duc de Ferrare. Costabili au duc Ercole, 7 août 1499. *Louis XII et Ludovic Sforza, Documents*, 249.

à Novare son camerlingue avec cinq cents hommes d'infanterie choisis, à Arcumariano cent hommes, à Robbio trois cents sous le commandement d'Andrea Cotta. Au delà de la Sesia, Sartirana, malgré sa très forte citadelle, fut munie de nouvelles défenses ; Mortara, place autrefois très faible, « fut fortifiée d'une façon incroyable » ; Ludovic Sforza y laissa des garnisons de cent et deux cents hommes ; Vigevano, gros bourg très populeux, mais presque ouvert, sur la route de Milan, avait été aussi fortifié par l'ingénieur tchèque : le duc avait une entière confiance dans son gouverneur, homme d'une grande expérience. Ludovic Sforza n'alla pas visiter les forteresses situées au-delà du Pô, vers les frontières d'Asti et de Montferrat, mais elles étaient toutes bien fortifiées et bien défendues ; Valence, Bassignano qui gardaient les confins du Pô et du Tanaro ; Alexandrie, qui faisait face au cœur du Montferrat et « qui méritait plus que toute autre place en Italie d'être nommée ville forte » ; la Rocca d'Arazzo et Annono, faisant pointe dans le territoire astésan, séparées d'Asti par le fleuve, à quatre milles seulement de cette ville, les deux « serrures » de la route d'Asti, étaient en état de soutenir victorieusement les attaques de toute la France. Plus au sud, le Castellazzo, le Bosco, Novi, avaient de fortes citadelles et étaient solidement fortifiées. Un pont avait été établi à Bassignano pour pouvoir transporter à volonté les troupes de défense sur l'une ou l'autre rive du Pô. La défense générale de cette zone était confiée à Galeazzo di San Severino avec une armée de douze cents hommes d'armes, autant de cavalerie légère, et cinq mille hommes d'infanterie qui devaient se porter sur les divers points attaqués. Le Lodesan, le Crémonais et la Ghiara d'Adda, que Ludovic n'alla pas non plus visiter, n'étaient pas moins fortifiés. Au 31 juillet, deux mille six cents fantassins se trouvaient dans la province d'Oltra Po (1) ; il y avait encore à réunir cinq cents *fanti* pour le Cré-

---

(1) Milan, « die ultimo julii. *Louis XII et Ludovic Sforza, Documents*, 224. Au 31 juillet, 2.600 fantassins se trouvaient dans la province d'Oltra Po, 1.775 étaient distribués dans diverses places, moins Alexandrie. A Alexandrie restaient 928 hommes. Le 25 juillet, le duc envoie à Alexandrie le commissaire Gropello pour passer une minutieuse inspection des troupes et payer la solde seulement aux hommes présents et en état de servir (*Ibid., Documents*, 61). Ils devaient entrer dans l'armée de Galeazzo di San Severino qui devait comprendre aussi deux cent cinquante Suisses, trois cents Piémontais, immédiatement disponibles, cinq cents Valaisans attendus de Domodossola, six cents Génois, payés d'avance, qu'envoyait Zuam Adorno,

monais, à les partager entre les garnisons de Parme, de Lodi et l'armée du comte de Caiazzo. Il semblait donc à ce moment que la défense était presque complètement organisée. Qu'étaient cent hommes manquant en Novarais ou quelques centaines de fantassins non encore rendus à leur poste, en regard de ces merveilles de fortification accomplies par les ingénieurs de Ludovic Sforza et qui faisaient penser qu'«à moins de quelque chose d'inouï» le duc de Milan pourrait résister victorieusement à toute attaque des Français,«si furieuse qu'elle pût être»? Ludovic Sforza revint de son inspection aussi content que Galeazzo di San Severino était quelques jours plus tôt revenu de la sienne (1). Il disait aux ambassadeurs que toutes ses places et ses forteresses étaient réparées, bien fournies d'hommes et de munitions, bien approvisionnées. Les progrès incontestables accomplis en quelques mois lui faisaient oublier la profondeur du mal qu'il y aurait eu à guérir. Au contraire du héros antique, il croyait n'avoir plus rien à faire parce qu'il avait fait quelque chose.

Le duc de Milan était cependant bien loin d'être sérieusement en état de résistance. En juillet 1499, il s'en fallait qu'il eût le nombre de troupes nécessaires pour former ses deux armées et constituer ses garnisons. Il n'en avait encore recruté pendant l'année précédente qu'un petit nombre, sans plan d'ensemble, sans même veiller à l'entière exécution des ordres qu'il donnait ; la mollesse générale et le laisser-aller de son administration s'accommodaient de ce manque de méthode et de cette absence de programme. — Le Milanais lui fournissait de l'infanterie, mais les hommes d'armes y étaient rares et de mauvaise qualité, il devait les recruter hors de ses états ; et la meilleure partie

---

et trois cents autres fantassins qu'il fallait encore recruter dans la Parmesana. Il y avait donc là 2900 hommes environ dont Galeazzo di San Severino pourrait bientôt se servir. Sur mille hommes qui devaient se trouver en Novarais et dans la Lomellina, 836 environ y étaient déjà arrivés. Il n'en manquait que 164 ; c'étaient, aux yeux de Galeazzo, les plus urgents à recruter et à expédier. Le cardinal Ascanio avait donc à recruter dans les plus brefs délais possibles 360 *fanti* pour l'Ultrapo et 164 pour le Novarese : il fallait les recruter autant que possible à Casalmagiore et dans la Parmesana.

(1) Costabili au duc de Ferrare, 7 août 1499. Dès son départ pour son inspection, il disait qu'il pouvait résister à toutes les attaques : «Di Francesi e di altri lo voria offendere, lui fara ogni opportuna difesa e non manchera de provisione ne di animo, e spera che Dio lo debba aiutare.» Florence, A. d. S. *Lettere estere alla Signoria*, reg. XXXII. Soderini et Pepi alla Signoria, 31 juillet 1499.

et la plus considérable de ses troupes était, tant pour les capitaines que pour les soldats, d'origine étrangère (1). Aussi le 14 juillet, publie-t-il un décret ordonnant à tous ses sujets d'abandonner le service tant comme cavaliers que comme fantassins, des puissances étrangères et de revenir en Milanais (2). Le 19 juillet, en plus des troupes déjà passées en revue, il ordonne une nouvelle levée de quinze mille *fanti* sur le territoire entre l'Adda et le Tessin (3). Ces levées de soldats n'allaient pas sans protestations : le 20 juillet, un Trotti, de Pavie, demande, avec mainte protestation de dévouement au duc, à être dispensé de fournir à ses frais trente-trois fantassins, à raison d'un ducat par homme et par mois, dépense qu'il trouve excessive pour lui et ses fils (4). — De Gênes, Ludovic Sforza comptait recevoir une nombreuse et solide infanterie : Adorni devait lui amener au nom de la commune de Gênes deux mille hommes (5); le 14 août, il en demandait d'autres à Jean-Louis Fieschi. Le Crémonais et les provinces voisines de Lodi et de Parme étaient les centres les plus importants de recrutement (6) ; mais ils furent bientôt épuisés, et le manque d'argent empêchait les agents ducaux d'en tirer tout ce qu'ils pouvaient donner (7). Ludovic

(1) Au mois d'octobre 1498, il avait ordonné une levée de dix mille hommes de pied dans le Parmesan. Il enrôlait les estradiots fugitifs de Vicence, de Legnano et d'ailleurs, sans rechercher leur provenance. MARINO SANUTO, II, 48, Crema, 18 octobre 1498; II, 817, Lippomano à la Seigneurie de Milan, 12 juin 1499.

(2) Milan, A. d. S. *Gridario generale, crida* du 14 juillet 1499: «Crida che tutti subditi che portano arme a cavallo e a pede, quali se retrovano a servitio d'altri debeano ritornare a casa.»

(3) MARINO SANUTO, II, 933, Bergame à la Seigneurie, 19 juillet 1499.

(4) Milan A.d.S., *Cartegg. gener.* Antonio Trotti à Bart. Chalco, 20 juillet 1499.

(5) Voir mes *Documents pour servir à l'histoire de la domination française à Gênes*, passim. et Ludovic Sforza à J. L. Fieschi, 14 août 1499. *Louis XII et Ludovic Sforza, Documents*, 271.

(6) Le 7 août, Rolland Pallavicini écrit à Ludovic Sforza que ses dépenses à Crémone même, augmentant sans cesse, absorbent toutes ses ressources et qu'il n'a plus d'argent à employer au recrutement ; le 25 août seulement, il annonce qu'il a pu réunir environ quatre cents hommes. (Milan, A. d. S. *Cartegg. gener.* Pallavicini à Ludovic Sforza, 7 août 1499). Le 10 août, le duc envoie demander à Galeazzo Pallavicini d'activer le recrutement de cinquante hommes d'armes dont il était chargé, et ensuite de les mener en Crémonais au comte de Caiazzo, et d'en garder le commandement (*Ibid.*, Documents, 83).

(7) *Ibid., id.*, Le même au même, 26 août 1499. Il envoya à quelques capitaines des ambassadeurs particuliers pour les inviter à venir à son service (*Ibid., Documents*, 309).

Sforza envoyait recruter des estradiots jusqu'en Tyrol; il y avait mandé deux des leurs, déguisés et munis de neuf mille ducats, pour débaucher leurs camarades vénitiens à son profit. L'un d'eux, Franzi, alla opérer dans la région de Trieste, à San Zuam (1). Il s'y heurta à la surveillance rigoureuse et jalouse des Vénitiens ; le provéditeur Zanchani essaya de s'emparer des deux agents milanais, dont l'un était reconnaissable à une « *perla* » qu'il avait dans l'œil et au bandeau qui recouvrait cet œil malade. S'il ne put les saisir, même dans une embuscade préparée exprès, il réprima sévèrement tout ce qui pouvait faciliter le recrutement des troupes de Ludovic Sforza : ainsi, quelques estradiots étant allés à Cormons et l'un d'eux ayant dit là, « pour causer », que le duc de Milan donnait à tous ceux qui s'enrôlaient six ducats et une casaque, le provéditeur Zanchani le fit saisir et jeter dans le cul d'une tour. Le recrutement des troupes milanaises ne fut donc pas aisé (2).

Le recrutement des condottieri ne le fut pas davantage : le 9 mai, Ludovic Sforza était en négociation avec Jean Paul Manfroni, qui n'accepta pas ses offres (3) ; le 9 juillet, il demandait sans plus de succès à Paolo Vitelli, de mettre à son service cinq cents hommes de ses bandes avec un bon chef, « attendu les menaces des Français et son désir de faire gaillarde résistance » (4). — Il fut plus heureux avec Marco Martinengo, le condottiere congédié par Venise, avec qui le mit en relations l'agent ducal à Lucques, Francesco Litta : Marco Martinengo, longtemps traité avec bienveillance par la Seigneurie en considération des services de sa famille et de sa propre valeur, et qui avait commandé un corps de quatre cents cavaliers pour le compte de Venise, entra à son service moyennant le commandement d'une compagnie de cent hommes, une pension annuelle de mille ducats et l'entretien de quarante chevaux (5). Latuada, le 22 juillet, commença

---

(1) MARINO SANUTO, II, 1006, Trevixam à la Seigneurie, Padoue, 2 août 1499.
(2) *Ibid.*, II, 1024, Zanchani à la Seigneurie, Gradisca, 3 août 1499.
(3) *Ibid.*, II, 708, Lippomano à la Seigneurie, Milan, 9 mai 1499.
(4) Milan, *Carteg. gener.*, Ludovic Sforza à P. Vitelli, 9 mai 1499 : « Accadendo queste minaccie de' Francesi per liquali intendemo de provedersi per difenderne gagliardamento ».
(5) MARINO SANUTO, II, 954, Pasqualigo à la Seigneurie, Brescia, 20 juillet 1499; II, 946, Liom à la Seigneurie, Crema, 20 juillet 1499. La conduite de Martinengo avait été très louche pendant la guerre de Pise, et il avait montré tant d'orgueil qu'il fut rappelé et traduit par-devant le conseil des Dix, et que son engagement fut cassé ; ce fut uniquement par égard pour sa famille

des pourparlers avec un autre condottiere mécontent de Venise, le comte Filippo Rossi, émigré milanais, qui se serait volontiers arrangé avec le duc : il lui fit entendre que le meilleur moyen de retrouver sa situation en Milanais était de s'en remettre à la discrétion du duc et de compter sur sa clémence. Mais les exigences de Rossi firent durer ces négociations, et, avant qu'elles eussent abouti, il avait obtenu de la République de Venise les concessions qu'il lui demandait (1). Le 31 juillet, Latuada engageait un autre mécontent, Ugolino d'Ancona, *«contestabile de' fanti»*, ancien soldat de Venise dans la campagne de Bibbiena, et de Ludovic Sforza lors du siège de Novare, «au bastion de Li Carmeni», qu'il jugeait «capable de bien servir dans toute entreprise» (2), lequel se brouillait avec Venise pour une affaire d'argent et «ne voulait plus servir de républiques, mais seulement des seigneurs.» L'ambassadeur lui promit un très bon accueil de Ludovic Sforza, et il fut convenu que Ugolino accompagnerait Latuada à Milan avec ses meilleurs compagnons d'armes. Le 10 août, Latuada réussit à engager Raimondo della Zafetta avec cent arbalétriers à cheval, mais c'était moyennant une pension personnelle de quatre cents ducats par an (3). Ces quelques exemples montrent quelles difficultés le duc de Milan trouva à former un personnel d'officiers : ses retards en furent cause ; il ne trouva de disponibles que les médiocrités dont Venise ne voulait plus ; les condottieri réputés lui refusèrent leur concours, soit par crainte de n'être pas payés, soit par prudence, et pour n'être pas entraînés dans la défaite que, dès ce temps, ils prévoyaient pour lui.

Ludovic Sforza ne fut pas plus heureux avec les alliés dont il attendait et escomptait les contingents. Il n'en obtint que des secours beaucoup trop faibles comme nombre pour être utiles,

---

qu'on ne lui infligea pas un traitement plus sévère (*Chronicon Venetum*, pag. 86). Il quitta Gli Orzi, le 18 juillet, avec cent chevaux, après avoir vendu toutes ses possessions de Bresciana et alla à Milan par Soncino (Marino Sanuto, II, 942, Liom à la Seigneurie, Crema, 18 juillet 1499).

(1) Milan, A. d. S., *Pot. estere Venezia*, Latuada à Ludovic Sforza, 22 juillet 1499. [Le meilleur moyen] « ad volere vincere la E. V. ed assettare le cose sue era mettersi ad discretione di quella, laquale era clementissima. [Le comte] se contentaria di tornare ad vivere e morire como fidele servitore de la E. V. »

(2) Latuada à Ludovic Sforza, 31 juillet 1499. Dépêche chiffrée. *Louis XII et Ludovic Sforza, Documents*, 220.

(3) Costabil au duc de Ferrare, 10 août 1499. *Louis XII et Ludovic Sforza, Documents*, 260.

et surtout il ne les obtint pas au moment où, si faibles fussent-ils, ils auraient pu lui rendre des services. — Depuis l'avènement de Louis XII, Ludovic Sforza se flattait de pouvoir engager, quand il le voudrait, les fils de J.-J. Bentivoglio et surtout le meilleur soldat d'entre eux, Annibal ; or Annibal passa au service de Venise (1), et ce fut seulement en juillet, quand la Seigneurie eut, à la requête de Louis XII, licencié presque tous ses condottieri chefs d'états, que les Bentivoglio se retrouvèrent disponibles, eux et leurs troupes, mais toujours résolus à se vendre cher. Ludovic Sforza ayant demandé à lui emprunter cent hommes d'armes à vingt-cinq ducats par homme, Bentivoglio répondit qu'il trouvait la solde offerte trop faible, et demanda une solde double par tête; il ne répondit rien à la proposition de Ludovic Sforza de prendre à sa solde Annibal Bentivoglio avec une compagnie de cent vingt hommes. Les ambassadeurs florentins croyaient qu'il ne voudrait donner au duc que son autre fils Alessandro et que lui-même préférerait une solde des Florentins. Ludovic continua les négociations pendant tout le mois d'août (2). A la fin de juillet, il n'avait pu recruter à Bologne par son ambassadeur Tornielli que des arbalétriers : encore Tornielli le prévenait-il qu'ils consentiraient difficilement à sortir de la Parmesana sans avoir reçu de paie (3). La commune de Bologne ne se montra pas plus accueillante que Bentivoglio ; à la fin de juillet, Ludovic lui ayant demandé cinq cents provisionati payés pour deux mois, Bologne les lui refusa, disant n'être pas accoutumée à de telles dépenses, et le renvoya à Bentivoglio, qui, « disait-elle, moyennant de l'argent, lui donnerait des troupes » (4). — De même, le duc de Ferrare, soucieux de maintenir aussi parfaite que possible sa neutralité, refusa à plusieurs reprises des troupes et de l'artillerie à son gendre. Ludovic Sforza accepta d'abord, sans trop de protestations, le refus du duc de Ferrare, mais à

---

(1) MARINO SANUTO, I, 1047, Bologne, fin août 1498, le résident vénitien à la Seigneurie.

(2) L'ambassadeur florentin à la Seigneurie, Milan, 19 juillet 1499. *Louis XII et Ludovic Sforza, Documents*, 195. Voir les documents cités, chap. III, et notamment les correspondances de Tranchedino. Cependant l'ambassadeur florentin dit le 26 juillet 1499 : « M. Hanibal Bentivoglio pare accepti essere con questo signore, e le gente del padre anche dovevano cavalcare ».

(3) Milan, A. d. S., *Cartegg. gener.*, Tornielli à Ludovic Sforza, Bologne, 25 juillet 1499. « Ricordando che sera difficillimo tirarli de Parmesana quando li non trovassino che li fusse data la paga ».

(4) MARINO SANUTO, II, 996, Antonio Vinciverra à Venise, 1er août 1499.

mesure que le danger approchait, il revint à la charge. Le 29 juin 1499, il renouvela ses demandes à Costabili : il désirait du duc de Ferrare l'autorisation de choisir pour son service cinquante hommes dans les cent qui formaient autrefois la compagnie de Don Ferrante, un peu de cavalerie légère et une aide pécuniaire pour remettre en état diverses compagnies ; de plus il demandait à lui emprunter de quarante à cinquante pièces d'artillerie, des *falchoni* et des *falchonetti*, pour suppléer à celle qu'il avait achetée ou fait fabriquer en Bresciana et dont à présent les Vénitiens refusaient de lui laisser prendre possession : il s'engageait à lui en rendre le prix par petits versements (1). Tout ce qu'il obtint, ce fut, le 24 juillet, la mise en route du capitaine Giulio Taxom de Ferrare pour Milan avec quinze hommes d'armes, avant-garde vraie ou prétendue d'un corps de cent quatre-vingts hommes d'armes et de cent cavaliers légers « encore assez peu en ordre » (2). Le duc n'obtint pas davantage que la compagnie du prince Alphonse de Ferrare, qu'il payait de ses deniers, fût mise à sa disposition, avec ou sans son chef (3) : Alphonse de Ferrare, sur les conseils de son père et de Costabili, prit tous les prétextes possibles pour retarder son départ ; il y mit comme condition que Ludovic lui envoyât de l'argent pour payer ses hommes avant leur départ ; et le 2 août, il annonçait au duc que sa compagnie ne serait prête que dans une dizaine de jours (4). — Ludovic Sforza attendait aussi des troupes napolitaines promises par Frédéric d'Aragon ; ces troupes étaient sous le commandement de l'illustre condottiere Prospero Colonna, dont la présence dans l'armée milanaise eût été sans doute d'une grande utilité à Ludovic Sforza ; mais le roi de Naples, menacé par le pape, ne voulait pas se compromettre ni dégarnir son état de troupes (5) : Prospero Colonna n'avait pu d'ailleurs recruter à Rome l'infanterie espagnole ; elle avait été toute engagée par la Seigneurie de Venise ou par Alexandre VI avec de fortes paies (6). Les pre-

---

(1) Modène, A. d. S., *Canc. ducale*, B, 13, Costabili au duc de Ferrari, 29 juin 1499. — Il lui demandait peu à peu de vouloir bien expédier rapidement ses troupes en Regiana (Modène, B, 14, Costabili au duc, 5 juillet 1499).
(2) Marino Sanuto, II, 975, Donado à la Seigneurie, 25 juillet 1499.
(3) Brognolo au marquis de Mantoue, 4 juillet 1499. *Louis XII et Ludovic Sforza, Documents*, 158.
(4) Milan, A. d. S., *Pot. estere, Ferrare*, Alphonse d'Este à Ludovic, 2 août 1499.
(5) Voir *Ludovic Sforza et le contingent napolitain*.
(6) Prospero Colonna à Ludovic Sforza, 11 août 1499. *Louis XII et Ludovic Sforza, Documents*, 261.

mières places du Milanais étaient déjà prises que Ludovic en
était réduit encore à demander à Prospero Colonna de venir
« avec les troupes qu'il pouvait avoir », et au roi de Naples d'envoyer des subsides promis «*volando*» (1). — Ludovic Sforza n'obtint de concours effectif que de sa nièce, la généreuse comtesse
de Forli. Dévouée à son oncle, elle envoya, dès le 19 juillet, cinq
cents «*provisionali*» à Milan avec son propre fils Ottaviano (2) ;
elle autorisait le duc à lever des hommes d'armes sur son territoire, et l'ambassadeur Giovanni Casati put expédier à Milan
deux cents arbalétriers. La comtesse exprimait aux ambassadeurs milanais et à Ludovic ses regrets de ne pouvoir faire mieux
ni plus vite, comme elle en avait le désir, et s'en excusait sur
l'épuisement de son trésor, dû aux dépenses subies au profit des
Florentins, et à l'impossibilité où elle était de jouir d'une somme
de plusieurs milliers de ducats en dépôt dans la banque de
Laurent de Médicis (3).

Ces appels aux princes italiens, ces levées de troupes en Italie,
ne suffisaient pas au duc de Milan, qui, comme tous les souverains de l'époque, leur préférait les Suisses et les Allemands,
soldats beaucoup plus robustes, plus solides et moins accessibles
aux intrigues. Aussi Ludovic tint-il marché ouvert en Suisse,
depuis la fin de 1498 ; quand la guerre de Bourgogne fut finie
et les armées licenciées, un agent milanais embaucha une
grande quantité des hommes qui avaient servi Louis XII (4) ;
toutefois, ce ne fut guère qu'au mois de juillet 1499 que Ludovic
se soucia de s'assurer des troupes suisses ; il arrivait bien tard,
car Louis XII s'était assuré par traité un droit exclusif à leur
engagement. Ludovic fit tous ses efforts pour rompre ce pacte
et quelquefois ils furent heureux : des Suisses en grand nombre,

---

(1) Modène, A. d. S., *Canc. ducale*, B 13, Costabili au duc de Ferrare, 17
août 1499.

(2) MARINO SANUTO, II, 947, Venier à la Seigneurie, Ravenne, 19 juillet
1499.

(3) Milan, A. d. S. *Pot. Est. Forli*, Giovanni Casati à Ludovic Sforza, 29
juillet 1499 : [On prépare ces troupes] « ma lentamente per la penuria del
denaro ; senza liquali non credo che la Signoria Vostra li possa far gran
fundamento ».

(4) MARINO SANUTO, II, pag. 189, Lettre de Lyon à la Seigneurie, 14 novembre 1498. Milan, A. d. S. *Cartegg. gener.*, Angelo de Lavello à Ludovic
Sforza, Marau, 22 juillet 1499. Marino Sanuto, II, 963, Pexaro à la Seigneurie, Rovere, 23 juillet 1499. — Détail caractéristique : le duc de Milan envoyait
à ce Petraplana, en cadeau, du fromage lombard (*strachino* ou *gorgonzola* ?):
« forme di formazo. »

« à cent la botte », descendirent par la Valteline, allant à Milan (1). Les Allemands déserteurs du camp impérial allaient volontiers à Milan, où ils étaient sûrs d'un bon accueil. Dans les derniers jours de juillet, des soldats suisses arrivaient isolément, mais en assez bon nombre, à Milan (2). Une démarche officielle, analogue à celle jadis faite par Louis XII, fut tentée à l'égard des Suisses par Ludovic Sforza ; il envoya à la diète fédérale Galeazzo Visconti pour demander aux cantons des hommes d'armes et de l'infanterie (3) ; dès son arrivée à Constance, Visconti répandit dans la ville ses domestiques de langue allemande, chargés de vanter le bon accueil qui attendait les soldats à Milan : beaucoup de braves gens se laissèrent séduire par ces brillantes perspectives. Un recruteur spécial et officiel, Francesco de Sacho, fut adjoint à cet ambassadeur, mais par prudence ou par jalousie, celui-ci ne voulut pas le laisser séjourner à Constance. Malheureusement pour le duc, les résultats de la tardive mission de Galeazzo Visconti n'apparurent que vers la fin du mois d'août ; ce ne fut qu'à ce moment-là que des troupes suisses commencèrent à affluer à Milan. — Le Valais, resté réfractaire à l'influence française, fournit ses meilleures troupes à Ludovic Sforza, notamment le condottiere Soprasasso, qui fut pour lui un agent modèle de recrutement : au début d'août, par exemple, Soprasasso réussit à débaucher le capitaine suisse Conrad Losner, depuis plusieurs années au service de la France, et à l'engager au service de Milan (4). Ludovic Sforza lui écrivit d'enrôler sur-le-champ, outre Losner, tous les capitaines qu'il voudrait, aux conditions que lui indiquerait le commissaire de Domodossola, Enea Crivelli, et de lui procurer aussi des capitaines d'infanterie (5). Comme, à la suite des négociations de Louis XII et des intrigues de ses ambassadeurs en Suisse, les cantons venaient d'interdire à leurs citoyens de prendre du service

---

(1) MARINO SANUTO, II, 976, les rectori de Brescia à la Seigneurie, Brescia, 27 juillet 1499.

(2) *Ibid.*, II, 984, N. de Pexaro à la Seigneurie, Rovere, 28 juillet 1499 : Ainsi, le 28 juillet, trente Allemands étaient arrivés à Rovere voulant aller prendre du service vénitien à Brescia. Le podestat vénitien les retient à Rovere et les empêche de passer à Brescia avant d'avoir des ordres de la Seigneurie.

(3) Galeazzo Visconti à Ludovic Sforza, 1ᵉʳ août 1499. *Louis XII et Ludovic Sforza, Documents*, 231.

(4) Soprasasso à Ludovic Sforza, 3 août 1499. *Ibid.*, Doc., 236.

(5) Ludovic Sforza à Soprasso, 12 août 1499. *Ibid.*, Doc., 269.

sous les princes étrangers (1), le duc dut demander à Soprasasso de hâter le départ des troupes qu'il avait engagées lui-même avant la promulgation de cette défense ; il le supplia de lui envoyer le plus de troupes possible, et de lui adresser surtout les suisses qui désertaient d'Asti ; il lui promettait de les isoler soigneusement des Impériaux à la solde de Milan, et de les traiter aussi bien que possible (2). Enea Crivelli, enfin, eut lui-même une mission officielle dans le Valais, au mois d'août, pour y recruter des troupes et des capitaines. Ce ne fut pas sans peines et sans déboires qu'il arriva à conclure un assez grand nombre de petits engagements partiels et individuels, presque tous aux mêmes conditions, assez onéreuses pour le trésor ducal (3).

(1) Lettre de Soprasasso, 3 août 1499.« Hac hora miserunt Helvetii litteras quibus ammonent ne alieni principi, rebus sic se habentibus, pedites mittantur... Dum autem illæ litteræ publicabuntur, erit hæc lex generalis ».
(2) *Louis XII et Ludovic Sforza, Documents*, 269.
(3) Milan, A. d. S. *Pot. Est. Svizzeri.* Crivelli, texte du traité, 9 août 1499. *Louis XII et Ludovic Sforza, Documents*, 256. Il n'est pas inutile de citer les conditions du traité de Bartolomeo Lupi de Sion: le capitaine recevait vingt-cinq florins par mois; les fantassins devaient être inspectés et agréés par un commissaire ducal et recevaient une solde de quatre florins et demi par mois; le capitaine devait gagner Domodossola avec ses hommes à ses frais et n'être payé qu'après la première revue ; le duc donne quatorze doubles paies à la compagnie, à titre de gratification ; il a le droit de casser et de remplacer les mauvais officiers incapables ou insoumis ; le duc fait un don de quatre *grossoni* à chaque homme, mais seulement si la compagnie était décidément engagée par lui; il a le droit de refuser à la première revue les hommes qui sembleraient incapables d'un bon service; la compagnie est payée directement par les trésoriers et commissaires ducaux et non par le capitaine. Le capitaine s'engage à présenter des hommes munis de leurs armes, qu'ils les aient dès leur arrivée ou qu'ils les achètent à Milan, à ne rien réclamer en plus de leurs soldes et de leurs doubles paies. Le capitaine a le droit, si un homme de sa compagnie tombe malade, de le faire reconduire dans son pays par un autre soldat, lequel doit être revenu dans les quinze jours; sur la maladie, on s'en rapporte au serment du capitaine ; le capitaine et la compagnie sont autorisés à retourner à Sion en cas de rappel par l'évêque ou la communauté, mais seulement à une échéance de mois ; les hommes ont individuellement le droit de quitter la compagnie à l'expiration de leur paie, mais sous serment de n'aller servir ni le roi de France, ni les autres ennemis du duc ; les Valaisans seraient tenus séparés des Allemands, excepté dans une bataille, étant supposé chez tous un égal désir de combattre les ennemis du duc ; les Valaisans ont le même traitement financier que les Allemands. Enfin le capitaine s'engage à une fidélité et à une obéissance absolues. — Malheureusement, ces engagements étaient faits beaucoup trop tard. Ludovic Sforza engagea enfin, le 21 août, Soprasasso lui-même avec mille hommes, et en lui promettant le commandement de tous ceux que

Ludovic Sforza attendait aussi, en vertu de son traité avec Maximilien, des troupes allemandes : elles arrivèrent, elles aussi, beaucoup trop tard. Il en envoya recruter, en son nom personnel, par Ludovic de Rossano, dans le comté de Bourgogne : celui-ci eut mission de ramener autant d'hommes d'armes et de bombardiers qu'il pourrait en trouver disponibles (ces solides jurassiens devant être un élément robuste dans l'armée milanaise), et des chevaux de trait pour les charrettes et les fourgons (1). Rossano, qui passa le 18 juillet à Genève et se fit donner comme escorte un *cavallaro* du duc de Savoie, resta environ un mois dans le comté (2) : sa mission eut de bons résultats, puisqu'il put recruter d'excellents bombardiers et douze cents hommes d'armes bourguignons ; mais ce ne fut que le 18 août environ qu'il revint à Milan, ne ramenant qu'une faible partie des troupes enrôlées (3). Galeazzo Visconti put aussi enrôler des hommes d'armes et des capitaines bourguignons (4) et individuellement des hommes d'armes célèbres par leur valeur (5).

Ce n'est donc pas le zèle, l'activité, ni l'habileté, ou l'art de faire les sacrifices d'argent ou les concessions honorifiques nécessaires, qui manquèrent au duc de Milan dans l'organisation de son armée : ce fut uniquement la conviction que Louis XII

Crivelli pourrait recruter encore ; il déclarait avoir le plus grand besoin de lui. Ludovic Sforza à Soprasasso, 21 août 1499. *Louis XII et Ludovic Sforza, Documents*, 289.

(1) Brognolo au marquis, 8 juillet 1499. *Ibid., Documents*, 170.

(2) Milan, A. d. S. *Pot. Estere, Savoia*, Somenzi à Ludovic Sforza, 18 juillet 1499 : « Per non essere el camino troppo ben securo, ha menato seco uno cavallaro de questo illustrissimo signore ».

(3) Mantoue, *Arch Gonzaga*, E-xix, 3, Brognolo au marquis, 18 août 1499.

(4) Un capitaine de valeur qui, dans la dernière guerre, avait été lieutenant de M. de Vergy en Bourgogne, M. de Beaucourt, accepta de venir au service du duc de Milan avec cent hommes d'armes et trois chevaux par homme d'armes, moyennant une pension mensuelle de trente-six florins et une paie de dix-huit florins pour chacun de ses hommes ; il promit d'arriver à Milan au plus tard à la fin d'août ; l'empereur lui avait promis de demander pour lui le libre passage au duc de Savoie.

(5) Tels huit bourguignons qui avaient servi autrefois en Allemagne, les frères Philibert et Marc de Herlé, Antoine de Boigne, Jacques Férut, G. de Bellegarde, Jean de Baume, Nicolas de Mandrot et Jean d'Orgye : ils devaient recevoir six florins par cheval et par mois, touchaient vingt-cinq florins pour leurs frais de route, en avance sur leur première paie et devaient être rendus dans la semaine à Bormio, où G. Visconti prévenait Giov. Angelo Blado et le commissaire de Como de préparer des logements pour eux. Galeazzo Visconti à Ludovic Sforza. *Louis XII et Ludovic Sforza, Documents*, 231.

serait prêt à la date fixée par lui : comptant que son adversaire lui ferait la guerre à l'italienne, en traînant les hostilités et en les éparpillant, il pensa qu'il aurait le loisir, tandis que ses forces milanaises couvriraient le front du duché et soutiendraient le choc des premières bandes ennemies, de constituer une véritable armée qui pourrait ensuite vaincre aisément les troupes déjà fatiguées de l'envahisseur : mais ce calcul, comme auraient dû l'en avertir les rapports mêmes de ses espions, se trouva faux, et tous tant qu'ils furent, appelés, à grand bruit et non sans quelque ostentation, du nord et du midi, Bourguignons de Rossano et Napolitains de Colonna, Romagnols et Valaisans, c'est dans le hourvari de l'invasion qu'on les recruta, c'est dans l'aube triste de la défaite que ceux qui partirent, et ce fut le petit nombre, atteignirent Milan.

La précipitation avec laquelle durent être prises des mesures défensives qu'il aurait fallu longuement méditer, ajouta à la désorganisation générale, et nuisit plus qu'elle n'aida au succès de la défense. A la fin du mois de juillet, en août, sous l'œil même de l'ennemi, Ludovic Sforza bouleversait le personnel de ses forteresses, renouvelait ses gouverneurs de provinces, ses capitaines, ses podestats, pour avoir partout des hommes sûrs ; le 20 juillet, il envoyait le cardinal de San Severino à Plaisance et le comte de Caiazzo à Parme, mais pour rappeler bientôt le premier à Milan et envoyer l'autre dans le Crémonais. F.-B. Visconti fut mandé successivement en Lomelline, sur l'Oglio et à Parme ; Galeazzo de San Severino fit plusieurs voyages en hâte à Novare et à Alexandrie ; ces mutations de la dernière heure ne firent que désorganiser l'administration du duché; dans les commandements particuliers, le duc agit avec la même légèreté (1). — Ce personnel nouveau, qui avait à se mettre au cou-

---

(1) MARINO SANUTO, II, 945, Lion à la Seigneurie, Crema, 20 juillet 1499. Mantoue, *Arch. Gonzaga*. E, XIX 3, Brognolo au marquis de Mantoue, 18 juin 1499. Milan, A. d. S. *Lettere missive*, reg. LXII, fol. 205 v°. «Magistris intratarum ordinariarum vicethesaurario et collateralibus generalibus banni stipendiatorum : Accioche con ogni cellerita se possi mettere ad ordine de le cose necessarie e transferirse a l'impresa. » Reg. LXIV (*Uffizi*, 1498-1499), pag. 106. Aux mêmes : « Visis ejus qualitatibus et præsertim in his quæ superioribus annis adversus nos Gallorum insidiis et insultibus acciderunt,» il remplace un Teodoro Spinola « qui illic præest et præfuturus erat usque ad calendas januarii anni 1501». Reg. LXIV, fol. 110». Exigunt præsentium rerum condiciones ut in unaquacumque ditionis nostræ parte ita animum adhibeamus, ne cujusquam malignitas nos incautos inveniat et diligenter rebus nostris turbationem afferat.

rant de son service dans des circonstances difficiles, il l'accable
de recommandations banales et oiseuses, de lettres parfois maladroites (1). Les mesures générales qu'il prend en même temps
présentent toutes le même caractère ; bonnes en soi, elles
deviennent inutiles par la date où elles sont décidées : ce n'est
qu'au milieu de juillet qu'il songe à réquisitionner, à Milan, les
chevaux de trait que jusqu'alors il avait envoyé chercher en
Suisse ou ailleurs (2); il interdit l'exportation des armes hors
du territoire milanais, mais la Seigneurie lui répond par un
refus péremptoire de le laisser acheter des munitions d'artillerie à Brescia, et Liom, podestat de Crema, répond à l'interdiction de Ludovic Sforza par une mesure analogue (3). Enfin,
ce fut seulement le 31 juillet qu'il nomma un commissaire
général de son armée (4). Il confia ce poste éminent à Baldassare Pusterla, homme d'une profonde expérience, d'une
grande puissance de travail et d'une loyauté éprouvée. Ce
n'était pas une sinécure : Ludovic Sforza, dans le préambule de
l'acte de nomination, dit qu'attaqué, sans injure ni provocation de sa part, par les troupes de Louis XII, il lui faut, non seulement réunir une nombreuse et solide armée, mais en même
temps, « veiller à y maintenir la bonne harmonie, et la consolider par l'abondance des approvisionnements », et pour cela
mettre à sa tête un homme prudent et habile. Le commissaire
général était une sorte de généralissime civil : il avait le pouvoir d'assister et de présider, au nom de Ludovic Sforza, à toutes
les conférences qui pourraient avoir lieu dans les camps et à
l'armée, entre le commandant en chef, le capitaine général

(1) Milan, A. d. S., *Lettere missive*, reg. LXII. fol. 99.;Castellano Valentiæ.
— « andando intorno questa vociferatione de Francesi... » Il appert de cette
lettre que ce chatelain s'était offusqué de l'avertissement en question, à lui
transmis par Bernardino de Vecchi et Angelo de la Villa. — *Ibid.* reg.
LXII. fol. 207 v° « Castellano arcis Leuci :» Perche par che Venetiani facino
qualche disegno sopra quella nostra terra ce è parso de novo advertire ad
stare vigilante e provederli de tutte le cose quali sei obligato tenere per
vigore de li ordini nostri. Mortarii, 5 augusti. 1499. - *Ibid.*, reg. LXII,
fol 208. « Lazaro Serapto da Pontremulo, castellano arcis Pontremuli.».
août 99. Il est vrai que la précaution est poliment déguisée « per modo
che per questa tua absentia non possi intervenire scandalo alcuno».
(2) MARINO SANUTO, II, 927. Lippomano à la Seigneurie, 14 juillet 1499.
(3) *Ibid.*, II, 942, 896, 942. Liom à la Seigneurie, Crema, 18 juillet 99.
Venise, in conseio, 7 juillet 1499. Liom à la Seigneurie, Crema, 18 juillet
1499.
(4) *Louis XII et Ludovic Sforza, Documents*, 222. *Lettere missive*, 31
juillet 1499.

et les autres chefs de l'armée milanaise ; de faire des propositions sur la conduite à suivre, d'approuver ou repousser les opinions proposées par les membres de ces conseils, de faire des demandes et de présenter des conclusions. Il avait toute la juridiction, tant criminelle que civile, de l'armée, celle de tous les hommes de pied, soldats et *provisionati*, celle des *condottieri* de troupes légères ou pesantes, à cheval ou à pied ; il avait le droit de procéder contre eux par voies de justice, selon les formes de la justice militaire, d'absoudre et de condamner, « jusques et y compris le dernier supplice». Il avait enfin dans sa charge toute l'intendance, avec le soin de veiller à la régularité et à l'abondance des approvisionnements. Ordre était simultanément donné à tous les officiers de reconnaître et de respecter les pouvoirs de Baldassare Pusterla, et à tous les podestats, en particulier à ceux d'Alexandrie, de Novare, de Pavie et de Tortone, de se mettre à la disposition du commissaire général, de lui faciliter son service et d'obéir à ses réquisitions comme à celles du duc lui-même.

Le danger était sans doute bien moindre du côté de la mer ; mais si improbable que fût une démonstration d'une flotte française à Gênes ou sur tout autre point de la Riviera (1), ce ne fut qu'au mois de juillet que Ludovic Sforza songea à cette éventualité et aux moyens d'y remédier, et ce fut pour s'en remettre presque entièrement là dessus aux Génois eux-mêmes. Il ordonna toutefois lui-même l'armement d'une flotte : il fit mettre huit vaisseaux en réserve à Gênes contre les vingt vaisseaux marseillais, qui, disait-on, allaient prendre la mer, et ordonna la formation d'un corps de deux mille hommes d'infanterie et de quatre cents de cavalerie pour la garde de Gênes (2), puis il consigna, jusqu'à nouvel ordre, tous les vaisseaux génois, vaisseaux de guerre ou navires marchands qui rentraient à leur port d'attache pour avoir toujours une flotte prête en cas de besoin, et il fit armer quatre grosses galères pour la défense de ce port (3) ; les huit vaisseaux armés antérieurement y furent aussi retenus, en expectative (4).

---

(1) Voir mes *Documents pour l'histoire de la domination française à Gênes*.

(2) Marino Sanuto, II, 933, l'ambassadeur vénitien à Rome, 13 juillet 1499.

(3) *Ibid.*, II, 1095, rectori di Bergamo à la Seigneurie, 15 août 1499.

(4) *Ibid.*, II. 1151, Dolce à la Seigneurie, Turin, 17 août 1499. D'ailleurs, il affecta bientôt la plus grande tranquillité au sujet de la flotte de Provence:

Chose plus étrange encore, tout en paraissant croire que la principale attaque lui viendrait de l'armée vénitienne, le duc de Milan n'avait pas hâté ses préparatifs dans le Crémonais plus qu'ailleurs. A la fin de juillet, malgré la présence et l'inspection du comte de Caiazzo, malgré la satisfaction manifestée par Ludovic lui-même, il y restait encore beaucoup à faire. Les troupes n'étaient qu'à demi prêtes, fort peu complètes, livrées à toutes les incertitudes d'une direction variable et de cantonnements souvent changés. Après beaucoup de péripéties, le commandement fut donné au comte de Caiazzo, pour Crémone; pour la Ghiara d'Adda à Francesco Bernardino Visconti et à Francesco Triulzi, et pour le territoire de Soncino à Scaramuzza Visconti et à Marco de Martinengo (1). Le 6 août, Ludovic Sforza n'avait pas encore réglé le nombre et le genre de troupes qu'il aurait dans le Crémonais ; il comptait y laisser deux cents cavaliers légers ; mais il n'y en avait encore d'arrivés que cent, cinquante des siens et cinquante à la comtesse de Forli ; cent autres devaient arriver bientôt, fournis moitié par la comtesse de Forli, moitié par Bentivoglio : il reconnaissait que la Seigneurie aurait une armée plus nombreuse en hommes d'armes que la sienne, mais il comptait avoir la supériorité pour les gens de pied (2) ; les garnisons se formèrent et s'installèrent lentement (3) ; les quatre généraux avaient séparé leurs petits corps d'armée (4). Comme ces troupes paraissaient cependant insuffi-

« Dell' armata de Provenza mostra non sia da dubitare ne per le cosa di Genova ne per le cosa de Pisa (Florence, A. d. S. *Lettere esterne alla Signoria*, reg. XXXVII. Soderini et Pepi à la Seigneurie, 31 juillet 1499).

(1) MARINO SANUTO, II, 1085. Liom à la Seigneurie, Crema, 13 août 1499.

(2) *Ibid.*, II, 1069. Lettre de Ludovic Sforza au comte de Caiazzo, 6 août 1499, interceptée par Venise.

(3) Dix hommes d'armes à l'abbaye de Ceredo, à Vailate (Marino Sanuto, II, 995, Liom à la Seigneurie, Crema, 30 juillet 1499). Cinquante provisionati à Lodi avec les connétables Pauleto Albanese et Cottino. (Marino Sanuto, II, 1037, Liom à la Seigneurie, Crema, 6 août 1499 ; *ibid.*, II, 1061, rectori de Brescia à la Seigneurie, 9 août 1499). Cinquante hommes d'armes à Voltaseccha avec Francesco Triulzi, vingt-cinq hommes d'armes et deux cents fantassins à Rivoltasecca et à Caravazzo (Marino Sanuto, II, 1069, Ludovic Sforza à Caiazzo, 6 août 1499, et *ibid.*, II, 1071, Liom à la Seigneurie, Crema, 9 et 10 août 1499). A Rebecco, vingt-cinq arbalétriers, et à Crémone, trois cents « provisionati et deux cents cavaliers légers ». Marino Sanuto, II, 1118, rectori de Bergame à la Seigneurie, 20 août 1499.

(4) MARINO SANUTO, II, 1007 et 1114, Liom à la Seigneurie, Crema, 1er et 20 août 1499.

santes, Martinengo leva encore cent hommes d'armes (1), et Ludovic Sforza dut envoyer des troupes supplémentaires (2).

Vingt jours s'écoulèrent entre la rupture officielle de Venise avec le duc de Milan et le commencement des hostilités. Ils furent pleins, non seulement de la formation des troupes, mais encore de manœuvres confuses et d'opérations mal combinées (3) et parmi lesquelles on oublia parfois l'essentiel : on négligea par exemple de fortifier Castrone, bonne place près de Lodi et qui pouvait servir à la défense (4). Le caractère même du comte de Caiazzo, brouillon et impétueux ne laissait pas d'ajouter quelque chose à la confusion générale: il commettait parfois des bravades imprudentes, telles qu'une course à Ceredo par le territoire vénitien de Crema, à trois milles de la ville, à travers des marais où il pouvait être pris par les Vénitiens (5).

On peut citer, comme exemple frappant du désordre de ces préparatifs, les faits suivants : le 7 août, le nouveau gouverneur de Lodi, Cottino Cotta, avait encore à se plaindre au duc de Milan, que la porte de la ville sur l'Adda était très faible, qu'il y fallait un pont levis et un fossé, qu'il fallait réparer une brèche de trente brasses au mur près la Porta Regale dans la direction de Milan, et fortifier le *revelino* de l'autre rive de

(1) *Ibid.*, II, 1037, Liom à la Seigneurie, Crema, 10 août 1499.

(2) F. B. Visconti menaça Ludovic Sforza de quitter l'armée s'il n'envoyait pas de troupes suffisantes dans la Ghiaradadda et réclamait mille hommes d'infanterie allemande. (Marino Sanuto, II, 1118, rectori de Bergame à la Seigneurie, 20 août 1499). Le duc y envoya les provisionati de Lodi, promit d'y mettre cent provisionati qu'il attendait de Forli et de Naples, y envoya des estradiots. (Marino Sanuto, II, 1083, 1084, 1085, Liom à la Seigneurie, 13 août 1499.) Il comptait sur l'autorité personnelle de Marco de Martinengo pour débaucher les troupes vénitiennes. (Marino Sanuto, II, 1069, Ludovic Sforza à Caiazzo, 6 août 1499). On assurait le 12 août, à Milan, que tant pour Novare et Alexandrie que pour la Ghiara d'Adda, il avait été expédié douze mille fanti. (Marino Sanuto, II, 1083-1085, Liom à la Seigneurie, 13 août 1499). Et le podestat de Crema, Liom, donnant à peu près à la même époque la liste des places fortes occupées par les Milanais, évaluait à douze mille ou quatorze mille personnes le nombre de leurs troupes. Ces chiffres étaient l'un et l'autre bien exagérés. Liom à Crema s'inquiétait outre mesure de ces préparatifs (Marino Sanuto, II, 1024 et 1030, Liom à la Seigneurie, 3 et 4 août 1499).

(3) Voir surtout Marino Sanuto, II, 1030, Liom à la Seigneurie, Crema, 3 et 4 août 1499.

(4) Milan, A. d. S. *Cartegg. Gener.*, Cottino Cotta à Ludovic Sforza, Lodi, 7 août 1499.

(5) MARINO SANUTO, II. 1030, Liom à la Seigneurie, Crema, 3 et 4 août 1499

l'Adda (1).; le 4 août, Ludovic Sforza envoyait un ingénieur à Cassano vérifier quelles seraient les ressources du château et de la ville, si jamais l'on avait à y bâtir un pont (2) ; le 7 août, Caiazzo soumettait au duc tout un plan de nouvelles mesures de défense à prendre à Crémone : Ludovic lui répondait que les circonstances rendaient ce plan inexécutable, qu'elles l'empêchaient même de lui envoyer pour commander à Crémone l'homme qu'il désirait « de grand talent militaire et de grande autorité », et qu'il avait besoin ailleurs de tous ses capitaines; il se borna à y envoyer pour commander sous les ordres de Caiazzo lui-même Giov. Hieronimo Visconti (3). Réduit à ses propres moyens, le commissaire ducal à Crémone, Roland Pallavicini, fit fortifier la place de son mieux, et essaya de maintenir l'ordre et l'obéissance à Rezenoldi et à San Secondo, où l'effervescence était grande depuis le commencement d'août, et où des gens armés venaient la nuit faire du tapage (4) et insulter l'écusson ducal. — Et cette fébrile ardeur, qui ne reculait plus devant les mesures extrêmes de salut public, telles que la destruction au ras du sol de Rebecco et de Bordelano (5), n'aboutissait qu'à faire dire à un espion vénitien, qui, du 21 juillet au 14 août, avait parcouru tout le Milanais, « que la Seigneurie n'aurait pas une lance à rompre pour s'emparer de la Ghiara d'Adda » (6).

Ludovic Sforza, il faut le reconnaître, se heurta à toutes sortes de difficultés pendant cette dernière période de préparation; ses condottieri et ses officiers supérieurs eux-mêmes montraient peu de bonne volonté : c'était le refus de service de tel condottiere, comme Baldo de Codogno qu'il fallait menacer de prison et de mort pour le contraindre à l'obéissance, à qui

(1) Cottino Cotta à Ludovic Sforza, Lodi; 7 août 1499. *Louis XII et Ludovic Sforza, Documents*, 248.

(2) Ludovic Sforza à Caiazzo, 10 août 1499. La construction du pont de Cassano fut réellement commencée, mais on n'en bâtit qu'un tiers. *Ibid., Documents*, 259 et Marino Sanuto, II, 1071, Crema, Liom à la Seigneurie, 9 et 10 août 1499.

(3) *Louis XII et Ludovic Sforza. Documents*, 259.

(4) Pallavicini à Ludovic Sforza, 5 et 28 août 1499. *Ibid., Documents*, 243 et 317.

(5) Marino Sanuto, II, 1072. Scipione de Provai à la Seigneurie, Brescia, 11 août 1499. — Martinengo faisait arrêter et interroger tous les gens d'armes qui passaient par Soncino pour rejoindre l'armée vénitienne (M. S. II, 1139. rectori de Brescia, 22 août 1499). Caiazzo ordonne des approvisionnements de blé (M. S. II, 1072, *lettre citée*).

(6) *Ibid.*, II, 4087, les rectori de Brescia à la Seigneurie, 14 août 1499.

il fallait promettre de laisser sa compagnie dans le Crémonais (1); c'était une révolte des soldats de La Rocca d'Arazzo et d'Annona qui n'étaient pas payés et voulaient quitter le service, sous l'influence de trois ou quatre «mauvais garçons»(2) ; c'étaient les menues exigences des meilleurs serviteurs eux-mêmes de Ludovic, comme Malvezzi (3) ; c'était la défiance constante qu'il fallait avoir des troupes étrangères, sans cesse ravivée par la nouvelle, fausse ou vraie, de leurs débandades et de leurs trahisons, comme celle des estradiots déserteurs de Venise, que l'on annonça le 20 juillet avoir passé dans l'Astesan (4). Une difficulté plus sérieuse encore était la rébellion de Fracasso de San Severino, qui se brouilla avec le duc de Milan pour des motifs futiles et voulut passer au service de la Sérénissime Seigneurie : Ludovic commença le 26 mars 1499 par confisquer tous ses biens (5) : mais cette révolte le privait d'un bon capitaine ; aussi le duc se montra-t-il disposé, quand Fracasso repentant tenta vers le milieu de juillet une réconciliation, à le reprendre en grâce. Mais il demandait des garanties : Galeazzo de San Severino et le comte de Caiazzo s'offrirent comme répondants de leur frère : mais la défiance de Ludovic Sforza, comme son indignation, était bien grande, à bon droit, contre Fracasso (6) ; aussi la paix fut-elle difficile à rétablir entre eux. Bien que Fracasso lui-même ne fût pas une quantité négligeable, malgré toute l'autorité et tout le crédit de ses frères, surtout de Galeazzo, favori du duc (7), sur qui reposait tout le poids de la défense, il

---

(1) Brognolo au marquis, 12 juillet 1499. *Louis XII et Ludovic Sforza, Documents*, 180.

(2) Milan, A. d. S., *Cartegg. gener.*, Malvezzi à Ludovic, 9 juillet 1499. « Credo siano tre o quatro cattivi de loro chi porgiano li altri a fare questo » — [Il les châtiera sévèrement] accioche una altra volta non mettano la compagnia in disordine.

(3) Milan, A. d. S., *Cartegg. gener*. Malvezzi à Ludovic Sforza, autre lettre du 9 juillet 1499. Il demande que Ludovic lui fournisse un cheval pour remplacer le sien qui est mort.

(4) MARINO SANUTO, II, 946. Crema, Liom à la Seigneurie, 20 juillet 1499.

(5) Mantoue, *Archive Gonzaga*, E XIX, 3, Brognolo au marquis de Mantoue, 26 mars 1499.

(6) Ambassadeur florentin à Milan, 16 juillet 1499. *Louis XII et Ludovic Sforza, Documents*, 189.

(7) Cette préférence du duc se manifestait dans les petites comme dans les grandes choses. N'est-il pas significatif de voir, au milieu de toutes les préoccupations qui le travaillaient alors, Ludovic Sforza demander à Galeazzo de San Severino comment il se porte, «in che modo andate per questi caldi» (Milan A. d. S., *Cartegg. gener*. Ludovic Sforza à Galeazzo San Severino, 15 juillet 1499).

fallut la médiation du cardinal San Severino pour apaiser le ressentiment de Ludovic Sforza (1), et l'abandon par Fracasso au duc, en garantie de sa fidélité, du château de Piadena, pour sceller la réconciliation (2). — Le désordre de l'administration était une source permanente de dangers parfois graves: non seulement on faisait attendre longtemps leur solde aux garnisons (3), mais le paiement leur en était fait souvent en monnaie de mauvais aloi : le 3 août, Malvezzi se plaint que les payeurs ont donné aux garnisons d'Arazzo et d'Annona des ducats trop légers de poids, « une vraie collection, qui semblait le résultat d'un choix fait exprès », et le désordre était devenu très sérieux: Malvezzi demandait instamment que le duc y veillât (4). — Pour comble de malheur, la moisson était en retard, les paysans étant accablés par les corvées et les travaux de fortification qu'on leur faisait exécuter, démoralisés d'ailleurs par les craintes de guerre : on ne pouvait obtenir de leur découragement le transport des récoltes dans les forteresses (5) ; les plus malheureux fuyaient le territoire : à l'est, des bandes se réfugiaient au delà de l'Oglio, et Malvezzi signale une émigration assez sérieuse vers Asti (6). — Enfin, en juillet, moins d'un mois avant l'ouverture des hostilités, Ludovic Sforza fut arrêté dans ses préparatifs par la maladie : le 8 juillet, au moment d'aller à Novare faire une inspection générale de la région occidentale du duché, et s'assurer par lui-même que tout y était « en ordre », son départ fut retardé par une recrudescence de ses douleurs de goutte, « ou qu'on nommait ainsi » ; après deux légères crises promptement calmées, une troisième, le 10, l'obligea à garder le lit (7) ; elle fut courte (8), mais il ne put pas circuler pendant

---

(1) Milan, 22 juillet 99. Ambassadeur florentin à la Seigneurie. *Louis XII et Ludovic Sforza, Documents*, 207.
(2) MARINO SANUTO, II, 976, rectori de Brescia à la Seigneurie. 29 juillet 1499.
(3) Milan, A. d. S., *Cartegg. Gener.*, Ludovic Sforza à Lucio Malvezzi: « De li dinari de li fanti di Annona e di La Rocha se provede, e li saranno mandati in ogni modo. »
(4) Malvezzi à Ludovic Sforza, 3 août 1499. *Louis XII et Ludovic Sforza, Documents*, 237.
(5) *Ibid*, même document.
(6) Milan. A. d. S., *Cartegg. Gener*. Le même au même, 6 août 1499.
(7) Ambassadeurs florentins, à Milan, à la Seigneurie, *Louis XII et Ludovic Sforza, Documents*, 176. Mantoue, Arch. Gonzaga, E XIX, 3, Brognolo au marquis, 10 juillet 1499 « per una doglia che ha havuto in uno pede già due volte, laquale se baptegia per gotta ».
(8) Ambassadeurs florentins à Milan à la Seigneurie. 14 juillet 1499. *Ibid. Documents*. 186.

plusieurs jours. Bien qu'il annonçât, dès le 15 juillet, sa guérison à Galeazzo de San Severino, qui devait être son compagnon dans ce voyage (1), ce ne fut que le 19 juillet qu'il put recommencer à se promener à cheval « *di bona voglia* », et il ne put définitivement partir que le 31 (2). Les circonstances se réunirent donc presque toutes, on le voit, pour compliquer sa tâche.

Ludovic Sforza ne fut pas mieux servi par les hommes que par les événements. Tandis que Louis XII réunissait un état-major remarquable de brillants capitaines, que la Seigneurie de Venise groupait dans un même dévouement de solides condottieri, et que l'une et l'autre avaient des conseillers aussi prudents qu'habiles, Ludovic Sforza se trouva réduit presque à ses seules lumières pour préparer la guerre. Le seul homme qu'il ait trouvé, dont le dévouement fût éclairé et dont la clairvoyance ne fût pas égoïste, ce fut son frère le cardinal Ascanio. Ascanio Sforza, vice chancelier de l'Eglise, venait de faire ses preuves de diplomate, malheureusement il est vrai, en luttant avec C. Guaschi contre l'alliance du Saint-Siège avec la France (3). Dès le 19 juillet, on annonçait à Venise le prochain retour d'Ascanio Sforza à Milan, et l'on s'y effrayait de l'idée qu'il serait chargé par le duc de l'administration du duché (4). On sait que, menacé dans sa sécurité personnelle, après la conclusion de cette alliance, il quitta Rome précipitamment (5). Dès son

---

(1) Milan, A. d. S. *Cartegg. gener.*, Ludovic à Galeazzo San di Severino, 15 juillet 1499. « Fra tre o quattro di andare a rivedere quello sara stato ordinato per voi insieme ».

(2) Florence, A. d. S., *Lettere esterne alla Signoria*, XXXVII, ambassadeur florentin à Milan à la Seigneurie, 19 juillet 1499. « Questa Excellentia questa mane ha cavalcato di buona voglia, benche de pié non sia ancora molto ben fermo ».

(3) Voir *Intorno ad alcuni documenti*, etc.

(4) Latuada à Ludovic Sforza, 19 juillet 1499., *Louis XII et Ludovic Sforza, Documents*, 195.

(5) Le 15 juillet on l'attendait à Milan. Ludovic ordonna, le 31 juillet, croyant qu'il reviendrait par la voie de terre, aux commissaires de Plaisance et de Parme de tenir trente-cinq chevaux prêts pour lui et son escorte, et, s'ils n'en avaient point de disponibles, d'en emprunter à des particuliers (Milan, A. d. S., *Cartegg. gener.*, Ludovic aux susdits, 31 juillet 1499 : « Trentacinque cavalcature per la persona e comitiva sua. Le pigliarete in prestito a questi cittadini »); mais l'arrivée d'Ascanio par mer rendit cette prévenance inutile. Ascanio Sforza débarqua à Gênes le 3 août (Marino Sanuto, II, 1025, Liom à la Seigneurie, Crema, 3 août 1499 ; II, 1026, Lippomano à la Seigneurie, Brescia, 3 août 1499), arriva à Milan, où il visita F.-B. Visconti et le comte de Caiazzo, mais en repartit aussitôt pour aller

retour en effet, Ascanio Sforza fut chargé de l'administration de Milan par le duc, qui, ne s'en réservant que la haute surveillance, alla faire une sorte de retraite pieuse à Santa-Maria-dell-Grazie (1). Dans ses fonctions improvisées, le cardinal fut admirable de dévouement. Costabili dit qu'il y employait tout son génie et qu'il était le meilleur instrument de son frère (2). On prétendit même qu'il alla incognito le 1ᵉʳ septembre à Mantoue pour essayer de décider le marquis à s'allier avec Ludovic Sforza. — Les cardinaux de San Severino et d'Este étaient loin de le valoir. Le premier avait obtenu du pape l'autorisation de revenir à Milan, sous prétexte de réconcilier ses frères avec Venise et le roi de France (3). Il y fut appelé au conseil par Ludovic Sforza et chargé de négocier la réconciliation de Fracasso avec lui (4), puis investi de diverses missions d'intérêt militaire auprès de son frère Galeazzo pour le décider à se replier d'Alexandrie sur Pavie (5); mais il échoua dans celles-ci; il fit preuve de dévouement, mais manqua d'habileté. Quant au jeune Hippolyte d'Este, simple étourneau sous sa pourpre, il ne

rejoindre son frère en passant par son abbaye de Chiaravalle (Marino Sanuto, II, 1077, lettre de Bergame à la Seigneurie, 10 août 1499; II, 1102, Liom à la Seigneurie, Crema, 17 août 1499). Le duc, qui revenait de son inspection, le rencontra à Melegnano (Costabili au duc de Ferrare, 7 août 1499. *Louis XII et Ludovic Sforza, Documents*, 249). Quoique retardée d'un jour par des raisons astrologiques, l'entrevue fut très touchante, vraiment fraternelle. Du point de leur rencontre ils revinrent à cheval, de compagnie et très familièrement, jusqu'à Melegnano, où le duc lui fit escorte jusqu'à sa chambre. Ils dînèrent sans cérémonie autour d'une table à l'allemande (carrée), le duc au milieu, les deux cardinaux (Ascanio et le cardinal d'Este) à sa droite, et à sa gauche les ambassadeurs de Ferrare et de Naples. Ils firent le soir même une entrée solennelle à Milan, où ils furent reçus par le corps diplomatique et les autorités (Modène, le même au même, 8 août 1499. *Louis XII et Ludovic Sforza, Documents*, 255).

(1) MARINO SANUTO, II, 1113, Romano à la Seigneurie, 19 août 1499.
(2) Modène A. d. S., B 13, Costabili au duc de Ferrare, 18 août 1499. Liom affirme cependant (20 août, Marino Sanuto, II, 1115) que le duc était mécontent du gouvernement d'Ascanio Sforza.
(3) MARINO SANUTO, II, 1049, ambassadeur vénitien à la Seigneurie, Rome, 4 et 5 août 1499.
(4) L'ambassadeur florentin à la Seigneurie, 22 juillet 1499. *Louis XII et Ludovic Sforza, Documents*, 207. Marino Sanuto, II, 1138, Liom à la Seigneurie, Crema, 22 août 1499, et, *ibid.*, II, 1102, le même à la Seigneurie, 17 août 1499.
(5) Modène, A. d. S., *Cancell. ducale*, B 13. Costabili au duc de Ferrare, 18 et 23 août 1499. Le cardinal rapporta toujours des impressions pessimistes de ces voyages.

songea qu'à combattre en personne contre les Français, ne rêva qu'armes de luxe et harnais de guerre et s'attira à ce propos, comme on l'a vu, les réprimandes de son père. Les voyages qu'il fit à Lodi, à Pavie, à la Rochetta de Gênes, pour le duc, n'étaient pas des missions, c'étaient de simples commissions (1). — Parmi ses généraux, Ludovic Sforza ne trouva point l'homme de grand talent ou tout au moins de grande autorité, qu'exigeaient les circonstances. Galeazzo de San Severino, brillant courtisan, beau cavalier, brave soldat, officier de parade et d'antichambre, n'avait aucune partie d'un général, encore moins d'un stratégiste : son incapacité, sa légèreté, avaient apparu dans la préparation de la défense ; elles devaient éclater dans la conduite de la guerre. Le comte de Caiazzo, moins brillant, mais plus sérieux, était violent et brutal : il ne pardonnait pas à Ludovic la préférence manifestée à l'égard de son frère et surtout la dernière preuve qu'il venait d'en donner en le reléguant lui-même dans un commandement inférieur ; il songeait déjà à trahir le duc de Milan. Pendant tout le mois d'août, il se livra, à l'égard des Vénitiens, à des démonstrations plus insultantes qu'offensives et propres à aliéner à Ludovic Sforza la sympathie des populations, qui lui était plus que jamais nécessaire : il vexait les moines de San Agostino de Crémone, séquestrait le prieur, occupait militairement le couvent, faisait détruire des villages, enlever des récoltes, n'épargnait aux paysans aucune des rigueurs de la guerre. Puis, rappelé par le duc, qui avait besoin de lui contre les Français, il partit sans donner à ses troupes de chef ni de programme, et ce qu'il laissait de troupes dans la Ghiara acheva d'être démoralisé par son départ précipité. Il ne sut pas user des pleins pouvoirs que lui avait donnés Ludovic Sforza, et l'on ne retrouve guère dans ses actes « la prudence et la sagesse » dont le duc loue sa conduite. — Les autres chefs militaires ne cherchaient que la satisfaction d'une vengeance ou d'une ambition, ou la garantie de leurs intérêts. Marco de Martinengo ne songeait qu'à se venger de la Seigneurie qui l'avait remercié ; dès la fin de juillet, sans tenir compte du plan général des opérations, il commençait des incursions sur le territoire vénitien de l'Oglio. Il se plaignait amèrement de l'ingratitude de Venise. Aussi celle-ci s'empressa-t-elle de mettre sa tête à prix : trois mille ducats à qui le livrerait vivant, deux

---

(1) MARINO SANUTO, II, 1037, Lioni à la Seigneurie, Crema, 6 août, 1499. Il était dans la *Rocchetta* de Gênes, le 25 juillet 1499.

mille si on le livrait mort, et une promesse de commandement ou de pension à celui qui le livrerait (1). Francesco Bernardino Visconti voulait avant tout sauvegarder sa situation personnelle, avant que Ludovic Sforza eût quitté le pouvoir, en pleine guerre, il demandait aux provéditeurs vénitiens, par l'intermédiaire de J. Secho, l'autorisation de prendre vingt-cinq hommes dans sa terre de Brignano en Ghiara d'Adda pour garder sa maison de Milan (2). D'autres, comme Alessandro Sforza, restèrent à Milan jusqu'à la fin de juillet, sans souci d'aller prendre leur place dans l'armée. L'exemple leur était donné à tous par leur généralissime Galeazzo de San Severino (3). Parmi ce personnel égoïste ou incapable (4), l'enthousiasme est nul, la confiance médiocre; le sentiment d'une solidarité nationale entre le duc et ses serviteurs n'existe pas. Le seul mobile qui semble, en dehors de l'intérêt personnel, avoir inspiré quelques-uns de ces soldats d'aventure, c'est la haine du nom français. Le cas du connétable Ugo Ruggieri de Reggio est typique en ce genre (5) ; banni de Ferrare pour homicide depuis cinq ans, il

(1) MARINO SANUTO, II, 1027-1031, *in colegio*, 6 et 7 août 1499. L'édit devait être proclamé dans la huitaine. Les frères de Marco, restés au service de la Seigneurie, allèrent protester devant les *rectori* de Brescia contre cette mise à prix, en assurant qu'ils feraient tous leurs efforts pour le ramener, mais l'édit fut maintenu (Marino Sanuto, II, 1068, rectori de Brescia à la Seigneurie 10 août 1499).

(2) *Ibid.*, II, 1186. Lettre de Caravazo, 30 août 1499.

(3) Les ambassadeurs florentins à la Seigneurie, reg. XII, 24 juillet 1499 *Louis XII et Ludovic Sforza, Documents*, 209.

(4) Que dire du personnel inférieur, de cet Antonio Trotti, qui, gouverneur de Pavie, demande au début de juillet à être relevé de ses fonctions, pour cause de dysenterie? « In excusatione mia per questa benedetta infirmitade che non me abandona e questa nocte sono andato a la cadergha vente volte » (Milan, A. d. S. *Cartegg. gener.*, Trotti à Ludovic Sforza, 3 juillet 1499); il demande en même temps un congé de quinze jours pour son fils François, pour faire ses récoltes, et, sur le refus de Ludovic, réitère sa demande pour son autre fils Baptiste. Etait-ce simple lâcheté (car la colique n'est pas un argument), était-ce trahison préméditée et crainte de se compromettre? Ludovic Sforza paraît avoir adopté la seconde interprétation et le remplaça immédiatement par Conrado Vimercati en faisant retenir Antonio Trotti dans le château de Pavie ; plus tard, il se le fit expédier à Milan comme suspect (Milan, A. d. S. *Cartegg. gener*. C. Vimercati à Ludovic, 4 juillet 1499). « M. Antonio è restato in castello mal voluntiera e mal contento, tutavolta intesa la commissione me haveva dato la Excellentia Vostra se pacificò. »—L'opération avait été délicate et Antonio Carazolo avait dû, comme il le dit à Ludovic Sforza, prêter main forte à Vimercati.

(5) Milan, A. d. S. *Cartegg. gener*. Ugo de' Ruggieri à Ludovic Sforza, 7 août 1499.

offre ses services à Ludovic Sforza, lui communique une consultation astrologique, où il est déclaré que Ludovic résistera à toutes les attaques, mais qu'il doit craindre de tomber malade de mélancolie, et il joint au tableau enthousiaste de ses sentiments à l'égard du duc les plus violentes invectives contre Louis XII et les Français.

Dans le désarroi où, malgré ses illusions et ses fanfaronnades, il avait conscience de rester, Ludovic Sforza ne fit qu'un plan extrêmement rudimentaire d'opérations militaires. Attaqué à la fois par la France et par Venise, il fit deux armées, l'une dans la Ghiara d'Adda, l'autre vers les frontières de l'Astesan; au début, l'expérience de la précédente campagne lui fit croire que l'invasion française serait dirigée contre Novare, et ce fut là qu'il voulut porter le principal effort de la résistance; puis de nouvelles informations l'ayant détrompé, ce fut d'Alexandrie qu'il fit le centre de sa défense (1). Ne laissant à Novare que cinquante lances et quatre cents fantassins, il massa le gros de son armée à Alexandrie (2), et renonça à l'idée qu'il paraît avoir eue, mais pendant assez peu de temps, d'avoir deux armées opérant chacune auprès de l'une de ces villes (2). — Les conseils les plus contradictoires lui furent donnés au sujet de son plan de campagne, on lui conseilla de prendre l'offensive contre Venise, d'attaquer et de détruire l'armée vénitienne avant que les troupes de Louis XII eussent franchi les Alpes; un avis plus général fut qu'il devait rester sur la défensive et se borner à soutenir le plus longtemps possible le choc de l'armée française : on calculait en effet que Louis XII voulait faire une expédition vigoureuse, mais rapide, et « terminer en deux mois ce qu'en d'autres circonstances il aurait mis un an à faire »; on pensait que son avarice l'empêcherait de garder plus de trois mois ses troupes sur le pied de guerre (3); on raisonnait d'autre part que, les Suisses lui ayant refusé leur infanterie et lui-même ayant fait peu de frais pour lever des Gascons, il aurait peu de troupes; qu'il en enver-

---

(1) Mais il était trompé par des informations contradictoires : ses agents en Savoie l'avertissaient encore le 4 août que, bien que les Français eussent manifesté l'intention d'attaquer le Milanais par le Sud, ils voulaient au contraire se diriger contre Novare et y porter tous leurs efforts (Milan, A. d. S. *Pot. est. Savoia*, Nibbia à Ludovic Sforza, 4 août 1499).

(2) Brognolo au marquis de Mantoue, 29 juillet 1499. *Louis XII et Ludovic Sforza, Documents*, 217.

(3) Voir les documents publiés dans *La Cryptographie de Simon Cattaneo*.

rait d'autant moins en Italie que leur logement serait plus difficile, le duc de Savoie lui ayant refusé pour elles des cantonnements dans ses états ; et que par conséquent il ne pourrait ni entretenir longtemps la guerre ni la faire trop sérieuse. Ces illusions, ces fausses appréciations réussirent à décider Ludovic Sforza à attendre l'attaque des Français, à renfermer ses troupes dans ses places fortes, à éviter toute bataille rangée, dans l'espoir que l'ennemi s'userait sur le pays même (1). Cette politique à la Charles V devait lui faire éprouver de cruels déboires. — Il avait manifesté l'intention, au début de juillet, de se mettre lui-même en personne à la tête de l'armée de l'ouest ; il aurait abandonné la régence et l'administration de Milan à Ascanio Sforza et serait resté dans son camp (2). Mais on le persuada qu'il aurait plus d'autorité en demeurant dans sa capitale ; que si, par un malheur possible, ses troupes avaient à reculer devant l'envahisseur, sa présence à l'armée aggraverait l'effet moral de cette retraite et le compromettrait personnellement (3). Cet argument décida Ludovic Sforza à rester à Milan et à confier le commandement de sa principale armée à son gendre Galeazzo di San Severino.

La sécurité contre l'ennemi du dehors n'était pas la seule que Ludovic Sforza dût se soucier d'assurer. Non moins nécessaires, plus difficiles peut-être à obtenir, étaient la tranquillité intérieure, la paix entre les divers partis, une assurance sérieuse contre leur hostilité. Dès que des bruits de guerre commencèrent à circuler, Ludovic Sforza obligea tous les chefs de familles, dans les diverses villes du duché, à jurer entre les mains des gouverneurs et des commandants de ne livrer et remettre ses villes, places et forteresses qu'à lui-même ou, à son défaut, à ses enfants par ordre de primogéniture (4). Puis il se fit livrer par diverses villes soit des ôtages, soit des suspects ; le 17 octobre 1498, il mande à Milan « *per dubio della fede loro* » six citoyens de Lodi (5) ; en juin 1499, il ordonne à quelques membres de l'Université de Pavie, dont un prêtre, de comparaître devant lui (6),

---

(1) Costabili au duc de Ferrare [cite un discours de Ludovic]. *Louis XII et Ludovic Sforza, Documents*, 221.
(2) Mantoue, *Arch. Gonzaga*, E, XIX, 3. Brognolo au marquis, 8 juillet 1499.
(3) Voir *Cryptographie de Simon Cattaneo*.
(4) Marino Sanuto, I. 995. 18 juillet 1498.
(5) *Ibid.*, II, Lippomano à la Seigneurie, Milan, 17 octobre 1498.
(6) Milan, A. d. S., *Cartegg. gener.* « Equiti Vicecomiti Papiæ » Milan, 25 juin 1499. Ces personnages sont Don Xenofonte, D. Aluysius, Magister Nicolaus, Magister Marsilius, Magister Dionysius presbyter.

et, cette première convocation étant demeurée sans effet, il la renouvelle sous une forme plus impérative : « ordre d'arriver à Milan dans les quarante-huit heures et de ne pas en partir avant d'avoir vu le duc » ; le 2 juillet, il fait venir à Milan, pour s'assurer d'eux, les Trotti d'Alexandrie (1) ; au début de juillet, Malvezzi interne à Alexandrie divers personnages influents d'Annona, hostiles à Ludovic Sforza (2) ; le 15 juillet, Ludovic se fait envoyer par le gouverneur de Parme, dans les trois jours, une liste de citoyens « pour parler avec eux des moyens d'assurer le repos de la ville » (3) ; le 24 juillet, Malvezzi fait emprisonner ou envoyer à Alexandrie et à Milan divers individus du Bosco et de Tortone, soupçonnés, sur les dénonciations d'Augustello Pozzo, d'avoir voulu livrer le Bosco à Trivulce (4).

Contre des individus nommément connus par leur hostilité ou réputés dangereux, le gouvernement milanais procéda par l'exil ou l'intimidation : Francesco Trivulzi fut exilé le 27 juillet et se retira à Crema (5) ; Ludovic Sforza réclama de la famille Trivulzi des subsides et des contributions exagérées : dès le 2 juillet il lui demanda de quoi payer mille hommes de pied par mois ; les Trivulzi refusèrent net, exprimant leur étonnement que cette demande leur fût adressée par mesure spéciale, « attendu qu'ils n'étaient pas responsables de la conduite de Gian Giacomo Trivulzi », et ils déclarèrent refuser, « pour ne pas donner à leurs concitoyens un mauvais exemple ». Ludovic

---

(1) Mantoue, *Arch. Gonzaga*, E, XIX, 3; Brognolo au marquis de Mantoue, 2 juillet 1499.

(2) Milan, A. d. S., *Carlegg. gener.*, Malvezzi à Ludovic, 9 juillet 1499. : «Ho fatto venire Parmero Girano, frate Michaele de Unto e Gioachino Perlino de Anono ; liquali ho sempre trovati recisi a le cose de V. E., e sono quelli che guidano li altri di quella terra como vogliano. Si Philippo non viene ad habitare in questa città, lo levaro anchora lui».

(3) *Ibid., id.*, Ludovic au gouverneur de Parme, 15 juillet 1499 : «...per conferire alcune cose per certi boni respecti concernenti il quieto e pacifico vivere di quella nostra città.» Le fait que cette lettre et d'autres analogues ne se trouvent pas dans les registres de *Lettere missive* est un exemple entre mille du désordre qui régnait alors à la chancellerie milanaise, et par suite dans les archives de Milan.

(4) *Ibid., id.*, Malvezzi à Ludovic Sforza, 24 juillet 1499. — Personnages emprisonnés au Bosco : Bernardino Guazo, Bernardino Bricosa, Giov. Steffano Stanco (fratello de M. Bernardino), Giov. Baptista Acibaldo, M. Otto Schiffo, Giov. Augusto Bellonno ; personnages envoyés à Milan : Giacomo dal Boscho, Giov. Antonio da Ponzano, Castellino Braghero, Federico Pascalacqua, Zopo, Tortonesi.

(5) MARINO SANUTO, II, 977, Lion à la Seigneurie, Crema, 27 juillet 1499.

Sforza revint à la charge et, le 9 juillet, leur donna vingt-quatre heures pour lui verser un premier acompte de trois mille ducats (1); ils se résignèrent alors à le payer. L'opinion publique l'encourageait d'ailleurs ; on s'étonnait beaucoup à Milan, le 3 août, qu'il n'eût pas encore exilé les enfants de feu Gio.-Francesco Triulzi (2).

Une surveillance rigoureuse fut exercée dans tout le Milanais : la circulation y fut hérissée de difficultés ; on multiplia les arrestations préventives (3) ; les routes près des frontières vénitiennes furent coupées pour rendre le transit matériellement plus malaisé ; le pont de Lodi reçut un gardien à demeure. Les courriers furent particulièrement surveillés et gênés (4) : Ordre fut donné le 15 juillet à Oldrado Lampugnano de leur interdire le passage aux ports du Taro, de Lenza, de Torresella et au port du Pô sous Colornio (5); ordre fut donné à T. Vimercato de saisir tous les individus porteurs de lettres de France qui passeraient sans sauf-conduit (6); ordre fut enfin donné à Hieronimo Carcano, commissaire à Plaisance, d'empêcher le transport, par les courriers des marchands circulant sur la via Romea, des correspondances politiques. Pour s'assurer que cette défense était respectée, les courriers devaient être arrêtés et fouillés ; on devait exiger d'eux la déclaration de ce qu'ils portaient et les menacer de la corde, en cas de fausse déclaration ; les courriers en faute devaient être retenus. Seuls les courriers florentins restaient à l'abri de cette perquisition (7).

---

(1) Brognolo au marquis, 2, 4 et 8 juillet 1499. *Louis XII et Ludovic Sforza. Documents*, 158.

(2) MARINO SANUTO, II, 1025, Liom à la Seigneurie, Crema, 27 juillet 1499.

(3) Milan, A. d. S., *Cartegg. gener.*, le gouverneur de Lodi à Ludovic Sforza, 11 juillet 1499. MARINO SANUTO, II, 946. Bernardino da Martinengo aux rectori de Brescia, 19 juillet 1499. Milan, A. d. S. *Cartegg. gener.*, J.-F. Burro à Ludovic Sforza, 24 juillet 1499.

(4) MARINO SANUTO, II, 938, Lippomano à la Seigneurie, 17 juillet 1499. Un courrier porteur de lettres est enfermé dans le château de Tortone ; d'autres porteurs de lettres fermées sont arrêtés à Milan.

(5) Milan, A. d. S. *Cartegg. gener.* Oldrado Lampugnano a « Li portenari del Taro », etc., 15 juillet 1499. *Ibid.*, Ludovic Piati (Turbigo, 12 juillet 1499) demande à Ludovic Sforza s'il faut arrêter des gens de Trivulce allant d'Asti à Misocco.

(6) *Ibid., id.* Ludovic Sforza à T. Vimercati, 28 juillet 1499.

(7) *Ibid., id.* Ludovic Sforza à Carcano, 28 juillet 1499, « Advisando voi questi tali che si, ve dirano bosia che non habiano altre lettere che quelle voluntariamente monstrarono e dapoi gli ne siino trovate de le altre, che li farete impiccare ».

Tous les moyens furent employés pour apprendre des nouvelles sur les dispositions et les préparatifs de la France, de Venise et de Trivulce. La saisie des courriers et l'ouverture des correspondances ne fut que le moindre, Ludovic ayant, jusqu'à la fin, mis des scrupules, par intérêt politique, à l'ouverture des lettres de la République de Venise ou de Louis XII (1). L'espionnage par contre fut largement pratiqué ; des agents secrets sillonnèrent la France et trouvèrent à Paris et à Lyon deux foyers d'informations souvent précises et presque toujours sûres (2). Les moindres nouvelles de France furent guettées ;

(1) Voir les faits du même genre cités plus haut. L'arrestation d'un courrier français revenant de Suisse au début de juin, provoqua une vive indignation de Louis XII (Marino Sanuto, II, 832, Loredam à la Seigneurie, 10 juin 1499, et II, 833, Sommaire des lettres de Trivulce, 14 juin 1499.)

(2) Je renvoie divers articles que j'ai publiés sur cette question et les documents y insérés, et notamment : *Nouvellistes italiens à Paris, Nouvellistes italiens à Lyon. Maffeo Pirovani agent d'informations de Ludovic Sforza.* Ce système d'informations et d'espionnage se compléta à mesure que la situation se tendit davantage. Ainsi Malvezzi conseillait au duc le 28 avril d'envoyer quatre individus, soit en Gascogne, soit aux points de réunion des troupes, pour avoir sur leur nombre des renseignements sûrs ; Jean Guisoard, le 6 mai, lui demanda une entrevue pour lui communiquer diverses particularités importantes. Un certain Domenico da Montiglio était employé en France aux mêmes fonctions (*Documents sur la première année du règne de Louis XII*, pag. 75-77). A la fin de juillet, un espion, sous les apparences d'un marchand, s'installe dans la vallée savoisienne d'Ivrée, à Bard, pour surveiller les opérations françaises, avec le consentement de la cour de Savoie (Milan, A. d. S., *Pot. estere, Savoia*, Somenzi à Ludovic, 28 juillet 1499). « Qua è venuto uno officiale de Barda, loco de questo signore duca, presso a Inureia XII miglia, quale ha dicto a questo signori del governo come in quello loco è dimorato, gia dodeci giorni passato, uno cavallaro della Excellentia Vostra, quale finge essere uno mercadante, e che del continuo gli sia quasi como uno spione, domandando epso officiale como in questo caso el si havesse a governare. Gli è stato risposto chel lassi stare et andare dicto cavallaro, e qualunche altro di Vostra Excellentia a sua posta, e como a loro pare. » A la fin, Ludovic était informé minutieusement de tout ce qui se passait en France et de ce qu'y faisaient le roi et les ambassadeurs. Un de ses principaux agents était d'après les diplomates florentins le milanais Pierantonio da Fossano, autrefois grand ennemi de Ludovic, et qui, cru tel encore en France, avait beaucoup de facilités d'action pour ses manœuvres : « Noy judichiamo essere a proposito che le Excellentie Vostre intendino questo : il duca de Milano havere minutamente ogni adviso etiam secretissimo e dice.... de quanto si faria in Francia, e per il Re e per li oratori tucti ; e ritraiamo sia uno Pierantonio da Fossano, milanese, già inimico di questo Signore e per tale tenuto hora la, et ha in questi maneggi mezzi grandissimi. » (Florence, A. d. S. *Lettere esterne alla Signoria*, reg. XXXVII, ambassadeur florentin à la Seigneurie, Milan, 10 juillet 1499).

les officiers et les diplomates milanais, Pirovani et Cattaneo en Savoie, Malvezzi à Alexandrie, Fontana à Gênes, faisaient une véritable chasse aux lettres, aux *avvisi*, aux *sommari di lettere* venant d'outre-monts (1). Les moindres démarches de Trivulce étaient épiées minutieusement : un jour, une visite qu'il fit au couvent de Sant'Agostino près d'Asti excita au plus haut degré la curiosité milanaise : d'abord, un frère avait dit à l'écuyer de Trivulce d'emmener sa mule pour qu'on ignorât sa présence ; puis un arbalétrier à cheval avait accompagné jusqu'à Lisola en Astésan un *stravestito* allant vers la France ; enfin ce *stravestito* avait donné à son guide quatre écus de pourboire et refusé de lui dire son nom, que l'autre lui demandait apparemment « pour avoir souvenir de lui dans ses prières ». Ces mystères, qui touchent à la bouffonnerie, étaient gravement recueillis et transmis au duc de Milan (2). — Et quand on ne pouvait obtenir de renseignements et, sur les points qui paraissaient obscurs, d'explications de bonne grâce, des hommes comme Malvezzi n'hésitaient pas à employer la violence qui avait un double résultat : délier la langue de l'interrogé, et effrayer les autres prisonniers. « Ayant en prison cet *azo boydo* du Castellazo, dit Malvezzi, je l'ai fait *examiner* en le menaçant ; ce soir, je ne lui ai rien fait donner à manger ; je l'ai fait présenter à la corde, en feignant de vouloir l'y faire accrocher ; et malgré cela on n'a rien pu en tirer d'important (3) ». Quand les informateurs ne venaient pas à lui, Malvezzi allait à eux, par des moyens brusques : le commissaire de Novi avait de fréquentes relations avec Asti par l'intermédiaire des juifs :

(1) Ainsi une lettre d'Alessandro Malabayla, majordome du roi, à l'Astesan Benedicto Pelleta, lui annonçant le 17 juin que le roi pressait vivement ses préparatifs, est communiquée dans sa teneur le 29 juin à Fontana et aussitôt par celui-ci à Ludovic Sforza, Gênes, 29 juin 1499. *Louis XII et Ludovic Sforza*, Documents 151.

(2) *Ibid.*, *même document* 151.

(3) Milan, A. d. S. *Cartegg. gener.*, Malvezzi à Ludovic Sforza, 9 juillet 1499. *Ibid.*, Documents, 175. A Novi, le 3 août, un serviteur du châtelain dit : « Un jour, il viendra tant de Français qu'il faudra que tout le monde devienne Français comme eux ». Malvezzi chercha longtemps à comprendre le sens caché et le motif de ces paroles probablement dites sans intention, et, bien que le châtelain fût un homme sûr que les sentiments francophiles de son domestique ne pouvaient pas influencer, il se fit livrer ce domestique pour le soumettre à une enquête, et plaça dans la citadelle de Novi un capitaine avec une vingtaine d'hommes pour s'assurer de la fidélité du châtelain, à tout hasard. Milan, A.d. S. *Cartegg. gener.* Malvezzi à Ludovic, 3 août 1499. *Ibid.*, Documents, 237.

il ordonne d'en saisir un pour savoir par lui ce qui se tramait à Asti (1).

Des mesures prohibitives furent prises pour assurer au duché de Milan la pleine jouissance de toutes ses ressources. Un décret du début d'octobre 1498, renouvelé presque aussitôt, interdit l'exportation hors du Milanais de tout bétail « *da carne, seu da mazare* », sans son autorisation formelle et sous peine de saisie. Une circulaire annexe enjoignit à tous les commissaires des villes et des provinces, à tous les officiers des ports de l'Adda de mettre le plus grand zèle à empêcher les contraventions à cet édit, et de punir sans rémission ni exception les contrevenants (2). En juillet 1499, il interdit de même la vente des chevaux de selle et de trait dans les provinces de Parme, Plaisance, Lodi, Crémone et Pavie pour s'en assurer une réserve en cas de besoin ; il en ordonna le recensement et l'estimation par les maréchaux experts, et s'en fit envoyer des états avec leurs qualités, leur valeur et leur prix (3). Il ordonna des approvisionnements de blés dans trois forteresses, à Vigevano, à Mortara et à Sartirana.

Les finances de l'état milanais étaient obérées et en grand désordre depuis plusieurs années ; les frais de la guerre de Novare, de l'expédition de Maximilien, les subventions fournies à Maximilien et aux princes d'Empire, avaient lourdement grevé le trésor. Il fallait cependant de l'argent à Ludovic Sforza pour payer non seulement ses préparatifs et ses nouveaux armements, mais aussi les nouvelles et plus fortes contributions promises à Maximilien en retour de son alliance. Ludovic Sforza ne négligea aucun moyen, licite ou illicite, pour se procurer des ressources. Dès le mois d'octobre 1498, l'ambassadeur vénitien le montrait, ramassant de l'argent « *a furia* » pour lever des troupes (4). Le 2 janvier 1499, il réunit au Castello tous ses créanciers, et leur déclara que, s'ils pouvaient lui indiquer des moyens pratiques d'augmenter les impôts, il consentirait volontiers à employer les excédents à éteindre ses dettes, mais les créan-

---

(1) Le 12 août, Ludovic Sforza chargea le chancelier de M. de Mestrano, en Savoie, de lui procurer des nouvelles. *Ibid. Documents*, 238 et 264.

(2) Ludovic Sforza « officialibus portis Leuci », 13 octobre 1498. *Ibid., Documents*, 59.

(3) Ludovic Sforza aux Commissaires de Parme, etc., 3 juillet 1499. « Volendo noi intendere li cavalli da persona e da carro armato quali se ritrovavano in quella città. »

(4) MARINO SANUTO, II, 43, 13 octobre 1498.

ciers du trésor ne furent nullement enchantés de ces propositions (1). Ludovic Sforza eut recours aux augmentations générales d'impôts et aux contributions forcées : le 5 juillet, les impôts ordinaires du Milanais étaient accrus d'un cinquième ; le « cinquième » sur les gabelles à Milan fut rétabli et produisit seize mille ducats (2). Le 9 juillet, il saisit la moitié des revenus de tous les bénéfices ecclésiastiques, en donnant l'ordre aux titulaires d'en verser le montant dans la huitaine (3) ; il était résolu à n'épargner personne, pas même les prélats et les cardinaux possesseurs d'abbayes dans le Milanais (4). Dès le 2 juillet, il demanda des contributions à tous les feudataires, qu'il convoqua à Milan pour négocier plus commodément avec eux. S'il commença par réclamer aux Trivulce, comme on l'a vu, de quoi entretenir mille hommes par mois, et plus précisément, quelques jours après, une somme de trois mille ducats (5), cette demande ne leur resta pas spéciale, et Ludovic Sforza généralisa bientôt cette mesure ; le 11 juillet, une commission composée du trésorier, de F. B. Visconti, et de divers conseillers, fut chargée de régler le nombre de gens de pied que chaque feudataire aurait à payer. F. B. Visconti refusa nettement de faire partie de cette commission, et, en présence du duc, reprocha vivement cette mesure au trésorier Landriano, lui déclara qu'il serait la cause de la ruine du Milanais, et ajouta « beaucoup d'autres paroles de mauvaise nature » (6). La vivacité de F. B. Visconti fut cause de l'appel de Baldassare de Pusterla dans cette commission, pour y faire contre-poids à Landriano. Ludovic Sforza ne se contenta pas de cette contribution, déjà lourde : bientôt après, il réclama à tous les possesseurs de fiefs l'abandon

---

(1) MARINO SANUTO, II, 310, Lippomano à la Seigneurie, 2 janvier 1499.
(2) *Ibid.*, II, 905, le même à la même, Milan, 5 juillet 1499 ; et ambassadeur florentin à la Seigneurie, Milan, 13 juillet 1499. *Louis XII et Ludovic Sforza, Documents*, 182.
(3) *Ibid.*, II, 914, Lippomano à la Seigneurie, Milan, 9 juillet 1499. Modène, A. d. S. *Cancell. ducale*, B, 14. Costabili à Ludovic Sforza, 13 juillet 1499. On évaluait à seize cent mille ducats les revenus ecclésiastiques du Milanais.
(4) Lettre citée note précédente. — Ascanio Sforza donna spontanément l'exemple, s'il est vrai qu'il ait rapporté de Rome et mis à la disposition de son frère son trésor, évalué à deux cent mille ducats au minimum (Mantoue, *Arch. Gonzaga*, E, XIX, 3, Brognolo au marquis, 29 juillet 1499).
(5) Brognolo au marquis de Mantoue, 2, 4 et 8 juillet 1499. *Louis XII et Ludovic Sforza, Documents*, 159.
(6) Le même au même, 12 juillet 1499. *Ibid., documents*, 180.

de leurs annates : les revenus de tous les fiefs laïques formaient un total annuel de six cent mille ducats. Le comte Alessandro Sforza et l'évêque de Lodi, frère du comte de Melzi, furent désignés pour conférer sur la question avec les feudataires, tandis qu'Ambrosio de Corte en conféra avec les ecclésiastiques. Aux feudataires, le trésorier et la commission demandèrent un très prompt versement des sommes à verser : si ces sommes étaient employées, le trésor les leur rendrait peu à peu ; si l'état n'en avait pas besoin, ils pourraient les retirer dès la conclusion de la paix (1). — Une demande analogue du versement de leur revenu semestriel fut adressée par le duc aux bourgeois de Milan. L'on estimait que, si les trois classes répondaient à son appel, comme il le souhaitait, Ludovic Sforza aurait « un puits d'or » (2) ; mais la bourgeoisie restait inquiète, ne sachant où l'on allait et voyait dans ces mesures le signe que la guerre contre la France était imminente (3). Le 15 juillet, Ludovic s'adressa en personne aux gentilshommes et aux marchands ; il les convoqua, et, dans un beau discours, les pria de l'aider de leurs subsides autant que de leur persévérance et de leur fidélité : le lendemain, un accord intervint entre le duc et la population milanaise des trois ordres ; ils consentirent à contribuer chacun proportionnellement à l'entretien de l'infanterie et à payer, d'après les évaluations, la dépense nécessaire pour entretenir quinze mille hommes de pied pendant trois mois : Fr. Bern., Visconti par exemple, fut taxé à deux cent cinquante ducats par mois ; la famille Trivulce, malgré ses plaintes et ses protestations de ne jamais en payer un denier, à neuf mille ducats pour trois mois (4). Personne ne fut épargné ; les princesses même de la famille Sforza furent comprises dans cette imposition extraordinaire ; une circulaire les prévint que « les exigences du péril imminent de la guerre rendaient nécessaire le concours de tous » ; en vertu de quoi, Camilla Sforza d'Aragon, dame de Torresella, fut, par exemple, taxée à la fourniture de la

---

(1) Costabili au duc de Ferrare. 13 juillet 1499. *Ibid.*, *Documents*, 183.
(2) Lettre de Brognolo, 12 juillet 1499.
(3) Marino Sanuto, II, 934. Lippomano à la Seigneurie, 17 juillet 1499. Milan.
(4) Mantoue, *Arch. Gonzaga.* E. xix, 3, Brognolo au marquis. 16 juillet 1499 : « Questi feudatarii, zentilhomini e cittadini particolari, sono restati daccordo, cum quello illustrissimo signore de contribuire ogniuno *pro rata* alla spesa de' fanti gli sono richiesti, e fasi conto che per tre mesi farano la spesa de xv^m fanti (*sic*).

solde et entretien de trente-trois fantassins ; le premier tiers de la solde de ces hommes devait être payé au début d'août entre les mains du receveur Jean de Beolcho ; la circulaire fut même adoucie dans ses termes avant d'être expédiée ; sous sa forme primitive, elle contenait un avertissement menaçant que, si la princesse se montrait réfractaire, il serait procédé contre elle « *cum omne viva e gagliarde exequutione* », mais cet avertissement fut sans doute, à la réflexion, jugé inopportun et on le supprima dans la rédaction définitive (1). Le 10 août, l'évêque de Lodi, Melzi, reçut l'avis d'avoir à lever et entretenir deux cents *provisionati* (2) ; de nouvelles demandes furent adressées à Fr. Bern. Visconti, et à Francesco Visconti qui refusèrent de payer de nouveaux subsides. Le caractère de ces mesures financières fut naturellement exagéré par la voix publique : le 12 juillet, on prétendait qu'il exigeait mille ducats de cinquante citoyens ; le 15 juillet, qu'il voulait se procurer neuf millions de ducats ; plus tard, qu'il exigeait des prélats riches l'abandon total d'une année de leur revenu (3). — Toutes ces mesures restèrent insuffisantes pour combler le gouffre que les évènements creusaient dans les finances de Ludovic Sforza, et dans le courant du mois d'août, pendant l'invasion même, il dut multiplier et aggraver encore ces mesures pécuniaires de salut public. La pénurie financière où se trouva le duc de Milan pendant toute la durée de ses préparatifs explique, pour une part, les retards apportés à certains enrôlements de troupes et de condottieri, la mauvaise volonté des condottieri et des soldats étrangers à venir à son service, et l'obligation où il fut, en matière de fortifications, à se borner au strict nécessaire.

Les bases mêmes de la résistance à l'invasion, — de l'argent, la sécurité intérieure, une armée, — manquèrent donc à Ludovic Sforza, malgré ses efforts et son activité. Ce qui lui manqua plus encore, ce fut une appréciation juste de ses forces. Il ne sut jamais distinguer entre ses projets et la réalité ; il lui semblait qu'il avait sous ses ordres une armée, parce qu'il désirait l'avoir. Avant d'avoir, pour ainsi dire, commencé des prépa-

---

(1) Ludovic à Camilla Sforza, 18 juillet 1499. *Louis XII et Ludovic Sforza, Documents*, 194.

(2) Marino Sanuto, II, 1077, Lettre de Bergame, 10 août 1499.

(3) *Ibid.*, II, 921, Lettre de Brescia, 12 juillet 1499 ; II, 976, *rectori* de Brescia, 29 juillet 1499, *Diario Ferrarese* (Muratori, XXIV, pag. 367), 25 juillet 1499.

ratifs, il affectait déjà la plus grande confiance, un parfait mépris pour les Français : il se disait « fort en hommes d'armes, en argent et en forteresses » (1). Le 20 juillet, il faisait à Costabili le dénombrement d'une armée qui n'existait encore que dans son esprit : il pouvait compter sur vingt-quatre mille hommes de pied : huit mille que lui donnerait Milan, six mille que lui fourniraient les feudataires, deux mille qui étaient déjà engagés, deux mille que lui donnerait le roi de Naples, six mille qui viendraient de Suisse et d'Allemagne ; il avait déjà treize cents hommes d'armes : il en recevrait deux cent cinquante des Florentins et autant du roi de Naples ; — déjà il les distribuait: huit cents dans le Crémonais, mille entre Alexandrie et Novare (2). Il comptait avoir autant de fantassins à lui seul que ses deux adversaires réunis (3). — Mais tandis qu'il se livrait à ces comptes imaginaires, des témoins disent qu'il n'avait que six mille chevaux et douze mille hommes de pied, les uns et les autres de qualité médiocre et dispersés sur tout son territoire (4); et, quant aux fortifications qu'il considérait comme inexpugnables, un Alexandrin, nommé *Il Malatesta*, disait, à la fin de juillet, que « sans doute Alexandrie était forte, mais qu'elle ne tiendrait pas un mois contre le roi de France » (5).

(1) Costabili au duc de Ferrare, 29 juin 1499. *Louis XII et Ludovic Sforza, Documents*, 152.

(2) MARINO SANUTO, II, 945, Liom à la Seigneurie, Crema, 20 juillet 1499.

(3) Costabili au duc de Ferrare, 7 août 1499. *Ibid., documents*, 249. Le 7 août, sa confiance demeurait imperturbable ; il répétait et précisait ses chiffres, quatorze cents cavaliers légers et dix-huit cents hommes d'armes (trois cents anspessades, deux cents hommes d'armes de la « famiglia » ducale et de celle d'Alphonse d'Este, deux cent cinquante de Galeazzo San Severino, deux cents du comte de Caiazzo, autant au moins de Jean, et d'Annibal Bentivoglio, et de la comtesse de Forli, cent de Malvezzi et du marquis d'Incisa, et cinquante de Zuam Adorni); quant à la cavalerie légère, il en avait déjà douze cents hommes et en attendait d'autres de Jean Bentivoglio, de la comtesse de Forli, et du cardinal de San Severino, qui lui en amenait de Rome, de Sienne, et d'ailleurs; enfin il comptait, après la capitulation de Pise, qui ne pouvait tarder, engager tous les soldats qui étaient dans la ville.

(4) MARINO SANUTO, II, 998, Pier di Bonomi à la Seigneurie, 30 juillet 1499. Rosmini compte seize cents hommes d'armes, quinze cents cavaliers légers, vingt mille fantassins italiens et cinq cents allemands.

(5) Milan, A. d. S. *Pot. Est. Venezia*, Latuada à Ludovic Sforza, 31 juillet 1499: « Qui se ritrova uno alexandrino chiamato el Malatesta, quale pare soldato e frequenta molto el palazo et essendoli demandato da qualche zentilhomeni e da li boni como Alexandria è forte, ha riposto che ogni modo

Ainsi se trouvèrent en présence les trois armées qui, dans un duel inégal, allaient se disputer la possession de la Lombardie: l'une, principal instrument de la conquête, avait été fortement organisée, longuement préparée ; elle était entièrement prête bien avant le jour où son maître aurait à s'en servir ; l'autre, auxiliaire de celle-ci, avait été aussi préparée longtemps à l'avance, mais ne fut utilisable qu'au jour même de l'invasion ; la troisième, adversaire des deux autres, se constituait à peine quand les autres envahissaient déjà le territoire qu'elle avait à défendre ; chez les unes, des masses compactes, bien commandées, agissant selon un plan commun, obéissant à une volonté unique et souveraine ; dans l'autre, des garnisons éparpillées, deux masses sans lien entre elles, sous une direction incertaine, avec un plan hâtivement conçu et chaque jour modifié, soumises à toutes les incertitudes d'une volonté molle et ployante ; dans toutes les trois, sans doute, la même absence de patriotisme et de sentiment national, mais chez les envahisseurs, un loyalisme aveugle, un dévouement absolu au souverain, chez l'envahi, à peine l'obéissance, et cette obéissance presque sans respect ; dans l'armée française et dans l'armée vénitienne, la supériorité de l'offensive ; dans les troupes milanaises, le sentiment encore confus, mais déjà naissant, de l'inutilité de la résistance, de la certitude de la défaite.

é forte, ma pur sel Re di Franza la strenzoe, non poteva durare uno mese.» H. Liom, de Crema, a donné un état très complet des troupes de Ludovic Sforza dans le Milanais occidental : cent *provisionati* à Mombercelo, trois cent quatre-vingt-dix à Arazzo (rocha et rocheta), cinq cents à Annona, cinq cents et trois cents de cavalerie légère à Ancisa, autant des deux sortes à Castellazzo, soixante-quinze hommes d'armes au Bosco, autant à Novi avec deux cents hommes de pied, deux cents hommes d'armes à Tortone, quatre cents provisionati à Valence. A Alexandrie, il y avait deux cents estradiots albanais, cent lombards, cinquante arbalétriers, deux cent soixante-quinze hommes d'armes, trois cents soldats Italiens, sept cents Allemands. Il y avait en tout dans la région quatre cent vingt-cinq hommes d'armes, neuf cent cinquante hommes de cavalerie et trois mille deux cent cinquante hommes de pied.

CHAPITRE V.

LES TENTATIVES DE RAPPROCHEMENT ENTRE LOUIS XII ET LUDOVIC SFORZA.

Ainsi, dans leur politique extérieure comme dans leurs affaires intérieures, c'est en rivaux que se rencontraient Louis XII et Ludovic Sforza, c'est en raison de leur inimitié qu'ils délibéraient. Entre le mois d'avril 1498 et le mois d'août 1499, leurs relations, presque toujours indirectes, furent purement hostiles; pendant tout ce temps, aux trop rares circonstances où la politique les mit directement en présence, leur attitude fut celle de deux ennemis : paroles, insultes, actes, rien ne manqua de ce qui pouvait faire présager la guerre. Tous les ressorts de leur diplomatie, de leur activité politique, de leur intelligence, semblaient tendus vers une solution violente de la querelle que des motifs politiques, dynastiques, personnels, avaient fait éclater entre eux.

S'ils y tendirent et aboutirent en effet, ce ne fut pas du moins sans que le duc de Milan ait, sous l'impulsion de la nécessité, tenté de trouver à cette querelle une conclusion pacifique. Il multiplia au contraire les démarches même basses, les tentatives même occultes, les procédés les plus étranges pour arriver à une réconciliation avec Louis XII. S'il y mit un tel acharnement, son intérêt seul en fut le motif : la partie n'était pas égale entre les deux adversaires; le roi de France, à une guerre malheureuse, ne risquait qu'une armée ; heureuse, il y gagnait une province riche et puissante ; pour lui au contraire, l'enjeu était, en cas de perte, son duché même, trésor, puissance et couronne. La partie, de plus, se présentait mal pour lui : on l'attaquait, il ne pouvait que se défendre ; il avait le rôle difficile et désavantageux, et aucun moyen d'en sortir. Toute solution pacifique devait au fond lui paraître préférable aux chances d'une guerre, mais cette conviction ne s'imposa que peu à peu à son esprit, et Ludovic Sforza fit preuve d'une grande maladresse dans son attitude à l'égard de Louis XII. Il ne comprit pas la situation nouvelle, et si dangereuse pour lui, que créaient la mort de Charles VIII et l'avènement du duc d'Orléans. Ce double événement produisit à Milan et dans toute l'Italie des impressions et des sentiments contradictoires, et l'on ne s'y rendit pas compte des dispositions du nouveau roi. La mort de Charles VIII fut annoncée à Milan par Cottino Cotta de la part de Trivulce, puis par Maffeo Pirovani ; Ludovic Sforza la communiqua lui-même, le 12 avril 1498, au corps diplomatique (1). Officiellement, il affecta une grande réserve et prit un ton très modéré pour en parler : « C'est là, dit-il, une de ces choses qui sont les œuvres de Dieu, et l'esprit humain n'est pas capable de prévoir ce que la majesté divine a ordonné qui arrivera par suite de cet événement (2). Puis, causant de Louis XII avec les ambassadeurs d'Espagne, de Naples, de Venise et de Ferrare, il s'exprima sur son compte honorablement, disant « qu'il avait toujours pensé qu'il deviendrait roi et qu'il le tenait pour un homme de bien ; que d'ailleurs, ils étaient apparentés l'un à l'autre ; qu'il pensait que ce serait un bon roi ; que, quant à la présente année tout au moins, il aurait suffisamment à faire pour régler les affaires de son royaume, et qu'il ne pourrait pas se préoccuper de celles d'Italie ». Mais ce langage, tenu aux ambassadeurs pour leur faire croire que l'avènement de Louis XII ne lui causait pas l'inquiétude qu'ils pouvaient croire, était affectation toute pure : il apprit la mort de Charles VIII avec beaucoup d'amertume et de regrets, « car il s'était, disait-il aussi, réconcilié avec le feu roi et s'était arrangé avec tout son conseil » ; il avait même commencé à faire prendre par ce conseil des mesures pour conserver et protéger sa propre puissance et pour faire punir et éloigner du gouvernement ses ennemis, et surtout Trivulce et le duc d'Orléans lui-même (3). Mais, d'autre

(1) Modène, A. d. S., B 13, Costabili au duc de Ferrare, 12 avril 1498. — On sut tout de suite avec beaucoup de précision la cause de cette mort en Italie (Mantoue, Arch. Gonzaga, Donato Preti, Milan. E, xix 3, et Milan, Cart. gener., Pirovani, 14 avril 1498).

(2) Costabili au duc de Ferrare, 10 avril 1498. *Louis XII et Ludovic Sforza, Documents*, 3.

(3) Milan, Bibl. Ambrosienne A 114 *inf.* Arluno, *Storia di Milano* [Mors Caroli VIII] quam Ludovicus amarissime molestissimeque tulit; quippe cum illo reconciliatus, omnique pœne suo senatu prœmollito, multa ad conservendam defendendamque rem suam amandandosque et ablegandos longius inimicos, præcipueque Jacobum Trivultium Aureliensemque ducem Ludovicum.

part, il semblait croire que le nouveau roi aurait des intentions plus pacifiques que Charles VIII ; il faisait dire à Gênes que le changement de règne rendait inutiles les armements en préparation (1). Son commissaire d'Oltra Po, Malvezzi, appelait la nouvelle de la mort de Charles VIII « une grande bonne nouvelle », car il croyait, d'après une récente conversation avec un capitaine français, que la guerre aurait éclaté, Charles VIII vivant, dans les trois ou quatre mois (2). A Naples on croyait qu'une détente se produirait dans la situation, grâce à la survivance supposée de l'amitié manifestée lors du siège de Novare par le duc d'Orléans à Ludovic Sforza ; que d'ailleurs, pour pouvoir rétablir ses relations avec l'Espagne, avec l'Angleterre et avec l'Empire, et pouvoir penser aux affaires d'Italie, Louis XII aurait besoin d'au moins deux ans (3). Cette incertitude, dans laquelle parut se complaire le duc de Milan, paralysa sa politique : il ne voulut pas traiter le roi de France en ami, et n'osa pas, trop ouvertement au moins, le traiter en ennemi. Ses premiers actes furent cependant ceux d'un adversaire et ne purent que confirmer Louis XII dans ses dispositions hostiles : il ne voulut pas envoyer d'ambassadeur au nouveau roi, avant de savoir ce que feraient le pape et les autres membres de la Ligue d'Italie, (à l'existence de laquelle, si purement théorique qu'elle fût, il affectait de croire encore officiellement) ; puis il parla de lui envoyer Lorenzo di Orfeo et finit par n'en plus parler (4).

(1) De même il autorise le marquis de Final « *attesa la morte del re* » à ne plus tenir sous les armes que vingt-cinq hommes au lieu de soixante-dix, tout en réservant les besoins éventuels : « Cum questo però che accadendo el bisogno, provideria non solum de fanti settanta, ma di quanto fosse expediente ». Le marquis le remercie le 2 mai 1498 (Milan, A. d. S. *Cartegg. gener.*) Il n'y avait vraiment pas de quoi, car, après le désarmement du marquis, le duc s'empressa d'occuper, fort indûment, Calizano, ce qui privait le marquis de tout passage à travers les montagnes, et ce qui motiva des plaintes de sa part.

(2) Milan, A. d. S. *Cartegg. gener.*, Malvezzi au duc de Milan, 12 avril 1499. Il est à remarquer toutefois que la mort de Charles VIII modifia les sentiments de Ludovic Sforza sur la question de la guerre de Pise, dans laquelle il se montra désormais beaucoup moins désireux d'intervenir (Cf. Costabili, 13 et 15 avril 1499). Il motivait cette réserve par ce fait: « Bisognera ora unir tutta l'Italia » (Marino Sanuto, I, 137, 16 avril 1498).

(3) *Documents sur la première année du règne de Louis XII*, pag. 11. A Turin, c'était sur la question même de la succession au trône de France que portaient les discussions. Pirovani en donne une idée dans une lettre du 13 avril 1498. *Louis XII et Ludovic Sforza, Documents*, 4.

(4) Modène, *loc. cit.*, B 13, Costabili au duc de Ferrare, 20 avril 1499.

D'autre part, il essaya de susciter des embarras à l'intérieur à Louis XII en suggérant au duc de Bourbon l'idée de revendiquer la couronne (1) : l'existence d'amicales relations entre les Bourbons et Ludovic Sforza est incontestable à ce moment, ainsi que la froideur de ces princes vis-à-vis de la Seigneurie de Venise (2) ; il est moins sûr que des lettres aient été adressées par Ludovic Sforza au duc de Bourbon pour l'encourager à ne pas perdre l'occasion de s'emparer de la couronne et pour lui promettre des secours de troupes et d'argent en vue de cette entreprise ; on assurait cependant à Venise, en juillet 1498, que de telles lettres avaient été saisies par Louis XII, et qu'elles avaient été une nouvelle pâture pour sa haine contre le More (3) ; Ludovic Sforza semblait lui-même autoriser ces rumeurs en disant en public que le roi de France « aurait plus à faire qu'il ne croyait », et que « pendant six mois et même pendant un an, il en aurait encore davantage » (4) ; mais cette menace resta toujours assez obscure. A Turin d'ailleurs, il faisait démentir ces nouvelles comme fausses, et il demandait à la duchesse et au trésorier de Savoie, s'ils étaient questionnés à ce sujet, de tout nier sous serment (5). Il n'était donc pas, — le soin qu'il mit à se disculper le prouve, — à l'abri de tout soupçon à cet égard.

Tant que la politique de Louis XII ne se dessina pas au dehors, et qu'on put le croire aux prises avec des difficultés intérieures, tant qu'il put espérer que la Ligue italienne maintiendrait son union et qu'il y trouverait toujours une place prépondérante, le duc de Milan ne dissimula pas son hostilité contre le roi de France. Mais quand il vit Louis XII établir rapidement des relations cordiales ou tout au moins pacifiques avec les divers princes de l'Europe, reprendre des relations diplomatiques avec presque tous les états italiens, ébaucher des négociations avec quelques-uns, qui autrefois avaient été les alliés du Mila-

---

Marino Sanuto, I, 950, 30 avril 1498. Donato de Preti, 12 mai 1498, *Louis XII et Ludovic Sforza, Documents*, 12.

(1) Milan. A. d. S., *Pot. estere, Savoia*, Maffeo Pirovani, 29 mai 1498.

(2) MARINO SANUTO, II, 751, l'ambassadeur vénitien à la Seigneurie, 24 mai 1499. Les ambassadeurs étant allés visiter le duc de Bourbon et le trouvant occupé à jouer à *taola*, il ne se dérangea pas de son jeu pour les recevoir.

(3) Milan, *ibid., Pot. estere, Venise*. Latuada au duc de Milan, 7 juillet 1498. *Louis XII et Ludovic Sforza, Documents*, 34.

(4) De Preti au marquis de Gonzague, 22 mai 1499. *Louis XII et Ludovic Sforza, Documents*, 18.

(5) Milan, A. d. S. *Cartegg. gener.*, lettres de Pirovani, *passim*.

nais, Ludovic Sforza, craignant de rester isolé devant son ennemi, essaya fort sérieusement de se rapprocher de Louis XII. Du mois d'août 1498 au mois de juillet suivant, il tenta une longue suite de négociations avec le roi de France, que, soit duplicité, soit virtuosité, soit peut-être sagesse, il ne craignait pas d'amalgamer ou de mener de front avec les négociations d'alliances et les mesures militaires dirigées contre lui.

Ludovic Sforza annonça, à diverses reprises et non sans exagération, son dessein de se réconcilier avec Louis XII. Au début d'août 1498, il dit au corps diplomatique assemblé : « Je vois que le roi de France a fait la paix avec l'Espagne, qu'il s'est arrangé pour les affaires de Bourgogne avec le roi des Romains et l'archiduc. Je vois comment il fait les affaires. Je lui ferai présent de Gênes et d'une partie de mes états. Et si je vois qu'il désire être roi d'Italie et que je ne puisse pas m'en tirer autrement, je l'aiderai, de mon argent et autrement encore, à le devenir » (1). Adorni répétait vers le même temps au secrétaire vénitien Bevazam cette parole de Ludovic « qu'il voulait marier Louis XII avec Gênes et lui donner l'Italie pour dot » (2); (Adorni blâmait d'ailleurs les paroles de Ludovic Sforza et disait que le moment était mal choisi pour attirer sur les choses italiennes l'attention du roi déjà suffisamment éveillée.) — D'autre part, Ludovic Sforza s'efforçait de faire croire à son abstention parfaite en tout ce qui touchait les ennemis de Louis XII : celui-ci l'ayant accusé d'avoir encouragé et aidé Maximilien à lui faire la guerre en Bourgogne (ce qui d'ailleurs était la vérité), le duc de Milan s'efforça de repousser et de démentir l'accusation. Il adressa à Pirovani (3), en le chargeant de la répandre à la cour de Savoie et en France, une protestation indignée contre une imputation « éloignée de toute vérité » : « Il croyait, disait-il, devoir assurer nettement devant les princes qui étaient ses amis et qui avaient les moyens de pénétrer jusqu'au roi de France, que cette accusation était fausse et mensongère; non seulement il n'avait pas poussé Maximilien à cette guerre, mais au contraire il avait tout fait pour l'en détourner : il avait reçu, de la part de Maximilien, Hans de Cousech pour lui donner son avis; il avait déconseillé la rupture ; Hans de Cousech était reparti avec cet avis, mais la guerre avait été déclarée avant qu'il fût

---

(1) Marino Sanuto, I, 1038, 12 août 1498.
(2) *Ibid.*, I, 1055, 25 août 1498.
(3) Milan, A. d. S. *Cartegg. gener.*, Ludovic Sforza à Maffeo Pirovani, 17 août 1498. *Louis XII et Ludovic Sforza, Documents*, 41.

de retour en Allemagne. Ce qu'apprenant, Ludovic Sforza s'était cru tenu par son devoir de vassal de faire des offres générales de service et de concours militaire à Maximilien, estimant que le manquement à cette obligation pourrait lui attirer de grandes difficultés.» Mais c'était à cela que s'était borné son rôle, et Ludovic Sforza ne pensait pas qu'on pût ni lui reprocher la guerre franco-impériale ni l'en rendre responsable. Le duc de Milan donnait encore comme une preuve de ses dispositions pacifiques envers la France l'insistance qu'il avait mise à demander la confirmation de la trêve avec Trivulce, tandis qu'il aurait pu profiter d'une rupture pour faire une diversion en Italie et faciliter par là le succès de l'attaque de Maximilien en Bourgogne. Il déclinait donc toute responsabilité dans la récente attaque dirigée contre la France par l'empereur et demandait qu'on le fît savoir à Louis XII. — Personne d'ailleurs n'avait de doute sur les motifs de cette attitude de Ludovic Sforza ; la « crainte juste et raisonnable» que la France lui inspirait n'était un secret pour personne, et le corps diplomatique attribuait volontiers son inaction à ce salutaire effroi, « sans quoi l'on aurait vu une grande rupture », disait Brognolo, faisant allusion à la guerre probable entre Ludovic Sforza et Venise (1).

L'opinion publique ainsi préparée, Ludovic Sforza multiplia les tentatives pour se faire autoriser par Louis XII à entrer en négociations avec lui ; il le lui fit demander d'abord par le marquis de Saluces (2) ; celui-ci se heurta à un refus formel, dont on donna cette traduction pittoresque : « Que le duc de Milan se garde de m'envoyer des ambassadeurs, je les ferais jeter à l'eau». Après le marquis de Saluces, Ludovic eut recours à l'intermédiaire de l'envoyé ferrarais Borso da Corregio pour demander l'envoi d'une ambassade en France. Louis XII, tout en démentant le propos brutal qu'on lui attribuait, persista dans son refus: mais il fit dire au duc de Ferrare de s'abstenir désormais de toute intervention en faveur de son gendre (3). Enfin l'ambassade pontificale reçut de lui la même commission, et échoua de même (4).

(1) Mantoue, *Arch. Gonzaga*, E, xix, 3, Brognolo au marquis de Mantoue, 28 août 1498, « Se non che la Excellentia sua teme pur assai de le cose de Franza, como é justo et rasonevole, son certo che presto presto si vederia una gran rottura, ma questa sol cosa fa che la Excellentia sua va alquanto retenuta.
(2) Voir plus haut, chap. III, II, § 2, pag. 183.
(3) Voir plus haut, chap. III, III, § 1, pag. 192 et Avisi di Parigi, 30 juil. 1498
(4) Voir plus haut, chap. III, VI, § 1, pag. 325.

Après l'échec de ces tentatives de négociations officielles, Ludovic Sforza essaya d'arriver au roi par les grands personnages de sa cour ou de son entourage. Un Milanais s'offrit à aller en France pour commencer des négociations avec le capitaine Robinet ; le duc agréa cette offre, mais son agent revint de France après un échec complet, sans avoir pu parler à Robinet ; tous ses interlocuteurs s'étaient accordés à déclarer qu'il fallait, avant tout, éclaircir quelle part le duc avait pu avoir à la déclaration de guerre de Maximilien à Louis XII. Cet agent fut renvoyé une seconde fois en France, muni d'explications sur ce point, chargé de nier les encouragements donnés par le duc de Milan à l'empereur d'Allemagne, et porteur d'une note explicative des droits de Ludovic Sforza au duché de Milan destinée à être communiquée au gouvernement français. Il avait en même temps mission de dire « qu'il serait juste et raisonnable que Louis XII n'attaquât pas sans motif le duc de Milan, et voulût bien lui abandonner la jouissance tranquille de ses états, le duc étant d'ailleurs tout disposé à rendre à Louis XII les mêmes services que ses prédécesseurs avaient rendus aux rois de France ». S'il y avait matière à contestation dans ses titres juridiques, Ludovic Sforza était tout prêt à soumettre le différend à un juge agréé par les deux parties ; il offrait enfin de tenir Gênes en fief du roi de France et d'accomplir toutes les obligations d'un bon vassal. Mais cette seconde mission de cet agent occulte ne paraît pas avoir abouti plus que la première. — Dans les premiers jours de septembre 1498, Ludovic Sforza tenta une nouvelle épreuve par Constantin Arniti, que d'autre part il essayait de prendre à sa solde (1). Hieronimo Penzono, étant à Vigevano, reçut commission du duc de Milan de transmettre à Constantin Arniti, pour être répétées au roi de France, diverses déclarations de Ludovic Sforza : « le duc, pour plus de repos et de tranquillité, serait très heureux que Louis XII voulût bien l'avoir pour ami, désir d'autant plus facile à satisfaire que celui-ci ne pouvait avoir aucune raison légitime de le traiter en ennemi ; du reste il renouvelait ses offres et ses déclarations antérieures ; il niait avoir donné à Maximilien aucun encouragement ; il avouait seulement lui avoir offert, en tant que son vassal, une contribution de cinquante mille ducats, dont Maximilien ne lui avait d'ailleurs même pas réclamé le versement ; il offrait de nouveau de faire examiner ses titres de possession par le Parlement de Paris, et de tenir

---

(1) Milan, A. d. S. *Cartegg. gener.*, *Instructio Secundini*.

Gênes par investiture de Louis XII; il ajoutait même que si, pour aplanir la difficulté relative à Gênes, il lui fallait payer quelque chose au roi de France, il ne négligerait rien pour le contenter. » Constantin Arniti, qui négociait alors les termes de sa *condotta* avec Ludovic Sforza, ne pouvait lui refuser ce service. Il se montra donc très disposé en principe à accepter la mission dont le chargeait le duc de Milan ; mais, connaissant l'existence et l'insuccès des démarches antérieures analogues, il demanda avant tout à savoir quels personnages, et munis de quels mandats, avaient été envoyés en France, quel accueil leur avait fait Louis XII et enfin quelles conditions Ludovic Sforza mettait à son rapprochement. Constantin Arniti pensait en effet justement que la connaissance des faits passés lui rendrait plus facile sa démarche actuelle ; et il exprima aussitôt à Ludovic Sforza son espoir de trouver des intermédiaires qui rendraient le succès plus probable. Constantin Arniti s'acquitta de cette mission, et, sans qu'elle ait eu de résultats positifs, c'est sans doute à son intervention que l'on peut attribuer « l'adoucissement », signalé par le marquis de Saluces au début de septembre, dans les dispositions de Louis XII à l'égard de Ludovic Sforza (1). Aussi s'attendit-on, en France, à une insistance plus grande dans les propositions d'alliance de Ludovic Sforza à Louis XII (2). Un « secrétaire du roi » fit même savoir au duc que, s'il envoyait un sien agent en France, il pourrait résulter de cette mission « quelque chose de bon ». Ludovic Sforza s'émut de cet avis, envoya immédiatement un agent à ce secrétaire, (en qui il faut sans doute supposer M. de Trans), mais cet agent revint bientôt après en Italie ; il rapporta que cet informateur s'était, de son propre aveu, trop avancé, qu'il ne voyait aucune manière de négocier une réconciliation avec le roi, et affirmait que les dispositions de celui-ci envers Ludovic ne pouvaient être pires que ce qu'elles étaient (3). La nouvelle de cet échec diplomatique de Ludovic Sforza arriva sans retard à Venise, et y fut enregistrée non

---

(1) Mantoue, *Arch. Gonzaga*, E, XIX, 3, Broguolo au marquis de Mantoue, 8 septembre 1498. [Ludovic Sforza] ha aviso dal marchese di Salucio che la Maestà dil Re di Franza é alquanto mitigata verso la Excellentia Sua; laquale ha deliberato non lassare cosa a fare per corrumpere tutti quelli che hanno auctorità cum la Maestà sua, per potere consequire l'intento suo contra Venetiani in questa impresa de Pisa.

(2) MARINO SANUTO, I, 1095, l'ambassadeur vénitien à la Seigneurie, 18 septembre 1498.

(3) Costabili au duc de Ferrare, 10 septembre 1498. *Louis XII et Ludovic Sforza, Documents*, 52.

sans exagération : on assura que, loin d'accepter aucune proposition, Louis XII avait demandé à Ludovic Sforza la cession de Milan, « qui lui appartenait à lui même » (1). La duplicité de Ludovic redoubla après cet échec : il songea plus que jamais à exciter l'empereur contre la France, ne voulant pas, comme il le déclarait à Costabili, « attendre impassiblement sa ruine et se laisser réduire au point où il ne trouverait plus d'alliés » ; mais, en même temps, il demanda au duc de Ferrare d'envoyer en France un nouvel ambassadeur, chargé en premier lieu de justifier Ludovic Sforza du grief fondamental qu'avait contre lui le roi de France, et ensuite d'employer toute son industrie et tous les moyens qui lui sembleraient convenables, à produire une réconciliation. Cet ambassadeur, si l'on rendait Ludovic Sforza responsable de la prolongation de la guerre franco-allemande, pourrait l'excuser en insistant sur les nombreuses tentatives faites par le duc de Milan pour montrer ses bonnes dispositions, tentatives toujours repoussées par le roi : cette mauvaise volonté royale autorisait Ludovic Sforza à prendre désormais ses précautions contre la France. Il ne paraît pas que le duc de Ferrare se soit prêté à ce désir de Ludovic (2).

Au mois d'octobre, Ludovic Sforza tenta d'arriver à Louis XII par l'intermédiaire de son mortel ennemi, Trivulce : la démarche dut coûter autant à son amour-propre qu'à sa rancune (3). Il essaya d'abord de le détacher du service de la France pour le rapprocher de lui-même. Il proposa ensuite de verser deux cent mille florins en échange d'une renonciation de Louis XII à ses projets de guerre. On fit courir divers bruits, tantôt qu'il avait proposé de céder le Milanais à la France deux ans après sa mort, tantôt qu'il avait offert une somme une fois payée de deux cent mille livres et un tribut annuel de trente mille livres, en témoignage de vassalité. Il est certain du moins que, dans le courant

---

(1) MARINO SANUTO, I, 1002, 21 septembre 1498.
(2) Document cité note 11.
(3) Milan, Biblioth. Ambrosienne, cod. A 114 inf., Arluno, *Storia di Milano*: « Primum omnium J.-J. Trivultium, multæ factionis multæque popularitatis virum, ad sese a Gallo avertere; ci auri summam ingentem ducenta flavorum millia, si rex armis interquiesceret spopondisse ; quidam addiderunt vivo se ac biennio post esse conventum, mox si rex prolem suscepisset, tunc demum ut Gallicano imperio res Mediolana subjiceretur sanxisse. Ego quidem, ab his qui ducalium arcana secretorum participabant aliter accepi, ducenta quippe, millia statim inito fœdere præroganda erant, singulos dehinc in annos triginta millia velut ad superioritatis recognitionem impræstabantur. Quæ p. lane eredibiliora sunt.

de ce mois, Trivulce recevait de France l'ordre de travailler à un arrangement entre le roi et Ludovic Sforza, et l'avis que « le roi verrait cet arrangement avec satisfaction et désirait savoir les conditions de son adversaire » (1). Ludovic Sforza avait hâté sa réponse à ces ouvertures, déclaré que les services de Trivulce ne lui seraient pas désagréables, annoncé l'envoi d'un agent milanais en France, et communiqué à Trivulce la commission donnée à cet agent, s'en remettant à la bonne foi de son ancien adversaire pour transmettre au roi la teneur exacte de ses déclarations. Un personnage fort obscur et dont l'identité même, les fonctions et le caractère restent pour nous mal définis, le comte Roux de Saint-Martin (nommé aussi Zuam Rosso ou San Martino), fut chargé de ces négociations occultes. Il se trouvait en France en octobre, et le 22 du même mois, de retour de son ambassade, il eut une entrevue avec Ludovic Sforza dans les environs de Milan (2). Louis XII demandait, pour continuer à vivre en paix avec le duc, un tribut annuel de cent mille francs et la possession du duché après la mort de Ludovic (3). Cette prétention paraissait exorbitante au duc; il est même vraisemblable que Louis XII n'espérait pas qu'elle fût acceptée ni même prise en sérieuse considération, et qu'elle avait surtout pour but indirect de réveiller les Vénitiens, avec qui les négociations se prolongeaient sans aboutir. Le duc de Milan repoussa en effet les propositions de Louis XII ; on prétendit qu'il avait offert un tribut annuel de cinquante mille ducats et une somme une fois payée de quatre cent mille ducats en échange de toutes les prétentions du roi sur le duché; d'autres prétendirent qu'il avait offert un tribut de cinquante mille ducats, qu'il consentait à tenir Milan en fief de Louis XII et à le lui léguer après sa mort (4). Cet échec fut surtout l'œuvre des adversaires milanais d'un rapprochement entre le roi de France et Ludovic Sforza : les principaux étaient le trésorier Landriano, chef des Gibelins, Galeazzo di San Severino, redoutant un partage éventuel du

---

(1) Ludovic Sforza à Herasmo Brasca, 20 octobre 1498. *Louis XII et Ludovic Sforza, Documents*, 60. D'après Arluno cependant, les offres auraient été faites directement par Ludovic Sforza à Trivulce, qui ensuite les aurait transmises en France (*Storia di Milano*, fol. 107).

(2) MARINO SANUTO, II, 59. Lippomano à Venise, Milan, 22 octobre 1498.

(3) *Ibid.*, II, 59. Le même à la même, Milan, 22 octobre 1498.

(4) Voir le texte d'Arluno ci-dessus cité, et Marino Sanuto, II, 144, 21 novembre 1498. — Mar. Sanuto cite le fait comme l'ayant entendu dire à Venise.

gouvernement avec Trivulce, et sans doute aussi Maximilien, aux droits impériaux de qui ces projets portaient atteinte (1).

Cependant des négociations toujours secrètes et officieuses continuèrent. Le parti milanais recommença à s'agiter à la cour de France : « le duc de Milan, disaient les ambassadeurs vénitiens, avait à la cour des défenseurs et des intrigues avec les grands, car les Français sont aussi avides d'argent que le diable d'âmes » (2). Le comte de Saint-Martin et d'autres agents du même genre, mais subalternes, l'un entre autres nommé Pietrasanta, séjournèrent en France dans la première quinzaine de novembre. Saint-Martin continuait à pousser le roi à une entente avec Ludovic Sforza, mais le roi s'y montrait de nouveau peu décidé (3). Saint-Martin eut des entrevues avec d'Amboise et Gié ; il fut plusieurs fois mandé devant le conseil du roi, mais le gouverneur d'Orléans, son ami, lui conseilla de ne pas s'y rendre et même de se tenir éloigné de la cour, jusqu'au moment où il aurait des nouvelles de Milan plus conformes aux désirs du roi. Un autre agent, qui recevait des instructions de Saint-Martin, résida pendant le mois de novembre à Loches, à Tours et à Montrichard, suivant la cour et le roi, que d'ailleurs il ne put voir ; son arrivée à Montrichard, où était Saint-Martin fut immédiatement signalée, et comme le courrier attendu n'arrivait pas, Louis XII se décida à rompre avec ces agents ducaux tous pourparlers, et il annonça aux ambassadeurs vénitiens, surveillants inquiets et jaloux de leurs confrères milanais, le congé de ceux-ci. Ce congé leur fut signifié sans solennité, « sur un bout de papier », en termes très secs : « Comte de Saint-Martin, le roi entend et veut que vous et les deux personnes que vous avez appelées, vous retourniez là d'où vous êtes venus, et ne veut pas vous accorder d'audience. » Les Milanais demandèrent des explications sur leur renvoi, comme fait et comme procédé : le gouverneur d'Orléans leur expliqua que c'était une réplique de la cour au retard de l'arrivée du courrier, et ils partirent, ce courrier arriva pendant leur voyage : ils envoyèrent au gouvernement français la teneur de ses lettres

---

(1) Arluno dit que «Maximilianus Cæsar introvertebatur enim jure suo, si Sfortia pro Cæsare Gallum recognosceret, nam quum jus Mediolanique potestas ab imperio pendeat ablaqueari distrahique per indignum esse videbatur » (*op. cit.*).

(2) MARINO SANUTO, II, 189 et 151, ambassadeur vénitien à la Seigneurie, Lyon, 15, 16 et 17 novembre 1498.

(3) *Ibid.*, II, 141 ; lettre d'Asti à la Seigneurie, 17 novembre 1498.

et continuèrent leur voyage à petites journées, dans l'espoir, qui ne fut pas réalisé, d'être rappelés. Saint-Martin et ses agents attribuèrent leur échec aux jalousies qui divisaient la cour: «leurs négociations auraient réussi, disaient-ils, s'ils étaient adressés au maréchal de Gié et à d'Amboise ; mais le reste de la cour tenait en suspicion ces pratiques, ne leur croyant pas d'autre but que de faire gagner du temps au duc de Milan ; on n'admettait pas, étant donné les étroites relations financières et politiques de l'empereur Maximilien et de Ludovic Sforza, la sincérité de ce dernier quand il parlait d'une réconciliation. » Du reste, les dispositions pacifiques du roi avaient changé, avant même l'arrivée du comte de Saint-Martin ; en sorte qu'eût-il apporté lui-même les propositions envoyées seulement par le courrier retardataire, les concessions de Ludovic Sforza seraient tout de même arrivées trop tard (1).

Vers la mi-novembre, les ambassadeurs vénitiens croyaient que l'on pouvait considérer la ligue franco-vénitienne comme conclue et qu'on n'attendait plus que la réponse de la Seigneurie. Le congé des ambassadeurs milanais fut définitif au début de décembre ; le roi aurait même donné ordre de reconduire le comte de Saint-Martin à la frontière entre deux archers, et menacé de pendaison quiconque se présenterait à la cour au nom du duc de Milan (2). Il ordonna de congédier aussi un autre personnage qui devait arriver à Chinon, vers la même époque (3) ; il retira au comte de Saint-Martin et lui fit retirer par Constantin Arniti les pensions dont il jouissait sur les revenus d'Asti et du Montferrat : le motif de cette suppression,

---

(1) *Documents sur la première année du règne de Louis XII*, pag. 50 et suiv. Lettre anonyme d'un agent secret milanais à Ludovic Sforza, 29 novembre 1498. — Une très grande obscurité règne d'ailleurs sur les allées et venues de ces personnages ; elle est due en partie aux erreurs de noms que commettent les contemporains quand il s'agit de les désigner. Ainsi le comte de Saint-Martin est représenté dans des lettres de Lyon du 21 novembre 1498, comme n'ayant pas encore quitté la cour à cette date (Marino Sanuto, II, 207), et en même temps comme ayant ce jour-là même une conférence avec Ludovic Sforza, et une seconde à Vigevano quelques jours après (Marino Sanuto, II, 207 et 168, ambassadeur vénitien à Milan, 21 et 25 novembre). Cependant un personnage appelé Zuam Rosso, nom que porte aussi le comte de Saint-Martin, est signalé passant à Lyon le 25 novembre 1498 pour retourner à Milan. Tous ces menus détails, du reste sans grande importance, sont incohérents.

(2) MARINO SANUTO, II, 198, lettre à la Seigneurie, 7 décembre 1498.

(3) *Ibid.*, II, 235, ambassadeur vénitien à la Seigneurie, Chinon, 7 décembre 1498.

donné dans l'édit royal, était « qu'il avait voulu se mêler de choses qui ne le regardaient pas »(1). Le comte rentra définitivement à Milan vers le 20 décembre sans avoir pu rien conclure. Le roi voulait une renonciation pure et entière de Ludovic Sforza à son duché, et le duc refusait, comme de juste, de priver son successeur de sa couronne, sans même essayer de la lui conserver (2).

Tandis que les négociations de Saint-Martin échouaient ainsi, une autre « *pratica* » s'engageait dans ce même mois de décembre 1498 entre la France et Milan par l'intermédiaire de cette charmante et légère comtesse de Montpensier, Claire de Gonzague, et d'un officier de sa maison, « Simforiano », autrefois marchand à Milan et qui avait quitté Milan par suite de mauvaises affaires (3). Cet agent de Claire arriva le 26 décembre à Milan, porteur d'un sauf-conduit pour d'autres diplomates, entre autres M. de Ligona, chargés aussi de prendre part à cette négociation, et fut reçu par le secrétaire Paolo Biasso ; d'après lui, le roi demandait maintenant l'abandon de Gênes par Ludovic Sforza (4), tandis que le duc n'offrait qu'un tribut annuel de vingt mille ducats ; mais il promit au marchand Simforiano, si par ses soins la négociation aboutissait,« monts et merveilles » et, plus positivement, le paiement de ses dettes (5). — D'autres intrigues étaient menées parallèlement, dont on n'aperçoit que quelques traces dispersées, et dont on ne connaît ni les agents, ni la teneur, ni les conséquences. D'après Constantin Arniti, Ludovic Sforza offrait de nouveau à la fin de décembre à Louis XII la cession de Gênes et de son territoire, l'envoi de son fils comme ôtage à Asti ou en Savoie, la formation d'une alliance

---

(1) MARINO SANUTO, II, 262, lettre de Casal à la Seigneurie, Casal, 15 décembre 1498.

(2) *Ibid.*, II, 255, l'ambassadeur vénitien à la Seigneurie, Milan, 21 décembre 1498.

(3) *Ibid.*, II, 255, Lippomano à la Seigneurie, Milan, 21 décembre 1498. — Mantoue, E, XIX, 3, Brognolo au marquis de Mantoue, 19 décembre 1498. La Excellentia Vostra havra inteso da Ludovico de le cose de Franza per la praticha introducta per la illustrissima madona Chiara et como questo illustrissimo signore mando questi di uno secretario cum salvo conducto ad alcuni che dovevano capitare a Chivasso.

(4) Mantoue, *Arch. Gonzaga*, E, XIX, 3, Brognolo au marquis de Mantoue, 26 décembre 1498. Les Français, qui arrivèrent en effet à Chivasso, en repartirent presque aussitôt : « [Le duc de Milan] tuttavia è in praticha di assettare quelle cose».

(5) MARINO SANUTO, II, 255, ambassadeur vénitien à Milan, 21 décemb.1498.

entre la France, l'empire et le duché de Milan pour attaquer Venise ensemble (1). En Savoie, le grand chancelier et le trésorier, le grand bâtard à Turin, en France d'Amboise et M. de Myolans s'intéressaient à ces négociations (2). A la fin de décembre, on signale de nouveau en France l'agent Pietrasanta, qui offrait d'acheter la paix à prix d'argent au roi, mais il revint à Milan sans aucun résultat; ce nouvel échec désespéra tellement Ludovic Sforza que, le 1er janvier 1499, il ne voulut entendre la messe ni au Duomo ni à Santa Maria delle Grazie (3). D'autres agents, mais d'un ordre inférieur, étaient encore en France pour lui. Ainsi le 4 janvier 1499, deux agents, demi espions, demi courtiers d'alliances, Michele Resta et Bonaventura di Parma, sont signalés à Lyon, projetant de se rendre à la cour et de se servir encore de l'influence de Claire de Gonzague, mais gênés par les mauvaises conditions pécuniaires où ils étaient réduits (4). — Neri Capponi s'employait aussi au service de Ludovic Sforza; il avait même, devant le roi et avec l'assentiment de d'Amboise et de M. de Clérieux, abordé la question de l'entente avec le duc de Milan ; Louis XII l'en blâma vivement et lui ordonna de ne plus s'en mêler ; mais d'Amboise, Clérieux et le maréchal de Gié semblaient toujours favorables à cette façon de voir. Capponi promit de la part du duc cent mille ducats à Clérieux et à Gié s'ils menaient l'affaire à bon terme (5). Un instant, au mois de janvier, on crut qu'un accord allait se faire entre les deux princes, sous l'influence de deux personnages, uniquement désignés dans la dépêche qui nous révèle ces détails par les lettres *A* et *Ab* (6), lesquels avaient gagné d'Amboise et d'autres grands personnages: Ludovic Sforza cédait au roi Gênes et son territoire, plus une somme d'argent ; même, si ces propositions n'agréaient pas à Louis XII, il promettait de lui laisser après sa mort le duché de Milan (7). A la fin de janvier, un courrier

---

(1) Mar. Sanuto, II, 284, Const. Arniti à la Seigneurie, 27 décembre 1498.
(2) *Ibid.*, II, 307, Dolce à la Seigneurie, 30 décembre 1498.
(3) *Ibid.*, II, 310, Lippomano à la Seigneurie, Milan, 2 janvier 1499.
(4) *Documents sur la première année du règne de Louis XII*, pag. 61, lettre de Bonaventura de Parma à Ludovic Sforza, Lyon, 4 janvier 1499.
(5) *Ibid. et id., Louis XII*, pag. 65. « Sommaire du rapport fait par Neri Capponi à Turin, 12 janvier 1499 ».
(6) Mantoue, *Arch. Gonzaga*, E, xix, 3, Brognolo au marquis de Mantoue, 24 janvier 1499. « Roan è molto inclinato alle cose di sua Excellentia, laquale ha cercato di tirare lui ed alcuni altri alla voglia sua, mediante A vel Ab. »
(7) Marino Sanuto, II, 325, lettre de Gênes, 9 janvier 1499. Voir Rosmini, *Storia di Trivulzio*, I, 309, et II, 85-86. *Ibid.*, II, 347, l'ambassadeur véni-

passant à Turin annonce comme un fait accompli la conclusion de cet accord (1). Ludovic lui-même semblait compter sur ce traité : sa confiance dans la possibilité d'une entente avec la France se fondait sur l'espoir que le mariage de César Borgia en France ne réussirait pas, que les Vénitiens s'accorderaient avec lui-même par peur du pape, que le pape, soit par crainte, soit par honte, ne s'allierait pas avec le roi de France, et qu'enfin l'état intérieur du royaume ferait craindre à Louis XII une rupture avec Milan (2). Il escomptait déjà l'avenir: « Si le duc était en sécurité du côté de la France, écrivait Brognolo, je ne dis pas qu'il enverrait des troupes à Pise pour arrêter l'entreprise des Vénitiens, mais il ferait de telles actions en Lombardie qu'il les obligerait à s'en détourner » (3).

La conclusion de l'alliance franco-vénitienne, tellement retardée que l'on commençait en Italie à ne plus y croire, fut un coup d'autant plus rude pour les illusions et les espérances de Ludovic Sforza. Il essaya encore de payer d'audace : ainsi, il écrivait à la république de Lucques, au début de mars, de ne pas s'effrayer de l'alliance qui venait de se conclure, car l'on y réservait une place honorable pour lui-même. Il annonçait qu'il allait envoyer un ambassadeur en France, où se tramait à son profit une autre Ligue. Mais, en même temps, il demandait aux Lucquois des logements pour les troupes qu'il armait « pour la conservation de l'Italie » (4). Les tentatives directes et personnelles de Ludovic Sforza vers Louis XII cessèrent cependant alors pour quelque temps.

Le duc de Milan se borna à afficher les sentiments les plus courtois du monde, à l'égard de la France et de son roi. Il montra les plus grands égards aux diplomates français qui traversaient ses états, allant à Rome ou en revenant : Ascanio Sforza suivit la même politique. Il donna une lettre de recommandation pour Milan à l'ambassade de la reine Anne, retour-

tien à la Seigneurie, Turin, 15 janvier 1499. Il déclara à Adorno qu'il voulait livrer au roi de France Gênes et la riviera, c'est-à-dire « le cheval et le fourniment » ; Constantin Arniti offrait déjà à Zuam Adorno l'hospitalité à Casal quand le roi de France le chasserait de Gênes.

(1) MARINO SANUTO., II, 398, Dolce à la Seigneurie, Turin, 28 janvier 1499.

(2) Cattaneo au marquis de Mantoue, 7 février 1499, *Louis XII et Ludovic Sforza, Documents*, 75.

(3) Brognolo au marquis, 2 février 1499, *Louis XII et Ludovic Sforza, Documents*, 73.

(4) MARINO SANUTO, II, 512, Vinciverra à la Seigneurie, Bologne, 9 mars 1499.

nant en France en mars 1499, « bien que cette recommandation fût inutile et qu'ils pussent attendre le meilleur accueil de Ludovic » (1). Ludovic lui-même exprima, en effet, quelques jours après, à ces ambassadeurs son étonnement qu'ils eussent cru un sauf-conduit à travers ses états nécessaire, « car il mettait tous les sujets du roi très chrétien à la place d'amour particulière qui leur était due ». Il leur envoya, en même temps, un chambellan pour les escorter à travers le Milanais (2). Démarches de pure politesse à la portée desquelles personne ne pouvait se méprendre, bien que les envoyés français eussent manifesté à Trivulce leur satisfaction de cet accueil (3).

Une nouvelle et dernière tentative de rapprochement eut lieu au mois de mai 1499. Le comte de Saint-Martin envoya en France un homme à lui. Ludovic Sforza (4), dans un supplément d'instructions adressées à un personnage anonyme qu'il appelle «son très cher ami», en arrive aux moyens désespérés de conserver ou tout moins de prolonger la paix (5). Il précise les procédés à employer à l'égard de divers grands personnages, tels que d'Amboise, Ligny, M. de Tournon, pour s'assurer leur amitié. Il déclare que, si ces divers personnages lui promettent leur fidèle appui et obtiennent que Louis XII ne lui fasse pas la guerre, il s'engage à payer, pour chaque année où la paix durera, des pensions de trois mille écus à d'Amboise et à Ligny, et une de deux mille à M. de Tournon ; que les pensions de l'année courante 1499 leur seraient versées, dès qu'il verrait avec certitude Louis XII renoncer pour l'année à lui faire la guerre. Mais, découragé et humilié de tant d'échecs, Ludovic Sforza ne voulait plus agir en personne ni consentir que ses amis fissent des démarches en son nom auprès du roi: ils devaient agir spontanément et comme d'eux-mêmes, et, en employant d'ailleurs les voies et moyens qui leur conviendraient, obtenir que Louis XII renonçât à ses idées belliqueuses. — Un agent du cardinal La Rovère, Pierre Zuam de Forli, alla deux fois à Milan par ordre du roi, et y eut des entretiens très secrets avec Ludovic Sforza. Ludovic s'informa avec

---

(1) *Documents sur la première année du règne de Louis XII*, pag. 70. Lettre du cardinal Ascanio Sforza à Ludovic Sforza, Rome, 27 mars 1499.
(2) *Ibid.*, pag. 71. Lettre de Ludovic Sforza à l'évêque de Tréguier et à Jean de Bosquet, Pavie, 6 avril 1499.
(3) *Ibid.*, pag. 75, Lettre de Malvezzi à Ludovic, Annona, 28 avril 1499.
(4) *Ibid.*, Lettre de Jean Guisoard à Ludovic Sforza, 6 mai 1499.
(5) *Louis XII et Ludovic Sforza, Documents*, 115.

beaucoup d'intérêt si d'Amboise était aussi puissant auprès de Louis XII que le cardinal de Saint-Malo l'avait été auprès de Charles VIII (1). Il essayait, dernière et faible ressource, de brouiller Louis XII avec Venise en leur inspirant des doutes réciproques sur la valeur de leur alliance : il disait que Venise menacée par le Turc ne fournirait aucun appui au roi ; il prétendait savoir par des gens de la cour que le roi ne ferait pas d'expédition contre lui pendant l'année courante (2).

Cependant, après la signature de l'alliance franco-vénitienne, la conclusion du mariage de César Borgia et de l'alliance franco-pontificale ruinait définitivement tout espoir d'une solution pacifique entre Louis XII et le duc de Milan. Le parti milanais était décidément vaincu. Seul, M de Trans, « homme qui, disent les Vénitiens, faisait tout pour de l'argent », essayait encore d'opérer un accord entre les deux princes. Au début de juillet enfin (3), Ludovic Sforza eut encore un instant la velléité de faire une dernière tentative auprès de son ennemi maintenant déclaré : il voulut lui envoyer en ambassade Maffeo Pirovani ; les lettres de créance nécessaires furent même rédigées par le secrétaire Paolo Balbiani, mais il ne mit pas cette idée à exécution (4). Ascanio conseillait encore à son frère, dans les premiers jours de juillet, de traiter avec la France et Venise, en lui remontrant que l'attitude du pape était un véritable danger pour lui. Ludovic Sforza répondit qu'il ne voulait prendre aucune décision où interviendrait le pape, ni le laisser décider lui-même, et déclara en même temps « qu'il était en de meilleures conditions pour commencer la guerre que Louis XII », et qu'il ne craignait pas Venise (5). Toute pensée pacifique avait donc disparu : aucune des propositions de paix ou des tentatives d'accommodement de Ludovic Sforza n'avait été agréée, aucune ne pouvait l'être, car toutes reposaient sur des transactions et des concessions provisoires, qui ne liaient que fort imparfaitement le duc de Milan, qui ne donnaient aucune assise solide à l'influence française non

---

(1) MARINO SANUTO, II, 728, ambassadeur vénitien à la Seigneurie, Blois, 10 mai 1499. Un autre espion, Alessandro da Bologna, est signalé vers le même temps comme allant fréquemment de France à Milan.

(2) *Ibid.*, II, 715, lettre de Blois à la Seigneurie, 12 mai 1499.

(3) *Ibid.*, II, 778, ambassadeur vénitien à la Seigneurie, Lyon, 19 mai 1499.

(4) Milan, A. d. S., *Cartegg. gener.*, Ludovic Sforza à Paolo Balbiani, Vigevano, 3 juillet 1499.

(5) L'ambassadeur florentin à la Seigneurie, Milan, 6 juillet 1499. *Louis XII et Ludovic Sforza, Documents*, 168.

seulement en Milanais, mais en Italie. Se fût-il agi d'une de ces questions de détail qui mettaient volontiers aux prises les états italiens du xve siècle, des demi-mesures pouvaient terminer la querelle. Mais deux cent mille ducats ne pouvaient vraiment pas faire dévier toute la tradition nationale et dynastique qui poussait la France vers la domination de l'Italie et la conquête d'un point d'appui pour cette domination.

La constitution de deux groupes inégaux d'états ennemis, la formation de trois grandes armées destinées à lutter entre elles, — la preuve répétée que la diplomatie était impuissante à résoudre le débat, — l'œuvre entière, en un mot, de ces quinze mois, luttes diplomatiques quotidiennes, intrigues savantes et ingénieuses, travaux militaires vigoureux — tout aboutissait à la guerre entre Louis XII et Ludovic Sforza, et la guerre devait être décisive.

CHAPITRE VI.

LES PRÉLUDES DE LA GUERRE.

Cette guerre entre la ligue franco-vénitienne et Ludovic Sforza, plusieurs faits d'importance inégale, mais également caractéristiques l'annoncèrent dès l'hiver de 1499 ; ils se multiplièrent et s'aggravèrent à mesure que les positions des deux adversaires se dessinaient mieux ; et, par leur succession de plus en plus fréquente, ils accélérèrent le jour de la rupture décisive. Ces actes d'hostilité significative furent les uns des faits diplomatiques ou administratifs, les autres purement des faits de guerre.

§ 1. — *L'expulsion des Milanais hors de France.*

Au mois de mars 1499, Louis XII manifesta son hostilité contre le duc de Milan, par une mesure dirigée contre la « nation milanaise » toute entière. Bien plus qu'un acte de protestation économique, l'édit du 12 mars fut un acte de sécurité générale et un acte de menace à l'égard de Ludovic Sforza (1). Par cet

---

(1) *Louis XII et Ludovic Sforza, Documents*, 89. Marino Sanuto, II, 560. Ambassadeur vénitien à la Seigneurie, Blois, 15 mars 1499. D'autres édits, rendus en même temps, avaient eu un caractère plus marqué de prohibition économique ; le 8 février, un édit interdit l'introduction par voie de terre des étoffes d'or et de soie, et cette mesure, qu'un vénitien établi à Lyon crut hostile à la Seigneurie, était probablement dirigée contre les Milanais (Marino Sanuto, II, 465, *l'amico fedel* à la Seigneurie, Lyon, 8 février 1499) ; le 6 avril, Beccaria annonce l'interdiction de l'importation des soies et des pelleteries. « Ho inteso como qui é venuto aviso de Franza che quello Christianissimo Re ha facto bandire le sete e pelletarie quale vano de Italia in quello reame ; adciò non li ne posse esser più mandato ; dilche mi è parso darne aviso a la Excellentia Vostra ; 6 aprilis 1499. Augustus Maria de Becharia. » — Au mois de janvier 1499, l'importation des draps étrangers avait été constituée en monopole au profit du mari d'une

édit, tous les Milanais et les Génois établis dans le royaume étaient frappés de bannissement et d'expulsion, sous peine de confiscation de leurs biens et d'emprisonnement. Les citoyens de ces nations, munis de saufs-conduits et de permis de séjour, auraient, pour qu'on ne pût pas accuser le roi de trop grande précipitation, un délai de quatre mois, et les autres, un délai de six semaines après la publication de cet édit pour liquider leurs établissements ; un ou deux membres de leurs maisons pourraient recouvrer, retirer et transporter leurs biens, créances et marchandises et en faire ce qu'ils voudraient ; mais il était interdit à tous de commencer ou de faire aucune nouvelle opération de commerce ou de banque. Les étrangers mariés et fixés en France, et y ayant résidé les dix dernières années, n'étaient pas compris dans ce décret ; mais il leur était interdit d'écrire ou de faire savoir quoi que ce fût sur les affaires politiques de France, à Milan, à Gênes ou aux autres états ennemis de la France ; il leur était interdit aussi de faire des affaires de commerce pour le compte de ces ennemis, et en un mot de nuire d'aucune façon aux intérêts français. Ordre était donné dans le même édit de sévir avec une violence impitoyable, malgré toutes autorisations de séjour et tous saufs-conduits, contre les contrevenants à ces dernières clauses (1). Comme corollaire à cet édit de bannissement général, fut rendu un autre édit interdisant aux Allemands et aux Milanais d'assister à la foire qui se tenait à Lyon en mai 1499 (2). L'édit du 12 mars fut crié et proclamé dans tout le royaume à son de trompe ; il le fut notamment à Lyon, où l'agglomération des marchands milanais et génois était importante, le 17 mars (3). On pensait qu'un décret analogue atteindrait en même temps les Florentins ; aussi se livrèrent-ils, surtout ceux qui fréquentaient la cour, à de grandes intrigues pour s'y soustraire, et ils y

---

des femmes de la reine, Secondino d'Asti, qui avait eu l'autorisation d'en faire entrer de cinquante à soixante-dix ballots (*Documents sur la première année*, etc., pag. 65, 12 janvier).

(1) *Louis XII et Ludovic Sforza*, Documents, 95. Conradus de Valle à Ludovic Sforza, Casal, 4 avril 1499.

(2) *Documents sur la première année du règne de Louis XII*, pag. 76, 6 mai 1499. A en croire ce document, la foire de Lyon n'aurait pas été moins brillante, malgré l'absence de ces marchands. D'après un autre texte (*ibid.*, pag. 151), elle eut au contraire moins d'importance cette année-là.

(3) Marino Sanuto, II, 572, ambassadeur vénitien à Blois à la Seigneurie, 25 mars 1499 ; *ibid.*, II, 576, lettre de Lyon à la Seigneurie, 26 mars 1499. Extracto de capituli di lettere venute da Lione, 22 mars 1495. *Louis XII et Ludovic Sforza*, Documents, 92.

réussirent (1). Les marchands milanais et génois, d'autres sujets de Ludovic Sforza, — entre autres le mineur conventuel Protasio de Porri, qui avait passé le carnaval à Lyon, comme prédicateur et confesseur des marchands italiens, — commencèrent aussitôt leur exode (2) ; ils se retirèrent notamment en grand nombre par Montmélian en Savoie ; leur émigration devint extrêmement nombreuse vers le 12 mai, et le 8 juillet elle était complètement achevée (3). Louis XII s'était ainsi délivré de la présence de ces gens qui n'étaient pas moins espions que marchands. Cette mesure de sécurité eut un grand retentissement dans toute l'Italie et émut beaucoup Ludovic Sforza et ses partisans.

§ 2. — *L'attitude de Trivulce à l'égard du duché de Milan.*

Un autre pronostic de guerre fut l'attitude de Trivulce dans tous les conflits qui existaient entre les Astésans et leurs voisins, sujets ou alliés du duc de Milan, ou dans ceux qu'il sut provoquer ou développer entre eux. A la fin de février, il prépara une petite expédition pour reprendre une petite place du Montferrat, Calisano, et un autre château, que Ludovic Sforza avait donnés au marquis de Final ou qu'il lui avait laissé occuper ; le duc se plaignit à ce propos non seulement de l'attaque même de Trivulce, mais de la duplicité de Constantin Arniti, qui, tout en se disant son ami, appelait à son secours les armes de la France (4). Trivulce saisit cette occasion de demander à Anna del Carreto, codame de Zuccarello, si elle lui accorderait le libre passage pour aller attaquer Gênes. Fontana, commissaire ducal milanais à Gênes, pensait que Trivulce s'agitait ainsi, non pas dans le but d'une rupture immédiate, mais en vue de préparer de longue main l'avenir. Ludovic Sforza et le gouvernement de Gênes, chacun de son côté, mais après entente par l'intermédiaire de Fontana, conseillèrent au marquis de Final de céder, ne croyant

---

(1) Lettre de Lyon, 13 mars 1499. *Louis XII et Ludovic Sforza, Documents*, 90.

(2) Voir *Notes d'histoire italienne*, VI : *Rapport de Protasio de' Porri sur l'état de la France en 1499* (dans *Le Moyen âge*, octobre 1893).

(3) MARINO SANUTO, II, 750, 23 mai 1499, et II, 922, 8 juillet 1499.

(4) *Ibid.*, II, 493, Dolce à la Seigneurie, Turin, 27, et 28 février 1499 ; Lippomano à la Seigneurie, Milan, 1er mars 1499.

pas le moment opportun pour une rupture avec Trivulce, vu ses conséquences possibles (1).

Trivulce intervint aussi pour l'envenimer dans une interminable querelle que les Astésans avaient alors contre les Génois au sujet de diverses affaires financières, et des créances d'Asti à l'égard de la banque de Saint-Georges (2). Dès le mois de février, Fontana exprimait déjà à Ludovic Sforza son désir de voir l'affaire se terminer au plus vite, craignant que la rupture avec la France ne fît perdre à la république de Gênes toute chance de paiement, et que trop de lenteurs n'amenassent en effet une rupture. Au début de mars, Trivulce signifia au gouvernement génois qu'il lui laissait la responsabilité du mauvais succès de cette affaire, si l'on donnait tort aux Astésans, et menaça de faire *altre provisione*. Le gouverneur Adorno lui répondit que les Astésans se plaignaient sans motif et que les Génois repousseraient la force par la force ; qu'on pouvait bien leur faire du mal sur la Riviera, mais que ce serait contraire à toute justice, et que Gênes se défendrait de son mieux. Trivulce rappela son messager. Fontana chargea celui-ci de dire à son maître que la banque de Saint-Georges avait fait son devoir, que Trivulce lui-même l'avait reconnu ; que, pour sa part, il s'était employé autant qu'il avait pu en faveur des Astésans. Cette raideur des Astésans et de Trivulce étonnait et inquiétait beaucoup Fontana et Adorno. Le procès s'engagea enfin le 3 février ; les Génois se montrèrent très courtois envers leurs adversaires ; toutes les fois que l'avocat des Astésans, Agostino Panigarola ou celui de Trivulce demandèrent audience, ils l'obtinrent sans difficulté : l'office de Saint-Georges se réunit même plusieurs fois pour eux seuls ; plusieurs des juges et le prieur dudit office, qui pouvaient, par leurs relations de famille

---

(1) Voir *Documents pour l'histoire de l'établissement de la domination française à Gênes* (1498-1500), pag. 33, doc. VIII.

(2) La note suivante, retrouvée dans le *Carteggio generale* de Milan, et classée dans les liasses de mai et juin 1500, résume toute l'affaire : « Causa promossa da Signori Astesani intorno diversi luoghi da essi posseduti nel banco di S. Giorgio di Genova ; ed interessamento del governatore di Asti. Gian Giacomo Trivulzi, in nome del re di Francia, con minacia di rappresaglie nel caso che non si prestino quelli del banco a somministrar giustizia ; Interessamento del Signor Ludovico in detta causa : spedizione del signor Francesco Fontana, poi del Giulio Cattaneo a Genova ; successiva intimazione di guerra per parte del detto Re ai Genovesi. Il credito degli Astesani sui detti banchi era de ducati undeci milia et cogli interessi ammontavano a ducati tredeci milia ».

ou d'amitié, paraître suspects de partialité, avaient offert de ne pas siéger. Au mois de mars, deux envoyés des Astésans, dont l'un était docteur en droit, vinrent à Gênes pour soutenir leurs prétentions devant la justice génoise ; l'un et l'autre possédaient une part de ces créances sur la banque de Saint-Georges qu'il s'agissait pour Asti de recouvrer ; Trivulce leur avait interdit, sous peine d'une amende de cinq cents ducats, de chercher à les vendre, disant que, si les riches créanciers se dégageaient, les pauvres, restant seuls, ne seraient plus en état de soutenir l'affaire. Le 14 mars, l'office de Saint-Georges semblait sur le point de terminer le procès : il décidait de tenir séance sans désemparer pendant deux jours et de se faire porter à boire et à manger dans la salle de ses délibérations. Mais, sur la demande du juriste astésan, on renvoya le prononcé du jugement jusqu'au milieu du mois d'avril, « terme dernier et péremptoire ». Le même docteur demanda qu'on lui remît une note écrite des points litigieux ; l'office de Saint-Georges refusa, alléguant que ce procédé serait contraire à son usage ; l'Astésan se récria ; Fontana et Adorno, toujours prudents, insistèrent auprès des Huit pour qu'on lui donnât satisfaction : si la sentence était ensuite rendue contre eux, les Astésans n'auraient plus aucun motif de se plaindre. Les Huit consentirent à recommencer leur délibération, mais arrivèrent encore à la même conclusion ; ce refus décisif et le départ de ce juriste méticuleux interrompirent les négociations. Le 5 avril, Trivulce, intervenant en personne, envoya signifier au gouvernement génois la dénonciation des représailles : elle devait être proclamée le 12 avril, et l'état de représailles et de guerre existerait dès le lendemain ; Fontana transmit sans retard cette grave nouvelle à Ludovic Sforza. En même temps, de la part du duc et pour éviter que la rupture ne devînt effective, il pria les officiers de Saint-Georges de communiquer par écrit aux Astésans la note écrite dont la concession était l'objet de ce nouveau litige. Les Génois s'étonnèrent beaucoup de cette détermination de Trivulce, prise tandis que le procès était encore pendant et alors qu'ils croyaient avoir fait l'impossible pour donner satisfaction aux Astésans, et leur avoir fourni toutes facilités pour prouver leur droit. Ils envoyèrent une protestation très digne au lieutenant royal et ils se préparèrent à la guerre. Le 6 avril, la nouvelle de l'approche des troupes françaises se répandit à Gênes ; les Adorni envoyèrent pour y répondre Bernardino Adorni à Albenga avec vingt-cinq hommes de pied ; ils demandèrent des renforts pour les autres places de la Riviera à

Ludovic Sforza et l'autorisation de mettre garnison dans le château de la dame de Zuccarello. L'attitude hostile ou ambiguë de leurs voisins augmentait leurs craintes; le marquis de Montferrat allait livrer passage aux Astésans, le marquis de Final ne se prononçait pas, attendant les demandes de Trivulce; les Savonais seuls étaient sûrs. Fontana proposa aux Adorni de faire supporter une partie des frais de cette guerre à la banque de Saint-Georges, qui en était la cause. Les Adorni repoussèrent cette proposition, en faisant prévoir un refus absolu et motivé de la banque. Mais ils consentirent à en parler à la commune.

Les Génois ne croyaient pas encore cependant que la *denuncia di represalie* provînt du roi de France ; ils l'attribuaient à Trivulce, agissant, de son propre mouvement, dans l'intérêt particulier des Astésans. Les Adorni étaient particulièrement blessés du sans façon avec lequel Trivulce avait envoyé déclarer la guerre à Gênes, « qu'il avait traitée comme une bourgade » : ils pensaient que Louis XII y aurait mis plus de cérémonie. L'incertitude se prolongea dans la ville et les officiers municipaux furent convoqués plusieurs fois. On voyait dans ces troubles la main du cardinal de La Rovère, et les préparatifs de défense continuaient. Les Génois envoyèrent à Trivulce leur réponse à la *denuncia di guerra*. Celui-ci ne répondit à ce messager qu'en annonçant qu'il allait commencer les hostilités. Il avait réclamé le droit de passage des seigneurs del Carreto et de Zuccarello, qui le lui avaient refusé et qui demandaient du secours à Gênes ; les Génois en demandaient eux-mêmes à Ludovic Sforza, tout en essayant de trouver une solution pacifique de l'affaire d'Asti. Le Consilio Grande fut réuni pour nommer huit commissaires chargés de la régler ; le 13 avril, Agostino Adorni et le conseil des Anciens s'adressèrent directement à Trivulce pour lui représenter que les Astésans les accusaient à tort, et en même temps, pour l'avertir qu'ils lui feraient voir que « la paix est également utile à tous les peuples » et qu'ils repousseraient la force par la force. Les Astésans répondirent aux Génois par des protestations générales de dévouement, mais maintinrent toutes leurs réclamations précédentes, et Trivulce annonça son intervention militaire imminente (1).

(1) Voir pour les sources de tout ce récit, *Documents pour... la domination française à Gênes*, pag. 35-52 (IX), où sont données les références aux documents et où les principaux textes sont cités *in extenso*.

Il signifia en effet au marquis de Final, comme ayant l'intention de l'attaquer, la *denuncia di guerra* (1) et sur une demande d'explications du marquis, déclara agir ainsi par ordre du roi, et n'avoir ni la puissance ni la volonté d'y manquer ; il donnait du reste, pour unique motif de cet acte, l'état de représailles existant entre Gênes et Asti. Le marquis de Final fit aussitôt quelques préparatifs de défense et demanda des secours aux Adorni et au duc de Milan (2). Ces dispositions belliqueuses de Trivulce n'aboutirent pas ; ce n'était qu'une fausse alerte, qui dès la fin du mois était calmée. Le 28 mai 1499, les Génois étaient assez rassurés et assez sûrs d'une solution pacifique pour renvoyer à Milan de l'infanterie que leur avait récemment expédiée Ludovic Sforza. Cependant la situation générale ne se détendait pas, la défiance contre les Français continuait : les Adorni persistaient à faire bonne garde sur les places de la Riviera et surtout à Albenga, qui, malgré son importance, n'avait point de forteresse, et où l'on n'avait pu improviser que quelques fortifications (3). Ludovic Sforza, pour en finir et désarmer complètement Trivulce, envoya à Gênes un de ses camériers, Giov. Ant. Preda, pour décider les Génois à traiter avec les Astésans (4). Preda réussit dans sa mission à Gênes, et peu de jours après, le 31 mai, en annonçait l'heureux résultat à Trivulce au nom du duc : les Génois, reconnaissant la créance des Astésans, offraient de leur payer une composition de dix mille ducats, en priant Trivulce de surseoir à ses projets belliqueux et à toute autre «nouveauté». Trivulce le remercia de sa mission, le félicita d'être venu « faire des miracles » et « ressusciter les morts». Le lendemain, il convoqua les bourgeois d'Asti : ceux-ci commencèrent par refuser la composition offerte, mais les représentations de l'envoyé milanais et de Trivulce les firent revenir sur ce refus ; on envoya à Gênes Ludovico Lunero, chancelier de Trivulce, avec le mandat de toucher l'argent et d'en donner quittance : les Astésans avaient fait là-dessus une nouvelle difficulté en demandant que l'argent leur fût envoyé à Asti même. Trivulce fit aussitôt arrêter tous les préparatifs de guerre et suspendre les hostilités qui commençaient : on avait déjà saisi

---

(1) MARINO SANUTO, II, 627, lettre de Dolce arrivée le 17 avril 1499 à Venise.

(2) Le marquis de Final aux Adorni, 7 mai 1499. *Louis XII et Ludovic Sforza, Documents*, 111.

(3) Fontana à Ludovic Sforza, 28 mai 1499. *Ibid., Documents*, 123.

(4) Ludovic Sforza à Malvezzi, 29 mai 1499. *Ibid., Documents*, 125.

une quinzaine de muletiers de Savone, avec une cargaison de futaines et de châtaignes; on préparait l'enlèvement d'un village voisin de Gênes où se tenait un marché. On n'avait heureusement pas permis aux Astésans l'attaque d'aucune place, malgré les intelligences qu'ils avaient dans quelques-uns, car il aurait été difficile d'en obtenir d'eux la restitution ; la restitution de diverses choses saisies sur les Génois par les gens d'armes d'Asti, demandée par Giov. Antonio Preda, lui fut refusée, après d'interminables pourparlers. Comme Ludovic Sforza avait à payer une portion de ces dix mille ducats, Trivulce consentit qu'il remît une promesse de paiement entre les mains d'Agostino Triulzi, et lui accorda, pour effectuer le paiement même, un délai courant jusqu'au commencement du mois d'août suivant. Preda recommanda à Ludovic Sforza d'éviter et de conseiller à Gênes d'éviter tout retard — le moindre retard devant avoir pour conséquence de détruire tous les résultats obtenus, et, Trivulce s'étant employé avec ardeur au règlement de cette affaire, de le rendre plus hostile que jamais à Ludovic Sforza (1). — Les choses s'arrangèrent pourtant à la mi-juin, les Astésans consentirent à attendre pendant deux mois le paiement des deux tiers de la somme promise, moyennant le versement immédiat de mille ducats par les Adorni. De plus, ils consentirent que les garanties que les Génois leur avaient offertes pour ce paiement à Asti ou à Casal leur fussent données à Gênes même (2). Malgré son dénouement pacifique, cette longue querelle avait mis en lumière la politique agressive, rude et autoritaire de Trivulce.

Les sentiments de Trivulce éclatèrent encore dans une autre tentative d'expédition militaire. Avant le règlement définitif de la querelle d'Asti et de Gênes, vers la fin de mai, Trivulce annonça qu'il avait reçu l'ordre du roi d'attaquer quelque château du Milanais et de dénoncer le délai de vingt jours qui devait précéder le commencement des hostilités (3). On ne croyait pas,

(1) Giov. Antonio Preda à Ludovic Sforza, 1er juin 1499. *Ibid.*, *Documents*, 128.

(2) Milan, A. d. S., *Pot. Est. Genova*, F. Fontana à Ludovic Sforza, 16 juin 1499. [Trivulce obtient des citoyens d'Asti de] «stare contenti de aspectare el pagamento de li duoi terzi de li dieci mila ducati, fin alli duoi mesi, cum condicione che le mille ducati dovevano deponere epsi magnifici in bancho siano exbursati de presente; et le segurta se sono offerte dare in Monferrato et in Asti sono contenti pigliarle in Genua. »

(3) Costabili au duc de Ferrare, 26 mai 1499. *Louis XII et Ludovic Sforza Documents*, 122. La même nouvelle est donnée par Brognolo au marquis de

les Suisses étant en désaccord avec le roi de France, à cause de l'interdiction signifiée à tous les Allemands de venir à la foire de Lyon, que l'armée française pût rien faire d'important, et Ludovic Sforza affecta le plus grand calme, se disant sûr que, pour l'année 1499, Louis XII ne tenterait aucune expédition ; il attribuait cette manœuvre de Trivulce à son désir de complaire aux Suisses, ses confédérés pour le château de Misocco, voisin de leurs frontières. Il prétendait même savoir que dans Asti les troupes seraient plus probablement diminuées qu'augmentées, que le roi manquait d'argent, et que d'ailleurs il avait en tête d'autres préoccupations que les affaires d'Italie (1) ; aussi, tout en commençant à garnir de troupes les frontières d'Asti, de Piémont et de Montferrat, tout en y envoyant huit cents chevaux, à Milan il semblait tout occupé de joutes et de fêtes. Par contre, cette déclaration de Trivulce parut aux diplomates italiens assez grave pour être relevée et rapportée au duc de Milan, et ils jugèrent utile de le pousser à prendre quelques mesures défensives spéciales. Ludovic se montrait beaucoup plus incrédule que son corps diplomatique ; il croyait même que ces propos étaient de l'invention de Trivulce et destinés seulement à l'effrayer. L'attaque annoncée eut lieu cependant au début de juin contre le marquis Oddone d'Incisa, partisan décidé de Ludovic Sforza (2) ; elle ne fut pas dirigée ostensiblement par Trivulce, qui put ensuite en désavouer les auteurs. Le 6 juin, conduits par deux chefs (mal désignés sous les noms de «*el barone*» et de « M. Baldrachino »), les Français marchèrent contre Incisa, où ils avaient des intelligences (3), et commirent quelques désordres sur le territoire ; le lendemain, au point du jour, quatre cents chevaux et trois cents hommes de pied français, avec des gens du «*dominio marchionale*» de Montferrat, poursuivirent le marquis Oddone jusqu'aux portes de sa ville ; alors se produisit une sortie des habitants, joints au peu de troupes qu'avait ce seigneur ; beaucoup des assaillants furent tués ou blessés, et le reste

---

Mantoue, le 10 juin, mais sans aucun commentaire. « J.-J. Trivulzi ha mandato ad intimare qua la desdicta de la tregua. » (Mantoue. *Arch. Gonzaga*, E, XIX, 3). — De Ferrare elle revient à Venise, le 15 juin 1499 (Marino Sanuto, II, 323, Ferrare, à le vicedomino à la Seigneurie, 15 juin).

(1) L'ambassadeur florentin à la Seigneurie, Milan, 8 juin 1499, *Louis XII et Ludovic Sforza, Documents*, 135.

(2) Oddone d'Incisa à Ludovic Sforza. *Ibid., Documents*, 134.

(3) L'ambassadeur florentin à la Seigneurie, Milan, 10 juin 1499. *Ibid., Documents*, 137.

fut mis en fuite ; deux gentilshommes furent blessés et moururent des suites de leurs blessures (1). Le marquis Oddone, annonçant ce succès à Ludovic Sforza, lui dit orgueilleusement, « que si jamais le duc voulait faire des embuscades ou des courses sur le territoire ennemi, il trouverait dans la ville d'Incisa des hommes capables d'un coup de main ». Malvezzi, immédiatement prévenu par Oddone, exprima ses plaintes à Trivulce (2). Celui-ci répondit, dans les vingt-quatre heures, « que les désordres que lui signalait Malvezzi lui avaient grandement déplu » (3), manda *el barone*, chef d'expédition, et en public, et en présence du trompette milanais, lui manifesta son mécontentement « par des rebuffades impérieuses » (4). Trivulce eut beaucoup de peine ensuite à rétablir le calme. Les frontières du marquisat furent garnies de troupes, et, après avoir pris ces précautions, le marquis affecta la plus grande sécurité, mais il n'était rien moins que sûr de la paix, et réclama de Malvezzi des troupes pour se défendre contre une attaque nouvelle des Français. Malvezzi, qui n'en avait point de trop, se borna à des promesses vagues, à l'assurance que Ludovic Sforza était très bien disposé pour lui, et insista sur les déclarations pacifiques rassurantes de Trivulce. Oddone renouvela avec insistance sa demande, disant savoir par ses espions que *le baron* voulait à toute force l'attaquer et donner l'escalade à sa ville, qui, vu sa faiblesse, ne pourrait certainement pas lui résister, et il envoya Giulio Guasco demander cinquante fantassins à Malvezzi. Mal-

(1) Malvezzi demanda même à Ludovic Sforza, à la requête de Trivulce, le rappel pour quelques jours d'Antonio da Momberserio « essendo venuto a questo disordine cum quelli Guasconi, come hebe male per pacificare cum loro, maxime cum questi dui gentilhomini feriti morissero ». Malvezzi demanda en même temps d'augmenter la garnison du château (Milan, A. d, S., *Cartegg. gener.*, Malvezzi à Ludovic Sforza, 8 juin 1499).

(2) Milan, A. d. S. *Cartegg. gener.* Malvezzi à Ludovic Sforza, 7 juin 1499. M. Oddone me notifica Francesi essere andati ad Incisa et essere stati a qualche desordine cum loro, como Vostra Excellentia vedera per la qui alligata. Io ho subito mandato uno mio trombetta da messer Giov. Giacomo per questo. » — On trouvera cette « lettera qui alligata » dans *Louis XII et Ludovic Sforza, Documents*, 134.

(3) Milan, A. d. S., *Cartegg. gener.*, Malvezzi à Ludovic Sforza, 8 juin 1499, « Questi desordeni gli sono spiaciuti grandemente e col trombetta se e doluto assai del barone, e de Baldrachino e che gia ha mandato per lo barone per reprehenderlo di questo ».

(4) Milan, A. d. S.,*Cartegg. gener.*, Malvezzi à Ludovic Sforza, 10 juin 1499 : « Gian Giacomo molto imperiosamente in publico ha rebuffato lo barone, demostrando che questo atto li sia molto spiaciuto.»

vezzi répondit encore qu'il n'avait pas ce nombre d'hommes disponible, qu'il avait demandé de l'infanterie à Ludovic Sforza, et que, dès qu'il en aurait reçu, il lui enverrait des troupes; il promettait d'aller à Incisa encourager le marquis et voir comment on pourrait fortifier la place; il voulait aussi fortifier Monbercello, et demander aussi pour Alexandrie même des renforts à Ludovic Sforza (1). Cependant les Français se retirèrent complètement du marquisat dans l'Astésan (2). La joie fut grande en Milanais, où l'on grossit quelque peu l'événement pour rendre cette retraite plus glorieuse pour les armes ducales ; on félicita Ludovic de cet incident, où l'on affecta de voir un heureux présage de la future guerre. Giovani Casati lui écrivit de Forli qu'il espérait que « cet heureux début aurait une excellente suite et une fin encore meilleure » (3).

§ 3. — *Le voyage des ambassadeurs français en Italie.*

Le voyage à travers la Lombardie de l'ambassade que Louis XII envoya au mois de juin à la Seigneurie de Venise prit, grâce au luxe inusité de précautions diplomatiques dont Accurse Maynier et M. de Beaumont s'entourèrent, une signification d'hostilité évidente contre le duc de Milan (4). Malgré l'absence de relations diplomatiques officielles entre le roi de France et

---

(1) Malvezzi à Ludovic Sforza, 15 juin 1499. *Louis XII et Ludovic Sforza, Documents*, 147. A Turin, on réduisait toute cette affaire aux proportions plus modestes d'une escarmouche (Marino Sanuto, II, 829, Dolce, 14 juin 1499). D'autre part, on faisait courir le bruit qu'une attaque serait prochainement dirigée contre Alexandrie par les Gascons et les gens du marquis de Montferrat [Milan, A. d. S. *Cartegg. gener.*, Malvezzi à Ludovic Sforza, 11 juin 1499]. *Ibid., Documents*, 139.

(2) Mais, au commencement de juillet, on annonçait de nouveau, à tort d'ailleurs, que Trivulce avait pris Ancisa et que Constantin Arniti avait occupé un château situé en Lunesana à quatre milles de Casal (Marino Sanuto, II, 905, Lippomano à la Seigneurie, 5 juillet 1499).

(3) Milan, A. d. S. *Pot. Estere, Forli*, Casati à Ludovic Sforza, 27 juin 1499. «... sperando de si felice principio optimo mezo e fine, quem Deus...», Il disait dans la même lettre «...dolendosi chel non li sii licito e permesso il poter seguire personalmente la Signoria Vostra e voglie sue, come la fa con l'animo e desiderio.»

(4) Toutes les sources et les indications bibliographiques pour ce paragraphe sont indiquées, et les principaux textes cités intégralement dans mon étude sur *L'Ambassade d'Accurse Maynier à Venise*, (juin-novembre 1499), pag. 10-19, à laquelle je me borne à renvoyer ici.

Ludovic Sforza, les Français, simples particuliers ou agents du roi, n'en circulaient pas moins jusque-là librement en Milanais : plusieurs ambassades, depuis l'avènement de Louis XII, l'avaient traversé en parfaite sécurité et sans avoir jamais rencontré de difficultés administratives de la part du gouvernement milanais. Mais Accurse Maynier et M. de Beaumont, comme pour marquer qu'ils considéraient déjà le Milanais comme un pays ennemi et qu'ils ne s'y croyaient pas en sûreté, firent demander un sauf-conduit au duc de Milan. Par une suprême ironie, ce fut l'ambassadeur vénitien à Milan, représentant d'une puissance amie, qu'ils chargèrent de l'obtenir, en même temps que J.-J. Trivulce demandait pour eux un sauf-conduit au gouverneur d'Oltra Po, Lucio Malvezzi.

Ce fut le 12 juin que Marco Lippomano s'acquitta de cette commission délicate. Elle provoqua un échange de propos assez vifs entre le duc et lui. Ludovic Sforza manifesta un grand étonnement d'une telle demande. Dans la conversation il s'emporta : «Vous autres Vénitiens, vous avez promis au roi de France de l'aider à m'enlever mon état.» Il demanda à Lippomano s'il pouvait le démentir ; et il s'étonnait de l'attitude de Venise : «Son état n'avait rien à démêler avec le roi ni avec la Seigneurie; il se croyait sous la protection de Dieu. Dieu mettrait à la Seigneurie les Turcs sur les bras et occuperait le roi de France par les Allemands. Quant à lui, son état était si bien fortifié qu'il ne craignait rien.» Il ajouta : « Vous rappelez-vous que je vous ai autrefois promis de vous faire lâcher Pise et de vous balayer par toute l'Italie ? Je vous ai tenu parole, je crois ? Eh bien ! je vous dis maintenant autre chose, et notez le jour et l'endroit pour vous en souvenir : au premier signe que je verrai d'être ennuyé par vous, je vous ferai courir par toute l'Italie, sans vous laisser tourner la tête en arrière, comme je l'ai fait à d'autres ». Lippomano se borna à lui répliquer : « Si j'étais un aussi grand seigneur que vous, je vous répondrais ». Et le duc reprit assez sèchement : « Je ne vous le dis pas pour que vous me répondiez, mais pour que vous l'écriviez à la Seigneurie ».

Ludovic se calma cependant et promit le sauf-conduit. Mais, pour que les ambassadeurs ne crussent pas le devoir aux soins de Lippomano, il l'envoya directement au gouverneur d'Oltra Po, Lucio Malvezzi, avec mission de leur faire parvenir. Il le chargea en même temps d'inviter les ambassadeurs à venir à Milan pour qu'il pût les honorer et les « caresser » dignement. Il fit même plus : il envoya au devant des ambassadeurs français deux personnages de la cour, chargés de leur réception à Alexandrie et d'une invitation officielle à se rendre à Milan, où il désirait les voir. Ces délégués étaient deux fervents Gibelins, Ambrosio del Mayno et Ugo della Somaglia, qui jouèrent plus tard un rôle dans la révolution milanaise.

Lucio Malvezzi, après avoir reçu de Trivulce la demande insolite d'un sauf-conduit, en avait informé le duc, et avait envoyé à Asti un chancelier pour avoir à ce sujet quelques explications de Trivulce sur les motif de cette demande. Dès qu'il eut reçu la lettre de Ludovic Sforza, il s'empressa d'envoyer à Trivulce le sauf conduit réclamé et de lui demander quel itinéraire comptaient suivre les ambassadeurs, pour faire savoir aux délégués de Ludovic où ils pourraient rencontrer les Français. Trivulce lui répondit que Maynier et Beaumont devaient, par ordre du roi, aller à Casal parler au marquis de Montferrat. Les délégués milanais demandèrent alors directement à Constantin Arniti la date de l'arrivée des diplomates français, au-devant de qui ils désiraient aller, hors même des frontières du duché. Arniti leur répondit le 16 juin qu'il n'avait pas encore avis de la mise en route des ambassadeurs d'Asti pour Casal, mais qu'il les en préviendrait le plus tôt possible. L'avertissement ne se fit pas attendre, les ambassadeurs français étant arrivés à Casal le 17 juin. Les Milanais y entrèrent le lendemain, non sans que la traversée du Pô leur eût présenté quelques difficultés à cause de la grosseur insolite de ses eaux. Le marquis de Montferrat ne voulant pas, malgré son récent traité avec la France, se brouiller ouvertement avec Ludovic Sforza, alla à leur rencontre hors de la ville jusqu'à Santa Maria de li Angeli.

Le soir même, ils allèrent visiter officiellement Maynier et son compagnon. Ceux-ci affectèrent de les traiter avec la plus grande courtoisie ; ils allèrent recevoir leurs visiteurs jusque sur le palier du premier étage de leur maison, mais se montrèrent décidés à repousser toutes les avances du duc de Milan. Aux invitations de venir à Milan, d'y avoir une entrevue avec Ludovic Sforza, les Français répondirent par des remerciments généraux, assurant que « bien que leurs instructions ne leur prescrivissent rien au sujet de cette visite, ils l'auraient faite s'ils l'avaient crue en quoi que ce fût utile au duc. » Ils expliquèrent leur demande de sauf-conduit, non par la peur d'être maltraités par Ludovic Sforza ou ses officiers, « attendu, dirent-ils non sans quelque cynisme, que leur venue en Italie n'était pas de nature à pouvoir lui déplaire ni dans le présent ni dans l'avenir », mais par la crainte des nombreux groupes de soldats et d'hommes d'armes de toutes nations, et surtout Albanais, qui guerroyaient sur les frontières du Milanais. Les Milanais insistèrent sur le vif désir qu'avait le duc de les recevoir avec de grands honneurs: les Français redoublèrent leurs remercîments et maintinrent leur refus, prétextant soit leurs instructions, soit la fatigue du voyage. Ces excuses dissimulaient à peine leur affectation d'hostilité et de défiance. Interrogés sur leur itinéraire, ils déclarèrent ne pas savoir encore s'ils voyageraient par terre ou par eau, expliquant qu'ils préféreraient peut-être ce second mode de locomotion, à cause de la claudication dont souffrait M. de Beaumont. Constantin Arniti, avant même qu'ils se fussent formellement décidés, avait fait préparer pour eux des barques et des bateaux de transport. Ils partirent en effet par eau, mais ils ne se résolurent à finir leur voyage par le fleuve qu'après avoir été éclairés et rassurés par l'ambassadeur vénitien, Lippomano, sur les dispositions du marquis de Mantoue et du duc de Ferrare. Les délégués milanais durent se contenter de leurs réponses évasives et négatives, qu'ils transmirent aussitôt à Ludovic Sforza.

Le duc de Milan ne se tint pas pour battu ; il ordonna de défrayer le voyage des ambassadeurs et de leur rendre partout les plus grands honneurs ; il eut même quelque temps l'idée d'aller à leur rencontre pour avoir avec eux l'entretien qu'il désirait tant. Les ambassadeurs, par contre, évitèrent le plus possible d'être ses obligés: ils surent se soustraire à la réception que leur avait préparée à Crémone, par ordre du duc, le commissaire ducal Girolamo Visconti. Ce dédain fut encore souligné, et le contraste rendu plus frappant, par l'empressement qu'ils mirent à recevoir, à Mortara, la visite de Lippomano, duquel ils obtinrent, pour la suite de leur voyage, d'utiles informations.— Le passage, à travers la Lombardie, des diplomates français fut donc un symptôme très significatif de l'hostilité, non encore officiellement déclarée mais déjà indubitable, de la ligue franco-vénitienne contre le duc de Milan.

§ 4. — *La dénonciation de la trêve.*

Le 9 juillet 1499, Trivulce avisa officiellement le duc de Milan de la dénonciation de la trêve : c'était là un fait beaucoup plus grave que tous les précédents, car il équivalait à une déclaration de guerre; Trivulce lui donna même cet avis d'une façon qui montrait peu de respect et de considération pour Ludovic Sforza (1). Ludovic Sforza répondit à ce mauvais procédé par une mesure de rigueur contre la famille Trivulce, qu'il somma de lui fournir de quoi payer et entretenir mille hommes de pied (2 ; et il annonça l'intention, si Trivulce continuait ses agressions, d'expulser de Milan tous ses parents et peut-être de confisquer leurs biens; mais il ne répondit pas à l'acte officiel de la dénonciation de la trêve. — Le 12 juillet, Trivulce lui fit exprimer son étonnement d'un pareil silence : « il trouvait étrange que le duc n'eût pas cherché à savoir les causes de cet acte (3), comme il l'avait fait les autres fois »; il promettait, si le duc voulait envoyer à Asti un délégué, de lui dire « des choses qui ne lui déplairaient pas ». Malgré cette promesse assez équivoque, Trivulce commença de nouveau les hostilités, en manifestant l'intention d'occuper, au nom du roi de France, Felizzano. Un agent milanais d'Alexandrie, Bernardino Cotti, avertit aussitôt le duc en lui montrant la gravité d'un pareil fait d'armes, car l'occupation de Felizzano entraînerait celle de tous les passages et ponts existant sur le Tanaro et rendrait impossible, par là-même, le ravitaillement d'Annona et de la Rocca d'Arazzo (4). Trivulce occupa Felizzano et y mit garnison avant que le duc de Milan eût pu secourir la place (5).

Le gouvernement français laissait ou faisait annoncer, en même temps, à Lyon, qu'aussitôt qu'expirerait le délai de

(1) Costabili au duc de Ferrare, 10 juillet 1499. *Louis XII et Ludovic Sforza, Documents*, 177.

(2) Voir plus haut, chap. IV, § III.

(3) Soderini et Pepi à la Seigneurie, 14 juillet 1499. *Louis XII et Ludovic Sforza, Documents*, 186.

(4) Milan, A. d. S. *Cartegg. gener.*, Bernardino Cotti à Ludovic Sforza, 10 juillet 1499. «Di quanto pregiudicio e periculo sarebbe, perche essa non porria soccorrer Novi ne la Rocha, perche in uno poco tempo prenderano tutti li passi e porti che sono sopra el Tanaro ».

(5) Ambassadeur florentin à la Seigneurie, Milan, 10 juillet 1499. *Louis XII et Ludovic Sforza, Documents*, 176.

denuncia entre le roi et le duc, cinq cents lances du roi se présenteraient sur la frontière milanaise, comme pour attester la cessation de la trêve et le commencement de l'état de guerre effectif (1). — A Milan, on commença à parler, comme d'un fait prochain, d'une attaque simultanée du duc de Milan par le roi et la Seigneurie. Ludovic Sforza s'en expliqua : « il n'ignorait pas combien il était grave pour lui d'avoir sur les bras deux ennemis aussi puissants en même temps ; mais sa confiance en Dieu et dans sa justice le consolait un peu ; il était bien décidé à n'épargner ni la dépense ni sa personne pour se défendre ; il faisait appel d'ailleurs au concours de l'empereur, du roi de Naples, des Florentins et du duc de Ferrare» (2). Mais il n'était rien moins que rassuré.

Le premier signal de la guerre fut un coup de main tenté par Trivulce contre Alexandrie (3). — Il s'y était ménagé des intelligences avec divers individus, les Beccaria, Georgio et Sebastiano Mantello, Cazavillan ; c'était chez Sebastiano Mantello que s'était, vers le 15 juin, noué le complot entre lui et deux émissaires de Trivulce qui, déguisés en paysans, étaient venus le voir, avaient causé longuement et dîné avec lui ; Sebastiano leur avait fait de grands frais et leur avait rendu de grands honneurs pendant ce dîner (4). Le « ponte Bergolio » à Alexandrie devait être encloué et chargé de terrains et de barres de fer de façon qu'il ne pourrait être relevé rapidement devant une attaque à l'improviste; les partisans de la France devaient se trouver sur les lieux pour empêcher qu'on ne tentât de le relever et pour assurer aux troupes françaises un accès facile dans Alexandrie (5); un d'eux, Cazavillan, attendit cinq jours en armes dans sa maison l'approche des Français, pour être en temps utile à la garde du pont (6). Trivulce devait, pour que l'opération réussît plus facilement, se présenter avant le jour devant le pont en question (7).

Avant de marcher sur Alexandrie, Trivulce s'assura de quel-

(1) Le même à la même, 25 juillet 1499. *Ibid., Documents*, 210.
(2) Costabili au duc de Ferrare, 13 juillet 1499. *Ibid., Documents*, 183.
(3) MARINO SANUTO, II, 961, Trivulce aux ambassadeurs français à Venise, 18 juillet 1499.
(4) Dionisio Confalonieri à Ludovic Sforza, Alexandrie, 3 août 1499. *Louis XII et Ludovic Sforza, Documents*, 270.
(5) MARINO SANUTO, II, 1189, Gabriel de Pordenone à la Seigneurie, 27 août 1499.
(6) *Ibid.*, II, 1102, Liom à la Seigneurie, Crema, 17 août 1499.
(7) Costabili au duc de Ferrare, 7 août 1499. *Louis XII et Ludovic Sforza, Documents*, 249.

ques petites places et bourgades ouvertes, Cornero, Solero, Quatordexe. Cornero, ville ouverte, était défendue par Biasino Crivelli, commandant des arbalétriers de la garde ducale, et une centaine de ces arbalétriers. Trivulce partit d'Asti dans la nuit, et, tandis qu'il se dirigeait lui-même vers Alexandrie avec environ deux mille chevaux, il envoya le reste, c'est-à-dire sept ou huit cents, contre Cornero. Crivelli fut surpris par leur attaque, réunit à la hâte ses hommes, et se retira avec eux dans des défenses improvisées; la résistance fut « gaillarde » et se prolongea pendant plusieurs heures : les Français perdirent seize hommes, Crivelli finit par capituler, avec sauvegarde des personnes et des biens et liberté aux soldats de s'en aller où ils voudraient; ils se retirèrent à Alexandrie, et Cornero fut occupée par les Français (1).

Pendant ce temps, Trivulce marchait contre Alexandrie avec une petite armée de deux mille cinq cents hommes, tout compris, hommes d'armes, cavalerie légère et fantassins (2). Sa marche fut retardée par un épais brouillard qui fit perdre leur route à une partie de ses hommes : les cavaliers égarés parcoururent le pays en criant pour se reconnaître et rester en masse. Galeazzo San Severino disait plus tard que, s'il y avait eu cinq cents chevaux à Alexandrie cette nuit-là, les Français auraient été facilement détruits en détail, grâce à leur dispersion (3). — Dans leur marche, ils touchèrent Solero, dont la garnison composée d'estradiots prit la fuite ; ils s'attardèrent à lui donner la chasse. Ils attaquèrent vers quatre heures du matin le faubourg de Bergolio à Alexandrie et essayèrent de s'emparer de la porte d'Alexio. Mais déjà il commençait à faire grand jour, ils furent aperçus; on cria « *Aux armes* » dans la ville. Le référendaire Innocenzo de Stampi, réveillé par ces cris, mit en hâte son *zupono*, sauta à cheval et courut sur la place ; il y rencontra Baulino Cotta, Nicolas Inviciati, quelques autres hom-

(1) Costabili au duc de Ferrare, 20 juillet 1499. L'ambassadeur florentin à la Seigneurie, Milan, 20 juillet 1499, *Louis XII et Ludovic Sforza, Documents*, 202.

(2) MARINO SANUTO, II, 967, ambassadeur vénitien à la Seigneurie, Milan, 27 juillet 1499.

(3) Florence, A. d. S., *Lettere alla Signoria*, reg. XII, ambassadeur florentin à Milan à la Seigneurie, 26 juillet 1499. « M. Galeaz è tornato e dice havere ben munito quelle frontere, e che, se la nocte che vennero Franzesi, se trovava pure la cinquecento cavalli, si rompevano facilmente, perche haveano perduta la via e tucta nocte smarriti andorno gridando per quel paese. »

mes d'armes, qui en chemise, qui en *zupono* comme lui, armés les uns de *rudele*, les autres d'autres armes, tous ensemble coururent au pont Bergolio, qu'ils trouvèrent encombré des fuyards de Solero, venus à la débandade, ignorant où étaient leurs chefs, ne pouvant fournir aucun renseignement. Ils poussèrent jusqu'à la porte devant laquelle étaient les Français et où l'on se battait. Un individu, des partisans de la France, empêchait les défenseurs de la place de relever le pont ; quelques arbalétriers milanais furent enlevés par les assaillants ; il y eut une mêlée assez meurtrière entre les Suisses et les Allemands ; un escadron de cavalerie s'avança jusqu'aux maisons situées auprès et en dehors de la porte : les Milanais se hâtèrent de s'abriter derrière les murs de la ville, mais, quand ils voulurent relever le pont derrière eux, les cordes et les chaînes cédèrent sous le poids des barres de fer dont on l'avait chargé. Le coup n'en était pas moins manqué ; les Français ne pouvaient plus s'introduire dans la place par surprise et ne se sentaient pas en nombre suffisant pour livrer bataille : « grâce à Dieu et à la fortune, » ils n'essayèrent pas de pénétrer dans Alexandrie. Ils se bornèrent à rester campés deux jours dans le voisinage (1) : il n'y eut d'ailleurs aucun autre incident. Les nuits suivantes, Innocenzo de Stampi et quelques autres gardèrent le pont, tandis que Baulino Cotta, Nicolas Inviciati et autres faisaient des rondes très sérieuses dans l'enceinte (2).

Cette attaque, qui permit aux Français de s'assurer qu'il n'y avait qu'un petit nombre de soldats milanais à Alexandrie, démontra à Malvezzi l'insuffisance de la défense de la place (3) ; d'une part, le manque de fortifications au pont Bergolio avait permis aux Français de s'approcher tout près de la ville, d'autre part le châtelain de la citadelle de la porte d'Alexio avait été tellement bouleversé par la soudaineté de cette attaque (4), qu'il n'avait pas songé à faire tirer le canon contre les assaillants, et cet ahuris-

---

(1) C'était en somme un échec pour Trivulce (Marino Sanuto, II, 1096, les rectori de Bergame à la Seigneurie, 16 août 1499).

(2) Marino Sanuto, II, 945, Lippomano à la Seigneurie, Milan, 19 juillet 1499 ; *ibid.*, II, 984, Donado à la Seigneurie, Ferrare ; 27 juillet 1499. Innocenzo di Stampi à Ludovic Sforza, Alexandrie, 20 juillet 1499. *Louis XII et Ludovic Sforza, Documents*, 205.

(3) *Ibid.*, II, 962, Dolce à la Seigneurie, Turin, 20 juillet 1499. Malvezzi à Ludovic Sforza, 20 juillet 1499. *Louis XII et Ludovic Sforza, Documents*, 203.

(4) *Ibid.*, II, 967, ambassadeur vénitien à la Seigneurie, Milan, 27 juillet 1499.

sement du châtelain leur avait laissé le chemin tout ouvert: « En y pensant, ses cheveux, écrivait-il, se hérissaient sur sa tête. » Il demanda à Ludovic Sforza, comme une chose absolument nécessaire, l'envoi d'une bonne quantité de troupes et d'artillerie; sans cette précaution, le projet de l'ennemi pourrait bien réussir une autre fois. — Il alla en personne à Bergolio pour y organiser quelques fortifications et y prendre des mesures défensives, en vue d'une nouvelle attaque possible. Mais les citoyens d'Alexandrie l'accusèrent d'abandonner la cité pour aller garder le faubourg, et il dut protester devant Ludovic Sforza contre ces accusations, disant que son devoir était de se rendre au lieu du plus grand danger, c'est-à-dire, en l'espèce, à Bergolio (1).

L'attaque contre Alexandrie avait été la suite d'un complot. Après l'insuccès de la tentative, les traitres, qui n'avaient eu garde de se découvrir, se voyant compromis par l'échec de Trivulce, essayèrent de se soustraire aux représailles milanaises. Sebastiano Mantello, principal auteur de l'immobilisation du pont, put s'enfuir immédiatement avec les Français (2); un des Beccaria s'échappa aussi, l'autre fut pris (3); le frère de Sebastiano Mantello, Georgio, fut arrêté après la retraite de Trivulce; Dionisio Confanonerio saisit un trésor qu'il avait caché à San Salvatore pour assurer sa fuite et demanda même à Ludovic Sforza de le lui abandonner pour s'acheter un bon cheval (4). Cazavillan réussit à fuir sur le territoire milanais jusqu'à Caravaggio, mais, trahi par sa femme, il fut découvert, arrêté, ramené à Milan sous la garde d'arbalétriers; il fut condamné à l'écartèlement, et subit cet affreux supplice le 20 juillet (5). La même peine fut prononcée par défaut contre tous les complices de cette trahison. Quant à Trivulce, Ludovic Sforza se vengea de

---

(1) Milan, A. d. S. *Cartegg. gener.* Malvezzi à Ludovic Sforza, 20 juillet 1499 : « Pare che alcuni cittadini haveano scripto a V. E., dolendosi di me che havesse abandonato la cita per guardare Bergolio ; sono in grande errore però chel debito mio era de firmarmi ove cognosceva essere il maggiore pericolo, essendo Bergolio fra inimici ed il Tanero. »

(2) Mantoue, *Arch. Gonzaga*, E, xix, 3, Brognolo au marquis de Mantoue, 1ᵉʳ août 1499. « La punta che fecero Francesi fù per tractato che havevano in Alexandria, dove era inchiodato el ponte Bergolio per uno Bastiano Mantello, citadino Alexandrino, fugito dopoi ; e se a Francesi bastava lanimo de intrare, la obtenevano ».

(3) Marino Sanuto, II, 1189. G. de Pordenone à la Seigneurie, 27 août 1499.

(4) *Louis XII et Ludovic Sforza, Documents*, 270.

(5) Marino Sanuto, II, 1102 et 1115, Liom à la Seigneurie, Crema, 17 et 20 août 1499. *Ibid.*, II, 1107, rectori de Brescia à la Seigneurie, 18 août 1499.

son attaque en confisquant les biens de ses neveux, qu'il attribua au comte Alessandro Sforza (1).

Au retour de leur expédition, les Français se divisèrent de nouveau ; la compagnie de M. de Guise alla rejoindre un corps de quatre mille hommes, partis d'Asti le 18 juillet, pour attaquer Solero, dont ils s'emparèrent, et Trivulce arriva lui-même avec le reste des troupes à Quatordexe (2). — Solero et Quatordexe, situées l'une et l'autre à proximité d'Alexandrie, étaient riches en approvisionnements de blé, de vin et de bétail (3). Trivulce en annonça l'occupation aux ambassadeurs français résidant à Venise par une lettre écrite le 18 juillet de Quatordexe même (4). Le même jour, Trivulce et d'Aubigny, avec six cents lances et quinze cents hommes de pied, marchèrent contre quelques châteaux peu importants du Milanais qu'ils prirent, entre autres Quargiento; mais leur manque d'artillerie les empêcha d'y faire grand mal, et ils ne ramassèrent que peu de butin (5). Ils restèrent le 19 campés à Solero et Quatordexe, à cause de l'abondance des vivres (6). Un officier, nommé Zuam Antonio, fit entretemps la course sur le territoire voisin du Montferrat et en rapporta pour quinze cents ducats de prises (7). Trivulce voulut mettre garnison à Felizzano ; il en fut empêché par les habitants, sous prétexte que Constantin Arniti n'en avait pas donné l'autorisation; mais Trivulce l'obtint du marquis de Montferrat (8). Lucio Malvezzi s'en émut beaucoup : l'occupation de Felizzano par les Français leur permettrait de

---

(1) Modène, A. d. S. *Cancell. ducale*, B, 14, Costabili au duc de Ferrare, 7 août 1499 : « Ha operato questo chel fara squartare questi che havevano intelligentia cum Francesò ; a soi nepoti ha facto levare la roba laquale S. Ex. ha facto donare al conte Alessandro Sforza. »

(2) Milan, A. d. S. *Cartegg. gener.* Malvezzi à Ludovic Sforza, 19 juillet 1499. Quatordexe appartenait aux seigneurs de Tolentino (lettre de Costabili au duc de Ferrare, 20 juillet 1499).

(3) Soderini et Pepi à la Seigneurie, Milan, 20 juillet 1499, et Brognolo au marquis de Mantoue; même jour. *Louis XII et Ludovic Sforza, Documents*, 199 et 201. Marino Sanuto, II, 957, Lippomano à la Seigneurie, Milan, 20 juillet 1499.

(4) MARINO SANUTO, II, 961, lettre de Trivulce du 18 juillet.

(5) *Ibid.*, II, 957, Urbano (ambassadeur de Montferrat) à la Seigneurie, 20 juillet 1499.

(6) Milan, A. d. S. *Cartegg. gener.*, Malvezzi à Ludovic Sforza, 19 juillet 1499. « Solerio e Quatordexe, loci abundanti de victualie. »

(7) *Ibid.*, II, 1000.

(8) Même lettre de Malvezzi à Ludovic, 19 juillet 1499. *Louis XII et Ludovic Sforza, Documents*, 198.

bâtir un pont sur le Tanaro, et leur livrerait l'entrée du Milanais (1). Aussi Malvezzi pressait-il ses fortifications, et, dès le 19, il demandait l'envoi de deux cents hommes d'armes et d'autant d'infanterie. Les Français campaient à Solero et devaient y recevoir des renforts et de l'artillerie. Malvezzi, pour les en faire partir, eut l'ingénieuse idée de leur envoyer un émissaire chargé, sous un prétexte quelconque, de leur faire savoir que les troupes milanaises grossissaient chaque jour à Alexandrie, et qu'il y avait déjà, campés entre Alexandrie et Borgolio, douze cents hommes d'armes, mille hommes de cavalerie légère et trois mille d'infanterie (2). Sa ruse réussit : le 20 juillet, les Français quittèrent Solero, se dirigeant vers Cormento et ayant fait suspendre la marche de l'artillerie qu'on leur destinait. On ignorait s'ils retourneraient à Asti, iraient à Valence, ou passeraient le Tanaro à Masi. Malvezzi les faisait suivre par de la cavalerie légère, et avait garni la ligne du Tanaro d'une cinquantaine d'autres cavaliers pour leur en interdire le passage (3). Les Français n'avaient pas eu l'intention de garder définitivement ces places ; ils ne voulaient pas non plus continuer leur expédition ; ils se retirèrent tranquillement à Asti (4), mais en se retirant ils annoncèrent qu'ils reviendraient quinze jours plus tard et en si grand nombre qu'ils atteindraient vite l'Oglio (5).

Cette campagne avait eu un caractère très particulier ; Trivulce semblait avoir voulu montrer qu'il ne faisait la guerre qu'à Ludovic Sforza : « Il avait ordre de Louis XII, disait-il, de ne faire de tort à personne et de laisser leur liberté à toutes les places qu'il prendrait » (6). L'armée campait tranquillement et paisiblement ; les troupes ne faisaient de mal nulle part, « comme

(1) Même lettre de Malvezzi : « Come fornendosi Felizano porriano prehendere el passo di Tanaro e fargli uno ponte e per questo accelera la provisione ».

(2) Malvezzi à Ludovic Sforza, 20 juillet 1499. *Louis XII et Ludovic Sforza, Documents*, 203.

(3) Même lettre citée note précéd. et Costabili au duc de Ferrare, 21 juillet 1499. *Ibid., Documents*, 206.

(4) A. d. S., B 14. Costabili au duc de Ferrare, 20 juillet 1499 : « Li inimici minacciano dandarsi a campare in Buroglio, che e una parte de Alexandria, ovvero al Castelazo, e monstra epso M. Lucio nel suo scrivere timor e tuttavia el signor duca non mi ha dicto altro ». Soderini et Pepi à la Seigneurie, Milan, 22 juillet 1499. *Louis XII et Ludovic Sforza, Documents*, 208.

(5) Modène, A. d. S. B 14. Costabili au duc de Ferrare, 21 juillet 1499.

(6) Mantoue, *Arch. Gonzaga*, E XIX 3, Brognolo au marquis, 1er août 1499.

si elles avaient affaire à des amis» (1). Trivulce traitait les habitants en sujets, avec toute la justice d'une administration régulière. Il fit pendre un Français qui avait eu l'audace d'emmener avec lui une « damisella ». — Cette façon pacifique de faire la guerre était, selon la judicieuse observation de Brognolo, plus dangereuse que les violences des gens d'armes (2).

L'attaque de Trivulce contre Alexandrie stupéfia Ludovic Sforza, qui avait ignoré le rassemblement de ces troupes et leurs préparatifs de guerre (3). Leur retraite le « ragaillardit » lui et toute la noblesse milanaise; Costabili pensa que cette alerte serait pour le duc et les Milanais un « *risvegliatore* » qui les empêcherait à l'avenir de se laisser surprendre de la même façon (4). Ludovic Sforza écrivit en effet à Malvezzi de «se tenir plus que jamais sur ses gardes». On craignit de nouveau, à la fin de juillet, une marche des Français contre Sezzè et Spigno, et le duc recommanda à Malvezzi de faire espionner leurs mouvements et de l'en avertir aussi vite que possible (5). Mais Ludovic Sforza se méprit sur le motif de la retraite de Trivulce : il l'attribua à la crainte d'avoir « sur les épaules » la *furia* des troupes ducales chaque jour accrues. Il estimait que cet échec était particulièrement humiliant pour les Français, qui, à supposer qu'ils eussent eu un plan, n'avaient pu le faire réussir, et il pensait que, par cette équipée, Trivulce avait compromis sa réputation en France. Il en concluait que cette première affaire devait augmenter le courage de ses soldats et de ses sujets, et qu'elle diminuerait sans doute les dispositions belliqueuses des Vénitiens (6).

Du reste, cette attaque, inattendue et improvisée, de Trivulce

---

(1) Florence, A. d. S. *Lettere esterne alla Signoria*, XXXII, l'ambassadeur florentin à la Seigneurie, Milan, 20 juillet 1499. « Intendesi Franzesi esser fermi in quelle dite ville, e dicesi non fanno danno a persona, come se fussino amici, e questo signore di continuo attende a providere dove si mostra el bisognio.» — Marino Sanuto, II, 984, Donato à la Seigneurie, Ferrare, 27 juillet 1499.

(2) Brognolo au marquis, 1er août 1499. *Louis XII et Ludovic Sforza, Documents*, 230.

(3) Soderini et Pepi à la Seigneurie, Milan, 19 juillet 1499. *Ibid., Documents*, 196.

(4) Lettre de Costabili du 21 juillet 1499, citée pag. 504, note 3.

(5) Milan, A. d. S., *Cartegg. gener.* Ludovic Sforza à Malvezzi, Cavagnate, 2 août 1499.

(6) Soderini et Pepi à la Seigneurie. Milan, 22 juillet 1499, *Louis XII et Ludovic Sforza, Documents*, 208.

fut considérée à Milan comme destinée à décider à l'action commune les Vénitiens, dont les conversations avec les ambassadeurs français attestaient un certain refroidissement et qui demandaient à voir quelque « démonstration »de la France contre le Milanais (1). On eut la même impression à Venise : on crut que cette tentative avait pour but d'encourager la république « paresseuse et épouvantée ». Mais l'opinion cependant fut sévère pour l'expédition en elle-même comme inconsidérée, peu préméditée et ayant eu pour résultat de hâter la rupture entre Venise et Milan (2). En Savoie, on ne laissa paraître qu'une impression officielle : ce fut avec un vif déplaisir que l'on affecta d'apprendre l'attaque dirigée par Trivulce contre les places milanaises, mais on affecta en même temps de ne pas douter que Ludovic Sforza trouverait dans sa sagesse et dans ses préparatifs le moyen de les reconquérir aisément (3). En quoi l'opinion fut unanime, à Venise comme à Milan, ce fut à considérer la rupture de Trivulce comme une pure et simple déclaration de guerre, et Trivulce déclara lui-même plus tard que, si son coup de main avait réussi, la guerre était finie du même coup (4).

En représailles de cette expédition, les Milanais tentèrent, à la fin de juillet et au commencement d'août, une série de courses sur le territoire astésan, et il y eut même quelques escarmouches : mais Trivulce ne remua pas, se réservant pour la vraie campagne (5).

§ 5. — *La rupture des relations diplomatiques entre Venise et Ludovic Sforza.*

La rupture diplomatique entre Ludovic Sforza et Venise fut le dernier de ces signes avant-coureurs de la guerre. Prévue dès le 20 juillet et dès lors imminente, on l'annonça ouvertement depuis ce jour dans les territoires des deux états. Beaucoup de sujets milanais s'étaient réfugiés à Bergame, y portant leurs

---

(1) Brognolo au marquis de Mantoue, 20 juillet 1499. *Ibid., Documents*, 199.
(2) *Chronicon Venetum* (Muratori, XXV, pag. 85).
(3) Somenzi à Ludovic Sforza, 23 juillet 1499. *Ibid., Documents*, 209.
(4) Marino Sanuto, II, 1070, l'ambassadeur français à Venise, *in colegio*, 13 août 1499.
(5) *Ibid.*, II, 1025. Liom à la Seigneurie, Crema, 3 août 1499. Croirait-on que le duc pût penser que cette impassibilité de Trivulce dissimulait peut-être de sa part un projet de trahison en faveur du duché : « Tel est aujourd'hui contre moi, qui sera bientôt avec moi».

récoltes pour les mettre en sûreté et y avaient été reçus à bras ouverts. Mille petits faits prouvaient l'aigreur croissante des rapports des deux états ; ni l'un ni l'autre cependant ne voulait prendre l'initiative de la rupture (1). — Ce furent l'intervention et les conseils de la France qui y décidèrent la République (2). Le 19 juillet, Louis XII déclarait à l'ambassadeur Loredam qu'il voulait enfin commencer la guerre ; de leur côté les ambassadeurs français à Venise sollicitèrent plusieurs fois la Seigneurie de rompre les relations diplomatiques avec Milan : «l'arrestation d'un courrier français en territoire ducal équivalait à une déclaration de guerre; il fallait y répondre, et l'inattendu de cette rupture frapperait Ludovic Sforza de stupeur.» Un envoyé de Trivulce vint joindre ses instances à celles des ambassadeurs. Enfin une lettre du roi, reçue le 23 juillet à Venise, demanda formellement à la Seigneurie le rappel de l'ambassadeur vénitien résidant à Milan. Le 24 juillet, les *Savii di Conseio* et *di Terra Firma*, pour complaire à ce désir du roi, proposèrent de mander à l'ambassadeur Lippomano l'ordre de réclamer du duc de Milan son audience de congé et de revenir à Venise, proposition qui fut adoptée par 123 voix ; Filippo Tron, *savio dil Conseio*, ajouta un amendement tendant à « donner, dans la forme qui plairait au doge, son audience de congé à l'ambassadeur milanais résidant à Venise ». Cet amendement réunit 71 voix (3). La nouvelle fut immédiatement transmise à Loredam pour être communiquée à Louis XII. La lettre expliquait les motifs qu'avait eus Venise de différer si longtemps le rappel de son ambassadeur (4). L'ordre de départ de Lippomano lui arriva le 26 juillet au soir. Il avait été tenu fort secret, si secret que, le 27, Latuada, non seulement ne le savait pas encore expédié, mais pensait au contraire, sur certains dires, qu'il ne serait pas envoyé si vite, que les Vénitiens voudraient d'abord s'assurer comment les Français se tireraient d'affaire (5). — Le 27 juillet, Lippomano alla communiquer à Ludovic Sforza les ordres de son gouvernement. Le duc lui répondit « d'un air triste « qu'il con-

---

(1) Marino Sanuto, II, les rectori de Bergame, 20 juillet 1499.
(2) Voir la dernière partie du chapitre sur les relations de Venise et de Louis XII pour les indications complémentaires de références.
(3) Venise, A. d. S. *Secreti Senato*, XXXVII, fol. 106, 24 juillet. Imprimé dans l'*Ambassade d'Accurse Maynier à Venise*, pag. 30.
(4) Venise, A. d. S. *Secreti Senato*, XXXVII, 26 juillet. Imprimé *ibid.*, pag. 31 et suiv.
(5) Milan, A. d. S., *Cartegg. gener*, Latuada à Venise, 27 juillet 1499.

naissait depuis longtemps les accusations portées contre lui par les Vénitiens ; qu'il ne les méritait pas ; que Dieu, juge bon et équitable, prononcerait entre eux, et qu'à son tour il rappellerait son représentant (1). Il le chargea de transmettre à la Seigneurie un mémoire justificatif, où il résumait ses griefs et ses justifications contre Venise ; c'était une réponse au discours long et développé que lui avait adressé l'ambassadeur vénitien (2). Ludovic, revenant sur de précédentes déclarations, y déclarait que la mesure prise par les Vénitiens, sans le surprendre, l'étonnait, prévoyant à quoi elle tendait et ayant conscience de n'avoir rien fait pour mériter un tel traitement ; il déclarait aussi qu'il était dévoué à la Seigneurie, qu'il se tenait pour son fils, qu'il avait toujours déclaré et proclamé la reconnaissance qu'il devait à Venise, qu'il croyait leurs états réunis comme en un seul par tous les liens qu'ils avaient entre eux ; aussi s'étonnait-il de voir la Seigneurie professer une opinion contraire : il s'en était étonné depuis le jour que la Seigneurie avait fait alliance avec le roi de France, malgré la ligue existant entre elle et le duc de Milan. Cette ligue avec la France, quoique toujours regrettable, aurait pu se tolérer si son seul but avait été de renouveler les bonnes relations qui avaient existé jadis entre Venise et la maison de France ; mais ce n'était pas le cas : son but avoué était une attaque à forces communes contre le duc de Milan ; il avait donc une cause légitime de se plaindre de cette singulière attitude prise, sans motif, à l'encontre de son amitié. On ne pouvait en donner comme prétexte la politique ducale dans l'affaire de Pise, car il n'y agissait pas contre Venise et voulait seulement remettre les affaires d'Italie dans leur état ordinaire, nécessaire au rétablissement de la paix universelle de la péninsule : il n'était d'ailleurs nullement question de Pise dans les articles de l'alliance entre Ludovic et Venise, et la sûreté de son état l'avait contraint à agir comme il avait fait, et il déplorait que Venise eût manqué à ses devoirs et se promettait de faire cette protestation devant tous les confédérés. — Ludovic Sforza essayait ensuite d'inquiéter Venise sur la solidité de son alliance avec la France, et sur les chances d'une guerre entre la France et

---

(1) MARINO SANUTO, II, 978 et 1007. Lippomano à la Seigneurie, Milan, 27 juillet 1499, et Bergame, 1ᵉʳ août 1499.

(2) Florence, A. d. S. *Lettere alla Signoria*, XII, f. 22. Soderini 28 juillet 1499. Milan, Ludovic Sforza à Lippomano, 29 juillet 1499. Imprimé dans *L'Ambassade d'Accurse Maynier à Venise*, pag. 39 et suivantes.

Milan. A supposer que l'état de Milan fût entre les mains de Louis XII, celui-ci ne pouvant l'administrer en personne, c'était à lui-même, à cause des liens du sang, qu'il penserait d'abord à en laisser le gouvernement; Louis XII n'avait aucun motif raisonnable d'attaquer Ludovic Sforza; pour mériter son nom de *très chrétien*, il devait s'abstenir de toute guerre injuste; s'il cédait à de mauvais conseils plutôt qu'à la voix de la justice et voulait lui faire la guerre, Dieu, qui n'avait jamais abandonné le Milanais, ne cesserait pas de le protéger, et l'empereur et le Saint-Empire donneraient à cette guerre une issue peu honorable pour ceux qui l'auraient entreprise. Enfin il répondait aux bruits répandus à Venise et à Rome sur la part qu'il avait dans l'attaque des Turcs contre la Seigneurie; il protestait avec énergie là contre, disant que se fonder sur cette rumeur pour lui faire la guerre serait choisir un fondement ruineux; en protestant de son horreur invétérée pour le mensonge, il jurait sur son âme que ce n'était pas à sa requête que « les mouvements du Turc » avaient commencé. Il reconnaissait uniquement avoir, après la formation de l'alliance franco-vénitienne et vu son caractère particulièrement menaçant pour lui, averti le Sultan de cette alliance et lui avoir demandé son intervention diplomatique à l'égard de la Seigneurie, acte parfaitement licite et avouable. Seulement, par la volonté de Dieu, il était arrivé que, avant que l'homme de Ludovic fût au tiers de la route, le Turc avait commencé la guerre contre Venise, en sorte que la Seigneurie s'était aperçue que, tandis qu'elle voulait susciter à Ludovic un ennemi puissant, elle en avait elle-même un beaucoup plus redoutable encore. Et il serait plus facile à Ludovic Sforza, soit de traiter avec la France, soit de lui résister par la force, qu'à Venise de résister aux Turcs. Comme conclusion, Ludovic chargeait Lippomano de dire à Venise qu'elle avait eu grand tort de manquer à sa foi et à son alliance avec lui et de le menacer d'une attaque simultanée de l'empereur d'Allemagne et des Turcs. Le duc remit ce mémoire le 29 juillet à Lippomano. Il en fit expédier des copies à Rome, à Naples, à Florence et à Gênes, aux ambassadeurs milanais en Allemagne et en Savoie, à Bologne, à Sienne, à Forli, à Ferrare et en Espagne (1). Un autre mémoire adressé le lendemain aux divers gouvernements exposait au point de vue mila-

---

(1) La lettre écrite au Sacré collège est dans Marino Sanuto, II, 1089, 30 juillet 1499.

nais la politique vénitienne. Son but indirect, dans cette guerre, était de s'emparer du Milanais, qui reviendrait à la Seigneurie, soit par la mort du roi, soit par l'expulsion des Français de la Lombardie, à cause de leur despotisme. Ludovic y exposait aussi, sous le même angle, la politique française qui tendait à détrôner le roi de Naples après le duc de Milan, à dominer par là toute l'Italie et à imposer sa loi à tous les princes de l'Europe (1). — Lippomano partit de Milan le 30 juillet et revint à Venise par Brescia, où il avait demandé qu'on lui envoyât de l'argent et d'où il écrivit à la Seigneurie un récit plus détaillé de son audience de congé (2). Le successeur désigné de Lippomano à l'ambassade de Milan, Domenego Pixani, ne songea plus au départ (3).

Dans la séance des Pregadi du 24 juillet 1499, Francesco Capelo avait demandé qu'au rappel de Lippomano on joignît le renvoi de l'ambassadeur vénitien résidant à Milan (4); Filippo Trum, *savio di conseio* et *procurator* demanda qu'on ne lui donnât pas encore son congé, et sa proposition fut adoptée par 78 voix ; on décida de ne le renvoyer qu'après avoir appris le retour de Lippomano. Mais on le fit surveiller (5): sa maison fut gardée jour et nuit, et toutes ses courses furent espionnées, ce qui lui rendit très difficile l'exercice de ses fonctions diplomatiques. Le 30 juillet, il vint notifier aux Pregadi que Ludovic Sforza lui avait donné ordre de quitter Venise dans une semaine environ, qu'il demanderait préalablement au doge une audience de congé, mais que la Seigneurie était encore maîtresse de se décider pour la paix ou pour la guerre (6).

Le doge répondit que «tous ces événements dépendaient de Dieu», et qu'il avait confiance en sa justice. Après le départ de Latuada, il y eut une vive discussion dans les Pregadi sur les retards de Latuada à s'en aller ; les ambassadeurs français, en ayant eu vent, envoyèrent dire qu'il n'était pas bien que Latuada restât si longtemps encore à Venise Le 1er août 1499, les Pregadi votèrent, par 144 voix contre 33 et 9 abstentions, «vu

---

(1) Milan, A. d. S. *Carlegg. gener.* Ludovic Sforza au roi d'Espagne, 30 juillet 1499. Imprimé dans *L'Ambassade d'Accurse Maynier à Venise*, appendice VII, pag. 94.

(2) Marino Sanuto, II, 978, Lippomano à Milan, 27 juillet 1499.

(3) *Ibid.*, II, 978, *in colegio*, 29 juillet 1499.

(4) *Ibid.*, II, 961, *in pregadi*, 24 juillet 1499.

(5) Milan, A. d. S. *Pot. Est. Venezia*, Latuada à Ludovic Sforza, 30 juillet 1499.

(6) Marino Sanuto, II, 982, 30 juillet 1499.

le retour de Lippomano, la convenance de cette mesure et les instances des ambassadeurs français», de congédier Latuada (1). On lui donna jusqu'au dimanche pour achever les préparatifs de son départ qu'il avait déjà commencés. Le secrétaire Bernardino de Ambrosiis fut chargé d'aller lui signifier, à domicile, cette résolution des Pregadi. L'audience de congé de Latuada eut lieu le 3 août (2). La défiance qui avait entouré les derniers jours de son séjour poursuivit les gens de sa maison : un malheureux prêtre, habitué à San Zaccaria, qu'il employait comme chapelain, fut accusé de lui avoir révélé des secrets et, avec quelques prétendus complices, arrêté par ordre du conseil des Dix; le colegio se réunit : il fut mis à la torture, mais on ne put rien prouver contre lui, et on dut le remettre en liberté (3).

Ainsi se trouvait consommée la rupture entre Venise et Milan. On crut, dès lors, que la guerre commencerait vers le 10 août (4). Mais Ludovic Sforza persistait à ne pas vouloir commencer les hostilités. Cependant, bien que dans une dernière lettre à Latuada, il se dît encore le fils dévoué de la Seigneurie, quoiqu'il s'annonçât comme toujours disposé à voir volontiers les gentilshommes vénitiens, hommes publics ou simples particuliers, qui voudraient venir à Milan (5), quoi qu'il répétât qu'il n'attaquerait jamais la Seigneurie, si la Seigneurie ne l'attaquait pas (6), il était visible que ce double départ d'ambassadeurs, eu égard à la prudence et à la longanimité réciproques des deux états, était le prodrome le plus significatif de la guerre.

Le retour du duc de Savoie de Genève en Piémont, la fuite d'Ascanio Sforza de Rome, l'envoi du cardinal Borgia comme légat dans l'Italie septentrionale, le groupement des troupes françaises et vénitiennes sur les frontières du Milanais; la venue du roi de France à Lyon et le bruit, chaque jour plus consistant, de son arrivée prochaine à Asti : tous ces faits étaient encore autant de symptômes de la rupture imminente de la confédération avec Ludovic Sforza. Le duc de Milan, après avoir épuisé

---

(1) Venise, *Secreta Senato*, XXXVII, fol. 108, v° 1er août 1499, imprimé dans *L'Ambassade d'Accurse Maynier à Venise*, pag. 45. 994. 1er août 99.
(2) MARINO SANUTO, II, 1003, 3 août 1499.
(3) *Ibid.*, II, 1026, *in conseio*, 5 août 1499.
(4) Milan, A. d. S. Pot. Est. *Venezia*, 27 juillet 1499. Latuada à Ludovic Sforza. — Marino Sanuto, II, 1179, donne la liste des membres du colegio, en août 1499.
(5) MARINO SANUTO, II, 932.
(6) *Ibid.*, II, 1025. Liom à la Seigneurie, Crema, 3 août 1499.

les ressources directes et indirectes de sa diplomatie pour empêcher la formation de cette ligue, et pour en neutraliser l'action, en occupant chez elles les puissances liguées ; après avoir fait tous les préparatifs militaires que lui permettaient l'état de ses finances et sa prévoyance, ne pouvait plus opposer à cette ligue, ainsi qu'il le disait aux ambassadeurs résidant à Milan, «que la ferme résolution de ne pas laisser consommer sa ruine sans s'être vigoureusement défendu».

TABLE DES MATIÈRES

DU TOME PREMIER

	Pages
Avant-propos	I

INTRODUCTION. — De l'importance de la guerre du Milanais dans l'histoire d'Italie............... 1

LIVRE PREMIER. — Les causes et la préparation de l'expédition du Milanais....................... 23

Chapitre Premier. — Les causes de l'expédition du Milanais...................................... 23

    I. Causes politiques de l'expédition...................... 30

        § 1. La tradition politique française en Italie, 30. — § 2. La tradition politique française en Allemagne, 56. — § 3. L'influence de Ludovic Sforza en Italie et en Allemagne, 61.

    II. Causes dynastiques de l'expédition 80

    III. Causes personnelles de l'expédition................. 95

Chapitre II. — La préparation de la guerre du Milanais : la lutte diplomatique en Europe 102

    I. Les puissances occidentales........................... 104

        § 1. L'alliance franco-anglaise, 104. — § 2. Les négociations des rois catholiques avec la France et le duché de Milan, 107.

    II. Les états de l'Empire 114

        § 1. L'alliance de Maximilien et de Ludovic Sforza, 114. — § 2. Le rapprochement de Louis XII et de l'archiduc Philippe d'Autriche, 138. — § 3. L'ambassade française en Hongrie, 144. — § 4. La lutte pour l'alliance avec la Ligue suisse, 145.

    III. Le Turc 161

Chapitre III. — La préparation de la guerre du Milanais (*suite*) : la lutte diplomatique en Italie 165

    I. L'ambassade de Nicolo Alamanni...................... 167

II. Les négociations de la France et de Milan avec les états subalpins 173

§ 1. La lutte pour l'alliance avec le duc de Savoie, 173. — § 2. L'hommage du marquis de Saluces à la France, 182. — § 3. Les intrigues de Constantin Arniti, 184.

III. La politique des princes apparentés à Ludovic Sforza..... 190

§ 1. L'effacement du duc de Ferrare, 191. — § 2. Les variations diplomatiques du marquis de Mantoue, 196. — § 3. L'alliance militaire de Catherine Sforza avec Ludovic Sforza, 216.

IV. Les négociations de la France et de Milan avec les républiques toscanes et Bologne 219

§ 1. L'alliance de la république de Florence avec Louis XII, 220. — § 2. La neutralité de la république de Sienne, 232. — § 3. L'alliance de Bentivoglio avec Ludovic Sforza, 234.

V. La politique de Venise et son alliance avec la France..... 238

§ 1. Les relations de Venise et de Milan à l'avènement de Louis XII, 238. — § 2. La première ambassade vénitienne à la cour de France, 243. — § 3. L'attitude de Ludovic Sforza au début des négociations franco-vénitiennes, 255. — § 4. L'ambassade vénitienne en France et les premières négociations, 261. — § 5. L'opposition de Ludovic Sforza à la ligue franco-vénitienne, 284. — § 6. Le retour à Venise de l'ambassade vénitienne, 294. — § 7. Les relations franco-vénitiennes après la conclusion de l'alliance, 296. — § 8. Les relations de Ludovic Sforza et de Venise après l'alliance franco-vénitienne, 310.

VI. L'alliance de Louis XII avec le Saint-Siège et les Borgia. 318

§ 1. La politique d'Alexandre VI entre Louis XII et Ludovic Sforza, 319. — § 2. Le divorce de Louis XII et le voyage de César Borgia, 328. — § 3. Les relations d'Alexandre VI avec Ludovic Sforza pendant les négociations en France, 335. — § 4. Les relations des princes italiens avec Alexandre VI pendant ses négociations en France, 343. — § 5. Le mariage de César Borgia, 350. — § 6. Les négociations de Ludovic Sforza avec Alexandre VI après le mariage de César, 354. — § 7. Les derniers efforts de Cesare Guaschi et d'Ascanio Sforza, 358.

VII. L'alliance du roi de Naples avec le duc de Milan 366

Chapitre IV. — La préparation de la guerre du Milanais (*suite*) : la préparation militaire de la guerre.... 381

I. Les préparatifs de Louis XII............................... 381

II. Les préparatifs de Venise................................ 403

III. Les préparatifs de Ludovic Sforza 419

Chapitre V. — Les tentatives de rapprochement entre Louis XII et Ludovic Sforza 466

Chapitre VI. — Les préludes de la guerre 484

§ 1. L'expulsion des Milanais hors de France, 484. — § 2. L'attitude de Trivulce à l'égard du duché de Milan, 486. — § 3. Le voyage des ambassadeurs français en Italie, 494. — § 4. La dénonciation de la trêve, 498. — § 5. La rupture des relations diplomatiques entre Venise et Ludovic Sforza, 506.

Table des matières du tome premier 513

XXXI. LE CULTE DE CASTOR ET POLLUX EN ITALIE, par M. Maurice ALBERT (avec trois planches). . . . . 5 fr. 50
XXXII. LES ARCHIVES DE LA BIBLIOTHÈQUE ET LE TRÉSOR DE L'ORDRE DE SAINT-JEAN DE JÉRUSALEM A MALTE, par M. DELAVILLE LE ROULX. . . . . 8 fr.
XXXIII. HISTOIRE DU CULTE DES DIVINITÉS D'ALEXANDRIE, par M. Georges LAFAYE (avec 5 planches). . . . . 10 fr.
XXXIV. TERRACINE. Essai d'histoire locale, par M. R. de LA BLANCHÈRE (avec deux eaux-fortes et cinq planches dessinées par l'auteur). . . . . 10 fr.
XXXV. FRANCESCO DA BARBERINO ET LA LITTÉRATURE PROVENÇALE EN ITALIE AU MOYEN ÂGE, par M. Antoine THOMAS. . . . . 5 fr.
XXXVI. ETUDE DU DIALECTE CHYPRIOTE MODERNE ET MÉDIÉVAL, par M. Mondry BEAUDOUIN. 5 fr.
XXXVII. LES TRANSFORMATIONS POLITIQUES DE L'ITALIE SOUS LES EMPEREURS ROMAINS (43 av. J.-C.-330 apr. J.-C.), par M. C. JULLIAN. . . . . 4 fr. 50
XXXVIII. LA VIE MUNICIPALE EN ATTIQUE, par M. B. HAUSSOULLIER. . . . . 5 fr.
XXXIX. LES FIGURES CRIOPHORES DANS L'ART GREC, L'ART GRÉCO-ROMAIN ET L'ART CHRÉTIEN, par M. A. VEYRIES. . . . . 2 fr. 25
XL. LES LIGUES ÉTOLIENNE ET ACHÉENNE, par M. Marcel DUBOIS, (avec deux pl.). . 7 fr.
XLI. LES STRATÈGES ATHÉNIENS, par Am. HAUVETTE-BESNAULT. . . . . 5 fr.
XLII. ETUDE SUR L'HISTOIRE DES SARCOPHAGES CHRÉTIENS, par M. René GROUSSET 3 fr. 50
XLIII. LA LIBRAIRIE DES PAPES D'AVIGNON. Sa formation, sa composition, ses catalogues (1316-1420), d'après les registres de comptes et d'inventaires des archives vaticanes, par M. Maurice FAUCON. Voir fasc. L. TOME I. . . . . 8 fr. 50
XLIV-XLV. LA FRANCE EN ORIENT AU QUATORZIÈME SIÈCLE. Expédition du maréchal Boucicaut, par M. DELAVILLE LE ROULX. 2 beaux volumes. . . . . 25 fr.
XLVI. LES ARCHIVES ANGEVINES DE NAPLES. Etude sur les registres du roi Charles Ier (1265-1285), par M. Paul DURRIEU. Voir fasc. LI. TOME I. . . . . 8 fr. 50
XLVII. LES CAVALIERS ATHÉNIENS, par M. Albert MARTIN. 1 très fort volume. . . 18 fr.
XLVIII. LA BIBLIOTHÈQUE DU VATICAN AU QUINZIÈME SIÈCLE. Contributions pour servir à l'histoire de l'humanisme, par MM. Eugène MÜNTZ et Paul FABRE. . . . . 12 fr. 50
XLIX. LES ARCHIVES DE L'INTENDANCE SACRÉE A DÉLOS (315-166 avant J.-C.), par M. Théophile HOMOLLE, membre de l'Institut (avec un plan en héliograv.). . . . 5 fr. 50
L. LA LIBRAIRIE DES PAPES D'AVIGNON. Sa formation, sa composition, ses catalogues (1316-1420), par M. Maurice FAUCON. Voir fasc. XLIII. Tome II. . . . . 7 fr.
LI. LES ARCHIVES ANGEVINES DE NAPLES. Etude sur les registres du roi Charles Ier (1265-1285), par M. Paul DURRIEU. Tome II et dernier (avec cinq planches en héliograv.) 14 fr.
LII. LE SÉNAT ROMAIN, depuis DIOCLÉTIEN, A ROME ET A CONSTANTINOPLE, par M. Ch. LÉCRIVAIN. . . . . 6 fr.
LIII. ETUDES SUR L'ADMINISTRATION BYZANTINE DANS L'EXARCHAT DE RAVENNE (568-751), par Ch. DIEHL, ancien membre des Ecoles de Rome et d'Athènes (épuisé). . Net. 15 fr.
LIV. LETTRES INÉDITES DE MICHEL APOSTOLIS, publiées par M. NOIRET, ancien membre de l'Ecole de Rome (avec une gr. planche en héliogravure). . . . . 7 fr.
LV. ETUDES D'ARCHÉOLOGIE BYZANTINE. L'ÉGLISE ET LES MOSAÏQUES DU COUVENT DE SAINT-LUC, EN PHOCIDE, par Ch. DIEHL, ancien membre des Ecoles françaises de Rome et d'Athènes (avec sept bois intercalés dans le texte, et une planche hors texte). . . 3 fr. 50
LVI. LES MANUSCRITS DE DANTE ET DE SES COMMENTATEURS, TRADUCTEURS, BIOGRAPHES, ETC., conservés dans les bibliothèques de France. Essai d'un catalogue raisonné, par L. AUVRAY (avec deux planches en héliogravure). . . . . 6 fr.
LVII. L'ORATEUR LYCURGUE. Etude historique et littéraire, par M. DÜRRBACH, ancien membre de l'Ecole française d'Athènes. . . . . 4 fr.
LVIII. ORIGINES ET SOURCES DU ROMAN DE LA ROSE, par M. E. LANGLOIS, ancien membre de l'École française de Rome. . . . . 5 fr.
LIX. ESSAI SUR L'ADMINISTRATION DU ROYAUME DE SICILE SOUS CHARLES Ier ET CHARLES II D'ANJOU, par Léon CADIER, ancien membre de l'Ecole française de Rome. . . . 8 fr.
LX. ÉLATÉE. — LA VILLE. LE TEMPLE D'ATHÉNA CRANAIA, par Pierre PARIS, ancien membre de l'Ecole française d'Athènes (avec nombreuses figures dans le texte et quinze planches hors texte). . . . . 14 fr.
LXI. DOCUMENTS INÉDITS POUR SERVIR A L'HISTOIRE DE LA DOMINATION VÉNITIENNE EN CRÈTE DE 1380 A 1499, tirés des archives de Venise, publiés et analysés par H. NOIRET, ancien membre de l'Ecole de Rome (avec une carte en couleur de l'île de Crète). . . 15 fr.
LXII. ETUDE SUR LE LIBER CENSUUM DE L'EGLISE ROMAINE, par M. Paul FABRE, ancien membre de l'Ecole française de Rome. . . . . 7 fr.
LXIII. LA LYDIE ET LE MONDE GREC AU TEMPS DES MERMNADES (687-546), par M. Georges RADET, ancien membre de l'Ecole française d'Athènes (avec une grande carte en couleur hors texte). . . . . 12 fr.
LXIV. LES MÉTÈQUES ATHÉNIENS. Etude sur la condition légale et la situation morale, le rôle social et économique des étrangers domiciliés à Athènes, par M. Michel CLERC, ancien membre de l'Ecole française d'Athènes. . . . . 14 fr.

A suivre.

LXV. Essai sur le règne de l'empereur Domitien, par M. Stéphane Gsell, ancien membre de l'École française de Rome... 12 fr.
LXVI. Origines françaises de l'architecture gothique en Italie, par M. C. Enlart, ancien membre de l'École française de Rome (avec 131 figures dans le texte et 34 planches hors texte)... 20 fr.
LXVII. Origine des cultes arcadiens, par M. Bérard, ancien membre de l'École française d'Athènes (avec 17 figures)... 12 fr. 50
LXVIII. Les Divinités de la Victoire en Grèce et en Italie d'après les textes et les monuments figurés, par M. André Baudrillart, ancien membre de l'École française de Rome... 3 fr. 50
LXIX. Catalogue des Bronzes de la Société Archéologique d'Athènes, par M. A. de Ridder, ancien membre de l'École française d'Athènes (avec 5 planches en héliogravure et 13 bois)... 8 fr.
LXX. Histoire de Blanche de Castille, par M. Elie Berger, ancien membre de l'École française de Rome... 12 fr.
 Ouvrage couronné par l'Académie des Inscriptions et Belles-Lettres (Premier grand prix Gobert), 1895.
LXXI. Les Origines du théâtre lyrique moderne. Histoire de l'opéra en Europe avant Lully et Scarlatti, par M. Romain Rolland, ancien membre de l'École française de Rome (avec 15 planches de musique)... 10 fr.
LXXII. Les Cités romaines de la Tunisie, par M. J. Toutain, ancien membre de l'École française de Rome (avec deux cartes en couleurs)... 12 fr. 50
LXXIII. L'État pontifical après le grand schisme. Étude de géographie politique, par M. J. Guiraud, ancien membre de l'École française de Rome (avec trois cartes en couleurs)... 14 fr.
LXXIV. Catalogue des bronzes trouvés sur l'Acropole d'Athènes, par M. A. de Ridder, ancien membre de l'École française d'Athènes, maître de conférences à la Faculté d'Aix (avec deux cent dix figures intercalées dans le texte). Première partie.
 N. B. — Cet ouvrage formera un beau volume divisé en trois parties. — La deuxième est sous presse.
LXXV. Louis XII et Ludovic Sforza, par M. L. Pélissier, ancien membre de l'École française de Rome, professeur à la Faculté des lettres de Montpellier. (Tome I.)

BIBLIOTHÈQUE DES ÉCOLES FRANÇAISES D'ATHÈNES ET DE ROME

DEUXIÈME SÉRIE (Format grand in-4° raisin).

OUVRAGES EN COURS DE PUBLICATION

1° LES REGISTRES D'INNOCENT IV (1242-1254), publiés ou analysés d'après les manuscrits originaux du Vatican et de la Bibliothèque nationale de Paris, par M. Elie Berger. Grand in-4° sur deux colonnes. — N. B. Ce grand ouvrage paraît par fascicules de dix à quinze feuilles environ. Il se composera de 270 à 300 feuilles, devant former quatre beaux volumes. — Le prix de la souscription est établi à raison de *cinquante centimes* par feuille. Les neuf premiers fascicules composant les deux premiers volumes et le commencement du troisième ont paru. Prix de ces neuf fascicules : 90 fr. 25. — Le 10e fascicule est sous presse.
 Ouvrage auquel l'Académie des inscriptions et belles-lettres a décerné le **1er prix Gobert**.

2° LE REGISTRE DE BENOIT XI (1303-1304), Recueil des bulles de ce pape, publiées ou analysées d'après les manuscrits originaux des archives du Vatican, par M. Charles Grandjean. — Cet ouvrage formera un beau volume grand in-4° raisin, à deux colonnes. Il est publié en fascicules de 15 à 20 feuilles environ, de 8 pages chacune, avec couverture imprimée. Le prix est fixé à *soixante centimes* par chaque feuille, et à *un franc* par planche de fac-similé. Aucun fascicule n'est vendu séparément. L'ouvrage complet se composera de 80 à 100 feuilles. — Les quatre premiers fascicules sont en vente. Prix : 43 fr. 80 c. — Le 5e et dernier fascicule est sous presse.

4° LES REGISTRES DE BONIFACE VIII (1294-1303), Recueil des bulles de ce pape, publiées ou analysées par MM. Georges Digard, Maurice Faucon et Antoine Thomas. — Cet ouvrage formera trois volumes grand in-4° à deux colonnes, et sera publié en 260 feuilles environ. — Le prix de chaque feuille est fixé à *soixante centimes*. — Aucun fascicule n'est vendu séparément. — Les trois premiers fascicules, le 5e et le 6e sont en vente. Prix : 54 fr.

www.ingramcontent.com/pod-product-compliance
Lightning Source LLC
Chambersburg PA
CBHW051357230426
43669CB00011B/1679